# 1580年代 國語의 同義語 硏究

南星祐

| 序文 |

이 著書는 1580年代 국어의 同義語를 순수히 共時的 관점에서 연구하는 데 목적이 있다.

이 저서를 만드는 데 큰 도움을 준 사람이 있다. 子婦 지미라가 이 저서의 원고를 컴퓨터 작업으로 정리해 주었다.

끝으로 어려운 出版 사정에도 불구하고 이 저서를 흔쾌히 刊行해 주신 尹 사장님께, 그리고 편집을 훌륭하고 멋지게 해 주신 윤수경 과장님께 謝意를 표하는 바이다.

2025년 8월 15일
한국외국어대학교 명예교수실에서
지은이 씀

| 목차 |

序文 • 3

|제1장| **序論** ································ 11
  1. 硏究 目的과 範圍 ····················· 11
  2. 先行 硏究 ························· 12

|제2장| **固有語간의 同義** ······················ 15
  1. 名詞類에서의 同義 ···················· 15
    1.1. 相異型 ······················· 16
    1.2. 音韻 交替型 ···················· 47
      A. 母音 交替型 ··················· 48
      B. 子音 交替型 ··················· 55
    1.3. 音韻 脫落型 및 音韻 添加型 ············ 58
      A. 音韻 脫落型 ··················· 58
      B. 音韻 添加型 ··················· 61
    1.4. 合成型 및 派生型 ·················· 66
      A. 合成型 ······················ 66
      B. 派生型 ······················ 72
  2. 動詞類에서의 同義 ···················· 75
    2.1. 動作動詞간의 同義 ················· 75

  2.1.1. 相異型 · · · · · · · · · · · · · · · · · · · · · 75
  2.1.2 音韻 交替型 · · · · · · · · · · · · · · · · 117
   A. 母音 交替型 · · · · · · · · · · · · · · · 117
   B. 子音 交替型 · · · · · · · · · · · · · · · 123
  2.1.3. 音韻 脫落型, 音韻 添加型 및 音韻 縮約型 · · · · · · 128
   A. 音韻 脫落型 · · · · · · · · · · · · · · · 128
   B. 音韻 添加型 · · · · · · · · · · · · · · · 131
   C. 音節 縮約型 · · · · · · · · · · · · · · · 139
  2.1.4. 合成型 · · · · · · · · · · · · · · · · · · · 140
 2.2. 狀態動詞간의 同義 · · · · · · · · · · · · · · · · 145
  2.2.1. 相異型 · · · · · · · · · · · · · · · · · · · 145
  2.2.2. 母音 交替型 · · · · · · · · · · · · · · · · 161
 2.3. 音韻 脫落型, 音韻 添加型 · · · · · · · · · · · · · 166
  A. 音韻 脫落型 · · · · · · · · · · · · · · · · · 166
  B. 音韻 添加型 · · · · · · · · · · · · · · · · · 167
 2.4. 派生型 · · · · · · · · · · · · · · · · · · · · · · 168
3. 副詞類에서의 同義 · · · · · · · · · · · · · · · · · · · 169
 3.1. 相異型 · · · · · · · · · · · · · · · · · · · · · · 169
 3.2. 音韻 交替型 · · · · · · · · · · · · · · · · · · · 189
 3.3. 音韻 脫落型 및 音韻 添加型 · · · · · · · · · · · · 201

  A. 音韻 脫落型 · · · · · · · · · · · · · · · · 201
  B. 音韻 添加型 · · · · · · · · · · · · · · · · 204
 3.4. 派生型 · · · · · · · · · · · · · · · · · · · · · · · 208
 4. 冠形詞類에서의 同義 · · · · · · · · · · · · · · · · · · 210
  4.1. 冠形詞간의 同義 · · · · · · · · · · · · · · · · · · 210
  4.2. 冠形詞와 冠形詞形 간의 同義 · · · · · · · · · · · · · 215

## |제3장| 固有語와 漢字語 간의 同義 · · · · · · · · 219
 1. 名詞類에서의 同義 · · · · · · · · · · · · · · · · · · · 219
  1.1. 固有語가 單一語인 경우 · · · · · · · · · · · · · · 219
  1.2. 固有語가 合成名詞와 名詞句인 경우 · · · · · · · · · 282
  1.3. 固有語가 名詞形인 경우 · · · · · · · · · · · · · · 314
 2. 動詞類에서의 同義 · · · · · · · · · · · · · · · · · · · 326
  2.1. 固有語가 動作動詞인 경우 · · · · · · · · · · · · · 326
  2.2. 固有語가 動作動詞句인 경우 · · · · · · · · · · · · 401
  2.3. 固有語가 狀態動詞인 경우 · · · · · · · · · · · · · 416
  2.4. 固有語가 狀態動詞句인 경우 · · · · · · · · · · · · 434
 3. 副詞에서의 同義 · · · · · · · · · · · · · · · · · · · · 436

## |제4장| 漢字語간의 同義 · · · · · · · · · · · · · · · · · · · · · · · 453

1. 名詞類에서의 同義 · · · · · · · · · · · · · · · · · · · · · · · 453
   1.1. 하나가 1자 漢字語인 경우 · · · · · · · · · · · · · · · 453
   1.2. 모두 2자 이상의 漢字語인 경우 · · · · · · · · · · · 481
   1.3. 하나가 名詞形인 경우 · · · · · · · · · · · · · · · · · 496
2. 動詞類에서의 同義 · · · · · · · · · · · · · · · · · · · · · · · 501
   2.1. 動作動詞간의 同義 · · · · · · · · · · · · · · · · · · · 501
   2.2. 狀態動詞간의 同義 · · · · · · · · · · · · · · · · · · · 516
3. 副詞에서의 同義 · · · · · · · · · · · · · · · · · · · · · · · · 530
4. 副詞類에서의 同義 · · · · · · · · · · · · · · · · · · · · · · 536

## |제5장| 結論 · · · · · · · · · · · · · · · · · · · · · · · · · · · · · · · 537

참고문헌 · · · · · · · · · · · · · · · · · · · · · · · · · · · · · · · · · · · · · 553
同義語 찾아보기 · · · · · · · · · · · · · · · · · · · · · · · · · · · · · · · 554

# 1580年代 國語의
同義語 硏究

## 제1장
# 序論

## 1. 硏究 目的과 範圍

이 著書는 南星祐(2006)의 제2편 '1580年代 國語의 同義語 硏究'를 補完하고 修正한 것이다.

이 著書는 1580年代 국어의 同義語를 순수히 共時的으로 연구하는 데 목적이 있다. 이 著書는 1580年代 전후의 국어, 정확히 말해서 1567년부터 1589년까지 약 20년 동안의 국어의 同義語를 순수히 共時的인 관점에서 연구하는 데 목적이 있다. 이 시기의 代表的인 문헌은 『小學諺解』(1588)이다.

16세기 국어의 語彙를 고찰해 보면 『飜譯小學』이 간행된 1518년 무렵의 어휘, 다시 말하면 1510년대의 어휘가 『小學諺解』가 간행된 1588년 무렵의 어휘 즉 1580년대의 어휘와 判異한 양상을 보여 준다.

1580년대 국어에서 同義 關係는 系列을 달리 하는 두 요소 즉 고유 요소인 固有語와 외래 요소인 漢字語 사이에 형성된다. 첫째는 固有語간의 同義 關係이고 둘째는 固有語와 漢字語 간의 同義 關係이고 셋째는 漢字語간의 同義 關係이다.

제2장에서는 固有語간의 同義가 논의된다. 이 同義는 크게 넷으로 나누어

질 수 있다. 첫째는 名詞類에서의 同義이고 둘째는 動詞類에서의 同義이고 셋째는 副詞에서의 同義이고 넷째는 冠形詞類에서의 同義이다.

제3장에서는 固有語와 漢字語 간의 同義가 논의된다. 첫째는 名詞類에서의 同義이고 둘째는 動詞類에서의 同義이고 셋째는 副詞에서의 同義이다.

제4장에서는 漢字語간의 同義가 논의된다. 첫째는 名詞類에서의 同義이고 둘째는 動詞類에서의 同義이고 셋째는 副詞에서의 同義이다.

## 2. 先行 硏究

1580년대 국어의 동의어에 대한 先行 硏究들로 李崇寧(1973), 李英愛(1986), 林믌奎(1987) 및 南星祐(1997)가 있다. 이 先行 論著들 중 南星祐(1997)에서는 16세기 국어 중 1580년대 국어의 동의어에 대한 本格的 논의가 행해지고 나머지 논저에는 16세기 국어의 동의어에 대한 斷片的인 言及이 있다.

李崇寧(1973 : 83-88)은 『飜譯小學』과 『小學諺解』의 비교를 통해 어휘의 交替를 고찰하고 있다. 李英愛(1986 : 58-76)는 『飜譯小學』과 『小學諺解』의 비교를 통해 어휘의 交替와 變化를 고찰하고 있다. 林믌奎(1987: 57-65)는 『飜譯小學』과 『小學諺解』의 비교를 통해 固有語의 한자어로의 代替와 語彙의 변천을 고찰하고 있다. 南星祐(1997)는 16세기 국어 중 1580년대 국어의 同義語를 고찰하고 있다.

이 논문에서 사용된 문헌은 다음과 같다.

略號      文獻名
<蒙六>   蒙山和尙六道普說諺解(1567) : 東國大 국어국문학과 『國語國文學論文集』16집(1993) 所收 영인본.

| | |
|---|---|
| <七大> | 七大萬法(1569) : 弘文閣 영인본(1983). |
| <誠初> | 誠初心學人文(1577) : 『명지어문학』 10호(1978) 所收 영인본(1978). |
| | 『명지어문학』 12·13호 영인본. |
| <龜> | 禪家龜鑑諺解(1579) : 弘文閣 영인본(2002). |
| <警民> | 警民篇(1579) : 단국대학교 출판부(1978). |
| <小언> | 小學諺解(1588) : 단국대학교 퇴계학 연구소(1991). |
| <論언> | 論語諺解(1588) : 단국대학교 퇴계학 연구소(1997). |
| <孝언> | 孝經諺解(1589) : 『朝鮮學報』 27집 영인본(1963). |

# 제2장
# 固有語간의 同義

1580년대 국어에서 固有語들이 어떤 양상의 同義 關係를 형성하고 있는지를 名詞類, 動詞類, 副詞 및 冠形詞類에서 고찰해 보고자 한다.

## 1. 名詞類에서의 同義

固有語의 名詞類에서 발견되는 同義 關係는 크게 두 개의 觀點에서 고찰할 수 있다. 첫째는 形式的 觀點이고 둘째는 內容的 觀點이다. 形式的 觀點에서 同義 關係에 있는 固有語들이 相異한지 아니면 相似한지를 판별할 수 있고 內容的 觀點에서 同義 關係를 가지는 固有語들이 完全 同義인지 部分 同義인지를 확인할 수 있다.

形式的 觀點에서 동의어들은 크게 相異型과 相似型으로 나누어질 수 있다. 音韻論的 觀點에 따르면 音韻 交替, 音韻 脫落 및 音韻 添加가 있고 形態論的 觀點에 의하면 合成과 派生이 있다. 名詞類에서의 同義는 서술의 편의상 다음과 같이 네 개의 유형으로 분류하여 고찰하려고 한다 : 第Ⅰ型 相異型, 第Ⅱ型 音韻 交替型, 第Ⅲ型 音韻 脫落型 및 音韻 添加型 그리고 第Ⅳ型

合成型 및 派生型.

### 1.1. 相異型

서로 다른 形式을 가진 둘 또는 그 이상의 名詞類들이 同義 關係를 가질 수 있다. 이 경우가 곧 相異型이다.

<1> 갓옷 對 피옷

두 합성명사가 [裘] 즉 '가죽옷'의 뜻을 가지고 동의 관계에 있다는 것은 다음 예문들에서 잘 확인된다. 원문 중 '輕裘'가 '가븨야온 갓옷'으로 번역되고 '羔裘'가 '검은 양 피옷'으로 번역된다. 따라서 '갓옷'과 '피옷'의 동의성은 명백히 입증된다. 합성명사 '갓옷'은 명사 '갓'[皮]과 명사 '옷'[衣]의 합성이고 합성명사 '피옷'은 한자어 명사 '피'[皮]와 명사 '옷'[衣]의 합성이다.

(1) a. 술진 물 틱고 가븨야온 갓옷 닙어(肥馬衣輕裘ᄒ야) <小언五 24a>
   b. 아희는 갓옷 아니 닙으며 깁것 아니 닙으며(童子는 不裘不帛ᄒ며) <小언三 22a>
(1) c. 孔子는 검은 양 피옷과 검은 冠으로 뻐 됴상ᄒᆞ디 아니ᄒᆞ더시다 (孔子는 羔裘玄冠으로 不以弔ㅣ러시다) <小언三 22a>

<2> 갗 對 가족

두 名詞가 [皮] 즉 '가죽'의 뜻을 가지고 同義 關係에 있다는 것은 다음 예문들에서 잘 확인된다. 원문 중 '虎皮'가 '범의 갗'으로 번역되고 『七大萬

法』(1569)의 예문 중 '슐과 가족'이 발견된다. 따라서 '갗'과 '가족'의 동의성은 명백히 입증된다. 名詞 '가족'은 『七大萬法』에 처음으로 등장한다.

(2) a. 羊의 얼구레 범의 가칫 무리 廉과 恥를 아디 몯ᄒ고(羊質虎皮之
輩ㅣ 不識廉恥ᄒ고)<龜下 51a>
(2) b. ᄒ나흔 흙이니 내 모매 슐과 가족과 쎠왜니라<七大 2a>
c. 韃: 가족으로 밍그라 알ᄑᆡ 드리오ᄂᆞᆫ 거시라<小언二 2a>

<3> 개얌이 對 가얌벌게

두 名詞가 [蟻]와 [螻蟻] 즉 '개미'의 뜻을 가지고 同義關係에 있다는 것은 다음 예문들에서 잘 확인된다. 원문 중 '蟲蟻'가 '벌에며 개얌이'로 번역되고 '螻蟻蚊'이 '가얌벌게과 모기'로 번역된다. 따라서 두 名詞 '개얌이'와 '가얌벌게'의 동의성은 명백히 입증된다.

(3) a. 뜰 가온대 딕쥬어려 벌에며 개얌이를 주어(啄啄庭拾蟲蟻ᄒ야)
<小언六 93a>
b. 아리 양으로 다시 가얌벌게과 모기 드ᄋᆡ 되요매 니르리(60a)
라(乃至依前再爲螻蟻蚊虻ㅣ 리라)<龜下 60b>

그리고 '螻蟻'가 고유어 명사 '가야미'로 번역된다는 것은 다음 예문들에서 잘 확인된다.

(3) c. 가야미 머구믈 免ᄒ야(免螻蟻之食ᄒ야)<法華六 154b>
d. 願흔든 댓 여름과 가야미를 ᄂᆞ화 줄디니(願分竹實及螻蟻)<杜
十七 3a>

e. 나는 가야미 맛나물 어위키 ᄒᆞ고(我寬螻蟻遭) <祀十七 13b>

<4> 것 對 이

두 名詞가 [者] 즉 '것'의 뜻을 가지고 同義 關係에 있다는 것은 다음 예문들에서 잘 확인된다. 원문 중 '朽敗者'가 '석고 히여딘 것'으로 번역되고 '荒頓者'가 '거츨고 기우러딘 이'로 번역된다. 따라서 두 名詞 '것'과 '이'의 동의성은 명백히 입증된다.

(4) a. 器物을 그 석고 히여딘 거슬 가지며 ᄀᆞᆯ오ᄃᆡ(器物을 取其朽敗者曰) <小언六 20b>
b. 받과 집을 그 거츨고 기우러딘 이ᄅᆞᆯ 가지며 ᄀᆞᆯ오ᄃᆡ(田廬를 取其荒頓者曰) <小언六 20b>

<5> 것 對 줄

두 名詞가 [者] 즉 '것'의 뜻을 가지고 同義 關係에 있다는 것은 다음 예문들에서 잘 확인된다. 원문 중 '傳心者'가 'ᄆᆞᄉᆞᆷ 傳ᄒᆞ샨 것'으로 번역되고 '譏其不求知者'가 '그 알옴을 求티 아니ᄒᆞᄂᆞᆫ 줄을 긔롱ᄒᆞ다'로 번역된다. 따라서 '것'과 '줄'의 동의성은 명백히 입증된다. 두 名詞는 의존명사이다.

(5) a. 世尊 세 고대 ᄆᆞᄉᆞᆷ 傳ᄒᆞ샨 거슨(世尊三處傳心者이) <龜上 3b>
b. ᄒᆞᆫ 代예 니ᄅᆞ샨 거슨(一代所說者이) <龜上 3b>
c. 一念ㅣ 란 거슨(一念者ᄂᆞᆫ) <龜上 7b>
d. 곧 이제 信施을 虛히 受ᄒᆞᄂᆞᆫ 거시(卽今에 虛受信施者이) <龜下 53a>

(5) e. 사룸이 或 그 알옴을 求티 아니ᄒᆞ는 줄을 긔롱ᄒᆞ거늘(人이 或譏 其不求知者ㅣ어늘) <小언六 50a>

<6> 겨집 對 간나히

두 名詞가 [女]와 [女子] 즉 '여자'의 뜻을 가지고 同義 關係에 있다는 것은 다음 예문들에서 잘 확인된다. 원문 중 '男女'가 'ᄉᆞ나히와 겨집'으로도 번역되고 'ᄉᆞ나히와 간나히'로도 번역된다. 따라서 '겨집'과 '간나히'의 동의성은 명백히 입증된다. 두 名詞는 [男]과 [男子] 즉 '남자'의 뜻을 가진 'ᄉᆞ나히'와 의미상 대립 관계에 있다.

(6) a. ᄉᆞ나히와 겨집이 글히욤이 이신 후에(男女ㅣ 有別然後에) <小언二 49a>
   b. ᄉᆞ나히는 섈리 딕답ᄒᆞ고 겨집은 느즈기 딕답게 ᄒᆞ며(男唯女兪ᄒᆞ며) <小언一 3b>
   c. ᄉᆞ나히는 밧씌 잇고 겨집은 안해 이셔(男子는 居外ᄒᆞ고 女子는 居內ᄒᆞ야) <小언二 50a>
(6) d. ᄉᆞ나히와 간나히 글히욤이 이시며(男女ㅣ 有別ᄒᆞ며) <小언五 34a>
   e. ᄉᆞ나히며 간나히 아힐 제븟터 곧 교만ᄒᆞ며 게을러 ᄒᆞ야ᄇᆞ려(男女ㅣ 從幼便驕惰壞了ᄒᆞ야) <小언五 2b>
   f. ᄒᆞᆫ 집 안해 ᄉᆞ나히와 간나히 일빅이러니(一家之內예 男女ㅣ 百口ㅣ러니) <小언六 71a>

두 名詞 '각시'와 '갓'이 [女] 즉 '계집, 여자'의 뜻을 가지고 同義 關係에 있다는 것은 다음 예문들에서 잘 확인된다.

제2장 固有語간의 同義 19

(6) g. 그 天텨 계신 거나션타 阿修羅王 ᄯᆞ님 일후미 舍(10b)支 각시니 忉利天의 계신 帝釋이 그 舍支 각시를 블터 안녁 사마 가시니 그 각시 前生애 佛法 誹謗ᄒᆞ던 報로 모매 노린내 나거늘 <蒙六 11a>

　　　h. 그 각시 아바니미 <蒙六 11a>

(6) i. 남진 子息은 나가 ᄃᆞ(21a)니다가 사오나온 벋 부치 도죽도 비호며 갓 어리도 비호며 <七大 21b>

<7> 겨집 對 안해

두 名詞가 [妻]와 [婦] 즉 '아내'의 뜻을 가지고 同義關係에 있다는 것은 다음 예문들에서 잘 확인된다. 원문 중 '妻其妻'가 '그 겨집을 겨집이라 ᄒᆞ다'로 번역되고 '取妻'가 '안해를 얻다'로 번역되므로 '겨집'과 '안해'의 동의성은 명백히 입증된다.

(7) a. 그 壯홈에 미처ᄂᆞᆫ 각각 그 겨집을 겨집이라 ᄒᆞ며(及其壯也ᄒᆞ얀 各妻其妻) <小언五 71a>

　　　b. 남진 겨집은 人倫의 큰 물리오(夫婦ᄂᆞᆫ 人倫大綱이오) <小언五 62b>

(7) c. 안해를 얻우듸 同姓을 얻디 아니ᄒᆞᄂᆞ니(取妻호듸 不取同姓이니) <小언二 45b>

　　　d. 안해 울오 조차늘(妻ㅣ 泣而從之어늘) <小언六 66a>

그리고 固有語 '안녁'이 [妻] 즉 '아내'의 뜻을 가진 名詞라는 사실은 다음 예문들에서 잘 확인된다. 예문은 漢文 부분이 없지만 예문 중 '안녁 삼다'는 '아내 삼다'로 해석된다.

(7) e. 그 天㉆ 계신 거나션타 阿修羅王 ᄯᅡ님 일후미 舍(10b)支 각시니 忉利天의 계신 帝釋이 그 舍支 각시를 블터 안녁 사마 가시니 그 각시 前生애 佛法 誹謗ᄒᆞ던 報로 모매 노린내 나거늘 <蒙六 11a>

<8> 곧 對 ᄃᆡ

두 名詞가 [處]와 [所] 즉 '곳, 데'의 뜻을 가지고 同義 關係에 있다는 것은 다음 예문들에서 잘 확인된다. 원문 중 '去處'가 '간 곧'으로 번역되고 '墓所'가 '무덤 곧'으로 번역되고 '所疑'가 '의심된 ᄃᆡ'로 번역된다. 따라서 '곧'과 'ᄃᆡ'의 동의성은 명백히 입증된다. 'ᄃᆡ'는 의존名詞이다.

(8) a. 간 고ᄃᆞᆯ 알게 ᄒᆞ며(令知去處호리라) <誡初 11b>
    b. 나ᅀᆞ며 그침이 덛덛흔 곧이 잇더니(進止有常處ᄒᆞ더니) <小언六 33b>
    c. 노ᄑᆞᆫ 그튼 디인의 사는 고디오(高岳巍岩ᄋᆞᆫ 智人의 所居오) <誡初 26a>
    d. 아ᄎᆞᆷ 나조히 ᄆᆡ양 무덤 곧애 니르러(旦夕애 常至墓所ᄒᆞ야) <小언六 24a>
(8) e. ᄒᆞ다가 의심된 ᄃᆡ 잇거든(如有所疑어든) <誡初 17b>
    f. 사름으로 더블어 ᄒᆞᆫᄃᆡ 이숌애(與人同處애) <小언五 102a>

<9> 곧 對 바

두 名詞가 [所] 즉 '것, 바'의 뜻을 가지고 同義 關係에 있다는 것은 다음 예문들에서 잘 확인된다. 원문 중 '所得'이 '得홀 곧'으로 번역되고 '所盜'가 '도즉

흔 바'로 번역된다. 따라서 두 名詞 '곧'과 '바'의 동의성은 명백히 입증된다. 두 名詞는 의존명사이다.

(9) a. 禪旨를 詳明히 參究ᄒ면 반ᄃᆞ기 得홀 고디 이시리니(參詳禪旨則 必有所得ᄒ리니) <龜上 12b>
b. ᄒ다가 내 오래 듀홀디라도 ᄂᆞ외야 이익홀 고디 업스리라(若我 久住이라도 更無所益이니라) <誡初 45a>
c. 닐오ᄃᆡ …… 幣帛 厚히 주고 말ᄉᆞᆷ 둘히 닐우미 道人의 저폰 고디 라 ᄒ시니라(曰……幣厚言甘이 道人의 所畏ㅣ라 ᄒ시니라) <龜 下 53b>

(9) d. 아젼의 도죽ᄒᆞᆫ 배 혜아리디 몯홀디니(吏人所盜 不貲矣니) <小 언五 61a>
e. 나랏 글이 다 浩의 히온 바가(國書ㅣ 皆浩所爲乎아) <小언六 41b>
f. 뻐 몸 가질 바를 알리라(知所以持身矣리라) <小언五 59b>
g. 窮혼 사ᄅᆞᆷ이 갈 배 업스니 ᄀᆞᆮ더시다(如窮人無所歸러시니) <小 언四 8a>

<10> 곧 對 자리

두 名詞가 [處], [所] 및 [處所] 즉 '곳, 자리'의 뜻을 가지고 同義 關係에 있다는 것은 다음 예문들에서 잘 확인된다. 원문 중 '捨處'가 'ᄇᆞ릴 곧'으로 번역되고 '所居'가 '사ᄂᆞᆫ 곧'으로 번역되며 '無處所'가 '자리 없다'로 번역된다. 따라서 '곧'과 '자리'의 동의성은 명백히 입증된다.

(10) a. 어로 ᄇᆞ릴 곧 업소매 다ᄃᆞ라ᅀᅡ(到無可捨處ᄒᆞ야ᅀᅡ) <蒙六

30b>
　b. 正히 다은 고대 다드르면(到淨盡處ᄒᆞ면) <蒙六 31b>
　c. 이 一生補處菩薩이 사는 고디라(是一生補處菩薩이 所居이니)
　　　<蒙六 14a>
　d. 큰 地獄은 一定ᄒᆞᆫ 고디 잇거니와(大地獄者는 則有定所커니와)
　　　<蒙六 6a>
(10) e. 妄ㅣ란 거슨 자리 업셔(妄無處所ᄒᆞ야) <龜上 8b>

<11> 구의 對 마을

　두 名詞가 [官]과 [府] 즉 '관청'의 뜻을 가지고 同義關係에 있다는 것은 다음 예문들에서 잘 확인된다. 원문 중 '居官'이 '구의예 잇다'로 번역되고 '入城府'가 '자 안히며 마올애 들어가다'로 번역된다. 따라서 '구의'와 '마올'의 동의성은 명백히 입증된다.

(11) a. 벼슬을 맛드며 구의예 이시면(任職居官ᄒᆞ면) <小언六 37a>
　b. 구의를 디늘어 공경티 아니홈이(莅官不敬이) <小언二 35b>
　c. 後生 졈은 사ᄅᆞ미 ᄀᆞᆺ 구의 딕킈는 ᄃᆡ 니르러(後生少年이 乍到官守ᄒᆞ야) <小언五 60b>
　d. 구읫 정ᄉᆞ를 맛다 ᄒᆞ고(服官政ᄒᆞ고) <小언一 6b>
　e. 구의 일 쳐티홈을 집일 ᄀᆞ티 ᄒᆞᆫ 연후에ᅀᅡ(處官事如家事然後에ᅀᅡ) <小언五 57a>
(11) f. 龐公이 일즉 자 안히며 마올애 들어가디 아니ᄒᆞ고(龐公이 未嘗入城府ᄒᆞ고) <小언六 84b>
　g. 믈읫 번딘 마ᄋᆞᆯ 다ᄉᆞ림애(凡理藩府에) <小언六 113b>

名詞 '구의'가 [官]의 뜻뿐만 아니라 [公]의 뜻을 가진다는 사실은 다음 예문들에서 잘 확인된다.

> (11) h. 阮籍이…구윗 座의셔 술 마시고 고기 먹기를 허ᄒ니(聽阮籍…飲酒食肉於公座ᄒ니) <小언五 46a>

<12> 그르메 對 그림재

두 名詞가 [影] 즉 '그림자'의 뜻을 가지고 同義 關係에 있다는 것은 다음 예문들에서 잘 확인된다. 원문 중 '履影'이 '그르메를 넓다'로 번역되고 '影響'이 '그림재와 소리'로 번역되므로 '그르메'와 '그림재'의 동의성은 명백히 입증된다.

> (13) a. 발애 ᄂᆞᆷ의 그르메를 넓디 아니ᄒ며(足不履影ᄒ며) <小언四 42a>
> 
> b. 졍셩감과 셩인 응이 허티 아니ᄒ야(9a) 모매 그림재와 소리예 향이 서ᄅᆞ 좃돗 ᄒᄂᆞᆫ 들 기피 신호리라(深信感應이 不虛ᄒ야 影響相從이니라) <誡初 9b>

<13> 그지 對 그음

두 名詞가 [量] 즉 '끝, 限度'의 뜻을 가지고 同義 關係에 있다는 것은 다음 예문들에서 잘 확인된다. 원문 중 '無量'이 '그지 없다'로도 번역되고 '그음 아니ᄒ다'로도 번역된다. 따라서 '그지'와 '그음'의 동의성은 명백히 입증된다.

> (13) a. 오란 겁에 부뫼 그지 업스며 ᄀᆞ 업스니(曠劫에 父母 ㅣ 無量無邊

ᄒ니) <誠初 80a>
b. 오직 술을 그음 아니ᄒ샤ᄃᆡ(唯酒無量ᄒ샤ᄃᆡ) <小言三 25b>

<14> 그지 對 다옴

名詞 '그지'와 동사 '다ᄋ다'의 名詞形 '다옴'이 [窮] 즉 '끝, 다함'의 뜻을 가지고 同義 關係에 있다는 것은 다음 예문들에서 잘 확인된다. 원문 중 '無窮'이 '그지 없다'로도 번역되고 '다옴 없다'로도 번역된다. 따라서 '그지'와 '다옴'의 동의성은 명백히 입증된다.

(14) a. 어딘 일홈이 그지 업더니(슈名이 無窮焉ᄒ더니) <小言五 85a>
b. ᄆᆞ장 그지 업스니(儘無窮ᄒ니) <小言五 111b>
c. ᄆᆞᄎᆞ매 그지 업시 쥐웃브믈 닐위ᄂᆞ니라(終致無窮之悔爲飛尼羅) <警民 10a>
(14) d. ᄯᅩ 방싱 손해호미 다옴 업스니(亦乃傍生損害無窮ᄒ니) <誠初 50a>

<15> 남진 對 ᄉ나히

두 名詞가 [男]과 [男子] 즉 '남자'의 뜻을 가지고 同義 關係에 있다는 것은 다음 예문들에서 잘 확인된다. 원문 중 '男女'가 '남진 겨집'으로도 번역되고 'ᄉ나히와 간나히'로도 번역되므로 '남진'과 'ᄉ나히'의 동의성은 명백히 입증된다. '남진'은 [女]의 뜻을 가진 '겨집'과 대립 관계에 있고 'ᄉ나히'는 [女子]와 [女]의 뜻을 가진 '겨집, 간나히'와 대립 관계에 있다.

(15) a. 남진 겨집의 족뉘(男女之族이) <小言五 63b>

b. 飮食과 남진 겨집으로뻐 切흔 종요를 삼올디니(以飮食男女로 爲切要ㅣ니) <小言五 33a>
(15) c. 亽나히며 간나히 아힌 제븓터 곧 교만ᄒᆞ며 게을어 희야ᄇᆞ려(男女ㅣ 從幼便驕惰壞了ᄒᆞ야) <小言五 2b>
d. 亽나히와 간나히 굴히욤이 이시며(男女ㅣ 有別ᄒᆞ며) <小言五 34a>
e. 뻐 亽나히와 겨집의 례예 굴히쁘다 ᄒᆞ시니라(以爲別於男女之 禮矣라 ᄒᆞ시니라) <小言四 35b>
f. 亽나히ᄂᆞᆫ 밧씌 잇고 겨집은 안해 이셔(男子ᄂᆞᆫ 居外ᄒᆞ고 女子ᄂᆞᆫ 居內ᄒᆞ야) <小言二 50a>
g. 亽나히 연괴 업거든(男子ㅣ 無故ㅣ어든) <小言五 53a>

<16> 남진 對 亽나히 對 지아비

세 名詞가 [夫]와 [丈夫] 즉 '남편'의 뜻을 가지고 同義關係에 있다는 것은 다음 예문들에서 잘 확인된다. 원문 중 '夫家'가 '남진의 가문'으로 번역되고 '丈夫喪次'가 '亽나히 거상 닙어 이실 디'로 번역되고 '輕…夫'가 '지아비를 가 빈야이 너기다'로 번역된다. 따라서 '남진', '亽나히' 및 '지아비'의 동의성은 명 백히 입증된다. 두 名詞 '남진'과 '亽나히'는 원뜻이 [男]과 [男子] 즉 '남자'인 데, 여기서는 特殊化되어 [夫]와 [丈夫] 즉 '남편'의 뜻을 가진다.

(16) a. 그 남진이 부방 가게 當ᄒᆞ야(其夫ㅣ 當行戍ᄒᆞ야) <小言六 50b>
b. 남진이 갈 적의(夫ㅣ 去時예) <小言六 52a>
c. ᄯᅩ 남진의 가문이 쁘러 죽어 이믜 盡ᄒᆞ여시니(且夫家ㅣ 夷滅已 盡ᄒᆞ니) <小言六 58a>

(16) d. 스나히 거상 닙어 이실 디룰 ᄒᆞ고(爲丈夫喪次ᄒᆞ고) <小言五 52b>
    e. 婦人이 시러곰 믄득 스나히 거상 닙어 인ᄂᆞᆫ 곧애 니르디 아니홀 디니라(婦人이 不得輒至男子喪次ㅣ니라) <小言五 53a>
(16) f. 그 지아비ᄅᆞᆯ 가븨야이 너기며(輕其夫) <小言六 65a>

두 名詞 '남진'과 '셔방'이 [夫] 즉 '남편'의 뜻을 가진 동의어라는 사실은 다음 예문들에서 잘 확인된다. 원문 중 '嫁'가 '남진 얼리다'로도 번역되고 '셔방 맞다'로도 번역되므로 '남진'과 '셔방'의 동의성은 명백히 입증된다.

(16) g. 쟝ᄎᆞᆺ ᄃᆞ려다가 남진 얼리려 ᄒᆞ더니(將取嫁之ᄒᆞ더니) <小言六 52a>
(16) h. 孝婦ㅣ 나히 열여스신 제 셔방 마자(孝婦ㅣ 年이 十六而嫁ᄒᆞ야) <小言六 50b>
    i. 夫人이 呂氏예 셔방 마자오나ᄂᆞᆫ(夫人이 嫁呂氏ᄒᆞ야ᄂᆞᆫ) <小言六 6b>

<17> 내죵 對 ᄆᆞᄎᆞᆷ

두 名詞가 [終] 즉 '나중, 마침'의 뜻을 가지고 同義 關係에 있다는 것은 다음 예문들에서 잘 확인된다. 원문 중 '終始'가 '내죵과 처엄'으로도 번역되고 'ᄆᆞᄎᆞᆷ이며 비르숨'으로도 번역된다. 따라서 '내죵'과 'ᄆᆞᄎᆞᆷ'의 동의성은 명백히 입증된다. 名詞 'ᄆᆞᄎᆞᆷ'은 동사 '몿다'의 어간 '몿-'과 名詞 형성 접미사 '-ᄋᆞᆷ'의 결합으로 생긴 派生名詞이다.

(17) a. 내죵과 처엄이 ᄒᆞᆫ가짓 ᄠᅳᆮ이면 내의 ᄆᆞᄋᆞᆷ 요동 아니홈이(終始一

　　　　　意則我志不動心이) <小언五 9b>
　　　b. 오히려 내죵을 보젼코져 ᄒᆞ거든(尙欲保終이어든) <小언六 58a>
　　　c. 내죵 삼가기를 처엄 ᄀᆞ티 홀디니(愼終如始니) <小언二 76b>
　　　d. 내죵애 더을 이리 업거니와(終歸無益於尼趴) <警民 6b>
(17)　e. 효도ㅣ ᄆᆞᄎᆞ미며 비르솜이 업고(孝無終始오) <小언二 32a>
　　　f. 효도이 비르소미오…뻐 父母를 현뎌케 홈이 효도이 ᄆᆞᄎᆞ미니라 (孝之始也ㅣ오…以顯父母ㅣ 孝之終也ㅣ니라) <小언二 29a>
　　　g. ᄆᆞᄎᆞ매 혜아리디 몯혼 이를 닐위ᄂᆞ니(終致不測爲飛尼) <警民 9a>
　　　h. ᄆᆞᄎᆞ매 지비 패케 되ᄂᆞ니(終致敗家爲飛尼) <警民 6b>
　　　i. 져그나도 ᄎᆞᆷ디 몯ᄒᆞ면 ᄆᆞᄎᆞ미 ᄀᆞᆺ 업슨 이레 ᄲᅥ디ᄂᆞ니라(小不忍則終陷不測爲飛尼羅) <警民 15b>

<18> ᄂᆞᆾ빛 對 ᄂᆞᆺ곳ᄎᆞ

　두 名詞가 [色]과 [顔色] 즉 '낯빛, 안색'의 뜻을 가지고 同義關係에 있다는 것은 다음 예문들에서 잘 확인된다. 원문 중 '疾言遽色'이 '샐ᄅᆞᆫ 말와 급거흔 ᄂᆞᆾ빛'으로도 번역되고 '샐ᄅᆞᆫ 말이며 과ᄀᆞᆯ 낫곳ᄎᆞ'으로도 번역된다. 따라서 'ᄂᆞᆾ빛'과 'ᄂᆞᆺ곳ᄎᆞ'의 동의성은 명백히 입증된다.

(18) a. 呂正獻公이(121b)…샐ᄅᆞᆫ 말와 급거흔 ᄂᆞᆾ비치 업스며(呂正獻公이…無疾言遽色ᄒᆞ며) <小언六 121b>
　　　b. 先生이 보야호로 말슴이며 ᄂᆞᆺ빗츨 ᄌᆞᆨ간 ᄂᆞᄌᆞ기 ᄒᆞ더라(先生이 方略降辭色ᄒᆞ더라) <小언六 4a>
　　　c. 긔운을 ᄂᆞᄌᆞ시 ᄒᆞ며 ᄂᆞᆺ빗츨 화열히 ᄒᆞ며 소리를 부들어이 ᄒᆞ야

뻐 諫홀디니(下氣怡色柔聲以諫이니) <小言二 21b>
- d. 눗빗츨 和히 ᄒ며 소리를 부드러이 ᄒ야(和色柔聲ᄒ야) <小言五 36a>
- e. 눗빗체 온화홈을 싱각ᄒ며(色思溫ᄒ며) <小言三 5a>
- f. 오히려 근심ᄒᄂ 눗빗츨 두겨샤믄(猶有憂色은) <小言四 17a>
- g. 눗비치 ᄌ연ᄒ여(顔色이 自若ᄒ야) <小言六 72b>
- h. 눗빗츨 正히 홈애(正顔色애) <小言三 6a>

(18) i. 劉寬이…일즉 섇ᄅ 말이며 과ᄀᄅ 눗곳츨 아니ᄒ더니(劉寬이…未賞疾言遽色ᄒ더니) <小言六 102b>

<19> 쁴 對 젹 對 ᄯᅴ

세 名詞가 [時] 즉 '때, 적'의 뜻을 가지고 同義 關係에 있다는 것은 다음 예문들에서 잘 확인된다. 원문 중 '好時'가 '됴ᄒ 쁴'로 번역되고 '作字時'가 '글 쓰실 적'으로 번역되고 '彼時'가 '뎌 ᄯᅴ'로 번역된다. 그리고 '當時'가 '그 적'으로도 번역되고 '그 ᄯᅴ'로도 번역된다. 따라서 '쁴', '적' 및 'ᄯᅴ'의 동의성은 명백히 입증된다. '쁴'는 實質名詞인데 '적'과 'ᄯᅴ'는 依存名詞이다.

(19) a. 氣象이 됴ᄒ 쁴옌(氣象好時옌) <小言五 94a>
- b. 말ᄉᆷᄒ기를 쁴 계게 호ᄃᆡ(談論蹠時호ᄃᆡ) <小言六 124a>
- c. 혼인호믈 쁴를 일티 아니홈과 엇더뇨(何如嫁不失時오) <小言六 96b>
- d. 도라옴애 쁴를 넘우디 아니ᄒ며(復不過時ᄒ며) <小言二 16a>
- e. 悌ㅣ 쁴예 몯홈이 잇다 ᄒ니(悌有不時라 ᄒ니) <小言二 76a>

(19) f. 明道先生이 글 쓰실 저긔(明道先生이 作字時예) <小言六 122b>

g. 졋 먹는 아히 도여실 적브터(自爲乳兒時로) <小언六 132a>
h. 그 적 士태우들히(當時士太夫ㅣ) <小언六 130a>
(19) i. 諸佛子는 山僧의 이리 드러 닐오몰 드를 삐(諸佛子는 聞山僧의 恁麽擧時예) <蒙六 31b>
j. 山僧이 ᄒᆞ다가 그 삐 天帝釋기 ᄃᆞ외야 잇더든(山僧ㅣ 當時예 若作天帝釋ㅣ린든) <蒙六 40b>
k. 뎌 삐 녕긔ᄒᆞ며 놀난 사ᄅᆞ미 잇더니(彼時예 有靈利漢이러니) <蒙六 32b>

<20> 되 對 오랑캐

두 名詞가 [夷狄]과 [夷虜] 즉 '오랑캐'의 뜻을 가지고 同義 關係에 있다는 것은 다음 예문들에서 잘 확인된다. 원문 중 '之夷狄'이 '되게 가다'로 번역되고 '夷虜之道'가 '오랑캐의 道'로 번역되므로 '되'와 '오랑캐'의 동의성은 명백히 입증된다. (c)의 원문 중 '夷虜'는 『內訓』(1475)에서는 '되 다대' <一 79a>로 번역되고 『飜譯小學』(1518)에서는 '되' <七 31a>로 번역된다.

(20) a. 비록 되게 가도(雖之夷狄이라두) <小언三 4b>
b. 비록 되 나라히라도(雖蠻貊之邦이라두) <小언三 5a>
(20) c. 혼인에 지믈 의론ᄒᆞ기는 오랑캐의 道ㅣ라(婚娶而論財는 夷虜之道也ㅣ라) <小언五 63a>

<21> 두듥 對 두던

두 名詞가 [丘陵]과 [壟] 즉 '언덕'의 뜻을 가지고 同義 關係에 있다는 것은 다음 예문들에서 잘 확인된다. 원문 중 '上丘陵'이 '두듥에 오ᄅᆞ다'로 번역되고

'壟上'이 '두던 우ㅎ'로 번역되므로 '두듥'과 '두던'의 동의성은 명백히 입증된다.

(21) a. 얼운을 조차 두듥에 올라눈 반드시 얼운 보시논 바를 鄕홀디니라(從長者而上丘陵則必鄕長者所視니라) <小언二. 58b>
b. 龐公이 두던 우희 가 받 가던 거슬 그치고(龐公이 釋耕於壟上이어늘) <小언六 84b>

<22> 뒷간 對 통시

두 名詞가 [廁] 즉 '뒷간, 변소'의 뜻을 가지고 同義 關係에 있다는 것은 다음 예문들에서 잘 확인된다. 원문 중 '塗廁'이 '뒷간의 흙 브르다'로 번역되고『七大萬法』의 예문 중 '통시예 똥이로라'가 발견된다. 따라서 '뒷간'과 '통시'의 동의성은 명백히 입증된다. 名詞 '통시'는『七大萬法』에 처음으로 등장한다.

(22) a. 智伯의 신하 豫讓이(30b)……襄子ㅅ 宮 가온되 들어 뒷간의 흙 브르거늘(智伯之臣 豫讓이……入襄子宮中ᄒᆞ야 塗廁어늘) <小언四 31a>
b. 시혹 부톄며 지샹 량반 반샹애 져근덛 올와 잇다가 도로 통시예 똥이로라 ᄒᆞ고 <七大 13a>

<23> ᄃᆞ 對 줄

두 名詞가 [것]의 뜻을 가지고 同義 關係에 있다는 것은 다음 예문들에서 잘 확인된다. 원문 중 '觀…緣起'가 '닌 들 관ᄒᆞ다'로 번역되고 '知…猶如山海'가 '산과 바라 ᄀᆞ튼 주를 알다'로 번역된다. 따라서 두 名詞 'ᄃᆞ'와 '줄'의 동의성은 명백히 입증된다. 두 명사는 의존명사이다.

(23) a. 눙녀과 소례괘 다 진셩을 브터 닌 둘 기피 관ᄒᆞ야(深觀能禮所禮
    皆從眞性緣起니) <誡初 9a>
    b. 모매 그림재와 소리예 향이 서ᄅᆞ 좃ᄃᆞᆺ ᄒᆞᄂᆞᆫ 둘 기피 신호리라
    (深信…影響相從이니라) <誡初 9b>
(23) c. 내 모매 죄쟝이 산과 바라 ᄀᆞᄐᆞᆫ 주를 아라(須知自身罪障ㅣ 猶如
    山海ᄒᆞ니) <誡初 9a>
    d. 모로매 니참과 ᄉᆞ참과로 슬워 덜 주를 아롤디니라(須知理懺事
    懺오로 可以消除니라) <誡初 9a>

<24> 로 對 솔기

두 名詞가 [羅] 즉 '얇은 비단'의 뜻을 가지고 同義 關係에 있다는 것은 다음 예문들에서 잘 확인된다. 원문 중 '綺羅'가 '깁과 로'로 번역되고 '羅錦'이 '솔기며…금의'로 번역된다. 따라서 '로'와 '솔기'의 동의성은 명백히 입증된다.

(24) a. 깁과 로와 금의와 슈치를 집의 드리디 아니ᄒᆞ야(綺羅錦繡를 不
    入于室ᄒᆞ야) <小언六 126a>
    b. 솔기며 고뢰며 금의와 슈치를 ᄡᅳ디 아니ᄒᆞ며(不用綾羅錦繡ᄒᆞ
    며) <小언六 98b>

<25> ᄆᆞ스것 對 므슥 對 므섯 對 므엇

네 개의 代名詞가 [何] 즉 '무엇'의 뜻을 가지고 同義 關係에 있다는 것은 다음 예문들에서 잘 확인된다. 원문 중 '何食飮'이 'ᄆᆞ스거슬 자시다'로 번역되고 '何先'이 'ᄆᆞ서슬 몬져 ᄒᆞ다'로 번역되고 '何求'가 'ᄆᆞ어슬 求ᄒᆞ다'로 번역된다. 그리고 '므슥'은 『七大萬法』의 'ᄆᆞ스글 가지고셔'와 'ᄆᆞ스글 因ᄒᆞ야에서 발

견된다. 따라서 '므스것', '므슥', '므섯' 그리고 '므엇'의 동의성은 명백히 입증된다.

(25) a. 므스거슬 자실고 묻즈와(問何食飮矣오 ᄒ야) <小言二 4b>
b. 곧 졍ᄉᄒ욤애 므스거시 어려우료(則於爲政애 何有ㅣ리오) <小言六 49a>
c. 다시 므스거슬 노하 ᄇ리링꼬(更放下介什麽이닛고) <蒙六 30b>

(25) d. 듀화ᄂ 누니 업거시니 므스글 가지고셔 히를 조차 도라오며 반ᄎᆔ 귀 업거시니 므스글 因ᄒ야 울엣 소리 듣고 開ᄒᄂ뇨 <七大 9a>

(25) e. 劉公이 무로ᄃ 行홈애 므서슬 몬져 ᄒ링잇고(劉公이 問行之何先이니잇고) <小言六 123a>
f. 훗ᄃ예 므스스로뻐 子孫을 기티리오(後世예 何以有子孫乎아) <小言六 86a>
g. ᄀᄅ치디 아니ᄒ야셔 어디롬이 聖人 아니오 므서시며(不敎而善이 非聖而何ㅣ며 <小言五 27a>
h. ᄀᄅ쳐도 ᄯ 어디디 몯홈이 어린이 아니오 므섯고(敎亦不善이 非愚而何오) <小言五 27a>

(25) i. ᄯ 므어슬 求ᄒ야 얻디 몯ᄒ며(亦何求不得이며) <小言五 99a>

그리고 代名詞 '므슴'이 [何] 즉 '무엇'의 뜻을 가지고 있다는 것은 다음 예문들에서 잘 확인된다.

(25) j. 東녁 집의셔 돋틀 죽이믄 므슴 홀여 ᄒᄂ고(東家殺猪ᄂ 何爲오) <小言四 4b>

<26> ᄆᆞ을 샹사룸 對 샹사룸

명사구 'ᄆᆞ을 샹사룸'과 합성명사 '샹사룸'이 [鄕人] 즉 '시골 사람, 고향 사람'의 뜻을 가지고 동의 관계에 있다는 것은 다음 예문들에서 잘 확인된다. 원문 중 '自鄕人'이 'ᄆᆞ을 샹사룸으로블터'로 번역된다. 그리고 '爲鄕人'이 '샹사룸 되다'로 번역된다. 따라서 'ᄆᆞ을 샹사룸'과 '샹사룸'의 동의성은 명백히 입증된다. 명사구 'ᄆᆞ을 샹사룸'은 명사 'ᄆᆞ을'[鄕]과 합성명사 '샹사룸'의 결합이다. 합성명사 '샹사룸'은 명사 '샹'(常)과 명사 '사룸'의 合成이다.

(26) a. ᄆᆞ을 샹사룸으로블터 可히 聖人의 道애 니ᄅᆞ매 인ᄂᆞ니라(自鄕人而可至於聖人之道ㅣ니라) <小언六 12b>
b. 나ᄂᆞᆫ 오히려 샹사룸 되욤을 免티 몯ᄒᆞ얀ᄂᆞ니(我ᄂᆞᆫ 猶未免爲鄕人也ᄒᆞ니) <小언四 1b>

<27> 바ᄅᆞᆯ 對 바다ㅎ 對 바라ㅎ

세 名詞가 [海] 즉 '바다'의 뜻을 가지고 同義 關係에 있다는 것은 다음 예문들에서 잘 확인된다. 원문 중 '海隅'의 자석에서 '海'가 '바ᄅᆞᆯ'로 번역되고 '三途海'가 '삼도 바다ㅎ'로 번역되며 '海一漚'가 '바라히 ᄒᆞᆫ 거품'으로 번역된다. 따라서 '바ᄅᆞᆯ', '바다ㅎ' 및 '바라ㅎ'의 동의성은 명백히 입증된다.

(27) a. 海隅ᄂᆞᆫ 바ᄅᆞᆯ 가(6a)새 개오지라 <蒙六 6b>
b. 見을 자바 주그며 살며 ᄒᆞᄂᆞᆫ 바ᄅᆞ래 ᄲᅥ디여셔 그우ᄂᆞ니라 <七大 8b>
(27) c. 삼도 바다히 더옥 기프리라(三途海益深ᄒᆞ리니) <誡初 64a>
d. ᄲᅡᆯ리 녀븐 바다해 디헷 비치 도외야(速爲洪濤之智慧楫ᄒᆞ야)

&lt;誡初 81a&gt;

e. 四海[네 녁 바다 안히니 텬하를 다 닐옴이라]예 법이 되ᄂ니(刑于四海ᄒᄂ니) &lt;孝언 3a&gt;

(27) f. 空이 大覺애셔 난 디 바라히 ᄒᆞᆫ 거품 나ᄃᆞᆺ ᄒᆞ니(空生大覺中호디 如海一漚發ᄐᆞᆺ ᄒᆞ니) &lt;蒙六 20b&gt;

g. 東海 바라해 龍ᄋᆞᆯ ᄒᆞᆫ 막다히로 ᄀᆞᆯ틴대(東海鯉魚를 打一棒ᄒᆞ니) &lt;蒙六 35b&gt;

h. 내 모매 죄쟝이 산과 바라 ᄀᆞᆮᄐᆞᆫ 주를 아라(須知自身罪障ㅣ 猶如山海ᄒᆞ니) &lt;誡初 9a&gt;

&lt;28&gt; 번 對 디위

두 名詞가 [番] 즉 '번'의 뜻을 가지고 同義 關係에 있다는 것은 다음 예문들에서 잘 확인된다. 원문 중 '此番'이 '이 번'으로 번역되고 '一過'가 'ᄒᆞᆫ 번 디내다'로 번역되고 '一攢'이 'ᄒᆞᆫ 디위 비븨다'로 번역된다. 따라서 '번'과 '디위'의 동의성은 명백히 입증된다.

(28) a. 이 버네 人身를 일흐면(此番에 失却ᄒᆞ면) &lt;蒙六 13b&gt;

b. 몸소 닑어 ᄒᆞᆫ 번 디냄을 뭇고(躬讀一過訖ᄒᆞ고) &lt;小언六 95a&gt;

c. 文王이 ᄒᆞᆫ 번 뫼 자셔든(文王이 一飯이어시든) &lt;小언四 12b&gt;

d. 세 번 犯ᄒᆞ야ᄃᆞᆫ 罰을 行호디(三犯而行罰호디) &lt;小언二 16b&gt;

e. ᄒᆞᄅᆞ 一萬 번(7a)늘 죽고 一萬 버늘 사ᄂ니(一日萬死萬生ᄒᆞᄂ니) &lt;蒙六 7b&gt;

(28) f. 목숨 ᄇᆞ리고 ᄒᆞᆫ 디위 비븨여(棄命一攢ᄒᆞ야) &lt;龜上 17a&gt;

&lt;29&gt; 번 對 번븨

제2장 固有語간의 同義 35

두 名詞가 [朋友] 즉 '벗, 붕우'의 뜻을 가지고 同義 關係에 있다는 것은 다음 예문들에서 잘 확인된다. 원문 중 '臣朋友'가 '신하와 벋'으로 번역되고 '今之朋友'가 '이제 벋븨'로 번역된다. 그리고 '朋友之任'이 '벋의 소임'으로 번역되고 '朋友之間'이 '벋븨 ᄉᆞ이'로 번역된다. 따라서 '벋'과 '벋븨'의 동의성은 명백히 입증된다.

(29) a. 님금과 신하와 벋이(君臣朋友ㅣ) <小言五 76b>

b. 벋이 벼슬ᄒᆞ야 나아가기로 ᄡᅥ 서르 블러(朋友ㅣ 以仕進으로 相招ᄒᆞ야) <小言五 103b>

c. 벋은 근절히 ᄒᆞ며 ᄌᆞ셔히 힘ᄡᅥ ᄒᆞ고(朋友ᄂᆞᆫ 切切偲偲ᄒᆞ고) <小言二 65b>

d. 벋은 서르 내걷디 아니홀디니라(朋友ᄂᆞᆫ 不相踰ㅣ니라) <小言二 64b>

e. 벋을 듸졉ᄒᆞᄆᆡ예ᄂᆞᆫ 能히 벋의게 ᄂᆞ리디 몯ᄒᆞ고(接朋友則不能下朋友ᄒᆞ고) <小言五 3b>

f. 從容히 규정ᄒᆞ며 경계홈은 벋의 소임이니(從容規戒者ᄂᆞᆫ 朋友之任也니) <小言五 114a>

g. 어딜모로 貴홈은 벋의 道ㅣ니라(貴善은 朋友之道也ㅣ니라) <小言二 65b>

h. 벋의게 믿비 아니홈이(朋友不信ㅣ) <小言二 35b>

(29) i. 이제 벋븨 그 아당 잘ᄒᆞᄂᆞᆫ 이로 ᄀᆞᆯᄒᆡ여 ᄡᅥ 서르 여허ᄒᆞ야(今之朋友ㅣ 擇其善以相與ᄒᆞ야 <小言五 77a>

j. 벋븨 ᄉᆞ이예 그 공경을 읏듬 삼ᄂᆞᆫ 이ᅀᅡ(於朋友之間애 主其敬者ㅣᅀᅡ) <小言五 77a>

k. 벋븨 ᄉᆞ이예ᄂᆞᆫ(朋友之際ᄂᆞᆫ) <小言五 77a>

<30> 벌에 對 버러지

두 名詞가 [蟲] 즉 '벌레'의 뜻을 가지고 同義 關係에 있다는 것은 다음 예문들에서 잘 확인된다. 원문 중 '蟲蟻'가 '벌에며 개야미'로 번역되고 '蟲鼠'가 '버러지와 쥐'로 번역된다. 따라서 '벌에'와 '버러지'의 동의성은 명백히 입증된다.

(30) a. 뜰 가온대 딕쥬어리여 벌에며 개야미를 주어(啄啄庭中拾蟲蟻ᄒ야) <小언六 93a>
b. ᄀᆞᆺ 난 벌에를 죽이디 아니ᄒ며(啓蟄不殺ᄒ며) <小언四 42a>
c. ᄇᆞ람과 비와 버러지와 쥐의 ᄒ여ᄇᆞ린 배 되ᄂᆞ니(爲…風雨蟲鼠의 所毁傷ᄒ니) <小언五 117b>

명사 '벌어지'가 [蟲] 즉 '벌레'의 뜻을 가지고 있다는 것은 다음 예문들에서 잘 확인된다. 원문 중 '毒蟲'이 '독ᄒᆞᆫ 벌어지'로 번역된다.

(30) d. 부러 독ᄒᆞᆫ 벌어지며 ᄇᆡ얌으로써 사ᄅᆞᆷ을 믈여 죽게 ᄒᆞᆫ 쟈는 목 버히고(故用毒蟲蛇咬人致死者斬五) <警民 18b>

<31> 사ᄅᆞᆷ 對 눔

두 名詞가 [人] 즉 '남'의 뜻을 가지고 同義 關係에 있다는 것은 다음 예문들에서 잘 확인된다. 원문 중 '人之善'이 '사ᄅᆞᆷ이 어디롬'으로 번역되고 '人有學'이 '눔이 ᄇᆡ홈 이심'으로 번역된다. 따라서 '사ᄅᆞᆷ'과 '눔'의 동의성은 명백히 입증된다.

(31) a. 사룸이 어디롬으란 듣고 믜여 ᄒᆞ며(聞人之善ᄒᆞ고 嫉之ᄒᆞ며) <小언五 17b>

　　　b. 사룸이 아디 몯홈ᄋᆞ란 분별 마오(不患人不知ᄒᆞ고) <小언五 20b>

(31) c. ᄂᆞᆷ이 비홈 이심을 아쳐ᄒᆞᄂᆞ니라(惡人有學이니라) <小언五 17a>

　　　d. 모딘 말로 ᄂᆞᆷ 샹케 마롤디니라(不得惡語로 傷人이니라) <誡初 3a>

<32> 사룸 對 이

두 名詞가 [者] 즉 '사람'의 뜻을 가지고 同義 關係에 있다는 것은 다음 예문들에서 잘 확인된다. 원문 중 '有福德者'가 '복덕 둣는 사룸'으로 번역되고 '有志氣者'가 '志氣 뒷ᄂᆞ니'로 번역된다. 따라서 '사룸'과 '이'의 동의성은 명백히 입증된다. '뒷ᄂᆞ니'는 '두+잇+ᄂᆞ+ㄴ# 이'로 분석될 수 있다. '이'는 依存名詞이다.

(32) a. 복덕 둣는 사ᄅᆞᆷ은 불법승 삼보롤 도라가 브터(有德福者ᄂᆞᆫ 歸依三寶ᄒᆞ야) <蒙六 11b>

　　　b. 四禪과 八定과롤 어든 사ᄅᆞ미라도(有得四禪八定者라도) <蒙六 15b>

　　　c. 聲聞位옛 사ᄅᆞᆷ은(聲聞者ᄂᆞᆫ) <蒙六 16b>

(32) d. 志氣 뒷ᄂᆞ니는(有志氣者ᄂᆞᆫ) <蒙六 12b>

　　　e. 구의예 딕흰 것 둔는 이(有官守者ㅣ) <小언二 44a>

　　　f. 善因 업스시닌 서글픈 ᄆᆞᅀᆞ미 正히 熾盛ᄒᆞ야(無善因者ᄂᆞᆫ 嗔心이 正熾ᄒᆞ야) <蒙六 11b>

<33> 셰간 對 쳔량

두 名詞가 [財]와 [錢] 즉 '재물'의 뜻을 가지고 同義 關係에 있다는 것은 다음 예문들에서 잘 확인된다. 원문 중 '分財'가 '셰간 논호다'로 번역되고 '將錢物'이 '쳔량의 거슬 가지다'로 번역된다. 따라서 '셰간'과 '쳔량'의 동의성은 명백히 입증된다.

(33) a. 아ᅌᆞ와 동ᄉᆡᆼ의 ᄌᆞ식들히 셰간 논화 닫 사라지라 求ᄒᆞ거늘(弟子ㅣ 求分財異居ㅣ어늘) <小언六 20b>
b. 아ᅌᆞ와 동ᄉᆡᆼ의 ᄌᆞ식들히 ᄌᆞ조 그 셰간을 배아거늘(弟子ㅣ 數破其産이어늘) <小언六 21a>
(33) c. 벼슬혼 이 쳔량의 거슬 가져다가(仕宦者ㅣ 將錢物ᄒᆞ야) <小언六 47a>

<34> ᄉᆞ이 對 서리

두 名詞가 [間] 즉 '셋 이상의 공간적 간격'의 뜻을 가지고 同義 關係에 있다는 것은 다음 예문들에서 잘 확인된다. 원문 중 '朋友之間'이 '벋븨 ᄉᆞ이'로 번역되고 '民間'이 '빅셩의 서리'로 번역되므로 'ᄉᆞ이'와 '서리'의 동의성은 명백히 입증된다.

(34) a. 벋븨 ᄉᆞ이예 그 공경을 읏듬삼는 이샤(於朋友之間애 主其敬者ㅣ샤) <小언五 77a>
b. 놀옴놀이예 무(3b)덤 ᄉᆞ이 일을 ᄒᆞ야(嬉戱예 爲墓間之事ᄒᆞ야) <小언四 4a>
(34) c. 그 어미 劉氏를 내텨 빅셩의 서리예 얼리니(出其母劉氏ᄒᆞ야 嫁

民間ᄒᆞ니) <小언六 30b>

<35> 아ᄒᆡ 對 져므니/져믄이

두 名詞가 [幼]와 [少] 즉 '아이, 어린이'의 뜻을 가지고 同義 關係에 있다는 것은 다음 예문들에서 잘 확인된다. 원문 중 '長幼'가 '얼운과 아ᄒᆡ'로도 번역 되고 '얼운과 져므니'로도 번역된다. 그리고 '少長'이 '아ᄒᆡ 얼운'으로 번역되 고 '少事長'이 '져믄이 얼운 셤기다'로 번역된다. 따라서 '아ᄒᆡ'와 '져므니/져믄 이'의 동의성은 명백히 입증된다.

(35) a. 얼운과 아ᄒᆡ(長幼ㅣ) <小언六 99b>
　　 b. 얼운과 아ᄒᆡ 和ᄒᆞ 후에(長幼和而後에) <小언三 9a>
　　 c. 얼운과 아ᄒᆡ 다 모닷더니(長幼ㅣ 咸萃러니) <小언六 27a>
　　 d. 얼운과 아희 ᄎᆞ례를 ᄇᆞᆯ키니라(明長幼之序ᄒᆞ니라) <小언二 65a>
　　 e. 아ᄒᆡ 얼운 업시(無少長히) <小언六 98b>
(35) f. 얼운과 져므니 ᄎᆞ례 이시며(長幼有序ᄒᆞ며) <小언一 9a>
　　 g. 져므니ᄂᆞᆫ 소라ᄅᆞᆯ 받들고 얼운은 믈을 받드러(少者ᄂᆞᆫ 奉槃ᄒᆞ고 長者ᄂᆞᆫ 奉水ᄒᆞ야) <小언二 3b>
　　 h. 져믄이 얼운 셤기며(少事長ᄒᆞ며) <小언二 8a>
　　 i. 져믄이 얼운을 므던이 너기며(少陵長ᄒᆞ며) <小언四 49a>

<36> 양ᄌᆞ 對 모양

두 名詞가 [貌] 즉 '모양'의 뜻을 가지고 同義 關係에 있다는 것은 다음 예 문들에서 잘 확인된다. 원문 중 '變貌'가 '양ᄌᆡ 변ᄒᆞ다'로 번역되고 '貌思恭'이

'모양애 엄공홈을 싱각ᄒᆞ다'로 번역된다. 따라서 '양ᄌᆞ'와 '모양'의 동의성은 명백히 입증된다.

  (36) a. 술을 먹오ᄃᆡ 양ᄌᆡ 변홈애 니르게 아니ᄒᆞ며(飮酒不至變貌ᄒᆞ며)
    &lt;小彦二 23a&gt;
  (36) b. 모양애 엄공홈을 싱각ᄒᆞ며(貌思恭ᄒᆞ며) &lt;小彦三 5b&gt;
    c. 얼굴 모양을 반ᄃᆞ시 단졍ᄒᆞ고 싁싁히 ᄒᆞ며(容貌를 必端莊ᄒᆞ며)
    &lt;小彦五 96a&gt;

&lt;37&gt; 어딢 對 어딘 일

 명사형 '어딢'과 명사구 '어딘 일'이 [善] 즉 '착함, 착한 일'의 뜻을 가지고 동의 관계에 있다는 것은 다음 예문들에서 잘 확인된다. 원문 중 '妄善'이 '어딜믈 닛다'로 번역되고 '從善'이 '어딘 일 조촘'으로 번역된다. 따라서 '어딢'과 '어딘 일'의 동의성은 명백히 입증된다. 명사형 '어딢'은 상태동사 '어딜다'의 명사형이고 명사구 '어딘 일'은 상태동사 '어딜다'의 관형사형 '어딘'과 명사 '일'의 결합이다.

  (37) a. 음탕ᄒᆞ면 어딜믈 닛고 어딜믈 니ᄌᆞ면 사오나온 ᄆᆞᄋᆞᆷ이 나ᄂᆞ니
    라(淫則妄善ᄒᆞ고 妄善則惡心이 生ᄒᆞᄂᆞ니라) &lt;小彦四 45a&gt;
    b. 어딘 일 조촘은 오ᄅᆞ기 ᄀᆞᆮ고(從善은 如登이고) &lt;小彦五 82b&gt;

&lt;38&gt; 어버이 對 아비 어미

 名詞 '어버이'와 名詞句 '아비 어미'가 [父母] 즉 '어버이, 부모'의 뜻을 가지고 同義 關係에 있다는 것은 다음 예문들에서 잘 확인된다. 원문 중 '妻父母'

가 '겨지븨 어버이'로 번역되고 '我父母'가 '내 아비 어미'로 번역된다. 따라서 '어버이'와 '아비 어미'의 동의성은 명백히 입증된다.

> (38) a. 겨지븨 어버이를 티면 댱 일빅기오(妻父母乙 毆打則杖一百五) <警民 5a>
> b. 남지늬 하나비와 어버이를 티면 목버히고(夫之祖父母父母乙 毆打則斬五) <警民 5a>
> c. 하나비와 어비이를 쇠ᄒᆞ야 주기면(3a) 능디ᄒᆞ야 주기고(祖父母父母乙 謀殺則陵遲處死爲古) <警民 3b>
> d. 그 어버이 저허 구틔여 얼리디 아니ᄒᆞ야(其父母ㅣ 懼而不敢嫁也ᄒᆞ야) <小언六 52b>
> (38) e. 하나비와 할미는 내 아비 어미를 나ᄒᆞ시니(祖父母隱 生我父母爲時尼) <警民 3a>
> f. 아비 어미를 잘 셤겨(善事父母爲也) <警民 3a>

<39> 얼굴 對 양 對 즛 對 모양

네 名詞가 [容] 즉 '모양'의 뜻을 가지고 同義 關係에 있다는 것은 다음 예문들에서 잘 확인된다. 원문 중 '惰容'이 '게으른 얼굴'로 번역되고 '頭容'이 '머리의 양'으로 번역되고 '婉容'이 '완슌ᄒᆞᆫ 즛'으로 번역되고 '君子之容'이 '君子의 모양'으로 번역된다. 따라서 네 名詞 '얼굴', '양', '즛' 및 '모양'의 동의성은 명백히 입증된다.

> (39) a. 게으른 얼굴이 업스며(無惰容ᄒᆞ며) <小언六 121b>
> b. 얼굴 모양을 반드시 단졍ᄒᆞ고 싁싁히 ᄒᆞ며(容貌를 必端莊ᄒᆞ며) <小언五 96a>

　　　　c. 얼굴 가좀애(動容貌애) <小언三 6a>
(39) d. 믈러 남애 머리의 양이 잠짠 기우더니(退예 頭容少偏이러니)
　　　　<小언六 125a>
　　　e. 발의 양은 므거우며 손의 양은 공슌ᄒ며 눈의 양은 단졍ᄒ며(足
　　　　容重ᄒ며 手容恭ᄒ며 目容端ᄒ며) <小언三 11b>
　　　f. 소릐의 양은 안졍ᄒ며(聲容靜ᄒ며) <小언三 11b>
(39) g. 화열ᄒᆫ 빗출 둔ᄂᆫ 이ᄂᆫ 반ᄃ시 완슌ᄒᆫ 즛시 읻ᄂ니(有愉色者ᄂᆫ
　　　　必有婉容이니) <小언二 9b>
　　　h. 風勢媚寵은 阿附權門ᄒᆞᄂᆫ 즈시라 <龜下 51a>
(39) i. 君子의 모양은 ᄌᆞ늑ᄌᆞ늑ᄒ니(君子之容은 舒遲니) <小언三
　　　　11b>
　　　j. 모양애 엄공홈을 싱각ᄒ며(貌思恭ᄒ며) <小언三 5b>

<40> 이튼날 對 ᄂᆡ일날

　두 합성명사가 [明日] 즉 '이튼날, 내일'의 뜻을 가지고 同義關係에 있다는 것은 다음 예문들에서 잘 확인된다. 원문 중 '明日謁'이 '이튼날…뵈다'로 번역된다. 그리고 '明日記'가 'ᄂᆡ일날에…긔디ᄒ다'로 번역되고 '明日行'이 'ᄂᆡ일날애…行ᄒ다'로 번역된다. 따라서 '이튼날'과 'ᄂᆡ일날'의 동의성은 명백히 입증된다. 합성명사 '이튼날'의 先代形은 '이틄날'이고 '이틄날'은 명사 '이틀'과 명사 '날'의 合成이다. 합성명사 'ᄂᆡ일날'은 한자어 'ᄂᆡ일'(來日)과 명사 '날'의 合成이다.

(40) a. 이튼날 城의게 뵈고 돌아가 효양홀 이 스므 물이러니(明日에 謁
　　　　城還養者ㅣ 二十輩ㅣ러니) <小언六 7b>
(40) b. 오늘날애 ᄒᆞᆫ 일을 긔디ᄒ고 ᄂᆡ일날애 ᄒᆞᆫ 일을 긔디ᄒ면(今日에

記一事ᄒᆞ고 明日에 記一事ᄒᆞ면) <小언五 114b>
- c. 오ᄂᆞᆯ날애 ᄒᆞᆫ 도리를 분변ᄒᆞ고 ᄂᆡ일날애 ᄒᆞᆫ 도리를 분변ᄒᆞ면(今日에 辨一理ᄒᆞ고 明日에 辨一理ᄒᆞ면) <小언五 114b>
- d. 오ᄂᆞᆯ날애 ᄒᆞᆫ 어려온 일을 行ᄒᆞ고 ᄂᆡ일날애 ᄒᆞᆫ 어려온 일을 行ᄒᆞ면(今日에 行一難事ᄒᆞ고 明日에 行一難事ᄒᆞ면) <小언五 115a>

<41> 적 對 제

두 名詞가 [時] 즉 '적, 때'의 뜻을 가지고 同義關係에 있다는 것은 다음 예문들에서 잘 확인된다. 원문 중 '爲幼兒時'가 '졋 먹는 아히 도여실 적'으로 번역되고 '爲人時'가 '사ᄅᆞᆷ ᄃᆞ외여실 제'로 번역된다. 따라서 '적'과 '제'의 동의성은 명백히 입증된다.

(41) a. 졋 먹ᄂᆞᆫ 아히 도여실 적브터(自爲幼兒時로) <小언六 132a>
- b. 明道 先生이 글 쓰실 저긔(明道先生이 作字時예) <小언六 122b>
- c. 그 적 士태우들히(當時士大夫ㅣ) <小언六 130a>

(41) d. 前世예 사ᄅᆞᆷ ᄃᆞ외여실 제(前世爲人時예) <蒙六 6b>
- e. 비로 부텨 겨실 제나 이시나(雖在佛時나) <誡初 41a>
- f. 지식홀 제(齋食時예) <誡初 6b>
- g. 반ᄃᆞ시 히여곰 그 졈어 어려실 제 講ᄒᆞ야 니기게 홈은(而必使其講而習之於幼穉之時ᄂᆞᆫ) <小언 書題 1b>
- h. 내 가난ᄒᆞ여실제(吾ㅣ 貧時예) <小언五 79a>

<42> 젼ᄎᆞ 對 닷

두 名詞가 [故] 즉 '까닭, 탓'의 뜻을 가지고 同義 關係에 있다는 것은 다음 예문들에서 잘 확인된다. 원문 중 '背…故'가 '져브린 젼ᄎ로' 번역되고 '何故'가 '엇던 닷'으로 번역된다. 따라서 '젼ᄎ'와 '닷'의 동의성은 명백히 입증된다.

(42) a. ᄆᆞᅀᆞ매 일승을 져브린 젼ᄎ로(心背一乘故로) <誡初 40b>
  b. 모미 뉵적을 좃ᄂᆞᆫ 젼ᄎ로(身隨六賊故로) <誡初 40b>
  c. 네 길 그르 들가 젓ᄂᆞᆫ 젼ᄎ로(恐汝錯路故로) <誡初 46b>
(42) d. 엇던 닷ᄉᆞ로 우리ᄃᆞᆯ히 이제ᄃᆞ록 成佛 몯ᄒᆞ얫ᄂᆞ뇨(何故로 我等이 今不成佛고) <龜下 43b>
  e. 다 前生애 果報인 다시라(總由前業果報이니라) <蒙六 12b>

<43> 처엄 對 비르솜

名詞 '처엄'과 名詞形 '비르솜'이 [始] 즉 '처음, 비롯함'의 뜻을 가지고 同義 關係에 있다는 것은 다음 예문들에서 잘 확인된다. 원문 중 '終始'가 '내종'과 '처엄'으로 번역되고 '孝之始也…孝之終也'가 '효도ᄋᆡ 비르솜이오…효도ᄋᆡ ᄆᆞ춤이니라'로 번역된다. 따라서 '처엄'과 '비르솜'의 동의성은 명백히 입증된다. '비르솜'은 [始] 즉 '비롯하다, 시작하다'의 뜻을 가진 동사 '비릇다'의 名詞形이다.

(43) a. 내종과 처엄이 ᄒᆞᆫ가짓 ᄠᅳ디면 내의 ᄆᆞᅀᆞᆷ 요동 아니홈이(終始一意則我志不動心이) <소언五 9b>
  b. 내종 삼가기를 처엄 ᄀᆞ티 홀디니(愼終如始니) <소언二 76b>
(43) c. 효도ᄋᆡ 비르소미오…ᄡᅥ 父母를 현뎌케 홈이 효도ᄋᆡ ᄆᆞ춤이니라(孝之始也ㅣ오…以顯父母ㅣ 孝之終也ㅣ니라) <소언二 29a>
  d. 聖人이(55b)…婚姻의 비르솜을 重케 ᄒᆞ신 배니라(聖人이 所…

重婚姻之始也ㅣ니라) <小언二. 56a>

그리고 동사 '비릇다'의 名詞形인 '비르숨'과 '비르솜'이 [始] 즉 '처엄, 비롯함'의 뜻을 가지고 있다는 것은 다음 예문들에서 잘 확인된다.

(43) e. 네 비르숨 업슨 적브터 오므로 금싱애 니르리(汝自無始已來로 至于今生히) <誡初 40a>
f. 효도ㅣ 무춤이며 비르솜이 업고(孝無終始오) <小언二. 32a>

<44> 취밥 對 사오나온 밥

명사 '취밥'과 명사구 '사오나온 밥'이 [蔬食]와 [疏食] 즉 '변변치 못한 음식'의 뜻을 가지고 同義關係에 있다는 것은 다음 예문들에서 잘 확인된다. 원문 중 '蔬食'가 '취밥'으로 번역되고 '疏食'가 '사오나온 밥'으로 번역된다. 따라서 '취밥'과 '사오나온 밥'의 동의성은 명백히 입증된다. '사오나온 밥'은 명사구로 상태동사 '사오나다'의 관형사형 '사오나온'과 명사 '밥'의 결합이다.

(44) a. 헌 누비와 취밥은 시경호야 음공을 뭇삿느니(破衲蔬食은 必施 輕而 積陰이니라) <誡初 50b>
b. 사오나온 밥과 믈만 먹고(疏食水飮호고) <小언五. 44a>

<45> 치마 對 고의

두 名詞가 [裳]과 [袴] 즉 '치마, 아랫도리옷'의 뜻을 가지고 同義 關係에 있다는 것은 다음 예문들에서 잘 확인된다. 원문 중 '衣裳'이 '옷과 치마'로 번역되고 '襦袴'가 '핟옷과 고의'로 번역된다. 따라서 '치마'와 '고의'의 동의성은 명

백히 입증된다.

> (45) a. 소나히와 겨집이 옷과 치마를 通티 아니홀디니라(男女ㅣ 不通
> 衣裳이니라) <小언二 52a>
> b. 더워도 치마 거두드디 말올디니라(暑毋褰裳이니라) <小언三 10a>
> c. 고텨 다른 뵈 치마를 미야(更著短布裳ᄒ야) <小언六 54b>
> (45) d. 오ᄉᆞᆯ 기브로(4b) 한옷과 고의를 아니ᄒᆞ며(衣不帛襦袴ᄒ며)
> <小언一 5a>

<46> 프른 구룸 對 노픈 벼슬

두 명사구가 [靑雲] 즉 '푸른 구름, 높은 벼슬'의 뜻을 가지고 同義 關係에 있다는 것은 다음 예문들에서 잘 확인된다. 원문 중 '靑雲'이 '프른 구룸'으로 번역되고 '프른 구룸'은 '노픈 벼슬'을 뜻한다. 따라서 '프른 구룸'과 '노픈 벼슬'의 동의성은 명백히 입증된다. 명사구 '프른 구룸'은 상태동사 '프라다'의 관형사형 '프른'과 명사 '구룸'의 결합이고 명사구 '노픈 벼슬'은 상태동사 '높다'의 관형사형 '노픈'과 명사 '벼슬'의 결합이다.

> (46) a. 프른 구룸은 힘 오로 닐위욤이 어려우니라(靑雲難力致라) <小
> 언五 26a>
> b. 프른 구룸: 노픈 벼슬을 비흔 말이라 <小언五 26a>

### 1.2. 音韻 交替型

音韻의 交替를 보여 주는 名詞들이 同義 關係를 가질 수 있다. 이 경우가

音韻 交替型이다. 音韻 交替에는 母音 交替와 子音 交替가 있다. 통계상 母音 交替가 子音 交替보다 많다.

### A. 母音 交替型

同義 關係가 母音 交替를 보여 주는 名詞들 사이에 성립된다. 母音 交替에는 陽母音과 陰母音 간의 交替와 陰母音과 陽母音 간의 交替가 있고, 陽母音 간의 交替와 陰母音간의 交替가 있다. 그리고 中立 母音이 陽母音과 交替되기도 하고 陰母音과 交替되기도 한다.

陽母音과 陰母音 간의 交替에는 '이~으'의 交替가 있다. 母音 '이~으'의 交替를 보여 주는 名詞에는 [獸]와 [禽獸] 즉 '짐승'의 뜻을 가진 '즘싱'과 '즘승'이 있다.

陰母音과 陽母音 간의 交替에는 '우~오'의 交替가 있다. 母音 '우~오'의 交替를 보여 주는 名詞에는 [雲] 즉 '구름'의 뜻을 가진 '구룸'과 '구롬', 그리고 [名] 즉 '이름'의 뜻을 가진 '일훔'과 '일홈'이 있다.

陽母音 간의 交替에는 'ᄋ~아'의 交替, '오~ᄋ'의 交替, '오~외'의 交替가 있다. 母音 'ᄋ~아'의 交替를 보여 주는 名詞에는 [中] 즉 '가운데'의 뜻을 가진 '가온딕'와 '가온대'가 있다. 母音 '오~ᄋ'의 交替를 보여 주는 名詞에는 [尿] 즉 '오줌'의 뜻을 가진 '오좀'과 '오줌'이 있다. 母音 '오~외'의 交替를 보여 주는 名詞에는 [夕] 즉 '저녁'의 뜻을 가진 '나조ㅎ'와 '나죄'가 있다.

陰母音간의 交替에는 '우~으'의 交替가 있다. '우~으'의 交替를 보여 주는 名詞에는 [官] 즉 '관청'의 뜻을 가진 '구위'와 '구의'가 있다.

中立 母音과 陽母音의 交替에는 母音 '이~익'의 交替를 보여 주고 [聲]과 [音] 즉 '소리'의 뜻을 가진 '소리'와 '소릭'가 있다. 中立 母音과 陰母音의 交替에는 '이'와 '으'의 交替를 보여 주고 [種] 즉 '가지'의 뜻을 가진 '가지'와 '가즈'가 있다.

<1> 즘싱 對 즘승

두 名詞가 [獸]와 [禽獸] 즉 '짐승'의 뜻을 가지고 同義 關係에 있다는 것은 다음 예문들에서 잘 확인된다. 원문 중 '輕步之獸'가 'ᄌᆞ조 ᄃᆞ니는 즘싱'으로 번역되고 '禽獸之道'가 '즘승의 道'로 번역된다. 따라서 두 名詞 '즘싱'과 '즘승'의 동의성은 명백히 입증된다. 두 名詞는 제2 음절에서 母音 '이~으'의 交替를 보여 준다.

(1) a. ᄌᆞ조 ᄃᆞ니는 즘싱은(輕步之獸는) <誠初 56b>
(1) b. 義ㅣ 업솜은 즘승의 道ㅣ니라(無義는 禽獸之道也ㅣ니라) <小언 二. 49a>
   c. 즘승의 ᄒᆡᆼ실을 내 엇디 ᄒᆞ리오(禽獸之行을 吾豈爲乎ㅣ리오) <小언六 58b>
   d. 사ᄅᆞᆷ이 ᄡᅥ 즘승의게 다른 바는(人所以異於禽獸者는) <小언六 59b>

<2> 구룸 對 구롬

두 名詞가 [雲] 즉 '구름'의 뜻을 가지고 同義 關係에 있다는 것은 다음 예문들에서 잘 확인된다. 원문 중 '雲散'이 '구루미 흩다'로 번역되고 '雲自無形'이 '구로미 제 얼굴 없다'로 번역된다. 따라서 두 名詞 '구룸'과 '구롬'의 동의성은 명백히 입증된다. 두 名詞는 제2 음절에서 母音 '우~오'의 交替를 보여 준다.

(2) a. 구루미 흐투매 ᄃᆞ리 붉ᄂᆞ니(雲散月明ㅣ니) <龜下 39a>
   b. 구룸 허여디여 ᄃᆞᆯ 나ᄃᆞᆺ ᄒᆞ니(如雲散月出ᄒᆞ니) <龜上 31a>

제2장 固有語간의 同義 **49**

c. 구룸 업수미 곧 일후미 ᄃᆞ리라 닐운 디 아니라(非謂無雲이 便名
爲月ㅣ라) <龜上 31a>
d. 오직 구룸 업슨 고대 ᄃᆞᄅᆞᆯ 볼 디오(但於無雲處에 見月矣ㅣ오)
<龜上 31a>
e. 彗日이 無明 구루메 수무미 <龜上 3a>

(2) f. 구로미 제 얼구 업서 ᄃᆞ리 제 ᄇᆞᆯ ᄀᆞ리라(雲自無形月自明) <誡初 62b>
g. 뫼해 학과 프른 구로ᄆᆞ로 벗 삼고(野鶴靑雲爲伴侶) <誡初 51b>
h. 조오롬 구로미 ᄆᆞᅀᆞ맷 ᄃᆞᄅᆞᆯ ᄢᅧ 어두이니(睡蛇雲龍心月暗) <誡初 62b>

<3> 일훔 對 일홈

두 名詞가 [名] 즉 '이름'의 뜻을 가지고 同義 關係에 있다는 것은 다음 예문들에서 잘 확인된다. 원문 중 '슈名'이 '어딘 일훔'으로도 번역되고 '어딘 일홈'으로도 번역되므로 두 名詞 '일훔'과 '일홈'의 동의성은 명백히 입증된다. 두 名詞는 제2 음절에서 母音 '우~오'의 交替를 보여 준다.

(3) a. ᄆᆞᅀᆞ매 ᄋᆡ심 여희니 이 일후미 사문이오(離心中愛是名沙門오)
<誡初 27a>
b. 이 일후미 阿修羅法界라 ᄒᆞᄂᆞ니라(是名이 阿脩羅法界라 ᄒᆞᄂᆞ니라) <蒙六 11b>
c. 父母ᄋᆡ 어딘 일홈 기팀을 싱각ᄒᆞ야(思貽父母令名ᄒᆞ야) <小言二 24b>
d. 혬과 다뭇 방소 일후믈 ᄀᆞᄅᆞ칠디니라(敎之數與方名이니라) <小言一 4a>

(3) e. 아는 거시 일호미 부톄니라(覺名ㅣ 佛ㅣ 니라) <蒙六 33b>
　　f. 일호미 古靈이러니(名曰古靈이니) <蒙六 32b>
　　g. 믿디 몯ᄒᆞ야도 곧 ᄯᅩ 어딘 일홈을 일티 아니ᄒᆞ니라(不及則亦不失於令名ᄒᆞ리라) <小諺五 84b>
　　h. 일홈을 後世예 베퍼(揚名後世ᄒᆞ야) <小諺二 29a>

<4> 가온ᄃᆡ 對 가온대

　두 名詞가 [中] 즉 '가운데'의 뜻을 가지고 同義 關係에 있다는 것은 다음 예문들에서 잘 확인된다. 원문 중 '園中'이 '동산 가온ᄃᆡ'로 번역되고 '房舍之中'이 '房舍ㅅ 가온대'로 번역되므로 두 名詞 '가온ᄃᆡ'와 '가온대'의 동의성은 명백히 입증된다. 두 名詞는 제3 음절에서 母音 'ᄋᆞ~아'의 交替를 보여 준다.

(4) a. 빗난 동산 가온딋 고ᄌᆞᆫ(灼灼園中花ᄂᆞᆫ) <小諺五 26a>
　　b. 대통 가온ᄃᆡ 녀(47b)허(置竹筒中ᄒᆞ야) <小諺五 48a>
(4) c. 房舍ㅅ 가온대 안자(坐於房舍之中ᄒᆞ야) <小諺五 11b>
　　d. 나랏 사ᄅᆞ미 그 가온댓 아ᄃᆞᆯ을 셰니라(國人이 立其中子ᄒᆞ니라) <小諺四 38a>

<5> 오좀 對 오줌

　두 名詞가 [尿] 즉 '오줌'의 뜻을 가지고 同義 關係에 있다는 것은 다음 예문들에서 잘 확인된다. 예문들 중에서 『七大萬法』의 '똥 오좀'과 '오줌 똥'을 발견할 수 있다. 따라서 두 名詞 '오좀'과 '오줌'의 동의성은 명백히 입증된다. 두 名詞는 제2 음절에서 母音 '오~ᄋᆞ'의 交替를 보여 준다. 名詞 '오줌'은 16세기 후반에 처음으로 등장한다.

(5) a. 더러운 쫑 오조미며 <七大 1a>
   b. 그 머리를 漆ᄒ야 뼈 오좀 누는 그르슬 밍그랏더니(漆其頭ᄒ야 以爲飮器러니) <小언四 30b>
(5) c. 오좀 쫑곳 업스면 쌔즉ᄒᆫ 머검직ᄒᆫ 거시 이슬 주리 업스리라 <七大 2a>

<6> 나조ㅎ 對 나죄

두 名詞가 [夕] 즉 '저녁'의 뜻을 가지고 뜻을 가지고 同義 關係에 있다는 것은 다음 예문들에서 잘 확인된다. 원문 중 '朝夕'이 '아츰 나조ㅎ'로도 번역되고 '아츰 나죄'로도 번역되므로 '나조ㅎ'와 '나죄'의 동의성은 명백히 입증된다. 두 名詞는 母音 '오~외'의 交替를 보여 준다.

(6) a. 날이 졈을며 나조히 ᄆᆞᆾ도ᄃᆡ(終日竟夕호ᄃᆡ) <小언六 4a>
   b. 나조히 니름애(至夕에) <小언六 28b>
   c. 아츰 나조히(朝夕애) <小언六 11b>
(6) d. 오ᄂᆞ리 나죄히라(今日夕矣라) <誡初 34b>
   e. 나죄 애ᄃᆞ라 아ᄎᆞ미 묻ᄌᆞ와(夕惕朝詢ᄒ야) <誡初 17b>
   f. 敢히 나죄를 當티 말올디니라(慕敢當夕이니라) <小언二 51a>
   g. 아츰 나죄로 보아 경계호믈 삼노라(朝夕視爲警ᄒ노라) <小언六 97a>

<7> 구위 對 구의

두 名詞가 [官] 즉 '관청'의 뜻을 가지고 同義 關係에 있다는 것은 다음 예문들에서 잘 확인된다. 원문 중 '移於官'이 '구위예 옴기다'로 번역되고 '居官'

이 '구의예 잇다'로 번역된다. 따라서 두 名詞 '구위'와 '구의'의 동의성은 명백히 입증된다. 두 名詞는 제2 음절에서 母音 '우~으'의 交替를 보여 준다.

(7) a. 다스림을 可히 구위예 옴기ᄂᆞ니(治可移於官이니) <小諺二 70b>
(7) b. 벼슬을 맛ᄃᆞ며 구의예 이시면(任職居官ᄒᆞ면) <小諺六 37a>
　　 c. 구의예 딕흰 것 둔ᄂᆞᆫ 이(有官守者ㅣ) <小諺二 44a>
　　 d. 後生 졈은 사ᄅᆞᆷ이 ᄀᆞᆺ 구의 딕킈ᄂᆞᆫ ᄃᆡ 니르러(後生少年이 乍到官守ᄒᆞ야) <小諺五 60b>
　　 e. 구의 일 처티홈을 집일 ᄀᆞᆮ티 ᄒᆞᆫ 연후에ᅀᅡ(處官事如家事然後에ᅀᅡ) <小諺五 57a>

<8> 소리 對 소릐 對 술의

세 名詞가 [聲]과 [音] 즉 '소리'의 뜻을 가지고 同義 關係에 있다는 것은 다음 예문들에서 잘 확인된다. 원문 중 '聞聲'이 '소리 듣다'로 번역되고 '聽淫聲'이 '음난ᄒᆞᆫ 소릐를 듣다'로 번역되고 '聽惡聲'이 '사오나온 술의를 듣다'로 번역된다. 그리고 '玄音'이 '현묘ᄒᆞᆫ 소리'로 번역되고 '八音'이 '여듧 가지 소리'로 번역된다. 따라서 세 名詞 '소리', '소릐' 및 '술의'의 동의성은 명백히 입증된다. 세 名詞는 제2 음절에서 母音 '이~의~의'의 交替를 보여 준다.

(8) a. 식을 보며 소리 드ᄅᆞ매(見色聞聲의) <誡初 12b>
　　 b. 마시며 머구매 소리 짓디 말며(飮啜不得作聲ᄒᆞ며) <誡初 6b>
　　 c. 현묘ᄒᆞᆫ 소리를 듣ᄌᆞ오며(聽玄音ᄒᆞ며) <誡初 17a>
　　 d. ᄒᆞᆫ가짓 소리로 가려 닐오ᄃᆡ(同聲ᄋᆞ로 贊白호ᄃᆡ) <蒙六 23a>
(8) e. 술위예 이시면 방올 소리를 듣고(在車則聞鸞和之聲ᄒᆞ고) <小諺

제2장 固有語간의 同義 53

三 18b>

  f. 君子ㅣ 간샤훈 소리와 어즈러운 빗츨 聰明에 머물우디 아니ᄒᆞ며 (君子ㅣ 姦聲亂色을 不留聰明ᄒᆞ며) <小언三 7a>

  g. 눈에 사오나온 빗츨(2b) 보디 아니ᄒᆞ시며 귀예 음난훈 소리를 듣디 아니ᄒᆞ시며(目不見惡色ᄒᆞ시며 耳不聽淫聲ᄒᆞ시며) <小언四 3a>

  h. 소리이 양은 안졍ᄒᆞ며(聲容靜ᄒᆞ며) <小언三 11b>

  i. 여듧 가지 소리 능히 골라(八音克諧ᄒᆞ야) <小언一 10b>

(8) j. 伯夷ᄂᆞᆫ 눈에 사오나온 빗츨 보디 아니ᄒᆞ며 귀예 사오나온 술의 (40b)를 듣디 아니ᄒᆞ더라(伯夷ᄂᆞᆫ 目不視惡色ᄒᆞ며 耳不聽惡聲ᄒᆞ더니라) <小언四 41a>

  k. 安定(125a)이 믄득 술의를 ᄆᆞ이 ᄒᆞ야 닐으샤ᄃᆡ 머리의 양을 바ᄅᆞ 홀 거시라 ᄒᆞ야시늘(安定이 忽厲聲云頭容直이라 ᄒᆞ야시늘) <小언六 125b>

<9> 가지 對 가즈

 두 名詞가 [種] 즉 '가지'의 뜻을 가지고 同義 關係에 있다는 것은 다음 예문들에서 잘 확인된다. 원문 중 '種種方便'이 '가지 가짓 方便'으로 번역되고 '種種業'이 '가즈 가즛 業'으로 번역된다. 따라서 두 名詞 '가지'와 '가즈'의 동의성은 명백히 입증된다. 두 名詞는 제2 음절에서 母音 '이~으'의 交替를 보여준다.

(9) a. 여러 가짓 經과 쏘 가지 가짓 가줄빔과 가지 가짓 方便을 너비 니 ᄅᆞ샤(廣說諸經과 及種種譬喩와 種種方便ᄒᆞ샤) <蒙六 21a>

  b. 가지 가짓 法이 나고(種種法生ᄒᆞ고) <蒙六 21a>

c. 가지 가짓 法이 업ᄂ니라(種種法滅ᄒᄂ니) <蒙六 21b>
(9) d. 經에 니ᄅ샤ᄃᆡ 엇단 盜賊이 내 衣服 假借ᄒ야‥가즈 가즛 業 짓거뇨 ᄒ시다(經에 云云何賊人이 假我衣服ᄒ야‥造種種業ㅣ어뇨 ᄒ시다) <龜下 51b>

## b. 子音 交替型

同義 關係가 子音 交替를 보여 주는 名詞들 사이에 성립된다. 子音 交替에는 'ㅂ~ㄱ'의 交替, 'ㅿ~ㅅ'의 交替 그리고 'ㅌ~ㅊ'의 交替가 있다. 子音 'ㅂ~ㄱ'의 交替를 보여 주는 名詞에는 [內], [中] 및 [裡] 즉 '속'의 뜻을 가진 '솝'과 '속'이 있다. 子音 'ㅿ~ㅅ'의 交替를 보여 주는 名詞에는 [間] 즉 '사이'의 뜻을 가진 '스ᅀᅵ'와 '스시'가 있다. 子音 'ㅌ~ㅊ'의 交替를 보여 주는 名詞에는 [佛] 즉 '부처'의 뜻을 가진 '부텨'와 '부쳐'가 있다.

<1> 받이럼 對 받이렁

두 名詞가 [畎畝] 즉 '밭이랑'의 뜻을 가지고 同義 關係에 있다는 것은 다음 예문들에서 잘 확인된다. 원문 중 '畎畝之中'가 '받이럼 가온대'로 번역되고 '居畎畝'가 '받이렁의셔 살다'로 번역된다. 따라서 두 명사 '받이럼'과 '받이렁'의 동의성은 명백히 입증된다. 두 명사는 제3 음절말에서 자음 'ㅁ~ㅇ'의 교체를 보여 준다.

(1) a. 帝…뻐 舜을 받이럼 가온대 가 셤기게 ᄒ시니(帝ㅣ使…以事舜於畎畝之中ᄒ시니) <小언四 8b>
b. 先生이 슈고로이 받이렁의셔 살오 벼슬 祿을 (84b) 즐겨 아니ᄒᄂ니(先生이 苦居畎畝而不肯官祿ᄒᄂ니) <小언六 85a>

제2장 固有語간의 同義 55

<2> 솝 對 속

두 名詞가 [內], [中] 및 [裡] 즉 '속'의 뜻을 가지고 同義 關係에 있다는 것은 다음 예문들에서 잘 확인된다. 원문 중 '內衣'가 '솝옷'으로 번역되고 '中帬'이 '속우틔'로 번역되므로 두 名詞 '솝'과 '속'의 동의성은 명백히 입증된다. 두 名詞는 첫 음절에서 子音 'ㅂ~ㄱ'의 交替를 보여 준다. 두 名詞의 빈도수를 비교해 보면 '속'이 '솝'보다 절대적 우위를 보여 준다.

(2) a. 솝옷 싯디 말며(不得洗浣內衣ᄒ며) <誡初 5a>
 b. ᄀᆞᆺ난 가스나히ᄂᆞᆫ 그 소배셔 아모거시(14b) 나리라 몯홀 ᄯᅳ디니 <七大 15a>
 c. 魔王이…그 蓮실 소배 三千 兵馬ᄅᆞᆯ 녀허 손ᄉᆡ라개 감고 ᄂᆞ려오ᄂᆞ니라 <蒙六 11a>
(2) d. 어버의 속우틔ᄅᆞᆯ 가져다가(取親中帬厠牏ᄒᆞ야) <小언六 79b>
 e. 속 ᄆᆞ음이 반ᄃᆞ시 공경ᄒᆞᄂᆞ니(中心必式ᄒᆞᄂᆞ니) <小언一 14a>
 f. 님금의 得디 몯ᄒᆞ야ᄂᆞᆫ 속이 덥다라 ᄒᆞᄂᆞ니(不得於君則熱中이니) <小언四 10a>
 g. 솔 소개(59a) 즐근 바ᄅᆞ 쳔심을 솟고고(松裡之葛은 直聳千尋이오) <誡初 59b>

<3> ᄉᆞᅀᅵ 對 ᄉᆞ시

두 名詞가 [間] 즉 '둘의 공간적 간격'의 뜻을 가지고 同義 關係에 있다는 것은 다음 예문들에서 잘 확인된다. 『七大萬法』의 예문들에서 '하ᄂᆞᆯ과 ᄯᅡ콰 ᄉᆞᅀᅵ'도 발견되고 '하ᄂᆞᆯ과 ᄯᅡ콰 ᄉᆞ시'도 발견된다. 따라서 두 名詞 'ᄉᆞᅀᅵ'와 'ᄉᆞ시'의 동의성은 명백히 입증된다. 두 名詞는 제2 음절에서 子音 'ㅿ~ㅅ'의 交

替를 보여 준다.

(3) a. 브레 섯기여 하늘콰 따콰 싀예 뷘 따 업시 잇ᄂᆞ 므릐 양ᄌᆡ를 보건댄 <七大 5a>
(3) b. 水大ᄂᆞᆫ 하늘콰 따콰 ᄉᆞ시예 젓디 아니ᄒᆞᄂᆞᆫ 므리라 <七大 4a>
    c. 하늘콰 따콰 ᄉᆞ시예 얼굴와 일훔과 가진 거슨 다 釋迦ㅣ라 <七大 12b>
    d. 하늘콰 따콰 ᄉᆞ시예 ᄀᆞᄃᆞ기 잇ᄂᆞᆫ 眞實ㅅ 브른…브레 섯기여 하늘콰 따콰 ᄉᆞ시예 뷘 따 업시 이쇼ᄃᆡ <七大 6a>
    e. 하늘콰 따콰 ᄉᆞ시예 뮈디 아니ᄒᆞᄂᆞᆫ 眞實ㅅ ᄇᆞᄅᆞᄆᆞᆫ <七大 7b>

<4> 부텨 對 부쳐

두 名詞가 [佛] 즉 '부처'의 뜻을 가지고 同義 關係에 있다는 것은 다음 예문들에서 잘 확인된다. 원문 중 '白佛'이 '부텨ᄭᅴ ᄉᆞᆲ다'로 번역되고 '供佛'이 '부텨 공양ᄒᆞ다'로 번역되며 '來供養佛'이 '부쳐ᄭᅴ 가 供養ᄒᆞ다'로 번역된다. 따라서 '부텨'와 '부쳐'의 동의성은 명백히 입증된다. 두 名詞는 제2 음절에서 子音 'ㅌ~ㅊ'의 交替를 보여 준다.

(4) a. 帝釋이…부텻긔 ᄉᆞᆯ온대 부텨이 니ᄅᆞ샤ᄃᆡ(帝釋ㅣ…白佛ᄒᆞ대 佛言ᄒᆞ샤ᄃᆡ) <蒙六 40a>
    b. 뎌 부톄 慈悲 넙고 크시며(彼佛이 慈悲廣大ᄒᆞ시며) <蒙六 42a>
    c. 文殊師利 부텻 神通 히믈 뻐(文殊師利以佛神通力으로) <蒙六 22a>
    d. 부텨와 ᄯᅩ 衆生이(佛與衆生이) <蒙六 4a>
    e. 부텨 ᄀᆞᄅᆞ치샤믈 바다 힝ᄒᆞ면 엇디 샹해ᄒᆞ리오(奉行佛敎則은 何

傷이리오) <誡初 42a>

f. 正히 이 부텨 업스신 후 말셰로다(正是佛後末世로다) <誡初 41a>

g. 부텨 공양ᄒ며 즁 밥 먹이디(54b) 아니리 업서(無不供佛飯僧ᄒ야) <小언五 55a>

h. 부텨의 법이(佛法이) <小언五 55a>

(4) i. 世尊니 黑氏 梵志 神通力글 뻐 두 소내 두 낫 梧桐花를 자바 부쳐끠 가 供養ᄒ려 ᄒᄂᆫ 들 因ᄒ샤(世尊이 因黑氏梵志以神通力으로 兩手에 擎兩株合歡梧桐花ᄒ야 來供養佛ᄒ샤) <蒙六 30b>

## 1.3. 音韻 脫落型 및 音韻 添加型

### A. 音韻 脫落型

어떤 名詞가 그것 중의 한 音韻의 脫落으로 생긴 名詞와 同義 關係를 가질 수 있다. 이 경우가 音韻脫落型이다. 音韻脫落型에는 母音 脫落이 있고 母音과 子音의 동시 脫落이 있다. 母音 脫落에는 '우/오' 脫落이 있고 母音과 子音의 동시 脫落에는 '억' 脫落이 있다. 母音 '우/오' 脫落에는 [鏡] 즉 '거울'의 뜻을 가진 '거우루/거우로'와 '거울'이 있다. '억' 脫落에는 [髮] 즉 '머리털'의 뜻을 가진 '머리터럭'과 '머리털' 그리고 [髮]과 [毛] 즉 '털'의 뜻을 가진 '터럭/털럭'과 '털'이 있다.

<1> 거우루/거우로 對 거울

두 名詞가 [鏡] 즉 '거울'의 뜻을 가지고 同義 關係에 있다는 것은 다음 예문들에서 잘 확인된다. 원문 중 '如鏡之體'가 '거우루의 얼굴 ᄀᆞᆮ다'로 번역된

다. 그리고 『七大萬法』의 예문들에서 '거우로애셔 나다'와 '거울로셔 나다'를 발견할 수 있다. 따라서 '거우루/거우로'와 '거울'의 동의성은 명백히 입증된다. 名詞 '거울'은 '거우루/거우로'의 제3 음절의 母音 '우/오'가 脫落되어 생긴 것이다.

(1) a. 道 닷고미 거우루 マ라 光 내욤 マ트니(修道이 如磨鏡光生ᄒᆞ니) <龜上 29b>

b. 거우루의 빗 곧고···거우루의 얼굴 マ트니라(如鏡之光ㅣ오···如鏡之體ㅣ니라) <龜上 9b>

c. 이 브른 희로셔 오디 아니ᄒᆞ며 거우로애셔 나디 아니ᄒᆞ며 뿍애셔 나디 아니ᄒᆞ니 <七大 5b>

d. 거우로애셔 날딘댄 거우로 가비 엇디 ᄉᆞ디 아니ᄒᆞ며 <七大 6a>

e. 희와 거우로와 뿍과 ᄒᆞ야 어우러 난 브른 <七大 6a>

f. 藥이라 호문 몰근 거우로 곧ᄒᆞ야 됴흔 거슬 보고도 貪心 업스며 <七大 19a>

(1) g. 火鏡과 뿍과를 자바 힛 光을 對ᄒᆞ야둔 거울로셔 브리 나ᄂᆞ니 거우룰 흔 고대 자브면 브리 흔 고대 나고 <七大 5b>

<2> 머리터럭 對 머리털

두 名詞가 [髮] 즉 '머리털'의 뜻을 가지고 同義 關係에 있다는 것은 다음 예문들에서 잘 확인된다. 원문 중 '髮膚'가 '머리터럭과 술ᄒ'로도 번역되고 '머리털이며 술ᄒ'로도 번역된다. 따라서 '머리터럭'과 '머리털'의 동의성은 명백히 입증된다. '머리터럭'은 '머리'와 '터럭'의 合成이고 '머리털'은 '머리'와 '털'의 合成이다. 名詞 '털'은 '터럭'의 제2 음절의 '억'이 脫落되어 생긴 것이다.

(2) a. 몸과 體과 머리터럭과 술흔 父母의 툰 거시니(身體髮膚는 受之 父母ㅣ니) <孝언 2b>

(2) b. 몸이며 얼굴이며 머리털이며 술흔 父母의 받즈온 거시라(身體髮 膚는 受之父母ㅣ라) <小언二 28b>

c. 머리털을 버혀 밍셰ᄒᆞ엿더니(乃斷髮爲信이러니) <小언六 55b>

<3> 터럭/털럭 對 털

두 名詞가 [髮]과 [毛] 즉 '털'의 뜻을 가지고 同義關係에 있다는 것은 다음 예문들에서 잘 확인된다. 원문 중 '絲髮'이 '실 터럭'으로 번역되고 '燎毛'가 '털럭 ᄉᆞ다'로 번역되고 '披毛'가 '털 닙다'로 번역된다. 따라서 '터럭/털럭'과 '털'의 동의성은 명백히 입증된다. 名詞 '털'은 '터럭'의 제2 음절의 '억'이 脫落된 것이고 '털럭'은 '터럭'의 重綴型이다.

(3) a. 실 터럭마도 범남이 마롤디니라(不濫絲髮이니라) <誡初 17b>

b. 실과 터럭만이나 다ᄒᆞ디 몯ᄒᆞ야(絲毫不盡이라도) <小언五 94b>

c. 업텨 ᄯᅥ러ᄇᆞ림애 쉬옴은 털럭 ᄉᆞ롬 ᄀᆞᆮᄐᆞᆫ디라(覆墜之易는 如燎毛ㅣ라) <小언五 19a>

d. 만일 털억 근티나 지극디 몯홈이 이시면(如有毫末不至면) <小언五 57a>

(3) e. 털 니브며 쌜 이믈 알오져 ᄒᆞ나냐(要識披毛戴角底麽아) <龜下 53a>

f. 털 가진 무리와 짓 가진 무리와 므레 ᄃᆞᆷ겨시며 무틔 ᄂᆞ라 ᄃᆞ녀(毛群羽族 水陸飛沉에) <蒙六 9a>

b. 音韻 添加型

어떤 名詞가 그것 중에 한 音韻이 添加되어 만들어진 名詞와 同義 關係를 가질 수 있다. 이 경우가 音韻 添加型이다. 音韻 添加에는 母音 添加와 子音 添加가 있다. 母音 添加에는 '우' 添加와 '이' 添加가 있다. 子音 添加에는 'ㄱ' 添加와 'ㅎ' 添加가 있다. 母音 '우' 添加에는 [二] 즉 '둘째'의 뜻을 가진 '둘재' 와 '두울재'가 있고 母音 '이' 添加에는 [流]와 [輩] 즉 '무리'의 뜻을 가진 '물'과 '무리/물이'가 있다. 子音 'ㄱ' 添加에는 [塵] 즉 '티끌'의 뜻을 가진 '드틀'과 '듣글' 그리고 [晨] 즉 '새벽'의 뜻을 가진 '새배'와 '새박'이 있다. 子音 'ㅎ' 添加에 는 [刀] 즉 '칼'의 뜻을 가진 '갈ㅎ'과 '칼' 그리고 [臂] 즉 '팔'의 뜻을 가진 '볼'과 '폴'이 있다.

<1> 둘재 對 두울재

두 수사가 [二] 즉 '둘째'의 뜻을 가지고 同義 關係에 있다는 것은 다음 예 문들에서 잘 확인된다. 원문 중 '其二'가 '그 둘재'로 번역되고 『七大萬法』의 예문들 '둘재는 므르니'와 '두울재는 므르니'가 있다. 따라서 '둘재'와 '두울재' 의 동의성은 명백히 입증된다. 수사 '두울재'는 '둘재'에 母音 '우'가 添加되고 1음절 '둘'이 2음절 '두울'로 分化된 것이다.

(1) a. 그 둘재는 션빅 일을 아디 몯ᄒ며(其二는 不知儒術ᄒ며) <소언 五. 17a>
　　b. 둘재는 굴온 동셩 권당 친히 아니ᄒᄂ 형벌이오(二曰不睦之刑이 오) <소언一 11b>
　　c. 인륜을 붉키미니 추례예 둘재라(明倫第二丨라) <小언二 1a>
　　d. 둘재는 므르니 <七大 2b>

e. 둘재는 누니니 <七大 9b>
(1) f. 두울재는 므리니 <七大 2a>

<2> 물 對 무리/물이

두 名詞가 [流]와 [輩] 즉 '무리'의 뜻을 가지고 同義關係에 있다는 것은 다음 예문들에서 잘 확인된다. 원문 중 '聖流'가 '聖人 물'로 번역되고 '淺識之流'가 '아로미 여튼 무리'로 번역된다. 그리고 '學語之輩'가 '말솜만 비혼 물'로 번역되고 '開輩'가 '開의 물이'로 번역된다. 따라서 '물'과 '무리/물이'의 동의성은 명백히 입증된다. 명사 '무리'는 '물'에 모음 '이'가 첨가된 것이다.

(2) a. 聖(15b)人 무레 드디 몯홀시(未人聖流홀시) <蒙六 16a>
　　b. 용샹흔 무릿 거즛말란 슌죵티 마롤디니라(莫順庸流의 妄說이어다) <誡初 2b>
　　c. 어디디 아닌 물란 ᄌᆞ조 버서 브리고(無良小輩란 頻頻脫ᄒᆞ고) <誡初 59b>
　　d. 말솜만 비혼 무른 니를 제는 아는 듯ᄒᆞ디(學語之輩는 說時似悟ᄒᆞ디) <龜上 22b>
(2) e. 아로미 녀튼 무리는(淺識之流는) <龜上 24b>
　　f. 털 가진 무리와 짓 가진 무리와 므레 둠겨시며 무틔 ᄂᆞ라 돈녀(毛群羽族 水陸飛沉에) <蒙六 9a>
　　g. 이 ᄀᆞ튼 무리를 닐온 傍生法界라 ᄒᆞᄂᆞ니라(如是等類를 謂之傍生法界라 ᄒᆞᄂᆞ니라) <蒙六 9a>
　　h. 開의 물이 이제 다돋도록 힘 닙어(開輩ㅣ 抵此賴之ᄒᆞ야) <小언五 73b>

<3> 고ㅎ 對 코

두 名詞가 [鼻] 즉 '코'의 뜻을 가지고 同義 關係에 있다는 것은 다음 예문들에서 잘 확인된다. 원문 중 '斷鼻'가 '고홀 버히다'로 번역된다. 그리고 '鼻口'가 '코와 입'으로 번역된다. 따라서 '고ㅎ'와 '코'의 동의성은 명백히 입증된다. 명사 '코'는 '고ㅎ'의 자음 'ㄱ'이 유기음화되어 생긴 것이다.

(3) a. 슝女ㅣ…갈호로뻐 고홀 버히고(슝女ㅣ…以刀斷鼻ㅎ고) <小언 六 57a>
   b. 귀와 눈과 코와 입과 ᄆᆞ음의 알옴과 온갖 얼굴로 히여곰(使耳目口鼻와 心知百體로) <小언三 7a>

<4> 드틀 對 듣글

두 名詞가 [塵] 즉 '티끌'의 뜻을 가지고 同義 關係에 있다는 것은 다음 예문들에서 잘 확인된다. 원문 중 '輕塵'이 '가븨야온 드틀'로 번역되고 '微塵'이 '져근 듣글'로 번역되므로 '드틀'과 '듣글'의 동의성은 명백히 입증된다. 名詞 '듣글'은 '드틀'에 子音 'ㄱ'이 添加된 것이다.

(4) a. 가븨야온 드틀이 弱ᄒᆞᆫ 플에 븓터슙 ᄀᆞᄐᆞ니(如輕塵棲弱草耳니) <小언六 58a>
   b. 그 드틀이 얼운의게 밋디 아니케 ᄒᆞ고(其塵이 不及長者ᄒᆞ고) <小언二 59b>
   c. 微細ᄒᆞᆫ 훌근…창 씨메 히 드리 비취어든 간돌 완돌 ᄒᆞᄂᆞᆫ 드트리라 <七大 3b>
   d. 이 드트리 젼혀 虛空이니 <七大 3b>

(4) e. 能히 져근 듣그레 드ᄂ니(能入微塵ᄒᄂ니) <蒙六 31b>
    f. 도르혀 이 듣그글 ᄀ로미오(却是摩塵ㅣ오) <龜上 29b>
    g. 빅년 탐훈 거순 ᄒᄅ 아ᄎ미 듣그리 ᄃ외ᄂ니라(百年貪物은 一朝塵ㅣ라) <誡初 53b>

<5> 새배 對 새박

두 名詞가 [晨] 즉 '새벽'의 뜻을 가지고 同義 關係에 있다는 것은 다음 예문들에서 잘 확인된다. 원문 중 '晨昏'이 '새배며 어슬'으로 번역되고 '晨省'이 '새박이어든 술피다'로 번역된다. 따라서 '새배'와 '새박'의 동의성은 명백히 입증된다. 名詞 '새박'은 '새배'의 제2 음절에 子音 'ㄱ'이 添加되고 母音 '이'가 脫落되어 생긴 것이다.

(5) a. 새배며 어슬믈[문안ᄒ단 말이라] 廢티 아니ᄒ더니(晨昏不廢ᄒ더니) <小언六 19b>
    b. 암ᄃᆰ이 새배 우러(牝鷄晨鳴ᄒ야) <小언五 68b>
(5) c. 어울미어든 定[자리를 뎡홈이라]ᄒ고 새박이어든 술피며[안부 술피미라](昏定而晨省ᄒ며) <小언二 8b>
    d. 中門 뒤희 가 새바긔 省ᄒ더라(晨省於中門之北ᄒ더라) <小언六 95a>
    e. 馮이 새바긔 賈의게 유무 들이거늘(馮이 晨謁賈ㅣ어늘) <小언六 116b>

<6> 갈ㅎ 對 칼

두 名詞가 [刀] 즉 '칼'의 뜻을 가지고 同義 關係에 있다는 것은 다음 예문

들에서 잘 확인된다. 원문 중 '以刀'가 '갈ㅎ로뻐'로도 번역되고 '칼로'도 번역된다. 따라서 두 名詞 '갈ㅎ'과 '칼'의 동의성은 명백히 입증된다. 名詞 '칼'은 '갈ㅎ'의 子音 'ㄱ'이 유기음화되어 생긴 것이다.

(6) a. 갈ㅎ로뻐 고흘 버히고(以刀斷鼻ㅎ고) <小言六 57a>
    b. 즉제 다시 갈로뻐 두 귀를 버히고(卽復以刀截兩耳ㅎ고) <小言 六 56a>
    c. 자내 소ㄴ로 눌카온 갈흘 자바(自手握利釖ㅎ야) <蒙六 23a>
    d. 갈히 ᄀᆞᆮᄒᆞ야 부텨도 ᄯᅩ 그러ᄒᆞ더라(如釖佛亦尒) <蒙六 23a>
    e. 갈 나ᄃᆞ로 버히디 몯ᄒᆞ며 <七大 16b>
(6) f. 칼로 ᄒᆞᆰ 베홈 ᄀᆞᄐᆞ니(如以刀로 割泥ㅣ니) <龜下 49b>
    g. 칼히 제 히여디ᄂᆞ니라(刀ㅣ 自傷焉ㅣ니라) <龜下 49b>
    h. 修道ᄒᆞᄂᆞᆫ 사ᄅᆞᄆᆞᆫ ᄒᆞᆫ 무적 칼 ᄀᆞᄂᆞᆫ 돌 ᄀᆞᄐᆞ니(修道之人ᄂᆞᆫ 如一塊 磨刀之石ᄒᆞ니) <龜下 54a>
    i. ᄂᆞ미 칼ᄋᆞᆫ 快호ᄃᆡ 自家 돌ᄒᆞᆫ 漸漸 消커늘(別人刀ᄂᆞᆫ 快而自家石 ᄋᆞᆫ 漸消ㅣ어늘) <龜下 54b>

<7> 볼 對 풀

두 名詞가 [臂] 즉 '팔'의 뜻을 가지고 同義 關係에 있다는 것은 다음 예문들에서 잘 확인된다. 원문 중 '六臂'가 '볼 여슷'으로 번역되고 '掉臂'가 '풀 흐늘다'로 번역된다. 따라서 '볼'과 '풀'의 동의성은 명백히 입증된다. 名詞 '풀'은 '볼'의 子音 'ㅂ'이 유기음화되어 생긴 것이다.

(7) a. 시혹 머리 세콰 볼 여슷과로 모믈 나토며(或現三頭六臂ᄒᆞ며) <蒙六 10b>

(7) b. 가슴 허디고 풀 흐느디 말며(不得開襟掉臂ᄒᆞ며) <誡初 5a>
　　c. 글와 안즘애 풀을 빗기디 아니ᄒᆞ며(並坐不橫肱ᄒᆞ며) <小언三 17a>

### 1.4. 合成型 및 派生型

#### A. 合成型

單一語인 名詞가 合成에 의한 名詞와 同義 關係를 가질 수 있다. 이 경우가 合成型이다. 合成의 예로 [指] 즉 '손가락'의 뜻을 가진 '가락'과 '손ᄉᆞ락'을 비롯하여 [彼] 즉 '저것'의 뜻을 가진 '뎌'와 '뎌것', [髮] 즉 '머리털'의 뜻을 가진 '머리'와 '머리털', [今日] 즉 '오늘'의 뜻을 가진 '오늘날'과 '오늘', [此]와 [是] 즉 '이것'을 뜻하는 '이'와 '이것', [婢] 즉 '계집종, 여자 종'의 뜻을 가진 '종'과 '겨집종' 그리고 [髮] 즉 '머리털'의 뜻을 가진 '터럭'과 '머리터럭'이 있다.

<1> 가락 對 손ᄉᆞ락

두 名詞가 [指] 즉 '손가락'의 뜻을 가지고 同義 關係에 있다는 것은 다음 예문들에서 잘 확인된다. 원문 중 '折一齒一指'가 'ᄒᆞ 니며 ᄒᆞ 가락 것다'로 번역되고 『몽산화상육도보설언해』(1567)에서 '손ᄉᆞ라개 감다'가 발견된다. 따라서 '가락'과 '손ᄉᆞ락'의 동의성은 명백히 입증된다. '손ᄉᆞ락'은 名詞 '손'과 'ᄀᆞ락'의 합성이다.

(1) a. ᄒᆞ 니며 ᄒᆞ 가락 것그며 ᄒᆞ 누늘 멀오며 귀 고ᄒᆞᆯ 헐오며(折一齒一指眇一目毀耳鼻爲於) <警民 10b>
　　b. 魔王이…그 蓮ㅅ실 소배 三千 兵馬ᄅᆞᆯ 녀허 손ᄉᆞ라개 감고 ᄂᆞ려오ᄂᆞ

니라 <蒙六 11a>

<2> 고기 對 묻고기

　명사 '고기'와 합성명사 '묻고기'가 [肉] 즉 '고기, 뭍짐승의 고기'의 뜻을 가지고 同義關係에 있다는 것은 다음 예문들에서 잘 확인된다. 원문 중 '肉…多'가 '고기 하다'로 번역되고 '食肉'이 '고기 먹다'로 번역되고 '濡肉'이 '져즌 고기'로 번역된다. 그리고 '肉敗'가 '묻고기 서근 이'로 번역되고 '魚肉'이 '믈고기 묻고기'로 번역된다. 따라서 '고기'와 '묻고기'의 동의성은 명백히 입증된다. 합성명사 '묻고기'는 명사 '뭍'[陸]과 명사 '고기'의 合成이다.

　(2) a. 고기 비록 하나(肉雖多ㅣ나) <小諺三 28b>
　　　b. 다 可히 술 마시며 고기 먹디 몯홀 거시니(皆未可飮酒食肉ㅣ니)
　　　　 <小諺五 51a>
　　　c. 져즌 고기란 니로 베믈고 ᄆᆞᄅᆞᆫ 고기란 니로 베므디 아니ᄒᆞ며(濡
　　　　 肉으란 齒決ᄒᆞ고 乾肉으란 不齒決ᄒᆞ며) <小諺三 24a>
　(2) d. 밥이 즛믈러 쉬니와 믈고기 므르니와 묻고기 서근 이를 먹디 아
　　　　 니ᄒᆞ시며(食饐而餲와 魚餒而肉敗를 不食ᄒᆞ며) <小諺三 25a>
　　　b. 左右로 히여곰 믈고기 묻고기 귀흔 차빈ᄃᆞᆯ홀 사다가 (使左右로
　　　　 買魚肉珍羞ᄒᆞ야) <小諺五 46b>

<3> 고기 對 믈고기

　명사 '고기'와 합성명사 '믈고기'가 [魚] 즉 '고기, 물고기'의 뜻을 가지고 同義關係에 있다는 것은 다음 예문들에서 잘 확인된다. 원문 중 '生魚'가 '生ᄒᆞᆫ 고기'로 번역된다. 그리고 '魚肉'이 '믈고기 묻고기'로 번역되고 '魚餒'가 '믈고

기 므르니'로 번역된다. 따라서 '고기'와 '믈고기'의 동의성은 명백히 입증된다. 합성명사 '믈고기'는 명사 '믈'과 명사 '고기'의 合成이다.

  (3) a. 어미 일즉 生혼 고기를 먹고져 호더니(母 ㅣ 嘗欲生魚 ㅣ 러니)
    &lt;小言六 22a&gt;
  (3) b. 左右로 히여곰 믈고기 묻고기 귀혼 차빈들홀 사다가 (使左右로
    買魚肉珍羞호야) &lt;小言五 46b&gt;
   c. 밥이 즛믈러 쉬니와 믈고기 므르니와 묻고기 서근 이를 먹디 아
    니호시며(食饐而餲와 魚餒而肉敗를 不食호며) &lt;小言三 25a&gt;

&lt;4&gt; 고기 對 믈고기 묻고기

 명사 '고기'와 명사구 '믈고기 묻고기'가 [魚肉] 즉 '고기, 물고기와 뭍짐승의 고기'의 뜻을 가지고 同義 關係에 있다는 것은 다음 예문들에서 잘 확인된다. 원문 중 '魚肉'이 '고기'로도 번역되고 '믈고기 묻고기'로도 번역된다. 그따라서 '고기'와 '믈고기 묻고기'의 동의성은 명백히 입증된다. 명사구 '믈고기 묻고기'는 합성명사 '믈고기'와 합성명사 '묻도기'의 결합이다.

  (4) a. 고기란 다시 나오디 아니호니(魚肉으란 不更進也호니) &lt;小言六
    6a&gt;
   b. 먹던 고기 도로 노티 말며(毋反魚肉호며) &lt;小言三 23a&gt;
  (4) c. 左右로 히여곰 믈고기 묻고기 귀혼 차빈들홀 사다가 (使左右로
    買魚肉珍羞호야) &lt;小言五 46b&gt;

&lt;5&gt; 뎌 對 뎌것

두 代名詞가 [彼] 즉 '저것'의 뜻을 가지고 同義 關係에 있다는 것은 다음 예문들에서 잘 확인된다. 원문 중 '去彼取此'가 '뎌를 더디고 이를 取ᄒᆞ다'로 번역되고 『七大萬法』에 '이것 두외락 뎌것 두외락'이 있다. 따라서 '뎌'와 '뎌것'의 동의성은 명백히 입증된다. '뎌'는 [此] 즉 '이것'의 뜻을 가진 '이'와 의미상 대립 관계에 있고 '뎌것'은 '이것'과 의미상 대립 관계를 가진다. 代名詞 '뎌것'은 관형사 '뎌'와 名詞 '것'의 합성이다.

(5) a. 뎌를 더디고 이를 取흠이(去彼取此ㅣ) <小言五 8a>
  b. 뎨 ᄒᆞ마 丈夫이라(彼既丈夫이라) <蒙六 33a>
  c. 뎨 큰 연괴 업고(彼無大故ᄒᆞ고) <小言四 37a>
  d. 뎌를 네 가짓 힝실로뻐 責흔 ᄃᆞᆯ 엇디 能히 알리오(彼를 責以四者之行인ᄃᆞᆯ 豈能知 之리오) <小言五 42b>
(5) e. 百億 모미라 ᄒᆞ요문 이것 두외락 뎌것 두외락 그 업시 두위힐워 두윌시 千百億化身(12b)이라 ᄒᆞᄂᆞ니 <七大 13a>

<6> 머리 對 머리털

두 名詞가 [髮] 즉 '머리털'의 뜻을 가지고 同義 關係에 있다는 것은 다음 예문들에서 잘 확인된다. 원문 중 '被髮'이 '머리 플다'로 번역되고 '斷髮'이 '머리털을 버히다'로 번역된다. 따라서 '머리'와 '머리털'의 동의성은 명백히 입증된다. '머리털'은 '머리'와 '털'의 합성이다.

(6) a. 머리 플고 거즛 미친 양 ᄒᆞ샤 죵이 되야(乃被髮佯狂而爲奴ᄒᆞ샤) <小言四 25b>
(6) b. 머리털을 버혀 밍셰ᄒᆞ엿더니(乃斷髮爲信이러니) <小言六 55b>
  c. 머리(9b)털 거두기를 드리디우게 말며(斂髮毋髢ᄒᆞ며) <小언三

10a>

<7> 오늘날 對 오늘

두 名詞가 [今日] 즉 '오늘'의 뜻을 가지고 同義 關係에 있다는 것은 다음 예문들에서 잘 확인된다. 원문 중 '今日'이 '오늘날'로도 번역되고 '오늘'로도 번역되므로 '오늘날'과 '오늘'의 동의성은 명백히 입증된다. '오늘날'은 [今] 즉 '이제'의 뜻을 가진 '오늘'과 [日] 즉 '날'의 뜻을 가진 '날'의 합성이다.

(7) a. 오늘날애 흔 일을 긔디ᄒᆞ고(今日에 記一事ᄒᆞ고) <小언五 114b>
b. 오늘날애 흔 어려온 일을 行ᄒᆞ고(今日에 行一難事ᄒᆞ고) <小언五 115a>
c. 오늘날애 飮食ᄒᆞᄂᆞᆫ 허비예 쏘 盡ᄒᆞ야 가니(今日에 飮食費且盡ᄒᆞ니) <小언六 82a>
(7) d. 오ᄂᆞ리 나죄 히라(今日夕矣라) <誡初 34b>
e. 오ᄂᆞ리 다옴 업거늘(今日不盡커늘) <誡初 36b>
f. 오ᄂᆞᆯ 安否ㅣ 엇더ᄒᆞ시뇨(今日安否ㅣ 何如오) <小언四 11a>

<8> 이 對 이것

두 代名詞가 [此]와 [是] 즉 '이것'의 뜻을 가지고 同義 關係에 있다는 것은 다음 예문들에서 잘 확인된다. 원문 중 '去彼取此'가 '뎌를 더디고 이를 取ᄒᆞ다'로 번역되고 『七大萬法』에서 '이것 두외락 뎌것 두외락'이 발견된다. 따라서 '이'와 '이것'의 동의성은 명백히 입증된다. '이'는 [彼] 즉 '저것'의 뜻을 가진 '뎌'와 의미상 대립 관계에 있고 '이것'은 '뎌것'과 의미상 대립 관계를 가진다. 代名詞 '이것'은 관형사 '이'와 名詞 '것'의 합성이다.

(8) a. 뎌를 더디고 이를 取홈이(去彼取此ㅣ) <小言五 8a>
   b. 이는 이 됴흔 긔별이어니와(此는 是好消息이어니와) <小言六 46b>
   c. 이는 그 어버이를 傷홈이오(是는 傷其親이오) <小言三 1b>
   d. 이는 中觀(12a)흔 쁘디라 <七大 12b>
   e. 이는 하늘콰 짜콰 스시예 얼굴와 일홈과 가진 거슨 다 釋迦라 <七大 12b>
   f. 이는 ᄌᆞ디 몯훈 모미라 <七大 16a>
(8) g. 千百億 모미라 ᄒᆞ요문 이것 ᄃᆞ외락 뎌것 ᄃᆞ외락 그 업시 드위힐 워 ᄃᆞ욀ᄉᆡ 千百億化身(12b)이라 ᄒᆞᄂᆞ니 <七大 13a>

<9> 죵 對 겨집죵

두 名詞가 [婢] 즉 '계집죵, 여자 종'의 뜻을 가지고 同義 關係에 있다는 것은 다음 예문들에서 잘 확인된다. 원문 중 '使侍婢'가 '뫼신 종으로 히여곰'으로 번역되고 '使婢'가 '겨집종으로 히여곰'으로 번역되므로 '죵'과 '겨집죵'의 동의성은 명백히 입증된다. '겨집죵'은 '겨집'과 '죵'의 합성이다.

(9) a. 뫼신 죵으로 히여곰 고깃국을 받드러 업텨 됴복애 더러이고 죵이 믄득 거두더니(使侍婢로 奉肉羹ᄒᆞ야 䬳汚朝衣ᄒᆞ고 婢ㅣ 遽收之러니) <小言六 102b>
   b. 비록 죵과 妾이라도(雖婢妾이라두) <小言二 51a>
   c. 父母ㅣ 죵의 난 ᄌᆞ식이어나 혹 쳡 ᄌᆞ식과 쳡 손ᄌᆞ를 심히 ᄉᆞ랑커시든(父母ㅣ 有婢子若庶子庶孫을 甚愛之어시든) <小言二 16b>
(9) d. 병이 잇거늘 겨집죵으로 히여곰 藥 비븨이더니(有疾이어늘 使婢 丸藥ᄒᆞ더니) <小言五 53b>

제2장 固有語간의 同義 **71**

<10> 터럭 對 머리터럭

두 名詞가 [髮] 즉 '머리털'의 뜻을 가지고 同義 關係에 있다는 것은 다음 예문들에서 잘 확인된다. 원문 중 '拔髮'이 '터러글 빼다'로 번역되고 '髮膚'가 '머리터럭과 술ㅎ'로 번역된다. 따라서 '터럭'과 '머리터럭'의 동의성은 명백히 입증된다. '머리터럭'은 '머리'와 '터럭'의 합성이다.

(10) a. 터러글 빼면 틴 오시비오(拔髮則笞五十五) <警民 10b>
b. 몸과 體과 머리터럭과 술흔 父母의 튼 거시니(身體髮膚는 受之父母ㅣ니) <孝언 2b>

<11> 홰 對 옷홰

두 名詞가 [椸] 즉 '횃대, 옷걸이'의 뜻을 가지고 同義 關係에 있다는 것은 다음 예문들에서 잘 확인된다. 원문 중 '楎椸'가 '옷거리와 홰'로 번역된다. 그리고 '椸枷'가 '옷홰며 시렁'으로 번역된다. 따라서 '홰'와 '옷홰'의 동의성은 명백히 입증된다. '옷홰'는 합성명사로 명사 '옷'과 명사 '홰'의 합성이다.

(11) a. 敢히 남진의 옷거리와 홰예 드디 아니ᄒ며(不敢縣於夫之楎椸ᄒ며) <小언二 50a>
b. ᄉ나히와 겨집이 옷홰며 시렁을 ᄒᆞᆫ듸 아니ᄒ야(男女ㅣ 不同椸枷ᄒ야) <小언二 50a>

b. 派生型

語基인 名詞가 그것에서 派生된 名詞와 同義 關係를 가질 수 있다. 이 경우가 派生型이다. 派生의 예로 [書] 즉 '책'의 뜻을 가진 '글'과 '글월', [言], [語] 및 [說] 즉 '말'의 뜻을 가진 '말'과 '말솜' 그리고 [三] 즉 '셋째'의 뜻을 가진 '세ㅎ'와 '셋재'가 있다.

<1> 글 對 글월

두 名詞가 [書] 즉 '책'의 뜻을 가지고 同義 關係에 있다는 것은 다음 예문들에서 잘 확인된다. 원문 중 '國書'가 '나랏 글'로 번역되고 '馬援書'가 '馬援의 글월'로 번역되므로 '글'과 '글월'의 동의성은 명백히 입증된다. '글월'은 '글'에서 派生된 名詞이다.

(1) a. 나랏 글이 다 浩의 히온 바가(國書ㅣ 皆浩所爲乎아) <小언六 41b>
　　b. 諸葛武侯 아들 경계혼 글에 닐오디(諸葛武侯戒子書에 曰) <小언五 15a>
(1) c. 馬援의 글월이 殷勤히 모든 데주를 경계혼 배니라(馬援書ㅣ 殷勤戒諸子ㅣ 니라) <小언五 24a>
　　d. 胡文定公이 아들 준 글월의 글오디(胡文定公이 與子書曰) <小언五 31b>

<2> 말 對 말솜

두 名詞가 [言], [語] 및 [說] 즉 '말'의 뜻을 가지고 同義 關係에 있다는 것은 다음 예문들에서 잘 확인된다. 원문 중 '擇言'이 '골힐 말'로 번역되고 '言溫'이 '말솜이 온화ㅎ다'로 번역되므로 '말'과 '말솜'의 동의성은 명백히 입증된다. '말솜'은 '말'에서 派生된 것이다.

(2) a. 이 마리 다음 업거늘(遮言不盡이커늘) <誡初 35a>
　　b. 입에 글힐 말이 업스며(口無擇言ᄒ며) <小言五 13a>
　　c. 말이 顔子 孟子의 믿츠면(語及顔孟則) <小言五 10b>
　　d. 두 말로 화합게 ᄒ야(兩說로 和合ᄒ야) <誡初 3a>
(2) e. 오직 부텨 셩인 말ᄉᄆᆞᆯ 의죵홀디언뎡(但依金口聖言ㅣ언뎡) <誡初 2b>
　　f. 말솜이 온후ᄒ고 귀운이 화평ᄒ면(言溫而氣和則) <小言五 9a>
　　g. 말솜 빈호ᄂᆞᆫ 사ᄅᆞᆷ ᄆᆞᆯ 조차(隨學語者ᄒ야) <誡初 16a>
　　h. 말솜을 브텨 여러 아기네ᄃᆞ려 니ᄅᆞ노니(寄語謝諸郎ᄒ노니) <小言五 26a>

<3> 셰ᄒᆞ 對 셋재

　　두 수사가 [三] 즉 '셋째'의 뜻을 가지고 同義 關係에 있다는 것은 다음 예문들에서 잘 확인된다. 원문 중 '第三'이 'ᄎᆞ례예 셋재라'로 번역되고 『七大萬法』의 예문들에서 '셰흔 브리니'와 '셋재ᄂᆞᆫ 브리니'가 발견된다. 따라서 '셰ᄒᆞ'와 '셋재'의 동의성은 명백히 입증된다. 수사 '셋재'는 수사 '셰ᄒᆞ'에 접미사 '-재'가 결합된 것이다.

(3) a. 셰흔 브리니 히 비취ᄂᆞᆫ ᄃᆞᆺ 氣韻이오 <七大 3a>
(3) b. 셋재ᄂᆞᆫ 브리니 내 모매 ᄃᆞᆺ 氣韻이오 <七大 2a>
　　c. 셋재ᄂᆞᆫ 이비니 이븐 쇠니 <七大 10a>
　　d. 몸 공경홈이니 ᄎᆞ례예 셋재라(敬身第三이라) <小言三 1a>
　　e. 셋재ᄂᆞᆫ 모든 사ᄅᆞᆷ의 지은 밧 허믈이며 사오나온 이를 닐으디 아니홈이오(三은 不 言衆人所作過惡이오) <小言五 100b>
　　f. 셋재 글온 여숫 가지 ᄌᆡ죄니(三曰六藝니) <小言一 11b>

그리고 '셛재'가 [三] 즉 '셋째'의 뜻을 가진 수사라는 사실은 다음 예문들에서 잘 확인된다.

(3) g. 그 셛재는 제게 더으니를 아쳐ᄒᆞ고(其三은 勝己者를 厭之ᄒᆞ고)
&lt;小언五 17b&gt;

## 2. 動詞類에서의 同義

固有語의 動詞類에서 확인되는 同義 關係는 크게 두 개의 觀點에서 고찰될 수 있다. 첫째는 形式的 觀點이고 둘째는 內容的 觀點이다. 形式的 觀點에서 同義 關係에 있는 動詞類들이 相異한지 아니면 相似한지를 판별할 수 있고, 內容的 觀點에서 보면 同義 關係를 가지는 動詞類들이 完全 同義인지 部分 同義인지 확인할 수 있다.

形式的 觀點에서 同義 關係를 가지는 動詞類들은 크게 相異型과 相似型으로 나누어질 수 있다. 相似型은 音韻論的 觀點과 形式的 觀點으로 분류될 수 있는데 音韻論的 觀點에 따르면 音韻 交替, 音韻 脫落 및 音韻 添加가 있고, 形態論的 觀點에 따르면 合成과 派生이 있다. 논술의 편의상 다음과 같이 네 유형으로 나누고자 한다 : 第Ⅰ型 相異型, 第Ⅱ型 音韻 交替型, 第Ⅲ型 音韻 脫落型, 音韻 添加型 및 音節 縮約型 그리고 第Ⅳ型 合成型과 派生型.

### 2.1. 動作動詞간의 同義

#### 2.1.1. 相異型

서로 다른 형식을 가진 둘 또는 그 이상의 동작동사들이 同義 關係를 가질 수 있다. 이 경우가 곧 相異型이다.

&lt;1&gt; 가다 對 녀다

두 동작동사가 [行] 즉 '가다'의 뜻을 가지고 同義 關係에 있다는 것은 다음 예문들에서 잘 확인된다. 원문 중 '行見'가다가 보다'로 번역되고 '經行'이 '길 녀다'로 번역되므로 '가다'와 '녀다'의 동의성은 명백히 입증된다.

(1) a. 郭林宗이 가다가 보고 그 다른 줄을 긔특이 너겨(郭林宗이 行見之而奇其異ᄒᆞ야) &lt;小언六 106a&gt;
b. 그 남진이 부방 가게 當ᄒᆞ야 쟝ᄎᆞᆺ 갈 적의(其夫ㅣ 當行戍ᄒᆞ야 且行時예) &lt;小언六 50b&gt;
c. 가 同州예 다ᄃᆞ라(行次同州ᄒᆞ야) &lt;小언六 31b&gt;
d. 님금이 命ᄒᆞ야 블으시거든 술위 메옴을 기(41b)들이디 아니코 가더시다(君이 命召ㅣ 어시든 不俟駕行矣러시다) &lt;小언二 42a&gt;
e. 모든 도적이 브리고 가니라(群盜乃捨之而去ᄒᆞ니라) &lt;小언六 61a&gt;
f. 그 말을 ᄒᆞ디 몯ᄒᆞ거든 갈디니라(不得其言則去ㅣ니라) &lt;小언二 44b&gt;
(1) g. 길 녈 제(經行次의) &lt;誡初 5a&gt;
h. 길 녈 이 길흘 ᄉᆞ양ᄒᆞ며(行者ㅣ 讓路ᄒᆞ며) &lt;小언五 34b&gt;

&lt;2&gt; 가지다 對 디니다

두 동작동사가 [持] 즉 '가지다, 지니다'의 뜻을 가지고 同義 關係에 있다는 것은 다음 예문들에서 잘 확인된다. 원문 중 '持此機緣'이 '이 機緣을 가지다'로 번역되고 '持戒'가 '戒를 디니다'로 번역된다. 따라서 '가지다'와 '디니다'의 동의성은 명백히 입증된다.

> (2) a. 그 아디 몯흔 사르믄 이 機緣을 가져(未悟者는 持此機緣ᄒᆞ야) <蒙六 42a>
> b. 두 리에 뛰여 나거늘 가져 도라오니라(雙鯉躍出이어늘 持之歸ᄒᆞ니라) <小언六 22b>
> c. 뻐 몸 가질 바를 알리라(知所以持身矣리라) <小언五 59b>
> (2) d. 모딘 ᄆᆞᅀᆞᆷ로 戒를 디니는 드로(惡心으로 持戒ᄒᆞ던 드로) <蒙 六 10b>
> e. 응량긔를 바다 디녀(受持應器ᄒᆞ야) <誡初 41a>
> f. 네 모로미 미더 디녀(汝須信持ᄒᆞ야) <誡初 46b>
> g. 모딘 모로(12a)매 졍념을 구디 디녀(切須堅持正念ᄒᆞ야) <誡初 12b>

<3> 간슈ᄒᆞ다 對 간ᄉᆞᄒᆞ다

두 동작동사가 [藏]과 [護] 즉 '간직하다, 저장하다'의 뜻을 가지고 同義 關係에 있다는 것은 다음 예문들에서 잘 확인된다. 원문 중 '器而藏之'가 '둥히 녀겨 간슈ᄒᆞ다'로 번역되고 '藏於…篋笥'가 '샹ᄌᆞ과 섥의 간ᄉᆞᄒᆞ다'로 번역된다. 따라서 '간슈ᄒᆞ다'와 '간ᄉᆞᄒᆞ다'의 동의성은 명백히 입증된다.

> (3) a. 삳과 돗글 집쎠 둥히 녀겨 간슈홀디니(簟席襵ᄒᆞ야 器而藏之니) <小언二 50b>
> b. 다 모롬이 ᄉᆞ랑ᄒᆞ야 간슈ᄒᆞ야(皆須愛護ᄒᆞ야) <小언五 116b>

제2장 固有語간의 同義 77

c. 간슈홈을 즌아기 굳티 ᄒ(73b)야(保之如嬰兒ᄒ야) <小言六 74a>

(3) d. 敢히 남진의 샹ᄌ과 섥의 간ᄉ티 아니하며(不敢藏於夫之篋笥ᄒ며) <小言二 50b>

e. 간ᄉᄒ야 뻐 업서 ᄒ실 적을 기들일다니라(藏以待乏이니라) <小言二 13b>

f. 교만ᄒᆫ 딘 듕에ᄂᆞᆫ 반야를 간ᄉᄒ여(驕慢塵中藏般若) <誡初 65a>

<4> 거두다 對 갇다

두 동작동사가 [斂] 즉 '거두다'의 뜻을 가지고 同義關係에 있다는 것은 다음 예문들에서 잘 확인된다. 원문 중 '斂髮'이 '머리털 거두다'로 번역되고 '斂膝'이 '무르플 갇다'로 번역된다. 따라서 '거두다'와 '갇다'의 동의성은 명백히 입증된다.

(4) a. 머리(9b)털 거두기를 드리디우게 말며(斂髮毋髢ᄒ며) <小言三 10a>

b. 남진이 잇디 아니커든 벼개를 샹ᄌ애 거두며(夫不在어든 斂枕篋ᄒ며) <小言二 50b>

c. 門 닫고 자쵀를 거두어(閉門斂蹤跡ᄒ야) <小言五 25a>

(4) d. 날이 뭇도록 무루플 가다 꾸러 안자(終日斂膝危坐ᄒ야) <小言六 107b>

<5> 뼈디다 對 싸디다

두 동작동사가 [陷] 즉 '빠지다'의 뜻을 가지고 同義 關係에 있다는 것은 다음 예문들에서 잘 확인된다. 원문 중 '陷爲'가 '뻐뎌…되다'로 번역된다. 그리고 '陷於不義'가 '올티 아니흔 뒤 싸디다'로 번역되고 '陷囚繫'가 '가도여 미임애 싸디다'로 번역된다. 따라서 '뻐디다'와 '싸디다'의 동의성은 명백히 입증된다.

(5) a. 季良을 효측ᄒᆞ야 得디 몯ᄒᆞ면 뻐뎌 天下의 輕薄子ㅣ 되리니(效季良不得ᄒᆞ면 陷爲天下輕薄子ㅣ니) <小언五 14a>
   b. 엇디…님금을 올티 아닌ᄃᆡ 뻐디게 홈이리오(寧…陷主於不義乎ㅣ리오) <小언六 36a>
(5) c. 아비 간ᄒᆞᄂᆞᆫ 아ᄃᆞᆯ올 두면 몸이 올티 아니흔 ᄃᆡ 싸디디 아니ᄒᆞᄂᆞ니라(父有爭子則身不陷於不義ᄂᆞ니라) <小언二 71b>
   d. 잇다감 가도여 미임애 싸디ᄂᆞ니(往往陷囚繫ᄒᆞᄂᆞ니) <小언五 24a>

<6> 쩌리다 對 긔다

두 동작동사가 [憚]과 [忌] 즉 '꺼리다'의 뜻을 가지고 同義 關係에 있다는 것은 『小學諺解』의 다음 예문들에서 잘 확인된다. 원문 중 '憚改'가 '고팀을 쩌리다'로 번역되고 '忌醫'가 '의원을 긔다'로 번역된다. 따라서 '쩌리다'와 '긔다'의 동의성은 명백히 입증된다.

(6) a. ᄯᅩ 고팀을 쩌리디 아니ᄒᆞ면(又不憚改則) <小언五 9a>
   b. 슈고로옴을 쩌리디 아니ᄒᆞ야(不憚劬勞ᄒᆞ야) <小언五 104b>
   c. 嚴홈으로ᄡᅥ 쩌림을 보더니(以嚴見憚이러니) <小언六 34b>
(6) d. 병을 쯔리고 의원을 긔여(護疾而忌醫ᄒᆞ야) <小언五 85b>
   e. 말 함이 모든의 긔(22a)ᄂᆞᆫ 배라(多言이 衆所忌라) <小언五 22b>

제2장 固有語간의 同義

f. 모다 怒ᄒᆞ고 물겨 쇠여(衆怒群猜ᄒᆞ야) <小언五 18b>

## <7> 건내뛰다 對 건너다

두 동작동사가 [超] 즉 '건너뛰다, 건너다'의 뜻을 가지고 同義 關係에 있다는 것은 다음 예문들에서 잘 확인된다. 원문 중 '超凡'이 '凡夫에 건내뛰다'로도 번역되고 '凡夫에 건너다'로도 번역된다. 그리고 '超出'이 '건내뛰여 나다'로 번역되고 '超脫'이 '건너 밧다'로 번역된다. 따라서 '건내뛰다'와 '건너다'의 동의성은 명백히 입증된다.

(7) a. 志氣 뒷ᄂᆞ니는 어루 凡夫에 건내뛰여 聖位예 드러(有志氣者ᄂᆞᆫ 可以超凡入聖ᄒᆞ야) <蒙六 12b>
　　b. 經에 닐오ᄃᆡ 十方三世佛리 ᄒᆞᆫ 길ᄒᆞ로 건내뛰여 나시니라(經에 云호ᄃᆡ 十方三世佛이 一道로 超出이라 ᄒᆞ시니라) <蒙六 38a>
　　c. ᄒᆞᆫ 번 건내뛰여 如來地예 들리라(一超直入如來地ᄒᆞ리라) <蒙六 5a>
(7) d. ᄒᆞ물며…이 凡夫에 건너 聖人 무레 드롤 微妙ᄒᆞᆫ 道를 아디 몯호미 ᄯᆞ녀(況…不知有此超凡入聖妙道잇ᄃᆞ냐) <蒙六 25b>
　　e. 凡을 건너 聖에 들며(超凡入聖ᄒᆞ야) <龜下 37a>
　　f. 苦趣예 건너 밧고(超脫苦趣ᄒᆞ고) <蒙六 28b>
　　g. 情 건너며 見 여희(59b)요모로 禪 삼ᄂᆞ니(超情離見으로 爲禪ᄒᆞᄂᆞ니) <龜下 60a>

## <8> 건너다 對 너모다/넘오다

두 동작동사가 [越] 즉 '건너다, 넘다'의 뜻을 가지고 同義 關係에 있다는 것은 다음 예문들에서 잘 확인된다. 원문 중 '越次'가 '셔츠 건너다'로 번역되고 '越序'가 '셔츠 너모다'로 번역되므로 '건너다'와 '너모다'의 동의성은 명백히 입증된다. 두 동사는 '셔츠'를 목적어로 共有한다.

(8) a. 셔츠 건너 안ᄌ며 눕기를 삼가며(愼坐臥越次ᄒ며) <誡初 11a>
(8) b. 당돌히 셔츠 너모디 말며(不得搪扌突越序ᄒ며) <誡初 5a>
   c. 닐굽 슌에 넘오디 아니호디(不過七行호디) <小언六 130a>

<9> 걸이다 對 거리다

두 동작동사가 [滯] 즉 '걸리다'의 뜻을 가지고 同義 關係에 있다는 것은 다음 예문들에서 잘 확인된다. 원문 중 '滯八難諸惡道'가 '八難 여러 惡道애 걸이다'로 번역되고 '滯寂'이 '寂에 거리다'로 번역된다. 따라서 두 동사 '걸이다'와 '거리다'의 동의성은 명백히 입증된다.

(9) a. 시혹 八難 여러 惡道애 걸인 사ᄅ미 여러 受苦를 受ᄒ야(或滯八難諸惡道者이 受諸苦惱ᄒ야) <蒙六 25b>
   b. 化城에 걸여 이셔(滯於化城ᄒ며) <蒙六 17a>
(9) c. 空에 ᄌᆷ기며 寂에 거릴가 저ᄒ실시(恐沉空滯寂故로) <龜下 58a>

<10> 꾸짖다 對 꾸종ᄒ다

두 동작동사가 [誚讓]과 [讓] 즉 '꾸짖다'의 뜻을 가지고 同義 關係에 있다는 것은 다음 예문들에서 잘 확인된다. 원문 중 '不誚讓'이 '꾸짓디 아니ᄒ다'로 번역되고 '讓曰'이 '꾸종ᄒ여 굴다'로 번역된다. 따라서 '꾸짖다'와 '꾸종ᄒ

다'의 동의성은 명백히 입증된다.

> (10) a. 子孫이 過失이 잇거든 꾸짓디 아니ᄒᆞ고(子孫이 有過失이어든 不誚讓ᄒᆞ고) <小언六 77b>
> b. 꾸짓는 솔의 일즉 개와 ᄆᆞᆯ게도 니르디 아니ᄒᆞ실ᄉᆡ(叱咤之聲이 未嘗至於犬馬ᄒᆞ실ᄉᆡ) <小언四 21b>
> c. 怒홈을 꾸지즘애 니르게 아니홀디니(怒不至詈니) <小언二 23a>
> (10) d. 萬石君이 꾸죵ᄒᆞ여 글오ᄃᆡ(萬石君이 譲曰) <小언六 80a>
> e. 可히 차탄ᄒᆞ여 블워ᄒᆞ며 꾸죵ᄒᆞ여 헐쓰리디 아닐 거시니(不可歎羨詆毀니) <小언五 102b>

그리고 '구짖다'가 [叱] 즉 '꾸짖다'의 뜻을 가진 동사라는 것은 다음 예문들에서 잘 확인된다. 예를 들면, '尊ᄒᆞᆫ 손의 앏픠 개를 구짖디 아니ᄒᆞ며(尊客之前에 不叱狗ᄒᆞ며) <小언二 61a>.

<11> 굽다 對 굽ᄋᆞᆫᄒᆞ다

두 동작동사가 [揖] 즉 '읍하다'의 뜻을 가지고 同義 關係에 있다는 것은 다음 예문들에서 잘 확인된다. 원문 중 '揖'이 '굽다'로도 번역되고 '굽ᄋᆞᆫᄒᆞ다'로 번역되므로 '굽다'와 '굽ᄋᆞᆫᄒᆞ다'의 동의성은 명백히 입증된다.

> (11) a. 굽으며 펴(6b)며(揖遊ᄒᆞ며) <小언二 7a>
> b. 나ᅀᅡ갈 제는 굽ᄋᆞᆫᄒᆞ고(進則揖之ᄒᆞ고) <小언三 18b>

<12> 굿블다 對 업더이다

두 동작동사가 [伏]과 [俯伏] 즉 '업드리다'의 뜻을 가지고 同義 關係에 있다는 것은 다음 예문들에서 잘 확인된다. 원문 중 '伏望'이 '굿브러셔 브라다'로 번역되고 '俯伏而食'이 '업더여셔 먹다'로 번역된다. 따라서 '굿블다'와 '업더이다'의 동의성은 명백히 입증된다.

(12) a. 굿브러셔 브라논둔(伏望ᄒᆞ논둔) <誠初 45b>
b. ᄯᅩ ᄃᆞ리 아래 굿브러셔(又伏於橋下ᄒᆞ야) <小언四 32b>
c. 잢간 굿브러 잇다가 도로 니러나미(暫伏還起호미) <誠初 19b>
d. 잠을 굿브러 말며(寢毋伏ᄒᆞ며) <小언三 32b>
(12) e. 반ᄃᆞ시(78a) 머리를 좃고 업더여셔 먹어(必稽首俯伏而食ᄒᆞ야) <小언六 78b>

<13> 긋다 對 버히다 對 베티다

세 동작동사가 [割] 즉 '끊다'의 뜻을 가지고 同義 關係에 있다는 것은 다음 예문들에서 잘 확인된다. 원문 중 '割愛'가 '이심을 긋다'로도 번역되고 '이심을 버히다'로도 번역되고 '이심을 베티다'로도 번역된다. 따라서 세 동사 '긋다', '버히다' 및 '베티다'의 동의성은 명백히 입증된다. 세 동사는 '이심'을 目的語로 共有한다.

(13) a. ᄒᆞ마 능히 이심을 긋고 인셰를 둘워 ᄇᆞ려니(旣能割愛揮人世이니) <誠初 69b>
b. 이심을 버히고 부모ᄭᅴ 하딕(75a)호문(割愛辭親은) <誠初 75b>
c. 이심을 베티고 츌가ᄒᆞ야(割愛出家ᄒᆞ야) <誠初 41a>

<14> 긔걸ᄒᆞ다 對 시기다

두 동작동사가 [令] 즉 '명하다, 명령하다'의 뜻을 가지고 同義 關係에 있다는 것은 다음 예문들에서 잘 확인된다. 원문 중 '君令'이 '님금은 긔걸ᄒᆞ다'로 번역된다. 그리고 '令其子弟'가 '그 子弟를 시기다'로 번역된다. 따라서 '긔걸ᄒᆞ다'와 '시기다'의 동의성은 명백히 입증된다.

(14) a. 님금은 긔걸ᄒᆞ고 신하ᄂᆞᆫ 공슌히 ᄒᆞ며(君令臣共ᄒᆞ며) <小言二 74a>
　　 b. 님금은 긔걸호ᄃᆡ 어글읏게 아니ᄒᆞ며(君令而不違ᄒᆞ며) <小言二 74b>
(14) c. 父兄이 글 ᄌᆡ조로ᄡᅥ 그 子弟를 시기고(父兄ㅣ 以文藝로 令其子弟ᄒᆞ고) <小言五 103b>

<15> 깃다 對 즐기다

두 동작동사가 [喜] 즉 '기뻐하다, 즐거워하다'의 뜻을 가지고 同義 關係에 있다는 것은 다음 예문들에서 잘 확인된다. 원문 중 '喜人規'가 '사ᄅᆞᆷ의 경계홈 깃다'로 번역되고 '喜譏議'가 '긔롱ᄒᆞ며 의론ᄒᆞ기를 즐기다'로 번역된다. 따라서 '깃다'와 '즐기다'의 동의성은 명백히 입증된다.

(15) a. 싀부모ㅣ 받아시든 깃거(舅姑ㅣ 受之則喜ᄒᆞ야) <小言二 13b>
　　 b. 이젯 사ᄅᆞᆷ은 허믈이 잇거(85a)든 사ᄅᆞᆷ의 경계홈 깃거 아니ᄒᆞᄂᆞᆫ디(今人은 有過ㅣ어든 不喜人規ᄒᆞᄂᆞᆫ디) <小言五 85b>
　　 c. 내 性이 빗나고 샤치ᄒᆞᆫ 거슬 깃거 아니ᄒᆞ야(吾性이 不喜華靡ᄒᆞ야) <小言六 132a>

(15) d. 嚴과(12a) 敦이 다 긔롱ᄒ며 의론ᄒ기를 즐겨 경박ᄒ고 호협호 손을 사괴더니(嚴敦이 竝喜譏議而通輕俠客ᄒ더니) <小諺五 12a>

　　　e. 셰샹 사ᄅᆷ이 됴흔 사ᄅᆷ 업다 ᄒᄂ 세 字를 즐겨 닐으ᄂ 이ᄂ(世 人이 喜言無好人三字者ᄂ) <小諺六 76a>

<16> ᄀ초다 對 간슈ᄒ다

두 동작동사가 [藏] 즉 '저장하다'의 뜻을 가지고 同義 關係에 있다는 것은 다음 예문들에서 잘 확인된다. 『七大萬法』의 예문들에 '萬物를 내며 길우며 實히오며 ᄀ초아'도 있고 '萬物를 내오…길오고…結實ᄒ고…간슈ᄒᄂ니'도 있다. 그리고 원문 중 '器而藏'이 '둏히 너겨 간슈ᄒ다'로 번역된다. 따라서 'ᄀ초다'와 '간슈ᄒ다'의 동의성은 명백히 입증된다. 두 동사는 '萬物'을 목적어로 공유한다.

(16) a. 色과 空과 性이 두려이 노가 法界에 ᄀ득ᄒ야 萬物를 내며 길우 며 實히오며 ᄀ초아 몯홀 일 업시 ᄒᄂ니 <七大 4a>

(16) b. 봄 ᄇᆞᄅᆞ몬 萬物를 내오 녀름 ᄇᆞᄅᆞ몬 萬物를 길오고(6b) 길오고 ᄀᆞᅀᆞᆶ ᄇᆞᄅᆞ몬 萬物 를 結實ᄒ고 겨ᅀᆞᆶ ᄇᆞᄅᆞ몬 萬物를 간슈ᄒᄂ니 <七大 7a>

　　　c. 삳과 돗글 집ᄶᅥ 둏히 너겨 간슈홀디니(簟席褥ᄒ야 器而藏之니) <小諺二 50b>

<17> 굴희다 對 굴희쁘다

두 동작동사가 [別]과 [分別] 즉 '가르다, 分別하다'의 뜻을 가지고 同義 關

係에 있다는 것은 다음 예문들에서 잘 확인된다. 원문 중 '夫婦之別'이 '남진 겨집의 글히다'로 번역되고 '別於男女之禮'가 '스나히와 겨집의 례예 글히쁘다'로 번역된다. 그리고 '分別十法界'가 '十法界를 글히다'로 번역되고 '分別'이 '글히쁘다'로 번역된다. 따라서 '글히다'와 '글히쁘다'의 동의성은 명백히 입증된다.

(17) a. 남진 겨집의 글히욤은(夫婦之別은) <小언二 77b>
　　　b. 남진과 겨집이 글히요미 이시며(夫婦有別ᄒ며) <小언一 9a>
　　　c. 스나히와 겨집이 글히욤이 이신 후에(男女ㅣ 有別然後에) <小언二 49a>
　　　d. 스나히와 간나히 글히욤이 이시며(男女ㅣ 有別ᄒ며) <小언五 34a>
　　　e. 글히욤이 업스며 義ㅣ 업솜은(無別無義는) <小언二 49a>
　　　f. 山僧은 반ᄃ기 爲ᄒ야 十法界를 글히야(山僧은 當爲分別十法界ᄒ야) <蒙六 5a>
(17) g. 뻐 스나히와 겨집의 례예 글히쁘다 ᄒ시니라(以爲別於男女之禮矣라 ᄒ시니라) <小언四 35b>
　　　h. 글히쁘문 이 魔의 境界ㅣ라(分別는 是魔境ㅣ라) <龜上 7b>

<18> 글히다 對 샏다

두 동작동사가 [選] 즉 '가려 뽑다'의 뜻을 가지고 同義 關係에 있다는 것은 다음 예문들에서 잘 확인된다. 원문 중 '選婿'가 '사회를 글히다'로 번역되고 '選士'가 '션비 샏다'로 번역된다. 따라서 '글히다'와 '샏다'의 동의성은 명백히 입증된다.

(18) a. 어버이 업고 가난훈 됴관의 집 쏠이 빈혀 고즘애 다드르니 잇거든 다 위ㅎ야 사회를 굴희여(有孤貧衣纓家女ㅣ 及笄者ㅣ 어든 皆爲選婿ㅎ야) <小言六 114a>

b. 可히 굴ㅎ디 몯ㅎ리로다 ㅎ니(不可選也ㅣ라 ㅎ니) <小言四 54a>

(18) c. 믈읫 션비 샬 法은(凡選士之法은) <小言六 14a>

d. 미양 三公이 쌔 쳔거ㅎ는 배 이실 제(每三公이 有所選擧애) <小言六 101b>

(18) e. 命을 타 남이 섇르며 더듸욤이 이시니(賦命有疾徐ㅎ니) <小言五 26a>

d. 출하리 두어 히를 더딜 쑨이언뎡(寧遲緩數年이언뎡) <小言六 54b>

<19> 남진 얼다 對 남진 븥다

두 동작동사구가 [嫁] 즉 '시집가다'의 뜻을 가지고 同義 關係에 있다는 것은 다음 예문들에서 잘 확인된다. 원문 중 '嫁意'가 '남진 어를 뜯'으로 번역되고 '二十而嫁'가 '스믈히어든 남진 븥다'로 번역된다. 따라서 '남진 얼다'와 '남진 븥다'의 동의성은 명백히 입증된다.

(19) a. 내죵내 남진 어를 쁘디 업더라(終無嫁意ㅎ더라) <小言六 51a>

(19) b. 스믈히어든 남진 브틀디니 연고 잇거든 스믈세힌 히예 남진 브틀디니라(二十而嫁ㅣ니 有故ㅣ어든 二十三年而嫁ㅣ니라) <小言一 7b>

c. 가난ㅎ고(67a) 窮ㅎ야 의탁홀 듸 업순 이어든 可히 두 번 남진 븓트리잇가 말링잇가(貧窮無託者ㅣ어든 可再嫁否아) <小言五

제2장 固有語간의 同義 87

67b>

<20> 남진 얼리다 對 남진 븥티다

두 동작동사구가 [嫁] 즉 '시집 보내다'의 뜻을 가지고 同義 關係에 있다는 것은 다음 예문들에서 잘 확인된다. 원문 중 '嫁己'가 '저를 남진 얼리다'로 번역되고 '旣嫁'가 '이믯 남진 븥티다'로 번역되므로 '남진 얼리다'와 '남진 븥티다'의 동의성은 명백히 입증된다.

(20) a. 집이 반ᄃᆞ시 저를 남진 얼릴가 저허(恐家ㅣ 必嫁己ᄒᆞ야) <小언六 55b>
   b. 쟝ᄎᆞᆺ ᄃᆞ려다가 남진 얼리려 ᄒᆞ더니(將取嫁之ᄒᆞ더니) <小언六 52a>
(20) c. 이믯 남진 븥팀애 남진이 사오나온 병이 잇거늘(旣嫁而夫有惡疾이어늘) <小언四 36b>

<21> 넘다 對 넘구다

두 동작동사가 [踰] 즉 '넘다'의 뜻을 가지고 同義 關係에 있다는 것은 다음 예문들에서 잘 확인된다. 원문 중 '踰垣'이 '담 넘다'로 번역되고 '踰等'이 '층이 넘다'로 번역된다. 그리고 '踰節'이 '졀ᄎᆞ를 넘구다'로 번역된다. 따라서 '넘다'와 '넘구다'의 동의성은 명백히 입증된다.

(21) a. 담 넘어 드니(踰垣而入) <小언六 59a>
   b. 尊長이 내거긔 층이 넘거든(尊長이 於己예 踰等이어든) <小언二 63b>

(21) c. 禮ᄂᆞᆫ 졀ᄎᆞ를 넘구디 아니ᄒᆞ며(禮ᄂᆞᆫ 不踰節ᄒᆞ며) <소언三 6b>

<22> 니를다 對 다ᄃᆞᆮ다

두 동작동사가 [至] 와 [到] 즉 '이르다, 다닫다'의 뜻을 가지고 同義 關係에 있다는 것은 다음 예문들에서 잘 확인된다. 원문 중 '至墓所'가 '무덤 곧애 니를다'로 번역되고 '至入定鍾'이 '人定 붐 다ᄃᆞᆮ다'로 번역된다. 그리고 '到官守'가 '구의 딕킈ᄂᆞᆫ 디 니를다'로 번역되고 '到極則處'가 '極則處에 다ᄃᆞᆮ다'로 번역된다. 따라서 '니를다'와 '다ᄃᆞᆮ다'의 동의성은 명백히 입증된다.

(22) a. 니르러 가리 져고ᄆᆞᆫ(少往至者ᄂᆞᆫ) <誡初 23a>
　　 b. ᄆᆡ양 무덤 곧애 니르러(常至墓所) <소언六 24a>
　　 c. 죽음애 니르러도 오직 녜 ᄀᆞᆮᄂᆞ니라(至死只依舊ㅣ니라) <소언五 3a>
　　 d. ᄯᅩ 구의 딕킈ᄂᆞᆫ 디 니르러( 到官守ᄒᆞ야) <소언五 60b>
　　 e. ᄌᆞ람애 니르러 더욱(2b) 흉악ᄒᆞ고 강퍅ᄒᆞᄂᆞ니(到長益凶狠ᄒᆞᄂᆞ니) <소언五 3a>
(22) f. 人定 붐 다ᄃᆞ른 후에(至人定鍾然後에) <소언六 95a>
　　 g. 窮究ᄒᆞ야 極則處에 다ᄃᆞ른(窮究到極則處ᄒᆞ얀) <蒙六 4b>
　　 h. 이 고대 다ᄃᆞ른(到這裏ᄒᆞ얀) <蒙六 5a>

<23> 니ᄅᆞ다 對 ᄀᆞᆯ다

두 동작동사가 [曰] 즉 '말하다, 이르다'의 뜻을 가지고 同義 關係에 있다는 것은 다음 예문들에서 잘 확인된다. 원문 중 '或曰'이 '或 니ᄅᆞ다'로 번역되고 '傳之曰'이 '傳ᄒᆞ야 ᄀᆞᆯ다'로 번역된다. 따라서 '니ᄅᆞ다'와 'ᄀᆞᆯ다'의 동의성은 명

백히 입증된다.

(23) a. 사름이 或 닐오딕 可히 뻐 갈 거시로다 ᄒ야놀(人이 或曰可以去
矣라 ᄒ야놀) <小언四 25b>
b. 或이 닐오딕 내티시다 ᄒᄂ니(或曰放焉이라 ᄒᄂ니) <小언四 37b>

(23) c. 傳ᄒ야 ᄀᆞᆯ오딕 箕子ㅅ 곡됴라 ᄒ니라(傳之曰箕子操ㅣ라 ᄒ니라) <小언四 25b>
d. ᄒᆞᆫ낟재 ᄀᆞᆯ온 여ᄉᆞᆺ 가지 德이니(一曰六德이니) <小언一 11a>
e. ᄀᆞᆯ온 莊姜이라(曰莊姜이라) <小언四 47b>

<24> 니ᄅᆞ다/닐ᄋᆞ다 對 말ᄒᆞ다

두 동작동사가 [言]과 [語] 즉 '이르다, 말하다'의 뜻을 가지고 同義 關係에 있다는 것은 다음 예문들에서 잘 확인된다. 원문 중 '自言'이 '스스로 니ᄅᆞ다'로 번역되고 '能言'이 '能히 말ᄒᆞ다'로 번역된다. 그리고 '語上'이 '옷층을 닐ᄋᆞ다'로 번역되고 '與之語'가 '더불어 말ᄒᆞ다'로 번역된다. 따라서 '니ᄅᆞ다/닐ᄋᆞ다'와 '말ᄒᆞ다'의 동의성은 명백히 입증된다.

(24) a. 빅셩이 스스로 니ᄅᆞ리 이쇼딕(民有自言) <小언六 75b>
b. 일즉 可히 對ᄒᆞ야셔 니ᄅᆞ디 몯홀 거시 잇디 아니호라(未嘗有不可對人言者耳이로라) <小언六 120b>
c. 스나히는 안흘 닐ᄋᆞ디 아니ᄒᆞ고 겨집은 밧글 닐ᄋᆞ디 아니ᄒᆞ며 (男不言內ᄒᆞ고 女不言外ᄒᆞ며) <小언二 51b>
d. 신하 브림을 닐ᄋᆞ며(言使臣ᄒᆞ며) <小언三 15a>
e. 이 사름은 可히 뻐 운(10b)충을 닐ᄋᆞ디 몯ᄒᆞ리라(此人은 不可

以語上矣니라) <小언五 11a>
　　　f. 可히 효되라 니를 거시니(可謂孝矣니) <小언四 18b>
(24) g. 能히 말ᄒᆞ거든(能言이어든) <小언一 3b>
　　　h. 사름 더블어 말홈애(與人言에) <小언六 31a>
　　　i. 드듸여 더브러 ᄒᆞᆫ가지로 말ᄒᆞ고(遂與共言ᄒᆞ고) <小언六 106a>
　　　j. 엇디 즐겨 더블어 말ᄒᆞ리오(豈肯與之語哉리오) <小언五 11a>

<25> 도라오다 對 도로 오다

합성 동작동사 '도라오다'와 동작동사구 '도로 오다'가 [還] 즉 '돌아오다'의 뜻을 가지고 同義 關係에 있다는 것은 다음 예문들에서 잘 확인된다. 원문 중 '還室'이 '방의 도라오다'로 번역되고 '還…談笑'가 '도로와 말ᄒᆞ며 웃다'로 번역된다. 따라서 '도라오다'와 '도로 오다'의 동의성은 명백히 입증된다. '도라오다'는 동작동사 '돌다'와 동작동사 '오다'의 통사적 合成으로 '돌-+-아-# 오-+-다'로 분석된다.

(25) a. 津이 븓잡아 방의 도라와(津이 扶持還室ᄒᆞ야) <小언六 69b>
　　　b. 弘이 집의 도라오나늘(弘이 還宅이어늘) <小언六 72a>
　　　c. 내 도라오디 몯ᄒᆞᆯ디라도(吾ㅣ 不還이라도) <小언六 50b>
　　　d. 남진이 과연 죽어 도라오디 몯ᄒᆞ야늘(夫ㅣ 果死不還이어늘) <小언六 51a>
　　　e. 椿이 도라온 후에 홈ᄭᅴ 먹더니(椿이 還然後에 共食ᄒᆞ더니) <小언六 71a>
　　　f. 밍셰ᄒᆞ야 어미옷 보디 몯ᄒᆞ면 다시 도라오디 아니호리라 ᄒᆞ더니(誓不見母ᄒᆞ면 不復還이라 ᄒᆞ더니) <小언六 31b>

g. 네 나조히 나가 도라오디 아니ᄒᆞ면 내 니문을 지혀셔 ᄇᆞ라다니
　　　　(女ㅣ 莫出而不還則吾ㅣ 倚閭而望이라니) <小諺四 33a>
　(25) h. 도로 와 ᄒᆞᆫ가지로 말ᄒᆞ며 웃더라(還共談笑ᄒᆞ더라) <小諺六 69b>

<26> 도죽ᄒᆞ다 對 도죽질ᄒᆞ다

　두 동작동사가 [盜] 즉 '도둑질하다, 훔치다'의 뜻을 가지고 同義 關係에 있다는 것은 다음 예문들에서 잘 확인된다. 원문 중 '所盜'가 '도죽ᄒᆞᆫ 바'로 번역되고 '盜'가 '도죽질ᄒᆞ다'로 번역된다. 따라서 '도죽ᄒᆞ다'와 '도죽질ᄒᆞ다'의 동의성은 명백히 입증된다.

　(26) a. 아젼의 도죽ᄒᆞᆫ 배 혜아리디 몯ᄒᆞᆯ디니(吏人所盜 不貲矣니) <小諺五 61a>
　(26) b. 도죽질ᄒᆞ거든 내틸디니라(竊盜去ㅣ니라) <小諺二 55a>

<27> 둏다 對 위연ᄒᆞ다

　두 동작동사가 [差] 즉 '낫다, 병이 낫다'의 뜻을 가지고 同義 關係에 있다는 것은 다음 예문들에서 잘 확인된다. 원문 중 '病得差'가 '病이 시러곰 둏다'로 번역되고 '差劇'이 '위연ᄒᆞ며 되다'로 번역되므로 '둏다'와 '위연ᄒᆞ다'의 동의성은 명백히 입증된다.

　(27) a. 妣의 病이 시러곰 됴코(妣病이 得差ᄒᆞ고) <小諺六 68a>
　　　b. ᄀᆞ른 병이 됴ᄒᆞ면(翳差ᄒᆞ면) <龜上 6b>
　　　c. 夫子의 발이 됴하 겨샤듸(夫子之足이 瘳矣로듸) <小諺四 17a>

(27) d. 위연ᄒᆞ며 되욤을 알오져 홀딘댄(欲知差劇인댄) <小언六 28a>
   e. 病은 적이 위연홈애 더으며(病加於小愈ᄒᆞ며) <小언二 76b>

<28> 두리다 對 젛다

두 동작동사가 [怕怖], [怕] 및 [恐] 즉 '두려워하다'의 뜻을 가지고 同義 關係에 있다는 것은 다음 예문들에서 잘 확인된다. 원문 중 '怕怖惶怔'가 '두리여 젓는 것'으로 번역되고 '怕幻境'이 '幻境을 젛다'로 번역된다. 그리고 '恐墜'가 'ᄠᅥ러딜가 두려ᄒᆞ다'로 번역되고 '恐…滯寂'이 '寂에 거릴가 젛다'로 번역된다. 따라서 '두리다'와 '젛다'의 동의성은 명백히 입증된다.

(28) a. 두리여 젓는 거시 이 識情ㅣ어늘(怕怖惶怔ㅣ 是識情이어늘)
      <龜上 16b>
   b. 날마다 저허 두려ᄒᆞ며(乃日日而驚怖ᄒᆞ며) <誠初 61b>
   c. 기픈 못과 다ᄆᆞᆺ 열운 얼음을 불옴애 오직 ᄠᅥ러딜가 두려ᄒᆞ노니
      (深淵與薄冰을 蹈之唯恐墜ᄒᆞ노니) <小언五 25a>
(28) d. 聲聞는 幻境을 저허(聲聞는 怕幻境ᄒᆞ야) <龜上 30b>
   e. 치우며 주려 죽음을 저흔 故로(怕寒飢死故로) <小언五 67b>
   f. 사오나오니를 避호ᄃᆡ 빅암과 젼갈 저홈 ᄀᆞ티 ᄒᆞᄂᆞ니(避惡如畏
      蛇蠍ᄒᆞᄂᆞ니) <小언五 28a>
   g. 空에 ᄌᆞᆷ기며 寂에 거릴가 저ᄒᆞ실ᄉᆡ(恐沉空滯寂故로) <龜下
      58a>
   h. 네 길 그르 들가 젓는 젼ᄎᆞ로(恐汝錯路故로) <誠初 46b>

<29> 말ᄒᆞ다 對 말ᄉᆞᆷᄒᆞ다

두 동작동사가 [言]과 [語] 즉 '말하다'의 뜻을 가지고 同義 關係에 있다는 것은 다음 예문들에서 잘 확인된다. 원문 중 '與人言'이 '사룸 더블어 말ᄒᆞ다'로 번역되고 '與大人言'이 '얼운 사룸으로 더블어 말ᄉᆞᆷᄒᆞ다'로 번역되므로 '말ᄒᆞ다'와 '말ᄉᆞᆷᄒᆞ다'의 동의성은 명백히 입증된다.

(29) a. 能히 말ᄒᆞ거든(能言이어든) <小言一 3b>
　　　b. 사룸 더블어 말호ᄆᆞ애(與人言에) <小言六 31a>
　　　c. 드듸여 더브러 ᄒᆞᆫ가지로 말ᄒᆞ고(遂與共言ᄒᆞ고) <小言六 106a>
　　　d. 엇디 즐겨 더블어 말ᄒᆞ리오(豈肯與之語哉리오) <小言五 11a>
(29) e. 모든 이ᄃᆞ려 말ᄉᆞᆷ훌 제ᄂᆞᆫ(與衆言엔) <小言三 15a>
　　　f. 믈읫 얼운 사룸으로 더블어 말ᄉᆞᆷ홈애(凡與大人言에) <小言二 14b>
　　　g. 先生이 더블어 말ᄉᆞᆷᄒᆞ거시든 디답ᄒᆞ고 더블어 말ᄉᆞᆷᄒᆞ디 아니커시든 샐리 거러 므를 디니라(先生이 與之言則對ᄒᆞ고 不與之言則趨而退니라) <小言二 58b>
　　　h. ᄒᆞᆫ번 ᄃᆞᆫ니며 ᄒᆞᆫ번 머믈며 ᄒᆞᆫ번 말ᄉᆞᆷᄒᆞ며 ᄒᆞᆫ번 ᄌᆞᆷᄌᆞᆷᄒᆞ욤을(一行一住一語一黙을) <小言五 112a>

<30> 뫼호다 對 모도오다 對 모토다

세 동작동사가 [聚], [會] 및 [輯] 즉 '모으다'의 뜻을 가지고 同義 關係에 있다는 것은 다음 예문들에서 명백히 확인된다. 원문 중 '聚頭'가 '머리 뫼호다'로 번역되고 '聚鷸'이 '鷸의 짇츨 모도오다'로 번역되고 '聚而敎'가 '모토아 ᄀᆞᄅᆞ치다'로 번역된다. 따라서 '모호다', '모도오다' 및 '모토다'의 동의성은 명백히 입증된다.

(30) a. 머리 뫼화 잡말ᄒᆞ기 삼가며(愼聚頭閑話ᄒᆞ며) <誡初 10b>
　　 b. 벼슬 둔ᄂᆞᆫ 이의 월봉과 祿을 다 ᄒᆞᆫ 庫애 뫼화(有官者奉祿을 皆聚之一庫ᄒᆞ야) <小언六 100b>
　　 c. 君子ᄂᆞᆫ 글로뻐 벋을 뫼호고(君子ᄂᆞᆫ 以文會友ᄒᆞ고) <小언二 65b>
(30) d. 鷸의 짗을 모도와 밍ᄀᆞᆫ 冠을 됴히 너기거늘(好聚鷸冠이어늘) <小언四 43b>
　　 e. 이예 녜 드른 거슬 모도와(爰輯舊聞ᄒᆞ야) <小언 題辭 4a>
(30) f. 太學이 모토아 ᄀᆞᄅᆞ쳐(太學이 聚而敎之ᄒᆞ야) <小언六 13b>
　　 g. 샹녜 여러 날 경영ᄒᆞ야 모돈 후에ᅀᅡ(常數日營聚然後에ᅀᅡ) <小언六 131a>

<31> 뮈다 對 움즈기다/움즉이다

두 동작동사가 自動詞로서 [動] 즉 '움직이다'의 뜻을 가지고 同義 關係에 있다는 것은 다음 예문들에서 잘 확인된다. 『小學諺解』의 동일 원문인 '非禮勿動'이 '禮 아니어든 뮈디 말다'로도 번역되고 '禮 아니어든 움즈기디 말다'로도 번역된다. 따라서 '뮈다'와 '움즈기다'의 동의성은 명백히 입증된다. '움즉이다'는 '움즈기다'의 分綴形이다.

(31) a. 반ᄃᆞ기 ᄌᆞ조 뮈디 마롤디니라(不應輕動이니라) <誡初 56a>
　　 b. 셰존이…여슷 히를 안자 뮈디 아니ᄒᆞ시며(世尊이…六年을 坐不動ᄒᆞ시며) <誡初 56b>
　　 c. 孔子ㅣ 글ᄋᆞ샤ᄃᆡ… 禮 아니어든 뮈디 말올디니라(孔子ㅣ 曰…非禮勿動이니라) <小언三 4a>
　　 d. 대와 조희와 손과 ᄒᆞ야 난 ᄇᆞᄅᆞ믄 뮈락 ᄀᆞ마니 이락 ᄒᆞ거니와

　　　　　<七大 7b>
(31) e. 孔子ㅣ 굴ᄋ샤딕… 禮 아니어든 움즈기디 말라 ᄒ시니(孔子ㅣ
　　　　曰…非禮勿動ᄒ시니) <小言五 88a>
　　　f. 움즉이며 그침애 법이 이셔(動止有則ᄒ야) <小言六 103a>
　　　g. 사ᄅᆷ의 ᄆᆞᅀᆞᆷ 움즉임이(人心之動이) <小言五 90b>

<32> 뮈우다 對 움즈기다

　두 동작동사가 他動詞로서 [動] 즉 '움직이다'의 뜻을 가지고 同義 關係에
있다는 것은 다음 예문들에서 잘 확인된다. 원문 중 '身…動'이 '모믈 뮈우다'
로도 번역되고 '몸을 움즈기다'로도 번역된다. 그리고 '動念'이 '念을 뮈우다'
로 번역되고 '動其心'이 '그 ᄆᆞᅀᆞᆷ을 움즈기다'로 번역된다. 따라서 '뮈우다'와
'움즈기다'의 동의성은 명백히 입증된다.


(32) a. 모믈 ᄌᆞ조 뮈우디 아니ᄒ면(身不輕動則은) <誡初 56a>
　　　b. 自性을 뮈우디 아니호미 일후미 禪ㅣ니라(自性不動이 名爲禪
　　　　ㅣ니라) <龜下 37a>
　　　c. 念을 뮈우면 卽時예 어긔리라(動念卽乖ᄒ리라) <龜上 3b>
　　　d. ᄆᆞᅀᆞᆷ 니ᄅᆞ와ᄃᆞ며 念 뮈우며(起心動念ᄒ며) <龜上 31a>
(32) e. 몸을 죠고매도 움즈기디(124a) 아니ᄒ야(身不少動ᄒ야) <小
　　　　언六 124b>
　　　f. 그 ᄆᆞᅀᆞᆷ을 움즈기디 몯ᄒ고(不一動其心) <小언六 119a>


<33> 므던이 너기다 對 므니 누르다

　두 동작동사구가 [凌忽]과 [凌] 즉 '깔보다, 업신여기다'의 뜻을 가지고 同

義 關係에 있다는 것은 다음 예문들에서 잘 확인된다. 원문 중 '凌忽長者'가 '얼운을 므던이 너기다'로 번역되고 '欺凌同伴'이 '흔딧 버들 괴롱ᄒᆞ야 므니 누르다'로 번역된다. 따라서 '므던이 너기다'와 '므니 누르다'의 동의성은 명백히 입증된다.

(33) a. 얼운을 므던이 너기며(凌忽長者ᄒᆞ며) <小諺五 108b>
　　 b. ᄒᆞ다가 흔딧 버들 괴롱ᄒᆞ야 므니 눌러(若也欺凌同伴ᄒᆞ야) <誡初 3a>

<34> 므던이 너기다 對 업슈이 너기다

두 동작동사구가 [陵] 즉 '깔보다, 업신여기다'의 뜻을 가지고 同義 關係에 있다는 것은 다음 예문들에서 잘 확인된다. 원문 중 '陵長'이 '얼운을 므던이 너기다'로 번역되고 '陵善'이 '어딘 이를 업슈이 너기다'로 번역된다. 따라서 '므던이 너기다'와 '업슈이 너기다'의 동의성은 명백히 입증된다.

(34) a. 져믄 이 얼운을 므던이 너기며(少陵長ᄒᆞ며) <小諺四 49a>
　　 b. 얼운을 므던이 너기며(凌忽長者ᄒᆞ며) <小諺五 108b>
　　 c. 이제 士大夫의 집이 만히 이를 므던이 너겨(今士大夫家ㅣ 多忽此ᄒᆞ야) <小諺五 40a>
(34) d. 사오나옴오로써 어딘 이를 업슈이 너기디 말며(無以惡陵善ᄒᆞ며) <小諺五 34b>
　　 e. 그 싀어버이를 업(65a)슈이 너겨(傲其舅姑ᄒᆞ야) <小諺五 65b>

<35> 믜다 對 씌다

두 동작동사가 [憎], [嫉] 및 [猜] 즉 '미워하다'의 뜻을 가지고 同義 關係에 있다는 것은 다음 예문들에서 잘 확인된다. 원문 중 '憎愛'가 '믜며 듓다'로 번역되고 '群猜'가 '물져 씌다'로 번역된다. 따라서 '믜다'와 '긔다'의 동의성은 명백히 입증된다.

(35) a. 삼도이 나 드로믄 믜며 듓오미 믜인 배오(三途出沒은 憎愛所纏이오) <誠初 76a>
　　b. 사름이 어디롬으란 듣고 믜여ᄒ며 (聞人之善ᄒ고 嫉之ᄒ며) <小諺五 17b>
　　c. 어딘 사름 믜기를 원슈 ᄀ티 ᄒ며(疾良善如讎隙ᄒ며) <小諺五 28b>
(35) d. 모다 怒ᄒ고 물져 씌여 (衆怒群猜ᄒ야) <小諺五 18b>

<36> 밍ᄀᆯ다 對 민들다

두 동작동사가 [爲]와 [營] 즉 '만들다'의 뜻을 가지고 同義 關係에 있다는 것은 다음 예문들에서 잘 확인된다. 원문 중 '爲褻服'이 '샹넷 옷도 밍ᄀᆯ다'로 번역되고 '營塚壙'이 '무덤을 민들다'로 번역되므로 '밍ᄀᆯ다'와 '민들다'의 동의성은 명백히 입증된다.

(36) a. 뻐 샹녯 옷도 밍ᄀᆞ디 아니ᄒ더시다(不以爲褻服이러시다) <小諺三 21b>
　　b. 술 밍ᄀᆞ로미(爲酒ㅣ) <小諺三 27a>
　　c. 섯거 丸 밍ᄀᆞ라(和爲丸ᄒ야) <小諺六 99a>
　　d. 小學外篇을 밍ᄀᆞ노라(爲小學外篇ᄒ노라) <小諺五 2a>
　　e. 녯 님금이 因ᄒ야 술 먹을 례도를 밍ᄀᆞ샤(先王이 因爲酒禮ᄒ

야) <小언三 27a>

(36) f. 위ᄒᆞ야 무덤을 ᄆᆡᆫᄃᆞ니라(爲營塚壙ᄒᆞ니라) <小언六 30b>

g. 그 법이 大抵혼디 翰林學士 宗諤의 ᄆᆡᆫᄃᆞᆫ 바에 난이라(其規模ㅣ 大抵出於翰林學士宗 諤所制也ㅣ니라) <小언六 100b>

<37> ᄲᅡ디다 對 ᄢᅥ디다

두 동작동사가 [陷], [溺] 및 [淪] 즉 '빠지다'의 뜻을 가지고 同義關係에 있다는 것은 다음 예문들에서 잘 확인된다. 원문 중 '陷於不義'가 '올티 아니ᄒᆞᆫ ᄃᆡ ᄲᅡ디다'로 번역되고 '陷爲'가 'ᄢᅥ뎌 되다'로 번역된다. 따라서 'ᄲᅡ디다'와 'ᄢᅥ디다'의 동의성은 명백히 입증된다.

(37) a. 몸이 올티 아니ᄒᆞᆫ ᄃᆡ ᄲᅡ디디 아니ᄒᆞᄂᆞ니라(身不陷於不義니라) <小언二 71b>

b. 잇다감 가도며 ᄆᆡ임애 ᄲᅡ디ᄂᆞ니(往往陷囚繫ᄒᆞᄂᆞ니) <小언五 24a>

c. 勃은 南海예 ᄲᅡ(110b)디고(勃은 溺南海ᄒᆞ고) <小언六 111a>

d. 天下를 더럽고 흐린 ᄃᆡ ᄲᅡ디게 ᄒᆞ니(溺天下於汚濁ᄒᆞ니) <小언五 120b>

(37) e. ᄢᅥ뎌 天下읫 輕薄子ㅣ 되리니(陷爲天下輕薄子ㅣ니) <小언五 14a>

f. 엇디…님금을 올티 아닌 ᄃᆡ ᄢᅥ디게 홈이리오(寧…陷主於不義乎ㅣ리오) <小언六 36a>

g. 댱샹 악취예 ᄢᅥ디여(長淪惡趣) <誡初 48a>

h. 다 악취예 ᄢᅥ디여(咸沒惡趣ᄒᆞ야) <誡初 80b>

<38> 받다 對 틋다

두 동작동사가 [受] 즉 '받다'의 뜻을 가지고 同義 關係에 있다는 것은 동일 원문의 번역인 다음 예문들에서 명백히 확인된다. 원문 중 '受之父母'가 '父母 씌 받다'로도 번역되고 '父母의 틋다'로도 번역되므로 '받다'와 '틋다'의 동의 성은 명백히 입증된다.

(38) a. 몸이며 얼굴이며 머리털이며 슬흔 父母씌 받즈온 거시라(身體 髮膚는 受之父母ㅣ라) <小언二 28b>
b. 몸과 體과 머리터럭과 슬흔 父母씌 튼 거시니(身體髮膚는 受之 父母ㅣ니) <孝언 2b>

<39> 버히다 對 베티다

두 동작동사가 [割] 즉 '베다, 자르다, 끊다'의 뜻을 가지고 同義 關係에 있 다는 것은 다음 예문들에서 잘 확인된다. 원문 중 '割愛'가 '인심을 버히다'로 도 번역되고 '인심을 베티다'로도 번역된다. 따라서 '버히다'와 '베티다'의 동 의성은 명백히 입증된다.

(39) a. 인심을 버히고 부모씌 호딕(75a)호문(割愛辭親은) <誠初 76a>
b. 버힌 거시 正티 아니커든(割不正이어든) <小언一 2a> <小언 三 25b>
c. 머리털을 버혀 밍셰ᄒ엿더니(乃斷髮爲信이러니) <小언六 55b>
d. 갈호로써 고홀 버히고(以刀斷鼻ᄒ고) <小언六 57a>

e. 즉제 다시 갈로뻐 두 귀를 버히고(卽復以刀截兩耳ᄒᆞ고) <小言
六 56a>
(39) f. 익심을 베티고 츌가ᄒᆞ야(割愛出家ᄒᆞ야) <誡初 41a>

<40> 분별ᄒᆞ다 對 시름ᄒᆞ다 對 근심ᄒᆞ다

세 동작동사가 [患]과 [憂] 즉 '근심하다, 걱정하다'의 뜻을 가지고 同義 關係에 있다는 것은 다음 예문들에서 잘 확인된다. 원문 중 '患…不至'가 '지극디 몯홈을 분별ᄒᆞ다'로 번역되고 '有憂'가 '시름홈을 두다'로 번역된다. 그리고 '患得之'가 '얻기를 근심ᄒᆞ다'로 번역되고 '憂人之憂'가 '사름의 근심을 근심ᄒᆞ다'로 번역된다. 따라서 '분별ᄒᆞ다', '시름ᄒᆞ다' 및 '근심ᄒᆞ다'의 동의성은 명백히 입증된다.

(40) a. 오직 내 ᄇᆡ홈이 지극디 몯홈을 분별홀디니라(惟患學不至니라)
<小言五 20b>
(40) b. 聖人이 시름홈을 듀샤(聖人이 有憂之ᄒᆞ샤) <小言一 9a>
c. 父母로 ᄒᆡ여곰 시름케 ᄒᆞᄂᆞ니(令父母愁ᄒᆞᄂᆞ니) <小言六 93b>
(40) d. 그 얻디 몯ᄒᆞ야셔는 얻기를 근심ᄒᆞ고 이믯 어드는 일흘가 근심ᄒᆞᄂᆞ니(其未得之也앤 患得之ᄒᆞ고 旣得之ᄒᆞ얀 患失之ᄒᆞᄂᆞ니)
<小言二 43b>
e. 聖賢 地位예 니르디 몯홈을 근심티 아니ᄒᆞ리라(不患不到聖賢 地位也ㅣ리라) <小言五 93a>
f. 사름의 근심을 근심ᄒᆞ며(憂人之憂ᄒᆞ며) <小言五 13b>
g. 션ᄇᆡ 맛당히 天下윗 근심에 몬져 근심ᄒᆞ고(士ㅣ 當先天下之憂 而憂ᄒᆞ고) <小言六 119a>
h. 文王이 ᄂᆞᆺ비체 근심ᄒᆞ샤(文王이 色憂ᄒᆞ샤) <小言四 12a>

<41> 붗다 對 부체질ㅎ다

두 동작동사가 [扇] 즉 '부치다, 부채질하다'의 뜻을 가지고 同義關係에 있다는 것은 다음 예문들에서 잘 확인된다. 원문 중 '扇枕'이 '벼개 붗다'로 번역되고 '扇枕席'이 '벼개며 돗글 부체질ㅎ다'로 번역된다. 따라서 '붗다'와 '부체질ㅎ다'의 동의성은 명백히 입증된다.

(41) a. 黃香의 벼개 부춤과(黃香의 扇枕과) <小언五 5a>
　　 b. 녀름이어든 벼개며 돗글 부체질ㅎ고(夏則扇枕席ㅎ고) <小언六 26b>

<42> 브리다 對 ᄂ리다/ᄂ리다

두 동작동사가 [下] 즉 '내리다'의 뜻을 가지고 同義關係에 있다는 것은 다음 예문들에서 잘 확인된다. 원문 중 '下車'가 '술위를 브리다'로도 번역되고 '술위예 ᄂ리다'로도 번역된다. 그리고 '下公門'이 '구윗 門을 브리다'로 번역되고 '下殿門'이 '殿門에 ᄂ리다'로 번역된다. 따라서 '브리다'와 'ᄂ리다/ᄂ리다'의 동의성은 명백히 입증된다.

(42) a. 內史慶이…술위를 브리디 아니ㅎᄃᆡ(內史慶이…不下車ㅎᄃᆡ) <小언六 80a>
　　 b. 샹녜(111b) 살 門 밧긔셔 물 브리며(常於戟門外예 下車ㅎ며) <小언六 112a>
　　 c. 반ᄃᆞ시 물 브려 笏 받고 셔셔(必下馬端笏立ㅎ야) <小언六 97b>
　　 d. 禮예 구윗 門을 브리며(禮예 下公門ㅎ며) <小언六 104a>

(42) e. 萬石君 石奮이…반ᄃ시 술위예 눌여 돌으며(萬石君石奮이…必
　　　下車趨ᄒ며) <小언六 77a>
　　f. ᄆᆡ양 나들어 殿門에 ᄂᆞ릴 제(每出入下殿門) <小언六 33b>
　　g. 樂正子春(16b)이 堂의 ᄂᆞ리다가 그 발을 傷히오고(樂正子春이
　　　下堂而傷其足ᄒ고) <小언四 17a>

<43> 븓잡다 對 븓들다

두 동작동사가 [扶持] 즉 '붙잡다, 붙들다'의 뜻을 가지고 同義 關係에 있다는 것은 다음 예문들에서 잘 확인된다. 원문 중 '扶持還'이 '븓잡아 도라오다'로 번역되고 '自扶持'가 '스스로 븓들다'로 번역되므로 '븓잡다'와 '븓들다'의 동의성은 명백히 입증된다.

(43) a. 津이 븓잡아 방의 도라와(津이 扶持還室ᄒ야) <小언六 69b>
　　b. 나며 드르실 저기어든 혹 앏셔며 혹 뒤셔 공경ᄒ야 븓잡올디니
　　　라(出入則或先或後ᄒ야而敬扶持之니라) <小언二 3a>
　　c. 븓잡아 보내니라(扶而去之ᄒ니라) <小언四 28a>
(43) d. 드듸여 친히 스스로 븓들어(遂親自扶持ᄒ야) <小언六 67b>
　　e. 믄득 울고 안아 븓드더니(輒涕泣抱持ᄒ더니) <小언六 64b>

<44> ᄇᆞ리다 對 져ᄇᆞ리다

두 동작동사가 [背] 즉 '버리다, 배반하다'의 뜻을 가지고 同義 關係에 있다는 것은 다음 예문들에서 잘 확인된다. 원문 중 '背覺'이 '본각ᄋᆞ란 ᄇᆞ리다'로 번역되고 '背一乘'이 '일승을 져ᄇᆞ리다'로 번역된다. 따라서 'ᄇᆞ리다'와 '져ᄇᆞ리다'의 동의성은 명백히 입증된다.

(44) a. 본각으란 ᄇ리고 딘이 어우러(背覺合塵ᄒ야) <誠初 40a>
　　 b. 어딘 듸 向ᄒ고 사오나온 이를 ᄇ려(向善背惡ᄒ야) <小언五 8a>
(44) c. ᄆᄉ매 일승을 져ᄇ린 젼ᄎ로(心背一乘故로) <誠初 40b>
　　 d. 翟黑子를 져ᄇ릴가 저헨 연괴니라(恐負翟黑子故也ㅣ니라) <小언六 44b>
　　 e. 後主 더브러 닐오듸(99a)…陛下를 져ᄇ리디 아니호리라 ᄒ더니 (乃與後主言호듸…以負陛下ㅣ라 ᄒ더니) <小언五 99b>

<45> ᄇ둥긔다 對 ᄇ들이다

두 동작동사가 [攀] 즉 '매달리다'의 뜻을 가지고 同義關係에 있다는 것은 다음 예문들에서 잘 확인된다. 원문 중 '攀緣'이 '연ᄉ ᄇ둥긔다'로도 번역되고 '연의 ᄇ들이다'로도 번역되므로 'ᄇ둥긔다'와 'ᄇ들이다'의 동의성은 명백히 입증된다.

(45) a. 다른 경의 연ᄉ ᄇ둥긔여 혜디 말롤디니라(不得攀緣異境ᄒ며) <誠初 9a>
　　 b. 솬란심ᄆ로 연의 ᄇ들요믈 삼갈디니라(愼散亂攀緣이니라) <誠初 14a>

<46> 빅호다 對 글 빅호다

동작동사 '빅호다'와 동작동사구 '글 빅호다'가 [學] 즉 '배우다, 글 배우다'의 뜻을 가지고 동의 관계에 있다는 것은 다음 예문들에서 잘 확인된다. 원문 중 '不學'이 '빅호디 아니ᄒ다'로도 번역되고 '글 빅호디 아니ᄒ다'로도 번역된

다. 따라서 '비호다'와 '글 비호다'의 동의성은 명백히 입증된다. 동작동사구 '글 비호다'는 명사 '글'과 동작동사 '비호다'의 결합이다.

    (46) a. 엇디 敢히 비호디 아니ᄒ리잇고(安敢不學이리잇고) <小언四 21b>
        b. 비호디 아니(108b)홈만 ᄀᆞ디 몯ᄒ니라(不如無學也ㅣ니라) <小언五 109a>
    (46) c. 글 비호디 아니홈은 엇데오(不學은 何也오) <小언四 21a>

<47> 살다 對 깃깃다

두 동작동사가 [居]와 [棲] 즉 '살다'의 뜻을 가지고 同義 關係에 있다는 것은 다음 예문들에서 잘 확인된다. 원문 중 '所居'가 '사는 곧'으로 번역되고 '所棲'가 '깃기손 곧'으로 번역된다. 따라서 '살다'의 '깃깃다'의 동의성은 명백히 입증된다. 두 동사의 주어는 모두 [+인간]인 '디인'과 '사름'이다.

    (47) a. 노푼 묏 그튼 디인의 사는 고디오(高岳巍岩은 智人의 所居오)
          <誡初 26a>
        b. 고올 집의셔 사ᄂᆞ니ᄂᆞᆫ(居邑家者ᄂᆞᆫ) <誡初 29a>
    (47) c. 프른 솔 기픈 고른 횡홀 사ᄅᆞ미 깃기손 고디라(碧松深谷은 行者의 所棲이라) <誡初 26a>

<48> 삼가다 對 삼가ᄒ다

두 동작동사가 [謹] 즉 '삼가다, 조심하다'의 뜻을 가지고 동의 관계에 있다는 것은 다음 예문들에서 잘 확인된다. 원문 중 '唯謹'이 '오직 삼가다'로도 번

역되고 '오직 삼가ᄒᆞ다'로도 번역된다. 따라서 '삼가다'와 '삼가ᄒᆞ다'의 동의성은 명백히 입증된다.

>(48) a. 便便히 言ᄒᆞ샤ᄃᆡ 오직 삼가더시다(便便言ᄒᆞ샤ᄃᆡ 唯謹爾러시다) <論언二 51b>
>(48) b. 말ᄉᆞᆷ을 ᄀᆞᆯ희내 ᄒᆞ샤ᄃᆡ 오직 삼가ᄒᆞ더시다(便便言ᄒᆞ샤ᄃᆡ 唯謹爾러시다) <小언三 14a>
>c. 訴訴ᄐᆞᆺ ᄒᆞᄃᆡ 오직 삼가ᄒᆞ더라(訴訴如也ᄒᆞᄃᆡ 唯謹ᄒᆞ더라) <小언六 78a>

<49> 셔방맞다 對 남진 븥다

동작동사 '셔방맞다'와 동작동사구 '남진 븥다'가 [嫁] 즉 '시집가다'의 뜻을 가지고 同義關係에 있다는 것은 다음 예문들에서 잘 확인된다. 원문 중 '十六而嫁'가 '열 여스신 제 셔방맞다'로 번역되고 '二十而嫁'가 '스믈히어든 남진 븥다'로 번역된다. 따라서 '셔방맞다'와 '남진 븥다'의 동의성은 명백히 입증된다.

>(49) a. 漢 적 陳 싸 孝婦ㅣ 나히 열 여스신 제 셔방마자 ᄌᆞ식이 잇디 몯ᄒᆞ엿더니(漢陳孝婦ㅣ 年이 十六而嫁ᄒᆞ야 未有子ㅣ러니) <小언六 50b>
>b. 믿 夫人이 呂氏예 셔방마자 오나ᄂᆞᆫ(及夫人이 嫁呂氏ᄒᆞ야ᄂᆞᆫ) <小언六 6b>
>(49) c. 스믈히어든 남진 브틀디니 연고 잇거든 스믈 세힌 히예 남진 브틀디니라(二十而嫁ㅣ니 有故ㅣ어든 二十三年而嫁ㅣ니라) <小언一 7b>

d. 가난ᄒᆞ고(67a) 窮ᄒᆞ야 의탁홀 ᄃᆡ 업순 이어든 可히 두 번 남진 븓트리잇가 말령잇가 (貧窮無託者ㅣ어든 可再嫁否아) <小언 五 67b>

<50> 숨기다 對 금초다

두 동작동사가 [藏] 즉 '숨기다, 감추다'의 뜻을 가지고 同義 關係에 있다는 것은 다음 예문들에서 잘 확인된다. 원문 중 '藏疾'이 '사오나온 이를 숨기다'로 번역되고 '藏怒'가 '노호옴을 금초다'로 번역된다. 따라서 '숨기다'와 '금초다'의 동의성은 명백히 입증된다.

(50) a. 본ᄃᆡ 모딜고 강혼 이ᄂᆞᆫ 그…늘의 더러온 이ᄅᆞᆯ 포함ᄒᆞ며 사오나온 이ᄅᆞᆯ 숨(106b)기며…어딘 사ᄅᆞᆷ을 추존ᄒᆞ고 모든 사ᄅᆞᆷ을 용납ᄒᆞ던 줄을 보고…오슬 이긔디 몯홀 ᄃᆞ시 ᄒᆞ야 홈이니라(素暴悍者ᄂᆞᆫ 欲其觀…含垢藏疾ᄒᆞ며 尊賢容衆ᄒᆞ고…若不勝衣也ㅣ니라) <小언五 107a>
(50) b. 어딘 사ᄅᆞᆷ이 아이게 노호옴을 금초아 두디 아니ᄒᆞ며(仁人之於弟也애 不藏怒焉ᄒᆞ며) <小언四 37b>

<51> ᄡᅳ설다 對 믈 ᄲᅳ리고 ᄡᅳᆯ다

동작동사 'ᄡᅳ설다'와 동작동사구 '믈 ᄲᅳ리고 ᄡᅳᆯ다'가 [灑掃] 즉 '믈 ᄲᅳ리고 ᄡᅳᆯ다'의 뜻을 가지고 同義 關係에 있다는 것은 다음 예문들에서 잘 확인된다. 원문 중 '入而灑掃'가 '들어가 ᄡᅳ설다'로 번역되고 '灑掃…庭'이 '뜰흘 믈 ᄲᅳ리고 ᄡᅳᆯ다'로 번역된다. 따라서 'ᄡᅳ설다'와 '믈 ᄲᅳ리고 ᄡᅳᆯ다'의 동의성은 명백히 입증된다.

(51) a. 아춤이어든 들어가 쁘설거늘(旦入而灑掃ㅣ어늘) <小言六 19b>
(51) b. 방이며 텽이며 믿 뜰흘 믈 쓰리고 쓰러(灑掃室堂及庭ᄒᆞ야) <小 언二 5a>
c. 믈 쓰리고 쓸며 應ᄒᆞ며 對(2b)ᄒᆞ며(灑掃應對ᄒᆞ며) <小언 題辭 3a>
d. 잢간 아히 믈 쓰리고 쓸며 應ᄒᆞ며 對ᄒᆞ며 얼운 셤길 결ᄎᆞ ᄀᆞᄅᆞ칠 일을 닐어(略言敎童子掃應對事長之節ᄒᆞ야) <小言五 7b>

<52> ᄉᆞ랑ᄒᆞ다 對 둣다

두 동작동사가 [愛] 즉 '사랑하다'의 뜻을 가지고 同義關係에 있다는 것은 다음 예문들에서 잘 확인된다. 원문 중 '愛一人'이 'ᄒᆞᆫ 사름을 ᄉᆞ랑ᄒᆞ다'로 번역되고 '憎愛'가 '믜며 둣다'로 번역되므로 두 동사 'ᄉᆞ랑ᄒᆞ다'와 '둣다'의 동의성은 명백히 입증된다. 두 동사는 [憎] 즉 '미워하다'의 뜻을 가진 '믜다'와 의미상 대립 관계에 있다. 두 동사의 빈도수를 비교해 보면 'ᄉᆞ랑ᄒᆞ다'가 '둣다' 보다 압도적인 우세를 보여 준다.

(52) a. 아ᄃᆞ리 두 쳡을 둠애 父母ᄂᆞᆫ ᄒᆞᆫ 사름을 ᄉᆞ랑ᄒᆞ시고 아ᄃᆞᆯ은 ᄒᆞᆫ 사름을 ᄉᆞ랑커든(子有二妾애 父母ᄂᆞᆫ 愛一人焉ᄒᆞ고 子ᄂᆞᆫ 愛一人焉이어든) <小언二 17a>
b. 어버이ᄅᆞᆯ ᄉᆞ랑ᄒᆞ시ᄂᆞ니ᄂᆞᆫ(愛親者ᄂᆞᆫ) <小언二 29b>
c. 이젯 사름이 해 兄弟 ᄉᆞ랑키ᄅᆞᆯ 아디 몯ᄒᆞᄂᆞᆺ다(今人이 多不知兄弟之愛로다) <小언五 74b>
d. 둔 거슬 머겨 ᄉᆞ랑ᄒᆞ야 쳐도 이 모미 일뎡 허러디며(喫甘愛養ᄒᆞ야도 此身이 定壞ᄒᆞ며) <誡初 26b>

e. 덧덧디 아닌 데 뜬 목수믄 ᄉ랑ᄒ(32b)야 앗겨도 안보티 몯ᄒ리니(無常浮命은 愛惜不保이니라) <誡初 33a>

f. 셰쇽을 ᄉ랑ᄒ야 ᄉ렴호믄(愛戀世俗은) <誡初 69b>

g. 저픈 ᄃᆡ ᄉ랑ᄒ며…믜여ᄒᄂ ᄃᆡ 그 어디롬을 알며(畏而愛之ᄒ며…憎而其善ᄒ며) <小언三 3a>

(52) h. 삼도이 나 드로믄 믜며 ᄃᆞ오미 미인 배오(三途出沒은 憎愛所纏이오) <誡初 76a>

<53> ᄉ랑ᄒ다 對 싱각ᄒ다

두 동작동사가 [思] 즉 '생각하다'의 뜻을 가지고 同義 關係에 있다는 것은 다음 예문들에서 잘 확인된다. 원문 중 '思食'이 '밥 ᄉ랑ᄒ다'로 번역되고 '思地獄苦'가 '地獄苦狀을 싱각ᄒ다'로 번역된다. 따라서 'ᄉ랑ᄒ다'와 '싱각ᄒ다'의 동의성은 명백히 입증된다.

(53) a. 주으리니 밥 ᄉ랑ᄐᆺ ᄒ며 목ᄆᆞᄅ니 믈 ᄉ랑ᄐᆺ ᄒ며(如飢이 思食ᄒ며 如渴이 思水ᄒ며) <龜上 13b>

b. 도로혀 잤간니나 ᄉ랑ᄒ야 아라냐 몰라냐(還曾思省麽아) <蒙六 24a>

(53) c. 도ᄅ혀 地獄苦狀을 싱각ᄒᄂ다(還思地獄苦麽아) <龜上 21a>

d. 모양애 엄공홈을 싱각ᄒ며(貌思恭ᄒ며) <小언三 5b>

e. 그러모로 君子ㅣ 그 可히 다시 몯홀 것을 싱각ᄒ야 몬져 베프ᄂ니(故로 君子ㅣ 思其不可復者而先施焉ᄒᄂ니) <小언二 70a>

<54> 어그릊다 對 어글우치다 對 거스리왇다

제2장 固有語간의 同義 109

세 동작동사가 [違] 즉 '어기다, 위반하다'의 뜻을 가지고 동의 관계에 있다는 것은 다음 예문들에서 잘 확인된다. 원문 중 '違其心'이 '그 뜨들 어그릇다'로 번역되고 '違心'이 'ᄆᆞᄋᆞᆷ을 어글우치다'로 번역되고 '可違'가 '可히 거스리왇다'로 번역된다. 따라서 세 동사 '어그릇다', '어글우치다' 및 '거스리왇다'의 동의성은 명백히 입증된다.

(54) a. 그 뜯을 어그릇디 아니ᄒᆞ며(不違其心ᄒᆞ며) <小言二 18a>
　　　b. 허믈이 이시며 믿 약속을 어그릇ᄂᆞᆫ 이ᄅᆞᆯ ᄯᅩ 써(有過若違約者ᄅᆞᆯ 亦書之ᄒᆞ야) <小言六 16b>
　　　c. 顔淵은…석 ᄃᆞᆯ을 仁에 어그릇디 아니ᄒᆞ니라(顔淵은…三月不違仁ᄒᆞ니라) <小言五 84a>
　　　d. 남이 패려ᄒᆞ면 옴이 어그릇ᄂᆞ니(出悖來違ᄒᆞᄂᆞ니) <小言五 91a>
(54) e. ᄆᆞᄋᆞᆷ을 어글우쳐 구챠히 免홈은(違心苟免은) <小言六 44a>
(54) f. 내 行으로 可히 거스리오ᄃᆞ려니와(自行可違ㅣ 어니와) <龜下 41a>

<55> 업더디다 對 업듣다

두 동작동사가 [仆]와 [顚躓] 즉 '넘어지다'의 뜻을 가지고 동의 관계에 있다는 것은 다음 예문들에서 잘 확인된다. 원문 중 '跌仆'가 '거텨 업더디다'로 번역되고 '多顚躓'가 '업드롬이 하다'로 번역된다. 따라서 '업더디다'와 '업듣다'의 동의성은 명백히 입증된다.

(55) a. 거즛 거텨 업더뎌 ᄯᅡ해 누어셔(詐跌仆臥地ᄒᆞ야) <小言四 16b>

b. 급히 두르면 업드롬이 하느니라(亟走多顚躓하느니라) <小언
五 26a>

<56> 옮다 對 옮다

두 동작동사가 [遷]과 [轉] 즉 '옮다'의 뜻을 가지고 동의 관계에 있다는 것은 다음 예문들에서 잘 확인된다. 원문 중 '則遷'이 '곧 옮다'로 번역되고 '三遷'이 '세 적 옮다'로 번역된다. '轉客'이 '올마 나그내 되다'로 번역된다. 그리고 '能遷'이 '能히 옮다'로 번역된다. 따라서 '옮다'와 '옮'의 동의성은 명백히 입증된다.

(56) a. 그 가온대 곧 옮느니(其中則遷하느니) <小언五 89b>
b. 세 적 올몸애 니르신 줄을 싱각하야(念…至於三遷하야) <小언 五 9b>
c. 올마 下邳 짜히 나그내 되야(轉客下邳하야) <小언六 19b>
(56) d. 편안한 듸를 편안히 너교듸 能히 옮느니라(安安而 能遷하느니라) <小언三 3a>

<57> 울얼다 對 졋다

두 동작동사가 [仰] 즉 '우러르다, 쳐다보다, 젖히다'의 뜻을 가지고 同義關係에 있다는 것은 다음 예문들에서 잘 확인된다. 원문 중 '仰他人'이 '다른 사람의게 울얼다'로 번역되고 '戚施'의 자석이 '졋디 몯하는 병이라'이다. 그리고 '戚施'가 『번역소학』 권6(1518)의 예문 '이런 드로 넷 사람미 굽디 몯한 (25a)는 병과 울어디 몯하는 병을 미여 하느니라(所以古人疾이 籧篨與戚施하느니라) <六 25b>'에서 '울어디 몯하는 병'으로 번역된다. 따라서 '울얼다'

제2장 固有語간의 同義 111

와 '젓다'의 동의성은 명백히 입증된다. [仰]의 뜻을 가진 '젓다'의 용례는『구급간이방』(1489)의 '과글이 허리 알파 굽도 젓도 몯ᄒᆞ거든(卒腰痛不得俛仰)' <二 43b>에서 발견된다.

(57) a. 다ᄅᆞᆫ 사ᄅᆞᆷ의게 울어롬이 어려우니라(難仰他人矣니라) <小언五 114a>
　　 b. 셩인의 규모ᄅᆞᆯ 울얼며(仰聖模ᄒᆞ며) <小언三 2a>
(57) c. 戚施: 젓디 몯ᄒᆞᄂᆞᆫ 병이라 <小언五 23b>

<58> 잘ᄒᆞ다 對 善히 ᄒᆞ다

합성동사 '잘ᄒᆞ다'와 동작동사구 '善히 ᄒᆞ다'가 [善] 즉 '잘하다'의 뜻을 가지고 동의 관계에 있다는 것은 다음 예문들에서 잘 확인된다. 원문 중 '善…交'가 '사괴욤을 잘ᄒᆞ다'로도 번역되고 '交홈을 善히 ᄒᆞ다'로도 번역된다. 따라서 '잘ᄒᆞ다'와 '善히 ᄒᆞ다'의 동의성은 명백히 입증된다. '善히 ᄒᆞ다'는 동작동사구로 부사 '善히'와 동작동사 'ᄒᆞ다'의 결합이다.

(58) a. 晏平仲은 사ᄅᆞᆷ 더블어 사괴욤을 잘ᄒᆞᆺ다(晏平仲은 善與人交이로다) <小언四 40b>
　　 b. 晏平仲은 人으로 더브러 交홈을 善히 ᄒᆞᆺ다(晏平仲은 善與人交이로다) <論언一 40b>

<59> 즐기다 對 됴히 너기다

동작동사 '즐기다'와 동작동사구 '됴히 너기다'가 [好] 즉 '즐기다'의 뜻을 가지고 동의 관계에 있다는 것은 다음 예문들에서 잘 확인된다. 원문 중 '好

學'이 '빈호기를 즐기다'로도 번역되고 '學을 됴히 너기다'로도 번역된다. 따라서 '즐기다'와 '됴히 너기다'의 동의성은 명백히 입증된다. 동작동사구 '됴히 너기다'는 부사 '됴히'와 동작동사 '너기다'의 결합이다.

> (59) a. 可히 빈호기를 즐긴다 닐올디니라(可謂好學也근니라) <<小언三 7b>
> b. 可히 學을 됴히 너긴다 닐올디니라(可謂好學也근니라) <論언一 7b>

<60> 치다 對 기르다

두 동작동사가 [畜]과 [牧] 즉 '치다, 기르다, 사육하다'의 뜻을 가지고 同義 關係에 있다는 것은 다음 예문들에서 잘 확인된다. 원문 중 '畜犬'이 '치는 개'로 번역되고 '必畜'이 '반드시 기르다'로 번역되므로 '치다'와 '기르다'의 동의성은 명백히 입증된다.

> (60) a. 치는 개 일빅 남은 이 이쇼디(有畜犬百餘호디) <小언六 99b>
> b. 돈 치는 죵의 노르시오(牧猪奴戲耳오) <小언六 109b>
> c. 돈 치며 술 밍글오미(豢豕爲酒ㅣ) <小언三 27a>
> (60) d. 님금이 산 것슬 주시어든 반드시 기르더시다(君이 賜生이어시든 必畜之러시다) <小언二 41a>

<61> 핵ᄒ다 對 액ᄒ다

두 동작동사가 [喝] 즉 '꾸짓다, 큰 소리로 나무라다, 고함치다'의 뜻을 가지고 同義 關係에 있다는 것은 다음 예문들에서 잘 확인된다. 원문 중 '喝一喝'

이 '喝 훈 번 핵ᄒᆞ다'로도 번역되고 '喝을 훈 번 액ᄒᆞ다'로도 번역된다. 따라서 '핵ᄒᆞ다'와 '액ᄒᆞ다'의 동의성은 명백히 입증된다.

(61) a. 喝 훈 번 핵ᄒᆞ고 닐오ᄃᆡ(喝─喝코 云ᄒᆞᄃᆡ) <蒙六 41a>
  b. 命이 ᄆᆞ거든 羅利鬼王이 핵ᄒᆞ매 다시 사ᄂᆞ니(命終커든 羅利喝애 重生ᄒᆞᄂᆞ니) <蒙六 7b>
(61) c. 喝을 훈 번 액ᄒᆞ고 닐오ᄃᆡ(喝─喝코 云ᄒᆞᄃᆡ) <蒙六 25a> <蒙六 36b>
  d. 훈 번 액혼 소리ᄅᆞᆯ 니ᄅᆞ디 마롤디어다(不得喚作一喝리어다) <蒙六 25a>

<62> 헐다 對 헐ᄡᅳ리다

두 동작동사가 [毁] 즉 '헐ᄯᅳ다'의 뜻을 가지고 同義 關係에 있다는 것은 다음 예문들에서 잘 확인된다. 원문 중 '毁讚譽'가 '헐며 잔탄ᄒᆞ야 기리다'로 번역되고 '毁譽'가 '헐ᄡᅳ리며 기리다'로 번역된다. 따라서 '헐다'와 '헐ᄡᅳ리다'의 동의성은 명백히 입증된다.

(62) a. 긔롱ᄒᆞ야 헐며 잔탄ᄒᆞ야 기료매 엇디 깃거ᄒᆞ며 엇디 슬허ᄒᆞ리오(譏毁讚譽예 何憂何喜리오) <誠初 73a>
  b. 佛法僧 三寶ᄅᆞᆯ 誹謗ᄒᆞ야 헐며(毁謗三寶ᄒᆞ며) <蒙六 6b>
  c. ᄒᆞ다가 ᄂᆞᆷ 해ᄒᆞ논 말 드르든 부모 헐 소리 ᄀᆞ티 ᄒᆞ오니(若聞害人言ᄒᆞ야든 如毁父母聲ᄒᆞ오리라) <誠初 73a>
(62) d. 외니 올ᄒᆞ니 ᄒᆞ며 헐ᄡᅳ리며 기리ᄂᆞᆫ ᄉᆞ이예(是非毁譽間애) <小언五 22b>
  e. 그 가ᄋᆞᆷ열며 貴ᄒᆞ며 가난ᄒᆞ며 賤ᄒᆞ며 헐ᄡᅳ리며 기리며 깃브며

측ᄒᆞ욤애(其於富貴貧賤毁譽歡戚애) <小언六 119a>
f. 可히 차탄ᄒᆞ여 블워ᄒᆞ며 ᄉᆔ즁ᄒᆞ여 헐ᄲᅳ리디 아닐 거시니(不可歎羨訛毁니) <小언五 102b>

## <63> 헐다 對 ᄒᆞ여디다

두 동작동사가 [敝] 즉 '해어지다'의 뜻을 가지고 동의 관계에 있다는 것은 다음 예문들에서 잘 확인된다. 원문 중 '敝縕袍'가 '헌 핟옷'으로도 번역되고 'ᄒᆞ여딘 縕袍'로도 번역된다. 따라서 '헐다'와 'ᄒᆞ여디다'의 동의성은 명백히 입증된다.

(63) a. 헌 핟옷 닙어(衣敝縕袍ᄒᆞ야) <小언四 43a>
　　 b. ᄒᆞ여딘 縕袍를 닙어(衣敝縕袍ᄒᆞ야) <論언三 48a>

## <64> 흩다 對 허여디다

두 동작동사가 [散] 즉 '흩어지다'의 뜻을 가지고 同義 關係에 있다는 것은 다음 예문들에서 잘 확인된다. 원문 중 '雲散'이 '구루미 흩다'로도 번역되고 '구룸 허여디다'로도 번역된다. 따라서 '흩다'와 '허여디다'의 동의성은 명백히 입증된다. 두 동사는 '구룸'을 主語로 공유한다.

(64) a. 구루미 흐ᄐᆞ매 ᄃᆞ리 ᄇᆞᆰᄂᆞ니(雲散月明ㅣ니) <龜下 39a>
　　 b. 그 弟子ㅣ 四方에 흗터 이숌애(其弟子ㅣ 散在四方에) <小언六 10a>
(64) c. 구룸 허여디여 ᄃᆞᆯ 나ᄃᆞᆺ ᄒᆞ니(如雲散月出ᄒᆞ니) <龜上 31a>

<65> ᄒᆞ다 對 저즐다

두 동작동사가 [爲] 즉 '하다, 저지르다'의 뜻을 가지고 同義 關係에 있다는 것은 다음 예문들에서 잘 확인된다. 원문 중 '允能爲之'가 '允이 能히 ᄒᆞ다'로 번역되고 '賊卽能爲'가 '盜賊ㅣ 곧 能히 저즐다'로 번역된다. 따라서 'ᄒᆞ다'와 '저즐다'의 동의성은 명백히 입증된다.

> (65) a. 帝ㅣ…ᄀᆞᆯᄋᆞ샤ᄃᆡ 直ᄒᆞ다 이 人情의 어려운 배어늘 允이 能히 ᄒᆞ니 죽음애 다ᄃᆞ라셔 말ᄉᆞᆷ을 밧고디 아니홈은 믿븜이오(帝ㅣ…曰直哉라 此ㅣ 人情所難이어늘 而允이 能爲之ᄒᆞ니 臨死不易辭ᄂᆞᆫ 信也ㅣ오) <小言六 43a>
> b. 張公이 이믯 待制로 河北 都轉運使를 ᄒᆞ엿더라(張公이 已爲待制河北都轉運使矣러라) <小言六 6a>

> (65) c. 그 相인 ᄃᆞᆯ 아디 몯ᄒᆞ면 盜賊ㅣ 곧 能히 저즐고(不識其相ᄒᆞ면 賊卽能爲ᄒᆞ고) <龜上 28b>

<66> 히야디다 對 허러디다

두 동작동사가 [壞] 즉 '무너지다'의 뜻을 가지고 同義 關係에 있다는 것은 다음 예문들에서 잘 확인된다. 원문 중 '免有壞'가 '히야디믈 免ᄒᆞ다'로 번역되고 '身…壞'가 '모미…허러디다'로 번역된다. 따라서 '히야디다'와 '허러디다'의 동의성은 명백히 입증된다. '허러디다'는 [壞] 즉 '헐다'의 뜻을 가진 동사 '헐다'의 부사형 '허러'와 동사 '디다'의 통사적 合成이다.

> (66) a. 大三灾 니를 시저레 히야디믈 免티 몯ᄒᆞᄂᆞ니라(大三灾至時예

未免有壞ᄒ니라)<蒙六15a>
b. 이 모미 일뎡 허러디며(此身이 定壞ᄒ며)<誠初26b>

### 2.1.2 音韻 交替型

音韻의 交替를 보여 주는 動作動詞들이 同義 關係를 가질 수 있다. 이 경우가 音韻 交替型이다. 音韻 交替에는 母音 交替와 子音 交替가 있다.

### A. 母音 交替型

同義 關係가 母音 交替를 보여 주는 動作動詞들 사이에 성립된다. 母音 交替에는 陽母音과 陰母音 간의 交替가 있고 陰母音과 陽母音 간의 交替가 있고 陽母音간의 交替가 있다. 그리고 中立母音이 陽母音이나 陰母音과 交替되기도 한다.

陽母音과 陰母音 간의 交替에는 '아~어'의 交替 및 'ᄋ~으'의 交替가 있다. 母音 '아~어'의 交替를 보여 주는 동작동사에는 [脫] 즉 '벗다'의 뜻을 가진 '밧다'와 '벗다'가 있다. 母音 'ᄋ~으'의 交替를 보여 주는 동작동사에는 [臨] 즉 '臨하다'의 뜻을 가진 '디늘다'와 '디늘다'가 있다.

陰母音과 陽母音 간의 交替에는 '으~ᄋ'의 交替, '우~오'의 交替가 있다. 母音 '으~ᄋ'의 交替를 보여 주는 동작동사에는 [至] 즉 '이르다'의 뜻을 가진 '니르다'와 '니ᄅ다'가 있다. 母音 '우~오'의 交替를 보여 주는 동작동사에는 [長]과 [養] 즉 '기르다, 길게 하다'의 뜻을 가진 '길우다'과 '길오다'가 있다.

陽母音간의 교체에는 'ᄋ~오'의 交替가 있다. 母音 'ᄋ~오'의 交替를 보여 주는 동작동사에는 [爲]와 [作] 즉 '되다'의 뜻을 가진 'ᄃ외다'와 '도외다'가 있다.

中立母音이 陽母音과 陰母音과 交替되는 것에는 '이~우~오'의 交替가 있다. 母音 '이~우~오'의 交替를 보여 주는 동작동사에는 [待]와 [俟] 즉 '기다리다'의 뜻을 가진 '기드리다/기들이다'와 '기들우다'와 '기들오다'가 있다.

<1> 밧다 對 벗다

두 동작동사는 첫째 [脫] 즉 '벗다'의 뜻을 가지고 [+유정물]인 '씌, 곳갈, 옷' 등을 목적어로 취하는 경우에도 同義 關係가 성립되고, 둘째 [脫]과 [解脫] 즉 '벗어나다'의 뜻을 가지고 [-유정물]인 '苦惱, 苦, 輪廻' 등을 목적어로 취하는 경우에도 同義 關係가 성립된다. 두 동사 '밧다'와 '벗다'는 첫 음절에서 母音 '아~어'의 交替를 보여 준다.

두 동작동사가 [脫] 즉 '벗다'의 뜻을 가지고 [+유정물]인 '씌, 곳갈, 옷' 등을 목적어로 취하면서 同義 關係에 있다는 것은 다음 예문들에서 잘 확인된다. 원문 중 '脫經帶'가 '슈딜과 씌를 밧다'로 번역되고 '裸跣'이 '옷 벗고 발 벗다'로 번역된다. 따라서 '밧다'와 '벗다'의 동의성은 명백히 입증된다.

(1) a. 슈딜과 씌를 밧디 아니ᄒᆞ며(不脫經帶ᄒᆞ며) <小언五 52b>
　　b. 武王이 冠帶를 밧디 아니ᄒᆞ야 봉양ᄒᆞ더시니(武王이 不說冠帶而養ᄒᆞ더시니) <小언四 12b>
　　c. 곳갈와 보션과 힝뎐을 밧디 아니ᄒᆞ야(不得去巾襪縛袴ᄒᆞ야) <小언六 2b>
　　d. 곳갈을 밧디 말며(冠毋免ᄒᆞ며) <小언三 10a>
　　e. 거상 바ᄉᆞ시고(去喪ᄒᆞ시고) <小언三 21b>
(1) f. 가난ᄒᆞ고 궁(18b)박ᄒᆞ여 옷 벗고 발버서(貧窮裸跣ᄒᆞ야) <小언六 19a>

두 동작동사가 [脫]과 [解脫] 즉 '벗어나다'의 뜻을 가지고 [-유정물]인

'苦惱, 苦, 輪廻' 등을 목적어로 취하면서 同義 關係에 있다는 것은 다음 예문들에서 잘 확인된다. 원문 중 '超脫苦趣'가 '苦趣예 건너 밧다'로 번역되고 '脫輪廻'가 '輪廻를 벗다'로 번역된다. 그리고 '苦惱…解脫'이 '苦惱를…바사 브리다'로 번역되고 '能解脫'이 '能히 버서 브리다'로 번역된다. 따라서 '밧다'와 '벗다'의 동의성은 명백히 입증된다.

(1) h. 苦趣예 건너 밧고(超脫苦趣ᄒ고) <蒙六 28b>
   i. 여러 苦惱를 얻거니 어느 저긔 바사 브리리오(受諸苦惱커니 何由解脫ᄒ리오) <蒙六 9a>
(1) j. 輪廻를 즐거 벗ᄂ니(徑脫輪廻ᄒᄂ니) <龜下 44b>
   k. 一定 輪廻를 버선다(定脫輪廻麽아) <龜上 21a>
   l. 生死를 벗고쟈 홀딘댄(欲脫生死ᆫ댄) <龜下 36b>
   m. 이 너의 주그며 살며 호ᄆᆯ 버서 브리며 輪回 그츨 고디라 ᄒ신대 (是汝의 脫生死ᄒ며 斷輪回處이라 ᄒ신대) <蒙六 31a>
   n. 苦를 버서 브리고 樂ᄋᆞᆯ 어둘디어다(脫苦得樂이어다) <蒙六 29b>
   o. 안자셔 버스며 셔셔 주구미(坐脫立亡者ㅣ) <龜下 37a>
   p. 엇뎨 能히 버서 브리리오(焉能解脫이리오) <蒙六 23b>

<2> 디ᄂᆞᆯ다 對 디늘다

두 동작동사가 [臨] 즉 '臨하다'의 뜻을 가지고 동의 관계에 있다는 것은 다음 예문들에서 잘 확인된다. 원문 중 '臨深淵'이 '기픈 모ᄉᆞᆯ 디ᄂᆞᆯ다'도 번역되고 '臨民'이 '빅셩 디늘다'로 번역된다. 따라서 '디ᄂᆞᆯ다'와 '디늘다'의 동의성은 명백히 입증된다. 두 동작동사는 제2 음절에서 모음 'ᄋᆞ~으'의 교체를 보여 준다.

(2) a. 기픈 모솔 디ᄂᆞᆺ 호며(如臨深淵ᄒᆞ며) <論언二 29b>
　　b. 劉安禮ㅣ 빅셩 디늘기를 무른대(劉安禮ㅣ 問臨民ᄒᆞ대) <小언五 59a>
　　c. 기픈 모솔 디늘어심 ᄀᆞ티 ᄒᆞ며(如臨深淵ᄒᆞ며) <小언四 24a>

<3> 길우다 對 길오다

두 동작동사가 [長]과 [養] 즉 '기르다, 길게 하다'의 뜻을 가지고 同義 關係에 있다는 것은 다음 예문들에서 잘 확인된다. 원문 중 '敖…長'이 '오만홈을 길우다'로 번역되고 '長尺寸'이 '재며 치도 길오다'로 번역된다. 그리고 『七大萬法』(1569)의 예문들 '萬物를…길우며'와 '萬物를 길오고'에서 두 동사가 '萬物'을 목적어로 共有한다. 따라서 두 동사 '길우다'와 '길오다'의 동의성은 명백히 입증된다. 두 동사는 제2 음절에서 母音 '우~오'의 交替를 보여 준다.

(3) a. 오만홈을 이히 길우디 몯홀 거시며(敖不可長이며) <小언三 2b>
　　b. 何曾이…굴오ᄃᆡ 그듸는 풍속을 ᄒᆞ야ᄇᆞ리는 사름이라 可히 길우디 몯홀 거시라(45b) ᄒᆞ고(何曾이…曰卿은 敗俗之人이라 不可長也ㅣ라 ᄒᆞ고) <小언五 46a>
　　c. 교만ᄒᆞ며 새옴ᄒᆞᄂᆞᆫ 性을 길워 일우디 아니리 젹으니(鮮有不…養成驕妬之成이니) <小언五 65b>
　　d. 엇디 머리를 헏글우고 명망을 길워 스스로 어그럽고 통달호라 니롬이 이시리오(何有亂頭養望ᄒᆞ야 自謂弘達耶ㅣ리오) <小언六 109b>
　　e. 無明 히미 클시 後後에 길워 가져 닛디 아니호미 어려우니라(無明力大故로 後後長養하야 保任不忘이 爲難ᄒᆞ니라) <龜上 23b>
　　f. 萬物를 내며 길우며 實히오며 ᄆᆞ초아 <七大 4a>

(3) g. 각별이 사롤 일 다스려 뻐 재며 치도 길오디 아니ᄒᆞ노니(不別治
   生ᄒᆞ야 以長尺寸ᄒᆞ노니) <小언五 99a>
   h. 어린 쁘드로 슈힝 아니ᄒᆞ니 아인을 길오놋다(痴意無修長我人)
   <誡初 47b>
   i. 녀름 ᄇᆞᄅᆞ면 萬物를(6b) 길오고 <七大 7a>

<4> ᄃᆞ외다 對 도외다

두 동작동사가 [爲]와 [作] 즉 '되다'의 뜻을 가지고 同義 關係에 있다는 것은 다음 예문들에서 잘 확인된다. 원문 중 '爲人'이 '사롬 ᄃᆞ외다'로 번역되고 '爲智慧人'이 '디혜 잇는 사롬이 도외다'로 번역된다. 그리고 '作祖'가 '祖ㅅ ᄃᆞ외다'로 번역되고 '作上首菩薩'이 '上首菩薩리 도외다'로 번역된다. 따라서 두 동사 'ᄃᆞ외다'와 '도외다'의 동의성은 명백히 입증된다. 두 동사는 첫 음절에서 母音 'ᄋᆞ~오'의 交替를 보여 준다.

(4) a. 前世예 사롬 ᄃᆞ외여실 제(前世爲人時예) <蒙六 6b>
   b. 큰 自在흔 사ᄅᆞ미 ᄃᆞ외에 ᄒᆞ시니라(爲大自在人이니라) <蒙六 21a>
   c. 부텨 ᄃᆞ외며 祖ㅅ ᄃᆞ외ᄂᆞ니라(成佛作祖ᄒᆞᄂᆞ니라) <蒙六 12b>
   d. 곧 일후미 부텨 ᄃᆞ외요미라(卽名成佛이니라) <蒙六 33b>
   e. 臣下 國土이 ᄃᆞ외고(成國土ᄒᆞ니) <蒙六 20a>
(4) f. 엇디(12b) 디혜 잇는 사롬이 도외리오(豈爲智慧人也ㅣ리오)
   <誡初 13a>
   g. 쟝ᄎᆞᆺ…사롬이 졈은이 도윌 힝실을 責ᄒᆞ려 홈이니(將責…爲人少者之行也ㅣ니라 <小언五 41b>
   h. 上首菩薩리 도외여(作上首菩薩ᄒᆞ야) <蒙六 34b>

i. 인간과 텬샹의 큰 복 바티 도외리니(作人天大福田ᄒ리니) <誡初21a>

<5> 니르다 對 니ᄅ다

두 동작동사가 [至] 즉 '이르다'의 뜻을 가지고 동의 관계에 있다는 것은 다음 예문들에서 잘 확인된다. 원문 중 '至於偃之室'이 '偃의 室에 니르다'로도 번역되고 '偃의 집의 니ᄅ다'로도 번역된다. 따라서 '니르다'와 '니ᄅ다'의 동의성은 명백히 입증된다. 두 동작동사는 제2 음절에서 모음 '으~ᄋ'의 교체를 보여 준다.

(5) a. 일쯕 偃의 室에 니르디 아니ᄒᄂ닝이다(未嘗至於偃之室也ᄒᄂ닝이다) <論언二 7b>
   b. 일즉 偃의 집의 니ᄅ디 아니ᄒᄂ닝이다(未嘗至於偃之室也ᄒᄂ닝이다) <소언四 47b>

<6> 기드리다/기들이다 對 기들우다 對 기들오다

세 동작동사가 [待]와 [俟] 즉 '기다리다'의 뜻을 가지고 同義 關係에 있다는 것은 다음 예문들에서 잘 확인된다. 원문 중 '待何生'이 '어느 生을 기드리다'로 번역되고 '待乏'이 '업서 ᄒ실 적을 기들이다'로 번역되고 '待父母之許'가 '父母의 許ᄒ심을 기들우다'로 번역되고 '待狗歸'가 '개 도라옴을 기들오다'로 번역된다. 그리고 '俟駕'가 '술위 메옴을 기들이다'로 번역되고 '俟…知禮義之方'이 '禮義의 향방을 아롬을 기들우다'로 번역된다. 따라서 세 동사 '기드리다/기들이다', '기들우다' 및 '기들오다'의 동의성은 명백히 입증된다. 세 동사는 제3 음절에서 母音 '이~우~오'의 交替를 보여 준다.

(6) a. 다시 어느 生을 기드려(更待何生ᄒ야) <龜上 21a>

　　b. 쏘 迷 가져 아롬 기드리디 말고(又不得將迷待悟ᄒ고) <龜上 16b>

　　c. 一定히 上品므로 서로 기드리시ᄂ니(決以上品오로 相待ᄒ시ᄂ니) <蒙六 42a>

　　d. 엇뎨 돌와 구슬와 어우러 對ᄒᆯ 時節를 그드려사 나료 <七大 5a>

　　e. 간ᄉᄒ야 ᄡᅥ 업서 ᄒ실 적을 기들일디니라(藏以待乏이니라) <小언二 13b>

　　f. 반ᄃ시 맛보고셔 기들이며(必嘗而待ᄒ며) <小언二 12a>

　　g. 술위 메옴을 기(41b)들이디 아니코 가더시다(不俟駕行矣러시다) <小언二 42a>

(6) h. 父母의 許ᄒ심을 기들운 후에 고티고(待父母之許然後에 改之ᄒ고) <小언五 36a>

　　i. 내 혼 층 길우믈 기들우면 쏘 본 거시 각별ᄒ리라(待自家ㅣ 長待一格則又見得이 別ᄒ리라) <小언五 111b>

　　j. 그 아ᄃᆯ이…잠싼 禮義의 향방을 아롬올 기들운 후에(俟其子…粗知禮義之方然後에) <小언四 43b>

(6) k. ᄂᆞᆯ개로ᄡᅥ 와 덥펴서 개 도라옴을 기들오놋다(以翼來覆待狗歸로다) <小언六 93a>

　　l. 반ᄃ시 ᄆᆞ라 뭇거 整齊홈을 기들온 후에(必待卷束整齊然後에) <小언五 117a>

　　m. 스스로 긔약ᄒ야 기들오며(自期待ᄒ며) <小언五 31b>

b. 子音 交替型

同義 關係가 子音 交替를 보여 주는 동작동사들 사이에 성립된다. 子音 交

替에는 'ㄱ+ㅎ'와 'ㅋ'의 交替, 'ㄴ~ㅁ'의 交替, 'ㄷ~ㅌ'의 交替, 'ㅅ~ㄴ'의 交替 그리고 'ㅊ~ㅌ'의 交替가 있다. 子音 'ㄱ+ㅎ'와 'ㅋ'의 交替를 보여주는 동작동사에는 [守] 즉 '지키다'의 뜻을 가진 '딕희다'와 '디킈다'가 있다. 子音 'ㄴ~ㅁ'의 交替를 보여 주는 동작동사에는 [藏]과 [隱] 즉 '저장하다, 감추다'의 뜻을 가진 'ㄱ초다'와 'ㄱㅁ초다'가 있다. 子音 'ㄷ~ㅌ'의 交替를 보여 주는 동작동사에는 [現]과 [顯] 즉 '나타나다'의 뜻을 가진 '낟다'와 '낱다'가 있다. 子音 'ㅅ~ㄴ'의 交替를 보여 주는 동작동사에는 [遇], [値] 및 [値遇] 즉 '만나다'의 뜻을 가진 '맛나다'와 '만나다'가 있다. 子音 'ㅊ~ㅌ'의 交替를 보여 주는 동작동사에는 [敎] 즉 '가르치다'의 뜻을 가진 'ㄱㄹ치다'와 'ㄱㄹ티다'가 있다.

<1> 딕희다 對 디킈다

두 동작동사가 [守] 즉 '지키다'의 뜻을 가지고 同義關係에 있다는 것은 다음 예문들에서 잘 확인된다. 원문 중 '官守'가 '구의예 딕횬 것'으로 번역되고 '官守處'가 '벼슬 디킌 곧'으로 번역된다. 그리고 '守業'이 'ㅎㄴ 일 딕희옴'으로 번역되고 '守本眞心'이 '本眞心을 디킈욤'으로 번역된다. 따라서 두 동사 '딕희다'와 '디킈다'의 동의성은 명백히 입증된다. 두 동작동사는 'ㄱ+ㅎ'과 'ㅋ'의 교체를 보여 준다.

(1) a. 어미 命ㅎ야 딕희라 흔대(母ㅣ 命守之ㅎ대) <小언六 22b>
　　b. 구의예 딕횬 것 둔 이ᄂ(有官守者ㅣ) <小언二 44a>
　　c. 두텁고 독실홈은 ㅎㄴ 일 딕희옴애 인ㄴ니라(篤在守業ㅎ니라) <小언四 51b>
(1) d. 일홀 제 디킈ㄴ니(守之於爲ㅎㄴ니) <小언五 91b>
　　e. 或이 닐어 골오듸…또 남진의 가문이 ᄡ러 죽어 어믜 盡ㅎ여시니 이를 디킈여셔 눌을 위코져 ㅎㄴ뇨(或이 謂之曰…且夫家ㅣ 夷滅

已盡ᄒᆞ니 守此欲誰爲哉오) <小언六 58a>
f. 呂榮公이 졈은 제브터 벼슬 디킌 고대(呂榮公이 自少로 官守處에) <小언六 49b>
g. 本眞心을 디킈요미(守本眞心이) <龜上 42a>

## <2> ᄀᆞ초다 對 ᄀᆞᆫ초다 對 ᄀᆞᆷ초다

세 동작동사가 [藏]과 [隱] 즉 '저장하다, 감추다'의 뜻을 가지고 同義 關係에 있다는 것은 다음 예문들에서 잘 확인된다. 『七大萬法』의 예문들에서 '萬物를 내며 길우며 實히오며 ᄀᆞ초아', '내며 길우며 염글우며 ᄀᆞᆫ초와' 그리고 '하나한 여러 가짓 거슬…내야…길어…結實히와…ᄀᆞᆷ초와'를 발견할 수 있다. 그리고 원문 중 '隱現'이 'ᄀᆞᆫ초며 나토다'로 번역되고 '藏怒'가 '노호옴을 ᄀᆞᆷ초다'로 번역된다. 따라서 세 동사 'ᄀᆞ초다', 'ᄀᆞᆫ초다' 및 'ᄀᆞᆷ초다'의 동의성은 명백히 입증된다. 동사 'ᄀᆞᆫ초다'는 'ᄀᆞ초다'의 첫 음절에 'ㄴ'이 添加된 것이다. 두 동사 'ᄀᆞᆫ초다'와 'ᄀᆞᆷ초다'는 첫 음절에서 子音 'ㄴ~ㅁ'의 交替를 보여 준다.

(2) a. 色과 空과 性이 두려이 노가 法界예 ᄀᆞ득ᄒᆞ야 萬物를 내며 길우며 實히오며 ᄀᆞ초아 몯홀 일 업시 ᄒᆞᄂᆞ니 <七大 4a>

(2) b. 긔 四節리 ᄃᆞ외며 四方이 ᄃᆞ외야 내며 길우며 염글우며 ᄀᆞᆫ초와 <七大 14a>

c. ᄀᆞᆫ초며 나토믈 ᄒᆞᆫ가지로 ᄒᆞ며(隱現을 同時하며) <誠初 67a>

(2) d. 하나한 여러 가짓 거슬 보미 다 내야 녀르메 길어 ᄀᆞᅀᆞᆯ히 다 結實히와 겨스레 다 ᄀᆞᆷ초와 <七大 17b>

e. 어딘 사ᄅᆞᆷ이 아이게 노호옴을 ᄀᆞᆷ초아 두디 아니ᄒᆞ며(仁人之於弟也애 不藏怒焉ᄒᆞ며) <小언四 37b>

<3> 낟다 對 낱다

두 동작동사가 [現]과 [顯] 즉 '나타나다'의 뜻을 가지고 同義 關係에 있다는 것은 다음 예문들에서 잘 확인된다. 원문 중 '示現人間'이 '人間애 나다 뵈다'로 번역되고 '圓現'이 '두려이 낱다'로 번역된다. 그리고 '理顯'이 '理ㅣ 낟다'로 번역되고 '性顯'이 '性이 낱다'로 번역된다. 따라서 두 동사 '낟다'와 '낱다'의 동의성은 명백히 입증된다. 두 동사는 첫 음절에서 子音 'ㄷ~ㅌ'의 交替를 보여 준다.

(3) a. 累劫에 뎌 諸佛이 人間애 나다 뵈샤(累他諸佛이 示現人間ᄒ샤)
   <蒙六 21a>
   b. 受用ᄋᆫ 念을 조차 알픠 낟ᄂ니(受用이 隨念現前ᄒᄂ니) <蒙六 15b>
   c. 理ㅣ 心源에 낟ᄂ니라(理顯於心源ㅣ니라) <龜上 11b>
   d. 이를 브터 낟ᄂ니(自此而顯ᄒᄂ니) <蒙六 3a>
(3) e. 三身이 두려이 나ᄐ시며 열 가지 일후미 ᄀ초 나ᄐ시니라(三身이 圓現ᄒ시며 十号俱彰ᄒ시니라) <蒙六 19a>
   f. 五衰 서르 나타(五衰相現ᄒ야) <蒙六 16a>
   g. 相이 다ᄋ고 性이 나타ᅀᅡ(相盡性顯ᄒ야ᅀᅡ) <龜上 10a>
   h. 이를 브터 나ᄐ며(自此而彰ᄒ며) <蒙六 3a>

<4> 맛나다 對 만나다

두 동작동사가 [遇], [值] 및 [值遇] 즉 '만나다'의 뜻을 가지고 同義 關係에 있다는 것은 다음 예문들에서 잘 확인된다. 원문 중 '遇…說法'이 '셜법호ᄆᆞᆯ 맛나다'로 번역되고 '遇賊'이 '도적을 만나다'로 번역된다. 그리고 '值四生'이 'ᄉ

싱을 맛나다'로 번역되고 '値遇佛祖'가 '佛祖를 만나다'로 번역된다. 따라서 두 동사 '맛나다'와 '만나다'의 동의성은 명백히 입증된다. 두 동사는 첫 음절말에서 子音 'ㅅ~ㄴ'의 交替를 보여 준다.

(4) a. ᄒᆞ다가 죵시 좌애 올라 셜법호ᄆᆞᆯ 맛나거든(若遇宗師ㅣ 陞座說法이어든) <誡初 14a>
b. ᄒᆞ다가 文殊이 ᄯᅩ 부텨와 큰 方便 펴믈 맛나디 아니ᄒᆞ던든(若不遇文殊이 與佛와 施大方便이러든) <蒙六 23b>
c. 흉샹 ᄉᆞᅀᅵᆼᄋᆞᆯ 맛나(恒値四生ᄒᆞ야) <誡初 80a>
d. 비로 말셰를 맛나시나(縱値末世나) <誡初 42a>
e. 존댱ᄋᆞᆯ 맛나거든(逢尊長이어든) <誡初 5b>
(4) f. ᄌᆞ조 도적을 만나(數遇賊ᄒᆞ야) <小언六 18a>
g. ᄯᅩ 도적을 만나(又遇賊ᄒᆞ야) <小언六 65b>
h. 사라 오매 佛祖를 만난ᄂᆞ냐(生來예 値遇佛祖麽아) <龜上 20b>
i. 眞實 善知識을 만나 젓ᄋᆞ와(參訪眞善知識ᄒᆞ야) <蒙六 27b>

<5> ᄀᆞᄅᆞ치다 對 ᄀᆞᄅᆞ티다

두 동작동사가 [敎] 즉 '가르치다'의 뜻을 가지고 同義 關係에 있다는 것은 다음 예문들에서 잘 확인된다. 원문 중 '敎萬民'이 '萬民을 ᄀᆞᄅᆞ치다'로 번역되고 '聖敎'가 '셩인 ᄀᆞᄅᆞ틴 것'으로 번역된다. 따라서 두 동사 'ᄀᆞᄅᆞ치다'와 'ᄀᆞᄅᆞ티다'의 동의성은 명백히 입증된다. 두 동사는 제3 음절에서 子音 'ㅊ~ㅌ'의 交替를 보여 준다

(5) a. 萬民을 ᄀᆞᄅᆞ쳐 손 례로 ᄒᆞ야 거쳔ᄒᆞ니(敎萬民而賓興之ᄒᆞ니) <小언一 10b>

b. 學 관원이 블러 ᄀᆞᄅ치고(學官이 召而敎之ᄒᆞ고) <小언六 14b>
　　　c. 후에 크며 먼 이로뻐 ᄀᆞᄅ치ᄂᆞ니(後敎以大者遠者ㅣ니) <小언五 118b>
　　　d. 中品엣 사ᄅᆞᆷ은 ᄀᆞᄅ친 後에 어딜오(中品之人은 敎而後善ᄒᆞ고) <小언五 26b>
　(5) e. 셩인 ᄀᆞᄅ틴 것과 현인네 글월란 부러 듣디 아닌ᄂᆞ니(聖敎賢章故不聞) <誡初 48a>

### 2.1.3. 音韻 脫落型, 音韻 添加型 및 音韻 縮約型

#### A. 音韻 脫落型

어떤 동작동사가 그것 중의 한 音韻의 脫落으로 생긴 동작동사와 同義 關係를 가질 수 있다. 이 경우가 音韻脫落型이다. 音韻脫落型에는 母音 脫落과 子音 脫落이 있다.

母音 脫落에는 '오' 脫落이 있다. 母音 '오'의 脫落을 보여 주는 동작동사에는 [爲]와 [作] 즉 '되다'의 뜻을 가진 '도외다'와 '되다'가 있다.

子音 脫落에는 'ㄹ' 탈락과 'ㅿ' 탈락이 있다. 자음 'ㄹ' 탈락을 보여 주는 동작동사에는 [至] 즉 '이르다'의 뜻을 가진 '니를다'와 '니르다/닐으다'가 있다. 'ㅿ' 탈락을 보여 주는 동작동사에는 [進] 즉 '나아가다'의 뜻을 가진 '나ᅀᆞ다'는 '나ᄋᆞ다'가 있다.

<1> 도외다 對 되다

두 동작동사가 [爲]와 [作] 즉 '되다'의 뜻을 가지고 同義 關係에 있다는 것은 다음 예문들에서 잘 확인된다. 원문 중 '爲智慧人'이 '디혜 잇ᄂᆞ 사ᄅᆞᆷ이 도

외다'로 번역되고 '爲君子'가 '君子ㅣ 되다'로 번역된다. 그리고 '作上首菩薩'
이 '上首菩薩리 도외다'로 번역된다. 따라서 '도외다'와 '되다'의 동의성은 명
백히 입증된다. 동사 '되다'는 '도외다'의 첫 음절의 母音 '오'가 脫落되어 생긴
것이다.

(1) a. 엇디(12b) 디혜 잇는 사름이 도외리오(豈爲智慧人也ㅣ리오)
　　　<誡初 13a>
　　b. 쟝춧…사름이 졈은이 도욀 힝실을 責호려 홈이니(將責…爲人少
　　　者之行也ㅣ니라 <小언五 41b>
　　c. 上首菩薩리 도외여(作上首菩薩ㅎ야) <蒙六 34b>
　　d. 인간과 텬샹의 큰 복바티 도외리니(作人天大福田ㅎ리니) <誡初
　　　21a>
(1) e. 그듸네는 엇디 君子ㅣ 되지 아니ㅎᄂ뇨(諸君은 何不爲君子오)
　　　<小언五 30b>
　　f. 聘례로 ㅎ면 안해 되고 그저 가면 妾이 되ᄂ니라(聘則爲妻ㅣ오
　　　奔則爲妾ㅣ니라) <小언一 7b>
　　g. 凶險ᄒᆞᆫ 類ㅣ 고텨 되ᄂ니(化爲凶險類ㅎᄂ니) <小언五 22a>
　　h. ㅎ마 즁 되어(旣已出家ㅎ야) <誡初 2b>

<2> 니를다 對 니르다/닐으다

두 동작동사가 [至] 즉 '이르다'의 뜻을 가지고 同義 關係에 있다는 것은 다
음 예문들에서 잘 확인된다. 원문 중 '至墓所'가 '무덤 곧애 니를다'로 번역되
고 '至失所'가 '失所홈애 니를다'로 번역된다. 그리고 '至死'가 '죽음애 니를다'
로도 번역되고 '죽음애 닐으다'로도 번역된다. 따라서 '니를다'와 '니르다/닐으
다'의 동의성은 명백히 입증된다. 동사 '니르다'는 '니를다'의 제2 음절의 子音

'ㄹ'이 脫落되어 생긴 것이다.

 (2) a. 니르러 가리 져고문(少往至者논) <誡初 23a>
   b. 미양 무덤 곧애 니르러(常至墓所) <小言六 24a>
   c. 죽음애 니르러도 오직 녜 굳ᄂ니라(至死只依舊ㅣ니라) <小言五 3a>
 (2) d. 쉰두 位를 디내며 佛果애 니르거든(歷五十二位ᄒ야 而至佛果커든) <蒙六 18b>
   e. 믄득 빅년이 니르거늘(忽至百年이어늘) <誡初 27a>
   f. 반ᄃ시 失所홈애 니르리니(必至失所ᄒ리니) <小言六 129a>
   g. 비화 비록 니르디 몯ᄒ나(學至雖未至ㅣ나) <小言五 8b>
   h. 慶과 밋 모든 아들이 里門의 들어 ᄌᄌ 걸어 집의 닐으더라(慶及諸子ㅣ 入里門ᄒ야 趨至家ᄒ더라) <小言六 80b>
   i. 슈고로온 일을 복힝ᄒ야 죽음애 닐으며(服勤至死ᄒ며) <小言二 72a> <小言二 72b> <小言二 73a>

 <3> 나ᅀᆞ다 對 나ᅀᆞ다

 두 동작동사가 [進] 즉 '나아가다'의 뜻을 가지고 동의 관계에 있다는 것은 다음 예문들에서 잘 확인된다. 원문 중 '進退'가 '나ᅀᆞ며 믈으다'로도 번역되고 '나ᅀᆞ며 므르다'로도 번역된다. 따라서 '나ᅀᆞ다'와 '나ᅀᆞ다'의 동의성은 명백히 입증된다. 동작동사 '나ᅀᆞ다'는 '나ᅀᆞ다'의 제2 음절의 'ᅀ'가 탈락된 것이다.

 (3) a. 나ᅀᆞ며 믈으며 두루 돌오믈 반ᄃ시 禮예 맛게 홀디니(進退周還을 必中禮니) <小言三 19a>
   b. 나ᅀᆞ며 므르며 두루 돌옴애(進退周旋애) <小言二 6b>

b. 音韻 添加型

어떤 동작동사가 그것 중에 한 音韻이 添加되어 만들어진 동작동사와 同義 關係를 가질 수 있다. 이 경우가 音韻 添加型이다. 音韻 添加에는 母音 添加와 子音 添加가 있다.

母音 添加에는 '오' 添加와 半母音 [y]의 添加가 있다. 母音 '오'의 添加에는 [越]과 [過] 즉 '넘다'의 뜻을 가진 '넘다'와 '너모다/넘오다'가 있다. 半母音 [y]의 添加에는 [想] 즉 '여기다'의 뜻을 가진 '너기다'와 '녀기다', [行] 즉 '가다'의 뜻을 가진 '녀다'와 '녜다', [割] 즉 '베다'의 뜻을 가진 '버히다'와 '베히다', [壞] 즉 '헐어버리다'의 뜻을 가진 'ᄒ야브리다'와 '히야브리다' 그리고 [損敗]와 [敗] 즉 '부서지다, 해어지다'의 뜻을 가진 'ᄒ여디다'와 '히여디다'가 있다.

子音 添加에는 'ㄱ' 添加, 'ㄴ' 添加 및 유기음화가 있다. 子音 'ㄱ'의 添加에는 [徑] 즉 '지르다, 질러가다'의 뜻을 가진 '즈르다'와 '즐그다'가 있다. 子音 'ㄴ'의 添加에는 [藏]과 [隱] 즉 '저장하다, 감추다'의 뜻을 가진 'ᄀ초다'와 '근초다'가 있다. 유기음화에는 [明] 즉 '밝히다'의 뜻을 가진 '븕기다/붉이다'와 '븕키다/붉키다'가 있다.

<1> 넘다 對 너모다/넘오다

두 동작동사가 [越]과 [過] 즉 '넘다'의 뜻을 가지고 同義 關係에 있다는 것은 다음 예문들에서 잘 확인된다. 원문 중 '勿越'이 '넘디 말다'로 번역되고 '넘다'의 목적어는 [+구체물]인 '書策'과 '琴瑟'이다. '越序'가 '셔츠 너모디 말다'로 번역된다. 그리고 '過人'이 '사름의게 넘다'로 번역되고 '過七行'이 '닐굽 슌에 넘오다'로 번역된다. 따라서 '넘다'와 '너모다/넘오다'의 동의성은 명백히 입증된다.

제2장 固有語간의 同義 **131**

(1) a. 先生ㅅ 書策과 琴瑟이 앒픠 잇거든 안자셔 옴겨 조심ᄒᆞ야 넘디
　　　말며(先生ㅅ 書策琴　瑟이 在前이어든 坐而遷之ᄒᆞ야 戒勿越ᄒᆞ
　　　며) <小言二 60a>
　　b. ᄌᆡ죄 사ᄅᆞᆷ의게 넘으리라(才過人矣리라) <小言一 2b>
　　c. 넘으면 셩인이오(過則聖이오) <小言五 84b>
　　d. 椿과 津이 나히 여슌이 넘어(椿津이 年過六十ᄒᆞ야) <小言六
　　　70a>
(1) e. 당돌히 셔츳 너모디 말며(不得搪揆越序ᄒᆞ며) <誡初 5a>
　　f. 닐굽 슌에 넘오디 아니호ᄃᆡ(不過七行호ᄃᆡ) <小言六 130a>

<2> 너기다 對 녀기다

　　두 동작동사가 [想] 즉 '여기다'의 뜻을 가지고 同義關係에 있다는 것은 다음 예문들에서 잘 확인된다. 원문 중 '好禮'가 '禮를 됴히 너기다'로 번역되고 '好飮酒'가 '술 먹기를 됴히 너기다'로 번역된다. '父慈'가 '아비는 어엿비 너기다'로 번역되고 '慈愛'가 '어엿비 녀기며 ᄉᆞ랑ᄒᆞ다'로 번역된다. 그리고 '矜賞'이 '에엿비 너기며 과호이 너기다'로 번역되고 '惡之'가 '외오 녀기다'로 번역된다. 따라서 두 동사 '너기다'와 '녀기다'의 동의성은 명백히 입증된다. 동사 '녀기다'는 '너기다'의 첫 음절의 母音 '어'에 半母音 [y]가 결합된 것이다.

(2) a. 긍장ᄒᆞ며 엄정ᄒᆞ고 禮를 됴히 너겨(矜嚴好禮ᄒᆞ야) <小言六
　　　103a>
　　b. 人倫을 앗겨 됴히 너기더라(愛好人倫ᄒᆞ더라) <小言六 107b>
　　c. 온 세샹이 위와팀을 됴히 너겨(擧世好承奉ᄒᆞ야) <小言五 23a>
　　d. 아비는 어엿비 너기고 ᄌᆞ식은 효도ᄒᆞ며(父慈子孝ᄒᆞ며) <小言二
　　　74a>

e. 아비는 올히 ᄒᆞ고 어미는 어엿비 너기며(父義母慈ᄒᆞ며) <小言
     五 34a>
  f. 甚히 에엿비 너기며 과호이(30a) 너김을 더더(甚加矜賞ᄒᆞ야)
     <小言六 30b>
(2) g. 상뉵 바독ᄒᆞ고 술 먹기를 됴히 녀겨(博奕好飮酒ᄒᆞ야) <小言二
     34b>
  h. ᄠᅳᆮ을 도타이 ᄒᆞ야 ᄒᆞᆨ문을 됴히 너기며 지죄 어딜며 ᄒᆡᆼ실이 닷ᄀᆞᆮ
     이 잇거든(有篤志好學才良行脩者ㅣ어든) <小言六 11b>
  i. 용밍을 됴히 너겨 싸홈 싸호며 거슯뗘(好勇鬪狠ᄒᆞ야) <小言二
     34b>
  j. 繼母 朱氏 어엿비 너기디 아니ᄒᆞ야(繼母朱氏ㅣ不慈ᄒᆞ야) <小
     言六 22a>
  k. 어엿비 너기며 ᄉᆞ랑홈이 더욱 구더(慈愛愈固ᄒᆞ야) <小言六
     51a>
  l. 父母ㅣ외오 녀기거시든(父母ㅣ惡之어시든) <小言二 21a>

<3> 녀다 對 녜다

두 동작동사가 [行] 즉 '가다'의 뜻을 가지고 同義 關係에 있다는 것은 다음 예문들에서 잘 확인된다. 원문 중 '經行'이 '길 녀다'로 번역되고 '夜行'이 '바믜 녜다'로 번역된다. 그리고 '行者'가 '길 녈 이'로도 번역되고 '길 녜는 이'로도 번역된다. 따라서 '녀다'와 '녜다'의 동의성은 명백히 입증된다. 동사 '녜다'는 '녀다'의 어간 '녀-'에 半母音 [y]가 결합되어 생긴 것이다.

(3) a. 길 녈 제(經行次의) <誡初 5a>
    b. 길 녈 이 길흘 ᄉᆞ양ᄒᆞ며(行者ㅣ讓路ᄒᆞ며) <小言五 34b>

(3) c. 사르미 바미 녤(16b) 제(如人이 夜行애) <誡初 17a>
　　d. 헌 술위 녜디 몯ᄒᆞ며(破車不行이오) <誡初 37a>
　　e. 길 녜는 이 길흘 ᄉᆞ양ᄒᆞ며(行者ㅣ 讓路ᄒᆞ며) <小언四 39a>
　　f. 셔 향ᄒᆞ야 녜ᄃᆞᆺ ᄒᆞ니(向西行ᄐᆞᆺ ᄒᆞ니) <誡初 29b>

<4> 디킈다 對 딕킈다

두 동작동사가 [守] 즉 '지키다'의 뜻을 가지고 同義關係에 있다는 것은 다음 예문들에서 잘 확인된다. 원문 중 '官守'가 '벼슬 디킈다'로 번역되고 '구의 딕킈다'로도 번역된다. '守此'가 '이를 디킈다'로 번역되고 '守義'가 '졀의를 딕킈다'로 번역된다. 그리고 '守本眞心'이 '本眞心을 디킈다'로 번역되고 '守名'이 '일홈 딕킈다'로 번역된다. 따라서 '디킈다'와 '딕킈다'의 동의성은 명백히 입증된다. '딕킈다'는 '디킈다'의 重綴表記이다.

(4) a. 일홈 제 디킈ᄂᆞ니(守之於爲ᄒᆞᄂᆞ니) <小언五 91b>
　　b. 或이 닐어 ᄀᆞᆯ오ᄃᆡ…ᄯᅩ 남진의 가문이 ᄡᅳ러 죽어 이믜 盡ᄒᆞ여시니 이를 디킈여셔 눌을 위코져 ᄒᆞᄂᆞ뇨(或이 謂之曰…且夫家ㅣ 夷滅已盡ᄒᆞ니 守此欲誰爲哉오) <小언六 58a>
　　c. 呂榮公이 졈은 제브터 벼슬 디킌 고ᄃᆡ(呂榮公이 自少로 官守處에) <小언六 49b>
　　d. 本眞心을 디킈요미(守本眞心이) <龜上 42a>
(4) e. 後生 졈은 사ᄅᆞᆷ이 ᄀᆞᆺ 구의 딕킈는 ᄃᆡ 니르러(後生少年이 乍到官守ᄒᆞ야) <小언五 60b>
　　f. 그 아ᄃᆞᆯ 舜從이(49b) 會稽예 벼슬을 딕킈여실 제(其子舜從이 守官會稽예) <小언六 50a>
　　g. 共姜이 졀의를(35b) 딕킈엿더니(共姜이 守義러니) <小언四

36a>

h. 사룸의 能히 딕킈디 몯ᄒᆞᄂᆞᆫ 바룰 딕킈며(守人所不能守ᄒᆞ며) <小언六 68a>

i. 일훔 딕킈여 아롬 내요미 올티 몯ᄒᆞ리니(不可守名而生解ㅣ니) <龜上 3a>

j. 일후미 주검 딕킨 귓거시니라(名이 守屍鬼子ㅣ니라) <龜上 28a>

<5> 버히다 對 베히다

두 동작동사가 [割] 즉 '베다'의 뜻을 가지고 同義關係에 있다는 것은 다음 예문들에서 잘 확인된다. 원문 중 '割愛'가 '이심을 버히다'로 번역되고 '割泥'가 '훍 베히다'로 번역된다. 따라서 두 동사 '버히다'와 '베히다'의 동의성은 명백히 입증된다. '베히다'는 '버히다'의 첫 음절에 半母音 [y]가 添加된 것이다.

(5) a. 이심을 버히고 부모의 ᄒᆞ딕(75a)호문(割愛辭親은) <誡初 76a>

b. 버힌 거시 正티 아니커든(割不正이어든) <小언一 2a> <小언三 25b>

(5) c. 칼로 훍 베홈 ᄀᆞ트니(如以刀로 割泥ㅣ니) <龜下 49b>

d. 山河를 ᄆᆞᅀᆞ서흐러 베혀 天下를 세헤 ᄂᆞ화(宰割山河ᄒᆞ야 三分天下ᄒᆞ야) <小언五 99a>

<6> ᄒᆞ야ᄇᆞ리다 對 히야ᄇᆞ리다

두 동작동사가 [壞] 즉 '헐어버리다'의 뜻을 가지고 同義關係에 있다는 것은 다음 예문들에서 잘 확인된다. 원문 중 '壞名'이 '일훔을 ᄒᆞ야ᄇᆞ리다'로 번

역되고 '驕惰壞'가 '교만ᄒ며 게을어 히야ᄇ리다'로 번역된다. 따라서 'ᄒ야ᄇ리다'와 '히야ᄇ리다'의 동의성은 명백히 입증된다. 동사 '히야ᄇ리다'는 'ᄒ야ᄇ리다'의 첫 음절에 半母音 [y]가 添加된 것이다.

(6) a. 일홈을 ᄒ야ᄇ리며 몸을 해ᄒ며(壞名災己ᄒ며) <小언五 16a>
b. 시혹 萬物를 ᄒ야ᄇ리며 衆生을 주겨(或損物傷生ᄒ야) <蒙六 7a>
c. 사름 ᄒ야ᄇ리린 하며(敗人者ㅣ 多ᄒ며) <誡初 46a>
d. 그듸는 풍쇽을 ᄒ야ᄇ리는 사름이라(卿은 敗俗之人이라) <小언 五 45b>
(6) e. 아힐 제븟터 곧 교만ᄒ며 게을어 히야ᄇ려(從幼便驕惰壞了ᄒ야) <小언五 2b>

그리고 동작동사 '히여ᄇ리다'가 [損壞] 즉 '헐어버리다'의 뜻을 가지고 '히야ᄇ리다'와 同義 關係에 있다는 것은 다음 예문에서 잘 확인된다. 동사 '히야ᄇ리다'와 '히여ᄇ리다'는 제2 음절에서 母音 '아~어'의 交替를 보여 준다.

(6) f. 믈읫 사름의 거슬 비롬애 可히 히여ᄇ리며 도로 보내디 아니티 아닐 거시며(凡借人物애 不可損壞不還이며) <小언五 101b>

<7> ᄒ여디다 對 히여디다

두 동작동사가 [損敗]와 [敗] 즉 '부서지다, 해어지다'의 뜻을 가지고 同義 關係에 있다는 것은 다음 예문들에서 잘 확인된다. 원문 중 '無損敗'가 'ᄒ여딤이 없다'로 번역되고 '朽敗'가 '석고 히여디다'로 번역된다. 따라서 'ᄒ여디다'와 '히여디다'의 동의성은 명백히 입증된다. 동사 '히여디다'는 동사 'ᄒ여

디다'의 첫 音節에 半母音 [y]가 添加된 것이다.

(7) a. ᄒᆞ여디미 업스니(無損敗ᄒᆞ니) <小언五 117a>
    b. 몬져 ᄒᆞ여딘 듸 잇거든 즉제 위ᄒᆞ야 슈보ᄒᆞ야 다ᄉᆞ릴디니(先有缺壞어든 就爲補治니) <小언五 116b>
(7) c. 器物을 그 석고 히여딘 거슬 가지며 글오디(器物을 取其朽敗者曰) <小언六 20b>
    d. 니는 히여디고 혀는 이시며(齒弊舌存ᄒᆞ며) <小언五 106b>
    e. 칼히 제 히여디ᄂᆞ니라(刀ㅣ 自傷焉ㅣ니라) <龜下 49b>

<8> 즈르다 對 즐그다

두 동작동사가 [徑] 즉 '지르다, 질러가다'의 뜻을 가지고 同義 關係에 있다는 것은 다음 예문들에서 잘 확인된다. 원문 중 '不徑'이 '즐어 아니ᄒᆞ다'로 번역되고 '徑脫'이 '즐거 벗다'로 번역된다. 따라서 '즈르다'와 '즐그다'의 동의성은 명백히 입증된다. 동사 '즐그다'는 '즈르다'의 제2 음절에 子音 'ㄱ'이 添加된 것이다.

(8) a. 이런 故로 큰 길흐로 ᄒᆞ고 즐어 아니ᄒᆞ며(是故로 道而不徑ᄒᆞ며) <小언四 18b>
    b. 輪廻를 즐거 벗ᄂᆞ니(徑脫輪廻ᄒᆞᄂᆞ니) <龜下 44b>

<9> ᄀᆞ초다 對 근초다 對 곰초다

세 동작동사가 [藏]과 [隱] 즉 '저장하다, 감추다'의 뜻을 가지고 同義 關係에 있다는 것은 다음 예문들에서 잘 확인된다. 『七大萬法』의 예문들에서 '萬

物룰 내며 길우며 實히오며 ᄀ초아', '내며 길우며 염글우며 ᄀᆫ초와' 그리고 '하나한 여러 가짓 거슬…내야…길어…結實히와…곰초와'를 발견할 수 있다. 그리고 원문 중 '隱現'이 'ᄀᆫ초며 나토다'로 번역되고 '藏怒'가 '노호옴을 곰초다'로 번역된다. 따라서 세 동사 'ᄀ초다', 'ᄀᆫ초다' 및 '곰초다'의 동의성은 명백히 입증된다. 동사 'ᄀᆫ초다'는 'ᄀ초다'의 첫 음절에 'ㄴ'이 添加된 것이다. 두 동사 'ᄀᆫ초다'와 '곰초다'는 첫 음절에서 子音 'ㄴ~ㅁ'의 交替를 보여 준다.

(9) a. 色과 空과 性이 두려이 노가 法界예 ᄀ둑ᄒ야 萬物룰 내며 길우며 實히오며 ᄀ초아 몬홀 일 업시 ᄒᄂ니 <七大 4a>

(9) b. 긔 四節리 ᄃ외며 四方이 ᄃ외야 내며 길우며 염글우며 ᄀᆫ초와 <七大 14a>

c. ᄀᆫ초며 나토믈 ᄒᆞ가지로 ᄒ며(隱現을 同時ᄒ며) <誠初 67a>

(9) d. 하나한 여러 가짓 거슬 보미 다 내야 녀르메 길어 ᄀ슬히 다 結實 히와 겨스레 다 곰초와 <七大 17b>

e. 어딘 사ᄅᆷ이 아이게 노호옴을 곰초아 두디 아니ᄒ며(仁人之於弟 也애 不藏怒焉ᄒ며) <小언四 37b>

<10> 볼기다/볽이다 對 볼키다/볽키다

두 동작동사가 [明] 즉 '밝히다'의 뜻을 가지고 同義 關係에 있다는 것은 다음 예문들에서 잘 확인된다. 원문 중 '明妙道'가 '妙道룰 볼기다'로 번역되고 '明倫'이 '인륜을 볽이다'로도 번역되고 '人倫을 볼키다'로도 번역된다. 그리고 '明其道'가 '그 도리를 볽키다'로 번역된다. 따라서 두 동사 '볼기다/볽이다'와 '볼키다/볽키다'의 동의성은 명백히 입증된다. 동사 '볼키다'는 '볼기다'의 子音 'ㄱ'이 유기음화되어 생긴 것이고 '볽키다'는 '볼키다'의 '重綴形'이다. 두 동사의 빈도수를 비교해 보면 '볼키다/볽키다'가 아주 우위에 있다.

(10) a. 各各이 妙道를 아라 볼겨(各各悟明妙道ᄒ야) <蒙六 28b>
   b. 種種 智를 圓滿히 볼겨(圓明種種智ᄒ야) <蒙六 28b>
   c. 이 싱애 ᄆᆞᅀᆞᆷ 볼기디 몯ᄒ면(今生애 未明心ᄒ면) <誡初 50b>
   d. 이 우흔 인륜을 볽이니라(右ᄂᆞᆫ 明倫이라) <小언四 40b>
   e. 이 우흔 인륜 볽규믈 너피니라(右ᄂᆞᆫ 廣明倫이라) <小언五 82a>

(10) f. 다 뻐 人倫을 볼키ᄂᆞᆫ 배라(皆所以明倫也라) <小언二 1b>
   g. 인륜을 볼키미니 ᄎᆞ례에 둘재라(明倫第二ㅣ라) <小언二 1a>
   h. 이 우흔 벋 사괴요ᄆᆞᆯ 볼키니라(右ᄂᆞᆫ 明朋友之交ᄒ니라) <小언二 70a>
   i. 이 우흔 心術의 종요를 볼키니라(右ᄂᆞᆫ 明心術之要ᄒ니라) <小언三 8a>
   j. 仁흔 사ᄅᆞᆷ은…그 도리를 볽키고 그 공효를 혜아리디 아니ᄒᆞᄂᆞ니라(仁人者ᄂᆞᆫ…明其道不計其功이니라) <小언五 82a>
   k. 본ᄃᆡ ᄆᆞᄋᆞᆷ을 열며 눈을 볽켜 行ᄒᆞ욤애 利케 코쟈 홈이니라(本欲開心明目ᄒ야 利於行耳니라) <小언五 104a>
   l. 學業을 通ᄒ야 볽키며(通明學業ᄒ며) <小언六 14a>

c. 音節 縮約型

<1> 워이다 對 웨다

두 동작동사가 [嘷]와 [叫] 즉 '부르짖다, 웨치다'의 뜻을 가지고 同義 關係에 있다는 것은 다음 예문들에서 잘 확인된다. 원문 중 '嘷應'이 '워여 디답ᄒ다'로 번역되고 '叫聲'이 '소리 웨다'로 번역된다. 따라서 '워이다'와 '웨다'의 동의성은 명백히 입증된다. 동사 '웨다'의 어간 '웨-'는 동사 '워이다'의 어간 '워

이-'의 음절 축약이다.

(1) a. 워여 되답디 말며(毋嚽應ㅎ며) <小언三 9b>
(1) b. 殺 가져 禪 닷고믄 귀 막(35a)고 소리 웨욤 곧고(帶殺修禪은 如塞耳叫聲ㅣ오) <龜下 35b>
    c. 道人ㅣ 猪鼻를 자바 그스며 블혀 오라 웨거늘 <龜上 18b>

### 2.1.4. 合成型

單一語인 動作動詞가 合成에 의한 動作動詞와 同義 關係를 가질 수 있다. 이 경우가 合成型이다. 合成에는 統辭的 合成과 非統辭的 合成이 있다.

統辭的 合成에는 [現]과 [發現] 즉 '나타나다'의 뜻을 가진 '낟다'와 '나타나다', [起] 즉 '일어나다'의 뜻을 가진 '닐다'와 '니러나다' 그리고 [散] 즉 '흩어지다'의 뜻을 가진 '흩다'와 '흐터디다'가 있다. 非統辭的 合成에는 [防], [閉] 및 [閑] 즉 '막다'의 뜻을 가진 '막다'와 '막즈ᄅ다' 그리고 [伺]와 [伺候] 즉 '엿보다'의 뜻을 가진 '엿다'와 '엿보다'가 있다.

單一語 동작동사와 동작동사구 사이에 同義 關係가 형성된다. 이 同義 關係의 예로 [嫁] 즉 '시집 보내다'의 뜻을 가진 '얼리다'와 '남진 얼리다'가 있다.

<1> 낟다 對 나타나다

두 동작동사가 [現]과 [發現] 즉 '나타나다'의 뜻을 가지고 同義 關係에 있다는 것은 다음 예문들에서 잘 확인된다. 원문 중 '三身圓現'이 '三身이 두려이 낟다'로 번역되고 '業力發現'이 '業力이 나타나다'로 번역된다. 따라서 '낟다'와 '나타나다'의 동의성은 명백히 입증된다. '나타나다'는 동사 '낟다'의 부사형 '나타'와 동사 '나다'의 통사적 합성이다.

(1) a. 三身이 두려이 나트시며 열 가지 일후미 ᄀ초 나트시니라(三身이 圓現ᄒ시며 十号俱彰ᄒ시니라) <蒙六 19a>
　　b. 五衰 서르 나타(五衰相現ᄒ야) <蒙六 16a>
　　c. 相이 다ᄋ고 性이 나타사(相盡性現ᄒ야사) <龜上 10a>
　　d. 이를 브터 나트며(自此而彰ᄒ며) <蒙六 3a>
(1) e. 業力이 나타나(業力이 發現ᄒ야) <蒙六 7a>
　　f. 비로소 내거긔 나타나(始發於吾ᄒ야) <小言五 80b>
　　g. 서르 나타나 붉게 홀 거시니라(互相發明이니라) <小言五 111a>

<2> 닐다 對 니러나다

　두 동작동사가 [起] 즉 '일어나다'의 뜻을 가지고 同義 關係에 있다는 것은 다음 예문들에서 잘 확인된다. 원문 중 '林宗起'가 '林宗이 닐다'로 번역되고 '湛起'가 '湛이 니러나다'로 번역된다. 그리고 '內心起'가 '안 ᄆᆞᅀᆞᆷ 닐다'로 번역되고 '風波…起'가 'ᄇᆞᄅᆞᆷ의 믌결이 니러나다'로 번역된다. 따라서 두 동사 '닐다'와 '니러나다'의 동의성은 명백히 입증된다. 두 동사의 주어는 [+인간]인 '林宗'과 '湛'이다. '니러나다'는 동사 '닐다'의 부사형인 '니러'와 동사 '나다'의 합성으로 '닐+어#나+다'로 분석될 수 있다.

(2) a. 林宗이 니러(林宗이 起ᄒ야) <小言六 106a>
　　b. 君子ㅣ 물ᄋ심애 긑틀 곧티거시든 니러셔 되답ᄒᆞᆯ디니라(君子ㅣ 問更端則起而對니라) <小言二 61b>
　　c. 비홀 일을 請ᄒᆞᆯ 제(60b)어든 닐고 더홈을 請ᄒᆞᆯ 제어든 닐디니라 (請業則起ᄒ고 請益則起니라) <小言二 61a>
　　d. 술이 나아오나든 니러(酒進則起ᄒ야) <小言二 62a>
　　e. ᄃᆞᆰ 울어든 니러(鷄鳴而起ᄒ야) <小言六 86b>

  f. 안 모음 닐 시져례(內心起時예) <蒙六 22b>
(2) g. 湛이 니러나며 굴오딕(湛이 起曰) <小언五 47a>
  h. 江祿이…시러곰 니러나는 故로(江祿이…得起故로) <小언五 117a>
  i. 先生이 브르거(14a)시든 諾홈이 업고 샐리 딕답ᄒ고 니러날디니라(先生ㅣ 召ㅣ 어시든 無諾ᄒ고 唯而起니라) <小언二 14b>
  j. 盜賊이 모다 니러나거늘(盜賊이 並起어늘) <小언六 18a>
  k. ᄇᆞᄅᆞ믜 믌결이 즉시예 니러나는디라(風波ㅣ 當時起라) <小언五 23a>
  l. 淸風 니러남도 몿거다(淸風起了也커다) <蒙六 41b>
  m. 샤특ᄒ며 허탄ᄒ며 요괴로오며 망녕된 말솜이 ᄃᆞ토와 니러나(邪誕妖妄之說이 競起ᄒ야) <小언五 120a>

<3> 흩다 對 흐터디다

 두 동작동사가 [散] 즉 '흩어지다'의 뜻을 가지고 同義 關係에 있다는 것은 다음 예문들에서 잘 확인된다. 원문 중 '雲散'이 '구루미 흩다'로 번역되고 '神…散'이 '정신이…흐터디다'로 번역된다. 따라서 '흩다'와 '흐터디다'의 동의성은 명백히 입증된다. '흐터디다'는 동사 '흩다'의 부사형 '흐터'와 동사 '디다'의 통사적 合成이다.

(3) a. 구루미 흐투매 둘이 볽ᄂᆞ니(雲散月明ㅣ니) <龜下 39a>
  b. 그 弟子ㅣ 四方에 흩터 이숌애(其弟子ㅣ 散在四方에) <小언六 10a>
(3) c. 정신이 ᄯᅩ ᄂᆞ라 흐터디니(神亦飄散ᄒ니) <小언五 55a>

<4> 막다 對 막ᄌᆞᄅᆞ다

두 동작동사가 [防], [閉] 및 [閑] 즉 '막다'의 뜻을 가지고 同義 關係에 있다는 것은 다음 예문들에서 잘 확인된다. 원문 중 '無防'이 '마곰 없다'로 번역되고 '防之少懈'이 '막줄옴을 젹이 게을이 ᄒᆞ다'로 번역된다. 그리고 '閉邪'가 '샤특흔 거슬 막ᄌᆞᄅᆞ다'로 번역된다. 따라서 '막다'와 '막ᄌᆞᄅᆞ다'의 동의성은 명백히 입증된다. '막ᄌᆞᄅᆞ다'는 동사 '막다'의 어간 '막-'과 [絞] 즉 '조르다'의 뜻을 가진 동사 'ᄌᆞᄅᆞ다'의 비통사적 합성이다.

(4) a. 텬당도 마곰 업소ᄃᆡ(無防天堂호ᄃᆡ) <誡初 23a>
b. 모로매 잡념을 간슈ᄒᆞ여 마그며(須防護雜念) <誡初 7a>
c. 어딘 이를 베퍼 샤곡흔 ᄆᆞ음 막옴을 닐오ᄃᆡ 공경홈이라 ᄒᆞ고(陣善閉邪를 謂之敬이오) <小언二 44a>
d. 술진 고기와 보육과 식혜를 가져다가 대통 가온ᄃᆡ 녀(47b)허 밀로ᄡᅥ 입을 막고(取肥肉脯鮓ᄒᆞ야 置竹筒中ᄒᆞ야 以蠟閉口ᄒᆞ고) <小언五 48a>
e. 뷕셩의 귀 눈을 마그며(塗生民之耳目ᄒᆞ며) <小언五 120b>
(4) f. 집이 뻐 믿비 너겨 막줄옴을 젹이 게을이 흔대(家ㅣ 以爲信ᄒᆞ야 防之少懈흔대) <小언六 57a>
g. 샤특흔 거슬 막줄라 졍셩을 두어(閑邪存誠ᄒᆞ야) <小언五 90a>
h. 이 녯 님금이 뻐 술의 화란을 막ᄌᆞᄅᆞ신 배니라(此ㅣ 先王之所以備酒禍也ㅣ시니라) <小언三 27b>

<5> 엿다 對 엿보다

두 동작동사가 [伺]와 [伺候] 즉 '엿보다'의 뜻을 가지고 同義 關係에 있다

는 것은 다음 예문들에서 잘 확인된다. 원문 중 '伺殺人'이 '사룸 주구믈 엿다'로 번역되고 '伺候'가 '엿보다'로 번역된다. 따라서 '엿다'와 '엿보다'의 동의성은 명백히 입증된다. '엿보다'는 '엿다'의 어간 '엿-'과 [見]의 뜻을 가진 '보다'의 비통사적 合成이다.

(5) a. 또 니ᄅ샤ᄃᆡ 한 煩惱賊이 常例 사룸 주구믈 엿ᄂ다 ᄒ시니(又云 諸煩惱賊이 常伺殺人ㅣ라 ᄒ시니) <龜下 50b>
b. 八萬四千魔軍이 六根門頭에 이셔 엿보아 ᄆᆞᅀᆞᄆᆞᆯ 조차 나며 펴ᄂ니(八萬四千魔軍이 在六根門頭ᄒᆞ야셔 伺候ᄒᆞ야 隨心生設ᄒᆞᄂ니) <龜上 18a>

<6> 얼리다 對 남진 얼리다

동작동사 '얼리다'와 동작동사구 '남진 얼리다'가 [嫁] 즉 '시집 보내다'의 뜻을 가지고 同義關係에 있다는 것은 다음 예문들에서 잘 확인된다. 원문 중 '嫁民間'이 '빅셩의 서리예 얼리다'로 번역되고 '嫁己'가 '저를 남진 얼리다'로 번역되므로 '얼리다'와 '남진 얼리다'의 동의성은 명백히 입증된다.

(6) a. 그 어미 劉氏를 내텨 빅셩의 서리예 얼리니(出其母劉氏ᄒᆞ야 嫁民間ᄒᆞ니) <小언六 30b>
b. 집이 과연 얼리고져(55b) ᄒ거늘(家ㅣ 果欲嫁之어늘) <小언六 56a>
c. 그 어버이 져허 구틔여 얼리디 아니ᄒᆞ야(其父母懼而不敢嫁也ᄒᆞ야) <小언六 52b>
(6) d. 집이 반ᄃᆞ시 저를 남진 얼릴가 저허(恐家ㅣ 必嫁己ᄒᆞ야) <小언六 55b>

e. 쟝촛 드려다가 남진 얼리려 ᄒᆞ더니(將取嫁之ᄒᆞ더니) <小언六 52a>

## 2.2. 狀態動詞간의 同義

### 2.2.1. 相異型

<1> 거엽다 對 질긔운다

두 상태동사가 [毅] 즉 '굳세다, 의지가 강하다'의 뜻을 가지고 同義 關係에 있다는 것은 다음 예문들에서 잘 확인된다. 원문 중 '嚴毅'가 '嚴ᄒᆞ고 거엽다'로 번역되고 '强毅'가 '세츠고 질긔운다'로 번역된다. 따라서 '거엽다'와 '질긔운다'의 동의성은 명백히 입증된다.

(1) a. 嚴ᄒᆞ고 거여우며 모나고 졍답거늘(嚴毅方正이어늘) <小언六 4a>
b. 엄슉ᄒᆞ며 위듕ᄒᆞ며 거여우며 싁싁홈이(嚴威儼恪이) <小언二 9b>
(1) c. 세츠고 질긔우ᄃᆞ며 졍답고 고ᄃᆞ며(强毅正直ᄒᆞ며) <小언五 107b>

<2> 곧다 對 바ᄅᆞ다

두 상태동사가 [直] 즉 '곧다, 굽지 아니하다'의 뜻을 가지고 同義 關係에 있다는 것은 다음 예문들에서 잘 확인된다. 원문 중 '外體直'이 '밧 얼굴이 곧다'로 번역되고 '背…直'이 '등이…바ᄅᆞ다'로 번역되므로 '곧다'와 '바ᄅᆞ다'의 동

의성은 명백히 입증된다.

(2) a. 밧 얼굴이 고든 然後에(外體直然後에) <小언三 19a>
b. 머리의 양은 곧으며(頭容直ᄒᆞ며) <小언三 11b>
(2) c. 엇게와 등이 고즉ᄒᆞ고 바르며(肩背竦直ᄒᆞ며) <小언六 124a>

<3> 궂다 對 모딜다 對 사오납다

세 상태동사가 [惡] 즉 '나쁘다'의 뜻을 가지고 同義 關係에 있다는 것은 다음 예문들에서 잘 확인된다. 원문 중 '善惡'이 '됴ᄒᆞ며 구즌 말'로 번역되고 '惡語'가 '모딘 말'로 번역되고 '惡言'이 '사오나온 말솜'으로 번역된다. 그리고 '惡友'가 '모딘 벋'으로 번역되고 '惡衣惡食'이 '사오나온 옷과 사오나온 음식'으로 번역된다. 따라서 '궂다', '모딜다' 및 '사오납다'의 동의성은 명백히 입증된다. 상태동사 '궂다'는 [善]과 [好] 즉 '좋다'의 뜻을 가진 '둏다'와 의미상 대립 관계에 있고 '사오납다'는 [善] 즉 '어질다'의 뜻을 가진 '어딜다'와 의미상 대립 관계를 가진다.

(3) a. 비록 됴ᄒᆞ며 구즌 말을 드러도(雖聞善惡이나) <誡初 72a>
b. ᄂᆞ미 됴쿠디 보믈 삼가며(愼見他好惡ᄒᆞ며) <誡初 14a>
(3) c. 모딘 말로 ᄂᆞᆷ 샹케 마롤디니라(不得惡語로 傷人이니라) <誡初 3a>
d. 모로매 모딘 버드란 머리 여희고(須遠離惡友ᄒᆞ고) <誡初 1a>
e. 子孫이 모딜며 경솔ᄒᆞ며 샤치ᄒᆞ며 오만홈으로 말ᄆᆡ암아(由子孫의 頑率奢傲ᄒᆞ야) <小언五 19a>
(3) f. 사오나온 말솜이 입에 나디 아니ᄒᆞ며(惡言이 不出於口ᄒᆞ며) <小언四 19a>

g. 士ㅣ 道애 뜯 두고 사오나온 옷과 사오나온 음식을 붓그리ᄂᆞ니ᄂᆞᆫ (士ㅣ 志於道而恥惡衣惡食者ᄂᆞᆫ) <小諺三 22b>

h. 사오나온 병 잇거든 내티며(有惡疾去ᄒᆞ며) <小諺二 55a>

i. 伯夷ᄂᆞᆫ 눈에 사오나온 빗츨 보디 아니ᄒᆞ며 귀예 사오나온 솔의(40b)를 듣디 아니ᄒᆞ더라(伯夷ᄂᆞᆫ 目不見惡色ᄒᆞ며 耳不聽惡聲ᄒᆞ더니라) <小諺四 41a>

j. 어딜믈 니ᄌᆞ며 사오나온 ᄆᆞᄋᆞᆷ이 나ᄂᆞ니라(忘善則惡心이 生ᄒᆞᄂᆞ니라) <小諺四 45a>

k. 사오나옴오로ᄡᅥ 어딘 이를 업슈이 너기디 말며(無以惡으로 陵善ᄒᆞ며) <小諺五 34b>

l. ᄒᆞ다가 사ᄅᆞ미 제 사오나온 젼ᄎᆞ로(若以人惡故로) <誠初 17a>

<4> ᄀᆞᆺ브다/ᄀᆞᆺᄇᆞ다 對 잇브다

두 상태동사가 [勞] 즉 '고단하다, 가쁘다'의 뜻을 가지고 同義 關係에 있다는 것은 다음 예문들에서 잘 확인된다. 원문 중 '勞苦'가 'ᄀᆞᆺ브고 슈고롭다'로도 번역되고 '잇브고 고롭다'로도 번역된다. 그리고 '勞'가 'ᄀᆞᆺᄇᆞ다'로 번역된다. 따라서 'ᄀᆞᆺ브다/ᄀᆞᆺᄇᆞ다'와 '잇브다'의 동의성은 명백히 입증된다. 'ᄀᆞᆺ브다/ᄀᆞᆺᄇᆞ다'는 [勞] 즉 '피곤해하다'의 뜻을 가진 동사 'ᄀᆞᆺ다'에서 派生된 것이고 '잇브다'는 [困] 즉 '피곤해하다'의 뜻을 가진 동사 '잋다'에서 派生된 것이다.

(4) a. 비록 ᄀᆞᆺ브고 슈고로온 ᄃᆞᆺᄒᆞ나(雖似勞苦爲那) <警民 11b>

b. 빅셩이 ᄀᆞᆺ브면 싱(44b)각ᄒᆞᄂᆞ니(民이 勞則思ᄒᆞᄂᆞ니) <小諺四 45a>

c. 네 나모 ᄒᆞ며 믈 길이예 ᄀᆞᆺ부믈 돕노니(助汝薪水之勞ᄒᆞ노니) <小諺六 85b>

제2장 固有語간의 同義 **147**

d. ᄌᆞ바도 메왓디 말며(勞母袒ᄒᆞ며) <小언三 10a>
(4) e. 쏘 모롬애 히여곰 그 힘 쯰워 구틔여 ᄒᆞ야 잇브고 고로운 줄을 아디 몯ᄒᆞ시게 홀디니(又須使之不知其勉强勞苦ㅣ니) <小언五 37b>

<5> 날호여ᄒᆞ다/날회여ᄒᆞ다 對 더듸다

두 상태동사가 [遲]과 [緩] 및 [遲緩] 즉 '천천하다, 느리다'의 뜻을 가지고 同義 關係에 있다는 것은 다음 예문들에서 잘 확인된다. 원문 중 '疾徐'가 'ᄲᆞᄅᆞ며 날호여ᄒᆞ다'로도 번역되고 'ᄲᆞᄅᆞ며 더듸다'로도 번역된다. 그리고 '和緩'이 '和홈과 날회여홈'으로 번역되고 '遲緩數年'이 '두어 히를 더듸다'로 번역된다. 따라서 '날호여ᄒᆞ다/날회여ᄒᆞ다'와 '더듸다'의 동의성은 명백히 입증된다.

(5) a. 말솜과 거동이 가븨야오며 므거우며 ᄲᆞᄅᆞ며 날효여홈애(辭令容止輕重疾徐에) <小언五 94a>
b. 브즈런홈과 삼감과 和홈과 날회여홈이라(勤謹和緩이니라) <小언六 48b>
(5) c. 命을 타 남이 ᄲᆞᄅᆞ며 더듸옴이 이시니(賦命有疾徐ᄒᆞ니) <小언五 26a>
d. 츨하리 두어 히를 더딜 ᄯᅡᆫ이언뎡(寧遲緩數年이언뎡) <小언六 54b>

<6> 넙다 對 너르다

두 상태동사가 [廣]과 [寬] 즉 '넓다, 너르다'의 뜻을 가지고 同義 關係에 있다는 것은 다음 예문들에서 잘 확인된다. 원문 중 '廣席'이 '너븐 돗'으로 번역

되고 '已寬'이 '너므 너르다'로 번역된다. 따라서 '넙다'와 '너르다'의 동의성은 명백히 입증된다.

(6) a. 미양 밥 머글 제 너븐 돗 실고(每食애 設廣席ᄒ고) <小언六 99b>
   b. 德이 놉고 業이 너베아(德崇業廣이리아) <小언 題辭 3b>
   c. 뎌 부톄 慈悲 넙고 크시며(彼佛이 慈悲廣大ᄒ시며) <蒙六 42a>
   d. 그 혜아료미 넙고 커(其寬이 廣大ᄒ야) <蒙六 31b>
(6) e. 大祝奉禮의 대텽(127a)이 됨애ᄂ 너모 너르니라(爲大祝奉禮廳 事則已寬矣니라) <小언六 127b>
   f. 浩浩[너르고 큰 양이라]히 그 하늘히시니(浩浩其天이시니) <小언題辭 2a>

<7> ᄂᆞᆺ갑다 對 ᄂᆞᆺ다

두 상태동사가 [卑] 즉 '낮다, 신분·지위 등이 높지 아니하다'의 뜻을 가지고 同義 關係에 있다는 것은 다음 예문들에서 잘 확인된다. 원문 중 '卑幼'가 'ᄂᆞᆺ가오며 져므니'로도 번역되고 'ᄂᆞ즌 이며 졈은 이'로도 번역된다. 따라서 'ᄂᆞᆺ갑다'와 'ᄂᆞᆺ다'의 동의성은 명백히 입증된다.

(7) a. ᄂᆞᆺ가오며 져므니를 어엿비 너겨(憮恤卑幼爲也) <警民 8a>
   b. 믈읫 모든 ᄂᆞᆺ가오며 졈은 이 일을 크며 젹은 이 업시 시러곰 ᄌᆞ젼 ᄒᆞ야 ᄒᆞ디 말고(凡諸卑幼ㅣ 事無大小히 毋得專行ᄒ고) <小언五 35a>
   c. ᄂᆞᆺ갑고 쳔ᄒᆞᆫ 사ᄅᆞ미(卑賤之人是) <警民 9a>
   d. 馮이 ᄂᆞᆺ가온 벼슬로ᄡᅥ 寶貨앳 거슬 貪ᄒᆞ야(馮이 以卑位貪寶貨ᄒ

제2장 固有語간의 同義 **149**

야) <小언六 117b>

(7) e. 노존 이며 져믄 의 禮節이 或 굿디 안임이 잇거든(卑幼禮節이 或 不備어든) <小언六 90a>

　　f. 庶士: 벼슬 노존 사룸이라 <小언四 46a>

<8> 덥다 對 덥달다

두 상태동사가 [熱] 즉 '덥다, 뜨겁다'의 뜻을 가지고 同義 關係에 있다는 것은 다음 예문들에서 잘 확인된다. 원문 중 '熱惱'가 '더워 셟다'로 번역되고 '熱中'이 '속이 덥달다'로 번역된다. 따라서 '덥다'와 '덥달다'의 동의성은 명백히 입증된다.

(8) a. 더워 셜오매 제 受苦ᄒ야(熱惱애 自苦ᄒ야) <蒙六 11b>

　　b. 더워 셜우매 봇닷겨(熱惱애 煎熬ᄒ야) <蒙六 8a>

　　c. 샹해 이실 제 비록 심히 더우나(平居애 雖甚熱ᄒ나) <小언六 2b>

　　d. 히와 거우로와 뿍과 ᄒ야 어우러 난 브른 더우며 시그며 죽그락 살락 하거니와…眞實ㅅ 브른 덥도 식도 아니ᄒ며 <七大 6a>

(8) e. 님금씌 得디 몯ᄒ야ᄂᆞᆫ 속이 덥다라 ᄒᄂᆞ니(不得於君則熱中이니) <小언四 10a>

<9> 덥다 對 ᄃᆞᆺ다

두 상태동사가 [溫] 즉 '따뜻하다'의 뜻을 가지고 同義 關係에 있다는 것은 다음 예문들에서 잘 확인된다. 원문 중 '溫飽'가 '덥고 비브르다'로 번역되고 '溫被'가 '니블을 덥게 ᄒ다'로 번역되고 '溫凊'이 'ᄃᆞᆺ며 서늘케 ᄒ다'로 번역

된다. 따라서 '덥다'와 '드스다'의 동의성은 명백히 입증된다.

(9) a. 平生 ᄠᅳ디 덥고 비블옴애 잇디 아니ᄒᆞ니라(平生之志ㅣ 不在溫飽ㅣ니라) <小언六 118b>
　　b. 겨을이어든 몸으로ᄡᅥ 니블을 덥게 ᄒᆞ며(冬則以身溫被ᄒᆞ며) <小언六 25b>
(9) c. 아ᄎᆞᆷ 나조히 ᄃᆞᄉᆞ며 서늘케 ᄒᆞ며(旦夕溫凊ᄒᆞ며) <小언六 87b>
　　d. 셋재ᄂᆞᆫ 브리니 내 모매 ᄃᆞ슨 氣韻이오 <七大 2a>
　　e. 세흔 브리니 히 비취ᄂᆞᆫ ᄃᆞ슨 氣韻이오 <七大 3a>

<10> 됴다 對 읻다

두 상태동사가 [善], [好] 및 [美] 즉 '좋다'의 뜻을 가지고 同義 關係에 있다는 것은 다음 예문들에서 잘 확인된다. 원문 중 '善因'이 '됴ᄒᆞᆫ 因緣'으로 번역되고 '不善器具'가 '읻디 몯ᄒᆞᆫ 연쟝'으로 번역된다. 그리고 '美味'가 '됴ᄒᆞᆫ 맛'으로 번역되고 '美食'이 '이든 음식'으로 번역된다. 따라서 '됴다'와 '읻다'의 동의성은 명백히 입증된다. '됴다'는 [惡] 즉 '나쁘다'의 뜻을 가진 '궂다'와 의미상 대립 관계에 있다.

(10) a. 됴ᄒᆞᆫ 因緣은 前生애 빙ᄀᆞ라 펴(善因를 宿布ᄒᆞ야) <蒙六 12a>
　　b. 비록 됴ᄒᆞ며 구즌 말을 드러도(雖聞善惡이나) <誡初 72a>
　　c. 진(47a)실로 ᄯᅩ 됴ᄒᆞᆫ 일이어니와(誠亦善事ㅣ어니와) <小언六 47b>
　　d. ᄆᆞᄋᆞᆯ헤 됴ᄒᆞᆫ 풍속이 업스며(鄕無善俗ᄒᆞ며) <小언題辭 4a>
　　e. ᄂᆞ미 됴쿠디 보몰 삼가며(愼見他好惡ᄒᆞ며) <誡初 14a>
　　f. 됴ᄒᆞᆫ 사ᄅᆞᆷ 업다 ᄒᆞᄂᆞᆫ 세 字ᄂᆞᆫ(無好人三字ᄂᆞᆫ) <小언五 95b>

g. 이는 됴훈 긔별이어니와(此는 是好消息이어니와) <小언六 46a>

h. 金銀과 빗난 됴훈 오스로뻐 더어든(加以金銀華美之服이어든) <小언六 132a>

i. 됴훈 벼슬 홈이 두 不幸홈이오(爲美官이 二不幸이오) <小언五 92a>

j. 훈 됴훈 마시나 이거든(有一美味이어든) <小언六 69a>

k. 오히양의 됴훈 물이 업스며(廐無良馬ᄒ며) <小언六 112b>

(10) l. 여러 하나한 읻디 몯훈 연장은(諸多不善器具는) <蒙六 5b>
m. 보ᄃ라온 옷과 이든 음식을(軟衣美食을) <誡初 48b>
n. 보ᄃ라온 옷과 이든 음식은(軟衣美食은) <誡初 50b>

<11> 두렵다 對 두렫ᄒ다

두 상태동사가 [圓] 즉 '둥글다'의 뜻을 가지고 同義 關係에 있다는 것은 다음 예문들에서 잘 확인된다. 원문 중 '覺海性澄圓'이 '覺海性이 묽고 두렵다'로 번역되고 '智…圓'이 '디혜는 두렫ᄒ다'로 번역된다. 따라서 두 상태동사 '두렵다'와 '두렫ᄒ다'의 동의성은 명백히 입증된다. 두 상태동사는 [−구체물]인 '覺海性'과 '디혜'를 각각 主語로 취한다.

(11) a. 覺海性이 묽고 두려우니 묽고 두려운 覺이 本來 微妙ᄒ니라(覺海性이 澄圓ᄒ니 澄圓훈 覺이 元妙ᄒ니라) <蒙六 20a>
b. 두려운 하늘히라 하늘흔 두려외 횟도ᄂ니라 <七大 11b>
(11) c. 孫思邈이 글오디…디혜는 두렫고져 ᄒ고 힝실은 모나고져 홀디니라(孫思邈이 曰…智欲圓而行欲方이니라) <小언五 82b>

d. 모난 믿틔 두렫(71b)ᄒᆞᆫ 두에 ᄀᆞᆮ튼디라(猶方底而圓蓋라) <小언五.72a>

<12> 두립다 對 저프다/저프다

두 상태동사가 [畏], [怕] 및 [怖畏] 즉 '두렵다'의 뜻을 가지고 同義 關係에 있다는 것은 다음 예문들에서 잘 확인된다. 원문 중 '足畏'가 '足히 두립다'로 번역되고 '道人所畏'가 '道人의 저픈 곧'으로 번역된다. 그리고 '怕尋思'가 '츠자 싱각홈이 두립다'로 번역되고 '心怖畏'가 '저픈 ᄆᆞᅀᆞᆷ'으로 번역된다. 따라서 '두립다'와 '저프다/저프다'의 동의성은 명백히 입증된다. 상태동사 '두립다'는 동사 '두리다'의 어간 '두리-'와 접미사 '-ㅂ'의 결합으로 생긴 것이고 '저프다/저프다'는 동사 '젛다'의 어간 '젛-'과 접미사 '-ㅂ/브'의 결합으로 생긴 것이다.

(12) a. 前읫 사ᄅᆞᆷ들히 일즉 닐오듸 後生이 지질이 사ᄅᆞᆷ의게 넘은 이는 足히 두립디 아니(115b)ᄒᆞ고 오직 글 닑우매 츠자 싱각ᄒᆞ며 미러 궁구ᄒᆞᄂᆞ니 可히 두리우니라 ᄒᆞ고(前輩ㅣ 嘗說後生이 才性過人者는 不足畏오 惟讀書尋思推究者ㅣ 爲可畏耳라 ᄒᆞ고) <小언五 116a>

b. ᄯᅩ 닐오듸 글 닑움은 오직 츠자 싱각홈이 두리우니라 ᄒᆞ니(又云 讀書는 只怕尋思ㅣ라 ᄒᆞ니) <小언五 116b>

(12) c. 닐오듸…幣帛 厚히 주고 말ᄉᆞᆷ 들히 닐우미 道人의 저픈 고디라 ᄒᆞ시니라(曰…幣厚言甘이 道人의 所畏ㅣ라 ᄒᆞ시니라) <龜下 53b>

d. 네 가지 저폼 업숨과 열여듧 不共法과를 어드샤(獲四無畏와 十八不共法ᄒᆞ야) <蒙六 19a>

e. ᄒᆞ다가 地獄을 보와도 저픈 ᄆᆞ슴 마롤디어다(若見地獄ㅣ라도 無心怖畏ㅣ어다) <龜下 61a>
f. 生死 저푸미 다 그츠리라(生死怖畏이 都息ᄒᆞ리라) <龜下 61b>
g. ᄯᅩ 니ᄅᆞ샤ᄃᆡ 믈고 믈고ᄃᆡ 黑暗ᄒᆞᆫ 깁픈 굴형이 ᄀᆞ장 접프다 ᄒᆞ시니라(亦云湛湛黑暗深坑이 寔可怖畏ㅣ라 ᄒᆞ시니라) <龜下 58b>

<13> 뷔다 對 속절없다

두 상태동사가 [空] 즉 '헛되다'의 뜻을 가지고 同義 關係에 있다는 것은 다음 예문들에서 잘 확인된다. 원문 중 '空身'이 '뷘 몸'으로도 번역되고 '속절업슨 몸'으로도 번역된다. 따라서 '뷔다'와 '속절없다'의 동의성은 명백히 입증된다.

(13) a. ᄒᆡᆼ실 업슨 뷘 모믄 쳐 머겨도 니익 업스며(無行空身은 養無利益ᄒᆞ며) <誡初 32b>
b. 언메나 속졀업슨 몸 사로려 ᄒᆞ야(幾活空身ᄒᆞ려 ᄒᆞ야) <誡初 37b>

<14> 쉽다 對 쉽살ᄒᆞ다

두 상태동사가 [易] 즉 '쉽다'의 뜻을 가지고 同義 關係에 있다는 것은 『小學諺解』의 다음 예문들에서 잘 확인된다. 원문 중 '不易'가 '쉽디 몯ᄒᆞ다'로 번역되고 '驕易'가 '교만ᄒᆞ고 쉽살ᄒᆞ다'로 번역된다. 따라서 '쉽다'와 '쉽살ᄒᆞ다'의 동의서은 명백히 입증된다.

(14) a. 진실로 히여곰 그 호디 쉽디 몯홀 줄을 보시면 쏘 편티 몯ㅎ시리
라(苟使見其爲不易則亦不安矣리라) <小언五 37b>
b. 敢히 교만ㅎ고 쉽살홈을 내디 말라(不敢生驕易라) <小언五 20a>

<15> 슬프다 對 측ㅎ다

두 상태동사가 [悲]와 [戚] 즉 '슬프다'의 뜻을 가지고 同義 關係에 있다는 것은 다음 예문들에서 잘 확인된다. 원문 중 '悲痛'이 '슬프고 셟다'로 번역되고 '歡戚'이 '깃브다 측ㅎ다'로 번역된다. 따라서 '슬프다'와 '측ㅎ다'의 동의성은 명백히 입증된다. 상태동사 '측ㅎ다'는 [歡] 즉 '기쁘다'의 뜻을 가진 상태동사 '깃브다'와 의미상 대립 관계에 있다.

(15) a. 사람이 父母ㅣ 업스면 난 날애 슬프고 셜움이 맛당히 倍홀 거시
니(人無父母ㅣ면 生日에 當倍悲痛이니) <小언五 56a>
b. 녜도 옛 풍쇽의 믈허딤을 니거 뼈 샹스를 삼으니 슬프다(禮俗之
壞를 習以爲常ㅎ니 悲夫ㅣ라) <小언五 49a>
c. 슬프며 슬프다 父母ㅣ 날 나ㅎ심을 슈고로이 ㅎ샷다 ㅎ는 디 니
르러는(至哀哀父母生我劬勞ㅎ야는) <小언六 24b>
(15) d. 그 가음 열며 貴ㅎ며 가난ㅎ며 賤ㅎ며 헐쓰리며 기리며 깃브며
측홀 욤애(其於富貴貧賤毁譽歡戚애) <小언六 119a>

<16> 어위크다 對 어그럽다

두 상태동사가 [寬]과 [弘] 즉 '너그럽다, 도량이 크다, 넓다'의 뜻을 가지고 同義 關係에 있다는 것은 다음 예문들에서 잘 확인된다. 원문 중 '寬裕'가 '어

위크고 누그럽다'로 번역되고 '寬而栗'이 '어그러오디 싁싁게 ᄒᆞ다'로 번역된다. 따라서 '어위크다'와 '어그럽다'의 동의성은 명백히 입증된다.

(16) a. 반ᄃᆞ시 그 어위크고 누그러오며…삼가고 말ᄉᆞᆷ 져그니를 구ᄒᆞ야 (必求其寬裕…愼而寡言者ᄒᆞ야) <小言一 3a>
b. 다숫 가지 ᄀᆞᄅᆞ쵸믈 공경ᄒᆞ야 베푸듸 어위크매 이셔 ᄒᆞ라(敬敷五敎호듸 在寬ᄒᆞ라) <小言一 9b>

(16) c. 어그러오디 싁싁게 ᄒᆞ며(寬而栗ᄒᆞ며) <小言一 10a>
d. 엇디 머리를 헐글우고 명망을 길워 스스로 어그럽고 통달호라 니롬이 이시리오(何有亂頭養望ᄒᆞ야 自謂弘達耶ㅣ리오) <小言 六 109b>
e. 하ᄂᆞᆯ 싸히 어그러워도 다 虛空애 모도자펴 잇ᄂᆞ니 <七大 14a>

<17> 졈다 對 어리다

두 상태동사가 [幼] 즉 '어리다'의 뜻을 가지고 同義 關係에 있다는 것은 다음 예문들에서 잘 확인된다. 원문 중 '幼女'가 '졈은 ᄯᆞᆯ'로 번역되고 '幼子'가 '어린 ᄌᆞ식'으로 번역된다. 그리고 '自幼'가 '졈어셔븓터'로도 번역되고 '어린 제 브터'로도 번역된다. 따라서 두 상태동사 '졈다'와 '어리다'의 동의성은 명백히 입증된다. 두 상태동사는 [老] 즉 '늙다'의 뜻을 가진 '늙다'와 의미상 대립 관계에 있다. 『소학언해』에서 [幼]의 뜻을 가진 두 상태동사의 빈도수를 비교해 보면 '졈다'가 '어리다'보다 압도적으로 많다.

(17) a. 呂榮公의 張夫人ᄂᆞᆫ 待制 일홈은 昷之의 졈은 ᄯᆞᆯ이라(呂榮公의 張夫人ᄂᆞᆫ 待制諱昷之之幼女也ㅣ라) <小言六 5b>
b. 반ᄃᆞ시 희여곰 그 졈어 어려실 제 講ᄒᆞ야 니기게 홈은(而必使其

講而習之於幼穉之時는)<小언 書題 1b>
 c. 늘그며 졈은 적이 잇ᄂᆞ니(有老幼焉ᄒᆞ니)<小언二 76a>
 d. 졈어셔븓터 ᄌᆞ람애 니르히 어륨이 혼갈ᄀᆞᆮᄒᆞ니(自幼至長히 愚駭如一ᄒᆞ니)<小언五 42b>
 e. 져머셔 빈호는 션비(幼學之士ㅣ)<小언五 8a>
 f. 졈고 얼운 셤굠을 즐겨 아니ᄒᆞ며(幼而不肯事長ᄒᆞ며)<小언二 77a>

(17) g. 어린 ᄌᆞ식을 샹녜 소기디 말오모로 뵈며(幼子를 常視毋誑ᄒᆞ며)<小언一 8a>
 h. 어린 제븓터 늘곰애 니르히 슬ᄒᆞ여ᄒᆞ디 아니ᄒᆞ며 곧티디 아니ᄒᆞ야(自幼至長히 不厭不改ᄒᆞ야)<小언五 9b>

상태동사 '졈다'가 [幼] 즉 '어리다'의 뜻뿐만 아니라 [少] 즉 '젊다'의 뜻을 가진다는 것은 다음 예문들에서 잘 확인된다. 『소학언해』에서 [少]의 뜻을 가진 '졈다'가 [幼]의 뜻을 가진 '졈다'보다 빈도상 우세하다.

(17) i. 그 졈은 님금 도와 인 것 디킈옴애 니르러는(至其輔少主守成ᄒᆞ야)<小언六 37a>
 j. 몯아ᄃᆞᆯ 建은…졈은 아ᄃᆞᆯ 慶은 內史ㅣ 되얏더니(長子建은…少子慶은 爲內史ㅣ러니)<小언六 79a>
 k. 後生 졈은 사ᄅᆞᆷ이 ᄀᆞᆺ 구의 디킈는 ᄃᆡ 니르러(後生少年이 到官守ᄒᆞ야)<小언五 60b>
 l. 내 졈어실 제 다ᄉᆞ리던 배라(吾少時所理ㅣ라)<小언六 20b>
 m. 스스로 뻐 나히 졈고 ᄌᆞ식이 업스니(自以年少無子ᄒᆞ니)<小언六 55b>

『小學諺解』에서 '少者'와 '幼者'는 '져믄이'와 '졈은이'로 번역된다. 예를 들면, 져믄이는 평상을 잡아 받즈와 안즈시게 ᄒᆞ며(少者는 執牀與坐ᄒᆞ며) <小언二 5b>, 졈은이 돗기 도라와 먹고(少者ㅣ 反席而飮ᄒᆞ고) <소언二 62b>, 쟝ᄎᆞᆺ…사ᄅᆞᆷ의 졈은이 도욀 ᄒᆡᆼ실을 責ᄒᆞ려 홈이니(將責…爲人少者之行也ㅣ니) <小언五 41b>, 졈은이ᄃᆞ려 말ᄉᆞᆷ홀 제는(與幼者言엔) <小언三 15a>. 그런데 1510년대 국어에서는 '少者'와 '幼者'는 명백히 구별된다. 1510년대 문헌인『呂氏鄕約諺解』(1518)에서는 '少者'는 '謂少於己十歲以下者' <10b>라고 규정되어 있고 '져기 져믄 사ᄅᆞᆷ'으로 번역된다. 또 '幼者'는 '謂少於己二十歲以下者' <10b>라고 규정되어 있고 'ᄀᆞ장 져믄 사람'으로 번역된다.

(17) n. 내게셔 져기 져믄 사ᄅᆞᆷ과 내게셔 ᄀᆞ장 져믄 사ᄅᆞᆷ이니라(曰少者臥 謂少於己十歲以下者曰幼者羅 謂少於己二十歲以下者) <呂約 19a>

o. ᄀᆞ장 져믄 사ᄅᆞᆷ이어든 믈 ᄇᆞ리디 아니ᄒᆞ야두 므던ᄒᆞ니라(於幼者則不必下可也) <呂約 23b>

상태동사 '어리다'가 15세기 국어에서처럼 1580년대 국어에서도 [愚]와 [痴] 즉 '어리석다'의 뜻을 가지고 있다는 것은 다음 예문들에서 잘 확인된다. 1580년대 문헌인『소학언해』에서 '어리다'는 주로 [愚]의 뜻으로 사용되었고 [幼]의 뜻으로 사용된 경우는 많지 않다.

(17) p. 어리고 지믈이 하면 그 허믈을 더으ᄂᆞ니(愚而多財則益其過ᄒᆞᄂᆞ니) <小언六 83b>

q. 어린 이 아니오 므섯고(非愚以何오) <小언五 27a>

r. 법 비화 어린 ᄆᆞᄉᆞᆷ 고틸 주ᄅᆞᆯ 아디 몯ᄒᆞᄂᆞ니(不知學法ᄒᆞ야 而改痴心ᄒᆞᄂᆞ니) <誡初 30a>

<18> 하다 對 만ᄒᆞ다

두 상태동사가 [多]와 [衆] 즉 '많다'의 뜻을 가지고 同義 關係에 있다는 것은 다음 예문들에서 잘 확인된다. 원문 중 '多言'이 '말 하다'로 번역되고 '多事'가 '일이 만ᄒᆞ다'로 번역된다. 그리고 '衆車徒'가 '술위와 구종이 하다'로 번역되고 '宗族甚衆'이 '권당이 ᄀᆞ장 만ᄒᆞ다'로 번역된다. 따라서 '하다'와 '만ᄒᆞ다'의 동의성은 명백히 입증된다.

(18) a. 사ᄅᆞᆷ ᄒᆞ야ᄇᆞ리린 하며(敗人者ㅣ 多ᄒᆞ며) <誡初 46a>
b. 겨집죵이 하니(僕妾이 多矣니) <小諺六 73a>
c. 天下앳 션비 나아갈 이 하거늘(天下之士ㅣ 多就之者ㅣ어늘) <小諺四 8a>
d. 고기 비록 하나(肉雖多ㅣ나) <小諺三 25b>
e. 어딜오 ᄌᆡ믈이 하면 그 ᄠᅳ들 해ᄒᆞ고(賢而多財則損其志ᄒᆞ고) <小諺六 83b>
f. 말 하거든 내티며(多言去ᄒᆞ며) <小諺二 55a>
g. 어리니는 하니(愚痴者ㅣ 衆ᄒᆞ니) <誡初 46b>
h. 비록 술위와 구종이 할디라도(雖衆車徒ㅣ라도) <小諺二 20b>
i. 돌와 구슬와 서르 브터 난 므른 하락 져그락 업스락 이시락 ᄒᆞ거니와 <七大 5a>

(18) j. 일이(107b) 만홈이 일쳔 근티댜 일만 근티로ᄃᆡ(多事ㅣ 于諸萬端이로ᄃᆡ) <小諺六 108a>
k. 우리 吳中 권당이 ᄀᆞ장 만ᄒᆞ니(吾吳中宗族이 甚衆ᄒᆞ니) <小諺五 80a>

<19> 하다 對 숟하다

두 상태동사가 [多] 즉 '많다, 숱하다'의 뜻을 가지고 同義 關係에 있다는 것은 다음 예문들에서 잘 확인된다. 원문 중 '僕妾多'가 '겨집죵이 하다'로 번역되고 '諸多劫'이 '하나한 劫'으로 번역된다. 그리고 『蒙山和尙六道普說諺解』(1567)에서 '숟한 믈'이 발견된다. 따라서 '하다'와 '숱하다'의 동의성은 명백히 입증된다. 상태동사 '숱하다'는 『蒙山和尙六道普說諺解』에 처음으로 등장한다.

(19) a. 겨집죵이 하니(僕妾이 多矣니) <小諺六 73a>
　　　b. 天下앳 션븨 나아갈 이 하거늘(天下之士ㅣ 多就之者ㅣ어늘) <小諺四 8a>
　　　c. 하나흔 劫에 목숨 그슴ᄒᆞ야 나오미(諸多劫運壽量이) <蒙六 3a>
　　　d. 하나한 겁히예(於多劫海예) <誡初 23a>
(19) e. 이 ᄀᆞ티 숟한 무를 닐온 化生衆生ㅣ라 ᄒᆞᄂᆞ니라 <蒙六 10a>

<20> 횩다 對 젹다

두 상태동사가 [小] 즉 '작다'의 뜻을 가지고 同義 關係에 있다는 것은 다음 예문들에서 잘 확인된다. 원문 중 '小兒'가 '효근 아히'로도 번역되고 '젹은 아히'로도 번역된다. 그리고 '小吏'가 '효근 벼슬'로 번역되고 '小身'이 '져근 몸'으로 번역된다. 따라서 '횩다'와 '젹다'의 동의성은 명백히 입증된다.

(20) a. 효근 아히 우룸을 ᄒᆞ며(爲小兒啼ᄒᆞ며) <小諺四 16b>
　　　b. ᄯᅩ 모을 효근 사ᄅᆞᆷ ᄀᆞᆮᄐᆞᆫ 이 ᄒᆞᆫ 음식을 어드면(且如閭閻小人이 得一食ᄒᆞ면) <小諺五 74b>
　　　c. 子孫이 효근 벼슬 ᄒᆞ엿ᄂᆞ디라(子孫爲小吏라) <小諺六 77a>

(20) d. 젹은아히룰 굴ㅇ치디(敎小兒호디) <小諺五 2a>

e. 큰 몸과 져근 몸과로 業을 조차 報룰 얻ᄂ니(大身小身으로 隨業 受報ᄒᄂ니) <蒙六 9a>

f. 주려 죽ᄂ 일은 ᄀ장 젹고 節 일른 일은 ᄀ장 크니라(餓死者ᄂ 極小ᄒ고 失節事ᄂ 極大ᄒ니라) <小諺五 67b>

g. 일올 크며 젹은 이 업시(事無大小히) <小諺五 35a>

### 2.2.2. 母音 交替型

<1> 가븨얍다 對 가븨얍다

두 상태동사가 [輕] 즉 '가볍다'의 뜻을 가지고 同義關係에 있다는 것은 다음 예문들에서 잘 확인된다. 원문 중 '輕裘'가 '가븨야온 갓옷'으로 번역되고 '輕塵'이 '가븨야온 드틀'로 번역된다. 따라서 두 상태동사 '가븨얍다'와 '가븨얍다'의 동의성은 명백히 입증된다. 두 상태동사는 제2 음절에서 母音 'ᄋ~으'의 交替를 보여 준다.

(1) a. 술진 ᄆᆯ ᄐ고 가븨야온 갓옷 닙어(肥馬衣輕裘ᄒ야) <小諺五 24a>

b. 말ᄉᆞᆷ과 거동이 가븨야ᄋ며 므거우며 ᄲᆞᄅ며 날호여 홈애(辭令容止輕重疾徐에) <小諺五 94a>

c. 만일…옷과 ᄆᆯ이 가븨얍고 술지다 홈을 드르면(若聞…衣馬ㅣ 輕肥라 ᄒ면) <小諺六 46b>

(1) d. 사ᄅᆞᆷ이 世間의 사라심이 가븨야온 드틀이 弱ᄒᆞᆫ 플에 븓터슘 ᄀᆞᄐ니(人生世間이 如輕塵이 棲弱草耳니) <小諺六 58a>

<2> 슬갑다 對 슬겁다

두 상태동사가 [智] 즉 '슬기롭다, 지혜롭다'의 뜻을 가지고 同義 關係에 있다는 것은 다음 예문들에서 잘 확인된다. 원문 중 '智…愚'가 '슬가오며 어리다'로 번역되고 '有愚智'가 '슬거오니 어리니 잇다'로 번역된다. 따라서 두 상태동사 '슬갑다'와 '슬겁다'의 동의성은 명백히 입증된다. 두 상태동사는 첫 음절에서 母音 'ᄋ~으'의 交替를 보여 주고 제2 음절에서 母音 '아~어'의 交替를 보여 준다. 그리고 두 상태동사는 [愚] 즉 '어리석다'의 뜻을 가진 상태동사 '어리다'와 의미상 대립 관계에 있다.

(2) a. 시혹 슬가오며 시혹 어리며(或智惑愚ᄒ며) <蒙六 12a>
    b. 사ᄅ미 슬거오니 어리니 이실 ᄲᅮᆫ뎡(人有愚智언뎡) <誠初 41b>

<3> 젹다 對 쟉다

두 상태동사가 [小] 즉 '작다'의 뜻을 가지고 同義 關係에 있다는 것은 다음 예문들에서 잘 확인된다. 원문 중 '小兒'가 '젹은 아히'로 번역되고 '小齋'가 '쟈근 집'으로 번역된다. 그리고 '小身'이 '져근 몸'으로 번역되고 '小者'가 '쟈근 일'로 번역된다. 따라서 두 상태동사 '젹다'와 '쟉다'의 동의성은 명백히 입증된다. 두 상태동사는 'ᄀ장 젹고…ᄀ장 크니라(極小…極大)'와 '쟉은 이ᄅᆯ…큰 이ᄅᆯ(小者…大者)'에서 보듯이 [大] 즉 '크다'의 뜻을 가진 '크다'와 의미상 대립 관계를 가진다. 두 상태동사 '젹다'와 '쟉다'는 첫 음절에서 母音 '어~아'의 交替를 보여 준다.

(3) a. 젹은 아히를 ᄀᆞᄅ치되(敎小兒호되) <小언五 2a>
    b. 큰 몸과 져근 몸과로 業을 조차 報ᄅᆯ 얻ᄂ니(大身小身으로 隨業受報ᄒᄂ니) <蒙六 9a>

c. 주려 죽는 일은 ᄀᆞ장 젹고 節 일른 일은 ᄀᆞ장 크니라(餓死者는 極 小ᄒᆞ고 失節事는 극大ᄒᆞ니라) <小언五 67b>
   d. 일을 크며 젹은 이 업시(事無大小히) <小언五 35a>
   e. 見大라 호믄 봄미 크닷 마리라 一切 보미 젹디 아니ᄒᆞ니라 <七大 8a>
(3) f. 쟈근 집이 잇더니(有小齋러니) <小언六 94b>
   g. 쟈근 집의 ᄠᅥ나디 아니ᄒᆞ고(不離小齋ᄒᆞ고) <小언六 95a>
   h. 쟈근 이를 ᄉᆞᆯ피디 몯ᄒᆞ얏거든 敢히 큰 이를 닐ᄋᆞ디 아닐디니라 (小者를 不審이어든 不 敢言大니라) <小언二 75b>

두 상태동사 '젹다'와 '쟉다'가 [小] 즉 '작다'의 뜻뿐만 아니라 [少] 즉 '적다' 의 뜻도 가진다는 것은 다음 예문들에서 잘 확인된다. 원문 중 '少得甚少'가 '어든 배 심히 젹다'로 번역되고 '少私'가 'ᄉᆞᄉᆞ로옴이 쟉다'로 번역된다. 따라 서 '젹다'와 '쟉다'의 동의성은 명백히 입증된다.

(3) i. 어든 배 甚히 젹고 아젼의 도죽ᄒᆞᆫ 배 혜아리디 몯홀디니(所得이 甚少而吏人所盜 不貲矣니) <小언五 61a>
   j. 둘와 구슬와 서르 브텨 난 므른 하락 져그락 업스락 이시락 ᄒᆞ거 니와 <七大 5a>
(3) k. ᄉᆞᄉᆞ로옴이 쟉고 욕심이 젹으며(少私寡慾ᄒᆞ며) <小언五 106a>

<4> 혁다 對 횩다

두 상태동사가 [小] 즉 '작다'의 뜻을 가지고 同義關係에 있다는 것은 다음 예문들에서 잘 확인된다. 원문 중 '小地獄'이 '혀근 디옥'으로 번역되고 '小人' 이 '효근 사름'으로 번역된다. 따라서 두 상태동사 '혁다'와 '횩다'의 동의성은

명백히 입증된다. 두 상태동사는 첫 음절에서 母音 '어~오'의 交替를 보여 준다.

(4) a. 큰 地獄은…여러 혀근 디옥은(大地獄者는…諸小地獄은) <蒙六 6a>
(4) b. 쏘 ᄆᆞᄋᆞᆯ 효근 사롬 ᄀᆞ툰 이 호 음식을 어드면(且如閭閻小人이 得一食ᄒᆞ면) <小言五 74b>
    c. 효근 아히 우룸을 ᄒᆞ며(爲小兒啼ᄒᆞ며) <小言四 16b>
    d. 子孫이 효근 벼슬 ᄒᆞ엿ᄂᆞ디라(子孫爲小吏라) <小言六 77a>

그리고 상태동사 '햑다'가 [小] 즉 '작다'의 뜻을 가진 상태동사라는 사실은 다음 예문들에서 잘 확인된다: '햑근 衆生이 蘇生ᄒᆞ야 구믈구믈 치ᄂᆞ니' <蒙六 9b>. 상태동사 '혁다'와 '햑다'는 첫 음절에서 母音 '어~아'의 交替를 보여 준다.

<5> 두텁다 對 도탑다

두 상태동사가 [篤]과 [敦] 즉 '도탑다'의 뜻을 가지고 同義 關係에 있다는 것은 다음 예문들에서 잘 확인된다. 원문 중 '行篤敬'이 '힝실이 두텁고 공경ᄒᆞ다'로 번역되고 '如此之篤'이 '이러ᄐᆞ시 도탑다'로 번역되며 '敦睦之行'이 '도탑고 화동ᄒᆞᆫ 힝실'로 번역된다. 다라서 두 상태동사 '두텁다'와 '도탑다'의 동의성은 명백히 입증된다. 두 상태동사는 첫 음절에서 母音 '우~오'의 交替를 보여 주고 제2 음절에서 母音 '어~아'의 交替를 보여 준다.

(5) a. 힝실이 두텁고 공경・면(行篤敬이면) <小言三 5a>
    b. 힝실이 두텁고 공경티 아니ᄒᆞ면(行不篤敬이면) <小言三 5a>

c. 두텁고 독실홈은 ᄒᆞᄂᆞᆫ 일 딕희옴애 읻ᄂᆞ니라(篤在守業ᄒᆞ니라) <小諺四 51b>

(5) d. 焦先生이 되게 ᄒᆞ야 인도홈이 이러트시 도타오니(焦先生化導ㅣ 如此之篤ᄒᆞ니) <小諺六 5a>

e. 드듸여 다시 도탑고 화동ᄒᆞᆫ 힝실을 ᄒᆞ니라(遂更爲敦睦之行ᄒᆞ니라) <小諺六 62b>

f. 만일 도탑고 후듕ᄒᆞ야 녜를 됴히 너기ᄂᆞ 君子ㅣ(若敦厚好古之君子ㅣ) <小諺五 43b>

<6> 게으르다/게을으다 對 게이르다/게이ᄅᆞ다

두 狀態動詞가 [懈], [怠] 및 [懈怠] 즉 '게으르다'의 뜻을 가지고 同義 關係에 있다는 것은 다음 예문들에서 잘 확인된다. 원문 중 '匪怠'가 '게으르디 아니케 ᄒᆞ다'로 번역되고 '不怠'가 '게을으디 아니ᄒᆞ다'로 번역되며 '懈怠'가 '게이르다'와 '게이ᄅᆞ다'로 번역된다. 따라서 '게으르다/게을으다'와 '게이르다/게이ᄅᆞ다'의 동의성은 명백히 입증된다. 두 동사 '게으르다'와 '게이르다'는 제2음절에서 母音 '으~이'의 交替를 보여 준다.

(6) a. 모ᄆᆞᆯ 칙ᄒᆞ야 게으르디 아니케 ᄒᆞ야(責躬匪懈ᄒᆞ야) <誡初 20a>

b. 도애 나아가ᄃᆡ 게으르디 아니ᄒᆞ리니(進道無怠ᄒᆞ리니) <誡初 72b>

c. 三日을 게을으디 아니ᄒᆞ며(三日不怠ᄒᆞ며) <小諺四 22b>

d. 게을어 프러 ᄇᆞ리디 말며(毋怠荒ᄒᆞ며) <小諺三 9b>

e. 공경ᄒᆞ며 검박ᄒᆞ샤 게(22a)을으디 아니ᄒᆞ실ᄉᆡ(恭儉而不懈惰ᄒᆞ실ᄉᆡ) <小諺四 22a>

(6) f. ᄆᆞᅀᆞᆷ 노하 게이르며(放逸懈怠ᄒᆞ며) <龜下 35a>

g. 道애 게이른 사ᄆ문(於道애 懈怠者논) <龜下 41a>

## 2.3. 音韻 脫落型, 音韻 添加型

A. 音韻 脫落型

<1> ᄀᆞᆮᄒᆞ다 對 ᄀᆞᇀ다

두 상태동사가 [如] 즉 '같다'의 뜻을 가지고 同義 關係에 있다는 것은 다음 예문들에서 잘 확인된다. 원문 중 '如幻'이 '곡도 ᄀᆞᆮᄒᆞ다'로도 번역되고 '곡도 ᄀᆞᇀ다'로도 번역된다. 그리고 '如是'가 '이 ᄀᆞᆮᄒᆞ다'로도 번역되고 '이 ᄀᆞᇀ다'로도 번역된다. 따라서 두 상태동사 'ᄀᆞᆮᄒᆞ다'와 'ᄀᆞᇀ다'의 동의성은 명백히 입증된다. 'ᄀᆞᇀ다'는 'ᄀᆞᆮᄒᆞ다'의 제2 음절의 母音 'ᄋᆞ'가 脫落한 것이다.

(1)  a. 움 ᄀᆞᆮᄒᆞ며 곡도 ᄀᆞᆮᄒᆞ야 움과 곡도와 ᄀᆞᆮᄒᆞᆫ 듕에(如夢如幻ᄒᆞ야 夢幻之中에) <蒙六 23a>
b. ᄯᅩ 可히 ᄡᅥ 孟子 ᄀᆞᆮᄒᆞ리라(亦可以如孟子矣리라) <小언五 9b>
c. 風俗의 믈허뎌 ᄒᆞ야딤이 ᄀᆞᆮᄒᆞ(131a)니(風俗頹弊ㅣ 如是ᄒᆞ니) <小언六 131b>

(1) d. 忘心 ᄀᆞᄐᆞ며 곡도 ᄀᆞᄐᆞ며(忘心이 如夢如幻ᄒᆞ면) <蒙六 24b>
e. 이 ᄀᆞᄐᆞᆫ 무리를(如是等類를) <蒙六 9a>
f. ᄯᅩᆼ 刻ᄒᆞ야 香 사몸 ᄀᆞᄐᆞ니(如刻糞爲香ㅣ니) <龜下 35b>
g. 엇디…몸이 이시며 몸이 업슴애 ᄒᆞᆫ 날 ᄀᆞᄐᆞᆷ만 ᄀᆞᄐᆞ리오(豈若…身存身亡애 如一日乎ㅣ리오) <小언六 129a>
h. 窮ᄒᆞᆫ 사ᄅᆞᆷ이 갈 배 업스니 ᄀᆞᆮ더시다(如窮人無所歸러시다) <小언四 8a>

i. 빅호디 아니(108b)홈만 곧디 몯ᄒᆞ니라(不如無學也ㅣ니라)
　　　<小言六 109a>
　　j. 譬컨(11a)댄…四面이 다 담이며 ᄇᆞ롬이 곧ᄐᆞ니(譬如…四面이
　　　皆墻壁也ㅣ니)<小言五 11b>
　　k. 帝ㅣ 允ᄃᆞ려 무르샤ᄃᆡ 진실로 東宮(42a)의 닐으는 바 곧ᄐᆞ냐
　　　(帝ㅣ 問允ᄒᆞ되 信如東 宮所言乎아)<小언六 42b>

b. 音韻 添加型

<1> 곧ᄒᆞ다 對 ᄀᆞᄐᆡ다

　두 상태동사가 [如] 즉 '같다'의 뜻을 가지고 同義 關係에 있다는 것은 다음 예문들에서 잘 확인된다. 원문 중 '如幻'이 '곡도 곧ᄒᆞ다'로 번역되고 '如…法'이 '法 ᄀᆞᄐᆡ다'로 번역된다. 따라서 두 상태동사 '곧ᄒᆞ다'와 'ᄀᆞᄐᆡ다'의 동의성은 명백히 입증된다. 'ᄀᆞᄐᆡ다'는 '곧ᄒᆞ다'의 제2 음절에 半母音 [y]가 添加된 것이다.

　　(1) a. 쑴 곧ᄒᆞ며 곡도 곧ᄒᆞ야 쑴과 곡도와 곧ᄒᆞᆫ 듕에(如夢如幻ᄒᆞ야 夢
　　　　幻之中에)<蒙六 23a>
　　　b. ᄯᅩ 可히 ᄡᅥ 孟子 곧ᄒᆞ리라(亦可以如孟子-矣리라)<小언五 9b>
　　　c. 風俗의 믈허뎌 ᄒᆞ야딤이 곧ᄒᆞ(131a)니(風俗頹弊ㅣ 如是ᄒᆞ니)
　　　　<小언六 131b>
　　(1) d. 工夫ᄂᆞᆫ 시울 調和홀 法 ᄀᆞᄐᆡ야(工夫ᄂᆞᆫ 如調絃之法ᄒᆞ야)<龜上
　　　　17b>
　　　e. 늘근 쥐 쇠 ᄲᅳ레 드롬 ᄀᆞᄐᆡ야(如老鼠이 入牛角ᄒᆞ야)<龜上 16b>
　　　f. 오직 水ㅣ 잇고 地ㅣ 업스면 기름 ᄀᆞᄐᆡ야 흘러디리며 오직 地ㅣ

잇고도 水ㅣ 업스면 ᄆᆞᆫ ᄆᆞᆯ ᄀᆞ틔야 어울리디 몯ᄒᆞ리며 <龜上 21b>

g. 慧日이 無明 구루메 ᄉᆞ무미 胎中에셔 눈 머룸 ᄀᆞ틔야 <龜上 3a>

## 2.4. 派生型

語基인 狀態動詞가 그것에서 派生된 상태동사와 同義 關係를 가질 수 있다. 이 경우가 派生型이다. 派生의 예로 [淺] 즉 '얕다'의 뜻을 가진 '옅다'와 '열갑다'가 있다.

&lt;1&gt; 옅다 對 열갑다

두 상태동사가 [淺] 즉 '얕다'의 뜻을 가지고 同義 關係에 있다는 것은 다음 예문들에서 잘 확인된다. 원문 중 '賤陋'가 '여트며 좁다'로 번역되고 '淺露'가 '연가와 드러나다'로 번역된다. 따라서 '옅다'와 '열갑다'의 동의성은 명백히 입증된다. 상태동사 '열갑다'는 '옅다'의 어간 '옅-'과 派生 접미사 '-갑-'의 결합이다(구본관 1998 : 210~211).

(1) a. 天下엣 學이 여트며 좁으며 고집ᄒᆞ며 거리낀 이 아니면 반ᄃᆞ시 이예 드ᄂᆞ니라(天下之學이 非淺陋固滯則必入於此ㅣ니라) <小언五 120a>

b. 勃의 類 비록 글 지죄 이시나 부경ᄒᆞ고 조급ᄒᆞ고 연가와 드러나니(勃等이 雖有文才而浮躁淺露ᄒᆞ니) <소언六 110b>

## 3. 副詞類에서의 同義

固有語의 副詞類에서 발견되는 同義 關係는 크게 두 개의 觀點에서 고찰될 수 있다. 첫째는 形式的 觀點이고 둘째는 內容的 觀點이다. 形式的 觀點에서 同義 關係에 있는 副詞가 相異한지 아니면 相似한지를 판별할 수 있고 內容的 觀點에서 同義 關係에 있는 副詞가 完全 同義인지 部分 同義인지를 확인할 수 있다.

形式的 觀點에서 同義 關係에 있는 副詞들은 相異型과 相似型으로 크게 나누어질 수 있다. 相似型은 音韻論的 觀點과 形態論的 觀點에서 분류될 수 있는데 音韻論的 觀點에 따르면 音韻 交替, 音韻 脫落 및 音韻 添加가 있고 形態論的 觀點에 따르면 派生이 있다. 서술의 편이상 다음과 같이 네 유형으로 나누고자 한다 : 第Ⅰ型 相異型, 第Ⅱ型 音韻 交替型, 第Ⅲ型 音韻 脫落型 및 音韻 添加型 그리고 第Ⅳ型 派生型.

### 3.1. 相異型

서로 다른 형식을 가진 둘 또는 그 이상의 부사들이 同義 關係를 가질 수 있다. 이 경우가 곧 相異型이다.

<1> 곧 對 즉재

두 부사가 [卽] 즉 '곧, 즉시'의 뜻을 가지고 同義 關係에 있다는 것은 다음 예문들에서 잘 확인된다. 원문 중 '卽至佛地'가 '곧 佛地예 니르다'로 번역되고 '卽度彼岸'이 '즉재 뎌 ᄀᆞᄉᆡ 건너다'로 번역된다. 따라서 '곧'과 '즉재'의 동의성은 명백히 입증된다.

(1) a. 淨名이 니ᄅ샤디…쏘 훈 아로매 곧 佛地예 니르리라 ᄒ시니라(淨名이 云…又一悟애 卽至佛地ㅣ라 ᄒ시니라) <龜上 8a>
   b. 쏘 니ᄅ샤디 念이 닐어든 곧 알라 ᄒ시니라(又云念起卽覺ᄒ라 ᄒ시니라) <龜上 29a>
   c. 곧 이제 너희들훌 爲ᄒ야(卽今에 爲汝等ᄒ야) <蒙六 25a>
   d. 곧 다ᄅᆫ 趣예 뼈러디리니(卽隨異趣ᄒ리니) <龜上 28a>
   e. 곧 이제 信施을 虛히 受ᄒᄂ 거시 이어늘(卽今에 虛受信施者ㅣ 是ㅣ어늘) <龜上 53a>
   f. 곧 ᄆᆞᆷ 다ᄉ리며 性 치기로뼈 근본을 삼아(卽以治心養性으로 爲本ᄒ야) <小言六 121b>
(1) g. 五祖ㅣ 니ᄅ샤디…내 本心을 딕킈여ᅀᅡ 즉재 뎌 ᄀᆞ새 건너리라 ᄒ시다(五祖ㅣ 曰…守我本心ㅣᅀᅡ 卽度彼岸ㅣ라 ᄒ시다) <龜下 42a>
   h. 즉재 堂에 올라(卽升堂ᄒ야) <小언六 26b>

<2> ᄀᆞ장 對 ᄆᆞᆺ

두 부사가 [最] 즉 '가장'의 뜻을 가지고 同義關係에 있다는 것은 다음 예문들에서 잘 확인된다. 원문 중 '最好'가 'ᄀᆞ장 둏다'로 번역되고 '最鍾'이 'ᄀᆞ장 모도오다'로 번역되고 '最初'가 'ᄆᆞᆺ 첫'으로 번역된다. 따라서 'ᄀᆞ장'과 'ᄆᆞᆺ'의 동의성은 명백히 입증된다. 부사 'ᄀᆞ장'은 형용사 '둏다, 갓갑다, 셜ᄋ다, 친밀ᄒ다, 恨ᄒ다'를 한정하고 동사 '모도오다, 나다'를 한정한다. 부사 'ᄆᆞᆺ'은 관형사 '첫'을 한정한다.

(2) a. 이 도리 ᄀᆞ장 됴ᄒ니라(此理最好ᄒ니라) <小언五 59b>
   b. 션비 일에 ᄀᆞ장 갓갑건마ᄂ(於儒者事에 最近이언마ᄂ) <小언五

c. 효험 어둠이 ᄀ장 셜ᄋᆞᄂᆞ니라(得效ㅣ 最速ᄒᆞᄂᆞ니라) <小언五 77b>

d. ᄀ장 친밀ᄒᆞ더니(最密ᄒᆞ더니) <小언六 116a>

e. 내의 ᄀ장 恨ᄒᆞᄂᆞᆫ 배라(吾所最恨者ㅣ라) <小언五 79a>

f. ᄀ장 ᄉᆞ랑을 모도와시나(最鍾愛ᄒᆞ나) <小언六 5b>

g. ᄀ장 家法이 잇다 일홈 나더라(最名有家法ᄒᆞ더라) <小언六 94a>

(2) h. 못 첫 劫中에(最初劫中에) <蒙六 26b>

<3> 너무/너모 對 넘즈기

두 부사가 [濫] 즉 '너무, 함부로'의 뜻을 가지고 同義 關係에 있다는 것은 다음 예문들에서 잘 확인된다. 원문 중 '濫食'이 '너무 먹다'로 번역되고 '濫費'가 '너모 허비ᄒᆞ다'로 번역되고 '濫用'이 '넘즈기 쓰다'로 번역된다. 따라서 '너무/너모'와 '넘즈기'의 동의성은 명백히 입증된다. 부사 '너무/너모'는 [過] 즉 '넘다'의 뜻을 가진 동사 '넘다'의 어간 '넘-'에 부사 형성 접미사 '-우/오'가 결합되어 생긴 파생 부사이다.

(3) a. 너무 머거 존져리 업서(濫食無節爲也) <警民 13b>

b. 너모 허비ᄒᆞ며 모다셔 술 머고미 ᄯᅩ 죄 인ᄂᆞ니라(濫費會飮是 亦有罪焉爲尼羅) <警民 14a>

c. 너모 눅노라 편안ᄒᆞ면(過爾優逸이면) <小언六 107a>

(3) d. 넘즈기 뼈 업게 호로모(濫用殆盡故奴) <警民 13a>

<4> 다믄 對 오직

제2장 固有語간의 同義

두 부사가 [但], [只] 및 [唯] 즉 '오직'의 뜻을 가지고 同義 關係에 있다는 것은 다음 예문들에서 잘 확인된다. 원문 중 '但務'가 '다문 힘쓰다'로 번역되고 '但隨'가 '오직 좇다'로 번역된다. '只如'가 '다문 ᄀ티 ᄒ다'로 번역되고 '只依舊'가 '오직 녜 ᄀ다'로 번역된다. 그리고 '唯有'가 '다문 잇다'로 번역되고 '唯…在'가 '오직 잇다'로 번역된다. 따라서 '다문'과 '오직'의 동의성은 명백히 입증된다.

(4) a. 다문 實에 다ᄃᆞᆫ게 홈ᄋᆞᆯ 힘쓸디니(但務著實이니) <小언五 62a>
　　b. 다문 셰속의 말ᄉᆞᆷ ᄀᆞ티 ᄒᆞ면(只如俗說이면) <小언五 5a>
　　c. 다문 ᄒᆞᆫ 즈식이 이시니(唯有一息ᄒᆞ니) <小언六 66a>
(4) d. 오직 內心에 我신이 나타 잇ᄂᆞ니(但內心에 見有我人ᄒᆞ니) <蒙六 22b>
　　e. 오직 음셩을 좇디 말며(不得但隨音聲ᄒᆞ며) <誡初 20a>
　　f. 오직 닙지와 졀개를 구디 ᄒᆞ야(但堅志節ᄒᆞ야) <誡初 20a>
　　g. 오직 衆生이 眞常을 몰라 妄常을 조차(只爲衆生이 迷眞逐妄ᄒᆞ여) <蒙六 21a>
　　h. 죽음애 니르러도 오직 녜 ᄀᆞᆮᄂᆞ니라(至死只依舊ㅣ니라) <小언五 3a>
　　i. 오직 人道이 ᄯᅩ로 勝ᄒᆞ니(唯有人道이 殊勝ᄒᆞ니) <蒙六 12b>
　　j. 오직 싀어미 스스로 방의 잇거늘(唯有姑ㅣ 自在室이어늘) <小언六 59b>

<5> 다시 對 ᄂᆞ외야

두 부사가 [更] 즉 '다시'의 뜻을 가지고 同義 關係에 있다는 것은 다음 예문들에서 잘 확인된다. 원문 중 '更待'가 '다시 기드리다'로 번역되고 '更無'가

'ᄂ외야 없다'로 번역된다. 따라서 '다시'와 'ᄂ외야'의 동의성은 명백히 입증된다.

  (5) a. 다시 어느 生을 기드려(更待何生ᄒ야) <龜上 21a>
    b. 엇뎌 다시 그츠리오(何須更斷ㅣ리오) <龜上 27b>
    c. 다시 다른 ᄃᆡ 가 求티 아니ᄒ면(更不別求ᄒ면) <龜上 5b>
    d. 다시 엇디 엇디려뇨 쿠러 묻디 말고(更不問如何若何ᄒ고) <龜上 17a>
  (5) e. ᄂ외야 이익홀 고디 업스리라(更無所益이니라) <誡初 45a>

<6> 댱샹 對 사만

 두 부사가 [長] 즉 '늘, 항상'의 뜻을 가지고 同義 關係에 있다는 것은 다음 예문들에서 잘 확인된다. 원문 중 '長淪惡趣'가 '댱샹 악취예 뼈디다'로 번역되고 '長游手'가 '사만 손을 놀오다'로 번역된다. 따라서 '댱샹'과 '사만'의 동의성은 명백히 입증된다.

  (6) a. 댱샹 악취예 뼈디여 슈고예 모믈 ᄆᆡ이리로다(長淪惡趣苦纏身)
    <誡初 48a>
    b. ᄒᆞᆫ 번 ᄎᆞ모믄 댱샹 즐거온 거시라(一忍은 長樂이라) <誡初 34b>
  (6) c. ᄒᆞ믈며 우리는 사만 손을 놀오거니(況我長游手이어니) <誡初 50b>

<7> ᄯᅩ 對 ᄯᅩᄒᆞᆫ

 두 부사가 [亦] 즉 '또, 또한'의 뜻을 가지고 同義 關係에 있다는 것은 다음

예문들에서 잘 확인된다. 원문 중 '亦皆有罪'가 '쏘 다 죄 잇다'로도 번역되고 '쏘흔 다 죄 잇다'로도 번역된다. 따라서 '쏘'와 '쏘흔'의 동의성은 명백히 입증된다.

(7) a. 듕히 샹ᄒᆞ면 쏘 다 죄 인ᄂᆞ니라(重傷則亦皆有罪爲尼羅) <警民 5a>

b. 너모 허비ᄒᆞ며 모다셔 술 머고미 쏘 죄 인ᄂᆞ니라(濫費會飮是 亦有罪焉爲尼羅) <警民 14a>

c. 諸佛子도 쏘 반ᄃᆞ기 믄득 알올디어다(諸佛子도 亦當頓悟이어다) <蒙六 33a>

d. 나도 쏘 可히 비호리라(我亦可學이니라) <小언五 8b>

e. 지게 여럿거든 쏘 열며 지게 다닷거든 쏘 다도ᄃᆡ(戶開亦開ᄒᆞ며 戶闔亦闔ᄒᆞᄃᆡ) <小언三 11a>

(7) f. ᄂᆞᆺ갑고 쳔흔 사ᄅᆞ미 존흔 사ᄅᆞ믈 므더니 너겨도 쏘흔 다 죄 인ᄂᆞ니라(卑賤之人是 陵犯尊屬爲也豆 亦皆有罪爲尼羅) <警民 9a>

<8> 도로 對 도ᄅᆞ혀

두 부사가 [還]과 [反] 즉 '도로, 도리어'의 뜻을 가지고 同義 關係에 있다는 것은 다음 예문들에서 잘 확인된다. 원문 중 '還有'가 '도로 잇다'로 번역되고 '還爲'가 '도ᄅᆞ혀 되다'로 번역된다. 그리고 '反賜'가 '도로 주다'로 번역되고 '反重'이 '도ᄅᆞ혀 重히 ᄒᆞ다'로 번역된다. 따라서 '도로'와 '도ᄅᆞ혀'의 동의성은 명백히 입증된다.

(8) a. 니러나미 이시면 도로 믈허딤이 잇ᄂᆞ니(有隆還有替니) <小언五 25b>

  b. 일 픠욤애 도로 몬져 이울고(早發還先菱오) <小언五 26a>
  c. 壽昌을 詔ᄒᆞ야 도로 벼슬에 나아가라 ᄒᆞ시니 (詔壽昌還就官ᄒᆞ시니) <小언六 31b>
  d. 드듸여 도로 ᄒᆞᆫ듸 사니라(遂還同住ᄒᆞ니라) <小언六 64a>
  e. 만일 도로 주거시든 ᄉᆞ양호듸(若反賜之則辭호듸) <小언二 13b>
(8) f. 도ᄅᆞ혀 유식ᄒᆞ니의 더러이 너김이 되ᄂᆞ니라(還爲識者鄙니라) <小언五 24b>
  g. 도ᄅᆞ혀 地獄 苦狀을 싱각ᄒᆞᄂᆞ다(還思地獄苦麽아) <龜上 21a>
  h. 罪 어둠을 도ᄅᆞ혀 重히 ᄒᆞ고(得罪反重이오) <小언五 62a>

<9> ᄯᅩ로 對 ᄌᆞᄆᆞᆺ

 두 부사가 [殊] 즉 '특히, 유달리'의 뜻을 가지고 同義 關係에 있다는 것은 다음 예문들에서 잘 확인된다. 원문 중 '殊勝'이 'ᄯᅩ로 勝ᄒᆞ다'로 번역되고 '殊不知'가 'ᄌᆞᄆᆞᆺ 아디 몯ᄒᆞ다'로 번역된다. 따라서 'ᄯᅩ로'와 'ᄌᆞᄆᆞᆺ'의 동의성은 명백히 입증된다.

(9) a. 六道之中에 오직 人道이 ᄯᅩ로 勝ᄒᆞ니(六道之中에 唯有人道이 殊勝ᄒᆞ니) <蒙六 12b>
(9) b. ᄌᆞᄆᆞᆺ 죽은 이 얼굴이 이믜 서거 업고…쏘 베플 듸 업슬 줄을 아디 몯ᄒᆞᄂᆞ니라(殊不知死者ㅣ形旣朽滅ᄒᆞ고…且無所施니라) <小언五 55a>
  c. 둘마다 ᄒᆞ여곰 ᄃᆞ토게 홈이 ᄌᆞᄆᆞᆺ ᄀᆞᄅᆞ쳐 치는 도리 아니니(而月使之爭이 殊非敎養之道ㅣ니) <小언六 14b>

### <10> 드듸여 對 쇠와

두 부사가 [遂] 즉 '드듸여'의 뜻을 가지고 同義 關係에 있다는 것은 다음 예문들에서 잘 확인된다. 원문 중 '遂爲'가 '드듸여…되다'로도 번역되고 '쇠와 …삼다'로도 번역된다. 따라서 '드듸여'와 '쇠와'의 동의성은 명백히 입증된다.

(10) a. 드듸여 어긔여 둗톰이 되ᄂᆞ니(遂爲乖爭ᄒᆞ니) <小언六 90a>
　　　b. 드듸여 큰 션비 되시니라(遂成大儒ᄒ시니라) <小언四 5a>
　　　c. 아논 거시 物의게 달애이여 고텨 되여 드듸여 그 正ᄒᆞᆫ 거슬 일ᄒ
　　　　 니라(知誘物化ᄒᆞ야 遂亡其正ᄒᆞᄂᆞ니라) <小언五 90a>
　　　d. 드듸여 숨어셔 검은고 노라(遂隱而鼓琴ᄒᆞ야) <小언四 25b>
　　　e. 드듸여 히여곰 그 싀어미를 치게 ᄒ니(遂使養其姑ᄒ니) <小언
　　　　 六 52b>
　　　f. 드듸여 도로 ᄒᆞᆫ듸 사니라(遂還同住ᄒ니라) <小언六 64a>
(10) g. 쇠와 원슈를 삼ᄂᆞ니(遂爲仇讎爲尼羅) <警民 6a>

### <11> 모로매 對 반ᄃᆞ기 對 반ᄃᆞ시

세 부사가 [必] 즉 '반드시'의 뜻을 가지고 同義 關係에 있다는 것은 다음 예문들에서 잘 확인된다. 원문 중 '必…守'가 '모로메 디킈다'로 번역되고 '必有'가 '반ᄃᆞ기 잇다'로 번역되며 '必護'가 '반ᄃᆞ시 호디ᄒ다'로 번역된다. 따라서 '모로매', '반ᄃᆞ기' 및 '반ᄃᆞ시'의 동의성은 명백히 입증된다.

(11) a. 모로매 더옥 싁싀기 디킈며(必加嚴守ᄒ며) <誡初 56a>
　　　b. 모로매 졍념으로 딕티ᄒ라(必須正念으로 對之어다) <誡初
　　　　 65b>

c. 모로매 귀누늘 기우려 현미혼 소리를 듣ᄌᆞ오며(必須側耳目而聽玄音ᄒᆞ며) <誡初 17a>
(11) d. 반ᄃᆞ기 진긔 발홀 시져리 이시리라(必有機發之時ᄒᆞ리라) <誡初 14b>
e. 목수미 반ᄃᆞ기 ᄆᆞ초미 이시리니(命必有終ᄒᆞ리니) <誡初 26b>
f. 반ᄃᆞ기 모딘 길홀 막ᄂᆞ니(必禦惡徑ᄒᆞᄂᆞ니) <誡初 53a>
(11) g. 션신이(67a) 반ᄃᆞ시 호디ᄒᆞ고(善神이 必護ᄒᆞ고) <誡初 67b>
h. 힝실을 반ᄃᆞ시 졍ᄒᆞ고 곧게 ᄒᆞ며(行必正直ᄒᆞ며) <小언一 13b>
i. 자븐 거시 盛ᄒᆞ면 반ᄃᆞ시 衰ᄒᆞ고(物盛則必衰오) <小언五 25b>
j. 반ᄃᆞ시 삼가 례법을 딕킈여(必謹守禮法ᄒᆞ야) <小언五 81b>

<12> ᄆᆞ리ᄆᆞ리예 對 잇다감

두 부사가 [往往] 즉 '때때로, 이따금'의 뜻을 가지고 同義 關係에 있다는 것은 다음 예문들에서 잘 확인된다. 원문 중 '往往…爲禪'이 'ᄆᆞ리ᄆᆞ리예 禪 삼다'로 번역되고 '往往知'가 '잇다감 알다'로 번역된다. 따라서 'ᄆᆞ리ᄆᆞ리예'와 '잇다감'의 동의성은 명백히 입증된다.

(12) a. ᄆᆞ리ᄆᆞ리예 斷滅空으로 禪 사ᄆᆞ며(往往애 斷滅空으로 以爲禪ᄒᆞ며) <龜下 59a>
(12) b. 잇다감 녜 일을 샹고ᄒᆞ며 빅셩 ᄉᆞ랑홈을 아ᄂᆞ니(往往애 知稽古愛民矣니) <小언六 49a>
c. 닐글 이 잇다감 ᄒᆞᆫ갓 녜와 이제와 맛당홈이 달롬으로ᄡᅥ 行티 아니ᄒᆞᄂᆞ니(讀者ㅣ 往往애 直以古今異宜로 而莫之行ᄒᆞᄂᆞ니)

<小언 書題 2b>
d. 잇다감 댱으로 글이 막(69a)아(往往애 幃慢隔障ᄒ야) <小언六 69b>
e. 잇다감 졈어셔븓터 ᄌ라매 니르히(往往애 自幼至長히) <小언 五 42b>
f. 잇다감 가도여 미임애 ᄢᅡ디ᄂᆞ니(往往陷囚繋ᄒᄂᆞ니) <小언五 24a>

<13> ᄆᆞᆺ 對 민

두 부사가 [最] 즉 '가장'의 뜻을 가지고 同義 關係에 있다는 것은 다음 예문들에서 잘 확인된다. 원문 중 '最初'가 'ᄆᆞᆺ 첫'으로 번역되고 '最後'가 '민 후에'로 번역된다. 따라서 'ᄆᆞᆺ'과 '민'의 동의성은 명백히 입증된다. 『월인석보』(1459)의 예문 '最後身은 ᄆᆞᆺ 後ㅅ 모미니' <月一31b>에서 '最後'가 'ᄆᆞᆺ 後ㅅ'으로 번역된다.

(13) a. ᄆᆞᆺ 첫 劫中에(最初劫中에) <蒙六 26b>
b. 민 후에 嚴助ㅣ 위ᄒ여 말미를 請ᄒᆞᆫ대(最後에 嚴助ㅣ 爲請告ᄒᆞᆫ대) <小언六 37a>

<14> 샹녜 對 미양 對 샹해

세 부사가 [常] 즉 '늘, 언제나'의 뜻을 가지고 同義 關係에 있다는 것은 다음 예문들에서 잘 확인된다. 원문 중 '常念'이 '샹녜 념ᄒ다'로 번역되고 '常至'가 '미양 니를다'로 번역되고 '常在'가 '샹해 잇다'로 번역된다. 따라서 '샹녜', '미양' 및 '샹해'의 동의성은 명백히 입증된다.

(14) a. 샹녜 유화코 션슌호물 념홀디언뎡(常念柔和善順이언뎡) <誡初 2b>
　　b. 샹녜 모로매 머리 여희요리라(常須遠離호리라) <誡初 4b>
　　c. 샹녜 경힝혼 ᄆᆞᅀᆞ물 머그면(常懷慶幸之心ᄒᆞ면) <誡初 20b>
　　d. 샹녜 키며 주어 뻐 치기를 ᄒᆞ더니(常採拾以爲養ᄒᆞ더니) <小언 六 18a>
　　e. 샹녜 권당의게 골오 주고(常均於族人ᄒᆞ고) <小언 五 80b>
　　f. 어린 ᄌᆞ식을 샹녜 소기디 말오모로 뵈며(幼子를 常視毋誑ᄒᆞ며) <小언 一 8a>
(14) g. 미양 무덤 곧애 니르러(常至墓所) <小언 六 24a>
　　h. 미양 袒括혼 날 ᄀᆞ티 ᄒᆞ야(常如袒括之日ᄒᆞ야) <小언 六 29b>
(14) i. 病 쑬휘 샹해 이셔(病根常在ᄒᆞ야) <小언 五 3a>
　　j. 샹해 집을 닙고(常衣絹素ᄒᆞ고) <小언 六 98b>
　　k. 兪ㅣ 罪를 어듬애 티심이 샹해 알프더니(兪ㅣ 得罪예 笞常痛이러니) <小언 四 19b>
　　l. 샹해 아춤 나죄로 뵈ᄋᆞ와 문안ᄒᆞ거든(常旦暮參問이어든) <小언 六 70a>

『小學諺解』에서 [常]의 뜻을 가진 '常해'라는 부사가 발견된다. 예를 들면, 常해 뻐 확실혼 의론이라 ᄒᆞ노라(常以爲確論이라 ᄒᆞ노라) <小언六 46b>.

<15> 싁싁기 對 숢숢비

두 부사가 [惺惺] 즉 '똑똑하게, 또렷하고 맑은 정신으로'의 뜻을 가지고 同義關係에 있다는 것은 다음 예문들에서 잘 확인된다. 원문 중 '惺惺起疑'가 '싁싁기 의심을 니르왇다'로 번역되고 '惺惺著'이 '숢숢비 두다'로 번역된다.

따라서 '싁싁기'와 '숣숣비'의 동의성은 명백히 입증된다.

(15) a. 싁싁기 의심을 니르와다 미각디 아니ᄒᆞ며(惺惺起疑而不昧ᄒᆞ며) <誡初 61b>
b. 싁싁기 번득ᄒᆞ며(惺惺歷歷ᄒᆞ며) <龜上 17b>
(15) c. 諸佛子ᄂᆞᆫ 숣숣비 두라(諸佛子ᄂᆞᆫ 惺惺著ᄒᆞ라) <蒙六 25a>
d. 곧 맛당히 숣숣비 ᄒᆞ야(便宜惺惺ᄒᆞ야) <蒙六 5b>

<16> 순지 對 오히려

두 부사가 [尙]과 [猶] 즉 '오히려'의 뜻을 가지고 同義 關係에 있다는 것은 다음 예문들에서 잘 확인된다. 원문 중 '尙滯'가 '순지 걸이다'로 번역되고 '尙不然'이 '오히려 올티 몯ᄒᆞ다'로 번역된다. 따라서 '순지'와 '오히려'의 동의성은 명백히 입증된다.

(16) a. 너희들ᄒᆞᆫ 순지 惡趣예 걸여(汝等은 尙滯惡趣ᄒᆞ야) <蒙六 28a>
(16) b. ᄂᆞ미 공ᄋᆞ로 잇비 ᄒᆞ야 날 니케 홈도 오히려 올티 몯ᄒᆞ고ᄂᆞᆫ(勞彼功而利我도 尙不然也ㅣ온) <誡初 50a>
c. 오히려 다와기 굳 홈이어니와(尙類鷔者也어니와) <小언五 14a>
d. 네 오히려 엇디 도라오뇨(女尙何歸오) <小언四 33a>
e. 오히려 利益 업스리라(猶無益也ㅣ리라) <龜下 47a>

<17> 이대 對 됴히

두 부사가 [善] 즉 '좋게, 잘'의 뜻을 가지고 同義 關係에 있다는 것은 다음

예문들에서 잘 확인된다. 원문 중 '善知'가 '이대 알다'로 번역되고 '善遇'가 '됴히 디졉ᄒᆞ다'로 번역된다. 따라서 '이대'와 '됴히'의 동의성은 명백히 입증된다. '이대'와 '됴히'는 각각 상태동사 '읻다'와 '둏다'에서 파생된 부사이다.

 (17) a. 디범 기챠를 이대 아로리라(善知持犯開遮ᄒᆞ리라) <誡初 1b>
   b. 可히 됴히 디졉홀디니라(可善遇之니라) <小언六 85b>

<18> 절로 對 제

 두 부사가 [自] 즉 '저절로, 스스로'의 뜻을 가지고 同義 關係에 있다는 것은 다음 예문들에서 잘 확인된다. 원문 중 '萬福自歸依'가 '萬福ㅣ 절로 歸依ᄒᆞ다'로도 번역되고 '만복이 제 귀의ᄒᆞ다'로도 번역된다. 그리고 '自除'가 '절로 덜다'로 번역되고 '自照'가 '제 비취다'로 번역된다. 따라서 '절로'와 '제'의 동의성은 명백히 입증된다. 부사 '제'의 성조는 상성이다.

 (18) a. 大凡 ᄆᆞᅀᆞᆷ ᄂᆞᆺ가이 ᄡᅳ는 사ᄅᆞᄆᆞᆫ 萬福ㅣ 절로 歸依ᄒᆞ리라(凡有下
   心者ᄂᆞᆫ 萬福이 自歸依ᄒᆞ리라) <龜下 40a>
  b. 한 숨이 절로 덜리라 니ᄅᆞ샴과 ᄀᆞᆮᄐᆞ니라(如云…諸夢이 自除
   ㅣ니라) <龜下 38a>
  c. 보미 오매 프리 절로 프르ᄂᆞᆺ도다(春來草自靑ㅣ로다) <龜上
   5a>
 (18) d. ᄆᆞᆯ읏 ᄆᆞᅀᆞᆷ ᄂᆞ초는 사름은 만복이 제 귀의ᄒᆞ리라(凡有下心者ᄂᆞᆫ
   萬福이 自歸依ᄒᆞ리라) <誡初 64b>
  e. 虛코 ᄇᆞᆯ고미 제 비취리라(虛明이 自照ㅣ리라) <龜上 7b>

<19> 제 對 스스로

두 부사가 [自] 즉 '스스로'의 뜻을 가지고 同義 關係에 있다는 것은 다음 예문들에서 잘 확인된다. 원문 중 '自知'가 '제 알다'로도 번역되고 '스스로 알다'로도 번역된다. 그리고 '自苦'가 '제 受苦ᄒᆞ다'로 번역되고 '爲自苦'가 '스스로 슈고를 ᄒᆞ다'로 번역된다. 따라서 '제'와 '스스로'의 동의성은 명백히 입증된다. 부사 '제'의 성조는 上聲이다.

(19) a. 우흿 法語ᄂᆞᆫ 사ᄅᆞ미 믈 마슈매 ᄎᆞ며 더우믈 제 아ᄃᆞᆺ ᄒᆞ니(上來法語ᄂᆞᆫ 如人이 飮水에 冷暖을 自知ㅣ니) <龜上 22a>

b. 제 알고 行 닷고문(自悟修行ᄋᆞᆫ) <龜上 27a>

c. 善因 업스시닌…더워 셜오매 제 受苦ᄒᆞ야(無善因者ᄂᆞᆫ…熱惱애 自苦ᄒᆞ야) <蒙六 11b>

d. 제 경호라 ᄒᆞ야 믈러나디 마롤디니라(切莫自輕而退屈이어다) <誡初 46a>

e. 제 ᄆᆞ장 마가 간ᄉᆞ홀디언뎡(痛自遮護언뎡) <誡初 19b>

(19) f. 스스로 足디 몯홈을 아는 이는 그 舜이신뎌(自知不足者ᄂᆞᆫ 其舜乎ㅣ신뎌) <小언四 10b>

g. 스스로 편안홈을 求ᄒᆞ며(自求安逸ᄒᆞ며) <小언五 16b>

h. 엇디 스스로 슈고를 이러ᄐᆞ시 ᄒᆞᄂᆞ뇨(何爲自苦如此오) <小언六 73a>

i. 엇디 스스로 고로옴을 이러ᄐᆞ시 ᄒᆞᄂᆞ뇨(何乃自苦如此오) <小언四 32a>

j. 빅셩이 스스로 니ᄅᆞ리 이쇼ᄃᆡ(民有自言호ᄃᆡ) <小언六 75b>

k. 스스로 ᄂᆞᆺ가이 ᄒᆞ고 사ᄅᆞᆷ을 尊히 ᄒᆞ며(自卑而尊人ᄒᆞ며) <小언五 21a>

l. 弟子ㅣ 이예 법바다 온화ᄒᆞ며 공손ᄒᆞ야 스스로 허심ᄒᆞ야(弟子 是則ᄒᆞ야 溫恭自虛ᄒᆞ야) <小언一 13a>

m. 敢히 스스로 일울 배 업서(無所敢自遂也ᄒ야) <小언二 53b>

<20> 제 對 ᄌᆞ갸

두 부사가 [自] 즉 '스스로'의 뜻을 가지고 同義 關係에 있다는 것은 다음 예문들에서 잘 확인된다. 원문 중 '自悟'가 '제 알다'로 번역되고 '自警悟'가 'ᄌᆞ갸 警策ᄒ야 씨다'로 번역된다. 따라서 '제'와 'ᄌᆞ갸'의 동의성은 명백히 입증된다. 부사 '제'는 [-존칭]의 뜻을 가지는데 부사 'ᄌᆞ갸'는 [+존칭]의 뜻을 가진다. 부사 '제'의 성조는 上聲이다.

(20) a. 제 알고 行 닷고ᄆᆞᆫ(自悟修行ᄋᆞᆫ) <龜上 27a>
　　b. 우흿 法語ᄂᆞᆫ 사ᄅᆞ미 믈 마슈매 ᄎᆞ며 더우믈 제 아ᄃᆞᆺ ᄒᆞ니(上來 法語ᄂᆞᆫ 如人이 飮水에 冷暖을 自知ㅣ니) <龜上 22a>
　　c. 善因 업스시닌…더워 셜오매 제 受苦ᄒ야(無善因者ᄂᆞᆫ…熱惱애 自苦ᄒ야) <蒙六 11b>
　　d. 제 경호라 ᄒ야 믈러나디 마롤디니라(切莫自輕而退屈이어다) <誡初 46a>

(20) e. 道人ᄂᆞᆫ ᄌᆞ갸 警策ᄒ야 씨여(道人ᄂᆞᆫ 宜自警悟ᄒ야) <龜下 50b>
　　f. 모로미 ᄆᆞᅀᆞ믈 뷔워 ᄌᆞ갸 비취워(須虛懷自照ᄒ야) <龜上 23b>
　　g. 오직 ᄌᆞ갸 無心ᄒ면 法界와 ᄀᆞᄐᆞ리니(但自無心ᄒ면 同於法界 ᄒ리니) <龜下 61a>

그리고 부사 'ᄌᆞ겨'가 [自] 즉 '스스로'의 뜻을 가지고 있다는 것은 다음 예문들에서 잘 확인된다. 'ᄌᆞ갸'와 'ᄌᆞ겨'는 제2 음절에서 母音 '아~어'의 交替를 보여 준다.

    (20) h. 諸佛ᄅᆞᆫ 뎌 시져릐 곧 즈겨 슳슳ᄒᆞ샤(諸佛ᄅᆞᆫ 彼時便自惺惺ᄒᆞ샤)
        <蒙六 26b>

<21> ᄌᆞ조 對 ᄌᆞ로

  두 부사가 [輕] 즉 '경솔하게, 함부로'의 뜻을 가지고 同義 關係에 있다는 것은 다음 예문들에서 잘 확인된다. 원문 중 '輕動'이 'ᄌᆞ조 뮈우다'와 'ᄌᆞ조 뮈다'로도 번역되고 'ᄌᆞ로 뮈다'로도 번역되므로 'ᄌᆞ조'와 'ᄌᆞ로'의 동의성은 명백히 입증된다.

    (21) a. 모믈 ᄌᆞ조 뮈우디 아니ᄒᆞ면(身不輕動則은) <誡初 56a>
         b. 반ᄃᆞ기 ᄌᆞ조 뮈디 마롤디니라(不應輕動이니라) <誡初 56a>
         c. ᄌᆞ조 ᄃᆞᆫ니ᄂᆞᆫ 즘ᄉᆡᆼ은 사래 샹홀 지홰 업디 아니ᄒᆞ니(輕步之獸ᄂᆞᆫ 非無傷箭之禍ᄒᆞᄂᆞ니) <誡初 56b>
    (21) d. 모믈 ᄌᆞ로 뮈디 마롤디어다(身不輕動이니라) <誡初 54b>

<22> ᄒᆞᆫ글ᄋᆞ티 對 ᄒᆞᆫ글ᄀᆞ티

  두 부사가 [一] 즉 '한결같이'의 뜻을 가지고 同義 關係에 있다는 것은 다음 예문들에서 잘 확인된다. 원문 중 '一遵'이 'ᄒᆞᆫ글ᄋᆞ티 좇다'로 번역되고 '一以 沓'가 'ᄒᆞᆫ글ᄀᆞ티 뻐 묻다'로 번역된다. 따라서 'ᄒᆞᆫ글ᄋᆞ티'와 'ᄒᆞᆫ글ᄀᆞ티'의 동의성은 명백히 입증된다.

    (22) a. 仲郢이 ᄒᆞᆫ글ᄋᆞ티 그 法을 조차(仲郢이 一遵其法ᄒᆞ야) <소언六

97a>
　　b. 호글ᄋ티 大文을 의거ᄒ야(一依大文ᄒ야) <小언 凡例 1b>
　　c. 호글ᄋ티 ᄒ여 게을리 아니호미(一此不懈ㅣ) <小언一 14a>
(22) d. 집일이 크먀 젹은 이를 호글ᄀ티 뻐 무러 決ᄒ며(家事巨細를 一以咨決ᄒ며) <小언六 87b>
　　e. 그 우흘 셤기며 사ᄅᆞᆷ을 디겹홈애 호글ᄀ티 스스로 믿는 거스로 뻐 ᄒ야(其事上遇人에 一以自信ᄒ야) <小언六 119b>
　　f. 호글ᄀ티 됴히 너기면(一向好著ᄒ면) <小언五 6a>

<23> 해 對 만히

두 부사가 [多] 즉 '많이'의 뜻을 가지고 同義 關係에 있다는 것은 다음 예문들에서 잘 확인된다. 원문 중 '多食'이 '해 먹다'로 번역되고 '多爲'가 '만히 되다'로 번역되므로 '해'와 '만히'의 동의성은 명백히 입증된다. 부사 '해'는 상태동사 '하다'에서 파생된 것이고 '만히'는 상태동사 '만ᄒ다'에서 파생된 것이다.

(23) a. 그러ᄒ나 해 어료믈 자바(然而多有執迷ᄒ야) <蒙六 26a>
　　b. 사ᄅᆞ미 해 샤치ᄒ니(人多邪侈ᄒ니) <誠初 46a>
　　c. 해 드러가ᄆᆞᆫ(多往入者ᄂᆞᆫ) <誠初 23b>
　　d. 해 먹디 아니ᄒ더시다(不多食이러시다) <小언三 26a>
　　e. 이젯 사름이 해 兄弟 ᄉᆞ랑키를 아디 몯ᄒ놋다(今人이 多不知兄弟之愛로다) <小언五 74b>
　　f. 너를 말 해 말라 경계ᄒ노니(戒爾勿多言ᄒ노니) <小언五 22a>
(23) g. 만히 간활흔 아젼의게 미씬 배 되어(多爲猾吏所餌ᄒ야) <小언五 60b>

h. 만히 브룸과 비와 버러지와 쥐의 ᄒᆞ야브린 배 되ᄂᆞ니(多爲…風雨蟲鼠의 所毀傷ᄒᆞ니) <小언五 117b>

i. 이제 士大夫의 집이 만히 이룰 므던히 너겨(今士大夫家ㅣ 多忽此ᄒᆞ야) <小언五 40a>

<24> 혼자 對 홀로

두 부사가 [獨] 즉 '혼자, 홀로'의 뜻을 가지고 同義 關係에 있다는 것은 다음 예문들에서 잘 확인된다. 원문 중 '獨立'이 '혼자 셔다'로 번역되고 '獨成'이 '홀로 일우다'로 번역된다. 그리고 '獨…居'가 '혼자 살다'로 번역되고 '獨危坐'가 '홀로 슳어 앉다'로 번역된다. 따라서 '혼자'와 '홀로'의 동의성은 명백히 입증된다. 두 부사는 '아무도 없이 혼자'라는 뜻도 가질 뿐만 아니라 '獨力으로'라는 뜻도 가지고 있다.

(24) a. 나의 본원은 너ᄲᅮᆫ 혼자 싱ᄉᆞ대히예 소사나게 ᄒᆞ(79b)논 디 아니라(我之本願은 非爲汝獨出生死大海라) <誡初 80a>

b. 孔子ㅣ 일즉 혼자 셧거시늘(孔子ㅣ 嘗獨立이어시늘) <小언四 5b>

c. 江革이 졈어셔 아비를 일코 혼자 어미와 더브러 사더니(江革이 少失父ᄒᆞ고 獨與母居ㅣ러니) <小언六 18a>

d. 袁이 혼자 머믈어 나가디 아니ᄒᆞ거늘(袁獨留不去ㅣ어늘) <小언六 67b>

e. 엇디 맛당히 혼자 사라시리오(豈宜獨生이리오) <小언六 60a>

f. 만일 혼자 富貴를 누리고 권당을 근심티 아니ᄒᆞ면(若獨享富貴而不恤宗族이면) <小언五 80b>

g. 엇디 혼자 저티 아니ᄒᆞ더뇨(何獨不懼오) <小언六 59b>

(24) h. 靈흔 光明이 홀로 비취여(靈光이 獨耀ᄒᆞ야) <蒙六 32b>
　　 i. 行실이 홀로 일움이 업서(行無獨成ᄒᆞ야) <小言二 54a>
　　 j. 容이 홀로 쓸어 안자 더욱 공슌ᄒᆞ거늘(容이 獨危坐愈恭이어늘)
　　　　 <小言六 106a>
　　 k. 비록 큰 허믈이 업스나 홀로 안호로 ᄆᆞ음애 븟그럽디 아니ᄒᆞ랴
　　　　 ᄒᆞᄃᆡ(縱無大咎ㅣ나 獨不內愧於心가 ᄒᆞᄃᆡ) <小言六 47b>
　　 l. 홀로 고즐 곳디 아니ᄒᆞ니(獨不載花ᄒᆞ니) <小言六 132b>
　　 m. 홀로 이 글 이슘을 힘닙고(獨賴此篇之存) <小言五 109b>
　　 n. 또 홀로 엇던 ᄆᆞ음고(亦獨何心고) <小言六 93b>

<25> ᄒᆞ마 對 이믜 對 이믯

세 부사가 [旣] 즉 '이미'의 뜻을 가지고 同義 關係에 있다는 것은 다음 예문들에서 잘 확인된다. 원문 중 '旣…割'이 'ᄒᆞ마…긋다'로 번역되고 '旣衰'가 '이믜 衰ᄒᆞ다'로 번역되고 '旣殯'이 '이믯 빙소ᄒᆞ다'로 번역된다. 따라서 'ᄒᆞ마', '이믜' 및 '이믯'의 동의성은 명백히 입증된다.

(25) a. ᄒᆞ마 능히 ᄋᆡ심을 긋고 인셰를 둘워 ᄇᆞ려니(旣能割愛揮人世이니) <誡初 69b>
　　 b. ᄒᆞ마 즁 되어(旣已出家ᄒᆞ야) <誡初 2b>
　　 c. 惡業이 ᄒᆞ마 이 幻이며(業旣是幻이며) <蒙六 24b>
　　 d. 뎨 ᄒᆞ마 丈夫이라(彼旣丈夫이라) <蒙六 33a>
　　 e. ᄒᆞ마 열 가지 히미 오ᄋᆞᆯ샤(已全十力ᄒᆞ샤) <蒙六 19a>
　　 f. ᄒᆞ마 우희 네 가짓 聖人과 여슷 가짓 凡夫를 닐온 十法界라 ᄒᆞᄂᆞ니라(已上四聖六凡을 謂之十法界라 ᄒᆞᄂᆞ니라) <蒙六 19a>
(25) g. 이믜 能히 禮로뻐 스스로 쳐신티 몯ᄒᆞ고(旣不能以禮自處ᄒᆞ고)

<小언五 43b>
    h. 血氣 이믜 衰ᄒᆞ야(血氣旣衰ᄒᆞ야) <小언五 51b>
(25) i. 이믯 빙소ᄒᆞ고(旣殯ᄒᆞ고) <小언五 43b>
    j. 이믯 우졔와 졸곡졔 ᄒᆞ야ᄂᆞᆫ(旣虞卒哭ᄒᆞ야ᄂᆞᆫ) <小언五 44a>
    k. 어버이며 권당이 이믯 죽으면(親戚이 旣沒이면) <小언二 76a>
    l. 나희 이믯 늘그면(年旣耆艾면) <小언二 76a>

<26> ᄒᆞ오사 對 홀로

두 부사가 [獨] 즉 '혼자, 홀로'의 뜻을 가지고 同義 關係에 있다는 것은 다음 예문들에서 잘 확인된다. 원문 중 '獨覺'이 'ᄒᆞ오사 알다'로 번역되고 '獨耀'가 '홀로 비취다'로 번역된다. 따라서 'ᄒᆞ오사'와 '홀로'의 동의성은 명백히 입증된다.

(26) a. 니ᄅᆞ오듸 ᄒᆞ오사 아롤 시라(曰獨覺이라) <蒙六 18a>
(26) b. 靈흔 光明이 홀로 비취여(靈光이 獨耀ᄒᆞ야) <蒙六 32b>
    c. 容이 홀로 ᄭᅮ러 안자 더욱 공슌ᄒᆞ거늘(容이 獨危坐愈恭이어늘)
       <小언六 106a>
    d. 行실이 홀로 일움이 업서(行無獨成ᄒᆞ야) <小언二 54a>

<27> ᄒᆞᆫᄢᅴ 對 ᄒᆞᆫ듸 對 ᄒᆞᆫ가지로

세 부사가 [同] 즉 '함께'의 뜻을 가지고 同義 關係에 있다는 것은 다음 예문들에서 잘 확인된다. 원문 중 '同往'이 'ᄒᆞᆫᄢᅴ 가다'로 번역되고 '同遊'가 'ᄒᆞᆫ듸 노니다'로 번역되고 '不同席'이 '돗글 ᄒᆞᆫ가지로 아니ᄒᆞ다'로 번역된다. 따라서 'ᄒᆞᆫᄢᅴ', 'ᄒᆞᆫ듸' 및 'ᄒᆞᆫ가지로'의 동의성은 명백히 입증된다.

(27) a. 帝釋기 말솜 몯ᄒᆞ야 ᄒᆞᄢᅴ 가 부텻긔 ᄉᆞ론대(帝釋이 無語ᄒᆞ야 遂 同往ᄒᆞ야 白佛ᄒᆞ대) <蒙六 40a>

b. 모든 佛子ᄂᆞᆫ ᄒᆞᄢᅴ 아라 갈디어다(諸佛子ᄂᆞᆫ 同時悟去이어다) <蒙六 5b>

(27) c. 어딘 닐굽 겨지비 주검 해 ᄇᆞ린 수프레 ᄒᆞᄃᆡ 노니다가(七賢女ㅣ 同遊屍多林ᄒᆞ다가) <蒙六 39a>

d. 스나ᄒᆡ와 겨지비 돗글 ᄒᆞᆫ가지로 아니ᄒᆞ며(男女ㅣ 不同席ᄒᆞ며) <小언一 4a>

그리고 'ᄒᆞᄢᅴ'가 [同] 즉 '함께'의 뜻을 가진 부사라는 사실은 다음 예문들에서 잘 확인된다. 원문 중 '同預'가 'ᄒᆞᄢᅴ 븥다'로 번역된다. 'ᄒᆞᄢᅴ'와 'ᄒᆞᄢᅴ'는 제2 음절에서 子音群 'ㅅㄱ~ㅄㄱ'의 交替를 보여 준다.

(27) e. ᄒᆞᄢᅴ 三才 버류믈 븓건마른(同預三才之列ᄒᆞ얀마ᄂᆞᆫ) <蒙六 26b>

### 3.2. 音韻 交替型

音韻의 交替를 보여 주는 副詞들이 同義 關係를 가질 수 있다. 이 경우가 音韻 交替型이다. 音韻 交替에는 母音 交替와 子音 交替가 있다.

同義 關係가 母音 交替를 보여 주는 부사들 사이에 성립된다. 母音 交替에는 陽母音과 陰母音 간의 交替가 있고 陰母音과 陽母音 간의 交替가 있다. 또 陽母音간의 交替가 있고 陽母音과 중립 母音 간의 交替가 있다. 陽母音과 陰母音 간의 交替에는 '아~어'의 交替 및 'ᄋᆞ~으'의 交替가 있다. 陰母音과 陽母音 간의 交替에는 '우~오'의 交替 및 '으~ᄋᆞ'의 交替가 있다. 陽母音간의 交替에는 'ᄋᆞ~오'의 交替가 있고 陽母音과 중립母音 간의 交替에는 '애~이'

의 交替가 있다.

母音 '아~어'의 交替를 보여 주는 부사에는 [卽] 즉 '즉시'의 뜻을 가진 '즉재'와 '즉제'가 있다. 母音 'ᄋ~으'의 交替를 보여 주는 부사에는 [輕] 즉 '가벼이, 가볍게'의 뜻을 가진 '가ᄇᆡ야이'와 '가븨야이'가 있다. 母音 '우~오'의 交替를 보여 주는 부사에는 [加], [益], [愈] 및 [尤] 즉 '더욱'의 뜻을 가진 '더욱'과 '더옥' 그리고 [可] 즉 '可히'의 뜻을 가진 '어루'와 '어로'가 있다. 母音 '으~ᄋ'의 交替를 보여 주는 부사에는 [相] 즉 '서로'의 뜻을 가진 '서르'와 '서ᄅᆞ'가 있다. 母音 'ᄋ~오'의 交替를 보여 주는 부사에는 [直] 즉 '바로, 곧게'의 뜻을 가진 'ᄇᆞᄅᆞ'와 '바로'가 있다. 母音 '애~이'의 交替를 보여 주는 부사에는 [須] 즉 '모름지기, 반드시'의 뜻을 가진 '모로매'와 '모로미'가 있다.

同義 關係가 子音 交替를 보여 주는 부사들 사이에 성립된다. 子音 交替에는 'ㄱ~ㅅ'의 交替와 'ㅈ~ㄷ'의 交替가 있다. 子音 'ㄱ~ㅅ'의 交替를 보여 주는 부사에는 [下] 즉 '나직이'의 뜻을 가진 'ᄂᆞᄌᆞ기/ᄂᆞ즉이'와 'ᄂᆞᄌᆞ시'가 있다. 子音 'ㅈ~ㄷ'의 交替를 보여 주는 부사에는 [但]과 [只] 즉 '오직'의 뜻을 가진 '오직'과 '오딕'이 있다.

<1> 도ᄅᆞ혀 對 도로혀

두 부사가 [反] 즉 '도리어'의 뜻을 가지고 同義 關係에 있다는 것은 다음 예문들에서 잘 확인된다. 원문 중 '反重이'이 '도ᄅᆞ혀 重히 ᄒᆞ다'로 번역되고 '反…損'이 '도로혀 해ᄒᆞ다'로 번역된다. 따라서 두 부사 '도ᄅᆞ혀'와 '도로혀'의 동의성은 명백히 입증된다. 두 부사는 제2 음절에서 母音 'ᄋ~오'의 交替를 보여 준다.

(1) a. 罪 어두믈 도ᄅᆞ혀 重히 ᄒᆞ고(得罪反重이오) <小언五 62a>
    b. 도ᄅᆞ혀 유식ᄒᆞ니의 더러이 너김이 되ᄂᆞ니라(還爲識者鄙니라)

<小언五 24b>
　　c. 도르혀 地獄 苦狀을 싱각ᄒᆞᄂᆞ다(還思地獄苦麽아) <龜上 21a>
(1) d. 이궤 도로혀 스스로 해ᄒᆞ니(금반自損ᄒᆞ니) <小언五 108b>
　　e. 도로혀 개 ᄀᆞᆮᄒᆞᆷ이니라(反類狗者也ㅣ니라) <小언五 14a>

<2> 즉재 對 즉제

　두 부사가 [卽] 즉 '즉시'의 뜻을 가지고 同義 關係에 있다는 것은 다음 예문들에서 잘 확인된다. 원문 중 '卽升'이 '즉재 오르다'로 번역되고 '卽乘服'이 '즉제 ᄐᆞ며 닙다'로 번역된다. 따라서 두 부사 '즉재'와 '즉제'의 동의성은 명백히 입증된다. 두 부사는 제2 음절에서 母音 '아~어'의 交替를 보여 준다. 두 부사의 빈도수를 비교해 보면 '즉제'가 절대적으로 우세하다.

(2) a. 즉재 堂에 올라(卽升堂ᄒᆞ야) <小언六 26b>
　　b. 神會禪師ㅣ 즉재 衆中에 나 ᄉᆞᆯ오ᄃᆡ <龜上 1b>
(2) c. 敢히 즉제(40a) ᄐᆞ며 닙디 몯ᄒᆞᄂᆞ니라(弗敢卽乘服也ㅣ니라)
　　　 <小언二 40b>
　　d. 즉제 손을 들고 ᄂᆞᆺ츨 ᄂᆞᄌᆞ기 ᄒᆞ야(卽上手低面ᄒᆞ야) <小언五 73b>
　　e. 즉제 다시 갈로ᄡᅥ 두 귀를 버히고(卽復以刀로 截兩耳ᄒᆞ고) <小언六 56a>
　　f. 즉제 빙애 아래 ᄠᅥ러뎌 죽거늘(卽投崖下而死커늘) <小언六 61a>
　　g. 늘근 사ᄅᆞᆷ이 즉제 閑暇ᄒᆞᆫ 시절로ᄡᅥ 廣을 위ᄒᆞ야 이 계(82a)교를 닐온대(老人이 卽以閑暇時로 爲廣言此計ᄒᆞ대) <小언六 82b>
　　h. 罪ㅣ 이슈매 즉제 懺悔ᄒᆞ고 業ㅣ 發호매 즉제 慙愧ᄒᆞ면 丈夫의

氣象ㅣ잇ᄂ느니라(有罪애 卽懺悔ᄒᆞ고 發業에 卽慙愧ᄒᆞ면 有丈夫 氣象ᄒᆞ니라) <龜下 56b>

<3> 가ᄇᆡ야이 對 가븨야이

두 부사가 [輕] 즉 '가벼이, 가볍게'의 뜻을 가지고 同義 關係에 있다는 것은 다음 예문들에서 잘 확인된다. 원문 중 '輕自大'가 '가ᄇᆡ야이 스스로 큰 양 ᄒᆞ다'로 번역되고 '自輕'이 '스스로 가븨야이 ᄒᆞ다'로 번역된다. 따라서 두 부사 '가ᄇᆡ야이'와 '가븨야이'의 동의성은 명백히 입증된다. 두 부사는 제2 음절에서 母音 'ᄋᆞ~으'의 交替를 보여 준다.

(3) a. 뼈 가ᄇᆡ야이 스스로 큰 양 ᄒᆞ야 ᄆᆞᄎᆞᆷ애 어듬이 업는 바를 病도이 너기시니라(病…所以輕自大而卒無得也ㅣ시니라) <小諺六 17b>
b. 엇디 가ᄇᆡ야이 ᄒᆞ다(104a) 니ᄅᆞᄂᆞ뇨(何謂輕哉오) <小諺六 104b>
c. 쟈믈을 가ᄇᆡ야이 너기며(輕財ᄒᆞ며) <小諺五 106a>
d. ᄂᆞᆷ 가ᄇᆡ야이 너기디 말라(莫…輕慢他人이어다) <誡初 63a>
(3) e. 스스로 가븨야이 홈이 맛당티 아니ᄒᆞ니이다(不宜自輕이니이다) <小諺六 104a>

<4> 더욱 對 더옥

두 부사가 [加], [益], [愈] 및 [尤] 즉 '더욱'의 뜻을 가지고 同義 關係에 있다는 것은 다음 예문들에서 잘 확인된다. 원문 중 '加行'이 '더욱 힝ᄒᆞ다'로 번역되고 '加遠'이 '더욱 멀다'로 번역된다. '益繁'이 '더욱 하다'로 번역되고 '益

淨'이 '더옥 좋다'로 번역된다. '愈固'가 '더욱 굳다'로 번역되고 '愈恭謹'이 '더옥 공슌호고 삼가다'로 번역된다. 그리고 '尤爲輕薄'이 '더욱 輕薄호다'로 번역되고 '尤大'가 '더옥 크다'로 번역된다. 따라서 두 부사 '더욱'과 '더옥'의 동의성은 명백히 입증된다. 두 부사는 제2 음절에서 母音 '우~오'의 交替를 보여 준다.

(4) a. 바ᄅ 모로매 방변을 모로매 더욱 힝ᄒ야 디혯 히믈 뻐(直須用加行方便智慧之力ᄒ야) <誠初 19b>

b. 가도이며 숑ᄉ홈이 더욱 하믄(而獄訟益繁은) <小言三 27a>

c. ᄌ람애 니르러 더욱(2b) 흉악고 강퍅ᄒᄂ니(到長益凶狠ᄒᄂ니) <小言五 3a>

d. 그 아ᄋ와 누의를 에엿비 너굠을 더욱 두터이 ᄒ야(拊其弟妹益篤ᄒ야) <小言六 32b>

e. 어엿비 녀기며 ᄉ랑홈이 더욱 구더(慈愛愈固ᄒ야) <小言六 51a>

f. 사름이 뜯이 더욱 輕薄ᄒ야(人情이 尤爲輕薄ᄒ야) <小言五 42b>

(4) g. 도는 더옥 멀고(道加遠兮) <誠初 77a>

h. 힝시리 더옥 조ᄒ리니(行門益淨호리라) <誠初 20b>

i. 祥이 더옥 공슌ᄒ고 삼가며(祥이 愈恭謹ᄒ며) <小言六 26a>

j. ᄆ옴애 더옥 근심ᄒ고 셜워ᄒ야(心愈憂苦ᄒ야) <小言六 28b>

k. 그 글롬이 더옥 큰 이 다ᄉ시니(其失尤大者ㅣ 五ㅣ니) <小言五 16a>

l. 司馬溫公이…ᄉ랑홈을 더옥 도타이 ᄒ더니(司馬溫公이…友愛尤篤이러니) <小言六 73b>

<5> 두루 對 두로

두 부사가 [周] 즉 '두루, 둥글게'의 뜻을 가지고 同義 關係에 있다는 것은 다음 예문들에서 잘 확인된다. 원문 중 '周還'이 '두루 돌다'로 번역되고 '두로 돌다'로도 번역된다. 따라서 두 부사 '두루'와 '두로'의 동의성은 명백히 입증된다. 두 부사는 제2 음절에서 母音 '우~오'의 交替를 보여 준다. 두 부사는 [周] 즉 '두르다'의 뜻을 가진 동작동사 '두르다'에서 파생된 것으로 '두루'는 '둘-+-우(부사 형성 접미사)'로 분석되고 '두로'는 '둘-+-오(부사 형성 접미사)'로 분석된다.

(5) a. 두루 돌옴애 規에 맛게 ᄒᆞ고(周還中規ᄒᆞ고) <小언三 18a>
　　b. 나ᅀᆞ며 믈으며 두루 돌오ᄆᆞᆯ 반ᄃᆞ시 禮예 맛게 홀디니(進退周還을 心中禮니) <小언三 19a>
　　c. 두루 돌옴이 可히 법바담즉ᄒᆞ며(周旋可則ᄒᆞ며) <小언四 55a>
　　d. 나ᅀᆞ며 므르며 두루 돌옴애(進退周旋에) <小언二 6b>
(5) e. 두로 돌아 문에 남애(周還出戶애) <小언二 27a>

<6> 보야호로 對 보야호로

두 부사가 [方] 즉 '바야흐로, 이제 막'의 뜻을 가지고 同義 關係에 있다는 것은 다음 예문들에서 잘 확인된다. 원문 중 '方蘇'가 '보야호로 씨다'로 번역되고 '方績'이 '보야흐로 삼 삼다'로 번역된다. 따라서 두 부사 '보야호로'와 '보야흐로'의 동의성은 명백히 입증된다. 두 부사는 제3 음절에서 母音 '오~으'의 交替를 보여 준다.

(6) a. 何子平이…믄득 긔절ᄒᆞ엿다가 보야호로 씨더라(何子平이…頓絶方蘇ᄒᆞ더라) <小언六 29b>
　　b. 公이 보야호로 효도로써 天下를 다ᄉᆞ료ᄃᆡ 阮籍이 重ᄒᆞᆫ 슬픔오로

써 구윌 座의셔 술 마시고 고기 먹기를 허ᄒᆞ니(公이 方以孝治天下而聽阮籍이 以重哀飮酒食肉於公座ᄒᆞ니) <小言五 46a>

c. 내 보야호로 中原에 힘을 닐위려 ᄒᆞ노니(吾ㅣ 方致力中原ᄒᆞ노니) <小言六 107a>

d. 先生이 보야호로 말ᄉᆞᆷ이며 ᄂᆞᆺ비츨 잠깐 ᄂᆞ즈기 ᄒᆞ더라(先生이 方略降辭色하더라) <小言六 4a>

e. 王相國涯ㅣ 보야호로 졍승 位예 이셔(王相國涯ㅣ 方居相位ᄒᆞ야) <小言六 114b>

f. 보야호로 됴ᄒᆞ니(方好ᄒᆞ니) <小言五 97b>

(6) g. 그 어미 보야호로 삼 삼더니(其母ㅣ 方績이러니) <小言四 44a>

h. 보야호로 기는 거슬 것디 아니ᄒᆞ더니(方長不折이러니) <小言四 42a>

<7> 뵈야호로 對 뵈야흐로

두 부사가 [方] 즉 '바야흐로, 이제 막'의 뜻을 가지고 同義 關係에 있다는 것은 다음 예문들에서 잘 확인된다. 원문 중 '方驚駭'가 '뵈야호로 놀라다'로 번역되고 '方招'가 '뵈야호로 블으다'로 번역된다. 따라서 두 부사 '뵈야호로'와 '뵈야흐로'의 동의성은 명백히 입증된다. 두 부사는 제3 음절에서 母音 '오~으'의 交替를 보여 준다.

(7) a. 도적이 뵈야호로 놀라더니(盜方驚駭ᄒᆞ더니) <小言六 61a>

b. 병긔 뵈야호로 셩ᄒᆞ거늘(癘氣ㅣ 方熾어늘) <小言六 67b>

c. 뵈야호로 그 져머신 제(方其幼也야) <小言五 70b>

(7) d. 上이 뵈야흐로 글ᄒᆞᄂᆞᆫ 션븨를 블으더시니(上이 方招文學儒者ㅣ러시니) <小言六 35a>

제2장 固有語간의 同義 **195**

<8> 어루 對 어로

두 부사가 [可] 즉 '可히'의 뜻을 가지고 同義 關係에 있다는 것은 다음 예문들에서 잘 확인된다. 원문 중 '可…超'가 '어루 건내뛰다'로 번역되고 '可捨'가 '어로 ᄇ리다'로 번역된다. 따라서 두 부사 '어루'와 '어로'의 동의성은 명백히 입증된다. 두 부사는 제2 음절에서 母音 '우~오'의 交替를 보여 준다.

(8) a. 어루 凡夫에 건내뛰여 聖位예 드러(可以超凡入聖ᄒ야) <蒙六 12b>
b. 이럴시 어리迷(13a)或호미 기피 어루 어엿브도다(是以로 愚迷ᄒ니 深可憐愍이로다) <蒙六 13b>
c. 이 眞實 므ᅀᅳ믈 아디 몯ᄒᄂᆫ 디 기피 어루 어엿브도다(未得悟此 眞心ᄒᄂᆫ디 深可憐愍ㅣ로다) <蒙六 26a>
d. 이 ᄀᆞ티 어루 能히 졍ᄒᆫ 신심을 내야(如是乃可能生正信ᄒ야) <誡初 17b>
e. 어루 이긔여 니ᄅᆞ디 몯ᄒ리로다(不可勝言이로다) <誡初 41b>
f. 머리 셴 할미ᄂᆞ 어루 子息이 하며 져그며 어딜며 사오나믈 알리어니와 <七大 15a>

(8) g. 어로 ᄇ룔 곧 업소매 다ᄃᆞ라ᅀᅡ(到無可捨處ᄒ야ᅀᅡ) <蒙六 31a>
h. 네 어로 外六塵과 內六根과 中六識과ᄅᆞᆯ 노하(汝可放下外六塵內六根中六識ᄒ야) <蒙六 30b>
i. 어로 思量티 몯홀 고대 나ᅀᅡ가(就不可思量處ᄒ야) <龜上 16b>
j. 達摩ㅣ 니ᄅᆞ샤ᄃᆡ…어로 道애 드ᄂᆞ니라 ᄒ시니라 <七大 22b>

<9> 서르 對 서ᄅᆞ

두 부사가 [相] 즉 '서로'의 뜻을 가지고 同義 關係에 있다는 것은 다음 예문들에서 잘 확인된다. 원문 중 '相愛'가 '서르 ᄉᆞ랑ᄒᆞ다'로 번역되고 '相親愛'가 '서르 親ᄒᆞ며 ᄉᆞ랑ᄒᆞ다'로 번역된다. '相學'이 '서르 빈호다'로도 번역되고 '서ᄅᆞ 빈호다'로도 번역된다. 그리고 '相親'이 '서르 親ᄒᆞ다'로도 번역되고 '서ᄅᆞ 親ᄒᆞ다'로도 번역된다. 따라서 두 부사 '서르'와 '서ᄅᆞ'의 동의성은 명백히 입증된다. 두 부사는 제2 음절에서 母音 '으~ᄋᆞ'의 交替를 보여 준다.

(9) a. 믄득 五衰 서르 나타(忽爾五衰相現ᄒᆞ야) <蒙六 16a>
  b. 서ᄅᆞ 飮食을 머고ᄃᆡ(適相食噉ᄒᆞᄃᆡ) <蒙六 9a>
  c. 能히 서르 ᄉᆞ랑티 아니티 몯ᄒᆞᄂᆞ니라(不能不相愛也ㅣ니라) <小언五 71a>
  d. 서르 즐겨 ᄉᆞ랑홈을 삼ᄂᆞ니(爲相歡愛ᄒᆞᄂᆞ니) <小언五 76b>
  e. 서르 빈호려 요구티 아니코(不要相學이오) <小언五 76a>
  f. 날로 서르 親ᄒᆞ(77a)야 여허ᄒᆞ야(日相親與ᄒᆞ야) <小언五 77b>
  g. 태우와 士ㅣ 서르 봄애(大夫士ㅣ相見에) <小언二 69b>
  h. ᄉᆞ나히와 겨지비…서르일홈을 아디 아니ᄒᆞ며(男女ㅣ…不相知名ᄒᆞ며) <小언二 45b>
(9) i. 모매 그림재와 소리예 향이 서르 좃듯 ᄒᆞ논 들 기피 신호리라(深信…影響相從이니라) <誡初 9b>
  j. 닐온 말ᄉᆞᆷ과 行實괘 서ᄅᆞ 어긘 사ᄅᆞ미로다(所謂言行이 相違者也ㅣ로다) <龜上 22b>
  k. 모든 며ᄂᆞ리 쏘 서ᄅᆞ 親ᄒᆞ며 ᄉᆞ랑ᄒᆞ야(諸婦ㅣ亦相親愛ᄒᆞ며) <小언六 87b>
  l. 兄弟 맛당히 서ᄅᆞ ᄉᆞ랑ᄒᆞ고 서ᄅᆞ 빈호려티 아니홈을 닐옴이니(言兄弟ㅣ宜相好ㅣ오不要相學이니) <小언五 75b>
  m. 우콰 아래 能히 서ᄅᆞ 親ᄒᆞᄂᆞ니라(上下ㅣ能相親也ㅣ니라) <小

제2장 固有語간의 同義   197

언二 42b>
n. 摯룰 잡아 뻐 서르 봄은(執摯以相見은) <小언二 49a>

그리고 '서로'가 [相]의 뜻을 가진 부사라는 사실은 다음 예문들에서 잘 확인된다. 부사 '서로'는 『蒙山和尙六道普說諺解』(1567)에 처음으로 등장한다.

(9) o. 一定히 上品므로 서로 기드리시ᄂ니(決以上品오로 相待ᄒ시ᄂ니) <蒙六 42a>
   p. 서로 ᄉ양ᄒ야 ᄃ토디 말며(須相讓不諍ᄒ며) <誡初 10b>

<10> 바ᄅ 對 바로

두 부사가 [直] 즉 '바로, 곧게'의 뜻을 가지고 同義 關係에 있다는 것은 다음 예문들에서 잘 확인된다. 원문 중 '直指'가 '바ᄅ ᄀᄅ치다'로도 번역되고 '바로 ᄀᄅ치다'로 번역된다. 따라서 두 부사 '바ᄅ'와 '바로'의 동의성은 명백히 입증된다. 두 부사는 제2 음절에서 母音 'ᄋ~오'의 交替를 보여 준다.

(10) a. ᄌ셔히 바ᄅ ᄀᄅ쵸리니(細詳直指호리니) <蒙六 5a>
   b. 시혹 다믄 다믄 바ᄅ ᄀᄅ치샤믄(或單單直指ᄒ샤믄) <蒙六 21a>
   c. 우희 諸德은 바ᄅ 一心을 ᄀᄅ치시고(上來諸德은 直指一心ᄒ시고) <龜下 44b>
   d. ᄒ다가 바ᄅ 드러 이 ᄆᅀᆞ믈 알면(若直下애 悟明此心ᄒ면) <蒙六 19b>
   e. 바ᄅ 드러 눈 뼈(直下애 著眼ᄒ야) <蒙六 36b>
   f. 바ᄅ 드러 疑心믈 어름 눗듯 ᄒ고(直下애 疑情을 氷釋ᄒ고)

<蒙六 25b>
  g. 바ᄅ 모로매 방변을 모르매 더욱 힘ᄒᆞ야 디헷 히믈 뼈(直須用加
  行方便智慧之力ᄒᆞ야) <誡初 19b>
(10) h. 山僧이 오직 爲ᄒᆞ야 다ᄆᆞᆫ 자바 바로 ᄀᆞᄅᆞ치나(山僧이 特爲單提
  直指ᄒᆞ나) <蒙六 26a>

<11> 모로매 對 모로미

두 부사가 [須] 즉 '모름지기, 반드시'의 뜻을 가지고 同義 關係에 있다는 것은 다음 예문들에서 잘 확인된다. 원문 중 '切須'가 '모디 모로매'로도 번역되고 '모디 모로미'로도 번역된다. 그리고 '須遠離'가 '모로매 머리 여희다'로 번역되고 '須…守護'가 '모로미…간ᄉᆞᄒᆞ야 딕희다'로 번역된다. 따라서 두 부사 '모로매'와 '모로미'의 동의성은 명백히 입증된다. 두 부사는 제3 음절에서 母音 '애~이'의 교체를 보여 준다.

(11) a. 모디 모로(12a)매 졍념을 구디 디녀(切須堅持正念ᄒᆞ야) <誡初 12b>
  b. 반ᄃᆞ기 모로매 ᄆᆞᅀᆞᆷᄋᆞᆯ 뷔워셔 드르면(當須虛懷聞之ᄒᆞ면) <誡初 14b>
  c. 모로매 모딘 버드란 머리 여희고(須遠離惡友ᄒᆞ고) <誡初 1a>
  d. 모로매 명산ᄋᆞᆯ 향ᄒᆞ야(須向名山ᄒᆞ야) <誡初 70a>
  e. 모로매 미더 디녀(須信持ᄒᆞ야) <誡初 46b>
(11) f. 모디 모로미 힘ᄡᅳ디어다(切須勉之어다) <誡初 21a>
  g. 모로미 ᄌᆞ빗 ᄆᆞᅀᆞᆷᄋᆞ로 간ᄉᆞᄒᆞ야 딕희며(須慈心ᄋᆞ로 守護ᄒᆞ며) <誡初 5b>

<12> ᄂᄌ기/ᄂ죡이 對 ᄂᄌ시

두 부사 'ᄂᄌ기/ᄂ죡이'와 'ᄂᄌ시'가 [下] 즉 '나직이'의 뜻을 가지고 同義 關係에 있다는 것은 다음 예문들에서 확인된다. 원문 중 '下氣'가 '긔운을 ᄂᄌ기 ᄒ다'와 '긔운을 ᄂ죡이 ᄒ다'로도 번역되고 '긔운을 ᄂᄌ시 ᄒ다'로도 번역된다. 따라서 'ᄂᄌ기/ᄂ죡이'와 'ᄂᄌ시'의 동의성은 명백히 입증된다. 두 부사 'ᄂᄌ기'와 'ᄂᄌ시'는 제3 음절 어두에서 子音 'ㄴ~ㅅ'의 交替를 보여 준다. 부사 'ᄂᄌ시'는 『소학언해』에 처음으로 등장한다.

(12) a. 긔운을 ᄂᄌ기 ᄒ며 소리를 화열히 ᄒ야(下氣怡聲ᄒ야) <小언二 3a>
 b. 소리를 화히 ᄒ고 긔운을 ᄂ죡이 ᄒ며(怡聲下氣ᄒ며) <小언五 104b>
(12) c. 긔운을 ᄂᄌ시 ᄒ며 ᄂᆺ빗츨 화열히 ᄒ며 소리를 부들어이 ᄒ야 ᄡ 諫ᄒᆯ디니(下氣怡色柔聲以諫이니) <小언二 21b>
 d. 봄을 반ᄃ시 ᄂᄌ시 ᄒ며(視必下ᄒ며) <小언三 10b>

<13> 오직 對 오딕

두 부사가 [但]과 [只] 즉 '오직'의 뜻을 가지고 同義 關係에 있다는 것은 다음 예문들에서 잘 확인된다. 원문 중 '但堅'이 '오직 구디 ᄒ다'로 번역되고 '但療'가 '오딕 고티다'로 번역된다. 그리고 '只…迷眞'이 '오직 眞常을 모ᄅ다'로 번역되고 '只…七賢女'가 '오딕 닐굽 겨집'으로 번역된다. 따라서 두 부사 '오직'과 '오딕'의 동의성은 명백히 입증된다. 두 부사는 제2 음절에서 子音 'ㅈ~ㄷ'의 交替를 보여 준다. 부사 '오딕'은 16세기 후반에 처음으로 등장한다.

(13) a. 오직 內心에 我신이 나타 잇ᄂ니(但內心에 見有我人ᄒ니) <蒙
六 22b>

　　b. 오직 닙지와 절개를 구디 ᄒ야(但堅志節ᄒ야) <誠初 20a>

　　c. 오직 衆生이 眞常을 몰라 妄常을 조차(只爲衆生이 迷眞逐妄ᄒ
여) <蒙六 21a>

　　d. 오직 모로매 모든 佛子로 妄常을 背判ᄒ고 眞常애 도라가(只要
諸佛子로 返妄歸眞ᄒ야) <蒙六 21a>

　　e. 오직 人道이 ᄯ로 勝ᄒ니(雖有人道이 殊勝ᄒ니) <蒙六 12b>

(13) f. 오딕 얼굴 여위시드로믈 고텨 도업 일우믈 위ᄒ며(但療形枯ᄒ
야 爲成道業ᄒ며) <誠初 7a>

　　g. 오딕 西天國에 어딘 닐굽 겨지비(只如西天七賢女이) <蒙六
39a>

## 3.3. 音韻 脫落型 및 音韻 添加型

### A. 音韻 脫落型

어떤 부사가 그것 중의 한 音韻의 脫落으로 생긴 부사와 同義 關係를 가질 수 있는데 이 경우가 音韻 脫落型이다. 音韻 脫落에는 母音 脫落이 있다. 母音 脫落에는 半母音 [y]의 脫落이 있다. 半母音 [y]의 脫落에는 [易] 즉 '쉬이, 쉽게'의 뜻을 가진 '쉬이'와 '수이' 그리고 [何]와 [豈] 즉 '어찌'의 뜻을 가진 '엇뎨'와 '엇뎌'가 있다.

<1> 쉬이 對 수이

두 부사가 [易] 즉 '쉬이, 쉽게'의 뜻을 가지고 同義 關係에 있다는 것은 다

음 예문들에서 잘 확인된다. 원문 중 '甚易'가 'ᄀ장 쉬이 너기다'로 번역되고 '易曉'가 '수이 알다'로 번역된다. 따라서 '쉬이'와 '수이'의 동의성은 명백히 입증된다. 부사 '수이'는 부사 '쉬이'의 첫 음절의 母音 '이'가 탈락된 것이다.

(1) a. 劉公이 처어믜 ᄀ장 쉬이 너기더니(劉公이 初甚易之ㅣ러니) <小言六 123b>
(1) b. 이젯 사ᄅ미 수이 아디 몯홀 거시니(今人이 未易曉ᄒ니) <小言 五 7a>
c. 사ᄅᆷ이 수이 알과댜 ᄒ야(欲人易曉ᄒ야) <小言 凡例 1a>
d. 녯 害ᄂᆞᆫ 갓가와 수이 알리러니(昔之害ᄂᆞᆫ 近而易知러니) <小言 五 119a>

<2> 엇뎨 對 엇뎌 對 엇디

세 부사가 [何]와 [豈] 즉 '어찌'의 뜻을 가지고 同義關係에 있다는 것은 다음 예문들에서 잘 확인된다. 원문 중 '何用'이 '엇뎨 쓰다'로 번역되고 '何謂'가 '엇뎨오'와 '엇뎌오'로 번역되고 '何爲'가 '엇디…ᄒ다'로 번역된다. 그리고 '豈無'가 '엇뎨 없다'로 번역되고 '豈有'가 '엇뎌 잇다'로도 번역되고 '엇디 잇다'로도 번역된다. 따라서 세 부사 '엇뎨', '엇뎌' 및 '엇디'의 동의성은 명백히 입증된다. 부사 '엇뎌'는 '엇뎨'의 반母音 [y]가 脫落된 것이고 부사 '엇디'는 '엇뎨'의 母音 '여'가 脫落된 것이다. 세 부사의 빈도수를 비교해 보면 '엇디'가 제일 많다.

(2) a. 엇뎨 一切法을 쓰리오(何用一切法이리오) <蒙六 21b>
b. 諸佛子도 쏘 반ᄃᆞ기 믄득 알올디어다 엇뎨오(諸佛子도 亦當頓悟이어다 何謂오) <蒙六 21b>

c. 후에 참션홀 사ᄅ민들 엇뎨 녯 죵젹을(56b) 븓디 아니ᄒ료(後來 參禪者들흔 何不依古蹤이리오) <誡初 57a>
   d. 公이 글오듸 올타 엇뎨 닐온 威儀오(公曰善哉라 何謂威儀오) <小언四 53a>
   e. 舜이…엇뎨 그(7a) 블으지져 우르시니잇고(舜이…何爲其號泣也 ㅣ시고) <小언四 7b>
   f. 엇뎨 疑心이 업스리오만ᄅᆫ(豈無疑碍리오마ᄂᆞᆫ) <蒙六 23b>
   g. 엇뎨 아니 본가(豈不見가) <蒙六 21b>
   h. 엇뎨 能히 버서 ᄇ리리오(焉能解脫이리오) <蒙六 23b>
   i. 네 이제 글오듸 엇뎨 스스로 편안티 아니ᄒᄂᆞ뇨(爾今日胡不自安 고 ᄒ니) <小언四 46b>
(2) j. 부톄라 호ᄆᆫ 엇뎌오(成佛者ᄂᆞᆫ 何謂오) <蒙六 33b>
   k. 各別히 見性神通을 求ᄒ면 엇뎌 休歇홀 時節이 이시리오(別求見 性神通則豈有休歇時ㅣ리오) <龜上 7b>
   l. 釋迦도 외히려 아디 몯ᄒ시곤 迦葉ㅣ 엇뎌 傳得ᄒ료 <龜上 1a>
   m. 靈山會上애 엇뎌 行實 업스신 부톄 계시며 少林門下애 엇뎌 妄 語ᄒ시ᄂᆞᆫ 祖師ㅣ 계시료 <龜下 36a>
   n. 祖ㅣ 니ᄅᆞ샤듸…네 엇뎌 本源ㅣ니 佛性ㅣ니 구러 일홈 진ᄂᆞᆫ다 ᄒ시니 <龜上 1b>
(2) o. 쏘 엇디 쇼롸로 결당ᄒ야 노니리오(復何白衣結黨遊리오) <誡初 69b>
   p. 엇디 스스로 슈고를 이러트시 ᄒᄂᆞ뇨(何爲自苦如此오) <小언六 73a>
   q. 집을 엇디 맛당히 덥프리오(屋何宜覆ㅣ리오) <小언六 30a>
   r. 네 오히려 엇디 도라오뇨(女尙何歸오) <小언四 33a>
   s. ᄯᆞᆯ이 글오듸(3b)…엇디 뼈 시러곰 가리오 ᄒ고(女ㅣ曰…何以得

제2장 固有語간의 同義 203

去ㅣ리오 ᄒ고) <小언四 37a>
t. 엇디 能히 눔을 害ᄒ리오(豈能害人이리오) <小언五 61b>
u. 엇디 工夫ㅣ 다ᄅᆫ 사ᄅᆷ을 낟낟치 출홈이 이시리오(豈有工夫ㅣ 點檢他人耶ㅣ리오) <小언五 94b>
v. 그ᄃᆡ네는 엇디 君子ㅣ 되디 아니ᄒᄂ뇨(諸君은 何有爲君子오) <小언五 30b>
w. 죵놈과 엇디 다ᄅ리오(厮養何殊ㅣ리오) <小언五 17b>

### b. 音韻 添加型

어떤 부사가 그것 중에 한 音韻을 添加하여 만들어진 부사와 同義 關係를 가질 수 있다. 이 경우가 音韻 添加型이다. 音韻 添加에는 母音 添加가 있다. 母音 添加에는 半母音 [y]의 添加가 있다. 半母音 [y]의 添加에는 [尙]과 [猶] 즉 '오히려'의 뜻을 가진 '오히려'와 '외히려'가 있다.

<1> 보야호로 對 뵈야호로

두 부사가 [方] 즉 '바야흐로, 이제 막'의 뜻을 가지고 同義 關係에 있다는 것은 다음 예문들에서 잘 확인된다. 원문 중 '方蘇'가 '보야호로 씌다'로 번역되고 '方驚駭'가 '뵈야호로 놀라다'로 번역된다. 그리고 '方好'가 '보야호로 둏다'로 번역되고, '方熾'가 '뵈야호로 셩ᄒ다'로 번역된다. 따라서 '보야호로'와 '뵈야호로'의 동의성은 명백히 입증된다. '뵈야호로'는 '보야호로'의 첫 음절의 母音 '오'에 半母音 [y]가 첨가된 것이다.

(1) a. 何子平이…믄득 긔절ᄒ엿다가 보야호로 씌더라(何子平이…頓絶方蘇ᄒ더라) <小언六 29b>

b. 公이 보야호로 효도로뻐 天下를 다스료딕 阮籍이 重호 슬픔오로
뻐 구윌 座의셔 술 마시고 고기 먹기를 허ᄒᆞ니(公이 方以孝治天
下而聽阮籍이 以重哀飲酒食肉於公座ᄒᆞ니) <小언五 46a>
c. 내 보야호로 中原에 힘을 닐위려 ᄒᆞ노니(吾ㅣ 方致力中原ᄒᆞ노
니) <小언六 107a>
d. 先生이 보야호로 말ᄉᆞ미며 ᄂᆞᆺ비츨 잠깐 ᄂᆞ즈기 ᄒᆞ더라(先生이
方略降辭色하더라) <小언六 4a>
e. 王相國涯ㅣ 보야호로 졍승 位예 이셔(王相國涯ㅣ 方居相位ᄒᆞ
야) <小언六 114b>
f. 보야호로 됴ᄒᆞ니(方好ᄒᆞ니) <小언五 97b>
(1) g. 도적이 뵈야호로 놀라더니(盜方驚駭ᄒᆞ더니) <小언六 61a>
b. 병긔 뵈야호로 셩ᄒᆞ거늘(瘵氣ㅣ 方熾어늘) <小언六 67b>
c. 뵈야호로 그 져머신 제(方其幼也야) <小언五 70b>

<2> 보야흐로 對 뵈야흐로

두 부사가 [方] 즉 '바야흐로, 이제 막'의 뜻을 가지고 同義 關係에 있다는 것은 다음 예문들에서 잘 확인된다. 원문 중 '方績'이 '보야흐로 삼 삼다'로 번역되고 '方招'가 '뵈야흐로 블으다'로 번역된다. 따라서 두 부사 '보야흐로'와 '뵈야흐로'의 동의성은 명백히 입증된다. 부사 '뵈야흐로'는 '보야흐로'의 첫 음절에 半母音 [y]가 첨가된 것이다.

(2) a. 그 어미 보야흐로 삼 삼더니(其母ㅣ 方績이러니) <小언四 44a>
b. 보야흐로 기는 거슬 것디 아니ᄒᆞ더니(方長不折이러니) <小언四 42a>
(2) c. 上이 뵈야흐로 글ᄒᆞᄂᆞᆫ 션비를 블으더시니(上이 方招文學儒者

제2장 固有語간의 同義 205

] 러시니) <小언六 35a>

### <3> 오히려 對 외히려

두 부사가 [尙]과 [猶] 즉 '오히려'의 뜻을 가지고 同義 關係에 있다는 것은 다음 예문들에서 잘 확인된다. 원문 중 '尙不然'이 '오히려 올티 몯ㅎ다'로 번역되고 '尙不得'이 '외히려 얻디 몯ㅎ다'로 번역된다. 따라서 두 부사 '오히려'와 '외히려'의 동의성은 명백히 입증된다. 부사 '외히려'는 '오히려'의 첫 음절에 반母音 [y]가 添加된 것이다.

(3) a. ᄂᆞ믹 공ᄋᆞ로 잇비 ᄒᆞ야 날 니케 홈도 오히려 올티 몯ㅎ고ᄂ(勞彼功而利我도 尙不然也ㅣ온) <誡初 50a>
    b. 오히려 다와기 근홈이어니와(尙類鶩者也어니와) <小언五 14a>
    c. 네 오히려 엇디 도라오뇨(女尙何歸오) <小언四 33a>
    d. 오히려 利益 업스리라(猶無益也ㅣ리라) <龜下 47a>
(3) e. 외히려 비륵머근 여ᇫ 몸도 얻디 몯ㅎ리온(尙不得疥癩野干之身ㅣ온) <龜下 36a>
    f. 釋迦도 외히려 아디 몯ᄒᆞ시곤 迦葉이 엇뎌 傳得ᄒᆞ료 <龜上 1a>

### <4> 이믜 對 이믯

두 부사가 [旣] 즉 '이믜'의 뜻을 가지고 동의 관계에 있다는 것은 다음 예문들에서 잘 확인된다. 원문 중 '旣得'이 '이믜 得ㅎ다'로도 번역되고 '이믯 얻다'로도 번역된다. 따라서 '이믜'와 '이믯'의 동의성은 명백히 입증된다.

(4) a. 이믜 得ᄒᆞ얀 失홈을 患失之ᄒᆞᄂᆞ니(旣得之ᄒᆞ얀 患失之ᄒᆞᄂᆞ니)

<論언四 38b>
b. 이믜 어더는 일흘가 근심ᄒᆞᄂᆞ니(既得之ᄒᆞ얀 患失之ᄒᆞᄂᆞ니) <小언二 43b>

<5> 일즉 對 일쯕

두 부사가 [嘗] 즉 '일찍'의 뜻을 가지고 동의 관계에 있다는 것은 다음 예문들에서 잘 확인된다. 원문 중 '嘗'이 '일즉'으로도 번역되고 '일쯕'으로도 번역된다. 따라서 '일즉'과 '일쯕'의 동의성은 명백히 입증된다.

(5) a. 일즉 偃의 집의 니ᄅᆞ디 아니ᄒᆞᄂᆞ닝이다(未嘗至於偃之室也ᄒᆞᄂᆞ닝이다) <小언四 47b>
b. 일쯕 偃의 室에 니르디 아니ᄒᆞᄂᆞ닝이다(未嘗至於偃之室也ᄒᆞᄂᆞ닝이다) <論언二 7b>

<6> 일즉이 對 일쯔기

두 부사가 [嘗] 즉 '일찍이'의 뜻을 가지고 동의 관계에 있다는 것은 다음 예문들에서 잘 확인된다. 원문 중 '嘗'이 '일즉이'로도 번역되고 '일쯔기'로도 번역된다. 따라서 '일즉이'와 '일쯔기'의 동의성은 명백히 입증된다.

(6) a. 녜 내 벋이 일즉이 예 일 삼아 ᄒᆞ더니라(昔者吾友ㅣ 嘗從事於斯矣러니라) <小언四 40a>
b. 녜 내 버디 일쯔기 예 從事ᄒᆞ더니라(昔者吾友ㅣ 嘗從事於斯矣러니라) <論언二 31a>

### 3.4. 派生型

　동일한 語根에서 派生된 두 부사가 同義 關係를 가질 수 있고, 부사와 부사어가 同義 關係를 가질 수 있다. 이 경우가 派生型이다. 두 부사에서의 同義 關係의 예로 [始] 즉 '비로소'의 뜻을 가진 '비르소'와 '비릇'이 있고 [嚴]과 [莊] 즉 '엄하게, 엄숙하게'의 뜻을 가진 '싁싁기/싁싁이'와 '싁싁히'가 있다. 부사와 부사어가 同義 關係를 가지는 경우에는 [黙] 즉 '묵묵히'의 뜻을 가진 '줌줌코'와 '줌줌ᄒ야'가 있다.

　<1> 비르소 對 비릇

　두 부사가 [始] 즉 '비로소'의 뜻을 가지고 同義 關係에 있다는 것은 다음 예문들에서 잘 확인된다. 원문 중 '始爲'가 '비르소 밍글다'로 번역되고 '始有'가 '비릇 잇다'로 번역된다. 따라서 두 부사 '비르소'와 '비릇'의 동의성은 명백히 입증된다. 두 부사는 [始] 즉 '비릇하다'의 뜻을 가진 동사 '비릇다'에서 派生된 부사이다. '비르소'는 어간 '비릇-'과 부사 형성 접미사 '-오'의 결합이고 '비릇'은 어간 '비릇-'의 零變化(zero modificaation)이다.

　　(1) a. 紂ㅣ 비르소 샹아져를 밍글거늘(紂ㅣ 始爲象箸ㅣ어늘) <小언四 24b>
　　　b. 비르소 禮를 비호며(始學禮ᄒ며) <小언一 5b>
　　　c. 비르소 스나히 이를 다스리며(始理男事ᄒ며) <小언一 6a>
　　　d. 비르소 머리옛 服을 쓰이노니(始加元服ᄒ노니) <小언三 19b>
　　　e. 비르소 녀억의 能히 서르 뎐염티 몯ᄒᄂ는 줄을 알와라(始知疫勵之不能相染也ㅣ 와라) <小언六 68b>
　　　f. 易의 병이 비르소 이틀이러니(易疾이 始二日이러니) <小언六

28a>

(1) g. ᄆᆞᅀᆞ미 木石 ᄀᆞ튼 사ᄅᆞ미ᅀᅡ 비릇 道 비홀 分ㅣ 이시리라(心如不石者ㅣᅀᅡ 始有學道分ᄒᆞ리라) <龜上 19b>

　　h. 自家 背信ᄒᆞ야 點頭혼 사ᄅᆞ미라ᅀᅡ 비릇 말ᄉᆞᆷ 닐울 分ㅣ 이시리라 (自肯點頭者ㅣᅀᅡ 始有學道分ᄒᆞ리라) <龜上 19b>

　　i. 人身 일후미 비릇 이 苦ㅣ라 ᄒᆞ시니라(失人身이 始是苦也ㅣ라) <龜下 54b>

<2> 싁싁기/싁싁이 對 싁싁히

두 부사가 [嚴]과 [莊] 즉 '엄하게, 엄숙하게'의 뜻을 가지고 同義關係에 있다는 것은 다음 예문들에서 잘 확인된다. 원문 중 '嚴守'가 '싁싁기 디킈다'로 번역되고 '嚴臨下'가 '싁싁히 아래를 臨ᄒᆞ다'로 번역된다. 그리고 '色容莊'이 'ᄂᆞᆾ비치 양은 싁싁이 ᄒᆞ다'로 번역되고 '容貌…莊'이 '얼굴 모양을…싁싁히 ᄒᆞ다'로 번역된다. 따라서 '싁싁기/싁싁이'와 '싁싁히'의 동의성은 명백히 입증된다. 부사 '싁싁기/싁싁이'는 상태동사 '싁싁ᄒᆞ다'의 어근 '싁싁-'과 부사 형성 접미사 '-이'의 결합이고 부사 '싁싁히'는 상태동사 '싁싁ᄒᆞ다'의 어간 '싁싁ᄒᆞ-'와 접미사 '-이'의 결합이다.

(2) a. 모로매 더옥 싁싁기 디킈며(必加嚴守ᄒᆞ며) <誡初 56a>

　　b. ᄂᆞᆾ 빗치 양은 싁싁이 홀디니라(色容莊이니라) <小언三 12a>

(2) c. 싁싁히 아래를 臨ᄒᆞ샤ᄃᆡ ᄒᆞ야ᄇᆞ리디 아니ᄒᆞ실시(嚴臨下而不毀傷ᄒᆞ실시) <小언四 22a>

　　d. 싁싁히 반ᄃᆞ시 그 거동 소리를 드롬이 이시며(肅然必有聞乎其容聲ᄒᆞ며) <小언二 27a>

e. 얼굴 모양을 반드시 단정ᄒᆞ고 싁싁히 ᄒᆞ며(容貌를 必端莊ᄒᆞ며)
   <小언五 96a>

<3> 좀좀코 對 좀좀ᄒᆞ야

부사 '좀좀코'와 부사어 '좀좀ᄒᆞ야'가 [黙] 즉 '묵묵히'의 뜻을 가지고 同義 關係에 있다는 것은 다음 예문들에서 잘 확인된다. 원문 중 '黙無言說'이 '좀 좀코 말ᄒᆞ디 아니ᄒᆞ다'로 번역되고 '黙坐'가 '좀좀ᄒᆞ야 앉다'로 번역된다. 따라서 '좀좀코'와 '좀좀ᄒᆞ야'의 동의성은 명백히 입증된다. 부사 '좀좀코'는 상태동사 '좀좀ᄒᆞ다'의 어간 '좀좀ᄒᆞ-'와 어미 '-고'의 결합인 '좀좀ᄒᆞ고'의 縮約形이고 부사어 '좀좀ᄒᆞ야'는 '좀좀ᄒᆞ다'의 어간 '좀좀ᄒᆞ-'와 어미 '-야'의 결합이다.

(3) a. 모로매 좀좀코 말ᄒᆞ디 아니ᄒᆞ야(須黙無言說ᄒᆞ야) <誡初 7a>
   b. 좀좀ᄒᆞ야 안자셔 관ᄒᆞ딕(黙坐觀之ᄒᆞ딕) <誡初 7a>

## 4. 冠形詞類에서의 同義

固有語의 冠形詞類에서 확인되는 同義 關係는 크게 둘로 나누어 고찰할 수 있다. 첫째는 冠形詞간의 同義이고 둘째는 冠形詞와 冠形詞形 간의 동의이다.

### 4.1. 冠形詞간의 同義

固有語의 冠形詞 사이에 형성되는 동의에는 [何] 즉 '무슨'의 뜻을 가진 '므스'와 '므슴'을 비롯하여 [何] 즉 '어느, 무슨, 어떤'의 뜻을 가진 '어느'와 '어느'와 '어늬', [何] 즉 '어떤, 무슨'의 뜻을 가진 '엇던'과 '므슴', [何] 즉 '어떤'의 뜻을 가진 '엇던'과 '엇단'과 '엇딘', [諸] 즉 '여러'의 뜻을 가진 '여러'와 '모든' 그리고 [自]와 [自家] 즉 '저의'라는 뜻을 가진 '제'와 '자내'가 있다.

<1> 므스 對 므슴

두 관형사가 [何] 즉 '무슨'의 뜻을 가지고 同義 關係에 있다는 것은 다음 예문들에서 잘 확인된다. 원문 중 '何事'가 '므스 일'로 번역되고 '何辜'가 '므슴 죄'로 번역된다. 따라서 '므스'와 '므슴'의 동의성은 명백히 입증된다.

(1) a. 몬져 모롬이 뻐 學을 ᄒᆞᄂᆞᆫ 배 므스 일인고 ᄒᆞ여 출화 아라(先須理會所以爲學者ㅣ 何事오 ᄒᆞ야) <小언五 112a>
b. 世間에 므(48b)스 일이 밧븐 後를 因ᄒᆞ야셔 그르디 아니ᄒᆞᄂᆞ뇨 (世間甚事ㅣ 不因忙後錯了오) <小언六 48b>
(1) c. 님금이 허믈이 잇거시든 (26b) 죽으모로써 간티 아니ᄒᆞ면 곧 百姓은 므슴 죄오 ᄒᆞ고(君有過而不以死爭이면 則百姓은 何辜오 ᄒᆞ고) <小언四 26b>

<2> 어느 對 어느 對 어늬

세 관형사가 [何] 즉 '어느, 무슨, 어떤'의 뜻을 가지고 同義 關係에 있다는 것은 다음 예문들에서 잘 확인된다. 원문 중 '何處'가 '어느 곧'으로 번역되고 '何生'이 '어느 生'으로 번역되고 '何顔'이 '어느 ᄂᆞᆺ'으로 번역된다. 따라서 '어느', '어느' 및 '어늬'의 동의성은 명백히 입증된다. 두 관형사 '어느'와 '어느'는 제2 음절에서 母音 '으~ᄋᆞ'의 交替를 보여 준다. 관형사 '어늬'는 '어느'의 제2

음절에 半母音 [y]가 添加된 것이다.

 (2) a. 어느 고대 모든 惡道이 이시며(何處에 有諸惡道이며) <蒙六 32a>
   b. 어느 저긔 여희여 나리오(何時出離리오) <誡初 80b>
 (2) c. 다시 어느 生을 기드려(更待何生ᄒᆞ야) <龜上 21a>
 (2) d. 이제 어늬 ᄂᆞᆾ로 ᄉᆞ당이 들어가리오(今何顔入家廟乎ㅣ리오) <小언五 80b>
   e. 潘起 긔롱ᄒᆞ야 닐오ᄃᆡ(48a)…어늬 代예 어던 사ᄅᆞᆷ이 업스리오 ᄒᆞ더라(潘起ㅣ譏之曰…何代無賢이리오 ᄒᆞ더라) <小언五 48b>
   f. 屠者이 닐오ᄃᆡ 뎌 소니 어늬 거시 精티 아니료 ᄒᆞ야ᄂᆞᆯ <龜下 4b>

<3> 엇던 對 므슴

두 관형사가 [何] 즉 '어떤, 무슨'의 뜻을 가지고 同義 關係에 있다는 것은 다음 예문들에서 잘 확인된다. 원문 중 '何心'이 '엇던 ᄆᆞᅀᆞᆷ'으로도 번역되고 '므슴 ᄆᆞᅀᆞᆷ'으로도 번역된다. 그리고 '何德'이 '엇던 덕'으로 번역되고 '何辜'가 '므슴 죄'로 번역된다. 따라서 '엇던'과 '므슴'의 동의성은 명백히 입증된다.

 (3) a. 이 眞實로 엇던 ᄆᆞᅀᆞ미어뇨(是誠何心哉오) <龜下 53a>
   b. ᄯᅩ 홀로 엇던 ᄆᆞᅀᆞᆷ고(亦獨何心고) <小언六 93b>
   c. 비록 츌가ᄒᆞᆫᄃᆞᆯ 엇던 덕이 이시리오(雖復出家인ᄃᆞᆯ 何德之有이리오) <誡初 75b>
 (3) d. ᄂᆞ미 거시 므슴 ᄆᆞᅀᆞ미 이시리오(他物에 有何心ㅣ리오) <誡初 53b>

e. 곧 글오디(26a)…곧 百姓은 므슴 죄오 ᄒᆞ고(則曰…則百姓何辜오 ᄒᆞ고) <小諺四 26b>

## <4> 엇던 對 엇단 對 엇딘

세 관형사가 [何] 즉 '어떤'의 뜻을 가지고 同義 關係에 있다는 것은 다음 예문들에서 잘 확인된다. 원문 중 '何心'이 '엇던 ᄆᆞᄉᆞᆷ'으로 번역되고 '何賊人' 이 '엇단 盜賊으로 번역되고 '何故'가 '엇딘 연고'로 번역된다. 따라서 세 부사 '엇던', '엇단' 및 '엇딘'의 동의성은 명백히 입증된다. 세 부사는 제2 음절에서 母音 '어~아~이'의 交替를 보여 준다.

(4) a. 이 眞實로 엇던 ᄆᆞᄉᆞ미어뇨(是誠何心哉오) <龜下 53a>
  b. 쏘 홀로 엇던 ᄆᆞᄋᆞᆷ고(亦獨何心고) <小諺六 93b>
  c. 비록 츌가ᄒᆞᆫ들 엇던 덕이 이시리오(雖復出家인들 何德之有이리 오) <誠初 75b>
  d. 上이 글ᄋᆞ샤디 汲黯은 엇던 사ᄅᆞᆷ고(上이 曰汲黯은 何如人也오) <小諺六 36b>
(4) e. 엇단 盜賊이(何賊人이) <龜下 51b>
(4) f. 엇딘 연고로 다 ᄒᆞᆫ 사ᄅᆞᆷ이 그릇 地獄애 들어가 닐온 밧 十王을 보 니 업스뇨(何故로 都無一人이 誤入地獄ᄒᆞ야 見所謂十王者耶오) <小諺五 55b>
  g. ᄒᆞᆫ 음식을 어드면 반ᄃᆞ시 몬져 뼈 어버이를 머기ᄂᆞ니 엇딘 연고 오(得一食ᄒᆞ면 必先以食父母ᄒᆞᄂᆞ니 夫何故오) <小諺五 74b>

## <5> 여러 對 모든

두 관형사가 [諸] 즉 '여러'의 뜻을 가지고 同義 關係에 있다는 것은 다음 예문들에서 잘 확인된다. 원문 중 '諸惡道'가 '여러 惡道'로도 번역되고 '모둔 惡道'로도 번역된다. 그리고 '諸衆生'이 '여러 衆生'으로 번역되고 '諸佛子'가 '모둔 佛子'로 번역된다. 따라서 '여러'와 '모둔'의 동의성은 명백히 입증된다.

(5) a. 여러 衆生을 濟度ᄒᆞᄂᆞ니라(度諸衆生ᄒᆞᄂᆞ니라) <蒙六 18b>
 b. 여러 혀근 디옥은(諸小地獄은) <蒙六 6a>
 c. 여러 하나한 읻디 몯혼 연장은(諸多不善器具는) <蒙六 5b>
 d. 시혹 八難 여러 惡道애 걸인 사ᄅᆞ미 여러 苦惱를 受ᄒᆞ야(或滯八難諸惡道者이 受諸苦惱ᄒᆞ야) <蒙六 25b>
 e. 여러 모딘 罪(21b) 지은 들 보고(見…作諸重罪인들고) <蒙六 22a>
 f. 여러 疑心을 더러 가게 호리라(除諸疑碍去也호리라) <蒙六 25a>
 g. 經에 니ᄅᆞ샤디…여러 巧見ㅣ 하다 ᄒᆞ시니라(經에 云…多諸巧見ㅣ라 ᄒᆞ시니라) <龜下 58a>
(5) h. 모둔 佛子는(諸佛子는) <蒙六 5b> <蒙六 19b>
 i. 이 ᄆᆞᅀᆞ미 모둔 賢人 聖人의 웃드미며(是諸賢聖之祖이며) <蒙六 2b>
 j. 모둔 며느리 ᄯᅩ 서ᄅᆞ 親ᄒᆞ며 ᄉᆞ랑ᄒᆞ야(諸婦ㅣ 亦相親愛ᄒᆞ며) <小언六 87b>
 k. 모둔 惡道이 이시며(有諸惡道이며) <蒙六 32a>
 l. 大方廣佛華嚴經과 ᄯᅩ 모둔 品經呪와를 닐어(看誦大方廣佛華嚴經과 及諸品經呪ᄒᆞ야) <蒙六 28b>

<6> 제 對 자내

두 관형사가 [自]와 [自家] 즉 '저의'라는 뜻을 가지고 同義 關係에 있다는 것은 다음 예문들에서 잘 확인된다. 원문 중 '自身'이 '제 몸'으로 번역되고 '自手'가 '자내 손'으로 번역된다. 그리고 '自家一箇身'이 '제 흔낫 몸'으로 번역된다. 따라서 '제'와 '자내'의 동의성은 명백히 입증된다.

(6) a. 제 모매 히믈 조차(隨自身力ᄒᆞ야) <誠初 25b>
    b. 제 쥐보예도 ᄉᆞ련홀 ᄠᅳ디 업곤(自財도 無戀志어니) <誠初 53b>
    c. 제 욕나ᄋᆞᆯ 능히 ᄇᆞ리면(自樂ᄋᆞᆯ 能捨ᄒᆞ면) <誠初 25b>
    d. 오직 제 흔낫 몸과 다ᄆᆞᆺ ᄆᆞᄋᆞᆷ을 도로혀 됴홈을 요구티 아니ᄒᆞᄂᆞ니(只有自家一箇身與心을 却不要好ᄒᆞᄂᆞ니) <小언五 87b>
    e. 삼독 번노로 제 쥐보 사모미오(三毒煩惱로 爲自家財오) <誠初 23a>
(6) f. 자내 소ᄂᆞ로 늘카온 갈홀 자바(自手握利釖ᄒᆞ야) <蒙六 23a>

### 4.2. 冠形詞와 冠形詞形 간의 同義

固有語의 冠形詞와 冠形詞形 사이에 성립되는 同義에는 [他] 즉 '다른'의 뜻을 가진 '녀ᄂᆞ'와 '다른'이 있고 [諸] 즉 '여러, 많은'의 뜻을 가진 '여러'와 '한'이 있다.

<1> 녀ᄂᆞ 對 다른

관형사 '녀ᄂᆞ'와 상태동사 '다ᄅᆞ다'의 관형사형 '다른'이 [他] 즉 '다른'의 뜻을 가지고 同義 關係에 있다는 것은 다음 예문들에서 잘 확인된다. 원문 중 '他兄弟'가 '녀ᄂᆞ 兄弟'로 번역되고 '他人'이 '다른 사름'으로 번역된다. 따라서 '녀ᄂᆞ'와 '다른'의 동의성은 명백히 입증된다.

(1) a. 녀느 兄弟 효양을 ᄀ초리 업스니(無他兄弟備養ᄒ니) <小言六 50b>
(1) b. 다른 사름 ᄉ랑ᄒᄂ니ᄅᆞᆯ(愛他人者ᄅᆞᆯ) <小言二 32b>
　　c. 다른 사름 공경ᄒᄂ니ᄅᆞᆯ(敬他人者ᄅᆞᆯ) <小言二 32b>
　　d. 엇디 工夫ㅣ 다른 사름을 낟낟치 츌홈이 이시리오(豈有工夫ㅣ 點檢他人耶ㅣ리오) <小言五 94b>
　　e. 椿이 늘거셔 일즉 다른 곧대 가 醉ᄒ야 도라오거늘(椿이 年老ᄒ야 曾他處醉歸어늘) <小言六 69b>
　　f. 다른 날애 혼자 셧거시늘(他日에 又獨立이어시늘) <小言四 5b>

<2> 여러 對 한

관형사 '여러'와 상태동사 '하다'의 관형사형 '한'이 [諸] 즉 '여러, 많은'의 뜻을 가지고 同義 關係에 있다는 것은 다음 예문들에서 잘 확인된다. 원문 중 '受諸苦惱'가 '여러 苦惱ᄅᆞᆯ 受ᄒ다'로 번역되고 '諸夢'이 '한 쑴'으로 번역된다. 따라서 '여러'와 '한'의 동의성은 명백히 입증된다.

(2) a. 여러 衆生을 濟度ᄒᄂ니라(度諸衆生ᄒᄂ니라) <蒙六 18b>
　　b. 시혹 八難 여러 惡道애 걸인 사ᄅᆞ미 여러 苦惱ᄅᆞᆯ 受ᄒ야(或滯八難諸惡道者이 受諸苦惱ᄒ야) <蒙六 25b>
　　c. 여러 疑心을 더러 가게 호리라(除諸疑礙去也호리라) <蒙六 25a>
　　d. 經에 니ᄅᆞ샤듸…여러 巧見ㅣ 하다 ᄒ시니라(經에 云…多諸巧見 ㅣ라 ᄒ시니라) <龜下 58a>
(2) e. 한 쑴이 졀로 덜리라 니ᄅᆞ샴과 ᄀᆞᆮᄐᆞ니라(如云…諸夢이 自除ㅣ니라) <龜下 38a>

### <3> 온 가짓 對 온갓

명사구 '온 가지'의 관형사형 '온 가짓'과 관형사 '온갓'이 [百] 즉 '일백 가지'의 뜻을 가지고 同義關係에 있다는 것은 다음 예문들에서 잘 확인된다. 원문 중 '百玩好'가 '온 가짓 완샹ᄒᆞ야 됴히 너기는 것'으로 번역된다. 그리고 '百事'가 '온갓 일'로 번역되고 '百行'이 '온갓 힝실'로 번역된다. 따라서 '온 가짓'과 '온갓'의 동의성은 명백히 입증된다. 명사구 '온 가지'는 수사 '온'과 명사 '가지'의 결합이다.

(3) a. 子弟의 믈읫 온 가짓 완샹ᄒᆞ야 됴히 너기는 거시 다 ᄠᅳᆮ을 앗ᄂᆞ니
(子弟凡百玩好ㅣ 皆奪志ᄒᆞᄂᆞ니) <小언五 6a>
(3) b. 온갓 일이 이예 맛당ᄒᆞᄂᆞ니(百事ㅣ 是當ᄒᆞᄂᆞ니) <小언五 14a>
c. 汪信民이 일즉 닐오ᄃᆡ 사ᄅᆞᆷ이…온갓 일을 일우리라 ᄒᆞ야늘(汪信民이 嘗言人이…百事를 可做ㅣ라 ᄒᆞ여늘) <小언六 133a>
d. 온갓 힝실이 다 그러ᄒᆞ니(百行이 皆然ᄒᆞ니) <小언五 108a>

# 제3장
# 固有語와 漢字語 간의 同義

1580년대 국어에서 固有語와 漢字語가 어떤 양상의 동의 관계를 형성하고 있는지를 名詞類, 動詞類 및 副詞에서 고찰해 보고자 한다.

## 1. 名詞類에서의 同義

名詞類에서 확인되는 固有語와 漢字語 간의 同義에서 固有語가 첫째로 單一語이고 둘째로 合成名詞와 名詞句이고 셋째로 名詞形이다.

### 1.1. 固有語가 單一語인 경우

名詞類에서 확인되는 固有語와 漢字語 간의 同義에서 固有語가 單一語 명사인 경우에는 [冠] 즉 '갓, 관'의 뜻을 가진 '갓'과 '冠'을 비롯하여 [女] 즉 '여자'의 뜻을 가진 '겨집'과 '女편', [夫] 즉 '남편'의 뜻을 가진 '남진'과 '남편', [繼母] 즉 '계모, 의붓 어머니'의 뜻을 가진 '다솜어미'와 '繼母', [妻] 즉 '아내'의 뜻을 가진 '안해'와 '쳐' 그리고 [戶] 즉 '지게문'의 뜻을 가진 '지게'와 '문' 등 110

여 항목이 있다.

### <1> 갓 對 冠

고유어 '갓'과 한자어 '冠'이 [冠] 즉 '갓, 관'의 뜻을 가지고 동의 관계에 있다는 것은 다음 예문들에서 잘 확인된다. 원문 중 '冠者'가 '갓 선느니'로 번역되고 '勝冠者'가 '冠 쓴 이'로 번역되므로 '갓'과 '冠'의 동의성은 명백히 입증된다.

(1) a. 갓 선느니 머리 빗디 아니ᄒᆞ며(冠者ㅣ 不櫛)ᄒᆞ며) <小諺二 23a>
(1) b. 子孫이 冠 쓴 이 겯틔 잇거든(子孫勝冠者ㅣ 在側이어든) <小諺 六 77b>
c. 冠 쓰고 긴 미고 나믄 것 드리우며(冠緌纓ᄒᆞ며) <小諺二 2a>

### <2> 거믄고 對 琴

고유어 '거믄고'와 한자어 '琴'이 [琴] 즉 '거문고'의 뜻을 가지고 동의 관계에 있다는 것은 다음 예문들에서 잘 확인된다. 원문 중 '聽琴'이 '거믄고 듣다'로 번역되고 '執琴瑟'이 '琴과 瑟을 잡다'로 번역된다. 따라서 '거믄고'와 '琴'의 동의성은 명백히 입증된다.

(2) a. 或 글 의론ᄒᆞ며 或 거믄고 듣다가(或論文ᄒᆞ며 或聽琴ᄒᆞ다가) <小諺六 95a>
b. 드듸여 숨어셔 검은고 노라(遂隱而鼓琴ᄒᆞ야) <小諺四 25b>
(2) c. 琴과 瑟을 잡디 아니ᄒᆞ며(不執琴瑟ᄒᆞ며) <小諺二 63b>
d. 琴과 瑟을 잡드디 아니ᄒᆞ며(琴瑟不御ᄒᆞ며) <小諺二 23a>

<3> 것 對 믈

고유어 '것'과 한자어 '믈'(物)이 [物] 즉 '물건'의 뜻을 가지고 동의 관계에 있다는 것은 다음 예문들에서 잘 확인된다. 원문 중 '他物'이 'ᄂᆞ믹 것'으로 번역되고 '貪於物'이 '믈을 탐ᄒᆞ다'로 번역되므로 '것'과 '믈'의 동의성은 명백히 입증된다.

(3) a. ᄂᆞ믹 거시 므슴 ᄆᆞᅀᆞ미 이시리오(他物에 有何心ㅣ리오) <誡初 53b>
b. 올 제도 흔(53a) 것도 가져온 것 업고(來無一物來오) <誡初 53b>
c. 내죵내 이 거시 어드로조차 오뇨 묻디 아니ᄒᆞᄂᆞ니(竟不問此物이 從何而來ᄒᆞᄂᆞ니) <小언六 47a>
d. 먼 딋 귀ᄒᆞ고 괴이흔 거슬 싱각ᄒᆞ야(思遠方珍怪之物) <小언四 24b>
e. 쳔량읫 거슬 가져다가(將錢物ᄒᆞ야) <小언六 47a>
(3) f. 믈을 앗겨 탐호믄(慳貪於物은) <誡初 25b>
g. 物이 올흔 거시 아니어든 가지디 아니ᄒᆞ며(物非義不取ᄒᆞ며) <小언五 28a>

<4> 겨레/곁에 對 족뉴

고유어 '겨레/곁에'와 한자어 '족뉴'(族類)가 [族] 즉 '종족'의 뜻을 가지고 동의 관계에 있다는 것은 다음 예문들에서 잘 확인된다. 원문 중 '寒族'이 '가난흔 겨레'로 번역되고 '鄕族'이 'ᄆᆞᅀᆞᆯ 곁에'로 번역되고 '男女之族'이 '남진 겨집의 족뉴'로 번역된다. 따라서 '겨레/곁에'와 '족뉴'의 동의성은 명백히 입증

된다. '곁에'는 '겨레'의 분철형이다.

> (4) a. 그 시절 녯 가문과 오란 겨레들히 다 能히 이 곧디 몯ᄒ더라(當時故家舊族이 皆不能若是ᄒ더라) <小언六 75a>
> b. 우리 집이 본ᄃᆡ 가난ᄒᆞᆫ 겨레라(吾家ㅣ 本寒族이라) <小언六 132a>
> c. 딕답ᄒᆞ야 글오ᄃᆡ 臣이 罪ㅣ 맛당히 곁에를 滅ᄒᆞᆯ디라(對曰 臣이 罪當滅族이라) <小언六 42b>
> d. ᄆᆞᄋᆞᆯ 곁에 比ᄒᆞ리 드므더니(鄕族이 罕比러니) <小언六 26b>
> e. 내 보니 일홈난 가문과 놉픈 곁에(余見名門右族이) <小언五 19a>
> (4) f. 남진 겨집의 족뉘(男女之族이) <小언五 63b>

<5> 겨집 對 女편

고유어 '겨집'과 한자어 '女편'(女便)이 [女] 즉 '여자'의 뜻을 가지고 동의 관계에 있다는 것은 다음 예문들에서 잘 확인된다. 원문 중 '賢女'가 '어딘 계집'으로도 번역되고 '어디신 女년'으로도 번역된다. 그리고 '男女'가 '남진 겨집'으로 번역되고 '女云'이 '女편니 니ᄅᆞ다'로 번역된다. 따라서 '겨집'과 '女편'의 동의성은 명백히 입증된다.

> (5) a. 오딕 西天國에 어딘 닐굽 겨지비(只如西天七賢女ㅣ) <蒙六 39a>
> b. 그 닐굽 어딘 겨지비 ᄌᆞ셰 보아(諸賢女ㅣ 諦觀ᄒᆞ야) <蒙六 39b>
> c. 남진 겨집의 족뉘(男女之族이) <小언五 63b>
> (5) d. 모든 어디신 女편니(諸賢女는) <蒙六 40a>

e. 모든 어디신 女편아(諸賢女아) <蒙六 39b>
f. 女펴니 닐오듸(女이 云호듸) <蒙六 39b>
g. 강동 녀편네논(江東婦女논) <小언五 68b>

<6> 고기 對 肉

고유어 '고기'와 한자어 '肉'이 [肉] 즉 '뭍짐승의 고기'의 뜻을 가지고 동의 관계에 있다는 것은 다음 예문들에서 잘 확인된다. 원문 중 '肉'이 '고기'로도 번역되고 '肉'으로도 번역된다. 따라서 '고기'와 '肉'의 동의성은 명백히 입증된다.

(6) a. 고기 비록 하나(肉雖多ㅣ나) <小언三 25b>
   b. 肉이 비록 하나(肉雖多ㅣ나) <論언二 57a>

<7> 곡도 對 幻

고유어 '곡도'와 한자어 '幻'이 [幻] 즉 '곡두, 幻影'의 뜻을 가지고 동의 관계에 있다는 것은 다음 예문들에서 잘 확인된다. 원문 중 '如幻'이 '곡도 ᄀᆞᆮᄒᆞ다'로 번역되고 '知幻'이 '幻을 알다'로 번역된다. 따라서 '곡도'와 '幻'의 동의성은 명백히 입증된다.

(7) a. 쑴 ᄀᆞᆮᄒᆞ며 곡도 ᄀᆞᆮᄒᆞ야 쑴과 곡도와 ᄀᆞᆮᄒᆞᆫ 듕에(如夢如幻ᄒᆞ야 夢幻之中에) <蒙六 23a>
   b. 忘心 ᄀᆞᆮᄒᆞ며 곡도 ᄀᆞᆮᄒᆞ며(妄心이 如夢如幻ᄒᆞ면) <蒙六 24b>
(7) c. 幻을 알면 곧 여희요미라(知幻卽離ㅣ라) <龜上 30b>
   d. 幻 여희요믄(離幻者논) <龜上 31a>

e. 幻 업수미 곧 이 眞如ㅣ라 닐운 디 아니라(非謂無幻이 便是眞如ㅣ라) <龜上 31a>

f. ᄆᆞᅀᆞᄆᆞᆫ 큰 幻의 師ㅣ오 몸은 큰 幻의 城이오 沙界ᄂᆞᆫ 큰 幻의 오시오 名相은 큰 幻의 바비어늘(心爲大幻師ㅣ오 身爲大幻城ㅣ오 沙界大幻衣ㅣ오 名相大幻食ㅣ어늘) <龜上 30b>

g. 惡業이 ᄒᆞ마 이 幻이며 惡道도 ᄯᅩ 이 幻이며(業旣是幻이며 惡道도 亦是幻이며) <蒙六 24b>

h. ᄌᆞ비와 디혜를 환 ᄀᆞ티 ᄡᅥ(用如幻悲智ᄒᆞ야) <誡初 21a>

<8> 곧 對 쳐소

고유어 '곧'과 한자어 '쳐소'(處所)가 [所] 즉 '곳, 처소'의 뜻을 가지고 동의 관계에 있다는 것은 다음 예문들에서 잘 확인된다. 원문 중 '所居'가 '사는 곧'으로 번역되고 '寢息之所'가 '자며 쉴 쳐소'로 번역된다. 따라서 '곧'과 '쳐소'의 동의성은 명백히 입증된다.

(8) a. 이 一生補處 菩薩ᄋᆡ 사ᄂᆞᆫ 고디라(是一生補處菩薩이 所居이니) <蒙六 14a>

b. 큰 地獄은 一定ᄒᆞᆫ 고디 잇거니와(大地獄者ᄂᆞᆫ 則有定所커니와) <蒙六 6a>

c. 쟝ᄎᆞᆺ 님금 겨신 곧애 갈ᄉᆡ(將適公所홀ᄉᆡ) <小언二 36b>

d. 맛당히 얼우신 고ᄃᆞᆯ 조차셔(宜從丈人所ᄒᆞ야) <小언六 82a>

(8) e. 자며 쉴 쳐소를 뷩ᄀᆞ라(爲寢息之所ᄒᆞ야) <小언六 69b>

f. ᄒᆞᆫ 사ᄅᆞᆷ이 그 쳐소를 얻디 몯ᄒᆞ엿거든(一夫ㅣ 不得其所ㅣ어든) <小언五 84a>

<9> 곳갈 對 冠

고유어 '곳갈'과 한자어 '冠'이 [冠] 즉 '갓, 관'의 뜻을 가지고 동의 관계에 있다는 것은 다음 예문들에서 잘 확인된다. 원문 중 '冠毋免'이 '곳갈을 밧디 말다'로 번역되고 '冠衣'가 '冠과 옷'으로 번역되므로 '곳갈'과 '冠'의 동의성은 명백히 입증된다.

(9) a. 곳갈을 밧디 말며(冠毋免호며) <小言三 10a>
(9) b. 冠과 옷슬 빗난 거스로 단도르디 아니홀디니라(冠衣를 不純采니라) <小言三 21a>
　　 c. 冠과 씌 띠지거든(冠帶垢ㅣ어든) <小言二 7b>
　　 d. 옷과 冠을 반두시 엄숙호고 정제히 호며(衣冠을 必肅整호며)
　　　　 <小言五 96a>
　　 e. 검은 양피옷과 검은 冠으로(羔裘玄冠으로) <小言三 22a>

<10> 구의 對 대궐

고유어 '구의'와 한자어 '대궐'(大闕)이 [公] 즉 '대궐'의 뜻을 가지고 동의 관계에 있다는 것은 다음 예문들에서 잘 확인된다. 원문 중 '公門'이 '구윗 門'으로도 번역되고 '대궐 門'으로도 번역되므로 '구의'와 '대궐'의 동의성은 명백히 입증된다.

(10) a. 禮예 구윗 門을 브리며(禮예 不公門호며) <小言六 104a>
　　　 b. 구윗 門을 브라보고 거른대(望寺門而步호대) <小言六 104a>
(10) c. 禮예 대궐 門을 브리며(禮예 不公門호며) <小言四 29b>
　　　 d. 대궐 문의 들으실시(入公門호실시) <小言二 38b>

제3장 固有語와 漢字語 간의 同義

<11> 국 對 깅

고유어 '국'과 한자어 '깅'(羹)이 [羹] 즉 '국'의 뜻을 가지고 동의 관계에 있다는 것은 다음 예문들에서 잘 확인된다. 원문 중 '絮羹'이 '국을 함담ᄒᆞ다'로 번역되고 '飯羹'이 '밥과 깅'으로 번역되므로 '국'과 '깅'의 동의성은 명백히 입증된다.

(11) a. 손이 국을 함담ᄒᆞ거든(客이 絮羹이어든) <小언三 23b>
　　　b. 국이 네 손을 데거냐 ᄒᆞ고(羹爛汝手乎아 ᄒᆞ니) <小언六 102b>
　　　c. 뫼신 죵으로 히여곰 고깃국을 받드러(使侍婢로 奉肉羹ᄒᆞ야) <小언六 102b>
　　　d. 안쥬는 포육과 젓과 ᄂᆞ믈국만이오(肴止脯醢菜羹이오) <小언六 130a>
(11) e. 밥과 깅(5b)으란 다시 더음을 許ᄒᆞ고(飯羹으란 許更益ᄒᆞ고) <小언六 6a>
　　　f. 깅과 고기를 두 가지 아니ᄒᆞ며(不二羹胾ᄒᆞ며) <小언六 126b>

<12> ᄢᅴ 對 時節

고유어 'ᄢᅴ'와 한자어 '時節'이 [時] 즉 '때, 시절'의 뜻을 가지고 동의 관계에 있다는 것은 다음 예문들에서 잘 확인된다. 원문 중 '聞…時'가 '드를 ᄢᅴ'로 번역되고 '落地之起時'가 '싸해 딜 時節'로 번역된다. 그리고 '彼時'가 '뎌 ᄢᅴ'로도 번역되고 '뎌 시졀'로도 번역된다. 따라서 'ᄢᅴ'와 '시졀'의 동의성은 명백히 입증된다.

(12) a. 諸佛子는 山僧의 이리 드러 닐오ᄆᆞᆯ 드를 ᄢᅴ(諸佛子는 聞山僧의

恁麼擧時예) <蒙六 31b>
  b. 뎌 ᄢᅴ 녕긔ᄒᆞ며 놀난 사ᄅᆞ미 잇더니(彼時예 有靈利漢이러니)
   <蒙六 32b>
  c. 山僧이 ᄒᆞ다가 그 ᄢᅴ 天帝釋기 ᄃᆞ외야 잇더든(山僧이 當時예 若
   作天帝釋ㅣ런든) <蒙六 40b>
(12) d. 하나흔 時節를(許多時를) <蒙六 24a>
  e. 眼光ㅣ 싸해 딜 時節에(眼光落地之時예) <龜上 19a>
  f. 엇뎌 休歇ᄒᆞᆯ 時節이 이시리오(豈有休歇時ㅣ리오) <龜上 7b>
  g. 안 ᄆᆞᅀᆞᆷ 닐 시져레(內心起時예) <蒙六 22b>
  h. 或有 져근 시져레 能히 져근 들그레 드ᄂᆞ니(或要小時예 能入微
   塵ᄒᆞᄂᆞ니) <蒙六 31b>
  i. 사ᄅᆞ미 이 녜 시졀 사ᄅᆞ미오(人是舊時人ㅣ오) <蒙六 33b>

<13> 그림재 對 影

고유어 '그림재'와 한자어 '影'이 [影] 즉 '그림자'의 뜻을 가지고 동의 관계에 있다는 것은 다음 예문들에서 잘 확인된다. 원문 중 '影響'이 '그림재와 소리예 향'으로도 번역되고 '影과 響'으로도 번역된다. 따라서 '그림재'와 '影'의 동의성은 명백히 입증된다.

(13) a. 모매 그림재와 소리예 향이 서르 좃듯 ᄒᆞᄂᆞᆫ 들 기피 신호리라
   (深信…影響相從이니라) <誡初 9b>
  b. 先德ㅣ 니ᄅᆞ샤ᄃᆡ…葉은 ᄒᆞᆫ ᄆᆞᅀᆞ미 影과 響ㅣ라 ᄒᆞ시며(先德ㅣ
   云…葉者ᄂᆞᆫ 一心之影響ㅣ라 ᄒᆞ시며) <龜下 30a>

<14> 그음 對 量

고유어 '그음'과 한자어 '量'이 [量] 즉 '한도'의 뜻을 가지고 동의 관계에 있다는 것은 다음 예문들에서 잘 확인된다. 원문 중 '無量'이 '그음 아니ᄒᆞ다'로도 번역되고 '量 업게 ᄒᆞ다'로도 번역된다. 따라서 '그음'과 '量'의 동의성은 명백히 입증된다.

(14) a. 오직 술을 그음 아니ᄒᆞ샤ᄃᆡ(唯酒無量ᄒᆞ샤ᄃᆡ) <小언三 25b>
    b. 오직 酒는 量 업게 ᄒᆞ샤ᄃᆡ(唯酒無量ᄒᆞ샤ᄃᆡ) <論언二 57a>

<15> 글 對 文

고유어 '글'과 한자어 '文'이 [文] 즉 '글'의 뜻을 가지고 동의 관계에 있다는 것은 다음 예문들에서 잘 확인된다. 원문 중 '以文'이 '글로ᄡᅥ'로도 번역되고 '文으로ᄡᅥ'로도 번역된다. 따라서 '글'과 '文'의 동의성은 명백히 입증된다.

(15) a. 君子ᄂᆞᆫ 글로ᄡᅥ 벋을 뫼호고(君子ᄂᆞᆫ 以文會友ᄒᆞ고) <小언二 65b>
    b. 君子ᄂᆞᆫ 文으로ᄡᅥ 友를 會호고(君子ᄂᆞᆫ 以文會友ᄒᆞ고) <論언三 33b>

<16> 글 對 詩

고유어 '글'과 한자어 '詩'가 [詩]의 뜻을 가지고 동의 관계에 있다는 것은 다음 예문들에서 잘 확인된다. 원문 중 '作詩'가 '글을 짓다'로도 번역되고 '詩를 짓다'로도 번역되므로 '글'과 '詩'의 동의성은 명백히 입증된다.

(16) a. 質이 글을 지어 알외니라(質이 作詩曉之ᄒᆞ니라) <小언五

19b>

    b. 각별이 詩(7a)를 지어(別欲作詩ᄒ야) <小언五 7b>

<17> 나 對 己

대명사 '나'와 한자어 '己'가 [己] 즉 '나'의 뜻을 가지고 동의 관계에 있다는 것은 다음 예문들에서 잘 확인된다. 원문 중 '己所不欲'이 '내 ᄒ고져 아니ᄒ는 바'로도 번역되고 '己의 欲디 아니ᄒ는 바'로도 번역된다. 따라서 '나'와 '己'의 동의성은 명백히 입증된다.

   (17) a. 내 ᄒ고져 아니ᄒ는 바를 사름이게 베프디 말올디니라(己所不欲을 勿施於人이니라) <小언三 4b>
       b. 己의 欲디 아니ᄒ는 바를 人의게 베프디 말올띠니(己所不欲을 勿施於人이니라) <論언三 19b>

<18> 나라 對 國

고유어 '나라'와 한자어 '國'이 [國] 즉 '나라'의 뜻을 가지고 동의 관계에 있다는 것은 다음 예문들에서 잘 확인된다. 원문 중 '國人'이 '나랏 사름'으로 번역되고 '滅國'이 '滅혼 國'으로 번역된다. 따라서 '나라'와 '國'의 동의성은 명백히 입증된다.

   (18) a. 나랏 사름이 그 가온디ㅅ 아돌을 셰니라(國人이 立其中子ᄒ니라) <小언四 38a>
   (18) b. 滅혼 國을 興ᄒ며(興滅國ᄒ며) <論언四 69a>
       c. 國을 두며 家를 둔는 者ㅣ(有國有家者ㅣ) <論언四 18b>

<19> 나라ㅎ 對 國家

고유어 '나라ㅎ'와 한자어 '國家'가 [國家] 및 [國] 즉 '나라, 국가'의 뜻을 가지고 동의 관계에 있다는 것은 다음 예문들에서 잘 확인된다. 원문 중 '國家如有'가 '나라히 만일에 잇다'로 번역되고 '有其國家'가 '그 國家를 두다'로 번역된다. 따라서 '나라ㅎ'와 '國家'의 동의성은 명백히 입증된다.

(19) a. 나라히 만일에 블시예 거동이 이셔(國家如有不時擧動爲也) <警民 2a>
 b. 나라흔 이 빅셩의 의지ᄒ연는 배니(國是民所依羅) <警民 1b>
 c. 나라희 正흔 法이 인ᄂ디라(國有正法이라) <小언五 52a>
 d. 나랏 사름이 그 가온댓 아들을 셰니라(國人이 立其中子ᄒ니라) <小언四 38a>
(19) e. 能히 그 國家를 두어(能有其國家ᄒ야) <小언四 53b>
 f. 다 국가의 거느리쳐 길어 내시ᄂ 은혜라(皆國家養育之恩也羅) <警民 1b>

<20> 나라ㅎ 對 邦

고유어 '나라ㅎ'와 한자어 '邦'이 [邦] 즉 '나라'의 뜻을 가지고 동의 관계에 있다는 것은 다음 예문들에서 잘 확인된다. 원문 중 '蠻貊之邦'이 '되 나라ㅎ'로도 번역되고 '蠻貊ㅅ邦'으로도 번역된다. 따라서 '나라ㅎ'와 '邦'의 동의성은 명백히 입증된다.

(20) a. 비록 되 나라히라도 ᄃ니려니와(雖蠻貊之邦이라도 行矣어니와) <小언三 5a>

        b. 이 나라히 이셔(居是邦也ᄒ야) <小언二 66b>
   (20) c. 비록 蠻貊ㅅ 邦이라(3a)도 行ᄒ려니와(雖蠻貊之邦이라도 行矣
        어니와) <論언四 3b>
        d. 이 邦에 居ᄒ야(居是邦也ᄒ야) <論언四 5b>

<21> 남진 對 君子

　고유어 '남진'과 한자어 '君子'가 [君子] 즉 '남편'의 뜻을 가지고 동의 관계에 있다는 것은 다음 예문들에서 잘 확인된다. 원문 중 '婦…補佐君子'가 '겨집은…君子를 돕다'로 번역되고 '君子'의 자석이 '남진'이다. 그리고 『飜譯小學』(1518)에서 '補佐君子'가 '남진을 도와' <七 36b>로 번역된다. 따라서 '남진'과 '君子'의 동의성은 명백히 입증된다.

   (21) a. 겨집은(68a)…正히 맛당(68a)이 君子를 도와 그 不足ᄒ 디를 勸
        ᄒ올 만ᄒ니(婦는…正當補佐君子ᄒ야 勸其不足이니) <小언五
        68b>
        b. 君子는 남진이라 <小언五 68b>

<22> 남진 對 남편

　고유어 '남진'과 한자어 '남편'(男便)이 [夫] 즉 '남편'의 뜻을 가지고 동의 관계에 있다는 것은 다음 예문들에서 잘 확인된다. 원문 중 '夫婦'가 '남진 겨집'으로 번역되고 '姑夫'가 '아줌의 남편'으로 번역되므로 '남진'과 '남편'의 동의성은 명백히 입증된다.

   (22) a. 남진 겨집은 人倫의 큰 믈리오(夫婦는 人倫大綱이오) <小언五

62b>
  b. 祭라 혼 거슨 반드시 남진 겨집이 친히 ᄒᆞᄂᆞ니(夫祭也者는 必夫婦ㅣ 親之니) <小언二 25b>
(22) c. 모든 아주미며 넛 할미 남편으란 반드시(74b) 굴오디 아모 姓 아줌의 남편이며 아모 姓 넛할믜 남편이라 ᄒᆞ고(諸姑尊姑之夫란 必曰某姓姑夫某姓尊姑夫ㅣ 라 ᄒᆞ고) <小언五 75a>

<23> 날 對 日

고유어 '날'과 한자어 '日'이 [日] 즉 '날, 하루'의 뜻을 가지고 동의 관계에 있다는 것은 다음 예문들에서 잘 확인된다. 원문 중 '終日'이 '날을 졈글우다'로도 번역되고 '日을 終ᄒᆞ다'로도 번역된다. 따라서 '날'과 '日'의 동의성은 명백히 입증된다.

  (23) a. 비브르 먹고 날을 졈글워(飽食終日ᄒᆞ야) <小언五 92b>
    b. 飽히 食ᄒᆞ고 日을 終ᄒᆞ야(飽食終日ᄒᆞ야) <論언四 42a>

<24> 내 對 臭

고유어 '내'와 한자어 '臭'가 [臭] 즉 '냄새'의 뜻을 가지고 동의 관계에 있다는 것은 다음 예문들에서 잘 확인된다. 원문 중 '臭惡'이 '내 사오납다'로도 번역되고 '臭ㅣ 惡ᄒᆞ다'로도 번역된다. 따라서 '내'와 '臭'의 동의성은 명백히 입증된다.

  (24) a. 내 사오답기든 먹디 아니ᄒᆞ시며(臭惡不食ᄒᆞ시며) <小언三 25a>

b. 臭ㅣ(56a) 惡ᄒᆞ니를 食디 아니ᄒᆞ시며(臭惡不食ᄒᆞ시며) <論언
二 56b>

<25> 내죵 對 終

고유어 '내죵'과 한자어 '終'이 [終] 즉 '나중, 종말'의 뜻을 가지고 동의 관계에 있다는 것은 다음 예문들에서 잘 확인된다. 원문 중 '終始'가 '내죵과 처엄'으로 번역되고 '始終'이 '始와 終'으로 번역된다. 따라서 '내죵'과 '終'의 동의성은 명백히 입증된다.

(25) a. 내죵과 처엄이 ᄒᆞᆫ가짓 ᄠᅳᆮ이면 내의 ᄆᆞᄋᆞᆷ 요동 아니홈이(終始一
意則我之不動心이) <小언五 9b>
b. 모시예 골오ᄃᆡ 처엄은 잇디 아니니 업스나 능히 내죵이 이실 이
(76b) 젹다 ᄒᆞ니라(詩曰靡不有初ㅣ나 鮮克有終이라 ᄒᆞ니라)
<小언二 77a>
c. 내죵 삼가기를 처엄 ᄀᆞ티 홀디니(愼終如始니) <小언二 76b>
(25) d. 頓悟과 漸修과 兩門ㅣ이 自行의 始와 終괜 ᄃᆞᆯ 委曲히 ᄀᆞᆯᄒᆡᆫ 後에
(委辨…頓悟漸修兩門이 是自行之始終然後에) <龜上 12b>

<26> 놈 對 쟈

고유어 '놈'과 한자어 '쟈'(者)가 [者] 즉 '사람'의 뜻을 가지고 동의 관계에 있다는 것은 다음 예문들에서 잘 확인된다. 원문 중 '致死者'가 '죽게 ᄒᆞᄂᆞᆫ 놈'으로도 번역되고 '죽게 ᄒᆞᆫ 쟈'로도 번역된다. 그리고 '殺人者'가 '사ᄅᆞᆷ 주기ᄂᆞᆫ 놈'으로 번역되고 '殺人爲首者'가 '사ᄅᆞᆷᄋᆞᆯ 주기매 읏듬으로 ᄒᆞᆫ 쟈로 번역된다. 따라서 '놈'과 '쟈'의 동의성은 명백히 입증된다.

(26) a. 부러 사름 소겨 디내여 건너여 죽게 ᄒᆞᄂᆞ 노ᄆᆞᆫ 목 졸아 주기라 (故欺人令過渡致死者絞羅) <警民 18b>
　　 b. 노을 구러 사름 주기ᄂᆞᆫ 노ᄆᆞ란 목 버히고(呪詛殺人者斬五) <警民 18a>
　　 c. 독ᄒᆞᆫ 약을 ᄡᅥ 사름 주긴 노ᄆᆞᆯ 목 버히고(用毒藥殺人者斬五) <警民 18b>
　　 d. 직므를 어든 노ᄆᆞᆫ(得財者隱) <警民 18a>
　　 e. 손 디흔 노ᄆᆞᆯ 목 졸아 주기고(下手者絞五) <警民 18a>
(26) f. 사ᄅᆞᄆᆞᆯ 믈여 죽게 흔 쟈ᄂᆞᆫ 목 버히고(咬人致死者斬五) <警民 18b>
　　 g. 꾀ᄒᆞ야셔 사ᄅᆞᄆᆞᆯ 주기매 읏듬으로 흔 쟈를 목 버히고(謀殺人爲首者斬五) <警民 18a>
　　 h. 평싱을 보견홀 쟤(保全平生者是) <警民 18a>
　　 i. 간사히 구읫 문셔를 밍ᄀᆞᆫ 쟤 듕ᄒᆞ면 댱 일빅 뉴삼쳔리오(詐僞官文書者是重則杖一百流三千里五) <警民 14b>
　　 j. 강ᄒᆞ니며 약ᄒᆞ니 ᄃᆞ토와 앗ᄂᆞᆫ 근심이 업슨 밧 쟈ᄂᆞᆫ(無强弱爭奪之憂者隱) <警民 1b>

<27> 뉘 對 셰/세

고유어 '뉘'와 한자어 '셰/세'(世)가 [世] 즉 '세상'의 뜻을 가지고 동의 관계에 있다는 것은 다음 예문들에서 잘 확인된다. 원문 중 '宿世'가 '녜 뉘'로 번역되고 '世樂'이 '셰예 낙'으로 번역되며 '無量世'가 '혜디 몯홀 세'로 번역된다. 따라서 '뉘'와 '셰/세'의 동의성은 명백히 입증된다.

(27) a. 녜 뉘예 죠고만 善 심고믈 因ᄒᆞ야(乘宿世微善ᄒᆞ야) <蒙六

27b>

(27) b. 셰예 나온 후셰예 슈괴어눌(世樂은 後苦어눌) <誡初 34b>
　　　c. 혜디 몯홀 셰예(於無量世예) <誡初 23a>

<28> 님금 對 君

고유어 '님금'과 한자어 '君'이 [君] 즉 '임금'의 뜻을 가지고 동의 관계에 있다는 것은 다음 예문들에서 잘 확인된다. 원문 중 '君賜食'이 '님금이 음식을 주다'로도 번역되고 '君이 食을 賜ᄒᆞ다'로도 번역된다. 따라서 '님금'과 '君'의 동의성은 명백히 입증된다.

(28) a. 님금이 음식을 주어시든(君이 賜食이어시든) <小언一 41a>
　　　b. 君이 食을 賜ᄒᆞ야시든(君이 賜食이어시든) <論언二 59b>

<29> 님금 對 上

고유어 '님금'과 한자어 '上'이 [上] 즉 '임금'의 뜻을 가지고 동의 관계에 있다는 것은 다음 예문들에서 잘 확인된다. 원문 중 '上怒'가 '上이 怒ᄒᆞ다'로 번역되고 '上…招'가 '上이 블으다'로 번역된다. 그리고 '上'의 자석이 '님금'이다. 따라서 '님금'과 '上'의 동의성은 명백히 입증된다.

(29) a. 上이 怒ᄒᆞ샤 色을 變ᄒᆞ시고 됴회를 罷ᄒᆞ시니(上이 怒變色而罷朝ᄒᆞ시니) <小언六 35b>
　　　b. 上이 뵈야호로 글ᄒᆞ는 션비를 블으더시니(上이 方招文學儒者ㅣ러시니) <小언六 35a>

(29) c. 上: 님금을 닐옴이라 <小언六 35a>

<30> 다솜어미 對 繼母

고유어 '다솜어미'와 한자어 '繼母'가 [繼母] 즉 '계모, 의붓 어머니'의 뜻을 가지고 동의 관계에 있다는 것은 다음 예문들에서 잘 확인된다. 원문 중 '守信繼母'가 '슈신ᄒᆞ야 인ᄂᆞ 다솜어미'로 번역되고 '繼母朱氏'가 '繼母 朱氏'로 번역된다. 따라서 '다솜어미'와 '繼母'의 동의성은 명백히 입증된다.

(30) a. 슈신ᄒᆞ야 인ᄂᆞ 다솜어미 친흔 어미와로 ᄒᆞᆫ가지니라(守信繼母 是 與親母同爲尼羅) <警民 3b>
b. 繼母 朱氏 어엿비 녀기디 아니ᄒᆞ야(繼母朱氏ㅣ 不慈ᄒᆞ야) <小언六 22a>

<31> 담 對 墻

고유어 '담'과 한자어 '墻'이 [墻] 즉 '담'의 뜻을 가지고 동의 관계에 있다는 것은 다음 예문들에서 잘 확인된다. 원문 중 '墻面'이 '담애 ᄂᆞᆾ 두다'로도 번역되고 '墻을 面ᄒᆞ다'로도 번역된다. 따라서 '담'과 '墻'의 동의성은 명백히 입증된다.

(31) a. 그 正히 담애 ᄂᆞᆾ 두고 셤 ᄀᆞᆮᄐᆞ뎌(其猶正墻面而立也與ㅣㄴ뎌) <小언四 6b>
b. 그 正히 墻을 面ᄒᆞ야 立홈 ᄀᆞᆮᄐᆞ뎌(其猶正墻面而立也與 ㅣㄴ 뎌) <論언四 37a>

<32> 도죽 對 盜賊

고유어 '도죽'과 한자어 '盜賊'이 [賊] 즉 '도둑'의 뜻을 가지고 동의 관계에 있다는 것은 다음 예문들에서 잘 확인된다. 원문 중 '賊讎'가 '도죽과 원슈'로 번역되고 '賊…爲'가 '盜賊ㅣ…저즐다'로 번역된다. 따라서 두 명사 '도죽'과 '盜賊'의 동의성은 명백히 입증된다. 두 명사의 빈도수를 비교해 보면 '盜賊'의 빈도수가 절대적으로 우세하다.

(32) a. 쎠려홈을 도죽과 원슈 굳티 ᄒᆞᄂᆞ니(患若賊讎ᄒᆞᄂᆞ니) <小언五 73b>
  b. 鄭伯이 듣고 아쳐로이 너겨 도죽으로 ᄒᆞ여곰 죽인대(鄭伯이 聞而惡之ᄒᆞ야 使盜殺之ᄒᆞ대) <小언四 43b>
(32) c. 盜賊ㅣ 곧 能히 저즐고(賊卽能爲ᄒᆞ고) <龜上 28b>
  d. 모든 도적이 ᄇᆞ리고 가니라(群賊ㅣ 乃捨之而去ᄒᆞ니라) <小언六 61a>
  e. 도적이 간 後에(賊去後에) <小언六 59b>
  f. ᄌᆞ조 도적을 만나(數遇賊ᄒᆞ야) <小언六 18a>
  h. 盧氏…도적의게 티임을 닙어 거의 죽을이러라(盧ㅣ…爲賊捶擊ᄒᆞ야 幾死ㅣ러라) <小언六 59a>
  g. 盜賊이 모다 니러나거ᄂᆞᆯ(盜賊이 竝起어ᄂᆞᆯ) <小언六 18a>

<33> 돍 對 席

고유어 '돍'과 한자어 '席'이 [席] 즉 '자리, 돗자리'의 뜻을 가지고 동의 관계에 있다는 것은 다음 예문들에서 잘 확인된다. 원문 중 '定席'이 '돗글 바ᄅᆞ ᄒᆞ다'로도 번역되고 '席을 正히 ᄒᆞ다'로도 번역된다. 따라서 '돍'과 '席'의 동의성

은 명백히 입증된다.

> (33) a. 님금이 음식을 주어시든 반드시 돗글 바르 ᄒ고 몬져 맛보시고
> (君이 賜食이어시든 必正席先嘗之ᄒ시고) <小언一 41a>
> b. 君이 食을 賜ᄒ야시든 반드시 席을 正히 ᄒ고 몬져 嘗ᄒ시고(君이 賜食이어시든 必正席先嘗之ᄒ시고) <論언二 59b>

<34> 되 對 蠻貊

고유어 '되'와 한자어 '蠻貊'이 [蠻貊] 즉 '오랑캐'의 뜻을 가지고 동의 관계에 있다는 것은 다음 예문들에서 잘 확인된다. 원문 중 '蠻貊之邦'이 '되 나라ᄒ'로도 번역되고 '蠻貊ㅅ 邦'으로도 번역된다. 따라서 '되'와 '蠻貊'의 동의성은 명백히 입증된다.

> (34) a. 비록 되 나라히라도 ᄃ니려니와(雖蠻貊之邦이라도 行矣어니와) <小언三 5a>
> b. 비록 蠻貊ㅅ 邦이라(3a)도 行ᄒ려니와(雖蠻貊之邦이라도 行矣어니와) <論언四 3b>

<35> 되 對 夷狄

고유어 '되'와 한자어 '夷狄'이 [夷狄] 즉 '오랑캐'의 뜻을 가지고 동의 관계에 있다는 것은 다음 예문들에서 잘 확인된다. 원문 중 '之夷狄'이 '되게 가다'로도 번역되고 '夷狄에 가다'로도 번역된다. 따라서 '되'와 '夷狄'의 동의성은 명백히 입증된다.

(35) a. 비록 되게 가도(雖之夷狄이라도) <小언三 4b>
    b. 비록 夷狄에 갈띠라도(雖之夷狄이라도) <論언三 45a>

<36> 뒷간 對 厠屋

고유어 '뒷간'과 한자어 '厠屋'이 [厠]과 [厠屋] 즉 '뒷간, 변소'의 뜻을 가지고 동의 관계에 있다는 것은 다음 예문들에서 잘 확인된다. 원문 중 '塗厠'이 '뒷간의 훍 ᄇᆞᄅ다'로 번역되고 '厠屋塗丹雘'이 '厠屋애 丹雘 ᄇᆞᄅ다'로 번역된다. 따라서 '뒷간'과 '厠屋'의 동의성은 명백히 입증된다.

(36) a. 智伯의 신하 豫讓이(30b)……襄子ㅅ 宮 가온ᄃᆡ 들어 뒷간의 훍 ᄇᆞᄅ거늘(智伯之臣 豫讓이……入襄子宮中ᄒᆞ야 塗厠어늘) <小언四 31a>
    b. ᄒᆞᆫ갓 혓 긋테 놀란 말ᄉᆞᆷ으로 서ᄅᆞ 이긔는 사ᄅᆞᄆᆞᆫ 厠屋애 丹雘 ᄇᆞ름 ᄀᆞᆮᄐᆞ니라(徒以口舌辯利로 相勝者ᄂᆞᆫ 如厠屋애 塗丹雘ㅣ니라) <龜下 49a>

<37> ᄠᅳᆮ 對 志

고유어 'ᄠᅳᆮ'과 한자어 '志'가 [志] 즉 '뜻'의 의미를 가지고 동의 관계에 있는 것은 다음 예문들에서 잘 확인된다. 원문 중 '戀志'가 'ᄉᆞ련홀 ᄠᅳᆮ'으로 번역되고 '立志'가 'ᄠᅳᆮ 셰다'와 '志ᄅᆞᆯ 셰다'로 번역된다. 따라서 'ᄠᅳᆮ'과 '志'의 동의성은 명백히 입증된다.

(37) a. ᄠᅳ디 菩提心에 나ᅀᅡ가거든(志趣菩提커든) <蒙六 11b>
    b. 제 ᄌᆡ보예도 ᄉᆞ련홀 ᄠᅳ디 업곤(自財도 無戀志어니) <誡初

제3장 固有語와 漢字語 간의 同義

   53b>
  c. 뜯 셰욤을(立志를) <小언五 31b>
  d. 曾의 平生 쁘디(曾의 平生之志ㅣ) <小언六 118b>
  e. 진실로 丈夫의 뜯과 긔운을 둔는 이면(苟有丈夫之志氣者ㅣ면)
   <小언五 65b>
(37) f. 山僧은 노폰 庵子애 志를 셰여(山僧은 立志卓庵ᄒᆞ야) <蒙六
   28a>

<38> 듣글 對 딘

고유어 '듣글'과 한자어 '딘'(塵)이 [塵] 즉 '티끌'의 뜻을 가지고 동의 관계에 있다는 것은 다음 예문들에서 잘 확인된다. 원문 중 '微塵'이 '져근 듣글'로 번역되고 '憍慢塵'이 '교만혼 딘'으로 번역되므로 '듣글'과 '딘'의 동의성은 명백히 입증된다.

(38) a. 能히 져근 듣그레 드ᄂᆞ니(能入微塵ᄒᆞᄂᆞ니) <蒙六 31b>
  b. 도ᄅᆞ혀 이 듣그를 ᄀᆞ로미오(却是磨塵ㅣ오) <龜上 29b>
  c. 빅년 탐혼 거슨 ᄒᆞᄅ 아ᄎᆞᄆᆡ 듣그리 ᄃᆞ외ᄂᆞ니라(百年貪物은 一
   朝塵ㅣ라) <誡初 53b>
(38) d. 교만혼 딘 듕에ᄂᆞᆫ 반야를 간ᄉᆞᄒᆞ여(憍慢塵中藏般若) <誡初
   65a>
  e. 딘의 소사날 즈름길흘 볼오며(履出塵之逕路ᄒᆞ며) <誡初 41a>
  f. 본각ᄋᆞ란 ᄇᆞ리고 딘이 어우러(背覺合塵ᄒᆞ야) <誡初 40a>

<39> 씌 對 帶

고유어 '씌'와 한자어 '帶'가 [帶] 즉 '띠'의 뜻을 가지고 동의 관계에 있다는 것은 다음 예문들에서 잘 확인된다. 원문 중 '大帶'가 '큰 씌'로 번역되고 '束帶'가 '帶를 束ㅎ다'로 번역된다. 따라서 '씌'와 '帶'의 동의성은 명백히 입증된다.

(39) a. 卿의 안해 큰 씌를 밍글고(卿之內子ㅣ 爲大帶ㅎ고) <小언四 45b>
   b. 帶를 束ㅎ야 朝애 立ㅎ야(束帶立於朝ㅎ야) <論언一 42b>

<40> 씌 對 紳

고유어 '씌'와 한자어 '紳'이 [紳] 즉 '큰 띠'의 뜻을 가지고 동의 관계에 있다는 것은 다음 예문들에서 잘 확인된다. 원문 중 '拖紳'이 '씌를 걸티다'로도 번역되고 '紳을 拖ㅎ다'로도 번역된다. 따라서 '씌'와 '紳'의 동의성은 명백히 입증된다.

(40) a. 朝服을 덥고 씌를 걸티더시다(加朝服拖紳이러시다) <小언二 41b>
   b. 朝服을 加ㅎ시고 紳을 拖ㅎ더시다(加朝服拖紳이러시다) <論언二 60a>

<41> 말솜 對 言

고유어 '말솜'과 한자어 '言'이 [言] 즉 '말'의 뜻을 가지고 동의 관계에 있다는 것은 다음 예문들에서 잘 확인된다. 원문 중 '言'이 '말솜'으로도 번역되고 '言'으로도 번역된다. 따라서 '말솜'과 '言'의 동의성은 명백히 입증된다.

(41) a. 말솜이 튱후고 믿드며(言忠信ᄒ며) <小언三 5a>
   b. 말솜애 튱후홈을 싱각ᄒ며(言思忠ᄒ며) <小언三 5b>
   c. 말솜애 삼가ᄒ고(愼於言이오) <小언三 7b>
(41) d. 言이 忠信ᄒ며(言忠信ᄒ며) <論언四 3a>
   e. 言에 忠을 思ᄒ며(言思忠ᄒ며) <論언四 25b>
   f. 言애 愼ᄒ고(愼於言이오) <論언一 7b>

<42> 모양 對 貌

고유어 '모양'과 한자어 '貌'가 [貌] 즉 '모양, 외모'의 뜻을 가지고 동의 관계에 있다는 것은 다음 예문들에서 잘 확인된다. 원문 중 '貌'가 '모양'으로도 번역되고 '貌'로도 번역된다. 따라서 '모양'과 '貌'의 동의성은 명백히 입증된다.

(42) a. 모양애 온공홈을 싱각ᄒ며(貌思恭ᄒ며) <小언三 5a>
   b. 貌에 恭을 思ᄒ며(貌思恭ᄒ며) <論언四 25b>

<43> 몸 對 躬

고유어 '몸'과 한자어 '躬'이 [躬] 즉 '몸'의 뜻을 가지고 동의 관계에 있다는 것은 다음 예문들에서 잘 확인된다. 원문 중 '鞠躬'이 '몸을 굽피다'로도 번역되고 '躬을 鞠ᄒ다'로도 번역된다. 따라서 '몸'과 '躬'의 동의성은 명백히 입증된다.

(43) a. 대궐문의 들으실시 몸을 굽피ᄃ시 ᄒ샤(入公門ᄒ실시 鞠躬如也ᄒ샤) <小언二 38b>
   b. 몸을 굽피ᄃ시 ᄒ시며(鞠躬如也ᄒ시며) <小언二 39b>

(43) c. 公門에 드르실싀 躬을 鞠둣 ᄒ샤(入公門ᄒ실싀 鞠躬如也ᄒ샤)
　　　<論언二 52a>
　　d. 躬을 鞠둣 ᄒ시며(鞠躬如也ᄒ시며) <論언二 52b>

<44> 몸 對 身

고유어 '몸'과 한자어 '身'이 [身] 즉 '몸'의 뜻을 가지고 동의 관계에 있다는 것은 다음 예문들에서 잘 확인된다. 원문 중 '身心'이 '몸과 ᄆᆞᅀᆞᆷ'으로도 번역되고 '身과 心'으로도 번역된다. 그리고 '身口'가 '몸과 입'으로도 번역되고 '身과 口'로도 번역된다. 따라서 '몸'과 '身'의 동의성은 명백히 입증된다.

(44) a. 몸과 ᄆᆞᅀᆞᆷ과 자바 뎡ᄒ야(身心把定) <誠初 57a>
　　b. 모ᄆᆞᆯ ᄌᆞ조 뮈우디 아니ᄒ면(身不輕動則은) <誠初 56a>
　　c. ᄀᆞᆯ오ᄃᆡ 내(20b)…몸과 입에 편안히 너기는 배라 ᄒ더니(曰我ㅣ …身口所安也ㅣ라 ᄒ더니) <小언六 21a>
　　d. 몸애 옷을 이긔디 몯ᄒᄂᆞᆫ ᄃᆞᆺᄒ시며(身若不勝衣ᄒ시며) <小언四 14a>
(44) e. 身과 心을 動티 아니호미(身心不動이) <龜下 40b>
　　f. ᄯᅩ 니ᄅᆞ샤디 身과 口와 意왜 淸淨ᄒᄂᆞ니라 ᄒ시니라(又云身口意이 淸淨ㅣ라 ᄒ시니라) <龜下 41b>

<45> 뫼ㅎ 對 산

고유어 '뫼ㅎ'와 한자어 '산'(山)이 [山]과 [岳] 즉 '산'의 뜻을 가지고 동의 관계에 있다는 것은 다음 예문들에서 잘 확인된다. 원문 중 '山谷'이 '묏 골'로 번역되고 '靠山'이 '뫼 지혀다'로 번역된다. 그리고 '山海'가 '산과 바다'로

되고 '歸山'이 '산의 가다'로 번역된다. 따라서 '뫼ㅎ'와 '산'의 동의성은 명백히 입증된다.

(45) a. 或 뫼헤 남오 ᄒᆞ며(或山而樵ᄒᆞ며) <小언六 92a>
　　 b. 울오디 소리 업슨 묏 고리 淸風 니러남도 몯거다(叫不響山谷애 淸風起了也커다) <蒙六 41b>
　　 c. 버미 뫼 지혐 ᄀᆞᆮ트니(似虎이 靠山이라) <誡初 41b>
　　 d. 노폰 묏 그튼 디인의 사는 고디오(高岳巍岩은 智人의 所居오) <誡初 26a>
　　 e. 노폰 뫼와 기픈 고내셔 잔년을 디낼디니(高岑幽谷度殘年) <誡初 51b>
(45) f. 내 모매 죄쟝이 산과 바라 ᄀᆞᆮ튼 주를 아라(須知自身罪障ㅣ 猶如山海ᄒᆞ니) <誡初 9a>
　　 g. 사ᄅᆞ미 뉘 산의 가 도 닷디 아니코쟈 ᄒᆞ리오마ᄂᆞᆫ(人誰不欲歸山 修道이리오마ᄂᆞᆫ) <誡初 23b>
　　 h. 그리ᄒᆞ야 산의 가 므ᄉᆞᆷ 닷디 몯ᄒᆞ나(然而不歸山藪修心ᄒᆞ나) <誡初 25b>

<46> 믈 對 뉴

　고유어 '믈'과 한자어 '뉴'(流)가 [流], [輩] 및 [類] 즉 '무리'의 뜻을 가지고 동의 관계에 있다는 것은 다음 예문들에서 잘 확인된다. 원문 중 '庸流'가 '용샹ᄒᆞᆫ 믈'로 번역되고 '高流'가 '노폰 뉴로 번역된다. 그리고 '無良小輩'가 '어디디 아닌 믈'로 번역되고 '如此輩人'이 '이런 뉴엣 사름'으로 번역된다. 따라서 '믈'과 '뉴'의 동의성은 명백히 입증된다.

(46) a. 聖(15b)人 무레 드디 몯홀식(未入聖流홀식) <蒙六 16a>
　　 b. 용샹훈 무리 거즛말란 슌죵티 마롤디니라(莫順庸流의 妄說이
　　　 어다) <誡初 2b>
　　 c. 어디디 아닌 물란 ᄌᆞ조 버서 ᄇᆞ리고(無良小輩란 頻頻脫ᄒᆞ고)
　　　 <誡初 59b>
(46) d. 뜯 득훈 노픈 뉴란 ᄌᆞ조 ᄌᆞ조 친홀디니라(得意高流란 數數親ᄒᆞ
　　　 리라) <誡初 59b>
　　 e. 용쇽훈 뉴를 삼ᄂᆞ니(爲俗流ᄒᆞᄂᆞ니) <小言五 18a>
　　 f. 이런 뉴엣 사ᄅᆞᆷ은(如此輩人ᄂᆞᆫ) <小言五 99b>
　　 g. 凶險훈 類ㅣ 고텨 되ᄂᆞ니(化爲凶險類ᄒᆞᄂᆞ니) <小言五 22a>
　　 h. 무당과 祝과 숭과 ᄉᆞ이ᄒᆞᄂᆞᆫ 할미의 類를(巫祝尼媼之類를) <小
　　　 言五 60a>

<47> 믈 對 水

　고유어 '믈'과 한자어 '水'가 [水] 즉 '물'의 뜻을 가지고 동의 관계에 있다는 것은 다음 예문들에서 잘 확인된다. 원문 중 '水飮'이 '믈만 먹다'로 번역되고 '飮水'가 '水를 飮ᄒᆞ다'로 번역된다. 따라서 '믈'과 '水'의 동의성은 명백히 입증된다.

(47) a. 사오나온 밥과 믈만 먹고(疏食水飮ᄒᆞ고) <小言五 44a>
　　 b. 얼운은 믈을 받드러(長者ᄂᆞᆫ 奉水ᄒᆞ야) <小言二 3b>
　　 c. 或 믈에 고기 잡놋다(或水而漁ㅣ도다) <小言六 92a>
(47) d. 疏食를 飯ᄒᆞ며 水를 飮ᄒᆞ고(飯疏食飮水ᄒᆞ고) <論언二 19b>
　　 e. 知훈 者ᄂᆞᆫ 水를 됴히 너기고(知者ᄂᆞᆫ 樂水ᄒᆞ고) <論언二 10b>

<48> 믈 對 飮

고유어 '믈'과 한자어 '飮'이 [飮] 즉 '물'의 뜻을 가지고 동의 관계에 있다는 것은 다음 예문들에서 잘 확인된다. 원문 중 '一瓢飮'이 '흔 박 믈'로도 번역되고 '흔 瓢엣 飮'으로도 번역된다. 따라서 '믈'과 '飮'의 동의성은 명백히 입증된다.

(48) a. 흔 바곤잇 밥과 흔 박 믈로(一簞食와 一瓢飮으로) <小言四 47a>
b. 흔 簞엣 食과 흔 瓢엣 飮으로(一簞食와 一瓢飮—로) <論언二 6a>

<49> ᄆᆞᅀᆞᆯ 對 鄕黨

고유어 'ᄆᆞᅀᆞᆯ'과 한자어 '鄕黨'이 [鄕黨] 즉 '마을, 시골'의 뜻을 가지고 동의 관계에 있다는 것은 다음 예문들에서 잘 확인된다. 원문 중 '鄕黨僚'가 'ᄆᆞᅀᆞᆯ과 동관'으로 번역된다. 그리고 '於鄕黨'이 '鄕黨애'로 번역된다. 따라서 'ᄆᆞᅀᆞᆯ'과 '鄕黨'의 동의성은 명백히 입증된다.

(49) a. 술과 음식을 밍ᄀᆞ라 뻐 ᄆᆞᅀᆞᆯ과 동관과 벋을 블으ᄂᆞ니(爲酒食以召鄕黨僚友ᄒᆞᄂᆞ니) <小언二 45b>
b. 孔子ㅣ 鄕黨애 恂恂ᄐᆞᆺ ᄒᆞ샤(孔子ㅣ 於鄕黨애 恂恂如也ᄒᆞ샤) <小언三 13b>

<50> ᄆᆞᅀᆞᆷ 對 念

고유어 'ᄆᆞᅀᆞᆷ'과 한자어 '念'이 [念] 즉 '생각'의 뜻을 가지고 동의 관계에 있다는 것은 다음 예문들에서 잘 확인된다. 원문 중 '鬪諍之念'이 'ᄃᆞ토와 사홀 ᄆᆞᅀᆞᆷ'으로 번역되고 '隨念'이 '念을 좇다'로 번역된다. 따라서 'ᄆᆞᅀᆞᆷ'과 '念'의 동의성은 명백히 입증된다.

(50) a. 샹녜 ᄃᆞ토와 사홀 ᄆᆞᅀᆞᄆᆞᆯ 푸머 이시며(常懷鬪諍之念ᄒᆞ며) <蒙六 11b>
(50) b. 受用은 念을 조차 알ᄑᆡ 낟ᄂᆞ니(受用이 隨念現前ᄒᆞᄂᆞ니) <蒙六 15b>
　　　c. 나며 주그며 ᄒᆞᄂᆞᆫ 일 크ᄆᆞᆯ 브터 念을 사마(自以生死大事로 爲念ᄒᆞ야) <蒙六 27b>
　　　d. 念을 뮈우면 卽時예 어긔리라(動念卽乖ᄒᆞ리라) <龜上 3b>

<51> ᄆᆞᅀᆞᆷ 對 心

고유어 'ᄆᆞᅀᆞᆷ'과 한자어 '心'이 [心] 즉 '마음'의 뜻을 가지고 동의 관계에 있다는 것은 다음 예문들에서 잘 확인된다. 원문 중 '身心'이 '몸과 ᄆᆞᅀᆞᆷ'으로도 번역되고 '身과 心'으로도 번역된다. 그리고 '心境'이 'ᄆᆞᅀᆞᆷ과 境'으로도 번역되고 '心과 境'으로도 번역된다. 따라서 'ᄆᆞᅀᆞᆷ'과 '心'의 동의성은 명백히 입증된다.

(51) a. 몸과 ᄆᆞᅀᆞᆷ과 자바 뎡ᄒᆞ야(取心把定) <誠初 57a>
　　　b. ᄆᆞᅀᆞᆷ과 境이 ᄒᆞᆫ 가지니(心境一如ㅣ니) <龜下 61a>
　　　c. ᄆᆞᅀᆞᄆᆞᆯ 動티 아니ᄒᆞᄂᆞᆫ다(心不動麽아) <龜上 21a>
　　　d. ᄒᆞ다가 精進ㅣ랏 ᄆᆞᅀᆞᄆᆞᆯ 니르와ᄃᆞ면(若起精進心ㅣ면) <龜下 40b>

e. 境을 보고 므슴 니ᄅ왇디 아ᄂ᛬미(見境心不起이) <龜下 37b>
f. ᄆᆞᅀᆞ미 조ᄒᆞ면(心淨ᄒᆞ면) <龜下 43b>
(51) g. 身과 心을 動티 아니호미(身心不動이) <龜下 40b>
h. 道人ᄂᆞᆫ 心을 取ᄒᆞᄂᆞ니 心과 境을 다 니저ᅀᅡ(道人ᄂᆞᆫ 取心ᄒᆞᄂᆞ니 心境을 兩忘ᄒᆞ야ᅀᅡ) <龜下 57a>

<52> ᄆᆞ옯ㅎ 對 州里

고유어 'ᄆᆞ옯ㅎ'과 한자어 '州里'가 [州里] 즉 '마을'의 뜻을 가지고 동의 관계에 있다는 것은 다음 예문들에서 잘 확인된다. 원문 중 '州里'가 'ᄆᆞ옯ㅎ'로도 번역되고 '州里'로도 번역된다. 따라서 'ᄆᆞ옯ㅎ'과 '州里'의 동의성은 명백히 입증된다.

(52) a. 비록 ᄆᆞ올히나 ᄃᆞ니랴(雖州里나 行乎哉아) <小언三 5a>
b. 비록 州里나 行ᄒᆞ랴(雖州里나 行乎哉아) <論언四 3b>

<53> ᄆᆞᆯ 對 馬

고유어 'ᄆᆞᆯ'과 한자어 '馬'가 [馬] 즉 '말'의 뜻을 가지고 동의 관계에 있다는 것은 다음 예문들에서 잘 확인된다. 원문 중 '犬馬'가 '개와 ᄆᆞᆯ'로도 번역되고 '犬과 馬'로도 번역된다. 따라서 'ᄆᆞᆯ'과 '馬'의 동의성은 명백히 입증된다.

(53) a. 쑤짓ᄂᆞᆫ 솔의 일즉 개와 ᄆᆞᆯ게도 니르디 아니ᄒᆞ실시(叱咤之聲이 未嘗至於犬馬ᄒᆞ실시) <小언四 21b>
b. ᄆᆞᆯ을 잡고 諫ᄒᆞᆫ대(叩馬而諫ᄒᆞᆫ대) <小언四 27b>
(53) c. 犬과 馬애 니르러도 다 能히 養홈이 인ᄂᆞ니(至於犬馬ᄒᆞ야도 皆

能有養이니) <論언一 12a>
d. 馬 둔눈 者ㅣ(有馬者ㅣ) <論언四 10b>
e. 人이 傷ᄒᆞ냐 ᄒᆞ시고 馬를 묻디 아니ᄒᆞ시다(傷人乎아 ᄒᆞ시고 不問馬ᄒᆞ시다) <論언二 59a>

<54> 바곤이 對 簞

고유어 '바곤이'와 한자어 '簞'이 [簞] 즉 '대광주리'의 뜻을 가지고 동의 관계에 있다는 것은 다음 예문들에서 잘 확인된다. 원문 중 '一簞食'가 'ᄒᆞᆫ 바곤잇 밥'으로도 번역되고 'ᄒᆞᆫ 簞엣 食'로도 번역된다. 따라서 '바곤이'와 '簞'의 동의성은 명백히 입증된다.

(54) a. ᄒᆞᆫ 바곤잇 밥과 ᄒᆞᆫ 박 믈로(一簞食와 一瓢飮으로) <小언四 47a>
b. ᄒᆞᆫ 簞엣 食와 ᄒᆞᆫ 瓢엣 飮으로(一簞食와 一瓢飮으로) <論언二 6a>

<55> 박 對 瓢

고유어 '박'과 한자어 '瓢'가 [瓢] 즉 '바가지, 표주박'의 뜻을 가지고 동의 관계에 있다는 것은 다음 예문들에서 잘 확인된다. 원문 중 '一瓢飮'이 'ᄒᆞᆫ 박 믈'로도 번역되고 'ᄒᆞᆫ 瓢엣 飮'으로도 번역된다. 따라서 '박'과 '瓢'의 동의성은 명백히 입증된다.

(55) a. ᄒᆞᆫ 바곤잇 밥과 ᄒᆞᆫ 박 믈로(一簞食와 一瓢飮으로) <小언四 47a>

b. 흔 簞엣 食와 흔 瓢엣 飮으로(一簞食와 一瓢飮으로) <論언二 6a>

<56> 밥 對 食

고유어 '밥'과 한자어 '食'이 [食] 즉 '밥'의 뜻을 가지고 동의 관계에 있다는 것은 다음 예문들에서 잘 확인된다. 원문 중 '佛子…一食'이 '佛子의…흔 밥'으로 번역되고 '信心人食'이 '信心人의 食'으로 번역된다. 따라서 '밥'과 '食'의 동의성은 명백히 입증된다.

　　(56) a. 佛子의 흔 옷 흔 바비(佛子의 一衣一食이) <龜下 52b>
　　　　 b. 흔 가진 옷과 밥과 足디 몯ᄒᆞ니와 쏘 至極 어려 아롬 업스니왜 잇ᄂᆞ니(有一等衣食不給者와 又至愚無知者ᄒᆞ니) <蒙六 13a>
　　　　 c. 名相은 큰 幻의 바비어늘(名相大幻食ㅣ어늘) <龜上 30b>
　　(56) d. 信心人의 食을 受티 말며(不受信心人의 食ᄒᆞ며) <龜下 53b>

<57> 밭 對 田地

고유어 '밭'과 한자어 '田地'가 [田]과 [田地] 즉 '밭, 田地'의 뜻을 가지고 동의 관계에 있다는 것은 다음 예문들에서 잘 확인된다. 원문 중 '往于田'이 '받틱 가다'로 번역되고 '得田地'가 '田地를 얻다'로 번역된다. 그리고 '田宅'이 '받티며 집'으로 번역되고 '田園邸舍'가 '던디며 집'으로 번역된다. 따라서 '밭'과 '田地'의 동의성은 명백히 입증된다. '받ㅌ'은 명사 '밭'의 중철형이다.

　　(57) a. 舜이 받틱 가샤(舜이 往于田ᄒᆞ샤) <小언四 7a>
　　　　 b. 내 힘을 다ᄒᆞ야 받틀 가라(我ㅣ 竭力耕田ᄒᆞ야) <小언四 7b>

c. 그 받티며 집이며 財物을 다 푸라 뻐 영장ᄒ고(盡賣其田宅財物以葬之ᄒ고) <小언六 52b>

d. 쏭나모 八百株와 사오나온 받티 열다ᄉᆞᆺ 頃(99a)이 이시니(有桑八百株와 薄田十五頃ᄒ니) <小언五 99b>

(57) e. 求키 쉬운 거슨 田地니 가셜 히여곰 田地를 어더도(易求者ᄂᆞᆫ 田地니 假令得田地라두) <小언六 63b>

f. 뎐디며 집 셰 거둔 바와(田園邸舍所收와) <小언六 100b>

<58> 벋 對 朋友

고유어 '벋'과 한자어 '朋友'가 [朋友] 즉 '벗'의 뜻을 가지고 동의 관계에 있다는 것은 다음 예문들에서 잘 확인된다. 원문 중 '朋友'가 '벋'으로도 번역되고 '朋友'로도 번역된다. 따라서 '벋'과 '朋友'의 동의성은 명백히 입증된다.

(58) a. 벋은 ᄀᆞ절히 ᄒᆞ며 ᄌᆞ셔히 힘뼈 ᄒᆞ고(朋友엔 切切偲偲오) <小언 二 66b>

b. 벋과 더브러 사괴호ᄃᆡ(與朋友交호ᄃᆡ) <小언一 15b>

(58) c. 朋友ᄂᆞᆫ 切切ᄒᆞ며 偲偲ᄒᆞ고(朋友엔 切切偲偲오) <論언三 50a>

d. 朋友로 더브러 交호되(與朋友交호ᄃᆡ) <論언一 4a>

<59> 벋 對 友

고유어 '벋'과 한자어 '友'가 [友] 즉 '벗'의 뜻을 가지고 동의 관계에 있다는 것은 다음 예문들에서 잘 확인된다. 원문 중 '會友'가 '벋을 뫼호다'로도 번역되고 '友를 會ᄒᆞ다'로도 번역된다. 따라서 '벋'과 '友'의 동의성은 명백히 입증된다.

(59) a. 君子는 글로뻐 벋을 뫼호고 벋으로뻐 仁을 돕느니라(君子는 以文會友ᄒ고 以友輔仁이니라) <소언二 65b>

b. 敢히 손이며 버들 뫼호디 몯ᄒ야(不敢會賓友ᄒ야) <소언一 131a>

(59) c. 君子는 文으로뻐 友를 會ᄒ고 友로뻐 仁을 輔ᄒ(33b)느니라(君子는 以文會友ᄒ고 以友輔仁이니라) <論언三 34a>

d. 子貢이 友를 물ᄌ온대(子貢이 問友ᄒ대) <論언三 33b>

<60> 범 對 虎

고유어 '범'과 한자어 '虎'가 [虎] 즉 '범'의 뜻을 가지고 동의 관계에 있다는 것은 다음 예문들에서 잘 확인된다. 원문 중 '畵虎'가 '범을 그리다'로 번역되고 '虎兕'가 '虎와 兕'로 번역된다. 따라서 '범'과 '虎'의 동의성은 명백히 입증된다.

(60) a. 닐온 바 범을 그려 이디 몯ᄒ면(所謂畵虎不成이면) <소언五 14a>

b. 虎와 兕ㅣ 柙에 出ᄒ며(虎兕ㅣ 出於柙ᄒ며) <論언四 17b>

<61> 보육 對 포육

고유어 '보육'과 한자어 '포육'(脯肉)이 [脯] 즉 '포, 저미어 말린 고기'의 뜻을 가지고 동의 관계에 있다는 것은 다음 예문들에서 잘 확인된다. 원문 중 '脯鮓'가 '보육과 식혜'로 번역된다. 그리고 '脯醢'가 '포육과 젓'으로 번역된다. 따라서 '보육'과 '포육'의 동의성은 명백히 입증된다.

(61) a. 스스로이 밧그로 히여곰 술진 고기와 보육과 식혜를 가져다가
 (私令外로 取肥肉脯鮓ᄒ야) <小언五 47b>
 b. 답은 되답ᄒ야 글오되 보육 밍ᄃᆞ라(直答曰作脯ᄒ라) <小언六 72a>

(61) c. 인쥬는 포육과 젓과 ᄂᆞ믈국만이오(肴止脯醢菜羹이오) <小언 六 130a>
 d. 可히 고기즙과 믿 포육과 젓과 或 고기 젹옴애로뻐 그 滋味를 도을 ᄲᅮᆫ이언뎡(可以肉汁及脯醢或肉少許로 助其滋味언뎡) <小언 五 51b>
 e. 산 술과 산 포육을 먹디 아니ᄒ시며(沽酒市脯를 不食ᄒ시며) <小언三 25b>

<62> 부텨 對 佛

고유어 '부텨'와 한자어 '佛'이 [佛] 즉 '부처'의 뜻을 가지고 동의 관계에 있다는 것은 다음 예문들에서 잘 확인된다. 원문 중 '佛與衆生'이 '부텨와 쏘 衆生'으로 번역되고 '菩薩佛'이 '菩薩와 佛'로 번역된다. 따라서 '부텨'와 '佛'의 동의성은 명백히 입증된다.

(62) a. 부텨와 쏘 衆生이(佛與衆生이) <蒙六 4a>
 b. 아니를 닐온 부톄오 모ᄅᆞᄂᆞ니를 닐온 衆生이니라(悟之者曰佛이오 迷之者曰衆生이니라) <蒙六 3b>
 c. 부톄 梵志 브르신대(佛呼梵志ᄒ신대) <蒙六 30b>
 d. 부텨 ᄀᆞᄅᆞ치샤믈 바다 힝ᄒ면(奉行佛敎則은) <誡初 42a>
 e. 부텨의 법이(佛法이) <小언五 55a>

(62) f. 聲聞과 緣覺과 菩薩와 佛왜 닐온 네 가짓 聖이니라(聲聞緣覺菩薩佛를 謂之四聖이니) <蒙六16b>
   g. 아로몬 佛ㅣ오(悟者ᄂᆞᆫ 佛也ㅣ오) <龜下34a>
   h. ᄆᆞᅀᆞ미 조ᄒᆞ미 이 佛ㅣ오(心淸淨은 是佛ㅣ오) <龜下33a>

<63> 빗ᄎ 對 色

고유어 '빗ᄎ'과 한자어 '色'가 [色] 즉 '빛깔'의 뜻을 가지고 동의 관계에 있다는 것은 다음 예문들에서 잘 확인된다. 원문 중 '色惡'이 '빗치 사오납다'로도 번역되고 '色이 惡ᄒᆞ다'로도 번역된다. 따라서 '빗ᄎ'과 '色'의 동의성은 명백히 입증된다.

(63) a. 빗치 사오납거든 먹디 아니ᄒᆞ시며(色惡不食ᄒᆞ시며) <小언三 25a>
   b. 色이 惡ᄒᆞ니를 食디 아니ᄒᆞ시며(色惡不食ᄒᆞ시며) <論언二 56a>

<64> 사ᄅᆞᆷ 對 人

고유어 '사ᄅᆞᆷ'과 한자어 '人'이 [人] 즉 '사람'의 뜻을 가지고 동의 관계에 있다는 것은 다음 예문들에서 잘 확인된다. 원문 중 '施於人'이 '사ᄅᆞᆷ이게 베프다'로도 번역되고 '人의게 베프다'로도 번역된다. 그리고 '與人'이 '사ᄅᆞᆷ 덥을다'로도 번역되고 '人을 與ᄒᆞ다'로도 번역된다. 따라서 '사ᄅᆞᆷ'과 '人'의 동의성은 명백히 입증된다.

(64) a. 내 ᄒᆞ고져 아니ᄒᆞᄂᆞᆫ 바를 사ᄅᆞᆷ이게 베프디 말올때니라(己所不

욕을 勿施於人이니라) <小언三 4b>
b. 사룸 덥을어 모음신지 홈을(與人忠을) <小언三 4b>
(64) c. 己의 欲티 아니ᄒᆞᄂᆞᆫ 바를 人의게 베프디 말올띠니(己所不欲을 勿施於人이니라) <論언三 19b>
d. 人을 與홈이 忠홈을(與人忠을) <論언三 45a>

<65> 샹사룸 對 庶人

고유어 '샹사룸'과 한자어 '庶人'이 [庶人] 즉 '아무 벼슬이 없는 일반 평민'의 뜻을 가지고 동의 관계에 있다는 것은 다음 예문들에서 잘 확인된다. 원문 중 '庶人之職'이 '샹사룸의 직분'으로 번역되고 '庶人之孝'가 '庶人의 효도'로 번역된다. 따라서 '샹사룸'과 '庶人'의 동의성은 명백히 입증된다. '샹사룸'은 합성명사로 [常] 즉 '보통, 예사'의 뜻을 가진 '샹(常)'과 명사 '사룸'의 합성이다.

(65) a. 흔 남진 겨집은 샹사룸의 직분이니라(一夫一婦ᄂᆞᆫ 庶人之職也 이니라) <小언五 64a>
(65) b. 이 庶人의 효도ㅣ 니라(此ㅣ 庶人之孝也ㅣ 니라) <小언二 31b>
c. 天子로브터 庶人에 니르(31b)히(自天子至於庶人히) <小언二 32a>
d. 天下ㅣ 道ㅣ 이시면 庶人이 議티 아니ᄒᆞᄂᆞ니라(天下ㅣ 有道則 庶人이 不議ᄒᆞᄂᆞ니라) <論언四 21a>

<66> 샹사룸 對 鄉人

고유어 '샹사룸'과 한자어 '鄉人'이 [鄉人] 즉 '고향 사람'의 뜻을 가지고 동

의 관계에 있다는 것은 다음 예문들에서 잘 확인된다. 원문 중 '鄕人'이 '샹사름'으로도 번역되고 '鄕人'으로도 번역된다. 따라서 '샹사름'과 '鄕人'의 동의성은 명백히 입증된다.

(66) a. 오히려 샹사름 되욤을 免티 몯ᄒᆞ얀노니(猶未免爲鄕人也ᄒᆞ니) <小언四 1b>
(66) b. 鄕人이 酒를 飮홈애(鄕人飮酒애) <論언二 58a>
c. 鄕人이 다 됴히 너기면 엇더ᄒᆞ니잇고(鄕人이 皆好ᄒᆞ면 何如ㅣ니잇고) <論언三 48a>

<67> 섬 對 階

고유어 '섬'과 한자어 '階'가 [階] 즉 '섬돌, 층계'의 뜻을 가지고 동의 관계에 있다는 것은 다음 예문들에서 잘 확인된다. 원문 중 '羅列階下'가 '섬 아래 버러 셔다'로 번역되고 '就主人階'가 '主人의 階예 나아가다'로 번역된다. 따라서 '섬'과 '階'의 동의성은 명백히 입증된다.

(67) a. 아들와 아ᄎᆞ아들들히 섬 아래 버러 셨더니(子姪이 羅列階下ㅣ러니) <小언六 70a>
b. 섬 아래 가 절ᄒᆞ고(拜於階下ᄒᆞ고) <小언六 26b>
(67) c. 손이 만일 층이 ᄂᆞ리거든 主人의 階예 나아갈디니(客若降等則 就主人階니) <小언二 68b>

<68> 션비 對 士

고유어 '션비'와 한자어 '士'가 [士] 즉 '선비'의 뜻을 가지고 동의 관계에 있

다는 것은 다음 예문들에서 잘 확인된다. 원문 중 '蒙士'가 '어린 션비'로 번역되고 '士無故'가 '士ㅣ 연괴 없다'로 번역된다. 따라서 '션비'와 '士'의 동의성은 명백히 입증된다.

(68) a. 뻐 어린 션비를 ㄱㄹ치노라(以訓蒙士ㅎ노라) <小언二 1b>
    b. 뻐 션비를 일워 내요딘(以造士호딘) <小언一 12b>
(68) c. 士ㅣ 연괴 업거든(士ㅣ 無故ㅣ어든) <小언三 26b>

<69> 셰간 對 지믈

고유어 '셰간'과 한자어 '지믈'(財物)이 [財] 즉 '재물'의 뜻을 가지고 동의관계에 있다는 것은 다음 예문들에서 잘 확인된다. 원문 중 '分財'가 '셰간 ᄂ호다'로 번역되고 '分其財'가 '그 지믈을 ᄂ호다'로 번역되므로 '셰간'과 '지믈'의 동의성은 명백히 입증된다.

(69) a. 아ᄋ와 동싱의 즈식둘히 셰간 ᄂ화 달 사라지라 求ᄒ거늘(弟子ㅣ 求分財異居ㅣ어늘) <小언六 20b>
    b. 아ᄋ와 동싱의 즈식둘히 즈조 그 셰간을 배아거늘(弟子ㅣ 數破其產이어늘) <小언六 21a>
(69) c. 그 지믈을 고로 ᄂ홀시(乃中分其財홀시) <小언六 20b>
    d. 어딜오 지믈이 하면 그 ᄠᅳᆮ을 해ᄒ고(賢而多財則損其志ᄒ고) <小언六 83b>
    e. 보화와 지믈을 됴히 너기며 妻子를 스스로이 ᄒ야(好貨財私妻子ᄒ야) <小언二 34b>
    f. 그 받티며 집이며 財物을 다 프라 뻐 영장ᄒ고(盡賣其田宅財物以葬之ᄒ고) <小언六 52b>

<70> 소리 對 음셩

고유어 '소리'와 한자어 '음셩'(音聲)이 [音], [聲] 및 [音聲] 즉 '소리, 음셩'의 뜻을 가지고 동의 관계에 있다는 것은 다음 예문들에서 잘 확인된다. 원문 중 '玄音'이 '현묘흔 소리'로 번역되고 '隨音聲'이 '음셩을 좇다'로 번역된다. 따라서 '소리'와 '음셩'의 동의성은 명백히 입증된다.

(70) a. 현묘흔 소리를 듣ᄌ오며(聽玄音ᄒ며) <誡初 17a>
b. 싁을 보며 소리 드로매(見色聞聲의) <誡初 12b>
(70) c. 오직 음셩을 좇디 말며(不得但隨音聲ᄒ며) <誡初 8b>

<71> 소릐 對 音

고유어 '소릐'와 한자어 '音'이 [音] 즉 '소릐, 音'의 뜻을 가지고 동의 관계에 있다는 것은 다음 예문들에서 잘 확인된다. 원문 중 '八音'이 '여듧 가지 소릐'로 번역되고 '字音'이 '字ㅅ 音'으로 번역되므로 '소릐'와 '音'의 동의성은 명백히 입증된다.

(71) a. 여듧 가지 소릐 능히 골라(八音克諧ᄒ야) <小언一 10b>
b. 鄭과 衛ㅅ 소릐를(鄭衛之音을) <小언六 3a>
(71) c. 字ㅅ 音의 놉ᄂ갗가이를(字音高低를) <小언 凡例 2b>
d. 時俗(2b)애 音이 (時俗之音이) <小언 凡例 3a>

<72> 소릐 對 響

고유어 '소릐'와 한자어 '響'이 [響] 즉 '소릐'의 뜻을 가지고 동의 관계에 있

다는 것은 다음 예문들에서 잘 확인된다. 원문 중 '不響山谷'이 '소리 업슨 묏 골'로 번역되고 '一心之影響'이 'ᄒᆞᆫ ᄆᆞᅀᆞ미 影과 響'으로 번역된다. 따라서 '소 리'와 '響'의 동의성은 명백히 입증된다.

(72) a. 울오ᄃᆡ 소리 업슨 묏 고리 淸風 니러남도 믓거다(叫不響山谷애 淸風起了也커다) <蒙六 41b>
b. 先德ㅣ 니ᄅᆞ샤ᄃᆡ…葉은 ᄒᆞᆫ ᄆᆞᅀᆞ미 影과 響ㅣ라 ᄒᆞ시며(先德ㅣ 云…葉者ᄂᆞᆫ 一心之影響ㅣ라 ᄒᆞ시며) <龜下 30a>

<73> 손 對 긱

고유어 '손'과 한자어 '긱'(客)이 [客]과 [賓客] 즉 '손'의 뜻을 가지고 동의 관계에 있다는 것은 다음 예문들에서 잘 확인된다. 원문 중 '敬客'이 '손을 공 경ᄒᆞ다'로 번역되고 '對客'이 '긱 ᄃᆡ접ᄒᆞ다'로 번역되므로 '손'과 '긱'의 동의성 은 명백히 입증된다.

(73) a. 손이 안 門에 니르거든(客至寢門이어든) <小언二 68a>
b. 主人이 손을 공경커든 몬져 손을 절ᄒᆞ고(主人敬客則先拜客ᄒᆞ 고) <小언二 69b>
c. 아비 상ᄉᆞ애 손을 닐윔애(父喪敬客애) <小언五 13b>
(73) d. 긱 ᄃᆡ접ᄒᆞ야 말ᄉᆞᆷ홀 ᄎᆞ애(對客言談애) <誡初 11a>
e. 긱을 보아든(見賓客이어든) <誡初 5b>

<74> 술 對 酒

고유어 '술'과 한자어 '酒'가 [酒] 즉 '술'의 뜻을 가지고 동의 관계에 있다는

것은 다음 예문들에서 잘 확인된다. 원문 중 '沽酒'가 '산 술'로도 번역되고 '沽훈 酒'로도 번역된다. 따라서 '술'과 '酒'의 동의성은 명백히 입증된다.

  (74) a. 산 술과 산 포육을 먹디 아니ᄒᆞ시며(沽酒市脯를 不食ᄒᆞ시며)
     <小언三 25b>
    b. 오직 술을 그음 아니ᄒᆞ샤디(唯酒無量ᄒᆞ샤디) <小언三 25b>
  (74) c. 沽훈 酒와 市훈 脯를 食티 아니ᄒᆞ시며(沽酒市脯를 不食ᄒᆞ시며)
     <論언三 57a>
    d. 오직 酒는 量 업게 ᄒᆞ샤디(唯酒無量ᄒᆞ샤디) <論언二 57a>

<75> 스승 對 師

  고유어 '스승'과 한자어 '師'가 [師] 즉 '스승'의 뜻을 가지고 동의 관계에 있다는 것은 다음 예문들에서 잘 확인된다. 원문 중 '師恩'이 '스승의 恩澤'으로 번역되고 '大幻師'가 '큰 幻의 師'로 번역된다. 따라서 '스승'과 '師'의 동의성은 명백히 입증된다.

  (75) a. 녯 사ᄅᆞ미 스승의 恩澤을 아ᅀᆞᆸ고 니ᄅᆞ샤디(古人이 知師恩曰)
     <龜下 63a>
    b. 쏘 니ᄅᆞ샤디 戒로뻐 스승 사ᄆᆞ라 ᄒᆞ시니라(又云以戒로 爲師ᄒᆞ라 ᄒᆞ시니라) <龜上 36a>
    c. 스승이 ᄀᆞᄅᆞ치시고(師ㅣ 敎之ᄒᆞ시고) <小언二 73b>
  (75) d. ᄆᆞᅀᆞᄆᆞᆫ 큰 幻의 師ㅣ오(心爲大幻師ㅣ오) <龜上 30b>

<76> ᄉᆞ이 對 간격

고유어 '스이'와 한자어 '간격'(間隔)이 [間] 즉 '사이, 간격'의 뜻을 가지고 동의 관계에 있다는 것은 다음 예문들에서 잘 확인된다. 원문 중 '朋友之間'이 '벋븨 스이'로 번역되고 '無間'이 '간겨기 없다'로 번역된다. 따라서 '스이'와 '간격'의 동의성은 명백히 입증된다. 한자어 '간격'은 『경민편』(1579)에 처음으로 등장한다.

(76) a. 벋븨 스이예 그 공경을 은듬삼는 이사(於朋友之間애 主其敬者ㅣ사) <小言五 77a>
   b. 놀옴놀이예 무(3b)덤 스이 일을 ᄒᆞ야(嬉戱예 爲墓間之事ᄒᆞ야) <小言四 4a>
(76) c. 내의 친혼 아들과 쫠과로 간겨기 업스니라(與吾親子女奴 無間爲尼羅) <警民 7b>
   d. 뎌와 나왜 간겨기 업스니(彼我無間爲尼) <警民 17b>

<77> 싱각 對 ᄉᆞ려

고유어 '싱각'과 한자어 'ᄉᆞ려'(思慮)가 [思]와 [慮] 즉 '생각, 사려'의 뜻을 가지고 동의 관계에 있다는 것은 다음 예문들에서 잘 확인된다. 원문 중 '九思'가 '아홉 싱각'으로 번역되고 '於思'가 'ᄉᆞ려에'로 번역된다. 따라서 '싱각'과 'ᄉᆞ려'의 동의성은 명백히 입증된다.

(77) a. 君子ㅣ 아홉 싱각 홈이 이시니(君子ㅣ 有九思ᄒᆞ니) <小言三 5b>
(77) b. ᄉᆞ려에 셩실케 ᄒᆞ고(誠之於思ᄒᆞ고) <小言五 91b>
   c. 일에 마초와 계교를 내며 ᄉᆞ려를 베퍼(方物出謀發慮ᄒᆞ야) <小言六 26b>

<78> 아들 對 즈식

고유어 '아들'과 한자어 '즈식'(子息)이 [子] 즉 '아들, 자식'의 뜻을 가지고 동의 관계에 있다는 것은 다음 예문들에서 잘 확인된다. 원문 중 '子孝'가 '아들은 효도ᄒᆞ다'로도 번역되고 '즈식은 효도ᄒᆞ다'로도 번역된다. 그리고 '兄子'가 '형의 아들'로 번역되고 '逆家子'가 '반역ᄒᆞᆫ 집 즈식'으로 번역된다. 따라서 '아들'과 '즈식'의 동의성은 명백히 입증된다.

(78) a. 아비는 어엿비 너기고 아들은 효도ᄒᆞ며(父慈子孝ᄒᆞ며) <小언四 49b>
　　b. 아들은 효도호ᄃᆡ 간ᄒᆞ며(子孝而箴ᄒᆞ며) <小언二 74b>
　　c. 아비와 아들을 親케 ᄒᆞ며(親父子ᄒᆞ며) <小언三 9a>
　　d. 남진이 죽어는 아들을 조차(夫死從子ᄒᆞ야) <小언二 53b>
　　e. 내 형의 아들이 일즉 病ᄒᆞ엿거늘(吾兄子ㅣ 嘗病이어늘) <小언六 101b>
(78) f. 아비는 어엿비 너기고 즈식은 효도ᄒᆞ며(父慈子孝ᄒᆞ며) <小언二 74a>
　　g. 즈식은 효도ᄒᆞ며(子孝ᄒᆞ며) <小언五 34a>
　　h. 반역ᄒᆞᆫ 집 즈식을 取티 아니ᄒᆞ며 음란ᄒᆞᆫ 집 즈식을 取티 아니ᄒᆞ며(逆家子를 不取ᄒᆞ며 亂家子를 不取ᄒᆞ며) <小언二 54b>
　　i. 각각 그 즈식을 즈식이라 ᄒᆞᄂᆞ니라(各子其子ㅣ 라) <小언五 71a>
　　j. 즈식이 올와 도라개사(子ㅣ 全而歸之라사) <小언四 18b>

<79> 아래 對 下

고유어 '아래'와 한자어 '下'가 [下] 즉 '아래'의 뜻을 가지고 동의 관계에 있다는 것은 다음 예문들에서 잘 확인된다. 원문 중 '下學'이 '아래로 비호다'로도 번역되고 '下로 學ㅎ다'로도 번역된다. 따라서 '아래'와 '下'의 동의성은 명백히 입증된다.

(79) a. 아래로 빅화 우후로 통달ᄒᆞᄂᆞ니라(下學而上達也ㅣ니라) <소언五. 86a>
b. 비를 나모 아래셔 避홀ᄉᆡ(避雨樹下홀ᄉᆡ) <小언六 106a>
(79) c. 下로 學ᄒᆞ야 上으로 達ᄒᆞ노니(下學而上達ᄒᆞ노니) <論언三 67a>

<80> 안해 對 쳐

고유어 '안해'와 한자어 '쳐'(妻)가 [妻] 즉 '아내'의 뜻을 가지고 동의 관계에 있다는 것은 다음 예문들에서 잘 확인된다. 원문 중 '妻子'가 '안해와 ᄌᆞ식'으로도 번역되고 '쳐 ᄌᆞ식'으로도 번역되므로 '안해'와 '쳐'의 동의성은 명백히 입증된다.

(80) a. 안해와 ᄌᆞ식과 가신과 쳡은(妻子臣妾은) <孝언 22b>
b. ᄒᆞ믈며 안해과 ᄌᆞ식에 쓔여(況於妻子乎여) <孝언 12a>
c. 안해 ᄀᆞᆯ오ᄃᆡ(妻ㅣ 曰) <小언六 54b>
d. ᄯᅩ 詳의 안해를 보채여 블이거든(又虐使祥妻ㅣ어든) <小언六 65a>
(80) e. 百姓 ᄉᆞ랑홈을 쳐 ᄌᆞ식 ᄀᆞ티 ᄒᆞ며(愛百姓如妻子ᄒᆞ며) <小언五 57a>
f. 妻子를 싣고 도망ᄒᆞ다가(負妻子而逃ᄒᆞ다가) <小언六 65b>

<81> 어버이 對 父母

고유어 '어버이'와 한자어 '父母'가 [父母] 즉 '어버이, 부모'의 뜻을 가지고 동의 관계에 있다는 것은 다음 예문들에서 잘 확인된다. 원문 중 '其父母'가 '그 어버이'로 번역되고 '父母之名'이 '父母ㅅ 일홈'으로 번역되므로 '어버이'와 '父母'의 동의성은 명백히 입증된다.

(81) a. 그 어버이 그 졈어셔 ᄌᆞ식 업고 일 홀어미 된 줄을 슬피 너겨(其父母ㅣ 哀其少無子而早寡也ᄒᆞ야) <小言六 52a>
b. 그 어버이 저허 구틔여 얼리디 아니ᄒᆞ야(其父母ㅣ 懼而不敢嫁也ᄒᆞ야) <小言六 52b>
(81) c. 父母ㅣ 병이 잇거시든(父母ㅣ 有疾이어시든) <小言二 23a>
d. 父母ㅅ 일홈 드롬 ᄀᆞ티 ᄒᆞ야(如聞父母之名ᄒᆞ야) <小言五 12a>
e. 어딘 버들 셤교ᄃᆡ 부모 ᄀᆞ티 ᄒᆞ며(承事善友호ᄃᆡ 如父母ᄒᆞ며) <誡初 59a>
f. 몸이란 거슨 父母의 기티신 얼굴이니(身也者ᄂᆞᆫ 父母之遺體也ㅣ니) <小言二 35b>
g. ᄒᆞᆫ 적 발 들옴애 敢히 父母를 닛지 몯홀디라(一擧足而不敢忘父母ㅣ라) <小言四 18b>

<82> 얼굴 對 相

고유어 '얼굴'과 한자어 '相'이 [相] 즉 '모습, 形相'의 뜻을 가지고 동의 관계에 있다는 것은 다음 예문들에서 잘 확인된다. 원문 중 '無相'이 '얼굴 없다'로도 번역되고 '相이 없다'로도 번역된다. 그리고 '女相'이 '계지븨 얼굴'로 번역되고 '僧相'이 '즁이 相'으로 번역된다. 따라서 '얼굴'과 '相'의 동의성은 명백히

입증된다.

(82) a. 萬德을 모도자바쇼디 얼굴 업스며(統萬德而無相ᄒ며) <蒙六 3b>

b. 쏘 니ᄅ샤디…法이 엇뎌 얼굴리 이시리오 ᄒ시니라(又云…法何有相ㅣ리오 ᄒ시니라) <龜上 30a>

c. 시혹 남진늬 몸과 계지븨 얼굴를 어드며(或受男形女相ᄒ며) <蒙六 12a>

(82) d. 두 샹이 업스며 相이 업슨 디라(無有二ᄒ며 無相이라) <蒙六 23a>

e. 圓滿ᄒ 즁이 相을 어더(得圓僧相ᄒ야) <蒙六 27b>

f. 相이 다ᄋ고 性이 나타사(相盡性顯ᄒ야사) <龜上 10a>

g. 흔 샹이라(一相이라) <蒙六 23a>

<83> 얼굴 對 體

고유어 '얼굴'과 한자어 '體'가 [體] 즉 '四體'의 뜻을 가지고 동의 관계에 있다는 것은 동일 원문의 번역인 다음 예문들에서 잘 확인된다. 원문 중 '身體'가 '몸이며 얼굴'로도 번역되고 '몸과 體'로도 번역되므로 '몸'과 '體'의 동의성은 명백히 입증된다.

(83) a. 몸이며 얼굴이며 머리털이며 술흔 父母ᄭ 받즈온 거시라(身體髮膚는 受之父母ㅣ라) <小언二 28b>

b. 몸이란 거슨 父母의 기티신 얼굴이니(身也者는 父母之遺體也ㅣ니) <小언二 35b>

c. 그 얼굴을 ᄒ야브리디 아니며(不虧其體ᄒ며) <小언四 18b>

(83) d. 몸과 體[四體니 손과 발을 닐옴이라]과 머리터럭과 술흔 父母
끠 튼 거시니(身體髮膚는 受之父母ㅣ니) <孝언 2b>

<84> 얼굴 對 容貌

고유어 '얼굴'과 한자어 '容貌'가 [容貌] 즉 '모습, 形相'의 뜻을 가지고 동의 관계에 있다는 것은 다음 예문들에서 잘 확인된다. 원문 중 '容貌'가 '얼굴'로도 번역되고 '容貌'로도 번역된다. 따라서 '얼굴'과 '容貌'의 동의성은 명백히 입증된다.

(84) a. 얼굴 가죔애(動容貌애) <小언三 6a>
b. 容貌를 動호욤애(動容貌애) <論언三 30b>

<85> 오히양 對 廐

고유어 '오히양'과 한자어 '廐'가 [廐] 즉 '외양간, 마구간'의 뜻을 가지고 동의 관계에 있다는 것은 다음 예문들에서 잘 확인된다. 원문 중 '廐'가 '오히양'으로도 번역되고 '廐'로도 번역된다. 따라서 '오히양'과 '廐'의 동의성은 명백히 입증된다.

(85) a. 오히양의 됴흔 몰이 업스며(廐無良馬호며) <小언六 112b>
b. 廐ㅣ 焚커늘(廐焚이어늘) <論언二 59a>

<86> 옷 對 衣

고유어 '옷'과 한자어 '衣'가 [衣] 즉 '옷'의 뜻을 가지고 동의 관계에 있다는

것은 다음 예문들에서 잘 확인된다. 원문 중 '佛子一衣'가 '佛子의 흔 옷'으로 번역되고 '信心人衣'가 '信心人의 衣'로 번역된다. 따라서 '옷'과 '衣'의 동의성은 명백히 입증된다.

(86) a. 佛子의 흔 옷 흔 바비(佛子의 一衣一食이) <龜下 52b>
　　 b. 흔 가진 옷과 밥과 足디 몯ᄒᆞᄂᆞ니와 ᄯᅩ 至極 어려 아롬 업스니왜 잇ᄂᆞ니(有一等衣食不給者와 又至愚無知者ᄒᆞ니) <蒙六 13a>
　　 c. 沙界ᄂᆞᆫ 큰 幻의 오시오(沙界大幻衣ㅣ오) <龜上 30b>
　　 d. 사오나온 옷과 사오나온 음식을 붓그리ᄂᆞ니ᄂᆞᆫ(恥惡衣惡食者ᄂᆞᆫ) <小언三 22b>
(86) e. 信心人의 衣를 受티 말며(不受信心人의 衣ᄒᆞ며) <龜下 53b>

<87> 옷 對 衣服

고유어 '옷'과 한자어 '衣服'이 [衣服]과 [服] 즉 '옷, 의복'의 뜻을 가지고 동의 관계에 있다는 것은 다음 예문들에서 잘 확인된다. 원문 중 '衣服飮食'이 '옷과 음식'으로 번역되고 '衣服成器'가 '衣服과 인 그릇'으로 번역된다. 그리고 '華美之服'이 '빗난 됴흔 옷'으로 번역되고 '子臧之服'이 '子臧이 의복'으로 번역된다. 따라서 '옷'과 '衣服'의 동의성은 명백히 입증된다.

(87) a. 옷과 음식을 반ᄃᆞ시 얼운의게 후에 홀디니라(衣服飮食을 必後長者ㅣ니라) <小언二 51a>
　　 b. 얼운이 金銀과 빗난 됴흔 오스로ᄡᅥ 더어든(長者ㅣ 加以金銀華美之服이어든) <小언六 132a>
　　 c. 先王의 법다온 오시 아니어든(非先王之法服이어든) <小언二 30b>

d. 詩예 굴오딕 뎌 사룸이여 그 오시 맛디 아니ᄒᆞ다 ᄒ(43b)니(詩예 曰 彼己之子여 不稱其服이라 ᄒᆞ니) <小언四 44a>
(87) e. 衣服과 인 그릇슬 나므라디 말며(毋訾衣服成器ᄒᆞ며) <小언三 13a>
f. 衣服을 오직 삼가더라(衣服唯謹ᄒᆞ더라) <小언六 2b>
g. 이 우흔 衣服 졔도를 볼키니라(右는 明衣服之制ᄒᆞ니라) <小언三 22b>
h. 子臧이 의복이 맛디 아니ᄒᆞ며(子臧之服이 不稱也夫ᆫ뎌) <小언四 44a>

<88> 우ᄒ 對 上

고유어 '우ᄒ'와 한자어 '上'이 [上] 즉 '위'의 뜻을 가지고 동의 관계에 있다는 것은 다음 예문들에서 잘 확인된다. 원문 중 '上達'이 '우후로 통달ᄒᆞ다'로도 번역되고 '上으로 達ᄒᆞ다'로도 번역된다. 따라서 '우ᄒ'와 '上'의 동의성은 명백히 입증된다.

(88) a. 아래로 빅화 우후로 통달ᄒᆞᄂᆞ니라(下學而上達也ㅣ니라) <小언五 86a>
b. 스스로 能히 우후로 ᄎᆞ자 向ᄒᆞ야 가(自能尋向上去ᄒᆞ야) <小언五 86a>
(88) c. 下로 學ᄒᆞ야 上으로 達ᄒᆞ노니(下學而上達ᄒᆞ노니) <論언三 69a>

<89> 이 對 者

고유어 '이'와 한자어 '者'가 [者] 즉 '사람'의 뜻을 가지고 동의 관계에 있다는 것은 다음 예문들에서 잘 확인된다. 원문 중 '賢者'가 '어딘 이'로도 번역되고 '賢호 者'로도 번역된다. '益者'가 '유익호 이'로도 번역되고 '益호 者'로도 번역된다. 그리고 '負版者'가 '효젹 진 이'로도 번역되고 '版 負호 者'로도 번역된다. 따라서 '이'와 '者'의 동의성은 명백히 입증된다.

(89) a. 그 태우의 어딘 이를 셤기며 그 士의 仁호 이를 벋홀디니라(事其大夫之賢者ᄒ며 友其士之仁者ㅣ니라) <小언二. 66b>

b. 유익호 이 세 가짓 벋이오 해로운 이 세 가짓 벋이니(益者ㅣ 三友ㅣ오 損者ㅣ 三友ㅣ니) <小언二. 66b>

c. 晃ᄒ니와 다믓 눈 머니를 보시고(見晃者與瞽者ᄒ시고) <小언三 15b>

d. 상복ᄒ니를 式ᄒ시며 호젹 진 이를 式ᄒ더시다(凶服者를 式ᄒ시며 式負版者ㅣ러시다) <小언三 16a>

(89) e. 그 태우의 賢호 者를 事ᄒ며 그 士의 仁호 者를 友홀띠니라(事其大夫之賢者ᄒ며 友其士之仁者ㅣ니라) <論언四 5b>

f. 益한 者ㅣ 三友ㅣ오 損호 者ㅣ 三友ㅣ니(益者ㅣ 三友ㅣ오 損者ㅣ 三友ㅣ니) <論언四 22a>

g. 晃호 者와 다믓 瞽호 者를 보시고(見晃者與瞽者ᄒ시고) <論언二. 61a>

h. 凶服호 者를 式ᄒ시며 版 負호 者를 式ᄒ더시다(凶服者를 式ᄒ시며 式負版者ㅣ러시다) <論언二. 61b>

<90> 이生 對 今生

고유어 '이生'과 한자어 '今生'이 [今生] 즉 '이승'의 뜻을 가지고 동의 관계

제3장 固有語와 漢字語 간의 同義 269

에 있다는 것은 다음 예문들에서 잘 확인된다. 원문 중 '今生'이 '이生'으로도 번역되고 '今生'으로도 번역된다. 따라서 '이生'과 '今生'의 동의성은 명백히 입증된다. '이生'은 고유어 '이'와 한자어 '生'의 合成이지만 이 논문에서는 고유어로 처리하였다.

(90) a. 이生애 바다 쓰는 거시 이오(今生애 受者이 是오) <蒙六 12b>
　　 b. 비록 이生애 ᄉᆞᄆᆞᆺ디 몯ᄒᆞᆯ디라도(縱今生애 透不得ㅣ라도) <龜上 19a>
　　 c. 이싱애 ᄆᆞᅀᆞᆷ 붉기디 몯ᄒᆞ면(今生애 未明心ᄒᆞ면) <誡初 50b>
　　 d. 이싱애 ᄒᆞ다가 이 말ᄊᆞᆷ 죵티 아니면(今生若不從斯語) <誡初 84a>
(90) e. 今生앳 진논 因緣이 이니라(今生애 作者이 是니라) <蒙六 12b>
　　 f. 금싱애 니르리(至于今生히) <誡初 40a>

<91> 일 對 事

고유어 '일'과 한자어 '事'가 [事] 즉 '일'의 뜻을 가지고 동의 관계에 있다는 것은 다음 예문들에서 잘 확인된다. 원문 중 '執事'가 '일 잡다'로도 번역되고 '事를 執ᄒᆞ다'로도 번역된다. 그리고 '敏於事'가 '일에 ᄲᆞᆯ리 ᄒᆞ다'로도 번역되고 '事에 敏ᄒᆞ다'로도 번역된다. 따라서 '일'과 '事'의 동의성은 명백히 입증된다.

(91) a. 일 잡음에 조심ᄒᆞ며(執事敬ᄒᆞ며) <小언三 4b>
　　 b. 일에 조심홈을 싱각ᄒᆞ며(事思敬ᄒᆞ며) <小언三 5b>
　　 c. 일에 ᄲᆞᆯ리 ᄒᆞ며 말ᄊᆞᆷ애 삼가ᄒᆞ고(敏於事而愼於言이오) <小언

三7b>

(91) d. 事를 執홈이 敬ᄒᆞ며(執事敬ᄒᆞ며) <論언三 45a>
   e. 事에 敬을 思ᄒᆞ며(事思敬ᄒᆞ며) <論언四 25b>
   f. 事에 敏ᄒᆞ며 言에 愼ᄒᆞ고(敏於事而愼於言이오) <論언一 7b>

<92> 일홈 對 名字

고유어 '일홈'과 한자어 '名字'가 [名字] 즉 '이름'의 뜻을 가지고 동의 관계에 있다는 것은 다음 예문들에서 잘 확인된다. 원문 중 '立種種名字'가 '가지가지로 일홈 짛다'로 번역되고 '有多般名字'가 '여러 가짓 名字ㅣ 잇다'로 번역된다. 따라서 '일홈'과 '名字'의 동의성은 명백히 입증된다.

(92) a. 구틔여 가지가지로 일홈 지흐샤(强立種種名字ᄒᆞ딕) <龜上 3a>
   b. 比丘ㅣ 여러 가짓 名字ㅣ 이시니(比丘ㅣ 有多般名字ᄒᆞ니) <龜下 52a>

<93> 입 對 口

고유어 '입'과 한자어 '口'가 [口] 즉 '입'의 뜻을 가지고 동의 관계에 있다는 것은 다음 예문들에서 잘 확인된다. 원문 중 '身口'가 '몸과 입'으로도 번역되고 '身과 口'로도 번역된다. 따라서 '입'과 '口'의 동의성은 명백히 입증된다.

(93) a. 글오ᄃᆡ 내(20b)…몸과 입에 편안히 너기는 배라 ᄒᆞ더니(曰我ㅣ …身口所安也ㅣ라 ᄒᆞ더니) <小언六 21a>
   b. 이ᄂᆞᆫ 닐온바 입과 몸만 봉양홈이니(此ᄂᆞᆫ 所謂養口體者也ㅣ니)

<小언四 15b>

(93) c. 쏘 니ᄅ샤ᄃᆡ 身과 口와 意왜 淸淨ᄒᆞᄂᆞ니라 ᄒ시니라(又云身口意이 淸淨ㅣ라 ᄒ시니라) <龜下 41b>

<94> 적 對 시졀/시절

고유어 '적'과 한자어 '시졀/시절'(時節)이 [時] 즉 '적, 시절'의 뜻을 가지고 동의 관계에 있다는 것은 다음 예문들에서 잘 확인된다. 원문 중 '作字時'가 '글 쓰실 적'으로 번역되고 '是時'가 '이 시졀'로 번역되므로 '적'과 '시졀'의 동의성은 명백히 입증된다.

(94) a. 明道 先生이 글 쓰실 저긔(明道先生이 作字時예) <小언六 122b>
b. 졋 먹는 아히 도여실 적브터(自爲乳兒時로) <小언六 132a>
(94) c. 나히 시졀와 더블어 ᄃᆞᄅ며(年與時馳ᄒ며) <小언五 15b>
d. 이 시졀의 太后의 아ᄋᆞ오라비 武安候 田蚡이(是時예 太后弟武安候田蚡이) <小언六 34b>
e. 劉氏 그 시졀의 나히 닐흔 남은이러라 (劉氏ㅣ 時年七十餘矣러라) <小언六 31b>
f. 五代 시졀에(五代之時예) <小언五 49a>

<95> 제 對 ᄎᆞ

고유어 '제'와 한자어 'ᄎᆞ'(次)가 [次] 즉 '때'의 뜻을 가지고 동의 관계에 있다는 것은 다음 예문들에서 잘 확인된다. 원문 중 '經行次'가 '길 녈 제'로 번역되고 '言談次'가 '말ᄉᆞᆷ홀 ᄎᆞ'로 번역되므로 '제'와 'ᄎᆞ'의 동의성은 명백히 입증

된다.

(95) a. 진지홀 제(行飰次의) <誡初 5a>
b. 길 녈 제(經行次의) <誡初 5a>
c. 법 듣ᄌᆞ올 제 여론 어름 븗듯ᄒᆞ야(聞法之次如履薄氷ᄒᆞ야) <誡初 17a>

(95) d. 말ᄉᆞᆷ 홀 ᄎᆞ의(言談次의) <誡初 5a>

<96> 젼ᄎᆞ 對 故

고유어 '젼ᄎᆞ'와 한자어 '故'가 [故] 즉 '까닭'의 뜻을 가지고 동의 관계에 있다는 것은 다음 예문들에서 잘 확인된다. 원문 중 '惡故'가 '사오나온 젼ᄎᆞ'로 번역되고 '起故'가 '니러나는 故'로 번역되고 '則而象之故'가 '법삼아 본반는 故'로 번역된다. 따라서 '젼ᄎᆞ'와 '故'의 동의성은 명백히 입증된다.

(96) a. ᄒᆞ다가 사ᄅᆞ미 제 사오나온 젼ᄎᆞ로(若以人惡故로) <誡初 17a>
b. ᄆᆞᆺ매 일승을 져ᄇᆞ린 젼ᄎᆞ로(一背一乘故로) <誡初 40b>
c. 모미 뉵적을 좃는 젼ᄎᆞ로(身隨六賊故로) <誡初 40b>
d. 네 길 그르 들가 젓는 젼ᄎᆞ로(恐汝錯路故로) <誡初 46b>

(96) e. 江祿이…시러곰 니러나는 故로(江祿이…得起故로) <小언五 117a>
f. 법삼아 본반는 故로 能히 國家를 두어(則而象之故로 能有其國家ᄒᆞ야) <小언四 53b>
g. 君子의 어버이 셤굠이 효도로온 故로 튱셩을 可히 님금ᄭᅴ(70a) 옴기고 兄 셤굠이 공슌ᄒᆞᆫ 故로 공슌홈을 可히 얼운의게 옴기고 (君子之事親이 孝故로 忠可移於君이오 事兄이 弟故로 順可移

於長이오) <小언二 70b>
h. 치우며 주려 죽음을 저흔 故로 이 말이 인ᄂ니(怕寒飢死故로 有是說ᄒ니) <小언五 67b>

<97> 젼ᄎ 對 연고

고유어 '젼ᄎ'와 한자어 '연고'(緣故)가 [故] 즉 '까닭, 연고'의 뜻을 가지고 동의 관계에 있다는 것은 다음 예문들에서 잘 확인된다. 원문 중 '惡故'가 '사오나온 젼ᄎ'로 번역되고 '母故'가 '엄의 연고'로 번역된다. 따라서 '젼ᄎ'와 '연고'의 동의성은 명백히 입증된다.

(97) a. ᄒ다가 사ᄅ미 제 사오나온 젼ᄎ로(若以人惡故로) <誡初 17a>
(97) b. 壽昌이…엄의 연고로(壽昌이…以母故로) <小언六 32b>
　　　c. 뎨 큰 연괴 업고(彼無大故ᄒ고) <小언四 37a>
　　　d. 君行이 그 연고를 무른대(君行이 問其故ᄒ대) <小언六 45a>
　　　e. 인 사ᄅᆷ의 도리ᄅᆯ 아디 몯홈을 말미(42b)암은 연괴니라(由不知成人之道故也ㅣ니라) <小언五 43a>
　　　f. 님금이 연괴 업거든 쇼ᄅᆯ 죽이디 아니ᄒ며(君이 無故ㅣ어든 不殺牛ᄒ며) <小언三 26b>

<98> 죵 對 奴婢

고유어 '죵'과 한자어 '奴婢'가 [奴], [奴婢] 및 [僮僕] 즉 '죵'의 뜻을 가지고 동의 관계에 있다는 것은 다음 예문들에서 잘 확인된다. 원문 중 '奴主'가 '죵과 항것'으로 번역되고 '奴婢'가 '奴婢'로 번역된다. 따라서 '죵'과 '奴婢'의 동의성은 명백히 입증된다.

(98) a. 죵과 항거슨 님금과 신하이 부니 잇ᄂᆞ니(奴主隱 有君臣之分爲尼) <警民 19a>
　　 b. 죵들히게는 訴訴[화열ᄒᆞᆫ 양이라]툿 ᄒᆞ되(僮僕앤 訴訴如也ᄒᆞ되) <小언六 78a>
(98) c. 奴婢를 그 늘근이를 잡으며 굴오되(奴婢를 引其老者曰) <小언六 20b>
　　 d. 두어 귀 노비(數口奴婢是) <警民 6b>

<99> 지게 對 문

고유어 '지게'와 한자어 '문'(門)이 [戶] 즉 '지게문'의 뜻을 가지고 동의 관계에 있다는 것은 다음 예문들에서 잘 확인된다. 원문 중 '戶闔'이 '지게 닫다'로 번역되고 '掩戶'가 '문 닫다'로 번역된다. 그리고 '入戶'가 '지게예 들다'로 번역되고 '出戶'가 '문애 나다'로 번역된다. 따라서 '지게'와 '문'의 동의성은 명백히 입증된다.

(99) a. 지게 여럿거든 쏘 열며 지게 다닷거든 쏘 다도되(戶開亦開ᄒᆞ며 戶闔亦闔ᄒᆞ되) <小언三 11a>
　　 b. 門을 ᄂᆞ호며 지게를 베혀(分門割戶ᄒᆞ야) <小언五 73b>
　　 c. 쟝ᄎᆞᆺ 지게예 들ᄉᆡ 봄을 반ᄃᆞ시 ᄂᆞᄌᆞ시 ᄒᆞ며(將入戶홀ᄉᆡ 視必下ᄒᆞ며) <小언三 10b>
　　 d. 지게 밧긔 둘희 신이 잇거든(戶外예 有二屨ㅣ어든) <小언三 10b>
　　 e. 창 지게 닫고 風紙 두른 房 안해 이셔 <七大 7a>
(99) f. 肜이…문 닫고 스스로 티며 굴오되 繆肜아(肜이…掩戶自撾曰 繆肜아) <小언六 62b>

g. 두로 돌아 문에 남애(周還出戶애) <小언二 27a>

h. 문에 나셔 드롬애(出戶而聽애) <小언二 27a>

<100> 지게 對 戶

고유어 '지게'와 한자어 '戶'가 [戶] 즉 '지게문, 외짝 문'의 뜻을 가지고 동의 관계에 있다는 것은 다음 예문들에서 잘 확인된다. 원문 중 '入戶'가 '지게예 들다'로 번역되고 '出戶'가 '戶애 出ᄒᆞ다'로 번역된다. 따라서 '지게'와 '戶'의 동의성은 명백히 입증된다.

(100) a. 지게예 들 제 扃을 받ᄃᆞ시 ᄒᆞ(10b)며(入戶奉扃ᄒᆞ며) <小언三 11a>

b. 지게 밧긔 둘희 신히 잇거든(戶外예 有二履ㅣ 어든) <小언三 10b>

c. 門을 ᄂᆞ호며 지게를 베혀(分門割戶ᄒᆞ야) <小언五 73b>

(100) d. 命을 將ᄒᆞᆯ 者ㅣ 戶애 出커늘(將命者ㅣ 出戶ㅣ 어늘) <論언四 40b>

<101> 집 對 家

고유어 '집'과 한자어 '家'가 [家] 즉 '집'의 뜻을 가지고 동의 관계에 있다는 것은 다음 예문들에서 잘 확인된다. 원문 중 '老于家'가 '집의셔 늙다'로 번역되고 '在家'가 '家의 잇다'로 번역된다. 따라서 '집'과 '家'의 동의성은 명백히 입증된다.

(101) a. 士태우의 집은(士大夫家ᄂᆞᆫ) <小언六 130b>

b. 石奮이 도리와 집의셔 늙더니(石奮이 歸老于家ᄒ더니) <小언
　　　　 六 77a>
　　　c. 션셰를 슈욕ᄒ며 집을 배암이(辱先喪家ㅣ) <小언五 16a>
(101) d. 國을 두며 家를 둔ᄂ 者ㅣ (有國有家者ㅣ) <論언四 18b>
　　　e. 邦의 이셔 怨이 업스며 家의 이셔 怨이 업ᄂ니라(在邦無怨ᄒ
　　　　 며 在家無怨이니라) <論언三 19b>

<102> 집 對 室

고유어 '집'과 한자어 '室'이 [室] 즉 '집'의 뜻을 가지고 동의 관계에 있다는 것은 다음 예문들에서 잘 확인된다. 원문 중 '偃之室'이 '偃의 집'으로도 번역되고 '偃의 室'로도 번역된다. 따라서 '집'과 '室'의 동의성은 명백히 입증된다.

(102) a. 일즉 偃의 집의 니르디 아니ᄒᄂ닝이다(未嘗至於偃之室也ᄒ
　　　　 ᄂ닝이다) <小언四 47b>
　　　b. 일쯕 偃의 室에 니르디 아니ᄒᄂ닝이다(未嘗至於偃之室也ᄒ
　　　　 ᄂ닝이다) <論언二 7b>

<103> 집 對 齋

고유어 '집'과 한자어 '齋'가 [齋] 즉 '집, 燕居하는 곳'의 뜻을 가지고 동의 관계에 있다는 것은 다음 예문들에서 잘 확인된다. 원문 중 '小齋'가 '쟈근 집'으로 번역된다. 그리고 '治事齋'가 '治事齋'로 번역되고 '治事齋'의 자석이 '일 다 스리는 齋'이다. 따라서 '집'과 '齋'의 동의성은 명백히 입증된다.

(103) a. 中門 東녁킈 쟈근 집이 잇더니(中門東애 有小齋러니) <小언

六 94b>
  b. 쟈근 집의 떠나디 아니ㅎ고(不離小齋ㅎ고) <小언六 95a>
(103) c. 그 湖ᄌㆍ피ㅅ 學애 이실 제 經義齋와 治事齋를 두니(其在湖學
애 置經義齋治事齋ㅎ니) <小언六 9b>
  d. 經義齋: 經셔 다ᄉ리ᄂ 齋니 齋ᄂ 션븨 인ᄂ 집 일홈이라 <小
언六 9b>
  e. 治事齋: 일 다ᄉ리ᄂ 齋라 <小언六 9b>

<104> ᄌ디 對 紫

고유어 'ᄌ디'과 한자어 '紫'가 [紫] 즉 '자줏빛'의 뜻을 가지고 동의 관계에 있다는 것은 다음 예문들에서 잘 확인된다. 원문 중 '紅紫'가 '분홍과 ᄌ디'로도 번역되고 '紅과 紫'로도 번역된다. 따라서 'ᄌ디'과 '紫'의 동의성은 명백히 입증된다.

(104) a. 분홍과 ᄌ디로뼈 샹녯옷도 밍ᄀ디 아니ㅎ더시다(紅紫로 不以
爲褻服이러시다) <小언三 20b>
  b. 紅과 紫로뼈 褻服도 아니ㅎ더시다(紅紫로 不以爲褻服이러시
다) <論언二 54a>

<105> 처엄 對 始

고유어 '처엄'과 한자어 '始'가 [始] 즉 '처음, 시작'의 뜻을 가지고 동의 관계에 있다는 것은 다음 예문들에서 잘 확인된다. 원문 중 '終始'가 '내종과 처엄'으로 번역되고 '始終'이 '始와 終'으로 번역된다. 따라서 '처엄'과 '始'의 동의성은 명백히 입증된다.

(105) a. 내죵과 처엄이 흔가짓 뜯이면 내의 ᄆᆞᅀᆞᆷ 요동 아니홈이(終始一意則我之不動心이) <小言五 9b>

　　　 b. 모시예 글오디 처엄은 잇디 아니니 업스나 능히 내죵이 이실이(76b) 젹다 ᄒᆞ니라(詩曰靡不有初ㅣ나 鮮克有終이라 ᄒᆞ니라) <小言二 77a>

　　　 c. 내죵 삼ᄆᆞ기를 처엄 ᄀᆞ티 홀디니(愼終如始니) <小言二 76b>

(105) d. 頓悟과 漸修과 兩門ㅣ이 自行의 始와 終괜 둘 委曲히 굴힌 後에(委辨…頓悟漸修兩門이 是自行之始終然後에) <龜上 12b>

<106> ᄎᆞ례 對 ᄎᆞ셔

고유어 'ᄎᆞ례'와 한자어 'ᄎᆞ셔'(次序)가 [序] 즉 '차례, 次序'의 뜻을 가지고 동의 관계에 있다는 것은 다음 예문들에서 잘 확인된다. 원문 중 '有序'가 'ᄎᆞ례 잇다'로도 번역되고 'ᄎᆞ셰 잇게 ᄒᆞ다'로도 번역된다. 따라서 'ᄎᆞ례'와 'ᄎᆞ셔'의 동의성은 명백히 입증된다.

(106) a. 얼운과 져므니 ᄎᆞ례 이시며(長幼有序ᄒᆞ며) <小言一 9a>

　　　 b. 사ᄅᆞᆷ ᄀᆞᄅᆞ침이 ᄎᆞ례 인ᄂᆞᆫ디라(敎人有序ㅣ라) <小言五 118a>

　　　 c. 다 ᄆᆞ디며 ᄎᆞ례 이시니(皆有節序ᄒᆞ니) <小言六 12b>

　　　 d. 혼인ᄒᆞᄂᆞᆫ 禮예 티하 아니홈은 사ᄅᆞᆷ이 ᄎᆞ롈 식니라(婚禮不賀ᄂᆞᆫ 人之序也ㅣ니라) <小言二 49b>

　　　 e. 얼운과 아희 ᄎᆞ례를 볼키니라(明長幼之序ᄒᆞ니라) <小言二 65a>

(106) f. 循循히 ᄎᆞ셰 잇게 ᄒᆞ더시니(循循有序ᄒᆞ더시니) <小言六 17a>

<107> 하늘 對 天

고유어 '하늘'과 한자어 '天'이 [天] 즉 '하늘'의 뜻을 가지고 동의 관계에 있다는 것은 다음 예문들에서 잘 확인된다. 원문 중 '天地'가 '하늘 싸ᄒ'와 '하늘와 싸ᄒ'로 번역되고 '餘天'이 '녀나ᄆ 天'으로 번역된다. 따라서 '하늘'와 '天'의 동의성은 명백히 입증된다.

(107) a. 다 하늘 싸히 준 디 아니라(皆非天地與지라) <蒙六 12b>
b. 빅셩이 하늘와 싸희 듕졍ᄒ 거슬 받ᄌ와(民이 受天地之中ᄒ야) <小언四 50b>
c. 일워 셰옴애 어려움은 하늘애 올옴 곧고(成立之難은 如升天ᄒ고) <小언五 19a>
d. 하늘이 차 어름이 어럿거늘(天寒氷凍이어늘) <小언五 22a>
(107) e. 녀나ᄆ 天ᄂ(餘天ᄂ) <蒙六 14b>
f. 天道者ᄂ 欲界 여슷 天과 色界 열여듧 天과 無色界 네 天괘니 (天道者ᄂ 欲界六天과 色界十八天과 無色界四天괘니) <蒙六 13b>
g. 欲界 여슷 天에(欲界六天에) <蒙六 13b>
h. 일로브터 우희 ᄒ 天이 사ᄂ 목수미 ᄒ 天곰 더으니라(自此已上一天이 倍於一天ᄒ니라) <蒙六 15a>
i. 人間四百年ᄂᆯ 뎌 텬늬셔 ᄒ 낫밤ᄆᆯ 사ᄆ며(人間四百年ᄂᆯ 彼天늬 爲一晝夜ᄒ며) <蒙六 37b>

<108> 하늘ㅎ 對 天

고유어 '하늘ㅎ'과 한자어 '天'이 [天] 즉 '하늘'의 뜻을 가지고 동의 관계에

있다는 것은 다음 예문들에서 잘 확인된다. 원문 중 '天'이 '하늘ㅎ'로도 번역되고 '天'으로도 번역된다. 따라서 '하늘ㅎ'과 '天'의 동의성은 명백히 입증된다.

(108) a. 하늘히 싸해 몬져 ᄒ며(天先乎地ᄒ며) <小언二 48b>
　　　b. 하늘히 알오 귀신이 알오 내 알오 그듸 아니(天知神知我知子知니) <小언六 105a>
　　　c. 하늘히 모든 빅셩을 내시니(天生烝民ᄒ시니) <小언五 1b>
　　　d. 하늘히 나를 喪하샷다(天喪予ᄒ샷다) <論언三 4a>
(108) e. 天이 므슴 言을 ᄒ시리오(天何言哉시리오) <論언四 40b>
　　　f. 天을 怨디 아니(66b)ᄒ며 人을 尤티 아니ᄒ고(不怨天ᄒ며 不尤人이오) <論언三 67a>
　　　g. 富와 貴ㅣ 天에 잇다 호라(富貴ㅣ 在天이라 호라) <論언三 21a>

<109> 핟옷 對 縕袍

고유어 '핟옷'과 한자어 '縕袍'가 [縕袍] 즉 '솜옷, 빈천한 사람들이 입는 거친 옷'의 뜻을 가지고 동의 관계에 있다는 것은 다음 예문들에서 잘 확인된다. 원문 중 '敝縕袍'가 '헌 핟옷'으로도 번역되고 'ᄒ여딘 縕袍'로도 번역된다. 따라서 '핟옷'과 '縕袍'의 동의성은 명백히 입증된다.

(109) a. 헌 핟옷 닙어(衣敝縕袍ᄒ야) <小언四 43a>
　　　b. ᄒ여딘 縕袍를 닙어(衣敝縕袍ᄒ야) <論언三 48a>

<110> 허믈 對 過

고유어 '허믈'과 한자어 '過'가 [過] 즉 '허물'의 뜻을 가지고 동의 관계에 있다는 것은 다음 예문들에서 잘 확인된다. 원문 중 '有過'가 '허믈이 잇다'로 번역되고 '小人之過'가 '小人의 過'로 번역된다. 따라서 '허믈'과 '過'의 동의성은 명백히 입증된다.

(110) a. 일즉 허믈이 잇디 아니ᄒ더라(未嘗有過ᄒ더라) <小언六 33b>
b. 허믈이 이시며 믿 약속을 어그릇ᄂ 이를 쏘 써(有過若違約者를 亦書之ᄒ야) <小언六 6b>
c. 어리고 지믈이 하면 그 허믈을 더으ᄂ니(愚而多財則益其過ᄒᄂ니) <小언六 23b>
(110) d. 小人의 過ᄂ 반(53b)ᄃ시 文ᄒᄂ니라(小人之過也ᄂ 必文이니라) <論언四 58a>

## 1.2. 固有語가 合成名詞와 名詞句인 경우

名詞類에서 확인되는 固有語와 漢字語 간의 同義에서 固有語가 合成名詞와 名詞句인 경우에는 [種種] 즉 '가지가지'의 뜻을 가진 '가지가지'와 '種種'을 비롯하여 [鬼子]와 [鬼神] 즉 '귀신'의 뜻을 가진 '귓것'과 '귀신', [命] 즉 '목숨, 命'의 뜻을 가진 '목숨'과 '命' 그리고 [明日] 즉 '이튿날, 내일'의 뜻을 가진 '이튿날'과 '명일' 등 60여 항목이 있다.

<1> 가지가지 對 種種

고유어 '가지가지'와 한자어 '種種'이 [種種] 즉 '가지가지'의 뜻을 가지고 동의 관계에 있다는 것은 다음 예문들에서 잘 확인된다. 원문 중 '種種譬喩'가

'가지가짓 가줄빔'으로 번역되고 '種種邪非'가 '種種앳 간샤흔 왼 일'로 번역된다. 따라서 '가지가지'와 '種種'의 동의성은 명백히 입증된다. '가지가지'는 두 명사 '가지'와 '가지'의 合成이다.

(1) a. 여러 가짓 經과 쏘 가지가짓 가줄빔과 가지가짓 方便을 너비 니르샤(廣說諸經과 及種種譬喩와 種種方便ᄒ야) <蒙六 21a>
 b. 가지가짓 法이 나고(種種法生ᄒ고) <蒙六 21a>
 c. 가지가짓 法이 업ᄂ니라(種種法滅ᄒᄂ니) <蒙六 21b>
 d. 가지가짓 取捨이(種種取捨이) <龜下 42b>
(1) e. 種種앳 간샤흔 왼 이를 지스며(作種種邪非ᄒ며) <蒙六 8a>
 f. 種種 德行을 너비 ㅂ펴(廣施種種德行ᄒ야) <蒙六 14a>
 g. 엇뎨…種種 苦惱를 어드리오(焉得…種種苦惱이리오) <蒙六 32a>
 h. 種種이 이 幻ㅣ며(種種是幻이며) <蒙六 24b>
 i. 種種 智를 圓滿히 볼겨(圓明種智ᄒ야) <蒙六 28b>

<2> 거동만 니근 이 對 便辟

고유어 '거동(擧動)만 니근 이'와 한자어 '便辟'이 [便辟] 즉 '겉치레만 잘하고 정직하지 못한 사람'의 뜻을 가지고 동의 관계에 있다는 것은 다음 예문들에서 잘 확인된다. 원문 중 '便辟'이 '거동만 니근 이'로도 번역되고 '便辟'으로도 번역된다. 따라서 '거동만 니근 이'와 '便辟'의 동의성은 명백히 입증된다. 고유어 '거동만 니근 이'는 명사구로 명사 '거동'과 상태동사 '닉다'의 관형사형 '니근'과 명사 '이'의 결합이다.

(2) a. 거동만 니근(66b) 이를 벋ᄒ며 아당ᄒ기 잘ᄒᄂ 이를 벋ᄒ며(友

便辟ᄒ며 友善柔ᄒ며) <小언二 67a>
b. 便辟을 友ᄒ며 善柔를 友ᄒ며(友便辟ᄒ며 友善柔ᄒ며) <論언四 22a>

<3> 귓것 對 귀신

고유어 '귓것'과 한자어 '귀신'(鬼神)이 [鬼子]와 [鬼神] 즉 '귀신'의 뜻을 가지고 동의 관계에 있다는 것은 다음 예문들에서 잘 확인된다. 원문 중 '守屍鬼子'가 '주검 딕킨 귓것'으로 번역되고 '鬼神'이 '귀신'으로 번역된다. 따라서 '귓것'과 '귀신'의 동의성은 명백히 입증된다. '귓것'은 '鬼+ㅅ#것'으로 분석될 수 있지만 正音 표기밖에 없으므로 고유어 범주에 넣었다.

(3) a. 쏘 일후미 주검 딕킨 귓거시니라(亦名이 守屍鬼子ㅣ니라) <龜上 28a>
b. 귀시니 겨틔 읻ᄂᆞ니라(鬼神是 在傍羅) <警民 18a>

<4> 글월 ᄀᆞ음안 사ᄅᆞᆷ 對 史

고유어 '글월 ᄀᆞ음안 사ᄅᆞᆷ'과 한자어 '史'가 [史] 즉 '史官, 역사의 편찬을 맡아 草稿를 쓰는 일을 맡아 보던 벼슬'의 뜻을 가지고 동의 관계에 있다는 것은 다음 예문들에서 잘 확인된다. 원문 중 '史'가 '史'로 번역되고 '史'의 자석이 '글월 ᄀᆞ음안 사ᄅᆞᆷ'이다. 따라서 '글월 ᄀᆞ음안 사ᄅᆞᆷ'과 '史'의 동의성은 명백히 입증된다. 고유어 '글월 ᄀᆞ음안 사ᄅᆞᆷ'은 명사구로 명사 '글월'과 동작동사 'ᄀᆞ음알다'의 관형사형 'ᄀᆞ음안'과 명사 '사ᄅᆞᆷ'의 결합이다.

(4) a. 史ㅣ 샹아홀을 드려든(史進象笏이어든) <小언二 36b>

b. 史: 글월 ᄀᆞ음안 사ᄅᆞᆷ이라 <小言二 36b>

<5> 급뎨흔 사ᄅᆞᆷ의 이바디 對 聞喜宴

고유어 '급뎨흔 사ᄅᆞᆷ의 이바디'와 한자어 '聞喜宴'이 [聞喜宴] 즉 '及第한 사람의 잔치'의 뜻을 가지고 동의 관계에 있다는 것은 다음 예문들에서 잘 확인된다. 원문 중 '聞喜宴'이 '聞喜宴'으로 번역되고 '聞喜宴'의 자석이 '급뎨흔 사ᄅᆞᆷ의 이바디'이다. 따라서 '급뎨흔 사ᄅᆞᆷ의 이바디'와 '聞喜宴'의 동의성은 명백히 입증된다. 고유어 '급뎨흔 사ᄅᆞᆷ의 이바디'는 명사구로 동작동사 '급뎨ᄒᆞ다'의 관형사형 '급뎨흔'과 명사 '사ᄅᆞᆷ'과 명사 '이바디'의 결합이다.

(5) a. 聞(122a)喜宴에 홀로 고즐 곳디 아니ᄒᆞ니(聞喜宴에 獨不戴花ᄒᆞ니) <小言六 122b>
b. 聞喜宴: 급뎨흔 사ᄅᆞᆷ의 이바디라 <小言六 122b>

<6> 기ᄉᆞᆰ ᄒᆞ디 아니흔 거상옷 對 斬衰

고유어 '깁기ᄉᆞᆰ ᄒᆞ디 아니흔 거상옷'과 한자어 '斬衰'가 [斬衰] 즉 '아랫단을 꿰매지 않은 상복'의 뜻을 가지고 동의 관계에 있다는 것은 다음 예문들에서 잘 확인된다. 원문 중 '斬衰'가 '斬衰 닙다'로 번역되고 '斬衰'의 자석이 '기ᄉᆞᆰ ᄒᆞ디 아니흔 거상옷'이다. 따라서 '기ᄉᆞᆰ ᄒᆞ디 아니흔 거상옷'과 '斬衰'의 동의성은 명백히 입증된다. 고유어 '기ᄉᆞᆰ ᄒᆞ디 아니흔 거상옷'은 명사구로 명사 '기ᄉᆞᆰ'과 동작동사 'ᄒᆞ다'의 부사형 'ᄒᆞ디'와 동작동사 '아니ᄒᆞ다'의 관형사형 '아니흔'과 명사 '거상옷'의 결합이다.

(6) a. 斬衰 닙으며(斬衰ᄒᆞ며) <小言五 52b>

b. 斬衰: 기슭 호디 아니혼 거상오시라 <小언五 52b>

<7> 깁피 프르고 블근 빗 도돈 것 對 紺

고유어 '깁피 프르고 블근 빗 도돈 것'과 한자어 '紺'이 [紺] 즉 '감색, 검은 빛을 띤 푸른빛'의 뜻을 가지고 동의 관계에 있다는 것은 다음 예문들에서 잘 확인된다. 원문 중 '紺緅'가 '紺과 緅'로 번역되고 '紺'의 자석이 '깁피 프르고 블근 빗 도돈 것'이다. 따라서 '깁피 프르고 블근 빗 도돈 것'과 '紺'의 동의성은 명백히 입증된다.

(7) a. 君子는 紺과 緅로뼈 飾디 아니ᄒ시며(君子는 不以紺緅로 飾ᄒ시며) <論언二 54a>
b. 君子는 紺과 블근 거스로뼈 옷 것 도로디 아니ᄒ시며(君子는 不以紺緅로 飾ᄒ시며) <小언三 20a>
(7) c. 紺 : 깁피 프르고 블근 빗 도돈 거시라 <論언二 54a>

<8> 녀름짓는 사름 對 農夫

고유어 명사구 '녀름짓는 사름'과 한자어 '農夫'가 [農夫] 즉 '농사짓는 사람, 農夫'의 뜻을 가지고 동의 관계에 있다는 것은 다음 예문들에서 잘 확인된다. 원문 중 '農夫'가 '녀름짓는 사름'으로 번역되고 '農夫之血'이 '農夫의 피'로 번역된다. 따라서 '녀름짓는 사름'과 '農夫'의 동의성은 명백히 입증된다.

(8) a. 녀름짓는 사름도 미샹이 비 골포고 치온 슈괴 잇고(農夫도 每有 飢寒之苦ᄒ고) <誡初 50a>
b. 佛子의 흔 옷 흔 바비 農夫의 피며 織女의 苦 아니니 업스니(佛子

의 一衣一食이 莫非農夫之血ㅣ며 織女之苦ㅣ니) <龜下 52b>

<9> 녜 어딘 님금 對 先王

고유어 '녜 어딘 님금'과 한자어 '先王'이 [先王] 즉 '옛날의 어진 임금'의 뜻을 가지고 동의 관계에 있다는 것은 다음 예문들에서 잘 확인된다. 원문 중 '先王詩'가 '先王의 모시'로 번역되고 '先王'의 자석이 '녜 어딘 님금'이다. 따라서 '녜 어딘 님금'과 '先王'의 동의성은 명백히 입증된다. 고유어 '녜 어딘 님금'은 명사구로 명사 '녜'와 상태동사 '어딜다'의 관형사형 '어딘'과 명사 '님금'의 결합이다.

(9) a. 先王의 모시와 샹셔와 례도와 음악을 조차(順先王詩書禮樂ᄒ야) <小언一 12b>
   b. 先王: 녜 어딘 님금이라 <小언一 12b>

<10> 님금 술윗 물 對 路馬

고유어 명사구 '님금 술윗 물'과 한자어 '路馬'가 [路馬] 즉 '임금 타는 수레를 메는 말'의 뜻을 가지고 동의 관계에 있다는 것은 다음 예문들에서 잘 확인된다. 원문 중 '軾路馬'가 '님금 술윗 물을 軾ᄒ다'로 번역된다. '見路馬'가 '路馬를 보다'로 번역된다. 그리고 '路馬'의 자석이 '님금 ᄐ시는 路車 메는 물'이다. 따라서 '님금 술윗 물'과 '路馬'의 동의성은 명백히 입증된다. 고유어 '님금 술윗 물'은 명사 '님금', 명사 '술위' 및 명사 '물'의 결합이다.

(10) a. 님금 술윗 물을 軾ᄒ고(軾路馬ᄒ고) <小언六 104a>
(10) b. 路馬를 보고 반ᄃ시 軾ᄒ더라(見路馬ᄒ고 必軾焉ᄒ더라) <小

언六 77a>
c. 路馬: 님금 투시논 路車 메논 물이라 <小언六 77a>

### <11> 늘고기 對 腥

고유어 '늘고기'와 한자어 '腥'이 [腥] 즉 '날고기'의 뜻을 가지고 동의 관계에 있다는 것은 다음 예문들에서 잘 확인된다. 원문 중 '賜腥'이 '늘고기를 주다'로도 번역되고 '腥을 賜ᄒᆞ다'로도 번역된다. 따라서 '늘고기'와 '腥'의 동의성은 명백히 입증된다. 고유어 '늘고기'는 합성명사로 관형사 '늘'과 명사 '고기'의 合成이다.

(11) a. 님금이 늘고기를 주어시든 반ᄃᆞ시 닉켜서 졔ᄒᆞ시고(君이 賜腥이어시든 必孰而薦ᄒᆞ시고) <小언一 41a>
b. 君이 腥을 賜ᄒᆞ야시든 반ᄃᆞ시 熟ᄒᆞ야 薦ᄒᆞ시고(君이 賜腥이어시든 必孰而薦ᄒᆞ시고) <論언二 59b>

### <12> ᄂᆞᆺ빗ᄎᆞ 對 色

고유어 'ᄂᆞᆺ빗ᄎᆞ'과 한자어 '色'이 [色] 즉 '낯빛'의 뜻을 가지고 동의 관계에 있다는 것은 다음 예문들에서 잘 확인된다. 원문 중 '色'이 'ᄂᆞᆺ빗ᄎᆞ'로도 번역되고 '色'으로도 번역된다. 따라서 'ᄂᆞᆺ빗ᄎᆞ'과 '色'의 동의성은 명백히 입증된다. 고유어 'ᄂᆞᆺ빗ᄎᆞ'은 합성명사로 명사 'ᄂᆞᆺ'과 명사 '빛'의 合成이다.

(12) a. ᄂᆞᆺ빗체 화홈을 싱각ᄒᆞ며(色思溫ᄒᆞ며) <小언三 5b>
b. 色에 溫을 思ᄒᆞ며(色思溫ᄒᆞ며) <論언四 25b>

<13> 넋빛 對 顔色

고유어 '넋빛'과 한자어 '顔色'이 [顔色] 즉 '낯빛'의 뜻을 가지고 동의 관계에 있다는 것은 다음 예문들에서 잘 확인된다. 원문 중 '顔色'이 '넋빗ᄎ'으로도 번역되고 '顔色'으로도 번역된다. 따라서 '넋빛'과 '顔色'의 동의성은 명백히 입증된다. 고유어 '넋빛'은 합성명사로 명사 '넋'과 명사 '빛'의 合成이다.

(13) a. 넋빗ᄎ출 펴샤(逞顔色ᄒᆞ샤) <소언二. 39b>
　　　b. 넋빗츨 逞ᄒᆞ샤(逞顔色ᄒᆞ샤) <論언二. 53a>
(13) c. 顔色을 보디 아니하고 言홈을 瞽ㅣ라 닐ᄋᆞᄂᆞ니라(未見顔色而言謂之瞽ㅣ니라) <論언四 23a>

<14> 대로 결은 그릇 對 筐

고유어 명사구 '대로 결은 그릇'과 한자어 '筐'가 [筐] 즉 '대광주리, 대로 엮어 짠 그릇'의 뜻을 가지고 동의 관계에 있다는 것은 다음 예문들에서 잘 확인된다. 원문 중 '其筐'가 '그 筐'로 번역되고 '受以筐'가 '筐로뼈 받다'로 번역된다. 그리고 '筐'의 자석이 '대로 결은 그릇'이다. 따라서 '대로 결은 그릇'과 '筐'의 동의성은 명백히 입증된다. 고유어 '대로 결은 그릇'은 명사구로 명사 '대'(竹)와 동작동사 '겯다'의 관형사형 '결은'과 명사 '그릇'(器)의 결합이다.

(14) a. 그 筐 업거든 다 안자셔 노흔 후에 아솔디니라(其無筐則皆坐ᄒᆞ야 奠之而後에 取之니라) <소언二. 51b>
　　　b. 그 서르 줄딘댄 겨집이 筐로뼈 받고(其相授則女受以筐ᄒᆞ고) <소언二. 51b>
(14) c. 筐: 대로 결은 그릇시라 <소언二. 51b>

<15> 더위 적 對 暑

고유어 '더위 적'과 한자어 '暑'가 [暑] 즉 '더위'의 뜻을 가지고 동의 관계에 있다는 것은 다음 예문들에서 잘 확인된다. 원문 중 '當暑'가 '더위 적을 當ᄒᆞ다'로도 번역되고 '暑를 當ᄒᆞ다'로도 번역된다. 따라서 '더위 적'과 '暑'의 동의성은 명백히 입증된다. 고유어 '더위 적'은 명사구로 명사 '더위'와 명사 '적'의 결합이다.

(15) a. 더위 적을 當ᄒᆞ샤(當暑ᄒᆞ샤) <小언三 20b>
b. 暑를 當ᄒᆞ야(當暑ᄒᆞ샤) <論언二 54a>

<16> 더러운 놈 對 鄙夫

고유어 '더러운 놈'과 한자어 '鄙夫'가 [鄙夫] 즉 '어리석고 천한 사람'의 뜻을 가지고 동의 관계에 있다는 것은 다음 예문들에서 잘 확인된다. 원문 중 '鄙夫'가 '더러운 놈'으로도 번역되고 '鄙夫'로도 번역된다. 따라서 '더러운 놈'과 '鄙夫'의 동의성은 명백히 입증된다. 고유어 '더러운 놈'은 명사구로 상태동사 '더럽다'의 관형사형 '더러운'과 명사 '놈'의 결합이다.

(16) a. 더러운 놈은 可히 더브러 님금을 셤기랴(鄙夫는 可與事君也與哉아) <小언二 43a>
b. 鄙夫는 可히 더블어 님금을 셤기랴(鄙夫는 可與事君也與哉아) <論언四 38a>

<17> 들온 것 한 이 對 多聞

고유어 '들온 것 한 이'와 한자어 '多聞'이 [多聞] 즉 '들은 것 많은 사람'의 뜻을 가지고 동의 관계에 있다는 것은 다음 예문들에서 잘 확인된다. 원문 중 '多聞'이 '들온 것 한 이'로도 번역되고 '多聞'으로도 번역된다. 따라서 '들온 것 한 이'와 '多聞'의 동의성은 명백히 입증된다. 고유어 '들온 것 한 이'는 명사구로 동작동사 '듣다'의 관형사형 '들온'과 명사 '것'과 상태동사 '하다'의 관형사형 '한'과 명사 '이'의 결합이다.

(17) a. 들온 것 흔 이를 벋ᄒ면 유익ᄒ고(友多聞이면 益矣오) <小언二 66b>
   b. 多聞을 友ᄒ면(友多聞이면 益矣오) <論언四 22a>

<18> 말솜만 니근 이 對 便佞

고유어 '말솜만 니근 이'와 한자어 '便佞'이 [便佞] 즉 '말만 잘하고 견문의 실지가 없는 사람'의 뜻을 가지고 동의 관계에 있다는 것은 다음 예문들에서 잘 확인된다. 원문 중 '便佞'이 '말솜만 니근 이'로도 번역되고 '便佞'으로도 번역된다. 따라서 '말솜만 니근 이'와 '便佞'의 동의성은 명백히 입증된다. 고유어 '말솜만 니근 이'는 명사구로 명사 '말솜'과 상태동사 '닉다'의 관형사형 '니근'과 명사 '이'의 결합이다.

(18) a. 말솜만 니근 이를 벋ᄒ면 해로온이라(友便佞ᄒ면 損矣니라) <小언二 67a>
   b. 便佞을 友ᄒ면 損ᄒᄂ니라(友便佞ᄒ면 損矣니라) <論언四 22a>

<19> 머리털 對 髮

고유어 '머리털'과 한자어 '髮'이 [髮] 즉 '머리털'의 뜻을 가지고 동의 관계에 있다는 것은 다음 예문들에서 잘 확인된다. 원문 중 '髮膚'가 '머리털이며 슬ㅎ'로 번역되고 '被髮'이 '髮을 被ㅎ다'로 번역된다. 따라서 '머리털'과 '髮'의 동의성은 명백히 입증된다. 고유어 '머리털'은 합성명사로 명사 '머리'와 명사 '털'의 合成이다.

(19) a. 몸이며 얼굴이며 머리털이며 슬흔(身體髮膚는) <小언二 28b>
  b. 머리털 거두기를 드리디우게 말며(斂髮毋髢ᄒ며) <小언三 10a>
(19) c. 우리 그 髮을 被ᄒ며 衽을 左ᄒ리러니라(吾其被髮左衽矣러니라) <論언三 59a>

<20> 모든 사ᄅᆞᆷ 對 衆

고유어 '모든 사ᄅᆞᆷ'과 한자어 '衆'이 [衆] 즉 '모든 사람'의 뜻을 가지고 동의 관계에 있다는 것은 다음 예문들에서 잘 확인된다. 원문 중 '愛衆'이 '모ᄃᆞᆫ 사ᄅᆞᆷ을 ᄉᆞ랑ᄒᆞ다'로도 번역되고 '衆을 愛ᄒᆞ다'로도 번역된다. 따라서 '모ᄃᆞᆫ 사ᄅᆞᆷ'과 '愛'의 동의성은 명백히 입증된다. 고유어 '모ᄃᆞᆫ 사ᄅᆞᆷ'은 명사구로 관형사 '모ᄃᆞᆫ'과 명사 '사ᄅᆞᆷ'의 결합이다.

(20) a. 모든 사ᄅᆞᆷ을 넙이 ᄉᆞ랑ᄒᆞ되(汎愛衆호되) <小언一 14b>
  b. 너비 衆을 愛호되(汎愛衆호되) <論언一 3b>

<21> 목숨 對 命

고유어 '목숨'과 한자어 '命'이 [命] 즉 '목숨, 命'의 뜻을 가지고 동의 관계에

있다는 것은 다음 예문들에서 잘 확인된다. 원문 중 '命…有終'이 '목수미…ᄆ
초미 잇다'로 번역되고 '命終'이 '命이 뭋다'로 번역된다. 따라서 '목숨'과 '命'의
동의성은 명백히 입증된다. 고유어 '목숨'은 [項] 즉 '목'을 뜻하는 명사 '목'과
[息] 즉 '숨'을 뜻하는 명사 '숨'의 합성이다.

    (21) a. 목수ᄆ로ᄡ어 목수믈 가ᄑ며(以命還命ᄒ며) <蒙六 9a>
        b. 목수미 반ᄃ기 ᄆ초미 이시리니(命必有終ᄒ리니) <誡初 26b>
        c. 덧덧디 아닌 데 뜬 목수ᄆ(無常淨命은) <誡初 32b>
        d. 목숨 ᄇ리고 ᄒ 디위 비븨여(棄命一攢ᄒ야) <龜上 17a>
        e. 위태홈을 보고 목숨을 주며(見危授命ᄒ며) <小言五 105a>
    (21) f. 命이 뭋거든(命終커든) <蒙六 7b>
        g. ᄒ물며 ᄂ미 명을 주겨 내 몸 살오ᄆ을 엇디 ᄎᄆ리오(況殺他命而
          活己奚可忍乎리오) <誡初 50a>
        h. 사ᄅ미 명이 지그기 듕ᄒ디라(人命至重羅) <警民 17b>

<22> 목욕 ᄀᄆᄂ 집 對 湢

  고유어 '목욕 ᄀᄆᄂ 집'과 한자어 '湢'이 [湢] 즉 '목욕간, 浴室'의 뜻을 가지
고 동의 관계에 있다는 것은 다음 예문들에서 잘 확인된다. 원문 중 '共湢'이
'湢을 ᄒ가지로 ᄒ다'로 번역된다. 그리고 '湢'의 자석이 '목욕 ᄀᄆᄂ 집'이다.
따라서 '목욕 ᄀᄆᄂ 집'과 '湢'의 동의성은 명백히 입증된다. '목욕 ᄀᄆᄂ 집'
은 명사구로 한자어 '목욕'(沐浴)과 동작동사 'ᄀᄆ다'의 관형사형 'ᄀᄆᄂ'과
명사 '집'의 결합이지만 이 저서에서는 고유어로 다루었다.

    (22) a. 敢히 湢을 ᄒ가지로 ᄒ야 목욕ᄒ디 아니ᄒ며(不敢共湢浴ᄒ며)
        <小言二 50b>

           b. 浴을 혼가지로 ㅎ야 목욕 아니ᄒ며(不共浴ᄒ며) <小言二.
              50a>
    (22) c. 湢: 목욕 ᄀ므는 집이라 <小言二. 50b>

  <23> 문젼 對 閾

    고유어 '문젼'과 한자어 '閾'이 [閾] 즉 '문지방'의 뜻을 가지고 동의 관계에
  있다는 것은 다음 예문들에서 잘 확인된다. 원문 중 '履閾'이 '문젼을 넓다'로
  도 번역되고 '閾을 넓다'로도 번역된다. 따라서 '문젼'과 '閾'의 동의성은 명백
  히 입증된다.

    (23) a. ᄃᆞ닐 제 문젼을 넓디 아니ᄒ더시다(行不履閾이러시다) <小言
              二. 39a>
        b. 行ᄒ시ᄆ애 閾을 넓디 아니ᄒ더시다(行不履閾이러시다) <論
              言二. 52a>

  <24> 문허리예 ᄀᆞᄅᆞ디른 나모 對 扃

    고유어 '문허리예 ᄀᆞᄅᆞ디른 나모'와 한자어 '扃'이 [扃] 즉 '빗장, 문빗장'의
  뜻을 가지고 동의 관계에 있다는 것은 다음 예문들에서 잘 확인된다. 원문 중
  '奉扃'이 '扃을 받들다'로 번역된다. 그리고 '扃'의 자석이 '문허리예 ᄀᆞᄅᆞ디른
  나모'이다. 따라서 '문허리예 ᄀᆞᄅᆞ디른 나모'와 '扃'의 동의성은 명백히 입증
  된다. 고유어 '문허리예 ᄀᆞᄅᆞ디른 나모'는 명사구로 명사 '문허리'와 동작동사
  'ᄀᆞᄅᆞ디르다'의 관형사형 'ᄀᆞᄅᆞ디른'과 명사 '나모'의 결합이다.

    (24) a. 지게예 들 제 扃을 받드ᄃᆞ시 ᄒ(10b)며(入戶奉扃ᄒ며) <小言

三11a>
b. 扃: 문허리예 ᄀᆞᄅ디른 남기라 <小언三10b>

<25> 묻고기 對 肉

고유어 '묻고기'와 한자어 '肉'이 [肉] 즉 '뭍짐승의 고기'의 뜻을 가지고 동의 관계에 있다는 것은 다음 예문들에서 잘 확인된다. 원문 중 '肉敗'가 '묻고기 석다'로도 번역되고 '肉이 敗ᄒᆞ다'로도 번역된다. 따라서 '묻고기'와 '肉'의 동의성은 명백히 입증된다. 고유어 '묻고기'는 명사 '묻'과 명사 '고기'의 合成이다.

(25) a. 믈고기 므르니와 묻고기 서근 이를 먹디 아니ᄒᆞ시며(魚餒而肉敗不食ᄒᆞ시며) <小언三25a>
b. 魚ㅣ 餒ᄒᆞ며 肉이 敗ᄒᆞ니를 食디 아니ᄒᆞ시며(魚餒而肉敗不食ᄒᆞ시며) <論언二56a>

<26> 믈고기 對 魚

고유어 '믈고기'와 한자어 '魚'가 [魚] 즉 '물고기'의 뜻을 가지고 동의 관계에 있다는 것은 다음 예문들에서 잘 확인된다. 원문 중 '魚餒'가 '믈고기 므르다'로도 번역되고 '魚ㅣ 餒ᄒᆞ다'로도 번역된다. 따라서 '믈고기'와 '魚'의 동의성은 명백히 입증된다. 고유어 '믈고기'는 명사 '믈'[水]과 명사 '고기'의 合成이다.

(26) a. 믈고기 므르니와 묻고기 서근 이를 먹디 아니ᄒᆞ시며(魚餒而肉敗不食ᄒᆞ시며) <小언三25a>

b. 魚ㅣ 餒ᄒᆞ며 肉이 敗ᄒᆞ니를 食디 아니ᄒᆞ시며(魚餒而肉敗不食
ᄒᆞ시며) <論언二 56a>

<27> ᄆᆞᄋᆞᆯ 샹사름 對 鄕人

고유어 'ᄆᆞᄋᆞᆯ 샹사름'과 한자어 '鄕人'이 [鄕人] 즉 '고향 사람'의 뜻을 가지고 동의 관계에 있다는 것은 다음 예문들에서 잘 확인된다. 원문 중 '鄕人'이 'ᄆᆞᄋᆞᆯ 샹사름'으로도 번역되고 '鄕人'으로도 번역된다. 따라서 'ᄆᆞᄋᆞᆯ 샹사름'와 '鄕人'의 동의성은 명백히 입증된다. 고유어 'ᄆᆞᄋᆞᆯ 샹사름'은 명사구로 명사 'ᄆᆞᄋᆞᆯ'과 명사 '샹사름'의 결합이다.

(27) a. ᄆᆞᄋᆞᆯ 샹사름으로 블터 可히 聖人의 道애 니르매 인ᄂᆞ니라(自鄕
人而可至於聖人之道ㅣ니라) <小언六 12b>
(27) c. 鄕人이 다 아쳐ᄒᆞ면 엇더ᄒᆞ니잇고(鄕人이 皆惡면 何如ㅣ니잇
고) <論언三 48a>
d. 鄕人이 儺홈애(鄕人儺애) <論언二 58b>

<28> 바독 쟝기 對 博

고유어 '바독 쟝기'와 한자어 '博'이 [博] 즉 '바둑 장기'의 뜻을 가지고 동의 관계에 있다는 것은 다음 예문들에서 잘 확인된다. 원문 중 '博'이 '博'으로 번역되고 '博'의 자석이 '바독 쟝기'이다. 따라서 '바독 쟝기'와 '博'의 동의성은 명백히 입증된다. 고유어 '바독 쟝기'는 명사구로 명사 '바독'과 명사 '쟝기'의 결합이다.

(28) a. 博으로 더ᄂᆞ기(34a)를 빗호디 말며(無學賭博ᄒᆞ며) <小언五

34b>

 b. 博: 바독 쟝기 <小언五 34b>

<29> 벼슬 ᄂᆞ즌 사ᄅᆞᆷ 對 庶士

고유어 '벼슬 ᄂᆞ즌 사ᄅᆞᆷ'과 한자어 '庶士'가 [庶士] 즉 '벼슬 낮은 사람'의 뜻을 가지고 동의 관계에 있다는 것은 다음 예문들에서 잘 확인된다. 원문 중 '自庶士'가 '庶士로 븓터'로 번역되고 '庶士'의 자석이 '벼슬 ᄂᆞ즌 사ᄅᆞᆷ'이다. 따라서 '벼슬 ᄂᆞ즌 사ᄅᆞᆷ'과 '庶士'의 동의성은 명백히 입증된다. 고유어 '벼슬 ᄂᆞ즌 사ᄅᆞᆷ'은 명사구로 명사 '벼슬'과 상태동사 '놋다'의 관형사형 'ᄌᆞ즌'과 명사 '사ᄅᆞᆷ'의 결합이다.

 (29) a. 庶士로 븓터 뼈 아래 다 그 남진을 닙피ᄂᆞ니(自庶士以下ㅣ 皆衣其夫ᄒᆞ니) <小언四 46a>
   b. 庶士: 벼슬 ᄂᆞ즌 사ᄅᆞᆷ이라 <小언四 46a>

<30> 벼슬 ᄂᆞ폰 사ᄅᆞᆷ의 안해 對 命婦

고유어 '벼슬 ᄂᆞ폰 사ᄅᆞᆷ의 안해'와 한자어 '命婦'가 [命婦] 즉 '벼슬 높은 사람의 아내'의 뜻을 가지고 동의 관계에 있다는 것은 다음 예문들에서 잘 확인된다. 원문 중 '命婦'가 '命婦'로 번역되고 '命婦'의 자석이 '벼슬 ᄂᆞ폰 사ᄅᆞᆷ의 안해'이다. 따라서 '벼슬 ᄂᆞ폰 사ᄅᆞᆷ의 안해'와 '命婦'의 동의성은 명백히 입증된다. 고유어 '벼슬 ᄂᆞ폰 사ᄅᆞᆷ의 안해'는 명사구로 명사 '벼슬'과 상태동사 '높다'의 관형사형 '노폰'과 명사 '사ᄅᆞᆷ'과 명사 '안해'의 결합이다.

 (30) a. 命婦ㅣ 祭服을 일우고(命婦ㅣ 成祭服ᄒᆞ고) <小언四 45b>

b. 命婦: 벼슬 노폰 사롬의 안해라 <小언四 45b>

<31> 벼슬 인는 사롬 對 君子

고유어 '벼슬 인는 사롬'과 한자어 '君子'가 [君子] 즉 '높은 관직에 있는 사람'의 뜻을 가지고 동의 관계에 있다는 것은 다음 예문들에서 잘 확인된다. 원문 중 '君子'가 '君子'로 번역되고 '君子'의 자석이 '벼슬 인는 사롬'이다. 그리고 '君子事君'이 '君子 ㅣ 님금을 셤기다'로 번역된다. 따라서 '벼슬 인는 사롬'과 '君子'의 동의성은 명백히 입증된다. 고유어 '벼슬 인는 사롬'은 명사구로 명사 '벼슬'과 상태동사 '잇다'의 관형사형 '인는'과 명사 '사롬'의 결합이다.

(31) a. 君子ㅣ 늘그매 거러 둔니(64b) 아니ᄒᆞ고(君子ㅣ 耆老애 不徒行ᄒᆞ고) <小언二 65a>
b. 君子: 이 군ᄌᆞᄂᆞᆫ 벼슬 인는 사롬이라 <小언二 64b>
(31) c. 君子ㅣ 님금을 셤교ᄃᆡ 나ᅀᅡ가ᄂᆞᆫ 튱셩 다홈을 싱각ᄒᆞ며(君子ㅣ 事君ᄒᆞ되 進思盡忠ᄒᆞ며) <小언二 42b>

<32> 벼슬흔 사롬 對 列士

고유어 '벼슬흔 사롬'과 한자어 '列士'가 [列士] 즉 '벼슬한 사람'의 뜻을 가지고 동의 관계에 있다는 것은 다음 예문들에서 잘 확인된다. 원문 중 '列士之妻婦'가 '列士 안해'로 번역되고 '列士'의 자석이 '벼슬흔 사롬'이다. 따라서 '벼슬흔 사롬'과 '列士'의 동의성은 명백히 입증된다. 고유어 '벼슬흔 사롬'은 명사구로 동작동사 '벼슬ᄒᆞ다'의 관형사형 '벼슬흔'과 명사 '사롬'의 결합이다.

(32) a. 列士 (41b) 안해 朝服을 뻐 더ᄒᆞ고(列士之妻婦ㅣ 加之以朝服ᄒᆞ

고 <小언四 46a>
b. 列士: 벼슬흔 사름이라 <小언四 45b>

<33> 블근 것 對 緅

고유어 '블근 것'과 한자어 '緅'가 [緅] 즉 '붉은 것'의 뜻을 가지고 동의 관계에 있다는 것은 다음 예문들에서 잘 확인된다. 원문 중 '紺緅'가 '紺과 블근 것'으로도 번역되고 '紺과 緅'로도 번역된다. 따라서 '블근 것'과 '緅'의 동의성은 명백히 입증된다. 고유어 '블근 것'은 명사구로 상태동사 '붉다'의 관형사형 '블근'과 명사 '것'의 결합이다.

(33) a. 君子는 紺과 블근 거스르뼈 옷것 도로디 아니ᄒ시며(君子는 不以紺緅로 飾ᄒ시며) <小언三 20a>
b. 君子는 紺과 緅로뼈 飾디 아니ᄒ시며(君子는 不以紺緅로 飾ᄒ시며) <論언二 54a>

<34> 사오나온 밥 對 疏食

고유어 '사오나온 밥'과 한자어 '疏食'가 [疏食] 즉 '변변치 않은 음식'의 뜻을 가지고 동의 관계에 있다는 것은 다음 예문들에서 잘 확인된다. 원문 중 '疏食'가 '사오나온 밥'으로도 번역되고 '疏食'로도 번역된다. 따라서 '사오나온 밥'과 '疏食'의 동의성은 명백히 입증된다. 고유어 '사오나온 밥'은 명사구로 상태동사 '사오납다'의 관형사형 '사오나온'과 명사 '밥'의 결합이다.

(34) a. 사오나온 밥과 믈만 먹고(疏食水飲ᄒ고) <小언五 44a>
b. 疏食를 飯ᄒ며 水를 飲ᄒ고(飯疏食飲水ᄒ고> <論언二 15b>

<35> 사오나온 일 對 惡

고유어 '사오나온 일'과 한자어 '惡'이 [惡] 즉 '바르지 아니한 일, 惡'의 뜻을 가지고 동의 관계에 있다는 것은 다음 예문들에서 잘 확인된다. 원문 중 '從惡'이 '사오나온 일 조촘'으로 번역되고 '人之惡'이 '사룸의 惡'으로 번역된다. 따라서 '사오나온 일'과 '惡'의 동의성은 명백히 입증된다. 고유어 '사오나온 일'은 명사구로 상태동사 '사오납다'의 관형사형 '사오나온'과 명사 '일'의 결합이다.

(35) a. 사오나온 일 조촘은 믈허딤 곧다 ᄒᆞ니라(從惡은 如崩이라 ᄒᆞ니라) <小언五 82a>
b. 君子ᄂᆞᆫ 사룸의 美를 일우시고 사룸의 惡을 일우디 아니ᄒᆞᄂᆞ니(君子ᄂᆞᆫ 成人之美ᄒᆞ고 不成人之惡ᄒᆞᄂᆞ니) <論언三 27a>
c. 그 惡을 攻ᄒᆞ고 人의 惡을 攻티 아니홈이 慝을 脩홈 아니가(攻其惡이오 無攻人之惡이 非脩慝與아) <論언三 31b>

<36> 사촌한아비 對 從祖

명사 '사촌한아비'와 한자어 '從祖'가 [從祖] 즉 '사촌할아버지'의 뜻을 가지고 동의 관계에 있다는 것은 다음 예문들에서 잘 확인된다. 원문 중 '從祖叔母'가 '從祖叔母'로 번역되고 '從祖叔母'의 자석이 '사촌한아븨 안해'이다. 따라서 '사촌한아비'와 '從祖'의 동의성은 명백히 입증된다. 고유어 '사촌한아비'는 합성명사로 명사 '사촌'과 명사 '한아비'의 합성이다.

(36) a. 公父文伯이 어미ᄂᆞᆫ 季康子의 從父叔母ㅣ러니(公父文伯之母ᄂᆞᆫ 季康子之從父叔母也ㅣ러니) <小언四 35a>

b. 從祖叔母: 사촌한아븨 안해라 <小언四 35a>

<37> 사촌한아븨 안해 對 從祖叔母

고유어 '사촌한아븨 안해'와 한자어 '從祖叔母'가 [從祖叔母] 즉 '사촌할아버지의 아내'의 뜻을 가지고 동의 관계에 있다는 것은 다음 예문들에서 잘 확인된다. 원문 중 '從祖叔母'가 '從祖叔母'로 번역되고 '從祖叔母'의 자석이 '사촌한아븨 안해'이다. 따라서 '사촌한아븨 안해'와 '從祖叔母'의 동의성은 명백히 입증된다. 고유어 '사촌한아븨 안해'는 명사구로 합성명사 '사촌한아븨'와 명사 '안해'의 결합이다.

   (37) a. 公父文伯이 어미는 季康子이 從祖叔母ㅣ러니(公父文伯之母는 季康子從祖叔母也ㅣ러니) <小언四 35a>
       b. 從祖叔母: 사촌한아븨 안해라 <小언四 35a>

<38> 산 것 對 生

고유어 '산 것'과 한자어 '生'이 [生] 즉 '산 것, 산 동물'의 뜻을 가지고 동의 관계에 있다는 것은 다음 예문들에서 잘 확인된다. 원문 중 '賜生'이 '산 것을 주다'로도 번역되고 '生을 賜ᄒᆞ다'로도 번역된다. 따라서 '산 것'과 '生'의 동의성은 명백히 입증된다. 고유어 '산 것'은 명사구로 동작동사 '살다'의 관형사형 '산'과 명사 '것'의 결합이다.

   (38) a. 님금의 산 거슬 주어시든 반ᄃᆞ시 기르더시다(君이 賜生이어시든 必畜之러시다) <小언一 41a>
       b. 君이 生을 賜ᄒᆞ야시든 반ᄃᆞ시 畜ᄒᆞ더시다(君이 賜生이어시든

必畜之러시다) <論언二 59b>

### <39> 샹녯옷 對 褻服

고유어 '샹녯옷'과 한자어 '褻服'이 [褻服] 즉 '평상복'의 뜻을 가지고 동의 관계에 있다는 것은 다음 예문들에서 잘 확인된다. 원문 중 '褻服'이 '샹녯옷'으로도 번역되고 '褻服'으로도 번역된다. 따라서 '샹녯옷'과 '褻服'의 동의성은 명백히 입증된다. 고유어 '샹녯옷'은 명사 '샹녜'와 명사 '옷'의 合成이다.

(39) a. 분홍과 즈디로뻐 샹녜옷도 밍ᄀ디 아니ᄒ더시다(紅紫로 不以 爲褻服이러시다) <小언三 20b>
 b. 紅과 紫로뻐 褻服도 아니ᄒ더시다(紅紫로 不以爲褻服이러시다) <論언二 54a>

### <40> 샹싸름 對 샹인

고유어 '샹싸름'과 한자어 '샹인'(常人)이 [庶人] 즉 '아무 벼슬이 없는 일반 평민'의 뜻을 가지고 동의 관계에 있다는 것은 다음 예문들에서 잘 확인된다. 원문 중 '庶人'이 '샹싸름'으로도 번역되고 '샹인'으로도 번역된다. 따라서 '샹싸름'과 '샹인'의 동의성은 명백히 입증된다.

(40) a. 흔 남진 흔 겨집은 샹싸름의 직분이니라(一夫一婦ᄂᆞᆫ 庶人之職也ㅣ니라) <小언五 64a>
 b. 君子ㅣ 늘금애 거러 둔니디 아니ᄒ고 샹인이 늘금애 믜ᄂ밥 먹디 아니ᄒᄂ니라(君子ㅣ 耆老애 不徒行ᄒ고 庶人이 耆老 不徒食이니라) <小언二 65a>

<41> 셩인의 글 對 經

고유어 '셩인(聖人)의 글'과 한자어 '經'이 [經] 즉 '성인이 지은 책'의 뜻을 가지고 동의 관계에 있다는 것은 다음 예문들에서 잘 확인된다. 원문 중 '經殘'이 '經이 호야디다'로 번역되고 '經'의 자석이 '셩인의 글'이다. 따라서 '셩인의 글'과 '經'의 동의성은 명백히 입증된다. 고유어 '셩인의 글'은 명사구로 명사 '셩인'과 명사 '글'의 결합이다.

(41) a. 經이 호야디고 ᄀᆞᄅᆞ쵸미 프러디여(經殘敎弛호야) <小學題辭 3b>
b. 經: 셩인의 글이라 <小學題辭 3b>

<42> 신실혼 이 對 諒

고유어 '신실(信實)혼 이'와 한자어 '諒'이 [諒] 즉 '신실한 사람'의 뜻을 가지고 동의 관계에 있다는 것은 다음 예문들에서 잘 확인된다. 원문 중 '友諒'이 '신실혼 이를 벋호다'로도 번역되고 '諒를 友호다'로도 번역된다. 따라서 '신실혼 이'와 '諒'의 동의성은 명백히 입증된다. 고유어 '신실혼 이'는 명사구로 상태동사 '신실호다'의 관형사형 '신실혼'과 명사 '이'의 결합이다.

(42) a. 신실혼 이룰 벋호며(友諒호며) <小언二 66b>
b. 諒을 友호며(友諒호며) <論언四 22a>

<43> ᄉᆞ촌한아비 對 從祖叔

고유어 'ᄉᆞ촌한아비'와 한자어 '從祖叔'이 [從祖叔] 즉 '사촌할아버지'의 뜻

을 가지고 동의 관계에 있다는 것은 다음 예문들에서 잘 확인된다. 원문 중 '從祖叔母'가 '從祖叔母'로 번역되고 '從祖叔母'의 자석이 'ᄉ촌한아비 안해'이다. 따라서 'ᄉ촌한아비'와 '從祖叔'의 동의성은 명백히 입증된다.

(43) a. 公文之伯이 어미ᄂᆞᆫ 委康子의 從祖叔母ㅣ러니(公父文伯之母ᄂᆞᆫ 委康子之從祖叔母也ㅣ러니) <小언四 35a>
b. 從祖叔母: ᄉ촌한아비 안해라 <小언四 35a>

<44> 아당ᄒᆞ기 잘ᄒᆞᄂᆞᆫ 이 對 善柔

고유어 '아당ᄒᆞ기 잘ᄒᆞᄂᆞᆫ 이'와 한자어 '善柔'가 [善柔] 즉 '아첨하기 잘하는 사람'의 뜻을 가지고 동의 관계에 있다는 것은 다음 예문들에서 잘 확인된다. 원문 중 '善柔'가 '아당ᄒᆞ기 잘ᄒᆞᄂᆞᆫ 이'로도 번역되고 '善柔'로도 번역된다. 따라서 '아당ᄒᆞ기 잘ᄒᆞᄂᆞᆫ 이'와 '善柔'의 동의성은 명백히 입증된다. 고유어 '아당ᄒᆞ기 잘ᄒᆞᄂᆞᆫ 이'는 명사구로 동작동사 '아당ᄒᆞ다'의 명사형 '아당ᄒᆞ기'와 동작동사 '잘ᄒᆞ다'의 관형사형 '잘ᄒᆞᄂᆞᆫ'과 명사 '이'의 결합이다.

(44) a. 거동만 니근(66b) 이ᄅᆞᆯ 벋ᄒᆞ며 아당ᄒᆞ기 잘ᄒᆞᄂᆞᆫ 이ᄅᆞᆯ 벋ᄒᆞ며 (友便辟ᄒᆞ며 友善柔ᄒᆞ며) <小언二 67a>
b. 便辟을 友ᄒᆞ며 善柔ᄅᆞᆯ 友ᄒᆞ며(友便辟ᄒᆞ며 友善柔ᄒᆞ며) <論언四 22a>

<45> 아랫태우 對 下태우

두 명사가 [下大夫] 즉 '하대부'의 뜻을 가지고 동의 관계에 있다는 것은 다음 예문들에서 잘 확인된다. 원문 중 '與下大夫'가 '아랫태우로 더블다'로도 번

역되고 '下태우로 더블다'로도 번역된다. 따라서 '아랫태우'와 '下태우'의 동의성은 명백히 입증된다.

(45) a. 아랫태우로 더블어 말솜ᄒ심애(與下大夫言애) <小언三 14a>
b. 下태우로 더브러 言ᄒ심애(與下大夫言애) <論언二 50a>

<46> 어딘 이 對 賢

고유어 '어딘 이'와 한자어 '賢'이 [賢] 즉 '어진 사람'의 뜻을 가지고 동의 관계에 있다는 것은 다음 예문들에서 잘 확인된다. 원문 중 '賢'이 '어딘 이'로 번역되고 '賢才'가 '賢과 才'로 번역된다. 따라서 '어딘 이'와 '賢'의 동의성은 명백히 입증된다. 고유어 '어딘 이'는 명사구로 상태동사 '어딜다'의 관형사형 '어딘'과 의존명사 '이'의 결합이다.

(46) a. 어딘 이를 어딜이 너묘딕 色을 밧고며(賢賢호딕 易色ᄒ며) <論언一 6a>
b. 賢과 才를 學홀띠니라(學賢才니라) <論언三 34b>

<47> 어딘 일 對 善

고유어 '어딘 일'과 한자어 '善'이 [善] 즉 '착한 일'의 뜻을 가지고 동의 관계에 있다는 것은 다음 예문들에서 잘 확인된다. 원문 중 '從善'이 '어딘 일 조홈'으로 번역되고 '見善'이 '善을 見ᄒ다'로 번역된다. 따라서 '어딘 일'과 '善'의 동의성은 명백히 입증된다. 고유어 '어딘 일'은 명사구로 상태동사 '어딜다'의 관형사형 '어딘'과 명사 '일'의 결합이다.

(47) a. 어딘 일 조홈은 오르기 곧고(從善은 如登이고) <小언五 82b>
(47) b. 善을 見ᄒᆞ고 및디 몯훌 둣ᄒᆞ며(見善如不及ᄒᆞ며) <論언四 26a>
　　　 c. 善을 嘉ᄒᆞ고 不能을 矜ᄒᆞ노니(嘉善而矜不能이니) <論언二 56a>
　　　 d. 그 善을 擇ᄒᆞ야 존ᄎᆞ며(擇其善者ᄒᆞ야 從之ᄒᆞ며) <論언二 23b>

<48> 여ᅀᆞ와 너구릐 갓옷 對 狐貉

고유어 '여ᅀᆞ와 너구릐 갓옷'과 한자어 '狐貉'이 [狐貉] 즉 '여우와 너구리의 가죽옷'의 뜻을 가지고 동의 관계에 있다는 것은 다음 예문들에서 잘 확인된다. 원문 중 '衣狐貉者'가 '여ᅀᆞ와 너구릐 갓옷 닙으니'로도 번역되고 '狐貉 닙은 이'로도 번역된다. 따라서 '여ᅀᆞ와 너구릐 갓옷'과 '狐貉'의 동의성은 명백히 입증된다. 고유어 '여ᅀᆞ와 너구릐 갓옷'은 명사구로 명사 '여ᅀᆞ'와 명사 '너구리'와 명사 '갓옷'의 결합이다.

(48) a. 여ᅀᆞ와 너구릐 갓옷 닙으니와 더블어 셔셔 븟그리디 아니ᄒᆞᄂᆞᆫ 이ᄂᆞᆫ(與衣狐貉者로 立而不恥者ᄂᆞᆫ) <小언四 43a>
　　　 b. 狐貉 닙은 이로 더브러 立호되 븟그려 아니ᄒᆞᄂᆞ니ᄂᆞᆫ(與衣狐貉者로 立而不恥者ᄂᆞᆫ) <論언三 43a>

<49> 온갓 것 對 物

고유어 '온갓 것'과 한자어 '物'이 [物] 즉 '만물'의 뜻을 가지고 동의 관계에 있다는 것은 다음 예문들에서 잘 확인된다. 원문 중 '有物'이 '物이 잇다'로 번역되고 '物'의 자석이 '온갓 것'이다. 따라서 '온갓 것'과 '物'의 동의성은 명백히

입증된다. 고유어 '온갓 것'은 명사구로 관형사 '온갓'과 명사 '것'의 결합이다.

(49) a. 物이 이심애 법이 잇도다(有物有則이로다) <小언五 1b>
b. 物: 온갓 거시라 <小언五 1b>

<50> 올흔역ㅎ 對 右

고유어 '올흔역ㅎ'과 한자어 '右'가 [右] 즉 '오른편, 오른쪽'의 뜻을 가지고 동의 관계에 있다는 것은 다음 예문들에서 잘 확인된다. 원문 중 '右'가 '올흔역ㅎ'으로도 번역되고 '右'로도 번역된다. 따라서 '올흔역ㅎ'과 '右'의 동의성은 명백히 입증된다. 고유어 '올흔역ㅎ'은 합성명사로 상태동사 '올ㅎ다'의 관형사형 '올흔'과 명사 '녁ㅎ'의 합성이다.

(50) a. 왼녁히며 올흔녁히 쁠 것 츠며(左右佩用ㅎ며) <小언二 2a> <小언二 2b>
b. 왼녁히며 올흔녁흐로 나아가 봉양홈이(左右就養이) <小언二 72a> <小언二 72b>
(50) c. 손을 左로 ㅎ며 右로 ㅎ더시니(左右手ㅣ러시니) <論언二 51b>

<51> 옷기슭 對 齊

고유어 '옷기슭'과 한자어 '齊'가 [齊] 즉 '옷자락, 옷의 아랫자락'의 뜻을 가지고 동의 관계에 있다는 것은 다음 예문들에서 잘 확인된다. 원문 중 '攝齊'가 '옷기슭을 거두들다'로도 번역되고 '齊를 攝ㅎ다'로도 번역된다. 따라서 '옷기슭'과 '齊'의 동의성은 명백히 입증된다.

(51) a. 옷기슭을 거두들어 堂이 오ᄅ실시(攝齊升堂ᄒ실시) <小언二 39b>
　　　b. 두 손으로 옷슬 잡아 옷기슭기 ᄒ자만 ᄯ게 ᄒ며(兩手摳衣ᄒ야 去齊尺ᄒ며) <小언二 59b>
(51) c. 齊를 攝ᄒ야 堂의 오ᄅ실시(攝齊升堂ᄒ실시) <論언二 52b>

<52> 왼녁ᄒ 對 左

고유어 '왼녁ᄒ'과 한자어 '左'가 [좌] 즉 '왼편, 왼쪽'의 뜻을 가지고 동의 관계에 있다는 것은 다음 예문들에서 잘 확인된다. 원문 중 '左'가 '왼녁ᄒ'으로도 번역되고 '左'로도 번역된다. 따라서 '왼녁ᄒ'과 '左'의 동의성은 명백히 입증된다. 고유어 '왼녁ᄒ'은 합성명사로 상태동사 '외다'의 관형사형 '왼'과 명사 '녁ᄒ'의 합성이다.

(52) a. 왼녁히며 올ᄒ녁히 쁠 것 ᄎ며(左右佩用ᄒ며) <小언二 2a> <小언二 2b>
　　　b. 왼녁히며 올ᄒ녁ᄒ로 나아가 봉양홈이(左右就養이) <小언二 72a> <小언二 72b>
(52) c. 손을 左로 ᄒ며 右로 ᄒ더시니(左右手ㅣ러시니) <論언二 51b>

<53> 운츙 對 샹층

고유어 '운츙'과 한자어 '샹층'(上層)이 [上] 즉 '위층, 上層, 나은 쪽'의 뜻을 가지고 동의 관계에 있다는 것은 다음 예문들에서 잘 확인된다. 원문 중 '語上'이 '운츙을 닐ᄋ다'로 번역된다. 그리고 '民之上'이 '사ᄅᆷ애 샹층'으로 번역

된다. 따라서 '온층'과 '샹층'의 동의성은 명백히 입증된다. '온층'은 고유어 '우'와 한자어 '층'(層)의 합성이지만 이 저서에서는 고유어로 다루었다.

(53) a. 이 사름은 可히 뻐 온(10b)층을 닐ᄋ디 몯ᄒ리라(此人은 不可以語上矣니라) <小언五 11a>
b. 管敬中이 굴오딕 하ᄂᆞᆯ 위엄을 저호딕 병 ᄀ티 ᄒᄂᆞ 이ᄂᆞ 사ᄅᆞᆷ애 샹층이오(管敬中이 曰畏威如疾은 民之上也ㅣ오) <小언三 8a>

<54> 웃태우 對 上태우

두 명사가 [上大夫] 즉 '상대부'의 뜻을 가지고 동의 관계에 있다는 것은 다음 예문들에서 잘 확인된다. 원문 중 '上大夫'가 '웃태우'로도 번역되고 '上태우'로도 번역된다. 따라서 '웃태우'와 '上태우'의 동의성은 명백히 입증된다.

(54) a. 웃태우로 더블어 말ᄉᆞᆷᄒ심애(與上大夫言애) <小언三 14a>
b. 上태우로 더브러 言ᄒ심애(與上大夫言애) <論언二 50b>

<55> 이튼날 對 명일

고유어 '이튼날'과 한자어 '명일'(明日)이 [明日] 즉 '이튼날, 내일'의 뜻을 가지고 동의 관계에 있다는 것은 다음 예문들에서 잘 확인된다. 원문 중 '明日'이 '이튼날'로도 번역되고 '명일'로도 번역되므로 '이튼날'과 '명일'의 동의성은 명백히 입증된다. 고유어 '이튼날'은 명사 '이틀'과 명사 '날'의 合成이다.

(55) a. 이튼날 城의게 뵈고 돌아가 효양홀 이(明日에 謁城還養者ㅣ) <小언六 7b>

(55) b. 명일이 다옴 업거늘(明日이 無盡커늘) <誡初 36b>
　　　c. 明日에 드듸여 行ᄒᆞ시다(明日에 遂行ᄒᆞ시다) <論언 1b>

<56> 자본 것 對 萬物

고유어 '자본 것'과 한자어 '萬物'이 [物]과 [萬物] 즉 '만물'의 뜻을 가지고 동의 관계에 있다는 것은 다음 예문들에서 잘 확인된다. 원문 중 '物盛'이 『번역소학』에서는 '만믈이 셩ᄒᆞ다'로 번역되고 『소학언해』에서는 '자본 거시 盛ᄒᆞ다'로 번역된다. 그리고 '萬物安'이 '萬物이 편안ᄒᆞ다'로 번역된다. 따라서 '자본 것'과 '萬物'의 동의성은 명백히 입증된다. 고유어 '자본 것'은 명사구로 동작동사 '잡다'의 관형사형 '자본'과 명사 '것'의 결합이다.

(56) a. 만믈이 셩ᄒᆞ면 모로매 쇠ᄒᆞ고(物盛則必衰ᄒᆞ고) <小언六 27b>
　　　b. 자본 거시 盛ᄒᆞ면 반ᄃᆞ시 衰ᄒᆞ고(物盛則必衰오) <小언五 25b>
(56) c. 禮ㅣ인 후에 萬物이 편안ᄒᆞᄂᆞ니(禮ㅣ作然後에 萬物이 安ᄒᆞᄂᆞ니) <小언二 49a>

<57> 졀도ᄉᆞ 인ᄂᆞᆫ ᄃᆡ 對 번딘

고유어 '졀도ᄉᆞ 인ᄂᆞᆫ ᄃᆡ'와 한자어 '번딘'(藩鎭)이 [藩] 즉 '王侯의 영토, 변방을 지키는 王家의 附庸國'의 뜻을 가지고 동의 관계에 있다는 것은 다음 예문들에서 잘 확인된다. 원문 중 '外藩'이 '밧 번딘'으로 번역되고 '번딘'의 자석이 '졀도ᄉᆞ 인ᄂᆞᆫ ᄃᆡ'이다. 그리고 '藩府'가 '번딘 마ᄋᆞᆯ'로 번역된다. 따라서 '졀도ᄉᆞ 인ᄂᆞᆫ ᄃᆡ'와 '번딘'의 동의성은 명백히 입증된다. '졀도ᄉᆞ 인ᄂᆞᆫ ᄃᆡ'는 명사구로 한자어 '졀도사'(節度使)와 상태동사 '잇다'의 관형사형 '인ᄂᆞᆫ'과 명사 'ᄃᆡ'

의 결합이고 '졀도ᄉ'가 한자어이지만 이 저서에서는 고유어로 다루었다.

(57) a. 柳公綽이 밧 번딘에 이실 제(柳公綽이 居外藩호ᄉᆡ) <小언六 11b>
b. 번딘: 졀도ᄉ 인ᄂᆞᆫ ᄃᆡ라 <小언六 11b>
(57) c. 믈읫 번딘 마ᄋᆞᆯ 다ᄉᆞ림애(凡理藩府에) <小언六 113b>

<58> 젹은 ᄃᆡ 對 寡

고유어 '젹은 ᄃᆡ'와 한자어 '寡'가 [寡] 즉 '젹은 데'의 뜻을 가지고 동의 관계에 있다는 것은 다음 예문들에서 잘 확인된다. 원문 중 '問於寡'가 '젹은 ᄃᆡ 묻다'로도 번역되고 '寡애 묻다'로도 번역된다. 따라서 '젹은 ᄃᆡ'와 '寡'의 동의성은 명백히 입증된다. 고유어 '젹은 ᄃᆡ'는 명사구로 상태동사 '젹다'의 관형사형 '젹은'과 의존명사 'ᄃᆡ'의 결합이다.

(58) a. 함으로뻐 젹은 ᄃᆡ 무르며(以多로 問於寡ᄒᆞ며) <小언四 40a>
b. 多로뻐 寡애 무르며(以多로 問於寡ᄒᆞ며) <論언二 31a>

<59> 좁은 ᄆᆞᄋᆞᆯㅎ 對 陋巷

고유어 '좁은 ᄆᆞᄋᆞᆯㅎ'과 한자어 '陋巷'이 [陋巷] 즉 '좁은 마을'의 뜻을 가지고 동의 관계에 있다는 것은 다음 예문들에서 잘 확인된다. 원문 중 '陋巷'이 '좁은 ᄆᆞᄋᆞᆯㅎ'로도 번역되고 '陋巷'으로도 번역된다. 따라서 '좁은 ᄆᆞᄋᆞᆯㅎ'과 '陋巷'의 동의성은 명백히 입증된다. 고유어 '좁은 ᄆᆞᄋᆞᆯㅎ'은 명사구로 상태동사 '좁다'의 관형사형 '좁은'과 명사 'ᄆᆞᄋᆞᆯㅎ'의 결합이다.

(59) a. 좁은 ᄆᆞᅀᆞᆯ히 이심을 사름이 그 근심을 이긔다 몯ᄒᆞ거늘(在陋巷
을 不堪其憂ㅣ어늘) <小언四 47a>
b. 陋巷애 이심을 사름이 그 시름을 이긔디 몯ᄒᆞ거들(在陋巷을 不
堪其憂ㅣ어늘) <論언二 4a>

<60> 즐음낄 對 徑

고유어 '즐음낄'과 한자어 '徑'이 [徑] 즉 '지름길'의 뜻을 가지고 동의 관계에 있다는 것은 다음 예문들에서 잘 확인된다. 원문 중 '由徑'이 '즐음낄로 말미암다'로도 번역되고 '徑을 말미암다'로도 번역된다. 따라서 '즐음낄'과 '徑'의 동의성은 명백히 입증된다. 고유어 '즐음낄'은 명사 '즐음'과 명사 '길'의 합성이다.

(60) a. ᄃᆞ닙애(41a) 즐음낄로 말미암디 아니ᄒᆞ며(行不由徑ᄒᆞ며) <小
언四 41b>
b. 行홈애 徑을 말미암디 아니ᄒᆞ며(行不由徑ᄒᆞ며) <論언二 7b>

<61> 直ᄒᆞᆫ 이 對 直

고유어 '直ᄒᆞᆫ 이'와 한자어 '直'이 [直] 즉 '정직한 사람'의 뜻을 가지고 동의 관계에 있다는 것은 다음 예문들에서 잘 확인된다. 원문 중 '友直'이 '直ᄒᆞᆫ 이를 벋ᄒᆞ다'로도 번역되고 '直을 友ᄒᆞ다'로도 번역된다. 따라서 '直ᄒᆞᆫ 이'와 '直'의 동의성은 명백히 입증된다. 고유어 '直ᄒᆞᆫ 이'는 명사구로 상태동사 '直ᄒᆞ다'의 관형사형 '直ᄒᆞᆫ'과 명사 '이'의 결합이다.

(61) a. 直ᄒᆞᆫ 이를 벋ᄒᆞ며 신실ᄒᆞᆫ 이를 벋ᄒᆞ며(友直ᄒᆞ며 友諒ᄒᆞ며) <小

언二 66b>
b. 直을 友ᄒᆞ며 諒을 友ᄒᆞ며(友直ᄒᆞ며 友諒ᄒᆞ며) <論언四 22a>

<62> 취밥 對 疏食

고유어 '취밥'과 한자어 '疏食'가 [疏食]과 [疏食] 즉 '변변치 못한 음식, 육미붙이가 없는 음식'의 뜻을 가지고 동의 관계에 있다는 것은 다음 예문들에서 잘 확인된다. 원문 중 '破衲疏食'이 '헌 누비와취밥'으로 번역되고 '飯疏食'가 '疏食를 飯ᄒᆞ다'로 번역된다. 따라서 '취밥'과 '疏食'의 동의성은 명백히 입증된다. 고유어 '취밥'은 [疏] 즉 '푸성귀, 채소'의 뜻을 가진 명사 '취'와 [食] 즉 '밥'의 뜻을 가진 명사 '밥'의 합성이다.

(62) a. 헌 누비와 취밥은 시 경ᄒᆞ야 음공을 믓삿ᄂᆞ니(破衲疏食은 必施 輕而積陰이니라) <誡初 50b>
(62) b. 疏食를 飯ᄒᆞ며 水를 飮ᄒᆞ고(飯疏食飮水ᄒᆞ고) <論언二 19b>
c. 疏食를 飯ᄒᆞ야 齒ㅣ 沒호ᄃᆡ(飯疏食沒齒ᄒᆞᄃᆡ) <論언三 54b>
d. 비록 疏食와 菜羹이라도(雖疏食菜羹이라도) <論언二 58a>

<63> 츩뵈옷 對 絺와 綌

고유어 '츩뵈옷'과 한자어 '絺와 綌'이 [絺綌] 즉 '칡베옷'의 뜻을 가지고 동의 관계에 있다는 것은 다음 예문들에서 잘 확인된다. 원문 중 '袗絺綌'이 '홋 츩뵈옷'으로도 번역되고 '홋 絺와 綌'으로도 번역된다. 따라서 '츩뵈옷'과 '絺와 綌'의 동의성은 명백히 입증된다. 고유어 '츩뵈옷'은 명사 '츩뵈'와 명사 '옷'의 合成이다.

(63) a. 더위 적을 當ᄒᆞ샤 훗츰뵈옷슬 반ᄃᆞ시 表ᄒᆞ야 내더시다(當暑ᄒᆞ샤 袗絺綌을 必表而出之러시다) <小언三 20b>
　　 b. 暑를 當ᄒᆞ샤 훗 絺와 綌을 반ᄃᆞ시 表ᄒᆞ야 내더시다(當暑ᄒᆞ샤 袗絺綌을 必表而出之러시다) <論언二 54a>

<64> 친영홀 제 가져 가는 기러기 對 摯

고유어 명사구 '친영홀 제 가져 가는 기러기'과 한자어 '摯'가 [摯] 즉 '親迎 할 때 가져가는 기러기'의 뜻을 가지고 동의 관계에 있다는 것은 다음 예문들 에서 잘 확인된다. 원문 중 '執摯'가 '摯를 잡다'로 번역되고 '摯'의 자석이 '친영 홀 제 가져 가는 기러기'이다. 따라서 '친영홀 제 가져 가는 기러기'와 '摯'의 동 의성은 명백히 입증된다.

(64) a. 摯를 잡아 ᄡᅥ 서ᄅᆞ 봄은(執摯以 相見은) <小언二 49a>
　　 b. 摯: 친영홀 제 가져 가는 기러기라 <小언二 49a>

## 1.3. 固有語가 名詞形인 경우

名詞類에서 확인되는 固有語와 漢字語 간의 同義에서 固有語가 名詞形인 경우에는 [苦惱] 즉 '괴로움, 고뇌'의 뜻을 가진 '셜움'과 '苦惱' 그리고 [智] 즉 '앎, 지혜'의 뜻을 가진 '아롬'과 '디혜' 등 20여 항목이 있다.

<1> 글흄 對 飪

고유어 '글흄'과 한자어 '飪'이 [飪] 즉 '끓임'의 뜻을 가지고 동의 관계에 있 다는 것은 다음 예문들에서 잘 확인된다. 원문 중 '飪'이 '글흄'으로도 번역되

고 '飪'으로도 번역된다. 따라서 '글홈'과 '飪'의 동의성은 명백히 입증된다. '글 홈'은 동작동사 '글히다'의 명사형이다.

> (1) a. 글효물 그르 ᄒᆞ얏거든 벅디 아니ᄒᆞ시며(失飪不食ᄒᆞ시며) <小言 三 25a>
> b. 飪을 失ᄒᆞ엿거든 食디 아니ᄒᆞ시며(失飪不食ᄒᆞ시며) <論언二 56b>

<2> 나라히 셩ᄒᆞᆫ 빗츨 봄 對 觀光

고유어 '나라히 셩ᄒᆞᆫ 빗츨 봄'과 한자어 '觀光'이 [觀光] 즉 '다른 지방이나 나라의 명승 고적과 풍속 등을 돌아다니며 구경하는 일'의 뜻을 가지고 동의 관계에 있다는 것은 다음 예문들에서 잘 확인된다. 원문 중 '觀光法'이 '觀光 法'으로 번역되고 '觀光'의 자석이 '나라히 셩ᄒᆞᆫ 빗츨 봄'이다. 따라서 '나라히 셩ᄒᆞᆫ 빗츨 봄'과 '觀光'의 동의성은 명백히 입증된다.

> (2) a. 觀光法을 셰니(立觀光法ᄒᆞ니) <小언六 15b>
> b. 觀光: 텬하앳 션빅들히 와 나라히 셩ᄒᆞᆫ 빗츨 봄이라 <小언六 15b>

<3> 드롬 對 聽

고유어 '드롬'과 한자어 '聽'이 [聽] 즉 '들음'의 뜻을 가지고 동의 관계에 있다는 것은 다음 예문들에서 잘 확인된다. 원문 중 '聽'이 '드롬'으로도 번역되고 '聽'으로도 번역된다. 따라서 '드롬'과 '聽'의 동의성은 명백히 입증된다. '드롬'은 동작동사 '듣다'의 명사형이다.

(3) a. 드롬에 총홈을 싱각ᄒ며(聽思聰ᄒ며) <小언三 5b>
　　b. 聽에 聰을 思ᄒ며(聽思聰ᄒ며) <論언四 25b>

<4> 맛당홈 對 義

고유어 '맛당홈'과 한자어 '義'가 [義] 즉 '마땅함'의 뜻을 가지고 동의 관계에 있다는 것은 다음 예문들에서 잘 확인된다. 원문 중 '思義'가 '맛당홈을 싱각ᄒ다'로도 번역되고 '義를 思ᄒ다'로도 번역된다. 따라서 '맛당홈'과 '義'의 동의성은 명백히 입증된다. 고유어 '맛당홈'은 상태동사 '맛당ᄒ다'의 명사형이다.

(4) a. 어듬을 보매 앗당홈을 싱각홀디니라(見得思義니라) <小언三 5b>
　　b. 得을 見ᄒ고 義를 思ᄒᄂ니라(見得思義니라) <論언四 25b>

<5> 무름 對 問

고유어 '무름'과 한자어 '問'이 [問] 즉 '물음'의 뜻을 가지고 동의 관계에 있다는 것은 다음 예문들에서 잘 확인된다. 원문 중 '思問'이 '무름을 싱각ᄒ다'로도 번역되고 '問을 思ᄒ다'로도 번역된다. 따라서 '무름'과 '問'의 동의성은 명백히 입증된다. 고유어 '무름'은 동작동사 '묻다'의 명사형이다.

(5) a. 의심된 디 무름을 싱각ᄒ며(疑思問ᄒ며) <小언三 5b>
　　b. 疑에 問을 思ᄒ며(疑思問ᄒ며) <論언四 25b>

<6> 믿븜 對 信

고유어 '믿븜'과 한자어 '信'이 [信] 즉 '미쁨, 믿음성이 있음'의 뜻을 가지고 동의 관계에 있다는 것은 다음 예문들에서 잘 확인된다. 원문 중 '有信'이 '믿브미 잇다'로도 번역되고 '信이 잇다'로도 번역된다. 그리고 '近信'이 '믿븜애 갓가이 ᄒᆞ다'로도 번역되고 '信에 갓갑다'로도 번역된다. 따라서 '믿븜'과 '信'의 동의성은 명백히 입증된다. 고유어 '믿븜'은 상태동사 '믿브다'의 명사형이다.

(6) a. 말ᄉᆞᆷᄒᆞ매 믿브미(15b) 이시면(言而有信이면) <小언一 16a>
　　b. ᄂᆞᆺ비츨 正히 ᄒᆞ매 이예 믿븜에 갓가이 ᄒᆞ며(正顔色애 斯近信矣며) <小언三 6a>
(6) c. 言홈애 信이 이시면(言而有信이면) <論언一 4a>
　　d. ᄂᆞᆺ비츨 正ᄒᆞ욤애 이예 信에 갓가오며(正顔色애 斯近信矣며) <論언三 30b>

<7> 봄 對 視

고유어 '봄'과 한자어 '視'가 [視] 즉 '봄'의 뜻을 가지고 동의 관계에 있다는 것은 다음 예문들에서 잘 확인된다. 원문 중 '視'가 '봄'으로도 번역되고 '視'로도 번역된다. 따라서 '봄'과 '視'의 동의성은 명백히 입증된다. 고유어 '봄'은 동작동사 '보다'의 명사형이다.

(7) a. 봄에 ᄇᆞᆰ옴을 싱각ᄒᆞ며(視思明ᄒᆞ며) <小언三 5b>
　　b. 視에 明을 思ᄒᆞ며(視思明ᄒᆞ며) <論언四 25b>

<8> ᄇᆞᆰ옴 對 明

고유어 'ᄇᆞᆰ옴'과 한자어 '明'이 [明] 즉 '밝음'의 뜻을 가지고 동의 관계에 있

다는 것은 다음 예문들에서 잘 확인된다. 원문 중 '思明'이 '븕옴을 싱각ᄒ다'로도 번역되고 '明을 思ᄒ다'로도 번역된다. 따라서 '븕옴'과 '明'의 동의성은 명백히 입증된다. 고유어 '븕옴'은 상태동사 '븕다'의 명사형이다.

(8) a. 봄에 븕옴을 싱각ᄒ며(視思明ᄒ며) <小언三 5b>
　　b. 視에 明을 思ᄒ며(視思明ᄒ며) <論언四 25b>

<9> 빈호기 對 學

고유어 '빈호기'과 한자어 '學'이 [學] 즉 '배우기'의 뜻을 가지고 동의 관계에 있다는 것은 다음 예문들에서 잘 확인된다. 원문 중 '好學'이 '빈호기를 즐기다'로도 번역되고 '學을 됴히 너기다'로도 번역된다. 따라서 '빈호기'와 '學'의 동의성은 명백히 입증된다. 고유어 '빈호기'는 동작동사 '빈호다'의 명사형이다.

(9) a. 可히 빈호기를 즐긴다 닐올디니라(可謂好學也己니라) <小언三 7b>
　　b. 可히 學을 됴히 너긴다 닐올디니라(可謂好學也己니라) <論언一 7b>

<10> 사라심 對 生

고유어 '사라심'과 한자어 '生'이 [生] 즉 '삶'의 뜻을 가지고 동의 관계에 있다는 것은 다음 예문들에서 잘 확인된다. 원문 중 '人生'이 '사름이 사라심'으로 번역되고 '人之生'이 '사름의 生'으로 번역된다. 따라서 '사라심'과 '生'의 동의성은 명백히 입증된다. 고유어 '사라심'은 명사형으로 동작동사 '사라 잇다'

의 명사형이다.

(10) a. 사룸이 世間의 사라심이(人生世間이) <小언六 58a>
(10) b. 사룸의 生이 直혼 거시(9a)니(人之生也ㅣ 直ᄒᆞ니) <論언二 10a>
　　　c. 死와 生이 命이 잇고(死生이 有命이오) <論언三 21a>

<11> 셜움 對 苦惱

고유어 '셜움'과 한자어 '苦惱'가 [苦惱] 즉 '괴로움, 고뇌'의 뜻을 가지고 동의 관계에 있다는 것은 다음 예문들에서 잘 확인된다. 원문 중 '受苦惱'가 '셜우믈 受ᄒᆞ다'로 번역되고 '受諸苦惱'가 '여러 苦惱를 受ᄒᆞ다'로 번역된다. 따라서 '셜움'과 '苦惱'의 동의성은 명백히 입증된다. 고유어 '셜움'은 상태동사 '셟다'의 명사형이다.

(11) a. 各各기 ᄒᆞ마 셜우믈 受ᄒᆞ란대(各各已受苦惱ᄒᆞ란대) <蒙六 5b>
(11) b. 여러 苦惱를 受ᄒᆞ야(受諸苦惱ᄒᆞ야) <蒙六 25b>
　　　c. 여러 苦惱를 受홀시(受諸苦惱홀시) <蒙六 28a>
　　　d. 여러 苦惱를 얻거니(受諸苦惱커니) <蒙六 9a>
　　　e. 엇뎨 주룜과 목ᄆᆞ옴과 또 種種 苦惱를 어드리오(焉得飢渴及種種苦惱이리오) <蒙六 32a>
　　　f. 큰 고로믈 슈ᄒᆞᄂᆞ니(受大苦惱ᄒᆞᄂᆞ니) <誡初 80b>

<12> 술위 메옴 對 駕

고유어 '술위 메옴'과 한자어 '駕'가 [駕] 즉 '수레에 말을 맴'의 뜻을 가지고

동의 관계에 있다는 것은 다음 예문들에서 잘 확인된다. 원문 중 '俟駕'가 '술위 메옴'으로도 번역되고 '駕'로도 번역된다. 따라서 '술위 메옴'과 '駕'의 동의성은 명백히 입증된다. 고유어 '술위 메옴'은 명사 '술위'와 동작동사 '메다'의 명사형 '메옴'의 결합이다.

(12) a. 님금이 命ᄒᆞ샤 블으거시든 술위 메옴을 기(41b)들어디 아니코 가더시다(君이 命召ㅣ어시든 不俟駕行矣러시다) <小언二 42a>

b. 君이 命ᄒᆞ샤 召ᄒᆞ거시든 駕를 俟티 아니ᄒᆞ시고 行ᄒᆞ더시다(君이 命召ㅣ어시든 不俟駕行矣러시다) <論언二 60a>

<13> 아니완츨ᄒᆞ며 헤펄러홈 對 暴慢

고유어 '아니완츨ᄒᆞ며 헤펄러홈'과 한자어 '暴慢'이 [暴慢] 즉 '사납고 교만함'의 뜻을 가지고 동의 관계에 있다는 것은 다음 예문들에서 잘 확인된다. 원문 중 '暴慢'이 '아니완츨ᄒᆞ며 헤펄러홈'으로도 번역되고 '暴慢'으로도 번역된다. 따라서 '아니완츨ᄒᆞ며 헤펄러홈'과 '暴慢'의 동의성은 명백히 입증된다. 고유어 '아니완츨ᄒᆞ며 헤펄러홈'은 상태동사 '아니완츨ᄒᆞ다'와 상태동사 '헤펄러ᄒᆞ다'의 명사형 '헤펄러홈'의 결합이다.

(13) a. 얼굴 가좀애 이에 아니완츨ᄒᆞ며 헤펄러홈을 멀리 ᄒᆞ며(動容貌애 斯遠暴慢矣며) <小언三 6a>

b. 容貌를 動ᄒᆞ욤애 이에 暴慢을 멀리 ᄒᆞ며(動容貌애 斯遠暴慢矣며) <論언三 30b>

<14> 아롬 對 디혜

고유어 '아롬'과 한자어 '디혜'(智慧)가 [智] 즉 '앎, 지혜'의 뜻을 가지고 동의 관계에 있다는 것은 다음 예문들에서 잘 확인된다. 원문 중 '行智'가 '힝실과 아롬'으로 번역되고 '才智'가 '지조와 디혜'로 번역되므로 '아롬'과 '디혜'의 동의성은 명백히 입증된다. '아롬'은 동작동사 '알다'의 명사형이다.

(14) a. 힝실과 아롬괘 ㄱㅈ면 술위 두 띠 굿고(行智備ㅎ면 如車二輪이오) <誡初 30a>
(14) b. 비록 지조와 디혜 이시나(雖有才智나) <誡初 29a>
c. 디혜 잇는 사ㄹ미 힝은(有智人의 所行은) <誡初 29b>

<15> 야쇽ㅎ고 거슯즘 對 鄙倍

고유어 '야쇽ㅎ고 거슯즘'과 한자어 '鄙倍'가 [鄙倍] 즉 '마음이 야비하고 도리에 어긋남'의 뜻을 가지고 동의 관계에 있다는 것은 다음 예문들에서 잘 확인된다. 원문 중 '遠鄙倍'가 '야쇽ㅎ고 거슯즘을 멀리 하다'로도 번역되고 '鄙倍를 멀리 ㅎ다'로도 번역된다. 따라서 '야쇽ㅎ고 거슯즘'과 '鄙倍'의 동의성은 명백히 입증된다. 고유어 '야쇽ㅎ고 거슯즘'은 명사구로 상태동사 '야쇽ㅎ다'의 부사형 '야쇽ㅎ고'와 동작동사 '거슯즈다'의 명사형 '거슯즘'의 결합이다.

(15) a. 말솜과 긔운 내욤애 이예 야쇽ㅎ고 거슯즘을 멀리 홀디라(出辭氣예 斯遠鄙倍矣니라) <소언二 6a>
b. 辭氣를 내욤애 鄙倍를 멀리 홀띠니(出辭氣예 斯遠鄙倍矣니) <論언二 30b>

<16> 어듬 對 得

고유어 '어듬'과 한자어 '得'이 [得] 즉 '얻음'의 뜻을 가지고 동의 관계에 있다는 것은 다음 예문들에서 잘 확인된다. 원문 중 '見得'이 '어듬을 보다'로도 번역되고 '得을 見ᄒᆞ다'로도 번역된다. 따라서 '어듬'과 '得'의 동의성은 명백히 입증된다. 고유어 '어듬'은 동작동사 '얻다'의 명사형이다.

(16) a. 어듬을 보매 맛당홈을 싱각홀디니라(見得思義니라) <小언三 5b>
　　 b. 得을 見ᄒᆞ고 義를 思ᄒᆞᄂᆞ니라(見得思義니라) <論언四 25b>

<17> 어딜 對 善

고유어 '어딜'과 한자어 '善'이 [善] 즉 '착함'의 뜻을 가지고 동의 관계에 있다는 것은 다음 예문들에서 잘 확인된다. 원문 중 '妄善'이 '어딜믈 닛다'로 번역되고 '見善'이 '善을 見ᄒᆞ다'로 번역된다. 따라서 '어딜'과 '善'의 동의성은 명백히 입증된다.

(17) a. 음탕ᄒᆞ면 어딜믈 닛고 어딜믈 니즈면 사오나온 ᄆᆞ음이 나ᄂᆞ니라(淫則妄善ᄒᆞ고 妄善則惡心이 生ᄒᆞᄂᆞ니라) <小언四 45a>
(17) b. 善을 見ᄒᆞ고 及디 몯홀 돗ᄒᆞ며(見善如不及ᄒᆞ며) <論언四 26a>
　　 c. 善을 嘉ᄒᆞ고 不能을 矜ᄒᆞ노니(嘉善而矜不能이니) <論언二 56a>
　　 d. 그 善을 擇ᄒᆞ야 존하며(擇其善者ᄒᆞ야 從之ᄒᆞ며) <論언二 23b>

<18> 어림 對 愚

고유어 '어림'과 한자어 '愚'가 [愚] 즉 '어리석음'의 뜻을 가지고 동의 관계에 있다는 것은 다음 예문들에서 잘 확인된다. 원문 중 '賢愚'가 '어딜며 어림'으로 번역되고 '其愚'가 '그 愚'로 번역된다. 따라서 '어림'과 '愚'의 동의성은 명백히 입증된다. 고유어 '어림'은 상태동사 '어리다'의 명사형으로 '어리+ㅁ'으로 분석된다.

(18) a. 그 사롬이 어딜며 어림을 조차(隨其人賢愚ᄒ야) <小言六 10b>
　　 b. 그 愚ᄂᆞᆫ 可히 及티 몯홀이니라(其愚ᄂᆞᆫ 不可及也ㅣ니라) <論언一 49a>

<19> 조심홈 對 敬

고유어 '조심홈'과 한자어 '敬'이 [敬] 즉 '조심함'의 뜻을 가지고 동의 관계에 있다는 것은 다음 예문들에서 잘 확인된다. 원문 중 '思敬'이 '조심홈을 싱각ᄒ다'로도 번역되고 '敬을 思ᄒ다'로도 번역된다. 따라서 '조심홈'과 '敬'의 동의성은 명백히 입증된다. 고유어 '조심홈'은 동작동사 '조심ᄒ다'의 명사형이다.

(19) a. 일에 조심홈을 싱각ᄒ며(事思敬ᄒ며) <小言三 5b>
　　 b. 事에 敬을 思ᄒ며(事思敬ᄒ며) <論언四 25b>

<20> 죽음 對 死

고유어 '죽음'과 한자어 '死'가 [死] 즉 '죽음'의 뜻을 가지고 동의 관계에 있다는 것은 다음 예문들에서 잘 확인된다. 원문 중 '其死'가 '그 죽음'으로 번역

되고 '死生'이 '死와 生'으로 번역된다. 따라서 '죽음'과 '死'의 동의성은 명백히 입증된다. 고유어 '죽음'은 명사형으로 동작동사 '죽다'의 명사형으로 '죽+음'으로 분석된다.

 (20) a. 請컨댄 그 죽음을 赦ᄒᆞ쇼셔(請赦其死ᄒᆞ쇼셔) <小언六 41b>
   b. 치우며 주려 죽음을 저픈 故로(怕寒餓死故로) <小언五 67b>
   c. 죽음애 다ᄃᆞ라셔 말ᄉᆞᆷ을 밧고디 아니홈은(臨死不易辭ᄂᆞᆫ) <小언六 43a>
 (20) d. 死와 生이 命이 잇고(死生이 有命이오) <論언三 21a>
   e. 生을 아디 몯ᄒᆞ면 엇디 死를 알리오(未知生이면 焉知死ㅣ리오) <論언三 5b>

<21> 즐거움 對 樂

고유어 '즐거움'과 한자어 '樂'이 [樂] 즉 '즐거움'의 뜻을 가지고 동의 관계에 있다는 것은 다음 예문들에서 잘 확인된다. 원문 중 '其樂'이 '그 즐거움'으로도 번역되고 '그 樂'으로도 번역된다. 따라서 '즐거움'과 '樂'의 동의성은 명백히 입증된다. '즐거움'은 상태동사 '즐겁다'의 명사형이다.

 (21) a. 回ㅣ 그 즐거움을 가시디 아니ᄒᆞ니(回也ㅣ 不改其樂ᄒᆞ니) <小언四 47a>
   b. 여러 가짓 의원 코 즐거움을 받게 ᄒᆞ노니(使…受諸快樂이니) <小언五 55a>
 (21) c. 回ㅣ 그 樂을 改티 아니ᄒᆞ니(回也ㅣ 不改其樂ᄒᆞ니) <論언二 6a>

<22> 함 對 多

고유어 '함'과 한자어 '多'가 [多] 즉 '많음'의 뜻을 가지고 동의 관계에 있다는 것은 다음 예문들에서 잘 확인된다. 원문 중 '以多'가 '함으로써'로도 번역되고 '多로써'로도 번역된다. 따라서 '함'과 '多'의 동의성은 명백히 입증된다. '함'은 상태동사 '하다'의 명사형이다.

(22) a. 함으로써 적은 디 무르며(以多로 問於寡ᄒ며) <小언四 40a>
　　 b. 多로써 寡애 무르며(以多로 問於寡ᄒ며) <論언二 31a>

<23> 활 뽀기 對 射

고유어 '활 뽀기'와 한자어 '射'가 [射] 즉 '활쏘기'의 뜻을 가지고 동의 관계에 있다는 것은 다음 예문들에서 잘 확인된다. 원문 중 '射御'가 '활 뽀기와 어거ᄒ기'로 번역되고 '執射'가 '射를 執ᄒ다'로 번역된다. 따라서 '활 뽀기'와 '射'의 동의성은 명백히 입증된다. 고유어 '활 뽀기'는 명사구로 명사 '활'과 동작동사 '뽀다'의 명사형 '뽀기'의 결합이다.

(23) a. 활 뽀기와 어거ᄒ기를 비홀디니라(學射御ㅣ니라) <小언一 5a>
　　 b. 례절과 음악과 활 뽀기와 어거ᄒ기와 글쓰기와 산계홈이라(禮樂射御書散ㅣ니라) <小언一 11b>
(23) c. 御를 執ᄒ랴(38a) 射를 執ᄒ랴(執御乎아 執射乎아) <論언二 38b>

## 2. 動詞類에서의 同義

動詞類에서 확인되는 固有語와 漢字語 간의 동의에서 고유어가 첫째로 固有語가 動作動詞이고 둘째로 動作動詞句이고 셋째로 狀態動詞이다.

### 2.1. 固有語가 動作動詞인 경우

動詞類에서 확인되는 固有語와 漢字語 간의 同義에서 固有語가 動作動詞인 경우에는 [取] 즉 '가지다, 취하다'의 뜻을 가진 '가지다'와 '取ᄒᆞ다'를 비롯하여 [護] 즉 '보호하다, 호지하다'의 뜻을 가진 '간ᄉᆞᄒᆞ다'와 '호디ᄒᆞ다', [敬]과 [恭敬] 즉 '공경하다'의 뜻을 가진 '고마ᄒᆞ다'와 '공경ᄒᆞ다', [倍] 즉 '더하다, 倍하다, 곱하다'의 뜻을 가진 '더으다'와 '倍ᄒᆞ다', [質] 즉 '바로잡다, 따지다'의 뜻을 가진 '마기오다'와 '질졍ᄒᆞ다', [受] 즉 '받다'의 뜻을 가진 '받다'와 '슈ᄒᆞ다', [思] 즉 '생각하다'의 뜻을 가진 'ᄉᆞ랑ᄒᆞ다'와 '思量ᄒᆞ다', [得] 즉 '얻다'의 뜻을 가진 '얻다'와 '得ᄒᆞ다' 그리고 [養] 즉 '효양하다'의 뜻을 가진 '치다'와 '효양ᄒᆞ다' 등 140項目이 있다.

&lt;1&gt; 가다 對 行ᄒᆞ다

고유어 '가다'와 한자어 '行ᄒᆞ다'가 [行] 즉 '가다'의 뜻을 가지고 동의 관계에 있다는 것은 다음 예문들에서 잘 확인된다. 원문 중 '疾行'이 '쌜리 가다'로 번역되고 '三人行'이 '세 사ᄅᆞᆷ이 行ᄒᆞ다'로 번역된다. 따라서 '가다'와 '行ᄒᆞ다'의 동의성은 명백히 입증된다.

(1) a. 可히 가디 몯홀 거시니라(不可行也ㅣ니라) &lt;小언六 45b&gt;
　　b. 쌜리 가 얼운의게 몬져 홈을 닐오ᄃᆡ 공슌티 아니타 ᄒᆞᄂᆞ니라(疾

行先長者를 謂之不弟니라) <小언二 57a>
c. 가 同州예 다드라(行次同州ᄒᆞ야) <小언六 31b>
(1) d. 세 사ᄅᆞᆷ이 行호매 반ᄃᆞ시 내 스승이 인ᄂᆞ니(三人行애 必有我師焉이니) <論언二 21a>

<2> 가시다 對 改ᄒᆞ다

고유어 '가시다'와 한자어 '改ᄒᆞ다'가 [改] 즉 '고치다'의 뜻을 가지고 동의 관계에 있다는 것은 다음 예문들에서 잘 확인된다. 원문 중 '不改其樂'이 '그 즐거음을 가시디 아니ᄒᆞ다'로도 번역되고 '그 樂을 改티 아니ᄒᆞ다'로도 번역된다. 따라서 '가시다'와 '改ᄒᆞ다'의 동의성은 명백히 입증된다.

(2) a. 回ㅣ 그 즐거음을 가시디 아니ᄒᆞ니(回也ㅣ 不改其樂ᄒᆞ니) <小언四 47a>
b. 回ㅣ 그 樂을 改티 아니ᄒᆞ니(回也ㅣ 不改其樂ᄒᆞ니) <論언二 6a>

<3> 가지다 對 動ᄒᆞ다

고유어 '가지다'와 한자어 '動ᄒᆞ다'가 [動] 즉 '가지다'의 뜻을 가지고 동의 관계에 있다는 것은 다음 예문들에서 잘 확인된다. 원문 중 '動容貌'가 '얼굴 가지다'로도 번역되고 '容貌를 動ᄒᆞ다'로도 번역된다. 따라서 '가지다'와 '動ᄒᆞ다'의 동의성은 명백히 입증된다.

(3) a. 얼굴 가죰애 이에 아니완ᄎᆞᆯᄒᆞ며 헤펄어홈을 멀리 ᄒᆞ며(動容貌애 斯遠暴慢矣며) <小언三 6a>

b. 容貌를 動호욤애 이에 暴慢을 멀리 호며(動容貌애 斯遠暴慢矣며) <論언三 30b>

<4> 가지다 對 取호다

고유어 '가지다'와 한자어 '取호다'가 [取] 즉 '가지다, 취하다'의 뜻을 가지고 동의 관계에 있다는 것은 다음 예문들에서 잘 확인된다. 원문 중 '取肥肉脯鮓'가 '슬진 고기와 보육과 식혜를 가지다'로 번역되고 '喫飲食…去取'가 '飲食 먹옴애 브리며 取호다'로 번역된다. 따라서 '가지다'와 '取호다'의 동의성은 명백히 입증된다. '取호다'는 [去] 즉 '버리다'의 뜻을 가진 '브리다'와 의미상 대립 관계에 있다.

(4) a. 어버의 속우틔를 가져다가(取親中帬厠牏호야) <小언六 79b>
  b. 命호야 그 술그릇과 샹녁 쟝긔 긔구를 가져다가(乃命取其酒器蒲博之具호야) <小언六 109a>
  c. 슬진 고기와 보육과 식혜를 가져다가(取肥肉捕鮓호야) <小언五 47b>
  d. 받과 집을 그 거츨고 기우러딘 이를 가지며 굴오디(田廬를 取其荒頓者曰) <小언六 20b>
  e. 器物을 그 석고 희여딘 거슬 가지며 굴오디(器物을 取其朽敗者曰) <小언六 20b>
  f. 物이 올훈 거시 아니어든 가지디 아니호며(物非義不取호며) <小언五 28a>
(4) g. 반역훈 집 즈식을 取티 아니호며(逆家子를 不取호며) <小언二 54b>
  h. 음란훈 집 즈식을 取티 아니호며(亂家子를 不取호며) <小언二

    54b>
  i. 아비 죽은 몯ᄌᆞ식을 取티 아니홀디니라(喪父長子를 不取니라)
    <小언二 54b>
  j. 飮食 먹옴애 可히 굴히야 브리며 取ᄒᆞ디 아닐 거시며(喫飮食애
    不可揀擇去取 l 며) <小언五 102a>
  k. 몬져 無生法忍을 取ᄒᆞ야 아라(先取頓悟無生法忍ᄒᆞ야) <蒙六
    18b>
  l. 뎌를 더디고 이를 取홈이(去彼取此 l) <小언五 8a>
  m. 取혼 배 잇고(有所取오) <小언二 55b>

<5> 간ᄉᆞᄒᆞ다 對 호디ᄒᆞ다

고유어 '간ᄉᆞᄒᆞ다'와 한자어 '호디(護持)ᄒᆞ다'가 [護] 즉 '보호하다, 호지하다'의 뜻을 가지고 동의 관계에 있다는 것은 다음 예문들에서 잘 확인된다. 원문 중 '守護'가 '디킈여 간ᄉᆞᄒᆞ다'로 번역되고 '扶護'가 '자바 호디ᄒᆞ다'로 번역되므로 '간ᄉᆞᄒᆞ다'와 '호디ᄒᆞ다'의 동의성은 명백히 입증된다.

  (5) a. 보ᄃᆞ라온 거슬 니버 디킈여 간ᄉᆞᄒᆞ야도(著柔守護ᄒᆞ야도) <誡初
    26b>
  b. 제 ᄆᆞ장 마가 간ᄉᆞ홀디언뎡(痛自遮護언뎡) <誡初 19b>
  c. 모로미 ᄌᆞ빗 ᄆᆞᄉᆞᄆᆞ로 간ᄉᆞᄒᆞ야 딕희며(須慈心ᄋᆞ로 守護ᄒᆞ며)
    <誡初 5b>
  d. 모로매 잡념을 간ᄉᆞᄒᆞ여 마ᄀᆞ며(須防護雜念ᄒᆞ며) <誡初 7a>
(5) e. 모로매 서르 자바 호디ᄒᆞ며(須互相扶護ᄒᆞ며) <誡初 10b>
  f. 션신이(67a) 반ᄃᆞ시 호디ᄒᆞ고(善神이 必護ᄒᆞ고) <誡初 67b>
  g. 션신이 호디ᄒᆞ면(神必護則은) <誡初 67b>

<6> 값다 對 屛ᄒᆞ다

고유어 '값다'와 한자어 '屛ᄒᆞ다'가 [屛] 즉 '감추다, 숨기다'의 뜻을 가지고 동의 관계에 있다는 것은 다음 예문들에서 잘 확인된다. 원문 중 '屛氣'가 '긔운을 값다'로도 번역되고 '氣를 屛ᄒᆞ다'로도 번역된다. 따라서 '값다'와 '屛ᄒᆞ다'의 동의성은 명백히 입증된다.

(6) a. 긔운을 갈ᄆᆞ샤 숨을 쉬디 아니ᄂᆞᆫ ᄃᆞ시 ᄒᆞ더시다(屛氣ᄒᆞ샤 似不息者ㅣ러시다) <小言二. 34b>
b. 氣를 屛ᄒᆞ샤 息디 몯ᄒᆞᄂᆞᆫ 者 ᄀᆞᆮ더시다(屛氣ᄒᆞ샤 似不息者ㅣ러시다) <論언二. 52a>

<7> 거두다 對 슈렴ᄒᆞ다

고유어 '거두다'와 한자어 '슈렴(收斂)ᄒᆞ다'가 [斂] 즉 '거두다'의 뜻을 가지고 동의 관계에 있다는 것은 다음 예문들에서 잘 확인된다. 원문 중 '斂髮'이 '머리털 거두다'로 번역되고 '斂容'이 '용모를 슈렴ᄒᆞ다'로 번역된다. 따라서 '거두다'와 '슈렴ᄒᆞ다'의 동의성은 명백히 입증된다.

(7) a. 머리(9b)털 거두기를 드리디우게 말며(斂髮毋髢ᄒᆞ며) <小言三 10a>
b. 남진이 잇디 아니커든 벼개를 샹ᄌᆞ애 거두며(夫不在어든 斂枕篋ᄒᆞ며) <小言二. 50b>
c. 門 닫고 자최ᄅᆞᆯ 거두어(閉門斂蹤跡ᄒᆞ야) <小言五 25a>
(7) d. 용모ᄅᆞᆯ 슈렴ᄒᆞ며 ᄠᅳᆮ을 ᄂᆞ리누르과댜 홈이니라(斂容抑志也ㅣ니라) <小言五 105b>

<8> 거스르다 對 犯ᄒᆞ다

고유어 '거스르다'와 한자어 '犯ᄒᆞ다'가 [犯] 즉 '거스르다'의 뜻을 가지고 동의 관계에 있다는 것은 다음 예문들에서 잘 확인된다. 원문 중 '犯'이 '거스르다'로도 번역되고 '犯ᄒᆞ다'로도 번역된다. 따라서 '거스르다'와 '犯ᄒᆞ다'의 동의성은 명백히 입증된다.

(8) a. 소기ᄉᆞᆸ디 말오 거스릴디니라(勿欺也ㅣ오 而犯之니라) <小言二 43a>
b. 欺티 말오 犯홀디니라(勿欺也ㅣ오 而犯之니라) <論언三 62a>

<9> 결우다 對 校ᄒᆞ다

고유어 '결우다'와 한자어 '校ᄒᆞ다'가 [校] 즉 '겨루다'의 뜻을 가지고 동의 관계에 있다는 것은 다음 예문들에서 잘 확인된다. 원문 중 '不校'가 '결우디 아니ᄒᆞ다'로도 번역되고 '校티 아니ᄒᆞ다'로도 번역된다. 따라서 '결우다'와 '校ᄒᆞ다'의 동의성은 명백히 입증된다.

(9) a. 첨노ᄒᆞ여도 결우디 아니홈울(犯而不校를) <小언四 40b>
b. 犯ᄒᆞ야도 校티 아니홈울(犯而不校를) <論언二 31a>

<10> 걸티다 對 拖ᄒᆞ다

고유어 '걸티다'와 한자어 '拖ᄒᆞ다'가 [拖] 즉 '걸치다'의 뜻을 가지고 동의 관계에 있다는 것은 다음 예문들에서 잘 확인된다. 원문 중 '拖紳'이 '쯰룰 걸티다'로도 번역되고 '紳을 拖ᄒᆞ다'로도 번역된다. 따라서 '걸티다'와 '拖ᄒᆞ다'

의 동의성은 명백히 입증된다.

(10) a. 朝服을 덥고 씌룰 걸티더시다(加朝服拖紳이러시다) <小언二 40b>
b. 朝服을 加ᄒᆞ시고 紳을 拖ᄒᆞ더시다(加朝服拖紳이러시다) <論언二 60a>

<11> 고마ᄒᆞ다 對 공경ᄒᆞ다

고유어 '고마ᄒᆞ다'와 한자어 '공경(恭敬)ᄒᆞ다'가 [敬]과 [恭敬] 즉 '恭敬하다'의 뜻을 가지고 동의 관계에 있다는 것은 다음 예문들에서 잘 확인된다. 원문 중 '敬禮'가 '고마ᄒᆞ야 례도ᄒᆞ다'로 번역되고 '敬對'가 '공경ᄒᆞ야 샹티ᄒᆞ다'로 번역되므로 '고마ᄒᆞ다'와 '공경ᄒᆞ다'의 동의성은 명백히 입증된다.

(11) a. 그 고마ᄒᆞ야 례도홈을 봄이 이러ᄐᆞᆺ ᄒᆞ더(38a)라(其見敬禮ㅣ 如此ᄒᆞ더라) <小언六 38b>
(11) b. 존안을 공경ᄒᆞ여 보ᄉᆞ와(瞻敬尊顔ᄒᆞᄉᆞ와) <誡初 9a>
c. 일즉 엄숙히 공경ᄒᆞ야 샹티티 아니티 아니ᄒᆞ며(未嘗不肅敬對之ᄒᆞ며) <小언五 117b>
d. ᄆᆞᆯ읫 ᄒᆡᆼ실을 반ᄃᆞ시 독실ᄒᆞ고 공경ᄒᆞ며(凡行을 必篤敬ᄒᆞ며) <小언五 96a>
e. 모로미 이 恭敬홀디니(須是恭敬이니) <小언五 76b>

<12> 구울다 對 륜회ᄒᆞ다

고유어 '구울다'와 한자어 '륜회(輪廻)ᄒᆞ다'가 [輪回]와 [輪廻] 즉 '윤회하

다'의 뜻을 가지고 동의 관계에 있다는 것은 다음 예문들에서 잘 확인된다. 원문 중 '輪回諸趣'가 '諸趣예 구울다'로 번역되고 '輪廻火宅門'이 '화퇴 문의 륜회ᄒᆞ다'로 번역된다. 따라서 '구울다'와 '륜회ᄒᆞ다'의 동의성은 명백히 입증된다.

(12) a. 諸趣예 구우ᄂᆞ니라(輪回諸趣ᄒᆞᄂᆞ니라) <蒙六 16a>
(12) b. 즁ᄉᆡᆼ들히 화퇴 문의 륜회ᄒᆞ요ᄆᆞᆫ(衆生衆生이 輪廻火宅門호ᄆᆞᆫ)
      <誡初 22a>
   c. 너는 엇디 댱샹 고취 듕에 륜회ᄒᆞᄂᆞ다(汝何長輪苦趣中고) <誡初 40a>

<13> 굽은ᄒᆞ다 對 揖ᄒᆞ다

고유어 '굽은ᄒᆞ다'와 한자어 '揖ᄒᆞ다'가 [揖] 즉 '읍하다'의 뜻을 가지고 동의 관계에 있다는 것은 다음 예문들에서 잘 확인된다. 원문 중 '揖之'가 '굽은ᄒᆞ다'로도 번역되고 '揖ᄒᆞ다'로도 번역되므로 '굽은ᄒᆞ다'와 '揖ᄒᆞ다'의 동의성은 명백히 입증된다.

(13) a. 나ᅀᅡ갈 제ᄂᆞᆫ 굽은ᄒᆞ고(進則揖之ᄒᆞ고) <小언三 18b>
(13) b. 일즉 절을 아니ᄒᆞ고 揖ᄒᆞ더라(未嘗拜ᄒᆞ고 揖之ᄒᆞ더라) <小언 六 34b>
   c. 揖ᄒᆞ야 ᄉᆞ양ᄒᆞ며 나ᄋᆞ며 믈으거시늘(揖讓進退어시늘) <小언 四 4a>
   d. 더브러 셔신 바와 揖ᄒᆞ샤ᄃᆡ(揖所與立ᄒᆞ샤ᄃᆡ) <小언二 38a>

<14> 굽피다 對 鞠ᄒᆞ다

고유어 '굽피다'와 한자어 '鞠ᄒᆞ다'가 [鞠] 즉 '굽히다'의 뜻을 가지고 동의 관계에 있다는 것은 다음 예문들에서 잘 확인된다. 원문 중 '鞠躬'이 '몸을 굽피디'로도 번역되고 '躬은 鞠ᄒᆞ다'로도 번역된다. 따라서 '굽피다'와 '鞠ᄒᆞ다'의 동의성은 명백히 입증된다.

(14) a. 대궐문의 들으실시 몸을 굽피ᄃᆞ시 ᄒᆞ샤(入公門ᄒᆞ실시 鞠躬如也ᄒᆞ샤) <소언二.38b>
   b. 몸을 굽피ᄃᆞ시 ᄒᆞ시며(鞠躬如也ᄒᆞ시며) <소언二.39b>
(14) c. 公門에 드르실시 躬을 鞠ᄃᆞᆺ ᄒᆞ샤(入公門ᄒᆞ실시 鞠躬如也ᄒᆞ샤) <論언二.52a>
   d. 躬을 鞠ᄃᆞᆺ ᄒᆞ시며(鞠躬如也ᄒᆞ시며) <論언二.52b>

<15> 그치다 對 止ᄒᆞ다

고유어 '그치다'와 한자어 '止ᄒᆞ다'가 [止] 즉 '그치다'의 뜻을 가지고 동의 관계에 있다는 것은 다음 예문들에서 잘 확인된다. 원문 중 '止'가 '그치다'로도 번역되고 '止ᄒᆞ다'로도 번역된다. 따라서 '그치다'와 '止ᄒᆞ다'의 동의성은 명백히 입증된다.

(15) a. 可티 아니커든 그쳐(不可則止ᄒᆞ여) <소언二.66a>
   b. 可티 아니커든 止ᄒᆞ야(不可則止ᄒᆞ여) <論언三.33b>

<16> 그치다 對 撤ᄒᆞ다

고유어 '그치다'와 한자어 '撤ᄒᆞ다'가 [撤] 즉 '그만두다'의 뜻을 가지고 동의 관계에 있다는 것은 다음 예문들에서 잘 확인된다. 원문 중 '撤薑食'이 '싱

강 먹음을 그치다'로도 번역되고 '薑 食홈을 撤ᄒ다'로도 번역된다. 따라서 '그치다'와 '撤ᄒ다'의 동의성은 명백히 입증된다.

  (16) a. 싱강 먹음을 그치디 아니ᄒ시며(不撤薑食ᄒ시며) <小언三
    26a>
    b. 薑 食홈을 撤티 아니ᄒ시며(不撤薑食ᄒ시며) <論언二 57a>

<17> 근심ᄒ다 對 憂ᄒ다

고유어 '근심ᄒ다'와 한자어 '憂ᄒ다'가 [憂] 즉 '근심하다'의 뜻을 가지고 동의 관계에 있다는 것은 다음 예문들에서 잘 확인된다. 원문 중 '三年憂'가 '三年을 근심ᄒ다'로 번역되고 '不憂'가 '憂티 아니ᄒ다'로 번역된다. 따라서 '근심ᄒ다'와 '憂ᄒ다'의 동의성은 명백히 입증된다.

  (17) a. 三年을 근심ᄒ니(三年憂ᄒ니) <小언四 22b>
    b. 오히려 근심ᄒᄂ 낯빗츨 둣더니(猶有憂色ᄒ니) <小언四 17a>
  (17) c. 君子ᄂ 憂티 아니ᄒ며 懼티 아니ᄒᄂ니라(君子ᄂ 不憂 不懼
    ㅣ 니라) <論언三 20b>
    d. 憂티 아니ᄒ며 懼티 아니ᄒ면(不憂不懼ㅣ 면) <論언三 20b>
    c. 므슴 憂ᄒ며 므슴 懼ᄒ리오(夫何憂何懼ㅣ 리오) <論언三 20b>

<18> 근심ᄒ다 對 患ᄒ다

고유어 '근심ᄒ다'와 한자어 '患ᄒ다'가 [患] 즉 '근심하다, 걱정하다'의 뜻을 가지고 동의 관계에 있다는 것은 다음 예문들에서 잘 확인된다. 원문 중 '患得之'가 '얻기를 근심ᄒ다'로도 번역되고 '得홈을 患ᄒ다'로도 번역된다. 따라서

'근심ᄒᆞ다'와 '患ᄒᆞ다'의 동의성은 명백히 입증된다.

> (18) a. 그 얻디 몯ᄒᆞ야셔ᄂᆞᆫ 얻기를 근심ᄒᆞ고 이믯 어더ᄂᆞᆫ 일홀가 근심
> ᄒᆞᄂᆞ니(其未得之也앤 患得之ᄒᆞ고 旣得之ᄒᆞ얀 患失之ᄒᆞᄂᆞ니)
> <小언二 43b>
> b. 진실로 일키를 근심ᄒᆞ연(苟患失之면) <小언二 43b>
> (18) c. 그 得디 몯ᄒᆞ얀 得홈을 患ᄒᆞ고 이믜 得ᄒᆞ얀 失홈을 患ᄒᆞᄂᆞ니(其
> 未得之也앤 患得之ᄒᆞ고 旣得之ᄒᆞ얀 患失之ᄒᆞᄂᆞ니) <論언四
> 38b>
> d. 진실로 失홈을 患ᄒᆞ면(苟患失之면) <論언四 38b>

<19> ᄉᆡᆷᄒᆞ다 對 間ᄒᆞ다

고유어 'ᄉᆡᆷᄒᆞ다'와 한자어 '間ᄒᆞ다'가 [間] 즉 '비방하다, 헐뜯다'의 뜻을 가지고 동의 관계에 있다는 것은 다음 예문들에서 잘 확인된다. 원문 중 '間於其父母昆弟之言'이 '그 父母 형뎨의 말ᄉᆞᆷ애 ᄉᆡᆷᄒᆞ다'로도 번역되고 '그 父母와 昆弟의 말에 間ᄒᆞ다'로도 번역된다. 따라서 'ᄉᆡᆷᄒᆞ다'와 '間ᄒᆞ다'의 동의성은 명백히 입증된다.

> (19) a. 사ᄅᆞᆷ이 그 父母 형뎨의 말ᄉᆞᆷ애 ᄉᆡᆷᄒᆞ디 몯ᄒᆞᄂᆞᆺ다(人不間於其父
> 母昆弟之言이로다) <小언四 16a>
> b. 사ᄅᆞᆷ이 그 父母와 昆弟의 말에 間티 몯ᄒᆞᄂᆞᆺ다(人不間於其父母
> 昆弟之言이로다) <論언三 2b>

<20> 긔걸ᄒᆞ다 對 命ᄒᆞ다

고유어 '긔걸ᄒᆞ다'와 한자어 '命ᄒᆞ다'가 [命] 즉 '명하다, 명령을 내리다'의 뜻을 가지고 동의 관계에 있다는 것은 다음 예문들에서 잘 확인된다. 원문 중 '命子弟'가 '子弟를 긔걸ᄒᆞ다'로 번역되고 '命契'이 '契을 命ᄒᆞ다'로 번역되므로 '긔걸ᄒᆞ다'와 '命ᄒᆞ다'의 동의성은 명백히 입증된다.

(20) a. ᄂᆞ화 子弟를 긔걸ᄒᆞ야(分命子弟ᄒᆞ야) <小諺六 100b>
b. ᄉᆞ해 긔걸ᄒᆞ야 古參과 黃連과 熊膽을 ᄀᆞ라(常命粉古參黃連熊膽ᄒᆞ야) <小諺六 99a>
c. 敢히 골와 긔걸티(19b) 몯ᄒᆞ며(不敢並命ᄒᆞ며) <小諺二 20a>
d. 긔걸ᄒᆞ시미 잇거시든(有命之어시든) <小諺二 6b>
(20) e. 舜이 契을 命ᄒᆞ야 ᄀᆞᄅᆞ샤ᄃᆡ(舜이 命契曰) <小諺一 9b>
f. 椿이 안쥼을 命티 아니커든(椿이 不命坐ㅣ어든) <小諺六 70a>
g. 椿이 먹음을 命ᄒᆞᆫ 後에(椿이 命食然後에) <小諺六 71a>
h. 아비 命ᄒᆞ야 브르거시든(父ㅣ 命呼ㅣ어시든) <小諺二 15b>
i. 님금이 命ᄒᆞ샤 블으거시든(君이 命召ㅣ어시든) <小諺二 41b>

<21> 기들이다 對 俟ᄒᆞ다

고유어 '기들이다'와 한자어 '俟ᄒᆞ다'가 [俟] 즉 '기다리다'의 뜻을 가지고 동의 관계에 있다는 것은 다음 예문들에서 잘 확인된다. 원문 중 '俟駕'가 '술위 메옴을 기들이다'로도 번역되고 '駕를 俟ᄒᆞ다'로도 번역된다. 따라서 '기들이다'와 '俟ᄒᆞ다'의 동의성은 명백히 입증된다.

(21) a. 님금이 命ᄒᆞ야 블으거시든 술위 메옴을 기(41b)들이디 아니코 가더시다(君이 命召ㅣ어시든 不俟駕行矣러시다) <小諺二 42a>

b. 君이 命ᄒᆞ샤 召ᄒᆞ거시든 駕를 俟티 아니ᄒᆞ시고 行ᄒᆞ더시다(君이 命召ㅣ어시든 不俟駕行矣러시다) <論언二 60a>

<22> 기리다 對 譽ᄒᆞ다

고유어 '기리다'와 한자어 '譽ᄒᆞ다'가 [譽] 즉 '기르다, 칭찬하다'의 뜻을 가지고 동의 관계에 있다는 것은 다음 예문들에서 잘 확인된다. 원문 중 '毁譽'가 '헐쓰리며 기리다'로 번역되고 '誰譽'가 '누를 譽ᄒᆞ다'로 번역된다. 따라서 '기리다'와 '譽ᄒᆞ다'의 동의성은 명백히 입증된다.

(22) a. 그 가ᅀᆞᆷ열며 貴ᄒᆞ며 가난ᄒᆞ며 賤ᄒᆞ며 헐쓰리며 기리며 깃브고 측ᄒᆞ욤애 ᄒᆞᆫ 일도 그 ᄆᆞᅀᆞᆷ을 움즈기디 아니ᄒᆞ고 慨然히 天下애 ᄠᅳ들 둣더니(其於富貴貧賤毁譽歡戚애 不一動其心而槪然有志於天下ᄒᆞ더니) <小언六 119a>
b. 외니 올ᄒᆞ니 ᄒᆞ며 헐쓰리며 기리ᄂᆞᆫ ᄉᆞ이예(是非毁譽間애) <小언五 22b>
(22) c. 子ㅣ ᄀᆞᆯᄋᆞ샤ᄃᆡ 내 人에 누를 毁ᄒᆞ며 누를 譽ᄒᆞ리오(子ㅣ 曰吾之於人也애 誰毁誰譽ㅣ리오) <論언四 10a>

<23> 기리다 對 잔탄ᄒᆞ다

고유어 '기리다'와 한자어 '잔탄(讚歎)ᄒᆞ다'가 [讚]과 [讚歎] 즉 '기리다, 찬탄하다'의 뜻을 가지고 동의 관계에 있다는 것은 다음 예문들에서 잘 확인된다. 원문 중 '共讚'이 '다 기리다'로 번역되고 '讚…佛事'가 '불ᄉᆞ를 잔탄ᄒᆞ다'로 번역된다. 따라서 '기리다'와 '잔탄ᄒᆞ다'의 동의성은 명백히 입증된다.

(23) a. 기려 쥬원ᄒᆞ디(讚唄呪願ᄒᆞ디) <誡初 8b>
   b. 졔텬이 다 기리고(諸天이 共讚ᄒᆞ고) <誡初 34a>
   c. 三世 諸佛이 다ᄅᆞᆫ 이브로 기리시며(三世 諸佛이 異口讚歎ᄒᆞ시며) <龜下 44b>

(23) d. 오직 원문의 불ᄉᆞ를 잔탄홀 ᄯᆞ니언뎡(但讚院門佛事언뎡) <誡初 11a>
   e. 긔롱ᄒᆞ야 헐며 잔탄ᄒᆞ야 기료매(譏毀讚譽예) <誡初 73a>

<24> ᄀᆞᄅᆞ치다 對 教ᄒᆞ다

고유어 'ᄀᆞᄅᆞ치다'와 한자어 '教ᄒᆞ다'가 [教] 즉 '가르치다'의 뜻을 가지고 동의 관계에 있다는 것은 다음 예문들에서 잘 확인된다. 원문 중 '無教'가 'ᄀᆞᄅᆞ치미 없다'로 번역되고 '不教'가 '教디 아니ᄒᆞ다'로 번역된다. 따라서 'ᄀᆞᄅᆞ치다'와 '教ᄒᆞ다'의 동의성은 명백히 입증된다.

(24) a. ᄀᆞᄅᆞ치미 업스면 곧 즘슝에 갓가오릴ᄉᆡ(無教則迫於禽獸ㅣ릴ᄉᆡ) <小諺一 9a>
   b. 契로 ᄒᆡ여곰 司徒를 ᄒᆡ이샤 ᄀᆞᄅᆞ츄ᄃᆡ 人倫으로뻐 ᄒᆞ시니(使契로 爲司徒ᄒᆞ샤 教以倫ᄒᆞ시니) <小諺一 9a>

(24) c. 教디 아니코 殺홈(71b)을 닐온 虛이오(不教而殺을 謂之虛이오) <論諺四 72a>
   d. 글오ᄃᆡ 教홀디니라(曰教之니라) <論諺三 4a>

<25> 굴히다 對 분변ᄒᆞ다

고유어 '굴히다'와 한자어 '분변(分辨)ᄒᆞ다'가 [辨]과 [別] 즉 '가르다, 분별

하다'의 뜻을 가지고 동의 관계에 있다는 것은 다음 예문들에서 잘 확인된다. 원문 중 '辨淨穢'가 '조홈 더러옴 글히다'로 번역되고 '辨內外'가 '안팟글 분변 ㅎ다'로 번역되므로 '글히다'와 '분변ㅎ다'의 동의성은 명백히 입증된다.

> (25) a. 사ᄅ미 쇠리 벌에 조홈 더러옴 글히디 아니호믈 아쳐ᄒ거든(人 惡尾蟲의 不辨淨穢거든) <誠初 32a>
> b. 셩인은 사문의 졍예 글히디 아니ᄒᄂ 들 믜여ᄒ시ᄂ니라(聖憎 沙門의 不辨淨穢ᄒ시ᄂ니라) <誠初 32a>
> c. 學者ᄂ 몬져 모로미 宗途를 仔細히 글히욜디어다(學者ᄂ 先須 詳辨宗途ㅣ어다) <龜下 63b>
> d. 남진과 겨집이 글히요미 이시며(夫婦有別ᄒ며) <小言一>
> e. ᄉ나히와 간나히 글히욤이 이시며(男女ㅣ 有別ᄒ며) <小言五 34a>
> (25) f. 안팟글 분변ᄒ야(辨內外ᄒ야) <小言二 50a>
> g. 올ᄒ며 외욤을 분변ᄒ며(辨是非ᄒ며) <小言五 32b>
> h. 오늘날애 ᄒ 도리를 분변ᄒ고 ᄂ일날애 ᄒ 도리를 분변ᄒ면(今日에 辨一理ᄒ고 明日에 辨一理ᄒ면) <小言五 114b>
> i. 先聖이 시름ᄒ샤 仔細히 分辨ᄒ시니 <龜上 13a>

<26> 글히다 對 擇ᄒ다

고유어 '글히다'와 한자어 '擇ᄒ다'가 [擇] 즉 '가리다, 고르다'의 뜻을 가지고 동의 관계에 있다는 것은 다음 예문들에서 잘 확인된다. 원문 중 '擇德'이 '德을 글히다'로 번역되고 '擇其善者'가 '그 善을 擇ᄒ다'로 번역된다. 따라서 '글히다'와 '擇ᄒ다'의 동의성은 명백히 입증된다.

(26) a. 각각 德을 굴히고(各擇德焉이오) <小언五 63b>
   b. 션비를 굴히여 學애 들요ᄃᆡ(擇士入學호ᄃᆡ) <小언六 13b>
   c. 반ᄃᆞ시 사회를 굴히야 혼인호ᄃᆡ(必爲擇婿嫁之호ᄃᆡ) <小언六 96a>

(26) d. 그 善을 擇ᄒᆞ야 좃ᄎᆞ며(擇其善者ᄒᆞ야 從之ᄒᆞ며) <論언二 23b>

<27> 굴히ᄡᅳ다 對 分別ᄒᆞ다

고유어 '굴히ᄡᅳ다'와 한자어 '分別ᄒᆞ다'가 [分別] 즉 '가리다, 분별하다'의 뜻을 가지고 동의 관계에 있다는 것은 다음 예문들에서 잘 확인된다. 원문 중 '分別'이 '굴히ᄡᅳ다'로 번역되고 '分別諸法'이 '諸法을 分別ᄒᆞ다'로 번역된다. 따라서 '굴히ᄡᅳ다'와 '分別ᄒᆞ다'의 동의성은 명백히 입증된다.

(27) a. 굴히ᄡᅮ믄 이 魔의 境界ㅣ라(分別는 是魔境ㅣ라) <龜上 7b>
   b. ᄡᅥ ᄉᆞ나히와 겨집의 례예 굴히ᄡᅳ다 ᄒᆞ시니라(以爲別於男女之禮矣라 ᄒᆞ시니라) <小언四 35b>
(27) c. 몬져 諸法을 分別ᄒᆞ시고(先分別諸法ᄒᆞ시고) <龜上 11b>

<28> 기르다 對 畜ᄒᆞ다

고유어 '기르다'와 한자어 '畜ᄒᆞ다'가 [畜] 즉 '기르다'의 뜻을 가지고 동의 관계에 있다는 것은 다음 예문들에서 잘 확인된다. 원문 중 '必畜'이 '반ᄃᆞ시 기르다'로도 번역되고 '반ᄃᆞ시 畜ᄒᆞ다'로도 번역된다. 따라서 '기르다'와 '畜ᄒᆞ다'의 동의성은 명백히 입증된다.

(28) a. 님금이 산 것슬 주어시든 반드시 기르더시다(君이 賜生이어시든 必畜之러시다) <小諺一 41a>

b. 君이 生을 賜ᄒᆞ야시든 반드시 畜ᄒᆞ더시다(君이 賜生이어시든 必畜之러시다) <論諺二 59b>

<29> 나다 對 出ᄒᆞ다

고유어 '나다'와 한자어 '出ᄒᆞ다'가 [出] 즉 '나다'의 뜻을 가지고 동의 관계에 있다는 것은 다음 예문들에서 잘 확인된다. 원문 중 '出門'이 '門의 나다'로도 번역되고 '門에 出ᄒᆞ다'로도 번역된다. 따라서 '나다'와 '出ᄒᆞ다'의 동의성은 명백히 입증된다.

(29) a. 門의 날 제 큰 손ᄋᆞᆯ 보드시 ᄒᆞ며(出門如見大賓ᄒᆞ며) <小諺三 4b>

b. 門에 出홈애 大賓을 見홈 ᄀᆞ티 ᄒᆞ며(出門如見大賓ᄒᆞ며) <論諺三 19b>

<30> 니ᄅᆞ다 對 道ᄒᆞ다

고유어 '니ᄅᆞ다'와 한자어 '道ᄒᆞ다'가 [道] 즉 '말하다'의 뜻을 가지고 동의 관계에 있다는 것은 다음 예문들에서 잘 확인된다. 원문 중 '善道'가 '어딜이 니로다'로도 번역되고 '善히 道ᄒᆞ다'로도 번역된다. 따라서 '니ᄅᆞ다'와 '道ᄒᆞ다'의 동의성은 명백히 입증된다.

(30) a. 튱셩을오 고ᄒᆞ며 어딜이 닐오ᄃᆡ(忠告而善道之호ᄃᆡ) <小諺二 66a>

b. 쏘 니ᄅ라 世間에 므(48b)스 일이(且道世間甚事ㅣ) <小언六 49a>
   
   c. 바미어든 쇼경으로 ᄒᆡ여곰 모시를 외오며 正ᄒᆞᆫ 이를 니ᄅ더니라(夜則令瞽로 誦詩ᄒ며 道正事ᄒ더니라) <小언一 2b>

(30) d. 忠히 告ᄒ고 善히 道호ᄃᆡ(忠告而善道之호ᄃᆡ) <論언三 33b>

<31> 니ᄅ다 對 至ᄒ다

고유어 '니ᄅ다'와 한자어 '至ᄒ다'가 [至] 즉 '이르다'의 뜻을 가지고 동의 관계에 있다는 것은 다음 예문들에서 잘 확인된다. 원문 중 '不至'가 '니ᄅ디 아니ᄒ다'로도 번역되고 '至티 아니ᄒ다'로도 번역된다. 따라서 '니ᄅ다'와 '至ᄒ다'의 동의성은 명백히 입증된다.

(31) a. 진실로 일키를 근심ᄒ면 니ᄅ디 아니홀 배 업ᄂ니라(苟患失之면 無所不至矣니라) <小언二 43b>

   b. 진실로 失홈을 患ᄒ면 至티 아니홀 빼 업ᄂ니라(苟患失之면 無所不至矣니라) <論언四 38b>

<32> 닉키다 對 熟ᄒ다

고유어 '닉키다'와 한자어 '熟ᄒ다'가 [熟] 즉 '익히다'의 뜻을 가지고 동의 관계에 있다는 것은 다음 예문들에서 잘 확인된다. 원문 중 '必熟'이 '반ᄃ시 닉키다'로도 번역되고 '반ᄃ시 熟ᄒ다'로도 번역된다. 따라서 '닉키다'와 '熟ᄒ다'의 동의성은 명백히 입증된다.

(32) a. 님금이 늘고기를 주어시든 반ᄃ시 닉켜셔 졔ᄒ시고(君이 賜腥

이어시든 必熟而薦ᄒᆞ시고) <小언一 41a>
    b. 君이 腥을 賜ᄒᆞ야시든 반ᄃᆞ시 熟ᄒᆞ야 薦ᄒᆞ시고(君이 賜腥이어시든 必熟而薦ᄒᆞ시고) <論언二 59b>

<33> 닐ᄋᆞ다 對 言ᄒᆞ다

고유어 '닐ᄋᆞ다'와 한자어 '言ᄒᆞ다'가 [言] 즉 '말하다, 이르다'의 뜻을 가지고 동의 관계에 있다는 것은 다음 예문들에서 잘 확인된다. 원문 중 '勿言'이 '닐ᄋᆞ디 말다'로도 번역되고 '言티 말다'로도 번역된다. 따라서 '닐ᄋᆞ다'와 '言ᄒᆞ다'의 동의성은 명백히 입증된다.

   (33) a. 禮 아니어든 닐ᄋᆞ디 말며(非禮勿言ᄒᆞ며) <小언三 4a>
       b. 닐ᄋᆞ건댄 ᄆᆞ음이 알프니 너희 맛당히 ᄲᅧ의 사길디니라(言之痛心ᄒᆞ니 爾宜刻骨이니라) <小언五 19a>

   (33) c. 禮 아니어든 言티 말며(非禮勿言ᄒᆞ며) <論언三 18b>

<34> 닙다 對 衣ᄒᆞ다

고유어 '닙다'와 한자어 '衣ᄒᆞ다'가 [衣] 즉 '입다'의 뜻을 가지고 동의 관계에 있다는 것은 다음 예문들에서 잘 확인된다. 원문 중 '衣裘帛'이 '갓옷과 기블 닙다'로 번역되고 '衣夫錦'이 '錦을 衣ᄒᆞ다'로 번역된다. 따라서 '닙다'와 '衣ᄒᆞ다'의 동의성은 명백히 입증된다.

   (34) a. 갓옷과 기블 니브며(衣裘帛ᄒᆞ며) <小언一 5b>
       b. 稻를 食ᄒᆞ며 錦을 衣(41b)홈이 네게 安ᄒᆞ냐(食夫稻ᄒᆞ며 衣夫錦

이 於女에 安乎아) <論언四 42a>

### <35> 다ᄒᆞ다 對 竭ᄒᆞ다

고유어 '다ᄒᆞ다'와 한자어 '竭ᄒᆞ다'가 [竭] 즉 '다하다'의 뜻을 가지고 동의 관계에 있다는 것은 다음 예문들에서 잘 확인된다. 원문 중 '竭其力'이 '그 힘을 다ᄒᆞ다'로도 번역되고 '그 힘을 竭ᄒᆞ다'로도 번역된다. 따라서 '다ᄒᆞ다'와 '竭ᄒᆞ다'의 동의성은 명백히 입증된다.

(35) a. 父母를 셤교ᄃᆡ 能히 그 힘을 다ᄒᆞ며(事父母ᄒᆞᄃᆡ 能竭其力ᄒᆞ며) <小언一 16a>
b. 父母를 셤교ᄃᆡ 能히 그 힘을 竭ᄒᆞ며(事父母ᄒᆞᄃᆡ 能竭其力ᄒᆞ며) <論언一 4a>

### <36> 더으다 對 倍ᄒᆞ다

고유어 '더으다'와 한자어 '倍ᄒᆞ다'가 [倍] 즉 '더하다, 倍하다, 곱하다'의 뜻을 가지고 동의 관계에 있다는 것은 다음 예문들에서 잘 확인된다. 원문 중 '倍於一天'이 'ᄒᆞᆫ 天곰 더으다'로 번역되고 '倍悲痛'이 '슬프고 셜움이 倍ᄒᆞ다'로 번역된다. 따라서 '더으다'와 '倍ᄒᆞ다'의 동의성은 명백히 입증된다.

(36) a. 일로브터 우희 ᄒᆞᆫ 天이 사는 목수미 ᄒᆞᆫ 天곰 더으니라(自此已上 一天이 倍於一天ᄒᆞ니라) <蒙六 12a>
b. 슬프고 셜움이 맛당히 倍ᄒᆞᆯ 거시니(當倍悲痛이니) <小언五 56a>

<37> 덥다 對 加ᄒᆞ다

고유어 '덥다'와 한자어 '加ᄒᆞ다'가 [加] 즉 '덮다, 입다 '의 뜻을 가지고 동의 관계에 있다는 것은 다음 예문들에서 잘 확인된다. 원문 중 '加朝服'이 '朝服을 덥다'로도 번역되고 '朝服을 加ᄒᆞ다'로도 번역된다. 따라서 '덥다'와 '加ᄒᆞ다'의 동의성은 명백히 입증된다.

　　(37) a. 朝服을 덥고 ᄯᅴ를 걸티더시다(加朝服拖紳이러시다) <小언二 41b>
　　　　 b. 朝服을 加ᄒᆞ시고 紳을 拖ᄒᆞ더시다(加朝服拖紳이러시다) <論언二 60a>

<38> 덥을다 對 與ᄒᆞ다

고유어 '덥을다'와 한자어 '與ᄒᆞ다'가 [與] 즉 '더불다'의 뜻을 가지고 동의 관계에 있다는 것은 다음 예문들에서 잘 확인된다. 원문 중 '與人'이 '사ᄅᆞᆷ 덥을다'로도 번역되고 '人을 與ᄒᆞ다'로도 번역된다. 따라서 '덥을다'와 '與ᄒᆞ다'의 동의성은 명백히 입증된다.

　　(38) a. 사ᄅᆞᆷ 덥을어 ᄆᆞᄋᆞᆷ ᄉᆞ지 홈을(與人忠을) <小언三 4b>
　　　　 b. 人을 與홈이 忠홈을(與人忠을) <論언三 45a>

<39> 돕다 對 輔ᄒᆞ다

고유어 '돕다'와 한자어 '輔ᄒᆞ다'가 [輔] 즉 '돕다'의 뜻을 가지고 동의 관계에 있다는 것은 다음 예문들에서 잘 확인된다. 원문 중 '輔仁'이 '仁을 돕다'로

도 번역되고 '仁을 輔ᄒᆞ다'로도 번역된다. 따라서 '돕다'와 '輔ᄒᆞ다'의 동의성
은 명백히 입증된다.

(39) a. 벋으로뻐 仁을 돕ᄂᆞ니라(以友輔仁이니라) <小언二 65b>
b. 友로뻐 仁을 輔ᄒᆞ(33b)ᄂᆞ니라(以友輔仁이니라) <論언三 34a>

<40> 두려ᄒᆞ다 對 懼ᄒᆞ다

고유어 '두려ᄒᆞ다'와 한자어 '懼ᄒᆞ다'가 [懼] 즉 '두려워하다'의 뜻을 가지고 동의 관계에 있다는 것은 다음 예문들에서 잘 확인된다. 원문 중 '爲黯懼'가 '黯을 위ᄒᆞ여 두려ᄒᆞ다'로 번역되고 '不懼'가 '懼티 아니ᄒᆞ다'로 번역된다. 따라서 '두려ᄒᆞ다'와 '懼ᄒᆞ다'의 동의성은 명백히 입증된다.

(40) a. 公卿들히 다 黯을 위ᄒᆞ여 두려ᄒᆞ더니(公卿이 皆爲黯懼ᄒᆞ더니)
    <小언六 35b>

(40) b. 君子ᄂᆞᆫ 憂티 아니ᄒᆞ며 懼티 아니ᄒᆞᄂᆞ니라(君子ᄂᆞᆫ 不憂不懼
    ㅣ니라) <論언三 20b>
c. 憂티 아니ᄒᆞ며 懼티 아니ᄒᆞ면(不憂不懼ㅣ면) <論언三 20b>
d. 므슴 憂ᄒᆞ며 므슴 懼ᄒᆞ리오(夫何憂何懼ㅣ리오) <論언三 20b>

<41> 듣다 對 聽ᄒᆞ다

고유어 '듣다'와 한자어 '聽ᄒᆞ다'가 [聽] 즉 '듣다'의 뜻을 가지고 동의 관계에 있다는 것은 다음 예문들에서 잘 확인된다. 원문 중 '勿聽'이 '듣디 말다'로도 번역되고 '聽티 말다'로도 번역된다. 따라서 '듣다'와 '聽ᄒᆞ다'의 동의성은

명백히 입증된다.

  (41) a. 禮 아니면 듣디 말며(非禮勿聽ᄒ며) <小언三 4a>
    b. 禮 아니면 聽티 말며(非禮勿聽ᄒ며) <論언三 18b>

 <42> 들다 對 擧ᄒ다

 고유어 '들다'와 한자어 '擧ᄒ다'가 [擧] 즉 '들다'의 뜻을 가지고 동의 관계에 있다는 것은 다음 예문들에서 잘 확인된다. 원문 중 '擧一因緣'이 'ᄒᆞᆫ 因緣ᄋᆞᆯ 드러 니ᄅᆞ다'로 번역되고 '擧五百比丘因緣'이 '五百比丘의 因緣 擧ᄒ여 니ᄅᆞ다'로 번역된다. 따라서 '들다'와 '擧ᄒ다'의 동의성은 명백히 입증된다.

  (42) a. ᄒᆞᆫ 因緣ᄋᆞᆯ 드러 닐어(擧一因緣ᄒ여) <蒙六 35b>
    b. 이제 반ᄃᆞ기 다시 ᄒᆞ두 機緣ᄋᆞᆯ 드러 닐어(今當更擧一二機緣ᄒ야) <蒙六 30a>
    c. 山僧의 이리 드러 닐오믈 드를 삑(聞山僧의 恁麽擧時예) <蒙六 31b>
    d. 山僧이 諸佛子를 爲ᄒ야 드러 닐어 알에 ᄒ노니(山僧이 爲諸佛子ᄒ야 擧了也ᄒᄂᆞ니) <蒙六 33a>
  (42) e. 이제 山僧의 五百比丘의 因(24a)緣 擧ᄒ여 닐오믈 듣고(今聞山僧의 擧五百比丘因緣ᄒ고) <蒙六 24b>

 <43> 들다 對 入ᄒ다

 고유어 '들다'와 한자어 '入ᄒ다'가 [入] 즉 '들다'의 뜻을 가지고 동의 관계에 있다는 것은 다음 예문들에서 잘 확인된다. 원문 중 '入國'이 '나라해 들다'

로 번역되고 '入於漢'이 '漢에 入ᄒᆞ다'로 번역된다. 따라서 '들다'와 '入ᄒᆞ다'의 동의성은 명백히 입증된다.

 (43) a. 나라해 들어 ᄃᆞᆯ이디 아니ᄒᆞ며 ᄆᆞᄋᆞᆯ희들 제 반ᄃᆞ시 式ᄒᆞ디니라
   (入國不馳ᄒᆞ며 入里必式이니라) <小언二 47a>
  b. 말ᄉᆞᆷ이 들리거든 들고(言聞則入ᄒᆞ고) <小언三 10b>
 (43) c. 漢에 入ᄒᆞ고(入於漢ᄒᆞ고) <論언四 53a>
  b. 河에 入ᄒᆞ고(入於河ᄒᆞ고) <論언四 53a>
  e. 海예 入ᄒᆞ고(入於海ᄒᆞ고) <論언四 53a>
  f. 危ᄒᆞᆫ 邦애 入디 아니ᄒᆞ고(危邦不入ᄒᆞ고) <論언二 34a>

<44> 디늘다 對 臨ᄒᆞ다

고유어 '디늘다'와 한자어 '臨ᄒᆞ다'가 [臨] 즉 '臨ᄒᆞ다'의 뜻을 가지고 동의 관계에 있다는 것은 다음 예문들에서 잘 확인된다. 원문 중 '臨其下'가 '그 아래를 디늘다'로 번역되고 '臨下'가 '아래를 臨ᄒᆞ다'로 번역된다. 따라서 '디늘다'와 '臨ᄒᆞ다'의 동의성은 명백히 입증된다.

 (44) a. 말ᄉᆞᆷ애 빗치 이셔 뼈 그 아래를 디늘언ᄂᆞᆫ디라(言語有章ᄒᆞ야 以
   臨其下ㅣ라) <小언四 55a>
  b. 劉安禮ㅣ 빅셩 디늘기를 무른대(劉安禮ㅣ 問臨民ᄒᆞ대) <小언
   五 59a>
  c. 깁흔 모ᄉᆞᆯ 디늘어심 ᄀᆞ티 ᄒᆞ며(如臨深淵ᄒᆞ며) <小언四 24a>
  d. 굴헝이 깁픠 두어 百 자히나 ᄒᆞᆫ ᄃᆡ를 디늘어셔(臨壑谷深數百尺
   ᄒᆞ야) <小언六 61a>
  e. 깁픈 ᄃᆡ 디느디 아니ᄒᆞ며(不臨深ᄒᆞ며) <小언二 10b>

(44) f. 宣이 夫子의 朝廷에 겨샴을 보니 싁싁히 아래를 臨ᄒᆞ샤ᄃᆡ ᄒᆞ야
ᄇᆞ리디 아니ᄒᆞ실ᄉᆡ(宣이 見夫子之居朝廷호니 嚴臨下而不毀傷
ᄒᆞ실ᄉᆡ) <小언四 22a>

<45> 디늘다 對 臨ᄒᆞ다

고유어 '디늘다'와 한자어 '臨ᄒᆞ다'가 [臨] 즉 '臨하다'의 뜻을 가지고 동의 관계에 있다는 것은 다음 예문들에서 잘 확인된다. 원문 중 '臨深淵'이 '기픈 모ᄉᆞᆯ 디늘다'로 번역되고 '臨事'가 '일에 臨ᄒᆞ다'로 번역된다. 따라서 '디늘다'와 '臨ᄒᆞ다'의 동의성은 명백히 입증된다.

(45) a. 기픈 모ᄉᆞᆯ 디ᄂᆞᆺ ᄒᆞ며(如臨深淵ᄒᆞ며) <論언二 29b>
(45) b. 반ᄃᆞ시 일에 臨ᄒᆞ야 저허ᄒᆞ며(必也臨事而懼ᄒᆞ며) <論언二 17b>
c. 大節애 臨ᄒᆞ야 可히 奪티 몯ᄒᆞ리면(臨大節而不可奪也ㅣ면) <論언二 31b>
d. ᄡᅥ 그 빅셩을 臨ᄒᆞ면(以臨其民이면) <論언二 1b>

<46> ᄃᆞ니다 對 行ᄒᆞ다

고유어 'ᄃᆞ니다'와 한자어 '行ᄒᆞ다'가 [行] 즉 '다니다'의 뜻을 가지고 동의 관계에 있다는 것은 다음 예문들에서 잘 확인된다. 원문 중 '行'이 'ᄃᆞ니다'로 도 번역되고 '行ᄒᆞ다'로도 번역된다. 따라서 'ᄃᆞ니다'와 '行ᄒᆞ다'의 동의성은 명백히 입증된다.

(46) a. 비록 되 나라히라도 ᄃᆞ니려니와(雖蠻貊之邦이라도 行矣어니

라) <小언三 5a>
  b. 비록 므올히나 ᄃ니랴(雖州里나 行乎哉아) <小언三 5a>
(46) c. 비록 蠻貊ㅅ 邦이라(3a)도 行ᄒ려니와(雖蠻貊之邦이라도 行矣어니와) <論언四 3b>
  d. 비록 州里나 行ᄒ랴(雖州里나 行乎哉아) <小언三 5a>

<47> 마기오다 對 질졍ᄒ다

고유어 '마기오다'와 한자어 '질졍(質正)ᄒ다'가 [質] 즉 '바로잡다, 따지다'의 뜻을 가지고 동의 관계에 있다는 것은 다음 예문들에서 잘 확인된다. 원문 중 '毋質'이 '마기오디 말다'로도 번역되고 '질졍티 말다'로도 번역되므로 '마기오다'와 '질졍ᄒ다'의 동의성은 명백히 입증된다.

(47) a. 의심된 일을 마기오디 마라(疑事를 毋質ᄒ야) <小언三 3b>
(47) b. 말ᄉᆞᆷ을 몸소 질졍티 말올디니라(毋身質言語ㅣ니라) <小언三 13a>
  c. 의심되야 론난혼 곧을 믄득 질졍ᄒ야 무러(疑難處를 便質問ᄒ야) <小언五 113b>
  d. 何曾이 籍을 文帝의 안존 뒤셔 당면ᄒ야 질졍ᄒ야 글오ᄃᆡ(何曾이 面質籍於文帝坐曰) <小언五 45b>

<48> 말ᄉᆞᆷᄒ다 對 語ᄒ다

고유어 '말ᄉᆞᆷᄒ다'와 한자어 '語ᄒ다'가 [語] 즉 '말하다'의 뜻을 가지고 동의 관계에 있다는 것은 다음 예문들에서 잘 확인된다. 원문 중 '一語'가 'ᄒᆞᆫ 번 말ᄉᆞᆷᄒ다'로 번역되고 '不語'가 '語티 아니ᄒ다'로 번역된다. 따라서 '말ᄉᆞᆷᄒ

다'와 '語ᄒ다'의 동의성은 명백히 입증된다.

(48) a. ᄒᆞᆫ 번 말ᄉᆞᆷᄒᆞ며 ᄒᆞᆫ 번 ᄌᆞᆷᄌᆞᆷᄒᆞ욤ᄋᆞᆯ(一語一黙을) <小언五 112a>
(48) b. 葉公이 孔子ㅅ긔 語ᄒᆞ야 ᄀᆞᆯ오ᄃᆡ(葉公이 語孔子曰) <論언三 44a>
c. 居ᄒᆞ라 내 너ᄃᆞ려 語호리라(居ᄒᆞ라 吾ㅣ 語女호리다) <論언四 35a>
d. 食ᄒᆞ심애 語티 아니ᄒᆞ시며 寢ᄒᆞ심애 言티 아니터시다(食不語ᄒᆞ시며 寢不言이러시다) <論언二 57b>

<49> 말ᄉᆞᆷᄒᆞ다 對 言ᄒᆞ다

고유어 '말ᄉᆞᆷᄒᆞ다'와 한자어 '言ᄒᆞ다'가 [言] 즉 '말하다'의 뜻을 가지고 동의 관계에 있다는 것은 다음 예문들에서 잘 확인된다. 원문 중 '言'이 '말ᄉᆞᆷᄒᆞᆷ'으로도 번역되고 '言홈'으로도 번역된다. 따라서 '말ᄉᆞᆷᄒᆞ다'와 '言ᄒᆞ다'의 동의성은 명백히 입증된다.

(49) a. 말ᄉᆞᆷ홈애 믿브미(15b) 이시면(言而有信이면) <小언一 16a>
b. 아랫태우로 더블어 말ᄉᆞᆷᄒᆞ심애(與下大夫言애) <小언三 14a>
c. 웃태우로 더블어 말ᄉᆞᆷᄒᆞ심애(與上大夫言애) <小언三 14a>
(49) d. 言홈애 信이 이시면(言而有信이면) <論언一 4a>
e. 下태우로 더브러 言ᄒᆞ심애(與下大夫言애) <論언二 50b>
f. 上태우로 더브어 言ᄒᆞ심애(與上大夫言애) <論언二 50b>

<50> 먹다 對 食ᄒᆞ다

고유어 '먹다'와 한자어 '食ᄒ다'가 [食] 즉 '먹다'의 뜻을 가지고 동의 관계에 있다는 것은 다음 예문들에서 잘 확인된다. 원문 중 '食'이 '먹다'로도 번역되고 '食ᄒ다'로도 번역된다. 따라서 '먹다'와 '食ᄒ다'의 동의성은 명백히 입증된다.

(50) a. 君子ㅣ 먹음애 비블음을 求티 아니ᄒ며(君子ㅣ 食無求飽ᄒ며) <小언三 7b>
b. 산 술과 산 포육을 먹디 아니ᄒ시며(沽酒市脯를 不食ᄒ시며) <小언三 25b>
(50) c. 君子ㅣ 食홈애 飽홈을 求티 아니ᄒ며(君子ㅣ 食無求飽ᄒ며) <論언一 7b>
d. 沽한 酒와 市ᄒ 脯를 食디 아니ᄒ시며(沽酒市脯를 不食ᄒ시며) <論언二 57a>

<51> 먹다 對 음식ᄒ다

고유어 '먹다'와 한자어 '음식(飮食)ᄒ다'가 [食] 즉 '먹다'의 뜻을 가지고 동의 관계에 있다는 것은 다음 예문들에서 잘 확인된다. 원문 중 '食'이 '먹다'로도 번역되고 '음식ᄒ다'로도 번역된다. 따라서 '먹다'와 '음식ᄒ다'의 동의성은 명백히 입증된다.

(51) a. 義예 周ㅅ나라 곡셕을 먹디 몯홀 거시라 ᄒ야(義不食周粟이라 ᄒ야) <小언四 28b>
b. 고사리를 키야 먹더니(採薇而食之ᄒ더니) <小언四 29b>
(51) c. 孔子는 음식홀 제 말솜 아니ᄒ시며(孔子는 食不說ᄒ시며) <小언三 14b>

<52> 모ᄅ다 對 迷ᄒ다

고유어 '모ᄅ다'와 한자어 '迷ᄒ다'가 [迷] 즉 '모르다'의 뜻을 가지고 동의 관계에 있다는 것은 다음 예문들에서 잘 확인된다. 원문 중 '迷己'가 '己를 모ᄅ다'로 번역되고 '外迷'가 '밧글 迷ᄒ다'로 번역된다. 따라서 '모ᄅ다'와 '迷ᄒ다'의 동의성은 명백히 입증된다.

(52) a. 衆生이 己를 몰라 物를 조츨ᄉᆡ(衆生이 迷己逐物故로) <龜下 57b>
b. 性 모로미 곧 凡ㅣ오(性迷卽凡ㅣ오) <龜下 43a>
c. 眞常ᄋᆞᆯ 몰로믈 因ᄒᆞ야(因…迷眞ᄒᆞ야) <蒙六 8b>
d. 힝홀 사ᄅᆞ미 이에 니르러 다 길홀 모ᄅᄂᆞ니(行人到此盡迷程) <誡初 62b>
e. 모ᄅᄂᆞᆫ 사ᄅᆞ만 念佛ᄒᆞ야 나믈 求ᄒᆞ거니와(迷人ᄂᆞᆫ 念佛求生ㅣ어니와) <龜下 43a>
f. 모ᄅᄂᆞ니를 닐온 衆生이니라(迷之者曰衆生이니라) <蒙六 3b>

(52) g. 衆生이 밧글 迷ᄒ야 相에 着ᄒ고 안흘 迷ᄒ야 空에 着ᄒᄂᆞ니(衆生이 外迷着相ᄒ고 內迷着空ᄒᄂᆞ니) <龜下 58a>

<53> 묻다 對 영장ᄒ다

고유어 '묻다'와 한자어 '영장(永葬)ᄒ다'가 [葬] 즉 '매장하다, 장사지내다'의 뜻을 가지고 동의 관계에 있다는 것은 다음 예문들에서 잘 확인된다. 원문 중 '及葬'이 '무들 제 밋ᄎ다'로도 번역되고 '영장홀 제 밋ᄎ다'로도 번역되므로 '묻다'와 '영장ᄒ다'의 동의성은 명백히 입증된다.

(53) a. 무들 제 믿처(及葬ᄒᆞ야) <소언五 50a>
(53) b. 빙소ᄒᆞ고 영장홀 제 믿처(及殯葬ᄒᆞ야) <소언五 50a>
   c. 그 아비 武穆王 영장ᄒᆞᄂᆞᆫ 날애(葬其父武穆王之日에) <소언五 48a>

<54> 뫼호다 對 會ᄒᆞ다

고유어 '뫼호다'와 한자어 '會ᄒᆞ다'가 [會] 즉 '모으다'의 뜻을 가지고 동의 관계에 있다는 것은 다음 예문들에서 잘 확인된다. 원문 중 '會友'가 '벋을 뫼호다'로도 번역되고 '友를 會ᄒᆞ다'로도 번역된다. 따라서 '뫼호다'와 '會ᄒᆞ다'의 동의성은 명백히 입증된다.

(54) a. 君子ᄂᆞᆫ 글로ᄡᅥ 벋을 뫼호고(君子ᄂᆞᆫ 以文會友ᄒᆞ고) <소언二 65b>
   b. 君子ᄂᆞᆫ 文으로ᄡᅥ 友를 會ᄒᆞ고(君子ᄂᆞᆫ 以文會友ᄒᆞ고) <論언三 33b>

<55> 뭊다 對 束ᄒᆞ다

고유어 '뭊다'와 한자어 '束ᄒᆞ다'가 [束] 즉 '뭊다'의 뜻을 가지고 동의 관계에 있다는 것은 다음 예문들에서 잘 확인된다. 원문 중 '卷束'이 'ᄆᆞ라 뭊다'로 번역되고 '束帶'가 '帶를 束ᄒᆞ다'로 번역된다. 따라서 '뭊다'와 '束ᄒᆞ다'의 동의성은 명백히 입증된다.

(55) a. 반ᄃᆞ시 ᄆᆞ라 뭇거 整齊홈을 기들온 후에(必待卷束整齊然後에) <小언五 117a>

b. 帶를 束ᄒᆞ야 朝애 立ᄒᆞ야(束帶立於朝ᄒᆞ야) <論언一 42b>

<56> 뮈다 對 動ᄒᆞ다

고유어 '뮈다'와 한자어 '動ᄒᆞ다'가 [動] 즉 '움직이다'의 뜻을 가지고 동의 관계에 있다는 것은 다음 예문들에서 잘 확인된다. 원문 중 '不動'이 '뮈디 아니ᄒᆞ다'로도 번역되고 '動티 아니ᄒᆞ다'로도 번역된다. 따라서 '뮈다'와 '動ᄒᆞ다'의 동의성은 명백히 입증된다.

(56) a. 셰존이…안자 뮈디 아니ᄒᆞ시며(世尊이…坐不動ᄒᆞ시며) <誡初 56b>
　　　b. 반ᄃᆞ기 ᄌᆞ조 뮈디 마롤디니라(不應輕動이니라) <誡初 56a>
　　　c. 禮 아니어든 뮈디 말올디니라(非禮勿動이니라) <小언三 4a>
(56) d. 禪學者ᄂᆞᆫ 믈가 動티 아니ᄒᆞᄂᆞᆫ 淸淨境界를 取ᄒᆞ야(禪學者ᄂᆞᆫ 取湛然不動淸淨境界ᄒᆞ야) <龜下 58b>

<57> 뮈우다 對 動ᄒᆞ다

고유어 '뮈우다'와 한자어 '動ᄒᆞ다'가 [動] 즉 '움직이다'의 뜻을 가지고 동의 관계에 있다는 것은 다음 예문들에서 잘 확인된다. 원문 중 '身不輕動'이 '모ᄆᆞᆯ ᄌᆞ조 뮈우디 아니ᄒᆞ다'로 번역되고 '身心不動'이 '身과 心을 動티 아니ᄒᆞ다'로 번역된다. 따라서 '뮈우다'와 '動ᄒᆞ다'의 동의성은 명백히 입증된다.

(57) a. 모ᄆᆞᆯ ᄌᆞ조 뮈우디 아니ᄒᆞ면(身不輕動則은) <誡初 56a>
　　　b. 自性을 뮈우디 아니호미 일후미 禪ㅣ니라(自性不動이 名爲禪ㅣ니라) <龜下 37a>

c. 念을 뮈우면 卽時예 어긔리라(動念卽乖ᄒᆞ리라) <龜上 3b>
d. ᄆᆞᅀᆞᆷ 니ᄅᆞ와ᄃᆞ며 念 뮈우며(起心動念ᄒᆞ며) <龜上 31a>
(57) e. 身과 心을 動티 아니호미(身心不動이) <龜下 40b>
f. ᄆᆞᅀᆞᄆᆞᆯ 動티 아니ᄒᆞᄂᆞᆫ다(心不動麽아) <龜上 21a>

<58> 므르다 對 餒ᄒᆞ다

고유어 '므르다'와 한자어 '餒ᄒᆞ다'가 [餒] 즉 '고기가 썩어 문드러지다'의 뜻을 가지고 동의 관계에 있다는 것은 다음 예문들에서 잘 확인된다. 원문 중 '魚餒'가 '믈고기 므르다'로도 번역되고 '魚ㅣ 餒ᄒᆞ다'로도 번역된다. 따라서 '므르다'와 '餒ᄒᆞ다'의 동의성은 명백히 입증된다.

(58) a. 믈고기 므르니와 묻고기 서근 이를 먹디 아니ᄒᆞ시며(魚餒而肉敗不食ᄒᆞ시며) <소언三 25a>
b. 魚ㅣ 餒ᄒᆞ며 肉이 敗ᄒᆞ니를 食디 아니ᄒᆞ시며(魚餒而肉敗不食ᄒᆞ시며) <論言二 50a>

<59> 믈허디다 對 崩ᄒᆞ다

고유어 '믈허디다'와 한자어 '崩ᄒᆞ다'가 [崩] 즉 '무너지다'의 뜻을 가지고 동의 관계에 있다는 것은 다음 예문들에서 잘 확인된다. 원문 중 '如崩'이 '믈허딤 굳ᄒᆞ다'로 번역되고 '樂必崩'이 '樂이 반ᄃᆞ시 崩ᄒᆞ다'로 번역된다. 따라서 '믈허디다'와 '崩ᄒᆞ다'의 동의성은 명백히 입증된다.

(59) a. 사오나온 일 조촘은 믈어딤 ᄀᆞᆮ다 ᄒᆞ니라(從惡은 如崩이라 ᄒᆞ니라) <소언五 82b>

b. 三年을 樂을 ᄒᆞ디 아니ᄒᆞ면 樂이 반ᄃᆞ시 崩ᄒᆞ리니(三年을 不爲 樂이면 樂必崩ᄒᆞ리니) <論언四 41a>

<60> 믿다 對 信ᄒᆞ다

고유어 '믿다'와 한자어 '信ᄒᆞ다'가 [信] 즉 '믿다'의 뜻을 가지고 동의 관계에 있다는 것은 다음 예문들에서 잘 확인된다. 원문 중 '信…師說'이 '스승의 말ᄋᆞᆯ 믿다'로 번역되고 '信因果'가 '因果 信ᄒᆞ다'로 번역된다. 그리고 '信持'가 '미더 디니다'로 번역되고 '敬信'이 '恭敬ᄒᆞ며 信ᄒᆞ다'로 번역된다. 따라서 '믿다'와 '信ᄒᆞ다'의 동의성은 명백히 입증된다.

(60) a. 그 스숭의 말ᄋᆞᆯ 믿어(信其師說ᄒᆞ야) <小언六 9a>
  b. 世俗이 즁의 소기며 달애욤을 믿어(世俗이 信浮屠誑誘ᄒᆞ야) <小언五 54b>
  c. 비록 스스로 쳥념코 간약홈을 미들디라도(雖自信淸約이라도) <小언六 128b>
  d. 곧 나ᄂᆞᆫ 믿디 아니ᄒᆞ오리라(吾不信也ᄒᆞ오리라) <小언五 28a>
  e. 네 모로미 미더 디녀(汝須信持ᄒᆞ야) <誡初 46b>
(60) f. 因果 信티 아니ᄒᆞ며(不信因果ᄒᆞ며) <蒙六 6b>
  g. 佛法僧 三寶 히믈 恭敬ᄒᆞ며 信ᄒᆞ야(敬信三寶之力ᄒᆞ야) <蒙六 27b>
  h. 모ᄃᆞᆫ 道者ᄂᆞᆫ 自心을 깁피 信ᄒᆞ야(諸道者ᄂᆞᆫ 深信自心ᄒᆞ야) <龜上 24b>
  i. 모매 그림재와 소리예 향이 서ᄅᆞ 좃ᄃᆞᆺ ᄒᆞᄂᆞᆫ 들 기피 신호리라(深信…影響相從이니라) <誡初 9b>

<61> 믿드듸다/믿드듸다 對 근본ᄒᆞ다

고유어 '믿드듸다/믿드듸다'와 한자어 '근본(根本)ᄒᆞ다'가 [本] 즉 '근거하다, 근본으로 삼다'의 뜻을 가지고 동의 관계에 있다는 것은 다음 예문들에서 잘 확인된다. 원문 중 '本乎天性'이 '하ᄂᆞᆯ 삼긴 性에 믿드듸다'로 번역되고 '本於三親'이 '세 가짓 親에 믿드듸다'로 번역되며 '本於人倫'이 '人倫에 근본ᄒᆞ다'로 번역된다. 따라서 '믿드듸다/믿드듸다'와 '근본ᄒᆞ다'의 동의성은 명백히 입증된다.

(61) a. 사ᄅᆞ미 잡안ᄂᆞᆫ 딛딛ᄒᆞᆫ(89b) 거슬 둠은 하ᄂᆞᆯ 삼긴 性에 믿드듸여 시니(人有秉彛ᄂᆞᆫ 本乎天性ᄒᆞ니) <小언五 90a>
   b. 一家의 親ᄒᆞᆫ 이ᄂᆞᆫ…다 세 가짓 親에 믿드듸연ᄂᆞ니(一家之親은 …皆本於三親焉ᄒᆞ니) <小언五 70a>
(61) c. 그 道ᄂᆞᆫ 반ᄃᆞ시 人倫에 근본ᄒᆞ야(其道ᄂᆞᆫ 必本於人倫ᄒᆞ야) <小언六 12a>

<62> 및다 對 及ᄒᆞ다

고유어 '및다'와 한자어 '及ᄒᆞ다'가 [及] 즉 '미치다, 이르다'의 뜻을 가지고 동의 관계에 있다는 것은 다음 예문들에서 잘 확인된다. 원문 중 '不及'이 '밋디 아니ᄒᆞ다'로도 번역되고 '及디 몯ᄒᆞ다'로도 번역된다. 그리고 '及所'가 '곧애 및다'로 번역된다. 따라서 '및다'와 '及ᄒᆞ다'의 동의성은 명백히 입증된다.

(62) a. 곧애 미처 긔운을 ᄂᆞ즈기 ᄒᆞ며 소리를 화열히 ᄒᆞ야(及所ᄒᆞ야 下氣怡聲ᄒᆞ야) <小언二 3a>
   b. 公綽이 죽음애 미처ᄂᆞᆫ(及公綽이 卒ᄒᆞ야ᄂᆞᆫ) <小언六 97a>

c. 술위와 물에 밋디 아니ᄒᆞᄂᆞ니(不及車馬ㅣ니) <小언二 11b>
(62) d. 善을 見ᄒᆞ고 及디 몯홀 둣ᄒᆞ며(見善如不及ᄒᆞ며) <論언四 26a>

<63> ᄆᆞ디다 對 뎨젹ᄒᆞ다

고유어 'ᄆᆞ디다'와 한자어 '뎨젹(儲積)ᄒᆞ다'가 [儲積]과 [爲儲積] 즉 '저축해서 쌓아 두다'의 뜻을 가지고 동의 관계에 있다는 것은 다음 예문들에서 잘 확인된다. 원문 중 '撙節儲積'이 '존졀ᄒᆞ야 ᄆᆞ디다'로 번역되고 '務爲儲積'이 '힘써 뎨젹ᄒᆞ다'로 번역된다. 따라서 'ᄆᆞ디다'와 '뎨젹ᄒᆞ다'의 동의성은 명백히 입증된다.

(63) a. ᄀᆞᅀᆞᆯ과 겨ᅀᆞ레 존졀ᄒᆞ야 모뎌 기피 간ᄉᆞ하고 허비티 말라(秋冬厓 撙節儲積爲也 深藏不費爲也) <警民 13a>
b. 기피 니ᄒᆞ며 해로오믈 혜아려 힘써 뎨젹ᄒᆞ라(深思利害爲也 務爲儲積爲羅) <警民 14a>

<64> 받다 對 슈ᄒᆞ다

고유어 '받다'와 한자어 '슈(受)ᄒᆞ다'가 [受] 즉 '받다'의 뜻을 가지고 동의 관계에 있다는 것은 다음 예문들에서 잘 확인된다. 원문 중 '受幣'가 '례를 받다'로 번역되고 '受食'이 '밥 슈ᄒᆞ다'로 번역되므로 '받다'와 '슈ᄒᆞ다'의 동의성은 명백히 입증된다.

(64) a. 례믈 받디 아니ᄒᆞ얏거든(非受幣어든) <小언二 45a>
b. 뵈 일쳔 疋을 바닷더니(受布千疋이러니) <小언六 39b>
c. 웅량긔를 바다 디녀(受持應器ᄒᆞ야) <誡初 41a>

d. 먼 福을 기리 바드리라(永受胡福ᄒ리다) <小언三 20a>
e. 義예 辱을 받디 몯홀 거시라 ᄒ고(義不受辱이라 ᄒ고) <小언六 61a>

(64) f. 밥 슈ᄒ요미(受食이) <誡初 7a>
g. 오계와 십계등을 슈ᄒ야(受五戒十戒等ᄒ야) <誡初 1b>
h. 큰 고로를 슈ᄒᄂ니(受大苦惱ᄒᄂ니) <誡初 80b>

<65> 밧고다 對 기역ᄒ다

고유어 '밧고다'와 한자어 '기역(改易)ᄒ다'가 [易] 즉 '바꾸다, 개역하다'의 뜻을 가지고 동의 관계에 있다는 것은 다음 예문들에서 잘 확인된다. 원문 중 '易方'이 '방소를 밧고다'로 번역되고 '易押字'가 '일홈 둔 ᄌ를 기역ᄒ다'로 번역된다. 따라서 '밧고다'와 '기역ᄒ다'의 동의성은 명백히 입증된다.

(65) a. 어버이 늘그시거든 나가매 방소를 밧고디 아니ᄒ며(親老ㅣ어시든 出不易方ᄒ며) <小언二 16a>
b. 義혼 이는 이시며 업스모로써 ᄆ음을 밧고디 아니ᄒᄂ니(義者는 不以存亡으로 易心ᄒᄂ니) <小언六 58a>
c. 죽음애 다ᄃ라셔 말솜을 밧고디 아니홈은 믿븜이오(臨死不易辭는 信也ㅣ오) <小언六 43a>
d. 어딘 일을 어딜이 너교딕 色 됴히 너김으로 밧고아 ᄒ며(賢賢易色ᄒ며) <小언一 15b>

(65) e. 일홈 둔 ᄌ를 여러 번 기역홈 곧튼 이리 萬一에 敗ᄒ여 드러나면(如…重易押者ㅣ萬一敗露ᄒ면) <小언五 62a>

<66> 배아다 對 샹패ᄒ다

고유어 '배아다'와 한자어 '샹패(喪敗)ᄒ다'가 [喪] 즉 '망치다, 멸망시키다'의 뜻을 가지고 동의 관계에 있다는 것은 다음 예문들에서 잘 확인된다. 원문 중 '喪家'가 '집을 배아다'로 번역되고 '喪天日'이 '나를 샹패ᄒ다'로 번역된다. 따라서 '배아다'와 '샹패ᄒ다'의 동의성은 명백히 입증된다.

(66) a. 션셰를 슈욕ᄒ며 집을 배암이(辱先喪家ㅣ) <小언五 16a>
 b. 나를 속절업시 샹패ᄒ고(虛喪天日ᄒ고) <誡初 20a>

<67> 배아다 對 喪ᄒ다

고유어 '배아다'와 한자어 '喪ᄒ다'가 [喪] 즉 '망치다'의 뜻을 가지고 동의 관계에 있다는 것은 다음 예문들에서 잘 확인된다. 원문 중 '喪家'가 '집을 배아다'로 번역되고 '喪予'가 '나를 喪ᄒ다'로 번역된다. 따라서 '배아다'와 '喪ᄒ다'의 동의성은 명백히 입증된다.

(67) a. 션셰를 슈욕ᄒ며 집을 배암이(辱先喪家ㅣ) <小언五 16a>
 b. 하늘히 나를 喪ᄒ얏다(天喪予ᄒ얏다) <論언三 4a>

<68> 버히다 對 割ᄒ다

고유어 '버히다'와 한자어 '割ᄒ다'가 [割] 즉 '베다, 자르다'의 뜻을 가지고 동의 관계에 있다는 것은 다음 예문들에서 잘 확인된다. 원문 중 '割'이 '버히다'로도 번역되고 '割ᄒ다'로도 번역된다. 따라서 '버히다'와 '割ᄒ다'의 동의성은 명백히 입증된다.

(68) a. 버힌 거시 正티 아니커든 먹디 아니ᄒ시며(割不正이어든 不食

ᄒ시며) <小언三 25b>
b. 割혼 거시 正티 아니커든 食디 아니ᄒ시며(割不正이어든 不食ᄒ시며) <論언二 56b>

<69> 벋ᄒ다 對 友ᄒ다

고유어 '벋ᄒ다'와 한자어 '友ᄒ다'가 [友] 즉 '벗하다, 사귀다'의 뜻을 가지고 동의 관계에 있다는 것은 다음 예문들에서 잘 확인된다. 원문 중 '友直'이 '直혼 이를 벋ᄒ다'로도 번역되고 '直을 友ᄒ다'로도 번역된다. 따라서 '벋ᄒ다'와 '友ᄒ다'의 동의성은 명백히 입증된다.

(69) a. 直혼 이를 벋ᄒ며 신실혼 이를 벋ᄒ며(友直ᄒ며 友諒ᄒ며) <小언二 66b>
b. 直을 友ᄒ며 諒을 友ᄒ며(友直ᄒ며 友諒ᄒ며) <論언四 22a>

<70> 보다 對 見ᄒ다

고유어 '보다'와 한자어 '見ᄒ다'가 [見] 즉 '보다'의 뜻을 가지고 동의 관계에 있다는 것은 다음 예문들에서 잘 확인된다. 원문 중 '見大賓'이 '큰 손을 보다'로도 번역되고 '大賓을 見ᄒ다'로도 번역된다. 따라서 '보다'와 '見ᄒ다'의 동의성은 명백히 입증된다.

(70) a. 門의 날 제 큰 손을 보드시 ᄒ며(出門如見大賓ᄒ며) <小언三 4b>
b. 어듬을 보매 맛당홈을 싱각홀디니라(見得思義니라) <小언三 5b>

(70) c. 門의 出홈애 大賓을 見홈 マ티 ᄒ며(出門如見大賓ᄒ며) <論언
三 19a>
  d. 得을 見ᄒ고 義를 思ᄒᄂ니라(見得思義니라) <論언四 25b>

<71> 보다 對 관ᄒ다

고유어 '보다'와 한자어 '관(觀)ᄒ다'가 [觀] 즉 '보다'의 뜻을 가지고 동의 관계에 있다는 것은 다음 예문들에서 잘 확인된다. 원문 중 '觀諸佛子'가 '諸佛子를 보다'로 번역되고 '觀…祖師禪'이 '조ᄉ관을 관ᄒ다'로 번역된다. 그리고 '觀其志'가 '그 ᄠᆮ을 보다'로 번역되고 '觀義'가 'ᄠᆮ들 관하다'로 번역된다. 따라서 '보다'와 '관ᄒ다'의 동의성은 명백히 입증된다.

(71) a. 내 이제 諸佛子를 보니(我今에 觀諸佛子ᄒ니) <蒙六 25b>
  b. 이를 브터 보건댄ᄂ(由是로 觀之건댄) <誡初 80a>
  c. 아비 이심애 그 ᄠᆮ을 보고 아비 업슴애 그 힝실을 볼디니(父在예 觀其志ᄒ고 父沒애 觀其行丨니) <小언二 24a>
  d. 吉ᄒᆫ 이ᄂ 눈에 禮 아닌 빗츨 보디 아니ᄒ(27b>며(吉也者ᄂ 目不觀非禮之色ᄒ며) <小언五 28a>
(71) e. 사만 싀옴 업ᄉ 조ᄉ관을 관호리라(長觀無漏祖師禪) <誡初 71a>
  f. 모로매 문ᄌ 외와 ᄠᆮ들 관홀디언뎡(須誦文觀義언뎡) <誡初 8b>
  g. 브즈러니 닷그면 관ᄒᄂ 히미 더(20a)옥 깁프며(勤修而觀力轉深ᄒ며) <誡初 20b>

<72> 보다 對 視ᄒ다

고유어 '보다'와 한자어 '視ᄒᆞ다'가 [視] 즉 '보다'의 뜻을 가지고 동의 관계에 있다는 것은 다음 예문들에서 잘 확인된다. 원문 중 '勿視'가 '보디 말다'로도 번역되고 '視디 말다'로도 번역된다. 따라서 '보다'와 '視ᄒᆞ다'의 동의성은 명백히 입증된다.

(72) a. 孔子ㅣ 글ᄋᆞ샤ᄃᆡ 禮 아니어든 보디 말며 禮 아니어든 듣디 말며 禮 아니어든 닐ᄋᆞ디 말며 禮 아니어든 뮈디 말올디니라(孔子ㅣ 曰 非禮勿視ᄒᆞ며 非禮勿聽ᄒᆞ며 非禮勿言ᄒᆞ며 非禮勿動이니라) <小언三 4a>

b. 子ㅣ 글ᄋᆞ샤ᄃᆡ 禮 아니어든 視디 말며 禮 아니어든 聽티 말며 禮 아니어든 言티 말며 禮 아니어든 動티 말올띠니라(孔子ㅣ 曰 非禮勿視ᄒᆞ며 非禮勿聽ᄒᆞ며 非禮勿言ᄒᆞ며 非禮勿動이니라) <論언三 18b>

<73> 붓그리다 對 恥ᄒᆞ다

고유어 '붓그리다'와 한자어 '恥ᄒᆞ다'가 [恥] 즉 '부끄러워하다'의 뜻을 가지고 동의 관계에 있다는 것은 다음 예문들에서 잘 확인된다. 원문 중 '恥…者'가 '붓그리는 者'로 번역되고 '不恥'가 '恥티 아니ᄒᆞ다'로 번역된다. 따라서 '붓그리다'와 '恥ᄒᆞ다'의 동의성은 명백히 입증된다.

(73) a. 士ㅣ 道애 志ᄒᆞ딘 사(33b)오나온 옷과 사오나온 음식을 붓그리는 者는(士ㅣ 志於道恥惡衣惡食者는) <論언一 34a>

(73) b. 子ㅣ 글ᄋᆞ샤ᄃᆡ 敏ᄒᆞ고 學을 好ᄒᆞ며 下問을 恥티 아니ᄒᆞᄃᆡ라(子ㅣ 曰敏而好學ᄒᆞ고 不恥下問이라) <論언一 45b>

c. 君子는 그 言을 恥ᄒᆞ고 行을 過ᄒᆞᄂᆞ니라(君子는 恥其言而過其

行이니라) <論언三 63b>

<74> 블으다 對 召ᄒᆞ다

고유어 '블으다'와 한자어 '召ᄒᆞ다'가 [召] 즉 '부르다'의 뜻을 가지고 동의 관계에 있다는 것은 다음 예문들에서 잘 확인된다. 원문 중 '命召'가 '命ᄒᆞ야 블으다'로도 번역되고 '命ᄒᆞ야 召ᄒᆞ다'로도 번역된다. 따라서 '블으다'와 '召ᄒᆞ다'의 동의성은 명백히 입증된다.

(74) a. 님금이 命ᄒᆞ야 블으거시든(君이 命召ㅣ어시든) <小언二 42a>
    b. 君이 命ᄒᆞ야 召ᄒᆞ거시든(君이 命召ㅣ어시든) <論언二 60a>

<75> 블이다 對 使ᄒᆞ다

고유어 '블이다'와 한자어 '使ᄒᆞ다'가 [使] 즉 '부리다'의 뜻을 가지고 동의 관계에 있다는 것은 다음 예문들에서 잘 확인된다. 원문 중 '使民'이 '빅셩을 블이다'로도 번역되고 '民을 使ᄒᆞ다'로도 번역된다. 따라서 '블이다'와 '使ᄒᆞ다'의 동의성은 명백히 입증된다.

(75) a. 빅셩을 블요(4a)ᄃᆡ 큰 祭를 ᄒᆞ욤 ᄀᆞ티 ᄒᆞ고(使民如承大祭ᄒᆞ고) <小언三 4b>
    b. 曰季 블이며 冀로 다(34a)나 갈식(曰季使過冀ᄒᆞᆯ식) <小언四 34b>
(75) c. 民을 使호ᄃᆡ 大祭를 承홈 ᄀᆞ(19a)티 ᄒᆞ고(使民如承大祭ᄒᆞ고) <論언三 19b>

<76> 븥다 對 의죵ᄒ다

고유어 '븥다'와 한자어 '의죵(依從)ᄒ다'가 [依] 즉 '의지하다, 따르다'의 뜻을 가지고 동의 관계에 있다는 것은 다음 예문들에서 잘 확인된다. 원문 중 '依古蹤'이 '녯 죵젹을 븥다'로 번역되고 '依…聖言'이 '셩인 말ᄉᆞᆯ 의죵ᄒ다'로 번역되므로 '븥다'와 '의죵ᄒ다'의 동의성은 명백히 입증된다.

(76) a. 후에 참션홀 사ᄅᆞ미ᄃᆞᆯ 엇뎨 녯 죵젹을(56b) 븓디 아니ᄒ료(後來參禪者ᄃᆞᆯᄒᆞᆫ 何不依古蹤이리오) <誡初 57a>
b. ᄒᆞᆼ샹 ᄉᆞ싱을 맛나 ᄌᆞ조 오명 가명 호미 다 부모를 브터 나ᄃᆞᄂᆞ니라(恒値四生ᄒ야 數數往還호미 皆依父母而出沒也니라) <誡初 80a>
(76) c. 오직 부터 셩인 말ᄉᆞᆯ 의죵홀디언뎡(但依金口聖言ㅣ언뎡) <誡初 2b>

<77> 비취다 對 照察ᄒ다

고유어 '비취다'와 한자어 '照察ᄒ다'가 [照] 즉 '비추다, 照察하다'의 뜻을 가지고 동의 관계에 있다는 것은 다음 예문들에서 잘 확인된다. 원문 중 '照体'가 '모ᄆᆞᆯ 비취다'로 번역되고 '內照'가 '안ᄒᆞᆯ 照察ᄒ다'로 번역된다. 따라서 '비취다'와 '照察ᄒ다'의 동의성은 명백히 입증된다.

(77) a. 光明이 모ᄆᆞᆯ 비취여 ᄒᆡᄃᆞᆯ 비취ᄂᆞᆫ 光明을 쁘디 아니ᄒᆞᄂᆞ니(光明이 照体ᄒ야 不用日 月之照明ᄒ며) <蒙六 15b>
(77) b. 비록 나리 ᄆᆞᆺᄃᆞ록 안ᄒᆞᆯ 照察ᄒ나(雖終日內照ᄒ나) <龜上 23a>
c. ᄒ다가 惑의 根本 업손 ᄃᆞᆯ 照察ᄒ면(若照惑無根則) <龜上 24a>

<78> 샏다 對 選ᄒᆞ다

고유어 '샏다'와 한자어 '選ᄒᆞ다'가 [選] 즉 '뽑다'의 뜻을 가지고 동의 관계에 있다는 것은 다음 예문들에서 잘 확인된다. 원문 중 '選士'가 '션비 샏다'로 번역되고 '選於衆'이 '衆에 選ᄒᆞ다'로 번역된다. 따라서 '샏다'와 '選ᄒᆞ다'의 동의성은 명백히 입증된다.

(78) a. 믈읫 션비 샬 法은(凡選士之法은) <小언六 14a>
b. 三公이 쌔 쳔거ᄒᆞᄂᆞᆫ 배 이실 제(三公이 有所選擧애) <小언六 101b>
(78) c. 衆에 選ᄒᆞ샤 皐陶ᄅᆞᆯ 擧ᄒᆞ시니(選於衆ᄒᆞ샤 擧皐陶ᄒᆞ시니) <論언三 33a>
d. 衆에 選ᄒᆞ샤 伊尹을 擧ᄒᆞ시니(選於衆ᄒᆞ샤 擧伊尹ᄒᆞ시니) <論언三 33a>

<79> ᄇᆞ리다 對 棄ᄒᆞ다

고유어 'ᄇᆞ리다'와 한자어 '棄ᄒᆞ다'가 [棄] 즉 '버리다'의 뜻을 가지고 동의 관계에 있다는 것은 다음 예문들에서 잘 확인된다. 원문 중 '可棄'가 '可히 ᄇᆞ리다'로도 번역되고 '可히 棄ᄒᆞ다'로도 번역된다. 따라서 'ᄇᆞ리다'와 '棄ᄒᆞ다'의 동의성은 명백히 입증된다.

(79) a. 可히 ᄇᆞ리디 아닐디니라(不可棄也ㅣ니라) <小언三 4b>
b. 可히 棄티 몯홀 거시니라(不可棄也ㅣ니라) <論언三 45a>

<80> ᄇᆞ리다 對 背叛ᄒᆞ다

고유어 '브리다'와 한자어 '背叛ᄒᆞ다'가 [背] 즉 '버리고 떠나다, 배반하다'의 뜻을 가지고 동의 관계에 있다는 것은 다음 예문들에서 잘 확인된다. 원문 중 '背覺'이 '본각ᄋᆞ란 브리다'로도 번역되고 '本覺을 背叛ᄒᆞ다'로도 번역된다. 따라서 '브리다'와 '背叛ᄒᆞ다'의 동의성은 명백히 입증된다.

(80) a. 본각ᄋᆞ란 브리고 딘이 어우러(背覺合塵ᄒᆞ야) <誡初 40a>
   b. 어딘 ᄃᆡ 向ᄒᆞ고 사오나온 이를 브려(向善背惡ᄒᆞ야) <小언五 8a>
(80) c. 本覺을 背叛ᄒᆞ고 六塵에 어우러(背覺合塵ᄒᆞ야) <蒙六 25b>
   d. 엇뎌 ᄒᆞ믈며 百年을 거느려 치다가 ᄒᆞᆫ 수에 恩惠를 背判호미ᄯᆞ녀(何況百年을 將養ᄒᆞ다가 一息에 背恩잇ᄯᆞ녀) <龜下 55a>

<81> 브리다 對 致ᄒᆞ다

고유어 '브리다'와 한자어 '致ᄒᆞ다'가 [致] 즉 '맡기다'의 뜻을 가지고 동의 관계에 있다는 것은 다음 예문들에서 잘 확인된다. 원문 중 '致其身'이 '그 몸을 브리다'로도 번역되고 '그 몸을 致ᄒᆞ다'로도 번역된다. 따라서 '브리다'와 '致ᄒᆞ다'의 동의성은 명백히 입증된다.

(81) a. 님금을 셤교ᄃᆡ 能히 그 몸을 브리며(事君ᄒᆞᄃᆡ 能致其身ᄒᆞ며) <小언一 15b>
   b. 님금을 셤교ᄃᆡ 能히 그 몸을 致ᄒᆞ며(事君ᄒᆞᄃᆡ 能致其身ᄒᆞ며) <論언一 4a>

<82> 볼기다/붉이다 對 明ᄒᆞ다

고유어 '븕기다/븕이다'와 한자어 '明ᄒᆞ다'가 [明] 즉 '밝히다'의 뜻을 가지고 동의 관계에 있다는 것은 다음 예문들에서 잘 확인된다. 원문 중 '明種種智'가 '種種 智를 븕기다'로 번역되고 '明倫'이 '인륜을 븕이다'로 번역되고 '明大志'가 '大志를 明ᄒᆞ다'로 번역된다. 따라서 '븕기다/븕이다'와 '明ᄒᆞ다'의 동의성은 명백히 입증된다.

(82) a. 種種 智를 圓滿히 븕겨(圓明種種智ᄒᆞ야) <蒙六 28b>
　　　b. 各各이 妙道를 아라 븕겨(各各悟明妙道ᄒᆞ야) <蒙六 28b>
　　　c. 道眼을 븕기디 몯ᄒᆞ면(道眼을 未明ᄒᆞ면) <龜下 52b>
　　　d. 이싱애 무슴 븕기디 몯ᄒᆞ면(今生애 未明心ᄒᆞ면) <誡初 50b>
　　　e. 이 우흔 인륜을 븕이니라(右ᄂᆞᆫ 明倫이라) <小언四 40b>

(82) f. 大志를 바ᄅᆞ 明ᄒᆞ야(發明大志ᄒᆞ야) <蒙六 18b>
　　　g. 쏘 니르샤디…普賢ᄂᆞᆫ 緣起行ᄋᆞᆯ 明타 ᄒᆞ시니라(又云…普賢ᄂᆞᆫ 明緣起ㅣ라 ᄒᆞ시니라) <龜上 25a>

<83> 빅호다 對 學ᄒᆞ다

고유어 '빅호다'와 한자어 '學ᄒᆞ다'가 [學] 즉 '배우다'의 뜻을 가지고 동의 관계에 있다는 것은 다음 예문들에서 잘 확인된다. 원문 중 '不學'이 '빅호디 아니ᄒᆞ다'로 번역되고 '下學'이 '下로 學ᄒᆞ다'로 번역된다. 그리고 '學文'이 '글을 빅호다'로도 번역되고 '글을 學ᄒᆞ다'로도 번역된다. 따라서 '빅호다'와 '學ᄒᆞ다'의 동의성은 명백히 입증된다.

(83) a. 엇디 敢히 빅호디 아니ᄒᆞ리잇고(安敢不學이리잇고) <小언四 21b>

b. 빅호디 아니(108b)홈만 곧디 몯ᄒ니라(不如無學也ㅣ니라) <小언五 109a>

c. 行홈애 남은 힘이 잇거든 곧 뻐 글을 빅홀디니라(行有餘力이어든 則以學文이니라) <小언一 14b>

(83) d. 下로 學ᄒ야 上으로 達ᄒ노니(下學而上達ᄒ노니) <論언三 67a>

e. 行홈애 남은 힘이 잇거든 곧 뻐 글을 學홀띠니라(行有餘力이어든 則以學文이니라) <論언一 3b>

<84> 사괴다 對 交ᄒ다

고유어 '사괴다'와 한자어 '交ᄒ다'가 [交] 즉 '사귀다'의 뜻을 가지고 동의 관계에 있다는 것은 다음 예문들에서 잘 확인된다. 원문 중 '與人交'가 '사름 더블어 사괴다'로도 번역되고 '人으로 더브러 交ᄒ다'로도 번역된다. 따라서 '사괴다'와 '交ᄒ다'의 동의성은 명백히 입증된다.

(84) a. 晏平仲은 사름 더블어 사괴욤을 잘ᄒ놋다(晏平仲은 善與人交이로다) <小언四 40b>

b. 벋과 더브러 사괴됴디(與朋友交호디) <小언一 15b>

(84) c. 晏平仲은 人으로 더브러 交홈을 善히 ᄒ놋다(晏平仲은 善與人交이로다) <論언一 40b>

d. 朋友로 더브러 交호디(與朋友交호디) <論언一 4a>

<85> 사기다 對 刻ᄒ다

고유어 '사기다'와 한자어 '刻ᄒ다'가 [刻] 즉 '새기다'의 뜻을 가지고 동의

관계에 있다는 것은 다음 예문들에서 잘 확인된다. 원문 중 '刻鵠'이 '곤이를 사기다'로 번역되고 '刻糞'이 '똥 刻ᄒᆞ다'로 번역된다. 따라서 '사기다'와 '刻ᄒᆞ다'의 동의성은 명백히 입증된다.

    (85) a. 닐온 바 곤이를 사겨 이디 몯ᄒᆞ야도(所謂刻鵠不成이라두) <小언五 14a>
        b. 닐ᄋᆞ건댄 ᄆᆞᅀᆞ미 알ᄑᆞ니 너희 맛당히 ᄲᅧ의 사길디니라(言之痛心ᄒᆞ니 爾宜刻骨이니라) <小언五 19b>
        c. 다 남그로 사긴 셩뎍 그르슬 ᄡᅳ며(皆用刻木粧奩ᄒᆞ며) <小언六 96b>
    (85) d. 똥 刻ᄒᆞ야 香 사몸 ᄀᆞᆮ투니(如刻糞爲香ㅣ니) <龜下 35b>

  <86> 사다 對 沽ᄒᆞ다

고유어 '사다'와 한자어 '沽ᄒᆞ다'가 [沽] 즉 '사다'의 뜻을 가지고 동의 관계에 있다는 것은 다음 예문들에서 잘 확인된다. 원문 중 '沽酒'가 '산 술'로도 번역되고 '沽ᄒᆞᆫ 酒'로도 번역된다. 따라서 '사다'와 '沽ᄒᆞ다'의 동의성은 명백히 입증된다.

    (86) a. 산 술과 산 포육을 먹디 아니ᄒᆞ시며(沽酒市脯를 不食ᄒᆞ시며) <小언三 25b>
    (86) b. 沽ᄒᆞᆫ 酒와 市ᄒᆞᆫ 脯를 食디 아니ᄒᆞ시며(沽酒市脯를 不食ᄒᆞ시며) <論언二 57a>

  <87> 사다 對 市ᄒᆞ다

고유어 '사다'와 한자어 '市ᄒᆞ다'가 [市] 즉 '사다'의 뜻을 가지고 동의 관계에 있다는 것은 다음 예문들에서 잘 확인된다. 원문 중 '市脯'가 '산 포육'으로도 번역되고 '市혼 脯'로도 번역된다. 따라서 '사다'와 '市ᄒᆞ다'의 동의성은 명백히 입증된다.

(87) a. 산 술과 산 포육을 먹디 아니ᄒᆞ시며(沽酒市脯를 不食ᄒᆞ시며) <小언三 25b>
b. 沽혼 酒와 市혼 脯를 食디 아니ᄒᆞ시며(沽酒市脯를 不食ᄒᆞ시며) <論언二 57a>

<88> 살다 對 居ᄒᆞ다

고유어 '살다'와 한자어 '居ᄒᆞ다'가 [居] 즉 '살다'의 뜻을 가지고 동의 관계에 있다는 것은 다음 예문들에서 잘 확인된다. 원문 중 '居家'가 '집의 살다'로 번역되고 '居無求安'의 '居'가 '居ᄒᆞ다'로 번역된다. 따라서 '살다'와 '居ᄒᆞ다'의 동의성은 명백히 입증된다.

(88) a. 집의 살옴이(居家ㅣ) <小언二 70b>
b. 이 一生補處菩薩리 사논 고디라(是一生補處菩薩이 所居이니) <蒙六 14a>
c. 노픈 묏 그튼 디인의 사논 고디오(高岳嵬巖은 智人의 所居오) <誡初 26a>
d. 사논 밧 집이 허러뎌(所居屋敗ᄒᆞ야) <小언六 30a>
e. 혼자 어미와 더브러 사더니(獨與母居ㅣ러니) <小언六 18a>
(88) f. 居홈애 편안홈을 求티 아니ᄒᆞ며(居無求安ᄒᆞ며) <小언三 7b>

제3장 固有語와 漢字語 간의 同義

<89> 삼가다 對 근신ᄒ다

고유어 '삼가다'와 한자어 '근신(謹愼)ᄒ다'가 [愼] 즉 '삼가다, 근신하다'의 뜻을 가지고 동의 관계에 있다는 것은 『小學諺解』의 다음 예문들에서 잘 확인된다. 원문 중 '愼樞機'가 '樞機를 삼가다'로 번역되고 淸愼'이 '쳥렴ᄒ며 삼가다'로 번역되고 '周愼'이 '쥬밀ᄒ며 근신ᄒ다'로 번역된다. 따라서 '삼가다'와 '근신하다'의 동의성은 명백히 입증된다.

(89) a. 단졍ᄒ며 싁싁ᄒ며 쳥렴ᄒ며 삼가므로뼈(以端蔣淸愼으로) <小언五 32b>
b. 반ᄃ시 디답호믈 삼가홀디니라(必愼唯諾이니라) <小언三 11a>
c. 진실로 樞機를 삼가디 아니ᄒ면(苟不愼樞機면) <小언五 22b>
d. 내죵 삼가기를 처엄 ᄀ티 홀디니(愼終如始니) <小언二 76b>
e. 나ᄋ며 므르며 두루 돌옴애 삼가며 죔ᄒ며(進退周션에 愼齋ᄒ며) <小언二 6b>
(89) f. 龍伯高ᄂ 돈독ᄒ며 후듕ᄒ며 쥬밀ᄒ(12b)며 근신ᄒ야(敦厚周愼ᄒ야) <小언五 13a>

<90> 삼가다 對 謹ᄒ다

고유어 '삼가다'와 한자어 '謹ᄒ다'가 [謹] 즉 '삼가다'의 뜻을 가지고 동의 관계에 있다는 것은 다음 예문들에서 잘 확인된다. 원문 중 '謹'이 '삼가다'로도 번역되고 '謹ᄒ다'로도 번역된다. 따라서 '삼가다'와 '謹ᄒ다'의 동의성은 명백히 입증된다.

(90) a. 나는 곧 공슌ᄒ며 삼가고 믿비 ᄒ며(出則弟ᄒ며 謹而信ᄒ며)
    <小언一 14b>
   b. 나는 弟ᄒ며 謹ᄒ고 信ᄒ며(出則弟ᄒ며 謹而信ᄒ며) <論언一 3b>

<91> 삼가ᄒ다 對 愼ᄒ다

고유어 '삼가ᄒ다'와 한자어 '愼ᄒ다'가 [愼] 즉 '삼가다'의 뜻을 가지고 동의 관계에 있다는 것은 다음 예문들에서 잘 확인된다. 원문 중 '愼於言'이 '말슴애 삼가ᄒ다'로도 번역되고 '言에 愼ᄒ다'로도 번역된다. 따라서 '삼가ᄒ다'와 '愼ᄒ다'의 동의성은 명백히 입증된다.

(91) a. 말슴애 삼가ᄒ고(愼於言이오) <小언三 7b>
   b. 言에 愼ᄒ고(愼於言이오) <論언一 7b>

<92> 석다 對 敗ᄒ다

고유어 '석다'와 한자어 '敗ᄒ다'가 [敗] 즉 '썩다'의 뜻을 가지고 동의 관계에 있다는 것은 다음 예문들에서 잘 확인된다. 원문 중 '肉敗'가 '묻고기 석다'로도 번역되고 '肉이 敗ᄒ다'로도 번역된다. 따라서 '석다'와 '敗ᄒ다'의 동의성은 명백히 입증된다.

(92) a. 믈고기 므르니와 묻고기 서근 이를 먹디 아니ᄒ시며(魚餒而肉敗不食ᄒ시며) <小언三 25a>
   b. 魚ㅣ 餒ᄒ며 肉이 敗ᄒ니를 食디 아니ᄒ시며(魚餒而肉敗不食ᄒ시며) <論언二 56a>

<93> 셔다 對 立ᄒᆞ다

고유어 '셔다'와 한자어 '立ᄒᆞ다'가 [立] 즉 '셔다'의 뜻을 가지고 동의 관계에 있다는 것은 다음 예문들에서 잘 확인된다. 원문 중 '墻面而立'이 '담애 ᄂᆞᆾ 두고 셔다'로도 번역되고 '墻을 面ᄒᆞ야 立ᄒᆞ다'로도 번역된다. 따라서 '셔다'와 '立ᄒᆞ다'의 동의성은 명백히 입증된다.

(93) a. 그 正히 담애 ᄂᆞᆾ 두고 셤 ᄀᆞᆮᄐᆞ뎌(其猶正 墻面而立也與ㅣ뎌) <小언四 6b>
b. 그 正히 墻을 面ᄒᆞ야 立홈 ᄀᆞᆮᄐᆞ뎌(其猶正 墻面而立也與ㅣ뎌) <論언四 37a>

<94> 셔방맞다 對 혼인ᄒᆞ다

고유어 '셔방맞다'와 한자어 '혼인(婚姻)ᄒᆞ다'가 [嫁] 즉 '시집가다'의 뜻을 가지고 동의 관계에 있다는 것은 다음 예문들에서 잘 확인된다. 원문 중 '年十六而嫁'가 '나히 열 여스신 제 셔방맞다'로 번역되고 '爲資嫁之'가 '결속ᄒᆞ야 혼인ᄒᆞ다'로 번역된다. 따라서 '셔방맞다'와 '혼인하다'의 동의성은 명백히 입증된다.

(94) a. 漢 적 陳 싸 孝婦ㅣ 나히 열 여스신 제 셔방마자 ᄌᆞ식이 잇디 몯ᄒᆞ엿더니(漢陳孝婦ㅣ 年이 十六而嫁ᄒᆞ야 未有子ㅣ러니) <小언六 50b>
b. 믿 夫人이 呂氏예 셔방마자 오나ᄂᆞᆫ(及夫人이 嫁呂氏ᄒᆞ야ᄂᆞᆫ) <小언六 6b>
(94) c. 록봉앳 金을 내여 결속ᄒᆞ야 혼인ᄒᆞ더라(出俸金爲資ᄒᆞ야 嫁之

ᄒᆞ더라) <小언六 114a>

<95> 셤기다 對 事ᄒᆞ다

고유어 '셤기다'와 한자어 '事ᄒᆞ다'가 [事] 즉 '셤기다'의 뜻을 가지고 동의 관계에 있다는 것은 다음 예문들에서 잘 확인된다. 원문 중 '事…賢者'가 '어딘 이를 셤기다'로도 번역되고 '賢ᄒᆞᆫ 者를 事ᄒᆞ다'로도 번역된다. 따라서 '셤기다'와 '事ᄒᆞ다'의 동의성은 명백히 입증된다.

   (95) a. 그 태우의 어딘 이를 셤기며(事其大夫之賢者ᄒᆞ며) <小언二 66b>
        b. 그 태우의 賢ᄒᆞᆫ 者를 事ᄒᆞ며(事其大夫之賢者ᄒᆞ며) <論언四 5b>

<96> 소기다 對 欺ᄒᆞ다

고유어 '소기다'와 한자어 '欺ᄒᆞ다'가 [欺] 즉 '속이다'의 뜻을 가지고 동의 관계에 있다는 것은 다음 예문들에서 잘 확인된다. 원문 중 '勿欺'가 '소기ᄉᆞᆸ디 말다'로도 번역되고 '欺티 말다'로도 번역된다. 따라서 '소기다'와 '欺ᄒᆞ다'의 동의성은 명백히 입증된다.

   (96) a. 소기ᄉᆞᆸ디 말오 거스릴디니라(勿欺也ㅣ오 而犯之니라) <小언 二 4b>
        b. 欺티 말오 犯홀디니라(勿欺也ㅣ오 而犯之니라) <論언三 62a>

<97> 쉬다 對 餲ᄒᆞ다

고유어 '쉬다'와 한자어 '餲ᄒᆞ다'가 [餲] 즉 '쉬다'의 뜻을 가지고 동의 관계에 있다는 것은 다음 예문들에서 잘 확인된다. 원문 중 '食饐而餲'가 '밥이 즛들어 쉬다'로도 번역되고 '食ᅵ 饐ᄒᆞ야 餲ᄒᆞ다'로도 번역된다. 따라서 '쉬다'와 '餲ᄒᆞ다'의 동의성은 명백히 입증된다.

(97) a. 밥이 즛들어 쉬니와(食饐而餲와) <小언三 25a>
     b. 食ᅵ 饐ᄒᆞ야 餲ᄒᆞ니와(食饐而餲와) <論언二 56b>

<98> 슬ᄒᆞ다 對 厭ᄒᆞ다

고유어 '슬ᄒᆞ다'와 한자어 '厭ᄒᆞ다'가 [厭] 즉 '싫어하다'의 뜻을 가지고 동의 관계에 있다는 것은 다음 예문들에서 잘 확인된다. 원문 중 '厭…麤'가 '추코 더러운 거슬 염코 슬ᄒᆞ다'로 번역되고 '厭精'이 '精홈을 厭ᄒᆞ다'로 번역된다. 따라서 '슬ᄒᆞ다'와 '厭ᄒᆞ다'의 동의성은 명백히 입증된다.

(98) a. 졍코 조ᄒᆞᆫ 거슬 깃거 ᄒᆞ고 추(6b)코 더러운 거슬 염코 슬ᄒᆞ여 말고(不得欣厭精麤ᄒᆞ고) <誡初 7a>
     b. 밥을 精홈을 厭ᄒᆞ디 아니ᄒᆞ시며 膾ᄅᆞᆯ ᄀᆞ늘옴을 厭ᄒᆞ디 아니ᄒᆞ시며(食不厭精ᄒᆞ시며 膾不厭細ᄒᆞ시며) <小언三 24b>

<99> ᄉᆞ랑ᄒᆞ다 對 思量ᄒᆞ다

고유어 'ᄉᆞ랑ᄒᆞ다'와 한자어 '思量ᄒᆞ다'가 [思] 즉 '생각하다'의 뜻을 가지고 동의 관계에 있다는 것은 다음 예문들에서 잘 확인된다. 원문 중 '思食'이 '밥 ᄉᆞ랑ᄒᆞ다'로 번역되고 '思…身後之苦也'가 '身後엣 苦ᅵ 들 思量ᄒᆞ다'로 번역된다. 따라서 'ᄉᆞ랑ᄒᆞ다'와 '思量ᄒᆞ다'의 동의성은 명백히 입증된다.

(99) a. 주으리니 밥 ᄉ랑텃 ᄒ며 목ᄆᆞᄅ니 믈 ᄉ랑텃 ᄒ며(如飢이 思食 ᄒ며 如渴이 思水ᄒ며) <龜上 13b>

b. 도로혀 잢간니나 ᄉ랑ᄒ야 아라냐 몰라냐(還曾思省麼아) <蒙 六 24a>

(99) c. 닐오ᄃᆡ…目前의 樂이 곧 이 身後엣 苦ㅣㄴ ᄃᆞᆯ 다 思量티 아닌ᄂ다 ᄒ시니라(曰…都不思目前之樂이 便是身後之苦也ㅣ라 ᄒ시니라) <龜下 53a>

d. 어로 思量티 몯ᄒᆞᆯ 고대 나ᅀᅡ가(就不可思量處ᄒ야) <龜上 16b>

<100> ᄉ랑ᄒ다 對 ᄉ련ᄒ다

고유어 'ᄉ랑ᄒ다'와 한자어 'ᄉ련(思戀)ᄒ다'가 [戀] 즉 '생각하고 그리워하다'의 뜻을 가지고 동의 관계에 있다는 것은 다음 예문들에서 잘 확인된다. 원문 중 '戀…心'이 'ᄉ랑ᄒᆞᆯ ᄆᆞᅀᆞᆷ'으로 번역되고 '戀志'가 'ᄉ련ᄒᆞᆯ 뜯'으로 번역된다. 따라서 'ᄉ랑ᄒ다'와 'ᄉ련ᄒ다'의 동의성은 명백히 입증된다.

(100) a. 부텨 저ᅀᆞᆸᄂᆞᆫ 무루피 어름 ᄀᆞᆮ틀디라도 블 ᄉ랑ᄒᆞᆯ ᄆᆞᅀᆞᆷ 말며(拜膝이 如氷이라도 無戀火心ᄒ며) <誡初 27a>

b. 제 지보예도 ᄉ련ᄒᆞᆯ 뜨디 업곤(自財도 無戀志어니) <誡初 53b>

<101> ᄉ랑ᄒ다 對 愛ᄒ다

고유어 'ᄉ랑ᄒ다'와 한자어 '愛ᄒ다'가 [愛] 즉 '사랑하다'의 뜻을 가지고 동의 관계에 있다는 것은 다음 예문들에서 잘 확인된다. 원문 중 '愛衆'이 '모

둔 사룸을 사랑ᄒᆞ다'로도 번역되고 '衆을 愛ᄒᆞ다'로도 번역된다. 따라서 '사랑ᄒᆞ다'와 '愛ᄒᆞ다'의 동의성은 명백히 입증된다.

  (101) a. 모든 사룸을 넙이 ᄉᆞ랑호ᄃᆡ(汎愛衆호ᄃᆡ) <小언一 14b>
     b. 너비 衆을 愛호ᄃᆡ(汎愛衆호ᄃᆡ) <論언一 3b>

  <102> ᄉᆞ뭇다 對 통달ᄒᆞ다

  고유어 'ᄉᆞ뭇다'와 한자어 '통달(通達)ᄒᆞ다'가 [達] 즉 '통달하다'의 뜻을 가지고 동의 관계에 있다는 것은 다음 예문들에서 잘 확인된다. 원문 중 '曉達治道'가 '다스릴 道를 아라 ᄉᆞ뭇다'로 번역되고 '達生'이 '죽음 사룸애 통달ᄒᆞ다'로 번역된다. 따라서 'ᄉᆞ뭇다'와 '통달ᄒᆞ다'의 동의성은 명백히 입증된다.

  (102) a. 다ᄉᆞ릴 道를 아라 ᄉᆞ뭇츤 이로뻐 홀 거시니라(以…曉達治道者ㅣ니라) <小언六 14a>
     b. 만일 聰明ᄒᆞ며 ᄌᆡ조로오며 디혜로와 디식이 녜며 이제를 ᄉᆞ뭇추리 이셔도(如有聰明才智識達古今이라두) <小언五 68a>
     c. ᄇᆡ화 아는 배 베픔애 ᄉᆞ뭇디 아닐 ᄃᆡ 업스리라(學之所知ㅣ 施無不達ᄒᆞ리라) <小언五 108a>
     d. ᄌᆡ질와 디식이 붉고 ᄉᆞ몯차 可히 어딘 ᄃᆡ 나아가리를 取ᄒᆞ야(取材識明達可進於善者ᄒᆞ야) <小언六 13a>
  (102) e. 녯 사룸의 죽음(107a) 사룸애 통달ᄒᆞ여 命에 브려 두며(古人之達生委命ᄒᆞ며) <小언五 107b>
     f. 아래로 ᄇᆡ화 우후로 통달ᄒᆞᄂᆞ니라(下學而上達也ㅣ니라) <小언五 86a>
     g. 엇디 머리를 헏그루고 명망을 길워 스스로 어그럽고 통달호라

니롬이 이시리오(何有亂頭養望ᄒ야 自謂弘達也ㅣ리오) <小
언六 109a>
h. 南朝ㅣ 여듧 통달흔 이라 ᄒ야 일ᄏ라(南朝ㅣ 稱八達ᄒ야)
<小언五 21b>

<103> 슬피다 對 省ᄒ다

고유어 '슬피다'와 한자어 '省ᄒ다'가 [省] 즉 '살피다'의 뜻을 가지고 동의 관계에 있다는 것은 다음 예문들에서 잘 확인된다. 원문 중 '晨省'이 '새박이어든 슬피다'로도 번역되고 '새바긔 省ᄒ다'로도 번역된다. 따라서 '슬피다'와 '省ᄒ다'의 동의성은 명백히 입증된다.

(103) a. 어을미어든 定ᄒ고 새박이어든 슬피며(昏定而晨省ᄒ며) <小
언二 8b>
b. 中門 뒤희 가 새바긔 省ᄒ더라(晨省於中門之北ᄒ더라) <小언
六 95a>

<104> 슯슯ᄒ다 對 惺惺ᄒ다

고유어 '슯슯ᄒ다'와 한자어 '惺惺ᄒ다'가 [惺惺] 즉 '깨닫다'의 뜻을 가지고 동의 관계에 있다는 것은 다음 예문들에서 잘 확인된다. 원문 중 '自惺惺'이 'ᄌ겨 슯슯ᄒ다'로 번역되고 『七大萬法』에 '惺惺흔 ᄠᅳᆮ'이 있다. 따라서 '슯슯ᄒ다'와 '惺惺ᄒ다'의 동의성은 명백히 입증된다.

(104) a. 諸佛른 뎌 시져리 곧 ᄌ겨 슯슯ᄒ샤(諸佛른 彼時便自惺惺ᄒ
샤) <蒙六 26b>

　　　　　b. 惺은 슮슮홀 시오 <七大 18b>

(104) c. 惺惺혼 뜨들 니르텨 <七大 19b>

<105> 싱각ᄒᆞ다 對 ᄉᆞ렴ᄒᆞ다

고유어 '싱각ᄒᆞ다'와 한자어 'ᄉᆞ렴(思念)ᄒᆞ다'가 [思]와 [念] 즉 '생각하다, 사념하다'의 뜻을 가지고 동의 관계에 있다는 것은 『小學諺解』의 다음 예문들에서 잘 확인된다. 원문 중 '尋思'가 'ᄎᆞ자 싱각ᄒᆞ다'로 번역되고 '念…至'가 '니르신 줄을 싱각ᄒᆞ다'로 번역되고 '克念'이 '능히 ᄉᆞ렴ᄒᆞ다'로 번역된다. 따라서 '싱각ᄒᆞ다'와 'ᄉᆞ렴ᄒᆞ다'의 동의성은 명백히 입증된다.

　　(105) a. 오직 ᄎᆞ자 싱각ᄒᆞ야 뜯을 뻐 ᄒᆞ야ᄉᆞ(惟尋思用意라ᄉᆞ) <小언
　　　　　五 116a>
　　　　b. 父母끠 어딘 일홈 기팀을 싱각ᄒᆞ야(思貽父母令名ᄒᆞ야) <小언
　　　　　二 24b>
　　　　c. 세 적 올몸애 니르신 줄을 싱각ᄒᆞ야(念…至於三遷ᄒᆞ야) <小언
　　　　　五 9b>
　　(105) d. 져근 덛 즈음에도 능히 ᄉᆞ렴ᄒᆞ야(造次克念ᄒᆞ야) <小언五
　　　　　91b>

<106> 싱각ᄒᆞ다 對 思ᄒᆞ다

고유어 '싱각ᄒᆞ다'와 한자어 '思ᄒᆞ다'가 [思] 즉 '생각하다'의 뜻을 가지고 동의 관계에 있다는 것은 다음 예문들에서 잘 확인된다. 원문 중 '思明'이 '붉옴을 싱각ᄒᆞ다'로도 번역되고 '明을 思ᄒᆞ다'로도 번역된다. 그리고 '思聰'이

'총홈을 싱각ᄒ다'로도 번역되고 '聰을 思ᄒ다'로도 번역된다. 따라서 '싱각ᄒ다'와 '思ᄒ다'의 동의성은 명백히 입증된다.

(106) a. 봄에 붉옴을 싱각ᄒ며 드롬에 총홈을 싱각ᄒ며 ᄂᆺ빗체 화홈을 싱각ᄒ며 모양애 엄공홈을 싱각ᄒ며(視思明ᄒ며 聽思聰ᄒ며 色思溫ᄒ며 貌思恭ᄒ며) <小언三 5b>
b. 視에 明을 思하며 聽에 聰을 思ᄒ며 色에 溫을 思ᄒ며 貌에 恭을 思ᄒ며(視思明ᄒ며 聽思聰ᄒ며 色思溫ᄒ며 貌思恭ᄒ며) <論언四 25b>

<107> 아쳐ᄒ다 對 惡ᄒ다

고유어 '아쳐ᄒ다'와 한자어 '惡ᄒ다'가 [惡] 즉 '미워하다, 싫어하다'의 뜻을 가지고 동의 관계에 있다는 것은 다음 예문들에서 잘 확인된다. 원문 중 '大惡'가 '크게 아쳐ᄒ다'로 번역되고 '所惡'가 '惡ᄒᄂ 바'로 번역된다. 따라서 '아쳐ᄒ다'와 '惡ᄒ다'의 동의성은 명백히 입증된다.

(107) a. 이 내의 크게 아쳐ᄒᄂ 배니(此吾所大惡也ㅣ니) <小언五 12b>
b. 貧홈과 다못 賤홈이 이 사ᄅᆷ의 惡ᄒᄂ 배나(貧與賤이 是人之小惡也ㅣ나) <論언一 31b>

<108> 앉다 對 坐ᄒ다

고유어 '앉다'와 한자어 '坐ᄒ다'가 [坐] 즉 '앉다'의 뜻을 가지고 동의 관계에 있다는 것은 다음 예문들에서 잘 확인된다. 원문 중 '坐臥'가 '안즈며 눕다'

로 번역되고 '坐不知坐'가 '坐호매 坐룰 아디 몯호다'로 번역된다. 따라서 '앉다'와 '坐호다'의 동의성은 명백히 입증된다.

   (108) a. 셔츠 건너 안즈며 눕기를 삼가며(愼坐臥越次호며) <誠初 11a>
       b. 안즈며 음식 먹으며 나으며 믈롬애(坐食進退예) <小언六 86b>
       c. 줌줌호야 안자셔 관호디(默坐觀之호디) <誠初 17b>
       d. 안자셔 버스며 셔셔 주구미(坐脫立亡者ㅣ) <龜下 37a>
       e. 안자셔 옴겨(坐而遷之호야) <小언二 60a>
       f. 先生이 단정히 안자(先生이 端坐호야) <小언六 4a>
       g. 얼운과 아히 추례로써 안자 혼가지로 먹더라(長幼ㅣ 以次坐而 共食之호더라) <小언六 99b>
   (108) h. 工夫이 行호디 行을 아디 몯호며 坐호매 坐룰 아디 몯호매 니르면(工夫이 到行不知行호며 坐不知坐호면) <龜上 18a>

<109> 알다 對 知호다

고유어 '알다'와 한자어 '知호다'가 [知] 즉 '알다'의 뜻을 가지고 동의 관계에 있다는 것은 다음 예문들에서 잘 확인된다. 원문 중 '知幾'가 '조각을 알다'로 번역되고 '知新'이 '新을 知호다'로 번역된다. 따라서 '알다'와 '知호다'의 동의성은 명백히 입증된다.

   (109) a. 명텰혼 사룸은 조각을 아라(哲人은 知幾호야) <小언五 91b>
   (109) b. 그칠 디를 아라 定홈이 읻는디라(知止有定이라) <小언五 90a>

c. 서르 일훔을 아디 아니ᄒᆞ며(不相知名ᄒᆞ며) <小언二 45a>
(109) d. 故를 溫ᄒᆞ야 新을 知ᄒᆞ면(溫故而知新ᄒᆞ면) <論언一 13b>
e. 知ᄒᆞᆫ 者ᄂᆞᆫ 水를 됴히 너기고(知者ᄂᆞᆫ 樂水ᄒᆞ고) <論언二 11a>

<110> 알다 對 達ᄒᆞ다

고유어 '알다'와 한자어 '達ᄒᆞ다'가 [達] 즉 '알다'의 뜻을 가지고 동의 관계에 있다는 것은 다음 예문들에서 잘 확인된다. 원문 중 '達法源底'가 '法의 根源을 알다'로 번역되고 '達天眞'이 '天眞佛을 達ᄒᆞ다'로 번역된다. 따라서 '알다'와 '達ᄒᆞ다'의 동의성은 명백히 입증된다.

(110) a. 기픈 法의 根源을 아르샤(深達法源底ᄒᆞ샤) <蒙六 23a>
b. 覺性이 닷고ᄆᆞᆯ 因ᄒᆞ야 나디 아닌 ᄃᆞᆯ 이대 알면(善達覺性이 不因修生ᄒᆞ면) <龜上 25b>
c. 智慧ᄂᆞᆫ ᄉᆞᄆᆞᆺ 아로미오(智者ᄂᆞᆫ 了達也ㅣ오) <龜下 34a>
(110) d. 文殊ᄂᆞᆫ 天眞佛을 달코(文殊ᄂᆞᆫ 達天眞ㅣ오) <龜上 25a>

<111> 애ᄃᆞᆯ다 對 恨ᄒᆞ다

고유어 '애ᄃᆞᆯ다'와 한자어 '恨ᄒᆞ다'가 [憾]과 [恨] 즉 '애달파하다, 한하다, 원통히 여기다'의 뜻을 가지고 동의 관계에 있다는 것은 다음 예문들에서 잘 확인된다. 원문 중 '憾而能眕'이 '애ᄃᆞᆯ고 能히 ᄌᆞᄃᆞᆼᄒᆞ다'로 번역되고 '最恨'이 'ᄀᆞ장 恨ᄒᆞ다'로 번역된다. 따라서 '애ᄃᆞᆯ다'와 '恨ᄒᆞ다'의 동의성은 명백히 입증된다.

(111) a. ᄂᆞ초고 애ᄃᆞ디 아니ᄒᆞ며 애ᄃᆞᆯ고 能히 ᄌᆞᄃᆞᆼᄒᆞ리 젹ᄋᆞ니이다(降

而不憾ᄒ며 憾而能眕者ㅣ 鮮矣니이다) <小언四 48b>
b. 肹이 노ᄒ야 애ᄃ롬을 깁피 품어(肹이 深懷忿嘆ᄒ야) <小언六 62b>
(111) c. 내의 ᄀ장 恨ᄒᄂᆫ 배라(吾所最恨者ㅣ라) <小언五 79a>

<112> 어즈러이다 對 亂ᄒ다

고유어 '어즈러이다'와 한자어 '亂ᄒ다'가 [亂] 즉 '어지럽히다'의 뜻을 가지고 동의 관계에 있다는 것은 다음 예문들에서 잘 확인된다. 원문 중 '亂濟國'이 '濟ㅅ 나라ᄒᆞᆯ 어즈러이다'로 번역되고 '亂德'이 '德을 亂ᄒ다'로 번역된다. 따라서 '어즈러이다'와 '亂ᄒ다'의 동의성은 명백히 입증된다.

(112) a. 淖齒ㅣ 濟ㅅ 나라ᄒᆞᆯ 어즈러여 閔王을 죽이니(淖齒ㅣ 亂濟國ᄒ야 殺閔王ᄒ니) <小언四 32b>
b. 巧ᄒᆞᆫ 言은 德을 亂(10b)ᄒ고(巧言은 亂德이오) <論언四 10b>

<113> 얻다 對 得ᄒ다

고유어 '얻다'와 한자어 '得ᄒ다'가 [得] 즉 '얻다'의 뜻을 가지고 동의 관계에 있다는 것은 다음 예문들에서 잘 확인된다. 원문 중 '得一食'이 'ᄒᆞᆫ 음식을 얻다'로 번역되고 '不得'이 '得디 몯ᄒ다'로 번역된다. 따라서 '얻다'와 '得ᄒ다'의 동의성은 명백히 입증된다.

(113) a. 쏘 ᄆᆞ을 효근 사ᄅᆞᆷ ᄀᆞᆮᄐᆞᆫ 이 ᄒᆞᆫ 음식을 어드면(且如閭閻小人이 得一食ᄒ면) <小언五 74b>
b. 이제ᄂᆞᆫ 만ᄒᆞᆫ 祿을 어드니(今而得厚祿ᄒ니) <小언五 79a>

c. 지믈에 다드라셔 구챠히 얻디 말며(臨財毋苟得ᄒ며) <小언三 3b>

d. ᄒᆞᆫ 가ᄌᆞ와 半 품을 비록 或 어더도(一資半級을 雖或得之라두) <小언五 18b>

e. 天下애 얻디 어려온 거슨 兄弟오(天下애 雖得者ᄂᆞᆫ 兄弟오) <小언六 63b>

f. 苦를 버서 ᄇᆞ리고 樂ᄋᆞᆯ 어둘디어다(脫苦得樂이어다) <蒙六 29b>

(113) g. 님금ᄭᅴ 得디 몯ᄒᆞ야ᄂᆞᆫ 속이 덥다라 ᄒᆞᄂᆞ니(不得於君則熱中이니) <小언四 10a>

h. 伯高를 효측ᄒᆞ야 得디 몯ᄒᆞ야도(效伯高不得이라두) <小언五 14a>

i. ᄠᅳᆮ 득ᄒᆞᆫ 노푼 뉴란 ᄌᆞ조 ᄌᆞ조 친홀디니라(得意高流란 數數親 호리라) <誡初 59b>

그리고 고유어 '얻다'와 한자어 '得ᄒ다'가 [獲] 즉 '얻다'의 뜻을 가지고 동의 관계에 있다는 것은 다음 예문들에서 잘 확인된다. 원문 중 '獲五神通'이 '다ᄉᆞᆺ 가짓 神通을 얻다'로 번역되고 '獲大利益'이 '큰 利益을 得ᄒ다'로 번역된다. 따라서 '얻다'와 '得ᄒ다'의 동의성은 명백히 입증된다.

(113) j. 五百 比丘이 네 가짓 禪定을 어드며 다ᄉᆞᆺ 가짓 神通을 어두ᄃᆡ (五百比丘得四禪定ᄒ며 獲五神通호ᄃᆡ) <蒙六 21b>

k. 네 가지 저품 업슴과 열여듧 不兵法과ᄅᆞᆯ 어드샤(獲四無畏와 十八不兵法ᄒ야) <蒙六 19a>

l. ᄀᆞ장 微妙ᄒᆞᆫ 眞樂을 어드리라(獲勝妙眞樂ᄒ리라) <蒙六 24b>

　　　　m. 곧 最極尊重(36b)大自在樂과 慈悲喜捨無量力樂굴 어드리라
　　　　　(更獲最極尊重大自在樂과 慈悲喜捨無量力樂ᄒᆞ리라) <蒙六
　　　　　37a>
　(113) n. 큰 利益을 得ᄒᆞ리라(獲大利益ᄒᆞ리라) <蒙六 13b>

<114> 얻다 對 受ᄒᆞ다

　고유어 '얻다'와 한자어 '受ᄒᆞ다'가 [受] 즉 '얻다'의 뜻을 가지고 동의 관계에 있다는 것은 다음 예문들에서 잘 확인된다. 원문 중 '受諸苦惱'가 '여러 苦惱를 얻다'로 번역되고 '受苦惱'가 '셜우믈 受ᄒᆞ다'로 번역된다. 따라서 '얻다'와 '受ᄒᆞ다'의 동의성은 명백히 입증된다.

　(114) a. 여러 苦惱를 얻거니(受諸苦惱커니) <蒙六 9a>
　　　　b. 業을 조차 報를 얻ᄂᆞ니(隨業受報ᄒᆞᄂᆞ니) <蒙六 9a>
　(114) c. 各各기 ᄒᆞ마 셜우믈 受ᄒᆞ란대(各各已受苦惱ᄒᆞ란대) <蒙六
　　　　　5b>
　　　　d. 녜 ᄀᆞ티 셜운 苦를 受ᄒᆞ야(依前受苦ᄒᆞ야) <蒙六 16a>
　　　　e. 큰 고로를 슈ᄒᆞᄂᆞ니(受大苦惱ᄒᆞᄂᆞ니) <誡初 80b>
　　　　f. 受ᄒᆞ야 나ᄂᆞ니(受生ᄒᆞᄂᆞ니) <蒙六 15a>

<115> 얼리다 對 혼인ᄒᆞ다

　고유어 '얼리다'와 한자어 '혼인(婚姻)ᄒᆞ다'가 [嫁] 즉 '시집보내다'의 뜻을 가지고 동의 관계에 있다는 것은 다음 예문들에서 잘 확인된다. 원문 중 '嫁民間'이 '빅셩의 서리예 얼리다'로 번역된다. 그리고 '嫁⋯孤女二人'이 '아비 업순 ᄯᆞᆯ 두 사ᄅᆞᆷ을 혼인ᄒᆞ다'로 번역된다. 따라서 '얼리다'와 '혼인ᄒᆞ다'의 동의성은

명백히 입증된다.

> (115) a. 그 어미 劉氏를 내텨 빅셩의 서리예 얼리니(出其母劉氏ᄒᆞ야 嫁民間ᄒᆞ니) <小언六 30b>
> b. 쟝ᄎᆞᆺ 드려다가 남진 얼리려 ᄒᆞ더니(將取嫁之ᄒᆞ더니) <小언六 52a>
> (115) c. 兄弟의 아비 업손 ᄯᆞᆯ 두 사ᄅᆞᆷ을 혼인ᄒᆞ며(嫁兄弟之孤女二人ᄒᆞ며) <小언六 32b>

<116> 염글우다 對 實히오다/實히우다

고유어 '염글우다'와 한자어 '實히오다/實히우다'가 [實] 즉 '영글게 하다, 결실하게 하다'의 뜻을 가지고 동의 관계에 있다는 것은 다음 예문들에서 잘 확인된다. 원문 중 '實明倫'이 '인륜 붉키믈 實히우다'로 번역된다. 그리고 『七大萬法』에서 '길우며 염글우며'와 '길우며 實히오며'를 발견할 수 있는데 두 동사 '염글우다'와 '實히오다'는 前後의 文脈으로 보아 [實]의 뜻을 가진다. 따라서 '염글우다'와 '實히오다/實히우다'의 동의성은 명백히 입증된다.

> (116) a. 긔 四節리 ᄃᆞ외며 四方이 ᄃᆞ외야 내며 길우며 염글우며 ᄀᆞ초와 <七大 14a>
> (116) b. 色과 空과 性이 두려이 노가 法界예 ᄀᆞ득ᄒᆞ야 萬物을 내며 길우며 實히오며 ᄀᆞ초아 몯홀 일 업시 ᄒᆞᄂᆞ니 <七大 4a>
> c. 이 우흔 인륜 붉키믈 實히우니라(右ᄂᆞᆫ 實明倫이라) <小언六 101a>
> d. 이 우흔 몸 공경홈을 實히우니라(右ᄂᆞᆫ 實敬身이라) <小언四 133a>

<117> 온칠ᄒᆞ다 對 漆ᄒᆞ다

고유어 '온칠ᄒᆞ다'와 한자어 '漆ᄒᆞ다'가 [漆] 즉 '옻칠하다'의 뜻을 가지고 동의 관계에 있다는 것은 다음 예문들에서 잘 확인된다. 원문 중 '漆身'이 '몸을 온칠ᄒᆞ다'로 번역되고 '漆其頭'가 '그 머리를 漆ᄒᆞ다'로 번역된다. 따라서 '온칠ᄒᆞ다'와 '漆ᄒᆞ다'의 동의성은 명백히 입증된다.

(117) a. 讓이 ᄯᅩ 몸을 온칠ᄒᆞ야 라질을 밍글며(讓이 又漆身爲癩ᄒᆞ며)
&lt;小諺四 31b&gt;
b. 趙襄子ㅣ 智佰을 죽이고 그 머리를 漆ᄒᆞ야 오좀 누는 그르슬 밍그랏더니(趙襄子ㅣ 殺智佰ᄒᆞ고 漆其頭ᄒᆞ야 以爲飮器러니)
&lt;小諺四 30b&gt;

<118> 위완다 對 봉양ᄒᆞ다

고유어 '위완다'와 한자어 '봉양(奉養)ᄒᆞ다'가 [奉] 즉 '받들다, 봉양하다'의 뜻을 가지고 동의 관계에 있다는 것은 다음 예문들에서 잘 확인된다. 원문 중 '奉孝芬'이 '孝芬을 위안다'로 번역되고 '奉二親'이 '냥친을 봉양ᄒᆞ다'로 번역되므로 '위안다'와 '봉양ᄒᆞ다'의 동의성은 명백히 입증된다.

(118) a. 아ᅀᆞ 孝暐等이 孝芬을 위와도ᄃᆡ(弟孝暐等이 奉孝芬호ᄃᆡ) &lt;小諺六 86b&gt;
b. 公이 위와돔을 嚴ᄒᆞᆫ 아비 ᄀᆞ티 ᄒᆞ며(公이 奉之如嚴父ᄒᆞ며)
&lt;小諺六 73b&gt;
c. 孝芬等이 아ᄌᆞ미 李氏를 위와도ᄃᆡ(孝芬等이 承奉叔母李氏호ᄃᆡ) &lt;小諺六 87b&gt;

(118) d. 老萊子ㅣ 냥친을 효도로이 봉양ᄒᆞ더니(老萊子ㅣ 孝奉二親ᄒᆞ더니) <小언四 16a>

e. 怡怡히 어버이와 얼운을 봉양ᄒᆞ야(怡怡奉親長ᄒᆞ야) <小언五 20a>

f. 믈읫 죽은 이 셤기는 례도를 산 이 봉양키두곤 厚히 홀 거시니라(凡事死之禮를 當厚於奉生者ㅣ니라) <小언五 41a>

g. 몸 봉양홈을 빗나며 샤치홈을 됴히 너기는 디라(奉身好華侈라) <小언五 24a>

<119> 이긔다 對 勝ᄒᆞ다

고유어 '이긔다'와 한자어 '勝ᄒᆞ다'가 [勝] 즉 '이기다'의 뜻을 가지고 동의 관계에 있다는 것은 다음 예문들에서 잘 확인된다. 원문 중 '不使勝'이 '이긔게 아니ᄒᆞ다'로도 번역되고 '勝케 아니ᄒᆞ다'로도 번역된다. 따라서 '이긔다'와 '勝ᄒᆞ다'의 동의성은 명백히 입증된다.

(119) a. 고기 비록 하나 히여곰 밥 긔운을 이긔게 아니ᄒᆞ시며(肉雖多ㅣ나 不使勝食氣ᄒᆞ시며) <小언三 25b>

b. 肉이 비록 하나 ᄒᆞ여곰 食氣를 勝케 아니ᄒᆞ시며(肉雖多ㅣ나 不使勝食氣ᄒᆞ시며) <論언二 57a>

<120> 잃다 對 失ᄒᆞ다

고유어 '잃다'와 한자어 '失ᄒᆞ다'가 [失] 즉 '잃다'의 뜻을 가지고 동의 관계에 있다는 것은 다음 예문들에서 잘 확인된다. 원문 중 '患失'이 '일키를 근심ᄒᆞ다'로도 번역되고 '失홈을 患ᄒᆞ다'로도 번역된다. 따라서 '잃다'와 '失ᄒᆞ다'

의 동의성은 명백히 입증된다.

(120) a. 진실로 일키를 근심ᄒᆞ면(苟患失之면) <小언二 43b>
b. 진실로 失홈을 患ᄒᆞ면(苟患失之면) <論언四 38b>

<121> 잇다 對 居ᄒᆞ다

고유어 '잇다'와 한자어 '居ᄒᆞ다'가 [居] 즉 '있다, 집에 있다'의 뜻을 가지고 동의 관계에 있다는 것은 다음 예문들에서 잘 확인된다. 원문 중 '居衆寮'가 '즁뇨에 잇다'로 번역되고 '居…容'이 '居ᄒᆞ심애 지에ᄒᆞ다'로 번역된다. 따라서 '잇다'와 '居ᄒᆞ다'의 동의성은 명백히 입증된다.

(121) a. 즁뇨에 이셔 서로 ᄉᆞ양ᄒᆞ야 ᄃᆞ토디 말며(居衆寮ᄒᆞ야 須相不諍ᄒᆞ며) <誡初 10b>
b. 밧긔셔 이시며 자며(居宿於外ᄒᆞ며) <小언一 4b>
c. 시러곰 오래 벼슬에 잇디 몯ᄒᆞ니라(不得久居位ᄒᆞ니라) <小언六 34b>
d. ᄯᅩ 인는 바를 조차 기러(又隨所居而長ᄒᆞ야) <小언五 3a>
(121) e. 居ᄒᆞ심애 지에ᄒᆞ디 아니ᄒᆞ더시다(居不容이러시다) <小언三 16b>

<122> 자다 對 寢ᄒᆞ다

고유어 '자다'와 한자어 '寢ᄒᆞ다'가 [寢] 즉 '자다'의 뜻을 가지고 동의 관계에 있다는 것은 다음 예문들에서 잘 확인된다. 원문 중 '安寢'이 '편히 자다'로 번역되고 '寢'이 '寢ᄒᆞ다'로 번역된다. 따라서 '자다'와 '寢ᄒᆞ다'의 동의성은 명

백히 입증된다.

> (122) a. 믈러와 편히 자고(退而安寢ᄒ고) <小언六 101b>
> b. 자는 ᄃᆡ 니거든(歸寢이어든) <小언六 95a>
> (122) c. 食ᄒ심애 語티 아니ᄒ시며 寢ᄒ심애 言티 아니터시다(食不語ᄒ시며 寢不言이러시다) <論언二 53b>

<123> 자시다 對 飯ᄒ시다

고유어 '자시다'와 한자어 '飯ᄒ시다'가 [飯] 즉 '자시다'의 뜻을 가지고 동의 관계에 있다는 것은 다음 예문들에서 잘 확인된다. 원문 중 '先飯'이 '몬져 자시다'로도 번역되고 '몬져 飯ᄒ시다'로도 번역된다. 따라서 '자시다'와 '飯ᄒ시다'의 동의성은 명백히 입증된다.

> (123) a. 몬져 자시더시다(先飯이러시다) <小언二. 41b>
> b. 몬져 飯ᄒ더시다(先飯이러시다) <論언二. 60a>

<124> 잡다 對 執ᄒ다

고유어 '잡다'와 한자어 '執ᄒ다'가 [執] 즉 '잡다'의 뜻을 가지고 동의 관계에 있다는 것은 다음 예문들에서 잘 확인된다. 원문 중 '執事'가 '일 잡다'로도 번역되고 '事를 執ᄒ다'로도 번역된다. 따라서 '잡다'와 '執ᄒ다'의 동의성은 명백히 입증된다.

> (124) a. 일 잡음에 조심ᄒ며(執事敬ᄒ며) <小언三 4b>
> b. 事를 執홈이 敬ᄒ며(執事敬ᄒ며) <論언三 45a>

<125> 저허ᄒᆞ다 對 戰戰ᄒᆞ다

고유어 '저허ᄒᆞ다'와 한자어 '戰戰ᄒᆞ다'가 [戰戰] 즉 '두려워하다'의 뜻을 가지고 동의 관계에 있다는 것은 다음 예문들에서 잘 확인된다. 원문 중 '戰戰'이 '저허ᄒᆞ다'로도 번역되고 '戰戰ᄒᆞ다'로도 번역된다. 따라서 '저허ᄒᆞ다'와 '戰戰ᄒᆞ다'의 동의성은 명백히 입증된다.

(125) a. 모시예 글오ᄃᆡ 저허ᄒᆞ며 조심ᄒᆞ야 깁흔 모ᄉᆞᆯ 디늘어심 ᄀᆞ티 ᄒᆞ며 열운 어름을 ᄇᆞᆯ옴 ᄀᆞ티 ᄒᆞ라 ᄒᆞ니(詩云戰戰兢兢ᄒᆞ야 如臨深淵ᄒᆞ며 如履薄氷이라 ᄒᆞ니) <小언四 24a>
b. 詩예 닐오ᄃᆡ 戰戰ᄒᆞ며 兢兢ᄒᆞ야 기픈 모ᄉᆞᆯ 디ᄂᆞᆫᄃᆞᆺ ᄒᆞ며 여른 이름을 ᄇᆞᆲᄃᆞᆺ ᄒᆞ다 ᄒᆞ니(詩云戰戰兢兢ᄒᆞ야 如臨深淵ᄒᆞ며 如履薄氷이라 ᄒᆞ니) <論언二 29b>

<126> 졈글우다 對 終ᄒᆞ다

고유어 '졈글우다'와 한자어 '終ᄒᆞ다'가 [終] 즉 '저물게 하다, 마치다'의 뜻을 가지고 동의 관계에 있다는 것은 다음 예문들에서 잘 확인된다. 원문 중 '終日'이 '날을 졈글우다'로도 번역되고 '날을 終ᄒᆞ다'로도 번역된다. 따라서 '졈글우다'와 '終ᄒᆞ다'의 동의성은 명백히 입증된다.

(126) a. 빈브르 먹고 날을 졈글워(飽食終日ᄒᆞ야) <小언五 92b>
b. 飽히 食ᄒᆞ고 日을 終ᄒᆞ야(飽食終日ᄒᆞ야) <論언四 43a>

<127> 조심ᄒᆞ다 對 敬ᄒᆞ다

고유어 '조심ᄒᆞ다'와 한자어 '敬ᄒᆞ다'가 [敬] 즉 '조심하다'의 뜻을 가지고 동의 관계에 있다는 것은 다음 예문들에서 잘 확인된다. 원문 중 '敬'이 '조심ᄒᆞ다'로도 번역되고 '敬ᄒᆞ다'로도 번역된다. 따라서 '조심ᄒᆞ다'와 '敬ᄒᆞ다'의 동의성은 명백히 입증된다.

(127) a. 일 잡음애 조심ᄒᆞ며(執事敬ᄒᆞ며) <小언三 4b>
  b. 事 執홈이 敬ᄒᆞ며(執事敬ᄒᆞ며) <論언三 45a>

<128> 조심ᄒᆞ다 對 兢兢ᄒᆞ다

고유어 '조심ᄒᆞ다'와 한자어 '兢兢ᄒᆞ다'가 [兢兢] 즉 '조심하다'의 뜻을 가지고 동의 관계에 있다는 것은 다음 예문들에서 잘 확인된다. 원문 중 '戰戰兢兢'이 '저허ᄒᆞ며 조심ᄒᆞ다'로도 번역되고 '戰戰ᄒᆞ며 兢兢ᄒᆞ다'로도 번역된다. 따라서 '조심ᄒᆞ다'와 '兢兢ᄒᆞ다'의 동의성은 명백히 입증된다.

(128) a. 모시예 글오ᄃᆡ 저허ᄒᆞ며 조심ᄒᆞ야 깁흔 모ᄉᆞᆯ 디늘어심 ᄀᆞᆮ티 ᄒᆞ며 열운 어름을 불옴 ᄀᆞᆮ티 ᄒᆞ라 ᄒᆞ니(詩云戰戰兢兢ᄒᆞ야 如臨深淵ᄒᆞ며 如履薄氷이라 ᄒᆞ니) <小언四 24a>
  b. 詩예 닐오ᄃᆡ 戰戰ᄒᆞ며 兢兢ᄒᆞ야 기픈 모ᄉᆞᆯ 디ᄂᆞᆮ ᄒᆞ며 여른 이름을 넓ᄃᆞᆺ ᄒᆞ다 ᄒᆞ니(詩云戰戰兢兢ᄒᆞ야 如臨深淵ᄒᆞ며 如履薄氷이라 ᄒᆞ니) <論언二 29b>

<129> 좇다 對 인슌ᄒᆞ다

고유어 '좇다'와 한자어 '인슌(因循)ᄒᆞ다'가 [循] 즉 '좇다, 따르다'의 뜻을 가지고 동의 관계에 있다는 것은 다음 예문들에서 잘 확인된다. 원문 중 '循私

意'가 '스스 뜯을 좇다'로 번역되고 '循枉'이 '굽은 일을 인슌ᄒ다'로 번역되므로 '좇다'와 '인슌ᄒ다'의 동의성은 명백히 입증된다.

 (129) a. 스스 뜯을 조차(循私意ᄒ야) <小언五 3b>
    b. 믹스룰 規矩룰 조차 넓(1b)드믜게 ᄒ더라(事事를 循蹈規矩ᄒ더라) <小언六 2a>
 (129) c. 굽은 일을 인슌티 말며(毋循枉ᄒ며) <小언三 12b>

 <130> 주다 對 賜ᄒ다

 고유어 '주다'와 한자어 '賜ᄒ다'가 [賜] 즉 '주다'의 뜻을 가지고 동의 관계에 있다는 것은 다음 예문들에서 잘 확인된다. 원문 중 '賜食'이 '음식을 주다'로도 번역되고 '食을 賜ᄒ다'로도 번역된다. 따라서 '주다'와 '賜ᄒ다'의 동의성은 명백히 입증된다.

 (130) a. 님금이 음식을 주어시든(君이 賜食이어시든) <小언一 41a>
    b. 님금이 놀고기를 주어시든(君이 賜腥이어시든) <小언一 41a>
    c. 님금이 산 것을 주어시든(君이 賜生이어시든) <小언一 41a>
 (130) d. 君이 食을 賜ᄒ야시든(君이 賜食이어시든) <論언二 59b>
    e. 君이 腥을 賜ᄒ야시든든(君이 賜腥이어시든) <論언二 59b>
    f. 君이 生을 賜ᄒ야시든(君이 賜生이어시든) <論언二 59b>

 <131> 즛므르다 對 餡ᄒ다

 고유어 '즛므르다'와 한자어 '餡ᄒ다'가 [餡] 즉 '짓무르다'의 뜻을 가지고

동의 관계에 있다는 것은 다음 예문들에서 잘 확인된다. 원문 중 '食饐'가 '밥이 즛므르다'로도 번역되고 '食ㅣ 饐ㅎ다'로도 번역된다. 따라서 '즛므르다'와 '饐ㅎ다'의 동의성은 명백히 입증된다.

(131) a. 밥이 즛믈어 쉬니와(食饐而餲와) <小언三 25a>
　　　 b. 食ㅣ 饐ㅎ야 餲ㅎ니와(食饐而餲와) <論언二 56b>

<132> 지다 對 負ㅎ다

고유어 '지다'와 한자어 '負ㅎ다'가 [負] 즉 '지다'의 뜻을 가지고 동의 관계에 있다는 것은 다음 예문들에서 잘 확인된다. 원문 중 '負版者'가 '호적 진 이'로도 번역되고 '版 負흔 者'로도 번역된다. 따라서 '지다'와 '負ㅎ다'의 동의성은 명백히 입증된다.

(132) a. 상복ㅎ니를 式ㅎ시며 호적 진 이를 式ㅎ더시다(凶服者를 式ㅎ시며 式負版者ㅣ러시다) <小언三 16a>
　　　 b. 凶服흔 者를 式ㅎ시며 版 負흔 者를 式ㅎ더시다(凶服者를 式ㅎ시며 式負版者ㅣ러시다) <論언二 61b>

<133> 줌줌ㅎ다 對 黙ㅎ다

고유어 '줌줌ㅎ다'와 한자어 '黙ㅎ다'가 [黙] 즉 '묵묵하다, 말하지 않다'의 뜻을 가지고 동의 관계에 있다는 것은 다음 예문들에서 잘 확인된다. 원문 중 '一黙'이 '흔 번 줌줌ㅎ다'로 번역되고 '黙'이 '黙ㅎ다'로 번역된다. 따라서 '줌줌ㅎ다'와 '黙ㅎ다'의 동의성은 명백히 입증된다.

(133) a. 혼 번 말ᄉᆞᆷᄒᆞ며 혼 번 ᄌᆞᆷᄌᆞᆷᄒᆞ욤을(一語一黙) <小언五 112a>
　　　 b. 黙ᄒᆞ야 識ᄒᆞ며(黙而識之ᄒᆞ며) <論언二 14b>

<134> 치다 對 효양ᄒᆞ다

고유어 '치다'와 한자어 '효양(孝養)ᄒᆞ다'가 [養] 즉 '효양하다'의 뜻을 가지고 동의 관계에 있다는 것은 다음 예문들에서 잘 확인된다. 원문 중 '養親'이 '어버이를 치다'로도 번역되고 '어버이 효양ᄒᆞ다'로도 번역된다. 그리고 '養其姑'가 '그 싀어미를 치다'로 번역되고 '養姑'가 '싀어미 효양ᄒᆞ다'로 번역된다. 따라서 '치다'와 '효양ᄒᆞ다'의 동의성은 명백히 입증된다.

(134) a. 隱居ᄒᆞ야셔 어버이를 치더니 (隱居養親ᄒᆞ더니) <小언五 83a>
　　　 b. 사ᄅᆞᆷ의 늘근 어미를 치다가 能히 못디 몯ᄒᆞ며(夫養人老母而不能卒ᄒᆞ며) <小언六 52a>
　　　 c. 드듸여 ᄒᆡ여곰 그 싀어미를 치게 ᄒᆞ니(遂使養其姑ᄒᆞ니) <小언六 52b>
　　　 d. 孝子의 늘그시니 치기ᄂᆞᆫ(孝子之養老也ᄂᆞᆫ) <小언二 18a>
(134) e. 어버이 효양ᄒᆞ기를 아디 몯ᄒᆞᄂᆞᆫ 이ᄂᆞᆫ(未知養親者ᄂᆞᆫ) <小언五 104b>
　　　 f. 네 즐겨 내 어미를 효양ᄒᆞᆯ다(汝ㅣ 肯養吾母乎아) <小언六 50b>
　　　 g. 婦ㅣ 싀어미 효양홈을 衰티 아니ᄒᆞ야(婦ㅣ 養姑不衰ᄒᆞ야) <小언六 51a>

<135> 펴다 對 申申ᄒᆞ다

고유어 '펴다'와 한자어 '申申ᄒᆞ다'가 [申申] 즉 '펴다'의 뜻을 가지고 동의 관계에 있다는 것은 다음 예문들에서 잘 확인된다. 원문 중 '申申'가 '申申ᄒᆞ다'로 '申申'의 자석이 '모양이 펴다'이다. 따라서 '펴다'와 '申申ᄒᆞ다'의 동의성은 명백히 입증된다.

(135) a. 申申툿 ᄒᆞ시며(申申如也ᄒᆞ시며) <小언三 16b>
　　　 b. 申申툿 ᄒᆞ시며(申申如也ᄒᆞ시며) <論언一 15a>
(135) c. 申申: 모양이 폄이라 <小언三 16b>

<136> 펴다 對 逞ᄒᆞ다

고유어 '펴다'와 한자어 '逞ᄒᆞ다'가 [逞] 즉 '펴다'의 뜻을 가지고 동의 관계에 있다는 것은 다음 예문들에서 잘 확인된다. 원문 중 '逞顔色'이 'ᄂᆞᆺ빗츨 펴다'로도 번역되고 'ᄂᆞᆺ빗츨 逞ᄒᆞ다'로도 번역된다. 따라서 '펴다'와 '逞ᄒᆞ다'의 동의성은 명백히 입증된다.

(136) a. ᄂᆞᆺ빗츨 펴샤 화열툿시 ᄒᆞ시며(逞顔色ᄒᆞ샤 怡怡如也ᄒᆞ시며)
　　　　　 <小언二 38b>
　　　 b. ᄂᆞᆺ빗츨 逞ᄒᆞ샤 怡怡툿 ᄒᆞ시며(逞顔色ᄒᆞ샤 怡怡如也ᄒᆞ시며)
　　　　　 <論언二 53a>

<137> 헐ᄲᅳ리다 對 毁ᄒᆞ다

고유어 '헐ᄲᅳ리다'와 한자어 '毁ᄒᆞ다'가 [毁] 즉 '헐뜯다'의 뜻을 가지고 동의 관계에 있다는 것은 다음 예문들에서 잘 확인된다. 원문 중 '毁譽'가 '헐ᄲᅳ리며 기리다'로 번역되고 '誰譽'가 '누를 譽ᄒᆞ다'로 번역된다. 따라서 '헐ᄲᅳ리

다'와 '毁ᄒᆞ다'의 동의성은 명백히 입증된다.

> (137) a. 그 가ᄋᆞᆷ열며 貴ᄒᆞ며 가ᄂᆞ며 賤ᄒᆞ며 헐ᄡᅳ리며 기리며 깃브고 측ᄒᆞᆫᄋᆡ ᄒᆞᆫ 일도 그 ᄆᆞᅀᆞᆷᄋᆞᆯ 움즈기디 아니ᄒᆞ고 慨然히 天下애 ᄠᅳᆮ을 둣더니(其於富貴貧賤毁譽歡戚애 不一動其心而慨然有志於天下ᄒᆞ더니) <小언六 119a>
> b. 외니 올ᄒᆞ니 ᄒᆞ며 헐ᄡᅳ리며 기리ᄂᆞᆫ ᄉᆞ이예(是非毁譽間애) <小언小 22b>
> (137) c. 子ㅣ ᄀᆞᄅᆞ샤ᄃᆡ 내 人에 누를 毁ᄒᆞ며 누를 譽ᄒᆞ리오(子ㅣ 曰吾之於人也애 誰毁誰譽ㅣ리오) <論언四 10a>

<138> 헤혀다 對 啓ᄒᆞ다

고유어 '헤혀다'와 한자어 '啓ᄒᆞ다'가 [啓] 즉 '헤치다'의 뜻을 가지고 동의 관계에 있다는 것은 다음 예문들에서 잘 확인된다. 원문 중 '啓予足'이 '내 발을 헤혀다'로도 번역되고 '내 발을 啓ᄒᆞ다'로도 번역된다. 따라서 '헤혀다'와 '啓ᄒᆞ다'의 동의성은 명백히 입증된다.

> (138) a. 내 발을 헤혀며 내 손을 헤혀라(啓予足ᄒᆞ며 啓予手ᄒᆞ라) <小언四 24a>
> b. 내 발을 啓ᄒᆞ며 내 손을 啓ᄒᆞ라(啓予足ᄒᆞ며 啓予手ᄒᆞ라) <論언二 29b>

<139> 희의치다 對 희롱ᄒᆞ다

고유어 '희의치다'와 한자어 '희롱(戲弄)ᄒᆞ다'가 [戲]와 [弄] 즉 '희롱하다'

의 뜻을 가지고 동의 관계에 있다는 것은 다음 예문들에서 잘 확인된다. 원문 중 '玩戱'가 '완롱ᄒᆞ야 희의치다'로 번역되고 '戱慢'이 '희롱ᄒᆞ며 거만ᄒᆞ다'로 번역된다. 따라서 '희의치다'와 '희롱ᄒᆞ다'의 동의성은 명백히 입증된다.

> (139) a. 위완ᄂᆞᆫ 이 널로 뻐 완롱ᄒᆞ야 희으침 삼ᄂᆞᆫ 주를 아디 몯ᄒᆞᄂᆞ니라(不知承奉者ㅣ 以爾爲玩戱니라) <小언五 23b>
> (139) b. 여슷재ᄂᆞᆫ 음(100b)탕ᄒᆞ며 더러오며 희롱ᄒᆞ며 거만ᄒᆞ며 겨집의 양ᄌᆞ 의론홈을 닐으디 아니홈이오(六은 不言淫媟戱慢評論女色이오) <小언五 101a>
> c. 벼슬 잇ᄂᆞᆫ 이ᄂᆞᆫ 위ᄒᆞ야 公服을 지어셔 희롱ᄒᆞᄂᆞᆫ디라(有官者ᄂᆞᆫ 或爲之製公服而弄之라) <小언五 42b>

<140> ᄒᆞ다 對 承ᄒᆞ다

고유어 'ᄒᆞ다'와 한자어 '承ᄒᆞ다'가 [承] 즉 '받들다'의 뜻을 가지고 동의 관계에 있다는 것은 다음 예문들에서 잘 확인된다. 원문 중 '承大祭'가 '큰 祭를 ᄒᆞ다'로도 번역되고 '大祭를 承ᄒᆞ다'로도 번역된다. 따라서 'ᄒᆞ다'와 '承ᄒᆞ다'의 동의성은 명백히 입증된다.

> (140) a. 빅셩을 블요(4a)디 큰 祭를 ᄒᆞ욤 곧티 ᄒᆞ고(使民如承大祭ᄒᆞ고) <小언三 4b>
> b. 民을 使호디 大祭를 承홈 ᄀᆞ(19a)티 ᄒᆞ고(使民如承大祭ᄒᆞ고) <論언三 19b>

## 2.2. 固有語가 動作動詞句인 경우

動詞類에서 확인되는 固有語와 漢字語 간의 同義에서 固有語가 動作動詞句인 경우에는 [冠] 즉 '갓을 쓰다'의 뜻을 가진 '갓 스다'와 '가관ᄒᆞ다', [危坐] 즉 '꿇어 앉다'의 뜻을 가진 '꾸러 앉다'와 '危坐ᄒᆞ다' 그리고 [昧] 즉 '어둡게 하다'의 뜻을 가진 '어즐리 ᄒᆞ다'와 '昧却ᄒᆞ다' 등 20여 항목이 있다.

<1> 갓 스다 對 가관ᄒᆞ다

고유어 동작동사구 '갓 스다'와 한자어 '가관(加冠)ᄒᆞ다'가 [冠] 즉 '갓을 쓰다'의 뜻을 가지고 동의 관계에 있다는 것은 다음 예문들에서 잘 확인된다. 원문 중 '冠者'가 '갓 션ᄂᆞ니'로 번역되고 '冠禮'가 '가관ᄒᆞᄂᆞᆫ 禮'로 번역되므로 '갓 스다'와 '가관ᄒᆞ다'의 동의성은 명백히 입증된다. '션ᄂᆞ니'는 '스+어#잇+ᄂᆞ+ᆫ#이'로 분석될 수 있다.

(1) a. 갓 션ᄂᆞ니 머리 빗디 아니ᄒᆞ며(冠者ㅣ 不櫛ᄒᆞ며) <小언二 23a
(1) b. 가관ᄒᆞᄂᆞᆫ 禮 廢ᄒᆞ연디 오라니(冠禮之廢ㅣ 久矣니) <小언五 42b>
c. 스믈히어든 가관ᄒᆞ야 비로소 禮를 빈호며(二十而冠ᄒᆞ야 始學禮ᄒᆞ며) <小언一 5b>
d. 가관ᄒᆞ기ᄂᆞᆫ 인 사름의 道ㅣ니(冠者ᄂᆞᆫ 成人之道也ㅣ니) <小언五 41b>
e. 가관ᄒᆞ기와 혼인과 상ᄉᆞ와 졔ᄉᆞᄂᆞᆫ(冠昏喪祭ᄂᆞᆫ) <小언五 39b>

<2> 거두들다 對 攝ᄒᆞ다

고유어 '거두들다'와 한자어 '攝ᄒᆞ다'가 [攝] 즉 '추다, 추어 올리다'의 뜻을 가지고 동의 관계에 있다는 것은 다음 예문들에서 잘 확인된다. 원문 중 '攝

齊'가 '옷기슭을 거두들다'로도 번역되고 '齊를 攝ᄒ다'로도 번역된다. 따라서 '거두들다'와 '攝ᄒ다'의 동의성은 명백히 입증된다. 고유어 '거두들다'는 합성 동작동사로 동작동사 '거두다'의 어간 '거두-'와 동작동사 '들다'의 비동사적 합성이다.

(2) a. 옷기슭을 거두들어 堂이 오ᄅ실시(攝齊升堂ᄒ실시) <小언二 39b>

(2) b. 齊를 攝ᄒ야 堂의 오ᄅ실시(攝齊升堂ᄒ실시) <論언二 52b>

<3> 쑳어 앉다 對 危坐ᄒ다

고유어 동작동사구 '쑳어 앉다'와 한자어 '危坐ᄒ다'가 [危坐] 즉 '쑳어 앉다'의 뜻을 가지고 동의 관계에 있다는 것은 다음 예문들에서 잘 확인된다. 원문 중 '獨危坐'가 '홀로 쑳어 앉다'로 번역되고 '靜室危坐'가 '괴오ᄒ 집의 危坐ᄒ다'로 번역된다. 그리고 '危坐'의 자석이 '슈러 앉다'이다. 따라서 '쑳어 앉다'와 '危坐ᄒ다'의 동의성은 명백히 입증된다.

(3) a. 容이 홀로 쑳어 안자 더옥 공슌ᄒ거늘(容이 獨危坐愈恭이어늘) <小언六 106a>

b. 날이 못도록 무루플 가다 쑳어 안자(終日斂膝危坐ᄒ야) <小언六 107b>

(3) c. 모롬이 괴오ᄒ 집의 危坐[슈러 안즘이라]ᄒ야(須靜室危坐ᄒ야) <小언五 113a>

<4> 그르ᄒ다 對 失ᄒ다

고유어 '그르 ᄒᆞ다'와 한자어 '失ᄒᆞ다'가 [失] 즉 '그릇되게 하다'의 뜻을 가지고 동의 관계에 있다는 것은 다음 예문들에서 잘 확인된다. 원문 중 '失飪'이 '글효믈 그르 ᄒᆞ다'로도 번역되고 '飪을 失ᄒᆞ다'로도 번역된다. 따라서 '그르 ᄒᆞ다'와 '失ᄒᆞ다'의 동의성은 명백히 입증된다. 고유어 '그르 ᄒᆞ다'는 동작동사구로 부사 '그르'와 동작동사 'ᄒᆞ다'의 결합이다.

(4) a. 글효믈 그르 ᄒᆞ얏거든 먹디 아니ᄒᆞ시며(失飪不食ᄒᆞ시며) <小언三 25a>
   b. 飪을 失ᄒᆞ엿거든 食디 아니ᄒᆞ시며(失飪不食ᄒᆞ시며) <論언二 51b>

<5> 근절히 ᄒᆞ다 對 切切ᄒᆞ다

고유어 '근절(懇切)히 ᄒᆞ다'와 한자어 '切切ᄒᆞ다'가 [切切] 즉 '간절히 하다'의 뜻을 가지고 동의 관계에 있다는 것은 다음 예문들에서 잘 확인된다. 원문 중 '切切'이 '근절히 ᄒᆞ다'로도 번역되고 '切切ᄒᆞ다'로도 번역된다. 따라서 '간절히 ᄒᆞ다'와 '切切ᄒᆞ다'의 동의성은 명백히 입증된다. 고유어 '근절히 ᄒᆞ다'는 동작동사구로 부사 '근절히'와 동작동사 'ᄒᆞ다'의 결합이다.

(5) a. 벋은 근절히 ᄒᆞ며 ᄌᆞ셔히 힘뼈 ᄒᆞ고(朋友엔 切切偲偲오) <小언二 66b>
   b. 朋友ᄂᆞᆫ 切切ᄒᆞ며 偲偲ᄒᆞ고(朋友엔 切切偲偲오) <論언三 50a>

<6> 눈 멀다 對 瞽ᄒᆞ다

고유어 '눈 멀다'와 한자어 '瞽ᄒᆞ다'가 [瞽] 즉 '눈 멀다'의 뜻을 가지고 동의

관계에 있다는 것은 다음 예문들에서 잘 확인된다. 원문 중 '瞽者'가 '눈 머니'로도 번역되고 '瞽ᄒᆞᆫ 者'로도 번역된다. 따라서 '눈 멀다'와 '瞽ᄒᆞ다'의 동의성은 명백히 입증된다. 고유어 '눈 멀다'는 동작동사구로 명사 '눈'과 동작동사 '멀다'의 결합이다.

  (6) a. 冕ᄒᆞ니와 다뭇 눈 머니를 보시고(見冕者與瞽者ᄒᆞ시고) <小언三 15>
    b. 冕ᄒᆞᆫ 者와 다뭇 瞽ᄒᆞᆫ 者를 보시고(見冕者與瞽者ᄒᆞ시고) <論언 二 61a>

<7> ᄂᆞᆾ 두다 對 面ᄒᆞ다

 고유어 'ᄂᆞᆾ 두다'와 한자어 '面ᄒᆞ다'가 [面] 즉 '낯 두다, 향하다'의 뜻을 가지고 동의 관계에 있다는 것은 다음 예문들에서 잘 확인된다. 원문 중 '墻面'이 '담애 ᄂᆞᆾ 두다'로도 번역되고 '墻을 面ᄒᆞ다'로도 번역된다. 따라서 'ᄂᆞᆾ 두다'와 '面ᄒᆞ다'의 동의성은 명백히 입증된다. 고유어 'ᄂᆞᆾ 두다'는 동작동사구로 명사 'ᄂᆞᆾ'[面]과 동작동사 '두다'의 결합이다.

  (7) a. 그 正히 담애 ᄂᆞᆾ 두고 셤 ᄀᆞᆮᄐᆞᆫ뎌(其猶正墻面而立也與ᆞᆫ뎌) <小언四 6b>
    b. 그 正히 墻을 面ᄒᆞ야 立홈 ᄀᆞᆮᄐᆞᆫ뎌(其猶正墻面而立也與ᆞᆫ뎌) <論언四 37a>

<8> 다 ᄂᆞ리다 對 沒ᄒᆞ다

 고유어 '다 ᄂᆞ리다'와 한자어 '沒ᄒᆞ다'가 [沒] 즉 '다 내려오다'의 뜻을 가지

고 동의 관계에 있다는 것은 다음 예문들에서 잘 확인된다. 원문 중 '沒階'가 '계졀에 다 ᄂᆞ리다'로도 번역되고 '階를 沒ᄒᆞ다'로도 번역된다. 따라서 '다 ᄂᆞ리다'와 '沒ᄒᆞ다'의 동의성은 명백히 입증된다. 고유어 '다 ᄂᆞ리다'는 동작동사구로 부사 '다'와 동작동사 'ᄂᆞ리다'의 결합이다.

(8) a. 계졀에 다 ᄂᆞ리샤ᄂᆞᆫ(沒階ᄒᆞ샤ᄂᆞᆫ) <小언二. 39b>
b. 階를 沒ᄒᆞ샤ᄂᆞᆫ(沒階ᄒᆞ샤ᄂᆞᆫ) <論언二. 53a>

<9> 도라가다 對 復ᄒᆞ다

고유어 '도라가다'와 한자어 '復ᄒᆞ다'가 [復] 즉 '돌아가다'의 뜻을 가지고 동의 관계에 있다는 것은 다음 예문들에서 잘 확인된다. 원문 중 '復其位'가 '그 位예 도라가다'로도 번역되고 '그 位예 復ᄒᆞ다'로도 번역된다. 따라서 '도라가다'와 '復ᄒᆞ다'의 동의성은 명백히 입증된다. 고유어 '도라가다'는 합성 동작동사로 동작동사 '돌다'의 부사형 '도라'와 동작동사 '가다'의 合成이다.

(9) a. 그 位예 도라가샤ᄂᆞᆫ(復其位ᄒᆞ샤ᄂᆞᆫ) <小언二. 39b>
b. 그 位예 復ᄒᆞ샤ᄂᆞᆫ(復其位ᄒᆞ샤ᄂᆞᆫ) <論언二. 53a>

<10> 됴히 너기다 對 好ᄒᆞ다

고유어 '됴히 너기다'와 한자어 '好ᄒᆞ다'가 [好] 즉 '좋아하다'의 뜻을 가지고 동의 관계에 있다는 것은 다음 예문들에서 잘 확인된다. 원문 중 '好學'가 '學을 됴히 너기다'로도 번역되고 '學을 好ᄒᆞ다'로도 번역된다. 따라서 '됴히 너기다'와 '好ᄒᆞ다'의 동의성은 명백히 입증된다. 고유어 '됴히 너기다'는 동작동사구로 부다 '됴히'와 동작동사 '너기다'의 결합이다.

(10) a. 可히 學을 됴히 너긴다 닐올디니라(可謂好學也已니라) <論언
一7b>
b. 色(9b) 됴히 너김을 아라는 졈고 고온 이를 싱각호고(知好色則
慕少艾호고) <小언四 90a>
(10) c. 仁을 好호고 學을 好티 아니호면(好仁不好學이면) <論언四
35b>
d. 知를 好호고 學을 好티 아니호면(好知不好學이면) <論언四
35a>

<11> 뜯 두다 對 志호다

고유어 '뜯 두다'와 한자어 '志호다'가 [志] 즉 '뜻을 두다'의 뜻을 가지고 동의 관계에 있다는 것은 다음 예문들에서 잘 확인된다. 원문 중 '志於道'가 '道애 뜯 두다'로도 번역되고 '道애 志호다'로도 번역된다. 따라서 '뜯 두다'와 '志호다'의 동의성은 명백히 입증된다. 고유어 '뜯 두다'는 동작동사구로 명사 '뜯'과 동작동사 '두다'의 결합이다.

(11) a. 士ㅣ 道애 뜯 두고 사오나온 옷과 사오나온 음식을 붓그리느니
는 足히 더블어 의논티 몯호리니라(士ㅣ 志於道而 恥惡衣 惡食
者는 未足與議也ㅣ니라> <小언三 23b>
b. 士ㅣ 道애 志호디 사(33b)오나온 옷과 사오다온 음식을 붓그리
늘 者는 足히 더브러 議티 몯홀 꺼시니라(士ㅣ 志於道而恥惡衣
惡食者는 未足與議也ㅣ니라> <論언一 34a>

<12> 맛보다 對 嘗호다

고유어 '맛보다'와 한자어 '嘗ᄒ다'가 [嘗] 즉 '맛보다'의 뜻을 가지고 동의 관계에 있다는 것은 다음 예문들에서 잘 확인된다. 원문 중 '先嘗'이 '몬져 맛보다'로도 번역되고 '몬져 嘗ᄒ다'로도 번역된다. 따라서 '맛보다'와 '嘗ᄒ다'의 동의성은 명백히 입증된다. 고유어 '맛보다'는 명사 '맛'과 동작동사 '보다'의 合成이다.

(12) a. 님금이 음식을 주어시든 반ᄃ시 돗ᄀᆯ 바ᄅ ᄒ고 몬져 맛보시고 (君이 賜食이어시든 必正席先嘗之ᄒ시고) <小언一 41a>
b. 君이 食을 賜ᄒ야시든 반ᄃ시 席을 正히 ᄒ고 몬져 嘗ᄒ시고(君이 賜食이어시든 必正席先嘗之ᄒ시고) <論언二 59b>

<13> 머리 두다 對 首ᄒ다

고유어 '머리 두다'와 한자어 '首ᄒ다'가 [首] 즉 '머리 두다, 향하다'의 뜻을 가지고 동의 관계에 있다는 것은 다음 예문들에서 잘 확인된다. 원문 중 '東首'가 '東으로 머리 두다'로도 번역되고 '東으로 首ᄒ다'로도 번역된다. 따라서 '머리 두다'와 '首ᄒ다'의 동의성은 명백히 입증된다. 고유어 '머리 두다'는 동작동사구로 명사 '머리'와 동작동사 '두다'의 결합이다.

(13) a. 님금이 보거시든 東으로 모리 두시고(君이 視之어시든 東首ᄒ시고) <小언二 41b>
b. 君이 視ᄒ거시든 東으로 首ᄒ시고(君이 視之어시든 東首ᄒ시고) <論언二 60a>

<14> 믿비 ᄒ다 對 信ᄒ다

고유어 '믿비 ᄒᆞ다'와 한자어 '信ᄒᆞ다'가 [信] 즉 '미쁘게 하다'의 뜻을 가지고 동의 관계에 있다는 것은 다음 예문들에서 잘 확인된다. 원문 중 '信'이 '믿비 ᄒᆞ다'로도 번역되고 '信ᄒᆞ다'로도 번역된다. 따라서 '믿비 ᄒᆞ다'와 '信ᄒᆞ다'의 동의성은 명백히 입증된다. 고유어 '믿비 ᄒᆞ다'는 동작동사구로 부사 '믿비'와 동작동사 'ᄒᆞ다'의 결합이다.

(14) a. 나는 곧 공슌ᄒᆞ며 삼가고 믿비 ᄒᆞ며(出則弟ᄒᆞ며 謹而信ᄒᆞ며)
&lt;小언一 14b&gt;
b. 나는 弟ᄒᆞ며 謹ᄒᆞ고 信ᄒᆞ며(出則弟ᄒᆞ며 謹而信ᄒᆞ며) &lt;論언一 3b&gt;

&lt;15&gt; ᄆᆞᅀᆞᆷᄭᆞ지 ᄒᆞ다 對 忠ᄒᆞ다

고유어 'ᄆᆞᅀᆞᆷᄭᆞ지 ᄒᆞ다'와 한자어 '忠ᄒᆞ다'가 [忠] 즉 '정성을 다하다'의 뜻을 가지고 동의 관계에 있다는 것은 다음 예문들에서 잘 확인된다. 원문 중 '忠'이 'ᄆᆞᅀᆞᆷᄭᆞ지 ᄒᆞ다'로도 번역되고 '忠ᄒᆞ다'로도 번역된다. 따라서 'ᄆᆞᅀᆞᆷᄭᆞ지 ᄒᆞ다'와 '忠ᄒᆞ다'의 동의성은 명백히 입증된다. 고유어 'ᄆᆞᅀᆞᆷᄭᆞ지 ᄒᆞ다'는 동작동사구로 명사 'ᄆᆞᅀᆞᆷᄭᆞ지'와 동작동사 'ᄒᆞ다'의 결합이다.

(15) a. 사ᄅᆞᆷ 덥을어 ᄆᆞᅀᆞᆷᄭᆞ지 홈을(與人忠을) &lt;小언三 4b&gt;
b. 人을 與홈이 忠홈을(與人忠을) &lt;論언三 45a&gt;

&lt;16&gt; 바ᄅᆞ ᄒᆞ다 對 正히 ᄒᆞ다

두 동작동사구가 [正] 즉 '바로 하다'의 뜻을 가지고 동의 관계에 있다는 것은 다음 예문들에서 잘 확인된다. 원문 중 '正席'이 '돗글 바ᄅᆞ ᄒᆞ다'로도 번역

되고 '席을 正히 ᄒᆞ다'로도 번역된다. 따라서 '바ᄅᆞ ᄒᆞ다'와 '正히 ᄒᆞ다'의 동의성은 명백히 입증된다. '바ᄅᆞ ᄒᆞ다'는 부사 '바ᄅᆞ'와 동작동사 'ᄒᆞ다'의 결합이고 '正히 ᄒᆞ다'는 부사 '正히'와 동작동사 'ᄒᆞ다'의 결합이다.

> (16) a. 님금이 음식을 주어시든 반ᄃᆞ시 돗굴 바ᄅᆞ ᄒᆞ고 몬져 맛보시고 (君이 賜食이어시든 必正席先嘗之ᄒᆞ시고) <小諺一 41a>
> b. 君이 食을 賜ᄒᆞ야시든 반ᄃᆞ시 席을 正히 ᄒᆞ고 몬져 嘗ᄒᆞ시고(君이 賜食이어시든 必正席先嘗之ᄒᆞ시고) <論諺二 59b>

<17> 밥 먹다 對 飯ᄒᆞ다

고유어 동작동사구 '밥 먹다'와 한자어 '飯ᄒᆞ다'가 [飯] 즉 '밥 먹다'의 뜻을 가지고 동의 관계에 있다는 것은 다음 예문들에서 잘 확인된다. 원문 중 '先飯'이 '몬져 밥 먹다'로도 번역되고 '몬져 飯ᄒᆞ다'로도 번역된다. 따라서 '밥 먹다'와 '飯ᄒᆞ다'의 동의성은 명백히 입증된다. 고유어 '밥 먹다'는 동작동사구로 명사 '밥'과 동작동사 '먹다'의 결합이다.

> (17) a. 君子를 아ᄅᆞᆷ뎌 뫼셔실 적이어든 몬져 밥 먹고 後에 그칠디니(侍燕於君子則先飯而後已니) <小諺三 24b>
> b. ᄒᆞᆫ 가지로 밥 먹을 제 손에 ᄯᆞᆷ 잇게 아니ᄒᆞ며(共飯不澤手ᄒᆞ며) <小諺三 22b>
> (17) c. 君이 祭ᄒᆞ시거(59b)든 몬져 飯ᄒᆞ더시다(君祭어시든 先飯이러시다) <論諺二 60a>
> d. 疏食를 飯ᄒᆞ며 水를 飮ᄒᆞ고(飯疏食飮水ᄒᆞ고) <論諺四 19b>

<18> 샐리 ᄒᆞ다 對 敏ᄒᆞ다

고유어 '샐리 ᄒᆞ다'와 한자어 '敏ᄒᆞ다'가 [敏] 즉 '빨리 하다'의 뜻을 가지고 동의 관계에 있다는 것은 다음 예문들에서 잘 확인된다. 원문 중 '敏於事'가 '일에 샐리 ᄒᆞ다'로도 번역되고 '事에 敏ᄒᆞ다'로도 번역된다. 따라서 '샐리 ᄒᆞ다'와 '敏ᄒᆞ다'의 동의성은 명백히 입증된다. 고유어 '샐리 ᄒᆞ다'는 동작동사구로 부사 '샐리'와 동작동사 'ᄒᆞ다'의 결합이다.

(18) a. 일에 샐리 ᄒᆞ며 말ᄉᆞ매 삼가ᄒᆞ고(敏於事而愼於言ᄒᆞ고) <小언三 7b>
b. 事에 敏ᄒᆞ며 言애 愼ᄒᆞ고(敏於事而愼於言ᄒᆞ고) <論언一 7b>

<19> 빅브르다 對 飽ᄒᆞ다

고유어 '빅브르다'와 한자어 '飽ᄒᆞ다'가 [飽] 즉 '배부르다'의 뜻을 가지고 동의 관계에 있다는 것은 다음 예문들에서 잘 확인된다. 원문 중 '求飽'가 '빅블옴을 求ᄒᆞ다'로도 번역되고 '飽홈을 求ᄒᆞ다'로도 번역된다. 따라서 '빅브르다'와 '飽ᄒᆞ다'의 동의성은 명백히 입증된다. 고유어 '빅브르다'는 명사 '빅'와 동작동사 '브르다'의 합성이다.

(19) a. 君子ㅣ 먹음애 빅블옴을 求티 아니ᄒᆞ며(君子ㅣ 食無求飽ᄒᆞ며) <小언三 7b>
b. 君子ㅣ 食홈애 飽홈을 求티 아니ᄒᆞ며(君子ㅣ 食無求飽ᄒᆞ며) <論언一 7b>

<20> ᄉᆞᆼ해 겨시다 對 燕居ᄒᆞ시다

고유어 'ᄉᆞᆼ해 겨시다'와 한자어 '燕居ᄒᆞ시다'가 [燕居] 즉 '편안히 집에 계시

다'의 뜻을 가지고 동의 관계에 있다는 것은 다음 예문들에서 잘 확인된다. 원문 중 '燕居'가 '샹해 겨시다'로도 번역되고 '燕居ᄒ시다'로도 번역된다. 따라서 '샹해 겨시다'와 '燕居ᄒ시다'의 동의성은 명백히 입증된다. 고유어 '샹해 겨시다'는 동작동사구로 부사 '샹해'와 동작동사 '겨시다'의 결합이다.

(20) a. 子ㅣ 샹해 겨실 제(子之燕居에) <小언三 16b>
b. 子의 燕居ᄒ심애(子之燕居에) <論언一 15a>

<21> 숨을 쉬다 對 息ᄒ다

고유어 '숨을 쉬다'와 한자어 '息ᄒ다'가 [息] 즉 '숨을 쉬다'의 뜻을 가지고 동의 관계에 있다는 것은 다음 예문들에서 잘 확인된다. 원문 중 '不息'이 '숨을 쉬디 아니다'로도 번역되고 '息디 몯ᄒ다'로도 번역된다. 따라서 '숨을 쉬다'와 '息ᄒ다'의 동의성은 명백히 입증된다. 고유어 '숨을 쉬다'는 동작동사구로 명사 '숨'과 동작동사 '쉬다'의 결합이다.

(21) a. 긔운을 갈ᄆ샤 숨을 쉬디 아니ᄂᆞᆫ ᄃᆞ시 ᄒ더시다(屛氣ᄒ샤 似不息者ㅣ러시다) <小언二 39b>
b. 氣를 屛ᄒ샤 息디 몯ᄒᄂᆞᆫ 者 ᄀᆞᆮ더시다(屛氣ᄒ샤 似不息者ㅣ러시다) <論언二 52a>

<22> 어즐리 ᄒ다 對 昧却ᄒ다

고유어 동사구 '어즐리 ᄒ다'와 한자어 '昧却ᄒ다'가 [昧] 즉 '어둡게 하다'의 뜻을 가지고 동의 관계에 있다는 것은 다음 예문들에서 잘 확인된다. 원문 중 '昧此眞心'이 '이 眞實ᄒᆫ ᄆᆞᅀᆞᄆᆞᆯ 어즐리 ᄒ다'로 번역되고 '昧心'이 'ᄆᆞᅀᆞᄆᆞᆯ

昧却ᄒᆞ다'로 번역된다. 따라서 '어즐리 ᄒᆞ다'와 '昧却ᄒᆞ다'의 동의성은 명백히 입증된다.

(22) a. 이 眞實흔 ᄆᆞᅀᆞ믈 어즐리 ᄒᆞ고(昧此眞心ᄒᆞ고) <蒙六 6b>
(22) b. 聲聞는 幻境을 저허 ᄆᆞᅀᆞ믈 昧却ᄒᆞ야 寂에 들고(聲聞는 怕幻境 ᄒᆞ야 昧心而入寂ᄒᆞ고) <龜上 30b>
c. 話頭를 十二時예 分明ᄒᆞ야 昧却디 아니 ᄒᆞᄂᆞ다(話頭를 十二時 中에 明明不昧麼아) <龜上 21a>

<23> 옷깃 도로다 對 飾ᄒᆞ다

고유어 '옷깃 도로다'와 한자어 '飾ᄒᆞ다'가 [飾] 즉 '옷깃 돌리다'의 뜻을 가지고 동의 관계에 있다는 것은 다음 예문들에서 잘 확인된다. 원문 중 '飾'이 '옷깃 도로다'로도 번역되고 '飾ᄒᆞ다'로도 번역된다. 따라서 '옷깃 도로다'와 '飾ᄒᆞ다'의 동의성은 명백히 입증된다. 고유어 '옷깃 도로다'는 동작동사구로 명사 '옷깃'과 동작동사 '도로다'의 결합이다.

(23) a. 君子는 紺과 블근 거스로ᄡᅥ 옷깃 도로디 아니ᄒᆞ시며(君子는 不以紺緅로 飾ᄒᆞ시며) <小언三 20a>
b. 君子는 紺과 緅로ᄡᅥ 飾디 아니ᄒᆞ시며(君子는 不以紺緅로 飾ᄒᆞ시며) <論언二 54a>

<24> 일삼아 ᄒᆞ다 對 事ᄒᆞ다

고유어 '일삼아 ᄒᆞ다'와 한자어 '事ᄒᆞ다'가 [事] 즉 '일삼아 하다'의 뜻을 가지고 동의 관계에 있다는 것은 다음 예문들에서 잘 확인된다. 원문 중 '事斯

語'가 '이 말솜을 일삼아 ᄒᆞ다'로도 번역되고 '이 말솜을 事ᄒᆞ다'로도 번역된다. 따라서 '일삼아 ᄒᆞ다'와 '事ᄒᆞ다'의 동의성은 명백히 입증된다. 고유어 '일삼아 ᄒᆞ다'는 동작동사구로 동작동사 '일삼다'의 부사형 '일삼아'와 동작동사 'ᄒᆞ다'의 결합이다.

(24) a. 顔淵이 이 말솜을 일삼아 ᄒᆞ니(顔淵이 事斯語ᄒᆞ니) <小언五 88a>
b. 請컨댄 이 말솜을 事호리이다(請事斯語矣로리이다) <論언三 18a> <論언三 18b>

<25> 일삼아 ᄒᆞ다 對 從事ᄒᆞ다

고유어 '일삼아 ᄒᆞ다'와 한자어 '從事ᄒᆞ다'가 [從事] 즉 '일삼아 하다'의 뜻을 가지고 동의 관계에 있다는 것은 다음 예문들에서 잘 확인된다. 원문 중 '從事'가 '일삼아 ᄒᆞ다'로도 번역되고 '從事ᄒᆞ다'로도 번역된다. 따라서 '일삼아 ᄒᆞ다'와 '從事ᄒᆞ다'의 동의성은 명백히 입증된다. 고유어 '일삼아 ᄒᆞ다'는 동작동사구로 동작동사 '일삼다'의 부사형 '일삼아'와 동작동사 'ᄒᆞ다'의 결합이다.

(25) a. 녜 내 버디 일즉이 예 일삼아 ᄒᆞ더니라(昔者吾友ㅣ 嘗從事於斯矣러시다) <小언四 40a>
b. 녜 내 버디 일쯔기 예 從事ᄒᆞ더니라(昔者吾友ㅣ 嘗從事於斯矣러시다) <論언二 31a>

<26> 조심ᄒᆞ야 ᄆᆞᅀᆞᆷ 노티 몯ᄒᆞ다 對 跋踖ᄒᆞ다

고유어 '조심ᄒᆞ야 ᄆᆞᅀᆞᆷ 노티 몯ᄒᆞ다'와 한자어 '踧踖ᄒᆞ다'가 [踧踖] 즉 '조심하여 마음 놓지 못하다'의 뜻을 가지고 동의 관계에 있다는 것은 다음 예문들에서 잘 확인된다. 원문 중 '踧踖'이 '踧踖ᄒᆞ다'로 번역되고 '踧踖'의 자석이 '조심ᄒᆞ야 ᄆᆞᅀᆞᆷ 노티 몯ᄒᆞ다'이다. 따라서 '조심ᄒᆞ야 ᄆᆞᅀᆞᆷ 노티 몯ᄒᆞ다'와 '踧踖ᄒᆞ다'의 동의성은 명백히 입증된다.

(26) a. 그 位예 도라가샤ᄂᆞᆫ 踧踖(39b)ᄃᆞᆺ ᄒᆞ더시다(復其位ᄒᆞ샤ᄂᆞᆫ 踧踖如也ㅣ러시다) <小언二 40a>
b. 그 位예 復ᄒᆞ샤ᄂᆞᆫ 踧踖ᄃᆞᆺ ᄒᆞ더시다(復其位ᄒᆞ샤ᄂᆞᆫ 踧踖如也ㅣ러시다) <論언二 53a>
(26) c. 踧踖: 조심(39b)ᄒᆞ야 ᄆᆞᅀᆞᆷ 노티 몯ᄒᆞᄂᆞᆫ 모양이라 <小언二 40a>

<27> ᄌᆞ셔히 힘뼈 ᄒᆞ다 對 偲偲ᄒᆞ다

고유어 'ᄌᆞ셔히 힘뼈 ᄒᆞ다'와 한자어 '偲偲ᄒᆞ다'가 [偲偲] 즉 '서로 권면하며 격려하다'의 뜻을 가지고 동의 관계에 있다는 것은 다음 예문들에서 잘 확인된다. 원문 중 '偲偲'가 'ᄌᆞ셔히 힘뼈 ᄒᆞ다'로도 번역되고 '偲偲ᄒᆞ다'로도 번역된다. 따라서 'ᄌᆞ셔히 힘뼈 ᄒᆞ다'와 '偲偲ᄒᆞ다'의 동의성은 명백히 입증된다. 고유어 'ᄌᆞ셔히 힘뼈 ᄒᆞ다'는 동작동사구로 부사 'ᄌᆞ셔히'와 동작동사 '힘쓰다'의 부사형 '힘뼈'와 동작동사 'ᄒᆞ다'의 결합이다.

(27) a. 벋은 ᄀᆞᆫ절히 ᄒᆞ며 ᄌᆞ셔히 힘뼈 ᄒᆞ고(朋友엔 切切偲偲오) <小언二 66b>
b. 朋友ᄂᆞᆫ 切切ᄒᆞ며 偲偲ᄒᆞ고(朋友엔 切切偲偲오) <論언三 50a>

<28> 화열히 ᄒᆞ다 對 怡怡ᄒᆞ다

고유어 '화열(和悅)히 ᄒᆞ다'와 한자어 '怡怡ᄒᆞ다'가 [怡怡] 즉 '기뻐서 좋아하다'의 뜻을 가지고 동의 관계에 있다는 것은 다음 예문들에서 잘 확인된다. 원문 중 '怡怡'가 '화열히 ᄒᆞ다'로도 번역되고 '怡怡ᄒᆞ다'로도 번역된다. 따라서 '화열히 ᄒᆞ다'와 '怡怡ᄒᆞ다'의 동의성은 명백히 입증된다. 고유어 '화열히 ᄒᆞ다'는 동작동구로 부사 '화열히'와 동작동사 'ᄒᆞ다'의 결합이다.

(28) a. 兄弟ᄂᆞᆫ 화열히 홀디니라(兄弟ᄂᆞᆫ 怡怡니라) <小언二 66b>
    b. 兄弟에ᄂᆞᆫ 怡怡홀디니라(兄弟엔 怡怡니라) <論언三 50a>

<29> ᄒᆞ고져 ᄒᆞ다 對 欲ᄒᆞ다

고유어 'ᄒᆞ고져 ᄒᆞ다'와 한자어 '欲ᄒᆞ다'가 [欲] 즉 '하고자 하다'의 뜻을 가지고 동의 관계에 있다는 것은 다음 예문들에서 잘 확인된다. 원문 중 '己所不欲'이 '내 ᄒᆞ고져 아니ᄒᆞᄂᆞᆫ 바'로도 번역되고 '己의 欲티 아니ᄒᆞᄂᆞᆫ 바'로도 번역된다. 따라서 'ᄒᆞ고져 ᄒᆞ다'와 '欲ᄒᆞ다'의 동의성은 명백히 입증된다. 고유어 'ᄒᆞ고져 ᄒᆞ다'는 동작동사구로 'ᄒᆞ다'의 부사형 'ᄒᆞ고져'와 동작동사 'ᄒᆞ다'의 결합이다.

(29) a. 내 ᄒᆞ고져 아니ᄒᆞᄂᆞᆫ 바ᄅᆞᆯ 사ᄅᆞᆷ의게 베프디 말올디니라(己所不欲을 勿施於人이니라) <小언三 4b>
    b. 己의 欲티 아니ᄒᆞᄂᆞᆫ 바ᄅᆞᆯ 人의게 베프디 말올띠니(己所不欲을 勿施於人이니) <論언三 19b>

## 2.3. 固有語가 狀態動詞인 경우

動詞類에서 확인되는 固有語와 漢字語 간의 同義에서 固有語가 狀態動詞인 경우에는 [貧] 즉 '가난하다'의 뜻을 가진 '가난ᄒᆞ다'와 '艱難ᄒᆞ다'를 비롯하여 [尊] 즉 '높다, 존귀하다'의 뜻을 가진 '고맙다'와 '尊ᄒᆞ다', [圓] 즉 '둥글다, 원만하다'의 뜻을 가진 '두렵다'와 '圓滿ᄒᆞ다', [重] 즉 '무겁다, 重하다'의 뜻을 가진 '므겁다'와 '重ᄒᆞ다', [弱] 즉 '약하다'의 뜻을 가진 '바ᄃᆞ랍다'와 '약ᄒᆞ다', [智]와 [智慧] 즉 '슬기롭다, 지혜롭다'의 뜻을 가진 '슬겁다'와 '디혜롭다', [善] 즉 '어질다, 선하다'의 뜻을 가진 '어딜다'와 '션ᄒᆞ다' 그리고 [淸淨] 즉 '깨끗하다'의 뜻을 가진 '좋다'와 '淸淨ᄒᆞ다' 등 30여 項目이 있다.

<1> 가난ᄒᆞ다 對 艱難ᄒᆞ다

고유어 '가난ᄒᆞ다'와 한자어 '艱難ᄒᆞ다'가 [貧] 즉 '가난하다'의 뜻을 가지고 동의 관계에 있다는 것은 다음 예문들에서 잘 확인된다. 원문 중 '貧人'이 '가난ᄒᆞᆫ 사ᄅᆞᆷ'으로도 번역되고 '艱難ᄒᆞᆫ 사ᄅᆞᆷ'으로도 번역된다. 따라서 '가난ᄒᆞ다'와 '艱難ᄒᆞ다'의 동의성은 명백히 입증된다.

(1) a. ᄒᆞ다가 가난ᄒᆞᆫ 사ᄅᆞ미 와 구ᄒᆞ야 빌리 잇거든(如有貧人이 來求乞거든) <誡初 53a>
b. 시혹 가(12a)난ᄒᆞ며 시혹 가ᅀᆞ멸며(或貧或富ᄒᆞ며) <蒙六 12b>
c. 이제 비록 가난ᄒᆞ고 미쳔ᄒᆞ나(今雖貧賤이나) <소언五 64b>
d. 집이 가난ᄒᆞ야 몸소 받갈아(家貧躬耕ᄒᆞ야) <소언六 25a>
(1) e. 艱難ᄒᆞᆫ 사ᄅᆞ미 와 빌거든(貧人ㅣ 來乞ㅣ어든) <龜下 39a>

<2> 가난ᄒᆞ다 對 貧ᄒᆞ다

고유어 '가난ᄒᆞ다'와 한자어 '貧ᄒᆞ다'가 [貧] 즉 '가난하다'의 뜻을 가지고

동의 관계에 있다는 것은 다음 예문들에서 잘 확인된다. 원문 중 '貧賤'이 '가 난ᄒᆞ며 賤ᄒᆞ다'로 번역되고 '貧而無諂'이 '貧ᄒᆞ야도 諂홈이 없다'로 번역된다. 따라서 '가난ᄒᆞ다'와 '貧ᄒᆞ다'의 동의성은 명백히 입증된다.

> (2) a. 그 가ᅀᆞᆷ열매 貴ᄒᆞ며 가난ᄒᆞ며 賤ᄒᆞ며 헐ᄡᅳ리며 기리며 깃브고 측 ᄒᆞ욤애 ᄒᆞᆫ 일도 그 ᄆᆞᅀᆞᆷ을 움즈기디 아니ᄒᆞ고 慨然히 天下애 ᄠᅳᆮ 을 둣더니(其於富貴貧賤毁譽歡戚에 不一動其心而 慨然有志於 天下ᄒᆞ더니) <小言六 119a>
> b. 貧ᄒᆞ야도 諂홈이 업스며(貧而無諂ᄒᆞ며) <論언一 8a>

<3> 가ᄇᆡ얍다 對 경ᄒᆞ다

고유어 '가ᄇᆡ얍다'와 한자어 '경(輕)ᄒᆞ다'가 [輕] 즉 '가볍다'의 뜻을 가지고 동의 관계에 있다는 것은 다음 예문들에서 잘 확인된다. 원문 중 '衣馬輕肥'가 '옷과 ᄆᆞᆯ이 가ᄇᆡ얍고 술지다'로 번역되고 '自輕'이 '제 경ᄒᆞ다'로 번역된다. 따 라서 '가ᄇᆡ얍다'와 '경ᄒᆞ다'의 동의성은 명백히 입증된다.

> (3) a. 만일…옷과 ᄆᆞᆯ이 가ᄇᆡ얍고 술지다 홈을 드르면(若聞…衣馬ㅣ 輕 肥라 ᄒᆞ면) <小言六 46b>
> b. 술진 ᄆᆞᆯ ᄐᆞ고 가ᄇᆡ야온 갓옷 닙어(肥馬衣輕裘ᄒᆞ야) <小言五 24a>
> c. 말ᄉᆞᆷ과 거동이 가ᄇᆡ야오며 므거우며 ᄲᆞᆯ리며 날호여홈애(辭令容 止輕重疾徐에) <小言五 94a>
> (3) d. 제 경호라 ᄒᆞ야 믈러나디 마롤디니라(切莫自輕而退屈이어다) <誡初 46a>
> e. 헌 누비와 취밥은 시 경ᄒᆞ야 ᄋᆞᆷ공을 뭇삿ᄂᆞ니(破衲疏食은 必施

輕而積陰이니라) <誡初 50b>

<4> 가ᅀᆞ멸다 對 富ᄒᆞ다

고유어 '가ᅀᆞ멸다'와 한자어 '富ᄒᆞ다'가 [富] 즉 '부유하다'의 뜻을 가지고 동의 관계에 있다는 것은 다음 예문들에서 잘 확인된다. 원문 중 '富貴'가 '가ᅀᆞ열매 貴ᄒᆞ다'로 번역되고 '富而無驕'가 '富ᄒᆞ야도 驕홈이 없다'로 번역된다. 따라서 '가ᅀᆞ멸다'와 '富ᄒᆞ다'의 동의성은 명백히 입증된다.

(4) a. 그 가ᅀᆞ열매 貴ᄒᆞ며 가난ᄒᆞ며 賤ᄒᆞ며 헐쓰리며 기리며 깃브고 측ᄒᆞ욤애 ᄒᆞᆫ 일도 그 ᄆᆞᅀᆞᆷ을 움즈기디 아니ᄒᆞ고 慨然히 天下애 ᄠᅳᆮ을 둣더니(其於富貴貧賤毀譽歡戚에 不一動其心而 慨然有志於 天下ᄒᆞ더니) <小언六 119a>
b. 富ᄒᆞ야도 驕홈이 업소(7b)ᄃᆡ(富而無驕ᄒᆞᄃᆡ) <論언一 8a>

<5> 게이르다 對 히틔ᄒᆞ다

고유어 '게이르다'와 한자어 '히틔(懈怠)ᄒᆞ다'가 [懈怠] 즉 '게으르다'의 뜻을 가지고 동의 관계에 있다는 것은 다음 예문들에서 잘 확인된다. 원문 중 '於道懈怠'가 '道애 게이르다'로 번역되고 '不修懈怠'가 '닷디 아니ᄒᆞ야 히틔ᄒᆞ다'로 번역된다. 따라서 '게이르다'와 '히틔ᄒᆞ다'의 동의성은 명백히 입증된다.

(5) a. 道애 게이른 사ᄅᆞᆷ(於道애 懈怠者ᄂᆞᆫ) <龜下 41a>
  b. ᄆᆞᅀᆞᆷ 노하 게이르며(放逸懈怠ᄒᆞ며) <龜下 35a>
(5) c. 일싱이 언메완ᄃᆡ 닷디 아니ᄒᆞ야 히틔ᄒᆞᄂᆞ뇨(一生이 幾何ㅣ완ᄃᆡ 不修懈怠ㅣ오) <誡初 79a>

<6> 고맙다 對 尊ᄒᆞ다

고유어 '고맙다'와 한자어 '尊ᄒᆞ다'가 [尊] 즉 '높다, 존귀하다'의 뜻을 가지고 동의 관계에 있다는 것은 다음 예문들에서 잘 확인된다. 원문 중 '所尊者'가 '고마온 바'로 번역되고 '所尊'이 '尊ᄒᆞ시던 바'로 번역되므로 '고맙다'와 '尊ᄒᆞ다'의 동의성은 명백히 입증된다.

(6) a. 고마온 바ᄅᆞᆯ 보고(見所尊者ᄒᆞ고) <小諺三 11b>
　　b. 상복ᄒᆞ니를 式[술위 앏히 ᄀᆞ른 남글 고마온 일 잇거든 굽어 딥픔이라]ᄒᆞ시며(凶服者를 式之ᄒᆞ시며) <小諺三 16a>
(6) c. 尊ᄒᆞᆫ 손의 앏픠 개를 구짓디 아니ᄒᆞ며(尊客之前에 不叱狗ᄒᆞ며) <小諺二 61a>
　　d. 尊ᄒᆞ시던 바ᄅᆞᆯ 공경ᄒᆞ며(敬其所尊ᄒᆞ며) <小諺四 13b>

<7> 곧다 對 直ᄒᆞ다

고유어 '곧다'와 한자어 '直ᄒᆞ다'가 [直] 즉 '곧다'의 뜻을 가지고 동의 관계에 있다는 것은 다음 예문들에서 잘 확인된다. 원문 중 '正直'이 '졍답고 곧다'로 번역되고 '帝曰直哉'가 '帝ㅣ ᄀᆞᄅᆞ샤ᄃᆡ 直ᄒᆞ다'로 번역된다. 따라서 '곧다'와 '直ᄒᆞ다'의 동의성은 명백히 입증된다.

(7) a. 세츠고 질긔우드며 졍답고 고ᄃᆞ며(强毅正直ᄒᆞ며) <小諺五 107a>
　　b. ᄌᆞ조 곧게 諫홈으로뻐(以數直諫으로) <小諺六 34b>
　　c. 굽으며 곧음을 ᄃᆞ토와 숑ᄉᆞᄒᆞ며(爭訟曲直ᄒᆞ며) <小諺五 69a>
(7) d. 帝ㅣ …ᄀᆞᄅᆞ샤ᄃᆡ 直ᄒᆞ다. 이 人情의 어려운 배어늘 允이 能히 ᄒᆞ니

죽음애 다드라셔 말솜을 밧고디 아니홈은 믿븜이오(帝ㅣ…曰直 哉라 此ㅣ 人情所難이어늘 而允이 能爲之ᄒᆞ니 臨死不易辭ᄂᆞᆫ 信 也ㅣ오) <小언六 43a>

<8> 과ᄀᆞᆯ다 對 급거ᄒᆞ다

고유어 '과ᄀᆞᆯ다'와 한자어 '급거(急遽)ᄒᆞ다'가 [遽] 즉 '갑작스럽다, 황급 하다'의 뜻을 가지고 동의 관계에 있다는 것은 다음 예문들에서 잘 확인된다. 원문 중 '疾言遽色'이 '샏ᄅᆞᆫ 말이며 과ᄀᆞᆯ ᄂᆞᆺ곳ᄎᆞ'으로도 번역되고 '샏ᄅᆞᆫ 말와 급거ᄒᆞᆫ ᄂᆞᆺ빛'으로도 번역된다. 따라서 두 상태동사 '과ᄀᆞᆯ다'와 '급거ᄒᆞ다'의 동의성은 명백히 입증된다.

(8) a. 劉寬이…일즉 샏ᄅᆞᆫ 말이며 과ᄀᆞᆯ ᄂᆞᆺ곳출 아니ᄒᆞ더니(劉寬이… 未嘗疾言遽色ᄒᆞ더니) <小언六 102b>
    b. 呂正獻公이…샏ᄅᆞᆫ 말와 급거ᄒᆞᆫ ᄂᆞᆺ비치 업스며(呂正獻公이…無 疾言遽色ᄒᆞ며) <小언六 121b>

<9> 쇠로이다 對 간활ᄒᆞ다

고유어 '쇠로이다'와 한자어 '간활(姦猾)ᄒᆞ다'가 [猾] 즉 '교활하다'의 뜻을 가지고 동의 관계에 있다는 것은 다음 예문들에서 잘 확인된다. 원문 중 '姦 猾'이 '간사ᄒᆞ며 쇠로이다'로 번역되고 '猾吏'가 '간활ᄒᆞᆫ 아젼'으로 번역된다. 따라서 '쇠로이다'와 '간활ᄒᆞ다'의 동의성은 명백히 입증된다.

(9) a. 간사ᄒᆞ며 쇠로이며 하롤 이를 니기 빈호며(習學姦猾巧詐ᄒᆞ며) <蒙六 27a>

b. 만히 간활ᄒᆞᆫ 아젼의게 미친 배 되어(多爲猾吏所餌ᄒᆞ야) <小언 五 60b>

<10> 괴외ᄒᆞ다 對 寂然ᄒᆞ다

고유어 '괴외ᄒᆞ다'와 한자어 '寂然ᄒᆞ다'가 [寂然]과 [寂] 즉 '고요하다'의 뜻을 가지고 동의 관계에 있다는 것은 다음 예문들에서 잘 확인된다. 원문 중 '性相寂然'이 '性과 相ㅣ 괴외ᄒᆞ다'로 번역되고 '當處便寂'이 '그 고디 곧 寂然ᄒᆞ다'로 번역된다. 따라서 '괴외ᄒᆞ다'와 '寂然ᄒᆞ다'의 동의성은 명백히 입증된다.

(10) a. 性과 相ㅣ 괴외ᄒᆞ야(性相이 寂然ᄒᆞ야) <龜上 25b>
　　 b. 寂은 괴외홀 시오 <七大 18b>
(10) c. 그 고디 곧 寂然ᄒᆞᆫ 둘 仔細히 觀ᄒᆞ면(諦觀…當處便寂ᄒᆞ면) <龜上 28b>

<11> ᄀᆞ늘다 對 細ᄒᆞ다

고유어 'ᄀᆞ늘다'와 한자어 '細ᄒᆞ다'가 [細] 즉 '가늘다'의 뜻을 가지고 동의 관계에 있다는 것은 다음 예문들에서 잘 확인된다. 원문 중 '厭細'가 'ᄀᆞ늘옴을 厭ᄒᆞ다'로도 번역되고 '細홈을 厭ᄒᆞ다'로도 번역된다. 따라서 'ᄀᆞ늘다'와 '細ᄒᆞ다'의 동의성은 명백히 입증된다.

(11) a. 膾를 ᄀᆞ늘옴을 厭ᄒᆞ디 아니ᄒᆞ시며(膾不厭細ᄒᆞ시며) <小언三 25a>
　　 b. 膾ᄂᆞᆫ 細홈을 厭티 아니ᄒᆞ더시다(膾不厭細ᄒᆞ시며) <論언二 56a>

<12> ᄀ족ᄒᆞ다 對 襜ᄒᆞ다

고유어 'ᄀ족ᄒᆞ다'와 한자어 '襜ᄒᆞ다'가 [襜] 즉 '가지런하다'의 뜻을 가지고 동의 관계에 있다는 것은 다음 예문들에서 잘 확인된다. 원문 중 '衣前後襜'이 '옷 앏뒤히 ᄀ족ᄒᆞ다'로도 번역되고 '옷 앏뒤히 襜ᄒᆞ다'로도 번역된다. 따라서 'ᄀ족ᄒᆞ다'와 '襜ᄒᆞ다'의 동의성은 명백히 입증된다.

(12) a. 옷 앏뒤히 ᄀ족ᄒᆞ더시다(衣前後ㅣ 襜如也ㅣ러시다) <小언二 39a>
b. 옷 앏뒤히 襜ᄐᆞᆺ ᄒᆞ더시다(衣前後ㅣ 襜如也ㅣ러시다) <論언二 51b>

<13> ᄀᆞᆺ브다 對 勞ᄒᆞ다

고유어 'ᄀᆞᆺ브다'와 한자어 '勞ᄒᆞ다'가 [勞] 즉 '가쁘다, 고단하다'의 뜻을 가지고 동의 관계에 있다는 것은 다음 예문들에서 잘 확인된다. 원문 중 '民勞'가 '빅셩이 ᄀᆞᆺ브다'로 번역되고 '勞'가 '勞ᄒᆞ다'로 번역된다. 따라서 'ᄀᆞᆺ브다'와 '勞ᄒᆞ다'의 동의성은 명백히 입증된다.

(13) a. 빅셩이 ᄀᆞᆺ브면 싱(44b)각ᄒᆞᄂᆞ니(民이 勞則思ᄒᆞᄂᆞ니) <小언四 45a>
b. 네 나모 ᄒᆞ며 믈 길이예 ᄀᆞᆺ부믈 돕노니(助汝薪水之勞ᄒᆞ노니) <小언六 85a>
(13) c. 禮ㅣ 업스면 勞ᄒᆞ고(無禮則勞ᄒᆞ고) <論언二 28b>

<14> ᄀᆞᆺ브다/ᄀᆞᆺ브다 對 슈고롭다

고유어 'ᄀᆞᆺ브다/ᄀᆞᆺ브다'와 한자어 '슈고(受苦)롭다'가 [勞]와 [劬勞] 즉 '힘들다, 수고롭다'의 뜻을 가지고 동의 관계에 있다는 것은 다음 예문들에서 잘 확인된다. 원문 중 '勞…祖'이 ᄀᆞᆺ바도 메왓다'로 번역되고 '民勞'가 '빅셩이 ᄀᆞᆺ브다'로 번역되며 '憚劬勞'가 '슈고로옴을 ᄭᅥ리다'로 번역된다. 따라서 'ᄀᆞᆺ브다/ᄀᆞᆺ브다'와 '슈고롭다'의 동의성은 명백히 입증된다.

(14) a. ᄀᆞᆺ바도 메왓디 말며(勞母祖ᄒᆞ며) <小언三 10a>
　　　b. 빅셩이 ᄀᆞᆺ브면 싱(44b)각ᄒᆞᄂᆞ니(民이 勞則思ᄒᆞᄂᆞ니) <小언四 45a>
　　　c. 네 나모ᄒᆞ며 믈 길이예 ᄀᆞᆺ부믈 돕노니(助汝薪水之勞ᄒᆞ노니) <小언六 85b>
(14) d. 슈고로옴을 ᄭᅥ리디 아니ᄒᆞ야(不憚劬勞ᄒᆞ야) <小언五 104b>

<15> 다ᄅᆞ다 對 異ᄒᆞ다

고유어 '다ᄅᆞ다'와 한자어 '異ᄒᆞ다'가 [異] 즉 '다르다'의 뜻을 가지고 동의 관계에 있다는 것은 다음 예문들에서 잘 확인된다. 원문 중 '大異'가 '키 다ᄅᆞ다'로 번역되고 '異聞'이 '異ᄒᆞᆫ 聞'으로 번역된다. 따라서 '다ᄅᆞ다'와 '異ᄒᆞ다'의 동의성은 명백히 입증된다.

(15) a. 公이 德과 그르시 이리 키 모든 사ᄅᆞᆷ에셔 다ᄅᆞ니(公이 德器成就ᄒᆞ야 大異衆人ᄒᆞᄂᆞ니) <小언六 5a>
　　　b. ᄒᆞᆯ 아ᄎᆞᆷ이 이젠 날과 다ᄅᆞ면(一旦애 異於今日이면) <小언六 129a>
(15) c. 異ᄒᆞᆫ 聞이 인ᄂᆞ냐(有異聞乎아) <論언四 27a>
　　　d. ᄯᅩᄒᆞᆫ 마치 뼈 異홈이로다(亦祗以異로다) <論언三 25b>

<16> 두렵다 對 圓滿ᄒᆞ다

고유어 '두렵다'와 한자어 '圓滿ᄒᆞ다'가 [圓] 즉 '둥글다, 圓滿하다'의 뜻을 가지고 동의 관계에 있다는 것은 다음 예문들에서 잘 확인된다. 원문 중 '澄圓覺'이 '묽고 두려운 覺'으로 번역되고 '圓僧相'이 '圓滿ᄒᆞᆫ 즁ᄋᆡ 相'으로 번역된다. 따라서 '두렵다'와 '圓滿ᄒᆞ다'의 동의성은 명백히 입증된다.

(16) a. 覺海性이 묽고 두려우니 묽고 두려운 覺이 本來 微妙ᄒᆞ니라(覺海性이 澄圓ᄒᆞ니 澄圓ᄒᆞᆫ 覺이 元妙ᄒᆞ니라) <蒙六 20a>
   b. 圓滿ᄒᆞᆫ 즁ᄋᆡ 相ᄋᆞᆯ 어더(得圓僧相ᄒᆞ야) <蒙六 27b>

<17> 두텁다 對 돈독ᄒᆞ다

고유어 '두텁다'와 한자어 '돈독(敦篤)하다'가 [篤] 즉 '도탑다, 돈독하다'의 뜻을 가지고 동의 관계에 있다는 것은 다음 예문들에서 잘 확인된다. 원문 중 '行…篤敬'이 '힝실이 두텁고 공경ᄒᆞ다'로도 번역되고 '힝실이 돈독고 공경ᄒᆞ다'로도 번역된다. 따라서 '두텁다'와 '돈독ᄒᆞ다'의 동의성은 명백히 입증된다.

(17) a. 힝실이 두텁고 공경티 아니ᄒᆞ면(行不篤敬ᄒᆞ며) <小언三 5a>
   b. 힝실이 두텁고 공경ᄒᆞ면(行篤敬이면) <小언三 5a>
(17) c. 힝실이 돈독고 공경티 아니호미 下等ㅅ 사ᄅᆞᆷ이오(行不篤敬이 下等人也ㅣ오) <小언五 11a>

<18> 둗텁다 對 厚ᄒᆞ다

고유어 '둗텁다'와 한자어 '厚ᄒᆞ다'가 [厚] 즉 '두텁다'의 뜻을 가지고 동의

관계에 있다는 것은 다음 예문들에서 잘 확인된다. 원문 중 '謹厚性'이 '삼가고 둗터운 性'으로 번역되고 '親厚之恩'이 '親ᄒᆞ고 厚ᄒᆞᆫ 은의'로 번역된다. 따라서 '둗텁다'와 '厚ᄒᆞ다'의 동의성은 명백히 입증된다. 두 상태동사 '둗텁다'와 '厚ᄒᆞ다'는 각각 [-구체물]인 '性'과 '은의'를 수식한다.

(18) a. 能히 삼가고 둗터운 性을 옴겨(能移謹厚性ᄒᆞ야) <小언五 22a>
(18) b. 이제 疎ᄒᆞ고 薄ᄒᆞᆫ 사ᄅᆞᆷ오로 ᄒᆡ여곰 親ᄒᆞ고 厚ᄒᆞᆫ 은의를 ᄆᆞᄅᆞ써 ᄒᆞ려 혜아리게 ᄒᆞ면(今使疎薄之人而節量親厚之恩이면) <小언五 71b>
c. 情은 厚ᄒᆞ더니라(情厚ᄒᆞ더니라) <小언六 130a>

<19> 므겁다 對 重ᄒᆞ다

고유어 '므겁다'와 한자어 '重ᄒᆞ다'가 [重] 즉 '무겁다, 重하다'의 뜻을 가지고 동의 관계에 있다는 것은 다음 예문들에서 잘 확인된다. 원문 중 '前業…重'이 '前生앳 業報ㅣ 므겁다'로 번역되고 '重惡業'이 '重ᄒᆞᆫ 모딘 業'으로 번역된다. 그리고 '辭令容止輕重'이 '말씀과 거동이 가ᄇᆡ야오며 므겁다'로 번역되고 '天威嚴重'이 '하늘 위엄이 嚴ᄒᆞ고 重ᄒᆞ다'로 번역된다. 따라서 '므겁다'와 '重ᄒᆞ다'의 동의성은 명백히 입증된다. 상태동사 '므겁다'는 [輕] 즉 '가볍다'의 뜻을 가진 '가ᄇᆡ얍다'와 의미상 대립 관계를 가지고 있다.

(19) a. 이 前生앳 業報ㅣ 깁고 므거워(是前業이 深重ᄒᆞ야) <蒙六 13b>
b. 말씀과 거동이 가ᄇᆡ야오며 므거우며 샐ᄅᆞ며 날호여홈애(辭令容止輕重疾徐에) <小언五 94a>
c. 가ᄇᆡ야온 짐을 되호고 므거운 짐을 ᄂᆞ화(輕任을 幷ᄒᆞ고 重任을

分ᄒ야) <小諺二 64b>

　　d. 발의 양은 므거우며(足容重ᄒ며) <小諺三 11b>
(19) e. 이 ᄀ장 重ᄒ 모딘 業을 지어니(作此極重惡業ᄒ야니) <蒙六 23b>
　　f. 하늘 위엄이 嚴ᄒ고 重ᄒ시니(天威嚴重ᄒ시니) <小諺六 42a>
　　g. 明府ᄂ 벼슬이 높고 德이 重ᄒ니(明府ᄂ 位尊德重ᄒ니) <小諺六 104a>
　　h. 벼ᄉᄅ 重코 직죄 ᄎ디 몯ᄒ디라(位重才不充이라) <小諺五 25a>
　　i. 어버의 몸이 내 몸애셔 重ᄒᄆᄋ로뻬라(以父母之體ㅣ 重於己之體也ㅣ라) <小諺五 74b>
　　j. 손애 重ᄒ 군ᄉᄅ 잡아시니(手握重兵ᄒ니) <小諺五 99a>
　　k. 일로뻐 重ᄒ 죄를 닙으니(以此被重譴ᄒ니) <小諺五 61a>

<20> 바ᄃ랍다 對 약ᄒ다

고유어 '바ᄃ랍다'와 한자어 '약(弱)ᄒ다'가 [弱] 즉 '약하다'의 뜻을 가지고 동의 관계에 있다는 것은 다음 예문들에서 잘 확인된다. 원문 중 '法弱'이 '법은 바ᄃ랍다'로 번역되고 '强弱'이 '강ᄒ니며 약ᄒ니'로 번역된다. 따라서 '바ᄃ랍다'와 '약ᄒ다'의 동의성은 명백히 입증된다. 두 상태동사는 [强] 즉 '강하다'의 뜻을 가진 '강셩ᄒ다' 및 '강ᄒ다'와 의미상 대립 관계에 있다.

(20) a. 마ᄂ 강셩코 법은 바ᄃ라와(魔强法弱ᄒ야) <誡初 46a>
　　b. 강ᄒ니며 약ᄒ니 ᄃ토와 안ᄂ 근심이 업ᄉ 맛 쟈ᄂ(無强弱爭奪之憂者隱) <警民 1b>

<21> 사오납다 對 惡ᄒ다

고유어 '사오납다'와 한자어 '惡ᄒ다'가 [惡] 즉 '나쁘다'의 뜻을 가지고 동의 관계에 있다는 것은 다음 예문들에서 잘 확인된다. 원문 중 '色惡'이 '빗치 사오납다'로도 번역되고 '色이 惡ᄒ다'로도 번역된다. 그리고 '臭惡'이 '내 사오납다'로도 번역되고 '臭ㅣ 惡ᄒ다'로도 번역된다. 따라서 '사오답다'와 '惡ᄒ다'의 동의성은 명백히 입증된다.

(21) a. 빗치 사오납거든 먹디 아니ᄒ시며 내 사오납거든 먹디 아니ᄒ시며(色惡不食ᄒ시며 臭惡不食ᄒ시며) <小언三 25a>
b. 色이 惡ᄒ니를 食디 아니ᄒ시며 臭ㅣ (56a) 惡ᄒ니를 食디 아니ᄒ시며(色惡不食ᄒ시며 臭惡不食ᄒ시며) <論언二 56b>

<22> 슬겁다 對 디혜롭다

고유어 '슬겁다'와 한자어 '디혜(智慧)롭다'가 [智]와 [智慧] 즉 '슬기롭다, 지혜롭다'의 뜻을 가지고 동의 관계에 있다는 것은 다음 예문들에서 잘 확인된다. 원문 중 '有愚智'가 '슬거오니 어리니 잇다'로 번역되고 '智慧者'가 '디혜ᄅ외니'로 번역된다. 따라서 '슬겁다'와 '디혜롭다'의 동의성은 명백히 입증된다. 두 상태동사 '슬겁다'와 '디혜롭다'는 [愚]와 [愚痴] 즉 '어리석다'의 뜻을 가진 '어리다'와 의미상 대립 관계에 있다.

(22) a. 사ᄅ미 슬거오니 어리니 이실 ᄲᅮᆫ뎡(人有愚智언뎡) <誡初 41b>
b. 디혜ᄅ외니ᄂᆞᆫ(46a) 젹고 어리니ᄂᆞᆫ 하니(智慧者寡ᄒ고 愚痴者 衆ᄒ니) <誡初 46b>

<23> 어딜다 對 션ᄒᆞ다

고유어 '어딜다'와 한자어 '션(善)ᄒᆞ다'가 [善] 즉 '어질다, 선하다'의 뜻을 가지고 동의 관계에 있다는 것은 다음 예문들에서 잘 확인된다. 원문 중 '善友'가 '어딘 벋'으로도 번역되고 '션흔 벋'으로도 번역된다. 그리고 '善心'이 '어딘 ᄆᆞᄋᆞᆷ'으로 번역되고 '善行'이 '션흔 ᄒᆡᆼ실'로 번역된다. 따라서 '어딜다'와 '션ᄒᆞ다'의 동의성은 명백히 입증된다. 두 동사는 [+인간]인 '벋'을 피수식어로 共有한다.

(23) a. 어딘 버들 셤교ᄃᆡ 부모 ᄀᆞ티 ᄒᆞ며(承事善友ᄒᆞᄃᆡ 如父母ᄒᆞ며) <誡初 59a>
　　 b. 어딘 현인을 친근ᄒᆞ(1a)야(親近賢善ᄒᆞ야) <誡初 1b>
　　 c. 계로 어딘 드리 사몰디니(戒爲善梯니라) <誡初 32a>
　　 d. ᄉᆡᆼ각ᄒᆞ면 어딘 ᄆᆞᄋᆞᆷ이 나고(思則善心이 生ᄒᆞ고) <小言四 45a>
　　 e. 그 어딘 바ᄅᆞᆯ 닐으며 그 어딘 바ᄅᆞᆯ 行ᄒᆞ며 그 어딘 바ᄅᆞᆯ ᄉᆡᆼ각ᄒᆞ면(言其所善ᄒᆞ며 行其所善ᄒᆞ며 思其所善ᄒᆞ면) <小言五 31a>
　　 f. 어디롬이란 거슨 吉홈을 닐옴이오(善也者ᄂᆞᆫ 吉之謂也ㅣ오) <小言五 27a>

(23) g. 오직 션흔 버들 친히 ᄒᆞ고 샷벗 결당 말라(但親善友ㅣ언뎡 莫結邪朋이니라) <誡初 57b>
　　 h. 션흔 ᄒᆡᆼ시ᄅᆞᆯ ᄇᆞ리디 아니ᄒᆞ야(不捨善行ᄒᆞ야) <誡初 25b>

<24> 어딜다 對 仁ᄒᆞ다

고유어 '어딜다'와 한자어 '仁ᄒᆞ다'가 [仁] 즉 '어질다, 인자하다'의 뜻을 가지고 동의 관계에 있다는 것은 다음 예문들에서 잘 확인된다. 원문 중 '仁人'

이 '어딘 사룸'로 번역된다. 그리고 '仁人'이 '仁흔 사룸'으로 번역되고 '仁者'가 '仁흔 이'로 번역된다. 따라서 '어딜다'와 '仁ᄒ다'의 동의성은 명백히 입증된다.

(24) a. 어딘 사룸이 아이게 노호옴을 ᄀ무츠아 두디 아니ᄒ며(仁人之於弟也애 不藏怒焉ᄒ며) <小언四 37b>
b. 西伯은 어딘 사룸이라(西伯ᄆᆫ 仁人也ㅣ라) <小언四 39a>
(24) c. 仁흔 사룸은 그 올흔 일을 正히 ᄒ고 그 利홀 일을 ᄭᅴᄒ디 아니ᄒ며(仁人者는 正其誼不謀不利ᄒ며) <小언五 82a>
d. 仁흔 이는 盛ᄒ며 衰홈으로써 졀개를 고티디 아니ᄒ고(仁人者는 不以盛衰로 改節ᄒ고) <小언六 58a>
e. 그 士의 仁흔 이를 벋홀디니라(友其士之仁者ㅣ니라) <小언二 66b>
f. 仁ᄒ고 디혜 잇고(仁而有智ᄒ고) <小언四 30b>

<25> 어딜다 對 賢ᄒ다

고유어 '어딜다'와 한자어 '賢ᄒ다'가 [賢] 즉 '어질다'의 뜻을 가지고 동의 관계에 있다는 것은 다음 예문들에서 잘 확인된다. 원문 중 '賢'이 '어디다'로도 번역되고 '賢ᄒ다'로도 번역된다. 따라서 '어딜다'와 '賢ᄒ다'의 동의성은 명백히 입증된다.

(25) a. 어디다 回ㅣ여(賢哉라 回也ㅣ여) <小언四 47a>
b. 그 태우의 어딘 이를 셤기며(事其大夫之賢者ᄒ며) <小언二 66b>
(25) c. 賢ᄒ다 回이여(賢哉라 回也ㅣ여) <論언二 6a>

d. 그 태우의 賢혼 者를 事ㅎ며(事其大夫之賢者ㅎ며) <論언四 5b>

<26> 어리다 對 愚ㅎ다

고유어 '어리다'와 한자어 '愚ㅎ다'가 [愚] 즉 '어리석다'의 뜻을 가지고 동의 관계에 있다는 것은 다음 예문들에서 잘 확인된다. 원문 중 '愚'가 '어리다'로도 번역되고 '愚ㅎ다'로도 번역된다. 따라서 '어리다'와 '愚ㅎ다'의 동의성은 명백히 입증된다.

(26) a. 어리고 직믈이 하면 그 허믈을 더으느니(愚而多財則益其過ㅎ느니) <小언六 83b>
b. 回ㅣ 어리디 아니ㅎ도다(回也ㅣ 不愚ㅣ로다) <論언一 13a>
(26) c. 邦이 道ㅣ 업스면 愚ㅎ니(邦無道ㅣ 愚ㅎ니) <論언一 49a>
d. 그(35a) 蔽ㅣ 愚ㅎ고(其蔽也ㅣ 愚ㅎ고) <論언四 35b>

<27> 젹다 對 鮮ㅎ다

고유어 '젹다'와 한자어 '鮮ㅎ다'가 [鮮] 즉 '젹다'의 뜻을 가지고 동의 관계에 있다는 것은 다음 예문들에서 잘 확인된다. 원문 중 '總角者…鮮'이 '總角ㅎ여시리 젹다'로 번역되고 '好…者鮮'이 '好홀 者ㅣ 젹다'로 번역되며 '民鮮'이 '民이 鮮ㅎ다'로 번역된다. 따라서 '젹다'와 '鮮ㅎ다'의 동의성은 명백히 입증된다.

(27) a. 열 설 넘도록 오히려 總角ㅎ여시리 젹으니(過十歲猶總角者ㅣ 蓋鮮矣니) <小언五 42b>

b. 시쇽을 조차 샤치티 아니ᄒᆞ리 져그니라(不隨俗奢靡者ㅣ 鮮矣니라) <小언六 131a>

c. 上을 犯홈을 好홀 者ㅣ 젹(1b)으니(而好犯上者ㅣ 鮮矣니) <論언一 2a>

d. 두어시리 인ᄂᆞᆫ 이 젹으니라(鮮有存者ㅣ니라) <小언五 18b>

e. 교만ᄒᆞ며 새옴ᄒᆞᄂᆞᆫ 性을 길워 일우디 아니리 젹으니(鮮有不… 養成驕妬之性이니) <小언五 65b>

(27) f. 民이 鮮컨 디 오라니라(民鮮이 久矣니라) <論언二 13a>

g. 仁홀 이 鮮ᄒᆞ니라(鮮矣仁이니라) <論언一 2b>

<28> 졸압다/조랍다 對 셜압ᄒᆞ다

고유어 '졸압다/조랍다'와 한자어 '셜압(褻狎)ᄒᆞ다'가 [狎] 즉 '친압하다'의 뜻을 가지고 동의 관계에 있다는 것은 다음 예문들에서 잘 확인된다. 원문중 '雖狎'의 '狎'이 '졸압다'로 번역되고 '狎而敬之'가 '조라온 ᄃᆡ 공경ᄒᆞ다'로 번역되며 '旁狎'의 '狎'이 '셜압ᄒᆞᆫ ᄃᆡ'로 번역된다. 따라서 '졸압다/조랍다'와 '셜압ᄒᆞ다'의 동의성은 명백히 입증된다.

(28) a. 비록 졸아오나 반ᄃᆞ시 변식ᄒᆞ시며(雖狎이나 必變ᄒᆞ시며) <小언三 15b>

b. 어딘 이ᄂᆞᆫ 조라온 ᄃᆡ 공경ᄒᆞ고(賢者ᄂᆞᆫ 狎而敬之ᄒᆞ고) <小언三 3a>

(28) c. 셜압ᄒᆞᆫ ᄃᆡ 갓가이 아니ᄒᆞ며(不旁狎ᄒᆞ며) <小언三 12a>

<29> 졸압다 對 狎ᄒᆞ다

고유어 '졸압다'와 한자어 '狎ᄒᆞ다'가 [狎] 즉 '친압하다'의 뜻을 가지고 동의 관계에 있다는 것은 다음 예문들에서 잘 확인된다. 원문 중 '狎'이 '졸압다'로도 번역되고 '狎ᄒᆞ다'로도 번역된다. 따라서 '졸압다'와 '狎ᄒᆞ다'의 동의성은 명백히 입증된다.

(29) a. 비록 졸아오나 반ᄃᆞ시 변ᄉᆡᆨᄒᆞ시며(雖狎이나 必變ᄒᆞ시며) <小언三 15b>
　　　b. 비록 狎ᄒᆞ나 반ᄃᆞ시 變ᄒᆞ시며(雖狎이나 必變ᄒᆞ시며) <論언二 61a>

<30> 좋다 對 淸淨ᄒᆞ다

고유어 '좋다'와 한자어 '淸淨ᄒᆞ다'가 [淸淨] 즉 '깨끗하다'의 뜻을 가지고 동의 관계에 있다는 것은 다음 예문들에서 잘 확인된다. 원문 중 '本性…自淸淨'이 '本性이…제 좋다'로 번역되고 '性自淸淨'이 '性이 제 淸淨ᄒᆞ다'로 번역된다. 따라서 '좋다'와 '淸淨ᄒᆞ다'의 동의성은 명백히 입증된다.

(30) a. 나의 本性이 本來 제 조ᄒᆞ니(我의 本性이 元自淸淨ᄒᆞ니) <龜上 8a>
　　　b. 三業ㅣ 조호매(三業ㅣ 淸淨에) <龜下 39a>
　　　c. ᄆᆞᅀᆞ미 조호미 이 佛ㅣ오(心淸淨은 是佛ㅣ오) <龜下 33a>
　　　d. ᄆᆞ숨 니르와다 조토다 호매 着ᄒᆞ면 도ᄅᆞ혀 조탓 妄이 나리라(起心着淨ᄒᆞ면 却生淨妄ᄒᆞ리라) <龜下 8b>
(30) e. 性이 제 淸淨ᄒᆞ니(性自淸淨ᄒᆞ니) <龜上 8b>
　　　f. ᄯᅩ 니ᄅᆞ샤ᄃᆡ 身과 口과 意왜 淸淨ᄒᆞᄂᆞ니라 ᄒᆞ시니라(又云身口意이 淸淨ㅣ라 ᄒᆞ시니라) <龜下 41b>

<31> 즐겁다 對 樂ᄒ다

고유어 '즐겁다'와 한자어 '樂ᄒ다'가 [樂] 즉 '즐겁다'의 뜻을 가지고 동의 관계에 있다는 것은 다음 예문들에서 잘 확인된다. 원문 중 '可樂'이 '可히 즐겁다'로 번역되고 '知者樂'이 '知ᄒᆫ 者는 樂ᄒ다'로 번역된다. 따라서 '즐겁다'와 '樂ᄒ다'의 동의성은 명백히 입증된다.

  (31) a. 소릭과 긔운이 可히 즐거오며(聲氣可樂ᄒ며) <小언四 55b>
    b. 仁ᄒᆫ 者는 靜ᄒ며 知ᄒᆫ 者는 樂ᄒ고(仁者는 靜ᄒ며 知者는 樂ᄒ고) <論언二 11a>

<32> 헤펄러ᄒ다 對 거만ᄒ다

고유어 '헤펄러ᄒ다'와 한자어 '거만(倨慢)ᄒ다'가 [慢] 즉 '거만하다, 교만하다'의 뜻을 가지고 동의 관계에 있다는 것은 다음 예문들에서 잘 확인된다. 원문 중 '暴慢'이 '아니완츨ᄒ며 헤펄러ᄒ다'로 번역되고 '慢於人'이 '사름의게 거만ᄒ다'로 번역된다. 따라서 '헤펄러ᄒ다'와 '거만ᄒ다'의 동의성은 명백히 입증된다.

  (32) a. 얼굴 가좀애 이에 아니완츨ᄒ며 헤펄러홈을 멀리 ᄒ며(動容貌애 斯遠暴慢矣며) <小언三 6a>
    b. 敢히 사름의게 거만티 아니ᄒᄂ니(不敢慢於人이니) <小언二 29b>

## 2.4. 固有語가 狀態動詞句인 경우

動詞類에서 확인되는 固有語와 漢字語 간의 同義에서 固有語가 狀態動詞句인 경우에는 [赫然] 즉 '아주 밝다'의 뜻을 가진 'ᄀ장 붉다'와 '赫然ᄒ다'를 비롯하여 [忠信] 즉 '중후(重厚)하고 미쁘다'의 뜻을 가진 '듕후코 믿브다'와 '忠信ᄒ다' 그리고 [棣棣] 즉 '많고 익숙하다'의 뜻을 가진 '만코 닉숙다'와 '棣棣ᄒ다'가 있다.

<1> ᄀ장 붉다 對 赫然ᄒ다

고유어 'ᄀ장 붉다'와 한자어 '赫然ᄒ다'가 [赫然] 즉 '아주 밝다'의 뜻을 가지고 동의 관계에 있다는 것은 다음 예문들에서 잘 확인된다. 원문 중 '赫然'이 '赫然ᄒ다'로 번역되고 '赫然'의 자석이 'ᄀ장 붉다'이다. 따라서 'ᄀ장 붉다'와 '赫然ᄒ다'의 동의성은 명백히 입증된다. 고유어 'ᄀ장 붉다'는 상태동사구로 부사 'ᄀ장'과 상태동사 '붉다'의 결합이다.

(1) a. 볼근 命이 赫然ᄒ야(明命이 赫然ᄒ야) <小學題辭 3a>
b. 赫然: ᄀ장 볼근 양이라 <小學題辭 3a>

<2> 듕후코 믿브다 對 忠信ᄒ다

고유어 '듕후코 믿브다'와 한자어 '忠信ᄒ다'가 [忠信] 즉 '중후(重厚)하고 미쁘다'의 뜻을 가지고 동의 관계에 있다는 것은 다음 예문들에서 잘 확인된다. 원문 중 '忠信'이 '듕후코 믿브다'로도 번역되고 '忠信ᄒ다'로도 번역된다. 따라서 '듕후코 믿브다'와 '忠信ᄒ다'의 동의성은 명백히 입증된다. 고유어 '듕후코 믿브다'는 상태동사구로 상태동사 '듕후ᄒ다'의 부사형 '듕후코'와 상태동사 '믿브다'의 결합이다.

(2) a. 말솜이 둏후코 믿브며(言忠信ᄒᆞ며) <小언三 5a>
   b. 言이 忠信ᄒᆞ며(言忠信ᄒᆞ며) <論언四 3a>

<3> 만코 닉숙다 對 棣棣ᄒᆞ다

고유어 '만코 닉숙다'와 한자어 '棣棣ᄒᆞ다'가 [棣棣] 즉 '많고 익숙하다'의 뜻을 가지고 동의 관계에 있다는 것은 다음 예문들에서 잘 확인된다. 원문 중 '棣棣'가 '棣棣ᄒᆞ다'로 번역되고 '棣棣'의 자석이 '만코 닉숙다'이다. 따라서 '만코 닉숙다'와 '棣棣ᄒᆞ다'의 동의성은 명백히 입증된다. 고유어 '만코 닉숙다'는 상태동사구로 상태동사 '만ᄒᆞ다'의 부사형 '만코'와 상태동사 '닉숙다'의 결합이다.

(3) a. 威儀ㅣ 棣棣ᄒᆞᆫ 디라(威儀棣棣라) <小언四 54a>
   b. 棣棣: 만코 닉숙은 양이라 <小언四 54a>

## 3. 副詞에서의 同義

副詞에서 확인되는 固有語와 漢字語 간의 同義에는 [輕慢] 즉 '가벼이'의 뜻을 가진 '가빈야이'와 '輕慢히'를 비롯하여 [永] 즉 '길이'의 뜻을 가진 '기리'와 '永永히', [圓]과 [圓滿] 즉 '둥글게, 원만히'의 뜻을 가진 '두려이'와 '圓滿히', [凡] 즉 '무릇'의 뜻을 가진 '믈읫'과 '大凡', [柔] 즉 '부드럽게'의 뜻을 가진 '부드러이/부들어이'와 '유화히', [或] 즉 '혹, 또'의 뜻을 가진 '시혹'과 '或', [可] 즉 '가히'의 뜻을 가진 '어루'와 '可히', [即]과 [即時] 즉 '곧, 즉시'의 뜻을 가진 '즉재'와 '即時예' 그리고 [若]과 [如] 즉 '만일'의 뜻을 가진 'ᄒᆞ다가'와 '만일' 등 20여 項目이 있다.

<1> 가비야이 對 輕慢히

고유어 '가비야이'와 한자어 '輕慢히'가 [輕慢] 즉 '가벼이'의 뜻을 가지고 동의 관계에 있다는 것은 다음 예문들에서 잘 확인된다. 원문 중 '輕慢他人'이 '눔 가비야이 너기다'로도 번역되고 '눔 輕慢히 너기다'로도 번역된다. 따라서 '가비야이'와 '輕慢히'의 동의성은 명백히 입증된다.

(1) a. 눔 가비야이 너기디 말라(莫…輕慢他人이어다) <誡初 63a>
(1) b. 눔 輕慢히 너겨(輕慢他人ᄒᆞ야) <龜下 35a>
  c. 同列을 輕慢히 너겨(輕慢同列ᄒᆞ야) <小언五 108b>

<2> 가비야이 對 輕히

고유어 '가비야이'와 한자어 '輕히'가 [輕] 즉 '가벼이'의 뜻을 가지고 동의 관계에 있다는 것은 다음 예문들에서 잘 확인된다. 원문 '輕其夫'가 '그 남진을 가비야이 너기다'로 번역되고 '輕他'가 'ᄂᆞ믈 경히 너기다'로 번역된다. 그리고 '何…輕'이 '엇디 가비야이 ᄒᆞ다'로 번역되고 '輕於己之子'가 '내 ᄌᆞ식에서 輕히 ᄒᆞ다'로 번역된다. 따라서 '가비야이'와 '輕히'의 동의성은 명백히 입증된다.

(2) a. 그 남진을 가비야이 너기며 그 싀어버이를 업(65a)슈이 너겨 교만ᄒᆞ며 새옴ᄒᆞᄂᆞᆫ 性을 길워 일우디 아니리 젹으니(鮮有不輕其夫 而傲其舅姑ᄒᆞ야 養成驕妬之性이니) <小언五 65b>
 b. 직믈을 가비야이 너기며(輕財ᄒᆞ며) <小언五 106a>
 c. 엇디 가비야이 ᄒᆞ다(104a) 니ᄅᆞᄂᆞ뇨(何謂輕哉오) <小언六 104b>
 d. 뻐 가비야이 스스로 큰 양 ᄒᆞ야 믈춤애 어듬이 업는 바를 病도

이 너기시니라(病…所以輕自大而卒無得也ㅣ시니라) <小언六 17b>

(2) e. 누믈 경히 너겨(輕他) <誡初 65a>
    f. 독혀 어버의 ᄌᆞ식 ᄉᆞ랑ᄒᆞ기를 믄득 내 ᄌᆞ식에셔 輕히 ᄒᆞ야(獨愛父母之子를 却輕於己之子ᄒᆞ야) <小언五 75a>

<3> 기리 對 永永히

고유어 '기리'와 한자어 '永永히'가 [永] 즉 '길이'의 뜻을 가지고 동의 관계에 있다는 것은 다음 예문들에서 잘 확인된다. 원문 중 '永離惡道苦'가 '기리 惡道苦를 여희다'로 번역되고 '永斷無明'이 '無明을 永永히 긏다'로 번역된다. 따라서 '기리'와 '永永히'의 동의성은 명백히 입증된다.

(3) a. 히여곰 너희들 ᄒᆞ로 이 會中에 곧 解脫門의 올아 기리 惡道苦를 여희게 호리라(令汝等이 於此會中에 便登解脫門ᄒᆞ야 永離惡道苦케 호리라) <蒙六 30b>
    b. 먼 福을 기리 바ᄃᆞ리라(永受胡福ᄒᆞ리라) <小언三 20a>
(3) c. 일후미 無明을 永永히 구추미라 ᄒᆞ시고(名爲永斷無明ㅣ라 ᄒᆞ시고) <龜上 29a>
    d. 永永히 긏디 몯ᄒᆞ리라(永不下斷ㅣ리라) <龜上 28b>
    e. 영영히 욕낙 져ᄇᆞ룔디니라(永背欲樂이니라) <誡初 33a>
    f. 영영히 그 집 ᄉᆞ나히 구실을 더르시다(永鐲其家丁役ᄒᆞ시다) <小언六 61b>

<4> ᄀᆞ장 對 甚히

고유어 'ᄀ장'과 한자어 '甚히'가 [甚] 즉 '심히'의 뜻을 가지고 동의 관계에 있다는 것은 다음 예문들에서 잘 확인된다. 원문 중 '甚衆'이 'ᄀ장 만ᄒ다'로 번역되고 '甚少'가 '甚히 젹다'로 번역된다. 그리고 '甚愛'가 'ᄀ장 됴히 녀기다'로도 번역되고 '심히 ᄉ랑하다'로도 번역된다. 따라서 'ᄀ장'과 '甚히'의 동의성은 명백히 입증된다.

(4) a. 우리 吳中 권당이 ᄀ장 만ᄒ니(吾吳中宗族이 甚衆ᄒ니) <小언 五 80a>

b. 결속ᄒ야 보내는 지믈이 ᄀ장 盛ᄒ거늘(裝送資賄ㅣ 甚盛이어늘) <小언六 54a>

c. 아ᄎ미 ᄀ장 ᄎ니(旦ㅣ 甚寒ᄒ니) <小언五 47a>

d. ᄀ장(110b) 됴흔 氣質이 나리라(甚生氣質ᄒ리라) <小언五 111a>

e. 劉公이 처어믜 ᄀ장 쉬이 너기더니(劉公이 初甚易之ㅣ러니) <小언六 123b>

f. 편안ᄒ고 펴ᄇ리면 날로 게으른다 ᄒᄂ 말을 ᄀ장 됴히 녀기더시니(甚愛…安肆日偸之語ᄒ더시니) <小언五 87a>

(4) g. 어든 배 甚히 젹고(所得이 甚少) <小언五 61a>

h. 甚히 可티 아니ᄒ니라(甚不可也ㅣ니라) <小언五 40a>

i. 그 오난 디 심히 갓가오니라(其來甚近也ㅣ니라) <小언五 48b>

j. 비록 심히 더우나(雖甚熱ᄒ나) <小언六 2b>

k. 비록 심히 公을 ᄉ랑ᄒ나(雖甚愛公ᄒ나) <小언六 1b>

l. 父母ㅣ…심히 ᄉ랑커시든(父母ㅣ…甚愛之어시든) <小언二 16b>

m. 甚히 에엿비 너기며 과호이(30a) 너김을 더어(甚加矜賞ᄒ야) <小언六 30b>

<5> 두려이 對 圓滿히

고유어 '두려이'와 한자어 '圓滿히'가 [圓]과 [圓滿] 즉 '둥글게, 원만히'의 뜻을 가지고 동의 관계에 있다는 것은 다음 예문들에서 잘 확인된다. 원문 중 '圓現'이 '두려이 낱다'로 번역되고 '圓明'이 '圓滿히 불기다'로 번역된다. 따라서 '두려이'와 '圓滿히'의 동의성은 명백히 입증된다. 부사 '두려이'는 [圓] 즉 '둥글다'의 뜻을 가진 상태동사 '두렵다'에서 파생된 것이다.

(5) a. 三身이 두려이 나투시며(三身이 圓現ᄒ시며) <蒙六 19a>
　　b. 眞性은 더럽디 아니ᄒ야 本來 제 두려이 이럳ᄂ니(眞性ㅣ 無染ᄒ야 本自圓成ᄒ니) <蒙六 32b>
　　c. 色과 空과 性이 두려이 노가 <七大 4a>
(5) d. 種種 智를 圓滿히 불겨(圓明種智ᄒ야) <蒙六 28b>
　　e. ᄀ린 듸 업스며 마ᄀ 듸 업슨 法食을 ᄒ 法筵네 圓滿히 버리고(圓滿修設無遮無㝵法食一筵ᄒ야) <蒙六 29a>

<6> 믈읫 對 大凡

고유어 '믈읫'과 한자어 '大凡'이 [凡] 즉 '무릇'의 뜻을 가지고 동의 관계에 있다는 것은 다음 예문들에서 잘 확인된다. 원문 중 '凡有下心者'가 '믈읫 ᄆᅀᆞᆷ ᄂᆞ초는 사름'으로도 번역되고 '大凡 ᄆᅀᆞᆷ ᄂᆞᆺ가이 쓰는 사름'으로도 번역된다. 따라서 '믈읫'과 '大凡'의 동의성은 명백히 입증된다.

(6) a. 믈읫 ᄆᅀᆞᆷ ᄂᆞ초는 사름은 만복이 제 귀의ᄒ리라(凡有下心者ᄂ 萬福이 自歸依ᄒ리라) <誡初 64b>
　　b. 믈읫 유샹이 다 거즛 거시니(凡所有相이 皆是虛妄ㅣ니) <誡初

73a>

(6) c. 大凡 므슴 ᄂᆞ가이 쓰는 사ᄅᆞ문 萬福ㅣ 절로 歸依ᄒᆞᄂᆞ니라(凡有下心者ᄂᆞᆫ 萬福이 自歸依ᄒᆞ리라) <龜下 40a>

d. 大凡 十聲을 念ᄒᆞᅀᆞ온 사ᄅᆞ문 이 願의 힘을 받ᄌᆞ와(凡念十聲者ᄂᆞᆫ 承此願力ᄒᆞ야) <龜下 44b>

e. 大凡 사ᄅᆞ미 해 敎法上에 알고(凡人ㅣ 多於敎法上에 悟ᄒᆞ고) <龜下 48a>

f. 大凡 사ᄅᆞ미 命終애 臨ᄒᆞᆯ 時節에(凡人이 臨命終時예) <龜下 60a>

g. 大凡 本參ᄒᆞ논 公案에(凡本參公案上에) <龜上 13b>

<7> 부드러이/부들어이 對 유화히

고유어 '부드러이/부들어이'와 한자어 '유화(柔和)히'가 [柔] 즉 '부드럽게'의 뜻을 가지고 동의 관계에 있다는 것은 다음 예문들에서 잘 확인된다. 원문 중 '柔聲'이 '소리ᄅᆞᆯ 부드러이 ᄒᆞ다'와 '소리ᄅᆞᆯ 부들어이 ᄒᆞ다'로 번역되고 '柔色'이 'ᄂᆞᆺ빗ᄎᆞᆯ 유화히 ᄒᆞ다'로 번역된다. 따라서 '부드러이/부들어이'와 '유화히'의 동의성은 명백히 입증된다.

(7) a. ᄂᆞᆺ빗ᄎᆞᆯ 和히 ᄒᆞ며 소리ᄅᆞᆯ 부드러이 ᄒᆞ야(和色柔聲ᄒᆞ야) <小언 五 36a>

b. 긔운을 ᄂᆞᄌᆞ시 ᄒᆞ며 ᄂᆞ비ᄎᆞᆯ 화열히 ᄒᆞ며 소리ᄅᆞᆯ 부들어이 ᄒᆞ야 뻐 諫홀디니(和氣怡色柔聲以諫이니) <小언二 21b>

(7) c. ᄂᆞᆺ빗ᄎᆞᆯ 유화히 ᄒᆞ야 뻐 ᄠᅳ들 받ᄌᆞ와(柔色以溫之ᄒᆞ야) <小언二 4a>

<8> 브즈러니 對 慇懃히

고유어 '브즈러니'와 한자어 '慇懃히'가 [勤]과 [慇懃] 즉 '부지런히'의 뜻을 가지고 동의 관계에 있다는 것은 다음 예문들에서 잘 확인된다. 원문 중 '勤行'이 '브즈러니 힝실ᄒᆞ다'로 번역되고 '慇懃戒'가 '慇懃히 경계ᄒᆞ다'로 번역된다. 따라서 '브즈러니'와 '慇懃히'의 동의성은 명백히 입증된다.『小學諺解』권5에서 '慇懃히'로 번역되는 '慇懃'이『飜譯小學』(1518)에서는 '브즈러니'<六 25b>로 번역된다.

(8) a. 비록 브즈러니 힝실ᄒᆞ나(雖有勤行이나) <誠初 29b>
　　b. 가난ᄒᆞ야 주으려 비러먹는 사ᄅᆞ미 다 제 업을 브즈러니 아니ᄒᆞ는 디라(窮餓丐乞者是 皆是不勤業之人是羅) <警民 11a>
　　c. 일 브즈러니 홈ᄋᆞ로뼈(以勤事로) <小언五 18a>
(8) d. 뼈 馬援의 글월이 慇懃히 모든 ᄌᆞ뎨를 경계혼 배니라(所以馬援書ㅣ 慇懃戒諸子ㅣ니라) <小언五 24a>

<9> 빅브르 對 飽히

고유어 '빅브르'와 한자어 '飽히'가 [飽] 즉 '배부르게'의 뜻을 가지고 동의 관계에 있다는 것은 다음 예문들에서 잘 확인된다. 원문 중 '飽食'이 '빅브르 먹다'로도 번역되고 '飽히 食ᄒᆞ다'로도 번역된다. 따라서 '빅브르'와 '飽히'의 동의성은 명백히 입증된다. 고유어 '빅브르'는 동작동사 '빅브르다'의 零變化 (zero meification)이다.

(9) a. 빅브르 먹고 날을 졈글워(飽食終日ᄒᆞ야) <小언五 92b>
　　b. 飽히 食ᄒᆞ고 日을 終ᄒᆞ야(飽食終日ᄒᆞ야) <論언四 43a>

<10> 싁싁이/싁싁히 對 엄슉히

고유어 '싁싁이/싁싁히'와 한자어 '엄슉(嚴肅)히'가 [肅]과 [肅然] 즉 '엄숙히'의 뜻을 가지고 동의 관계에 있다는 것은 다음 예문들에서 확인된다. 원문 중 '肅恭'이 '싁싁이 온공이 ᄒᆞ다'로 번역되고 '肅然必有'가 '싁싁히 반ᄃᆞ시…잇다'로 번역되고 '肅敬'이 '엄슉히 공경ᄒᆞ다'로 번역된다. 따라서 '싁싁이/싁싁히'와 '엄슉히'의 동의성은 명백히 입증된다.

(10) a. 모로매 싁싁이 온공이 ᄒᆞ야 피ᄒᆞ며(須肅恭廻避ᄒᆞ며) <誡初 5b>
b. 정단을 싁싁기 ᄒᆞ야(肅情塵) <誡初 17a>
c. 도로 돌아 문에 남애 싁싁히 반ᄃᆞ시 그 거동 소리를 드롬이 이시며(周還出戶애 肅然必有聞乎其容聲ᄒᆞ며) <小言二 27a>
(10) d. 내 미양 聖人 글월을 닐글 제 일즉 엄슉히 공경ᄒᆞ야 샹디티 아니티 아니ᄒᆞ며(吾ㅣ 每讀聖人書에 未嘗不肅敬對之ᄒᆞ며) <小言五 117b>
e. 긔운의(11b) 양은 엄슉히 ᄒᆞ며(氣容肅ᄒᆞ며) <小言三 12a>

<11> 싁싁히 對 嚴히

고유어 '싁싁히'와 한자어 '嚴히'가 [嚴] 즉 '엄하게'의 뜻을 가지고 동의 관계에 있다는 것은 다음 예문들에서 잘 확인된다. 원문 중 '嚴臨'이 '싁싁히 臨ᄒᆞ다'로 번역되고 '嚴立'이 '嚴히 셰다'로 번역된다. 따라서 '싁싁히'와 '嚴히'의 동의성은 명백히 입증된다.

(11) a. 싁싁히 아래를 臨ᄒᆞ샤되 ᄒᆞ야브리디 아니ᄒᆞ실ᄉᆡ(嚴臨下而不毀

傷ᄒᆞ실시) <小언四 22a>
(11) b. 일과ᄒᆞ는 법을 嚴히 셰고(嚴立課程이오) <小언五 113a>
c. 皇考ㅣ 집을 다ᄉᆞ리샤ᄃᆡ 효도롭고 嚴히 ᄒᆞ더시니(皇考ㅣ 治家 ᄒᆞ샤ᄃᆡ 孝且嚴이러시니) <小언五 73a>
d. 스승 弟子의 禮를 嚴히 ᄒᆞ며(嚴師弟子之禮ᄒᆞ며) <小언六 8b>

<12> 시혹 對 或

고유어 '시혹'과 한자어 '或'이 [或] 즉 '혹, 또'의 뜻을 가지고 동의 관계에 있다는 것은 다음 예문들에서 잘 확인된다. 원문 중 '或智或愚'가 '시혹 슬가오며 시혹 어리다'로 번역되고 '或論文或聽琴'이 '或 글 의론ᄒᆞ며 或 거믄고 듣다'로 번역된다. 따라서 '시혹'과 '或'의 동의성은 명백히 입증된다.

(12) a. 시혹 슬가오며 시혹 어리며 시혹 賤人 ᄃᆞ외며 시혹 貴人 ᄃᆞ외며 시혹 가(12a)난ᄒᆞ며 시혹 가ᄉᆞ멸며(或智或愚ᄒᆞ며 或賤或貴ᄒᆞ며 或貧或富ᄒᆞ며) <蒙六 12b>
b. 시혹(6b) 賢人을 欺弄ᄒᆞ며 聖人을 소기며 시혹 萬物를 ᄒᆞ야ᄇᆞ리며 衆生을 주겨(或欺賢罔聖ᄒᆞ며 或損物傷生ᄒᆞ야) <蒙六 7a>
c. 시혹 餓鬼와 쏘 傍生道 中에 ᄠᅥ러디며 시혹 八難 여러 惡道애 걸인 사ᄅᆞ미 여러 苦惱를 受ᄒᆞ여(或墮餓鬼와 及傍生道中ᄒᆞ며 或滯八難諸惡道者이 受諸苦惱ᄒᆞ야) <蒙六 25b>
d. 시혹 다믄 다믄 바ᄅᆞ ᄀᆞᄅᆞ치샤ᄆᆞᆫ(或單單直指ᄒᆞ샤ᄆᆞᆫ) <蒙六 21a>
(12) e. 比丘ㅣ 여러 가짓 名字ㅣ 이시니 或 鳥鼠僧ㅣ라 ᄒᆞ며 或 啞羊僧ㅣ라 ᄒᆞ며 或 머리 믠 居士ㅣ라 ᄒᆞ며 或 地獄 ᄌᆞ싀ㅣ라 ᄒᆞ며

혹 袈裟 니븐 盜賊ㅣ라 ᄒᆞ시니(比丘ㅣ 有多般名字ᄒᆞ니 或鳥鼠僧ㅣ라 ᄒᆞ며 或啞羊僧ㅣ라 ᄒᆞ며 或禿居士ㅣ라 ᄒᆞ며 或地獄滓ㅣ라 ᄒᆞ며 或披袈裟賊ㅣ라 ᄒᆞ시니) <龜下 52a>

f. 或 글 의론하며 或 거믄고 들다가(或論文ᄒᆞ며 或聽琴ᄒᆞ다가) <小언六 95a>

g. 或 뫼헤 남오 ᄒᆞ며 或 믈에 고기 잡놋다(或山而樵ᄒᆞ며 或水而漁ㅣ로다) <小언六 92a>

h. ᄒᆞᆫ 가ᄌᆞ와 半 품을 비록 或 어더도(一資半給을 雖或得之라두) <小언五 18b>

i. 上이 或 잇다감 冠 쓰디 아니ᄒᆞ샤디(上이 或時不冠ᄒᆞ샤디) <小언六 38a>

<13> 아ᄅᆞᆷ뎌 對 ᄉᆞᄉᆞ로

고유어 '아ᄅᆞᆷ뎌'와 한자어 'ᄉᆞᄉᆞ(私私)로'가 [燕] 즉 '사사로이, 사사롭게'의 뜻을 가지고 동의 관계에 있다는 것은 다음 예문들에서 잘 확인된다. 원문 중 '侍燕'이 '아ᄅᆞᆷ뎌 뫼시다'로 번역된다. 그리고 '燕見'이 'ᄉᆞᄉᆞ로 뵙다'로 번역된다. 따라서 '아ᄅᆞᆷ뎌'와 'ᄉᆞᄉᆞ로'의 동의성은 명백히 입증된다.

(13) a. 君子를 아ᄅᆞᆷ뎌 뫼셔실 적이어든 몬져 밥 먹고 後에 그칠디니(侍燕於君子則先飯而後已니) <小언三 24b>

b. ᄉᆞᄉᆞ로 뵈ᅀᆞ올 제 命을 가져 ᄃᆞ니게 아니ᄒᆞ며(燕見에 不將命ᄒᆞ며) <小언二 63b>

<14> 아ᄅᆞᆷ뎌 對 ᄉᆞᄉᆞ로이

고유어 '아름뎌'와 한자어 'ᄉᆞᄉᆞ(私私)로이'가 [燕]과 [私] 즉 '사사로이, 사사롭게'의 뜻을 가지고 동의 관계에 있다는 것은 다음 예문들에서 잘 확인된다. 원문 중 '侍燕'이 '아름뎌 뫼시다'로 번역되고 '私作'이 'ᄉᆞᄉᆞ로이 ᄆᆞᆫ들다'로 번역된다. 따라서 '아름뎌'와 'ᄉᆞᄉᆞ로이'의 동의성은 명백히 입증된다.

(14) a. 君子를 아름뎌 뫼셔실 적이어든 몬져 밥 먹고 後에 그칠디니(侍燕於君子則先飯而後已니) <小言三 24b>
(14) b. ᄉᆞᄉᆞ로이 飮食을 ᄆᆞᆫᄃᆞ라(私作飮食ᄒᆞ야) <小言六 6b>
  c. 敢히 ᄉᆞᄉᆞ로이 빌이디 몯ᄒᆞ며 敢히 ᄉᆞᄉᆞ로이 주디 몯홀 거시니라(不敢私假ᄒᆞ며 不敢私與ㅣ니라) <小言二 13a>
  d. 보화와 진믈을 됴히 너기며 妻子를 ᄉᆞᄉᆞ로이 ᄒᆞ야(好貨財私妻子ᄒᆞ야) <小言二 34a>
  e. 敢히 그 직믈을 ᄉᆞᄉᆞ로이 몯ᄒᆞᄂᆞ니(不敢私其財니) <小言二 11b>
  f. ᄉᆞ랑홈에 일편되며 셰간의 ᄉᆞᄉᆞ로이 ᄒᆞ야(偏愛私藏ᄒᆞ야) <小言五 73a>

<15> 어딜이 對 善히

고유어 '어딜이'와 한자어 '善히'가 [善] 즉 '착하게, 어질게'의 뜻을 가지고 동의 관계에 있다는 것은 다음 예문들에서 잘 확인된다. 원문 중 '善道'가 '어딜이 니ᄅᆞ다'로도 번역되고 '善히 道ᄒᆞ다'로도 번역된다. 따라서 '어딜이'와 '善히'의 동의성은 명백히 입증된다.

(15) a. 튱셩을오 고ᄒᆞ며 어딜이 닐오ᄃᆡ(忠告而 善道之호ᄃᆡ) <小言二 66a>

b. 忠히 告ᄒ고 善히 道호ᄃᆡ(忠告而 善道之호ᄃᆡ) <論언三 33b>

<16> 어루 對 可히

고유어 '어루'와 한자어 '可히'가 [可] 즉 '가히'의 뜻을 가지고 동의 관계에 있다는 것은 다음 예문들에서 잘 확인된다. 원문 중 '可…超'가 '어루 건내뛰다'로 번역되고 '可冀'가 '可히 ᄇᆞ라다'로 번역된다. 그리고 '可勝言'이 '어루 이긔여 니ᄅᆞ다'로 번역되고 '可得言'이 '可히 시러곰 닐ᄋᆞ다'로 번역된다. 따라서 '어루'와 '可히'의 동의성은 명백히 입증된다.

(16) a. 志氣 뒷ᄂᆞ니는 어루 凡夫에 건내뛰여 聖位예 드러(有志氣者ᄂᆞᆫ 可以超凡入聖ᄒᆞ야) <蒙六 12b>
　　 b. 이럴ᄉᆡ 어리迷(13a)或ᄒᆞ미 기피 어루 어엿브도다(是以로 愚迷ᄒᆞ니 深可憐愍이로다) <蒙六 13b>
　　 c. 어루 이긔여 니ᄅᆞ디 몯ᄒᆞ리로다(不可勝言이로다) <誡初 41b>
　　 d. 이 ᄀᆞ티 어루 능히 졍ᄒᆞᆫ 신심을 내야(如是乃可能生正信ᄒᆞ야) <誡初 17b>

(16) e. ᄒᆞ믈며 淸淨菩提果를 可히 ᄇᆞ라랴(況淸淨菩提果를 可冀乎아) <龜下 36a>
　　 f. 입에 可히 시러곰 닐ᄋᆞ디 몯ᄒᆞ과뎌 ᄒᆞ노라(欲… 口不可得言也ᄒᆞ노라) <小언五 12a>
　　 g. 可히 효도ㅣ라 닐으리니라(可謂孝矣니라) <小언二 24a>
　　 h. 可히 됴히 ᄃᆡ졉홀디니라(可善遇之니라) <小언六 85b>

<17> 잇다감 對 시시예

고유어 '잇다감'과 한자어 '시시(時時)예'가 [時] 즉 '이따금, 때때로'의 뜻을 가지고 동의 관계에 있다는 것은 다음 예문들에서 잘 확인된다. 원문 중 '時不冠'이 '잇다감 冠 쓰디 아니ᄒᆞ다'로 번역되고 '時就'가 '시시예 나아가다'로 번역된다. 따라서 '잇다감'과 '시시예'의 동의성은 명백히 입증된다.

(17) a. 上이 或 잇다감 冠 쓰디 아니ᄒᆞ샤디(上이 或時不冠ᄒᆞ샤디) <小언六 38a>
b. 두어 귀 노비 잇다감 도망ᄒᆞ며 병ᄒᆞ(6a)야 주그며 두어 이럼 뎐디 잇다감 쳔번개략ᄒᆞ야(數口奴婢是 有時而逃亡病死爲於 數묘田地是 有時而川反浦落爲也) <警民 6b>
(17) c. 시시예 나아가 쉬여 히즐이고(時就休偃ᄒᆞ고) <小언六 69b>
d. 실로 시시예 안보히 마로니(實時時而不保호리니) <誡初 62a>

<18> 제여곰 對 各各이

고유어 '제여곰'과 한자어 '各各이'가 [各]과 [各各] 즉 '제각기, 각각'의 뜻을 가지고 동의 관계에 있다는 것은 다음 예문들에서 잘 확인된다. 원문 중 '各有'가 '제여곰 잇다'로 번역되고 '各著'가 '各各이 두다'로 번역된다. 따라서 '제여곰'과 '各各이'의 동의성은 명백히 입증된다.

(18) a. 제여곰 宮殿이 모믈 조차 이시며(各有宮殿이 隨身ᄒᆞ며) <蒙六 15b>
(18) b. 各各이 숨숨비 두어(各著精彩ᄒᆞ야) <蒙六 35a>
c. 各各이 疑心을 가져(各各懷疑ᄒᆞ야) <蒙六 22a>
d. 各各이 妙道를 아라 불겨(各各悟明妙道ᄒᆞ야) <蒙六 28b>

그리고 '各各기'와 '各各'이 [各]과 [各各] 즉 '각각'의 뜻을 가진 부사라는 사실은 다음 예문들에서 잘 확인된다.

(18) e. 各各기 一法界로브터 各各기 ᄒᆞ마 셜우믈 受ᄒᆞ란대(各從一法界來ᄒᆞ야 各各已受苦惱ᄒᆞ란대) <蒙六 5b>
 f. 各各 모로미 슬펴 혜아려(各須察念ᄒᆞ야) <龜上 22a>

<19> 견ᄎᆞᆯ 對 情ᄉᆡᆼ장

고유어 '견ᄎᆞᆯ'과 한자어 '情ᄉᆡᆼ장'이 [恣] 즉 '마음껏, 마구'의 뜻을 가지고 동의 관계에 있다는 것은 다음 예문들에서 잘 확인된다. 원문 중 '恣意'가 '견ᄎᆞᆯ 뜨데'로 번역되고 '恣情'이 '情ᄉᆡᆼ장 뜨데'로 번역된다. 따라서 '견ᄎᆞᆯ'과 '情ᄉᆡᆼ장'의 동의성은 명백히 입증된다. '情ᄉᆡᆼ장'은 명사 '情'과 후치사 '-ᄉᆡᆼ장'의 결합인데 한자어의 범주에 넣어 다루었다.

(19) a. 견ᄎᆞᆯ 뜨데 惡業을 지어(恣意作業ᄒᆞ야) <蒙六 27a>
(19) b. 情ᄉᆡᆼ장 뜨데 邪見을 자ᄇᆞ며(恣情執見ᄒᆞ며) <蒙六 8a>
 c. 情ᄉᆡᆼ장 여러 가짓 惡을 짓다가(恣造諸惡ᄒᆞ다가) <蒙六 7a>

부사 '뎡샃'이 [恣] 즉 '마음껏, 마구'의 뜻을 가지고 한자어 '情ᄉᆡᆼ장'과 동의 관계에 있다는 것은 다음 예문들에서 잘 확인된다. 원문 중 '恣情'이 '뎡샃 뜨데'로도 번역되고 '情ᄉᆡᆼ장 뜨데'로도 번역된다. 따라서 '뎡샃'과 '情ᄉᆡᆼ장'의 동의성은 명백히 입증된다. 부사 '뎡샃'은 『蒙山和尙六道普說諺解』(1567)에 처음으로 등장한다.

(19) d. 뎡샃 뜨데 惡業을 지어(恣情作業ᄒᆞ야) <蒙六 34a>

<20> 조히 對 正히

고유어 '조히'와 한자어 '正히'가 [淨] 즉 '깨끗이, 깨끗하게'의 뜻을 가지고 동의 관계에 있다는 것은 다음 예문들에서 잘 확인된다. 원문 중 '淨盡'이 '조히 다ᄋ다'로도 번역되고 '正히 다ᄋ다'로도 번역된다. 따라서 '조히'와 '正히'의 동의성은 명백히 입증된다. 부사 '조히'는 상태동사 '좋다'의 어간 '좋-'과 부사 형성 접미사 '-이'의 결합이다.

(20) a. 브려 조히 다(30b)ᄋ고(放捨淨盡ᄒ야) <蒙六 31a>
　　 b. 正히 다ᄋ 고대 다ᄃᄅ면(到淨盡處ᄒ면) <蒙六 31b>

<21> 즉재 對 卽時예

고유어 '즉재'와 한자어 '卽時예'가 [卽]과 [卽時] 즉 '곧, 즉시'의 뜻을 가지고 동의 관계에 있다는 것은 다음 예문들에서 잘 확인된다. 원문 중 '卽頓見'이 '즉재 다 보다'로 번역되고 '卽乖'가 '卽時예 어긔다'로 번역된다. 그리고 '卽時豁然'이 '즉재 훤츨ᄒ다'로 번역되고 '卽時欣幸'이 '卽時예 欣幸ᄒ다'로 번역된다. 따라서 '즉재'와 '卽時예'의 동의성은 명백히 입증된다.

(21) a. 아ᄂ 사ᄅᄆ 즉재 다 보거늘(悟人ᄂ 卽頓見ㅣ어늘) <龜上 25a>
　　 b. 五祖ㅣ 니ᄅ샤ᄃㅣ…내 本心을 딕킈여ᅀᅡ 즉재 뎌 ᄀ새 건너리라 ᄒ시다(五祖ㅣ 曰…守我本心ㅣ사 卽度彼岸ㅣ라 ᄒ시다) <龜下 42a>
　　 c. 즉재 堂애 올라(卽升堂ᄒ야) <小언六 26b>
　　 d. 즉재 훤츨ᄒ면(卽時豁然ᄒ면) <龜上 8a>

(21) e. 念을 뮈우면 卽時예 어긔리라(動念卽乖ᄒ리라) <龜上 3b>

　　　f. 오직 卽時예 欣幸홀 ᄯ니오(但卽時欣幸ㅣ오) <龜下 47b>

<22> ᄒ다가 對 만일

고유어 'ᄒ다가'와 한자어 '만일'(萬一)이 [若]과 [如] 즉 '만일'의 뜻을 가지고 동의 관계에 있다는 것은 다음 예문들에서 잘 확인된다. 원문 중 '若入'이 'ᄒ다가 들다'로 번역되고 '若能知'가 '만일 能히 알다'로 번역된다. 그리고 '如有'가 'ᄒ다가 잇다'로도 번역되고 '만일 잇다'로도 번역된다. 따라서 'ᄒ다가'와 '만일'의 동의성은 명백히 입증된다.

(22) a. ᄒ다가 能히 힘뻐 힝을 닷ᄀ면(若能努力修行ᄒ면)　<蒙六 13b>

　　　b. ᄒ다가 文殊이 ᄯ 부텨와 큰 方便 펴믈 맛나디 아니ᄒ던든(若不遇文殊이 與佛와 施大方便이러든) <蒙六 23b>

　　　c. ᄒ다가 흔딋 버들 괴롱ᄒ야 므니 눌러(若也欺凌同伴ᄒ야) <誡初 3a>

　　　d. ᄒ다가 속가의 들 제(若入俗家어든) <誡初 12a>

　　　e. ᄒ다가 萬一 위틱ᄒ 禍ㅣ 이시면(若萬一危禍ㅣ면) <쇼언六 60a>

　　　f. ᄒ다가 의심된 디 잇거든(如有所疑어든) <誡初 17b>

(22) g. 만일 能히 이를 알면(若能知此則) <쇼언五 8b>

　　　h. 만일 털억 긋타나 지극디 몯홈이 이시면(如有毫末不至면) <쇼언五 57b>

그리고 『소학언해』에서 '萬一'이 '萬一'로도 번역되고 '萬一에'로도 번역된다는 것은 (20e)와 다음 예문에서 잘 확인된다.

(22) i. 萬一에 敗ᄒ여 드러나면(萬一敗露ᄒ면) <小언五 62a>

# 제4장
# 漢字語간의 同義

1580년대 국어에서 漢字語들이 어떤 양상의 동의 관계를 형성하고 있는지를 名詞類, 動詞類 및 副詞에서 고찰해 보고자 한다.

## 1. 名詞類에서의 同義

명사류에서 확인되는 漢字語간의 동의는 크게 두 경우로 나누어 고찰할 수 있다. 첫째는 동의 관계에 있는 한자어들 중 하나가 1자 한자어인 경우이고 둘째는 동의 관계에 있는 한자어들이 모두 2자 이상의 한자어인 경우이고 셋째는 동의 관계에 있는 한자어들의 하나가 名詞形인 경우이다.

### 1.1. 하나가 1자 漢字語인 경우

名詞類에서 확인되는 漢字語간의 同義에서 한자어들 중 적어도 하나가 1자 漢字語인 경우에는 [薑] 즉 '생강'의 뜻을 가진 '薑'과 '싱강'을 비롯하여 [苦] 즉 '괴로움'의 뜻을 가진 '苦'와 '苦狀', [道] 즉 '도, 도리'의 뜻을 가진 '道'

와 '도리', [禮] 즉 '예도, 예절'의 뜻을 가진 '禮'와 '례도'와 '례졀'과 '례법', [凡] 즉 '凡夫'의 뜻을 가진 '凡夫'와 '凡', [勢] 즉 '세, 권세'의 뜻을 가진 '勢'와 '권셔', [時] 즉 '때, 시절'의 뜻을 가진 '時節'과 '시', [業] 즉 '業, 業報'의 뜻을 가진 '業'과 '業報', [祖] 즉 '祖師'의 뜻을 가진 '祖師'와 '祖', [千] 즉 '千, 一千'의 뜻을 가진 '千'과 '일쳔 그리고 [行]과 [所行] 즉 '행실, 행위'의 뜻을 가진 '힝'과 '行實' 등 40여 項目이 있다.

<1> 薑 對 싱강

두 명사 '薑'과 '싱강'(生薑)이 [薑] 즉 '생강'의 뜻을 가지고 동의 관계에 있다는 것은 다음 예문들에서 잘 확인된다. 원문 중 '薑食'이 '薑 食홈'으로도 번역되고 '싱강 먹음'으로도 번역된다. 따라서 '薑'과 '싱강'의 동의성은 명백히 입증된다.

(1) a. 薑 食홈을 撤티 아니ᄒᆞ시며(不撤薑食ᄒᆞ시며) <論언二. 57a>
    b. 싱강 먹음을 그치지 아니ᄒᆞ시며(不撤薑食ᄒᆞ시며) <小언三 26a>

<2> 卿 對 직샹

두 명사 '卿'과 '직샹'(宰相)이 [卿] 즉 '재상'의 뜻을 가지고 동의 관계에 있다는 것은 다음 예문들에서 잘 확인된다. 원문 중 '卿之內子'가 '卿의 안해'로 번역되고 '卿'의 자석이 '직샹'이다. 따라서 '卿'과 '직샹'의 동의성은 명백히 입증된다.

(2) a. 卿의 안해 큰 ᄯᅴ롤 밍글고(卿之內子ㅣ 爲大帶ᄒᆞ고) <小언四

45b>
b. 卿: 지샹이라 <小언四 45b>

<3> 階 對 계절

두 명사 '階'와 '계절'(階節)이 [階] 즉 '계단'의 뜻을 가지고 동의 관계에 있다는 것은 다음 예문들에서 잘 확인된다. 원문 중 '就主人之階'가 '主人의 階예 나아가다'로 번역되고 '階沒'이 '계절에 다 ᄂᆞ리다'로 번역된다. 따라서 '階'와 '계절'의 동의성은 명백히 입증된다.

(3) a. 손이 만일 ᄎᆕ이 ᄂᆞ리거든 主人의 階예 나아갈디니(客若降等則就主人階니) <小언二 68b>
b. 계절에 다 ᄂᆞ리샤는 (階를 沒ᄒᆞ샤는) <小언二 39b>

<4> 苦 對 苦狀

두 명사가 [苦] 즉 '괴로움'의 뜻을 가지고 동의 관계에 있다는 것은 다음 예문들에서 잘 확인된다. 원문 중 '織女之苦'가 '織女의 苦'로 번역되고 '地獄苦'가 '地獄 苦狀'으로 번역된다. 따라서 '苦'와 '苦狀'의 동의성은 명백히 입증된다.

(4) a. 農夫의 피며 織女의 苦 아니니 업스니(莫非農夫之血ㅣ며 織女之苦ㅣ니) <龜下 52b>
b. 三途苦ᄂᆞᆫ 이 苦ㅣ 아니어니와(三途苦ᄂᆞᆫ 未是苦ㅣ어니와) <龜下 54b>
c. 苦ᄅᆞᆯ 버서 ᄇᆞ리고 樂ᄋᆞᆯ 어둘디어다(脫苦得樂이어다) <蒙六

제4장 漢字語간의 同義 455

29b>

(4) d. 도르혀 地獄 苦狀을 싱각ᄒᆞᄂᆞ다(還思地獄苦麼아) <龜上 21a>

<5> 光明 對 光

두 명사가 [光] 즉 '빛, 光明'의 뜻을 가지고 동의 관계에 있다는 것은 다음 예문들에서 잘 확인된다. 원문 중 '靈光'이 '靈ᄒᆞᆫ 光明'으로 번역되고 '回光'이 '光을 두르혀다'로 번역된다. 따라서 '光明'과 '光'의 동의성은 명백히 입증된다.

(5) a. 靈ᄒᆞᆫ 光明이 홀로 비취여(靈光이 獨光耀ᄒᆞ야) <蒙六 32b>
    b. 盧舍那ᄂᆞᆫ 예셔 닐오맨 光明遍照이라 ᄒᆞᄂᆞ니 光明이 너비 비취닷 마리라 <七大 11b>
(5) c. 모든 佛子ᄂᆞᆫ 일즉 光을 두르혀 도라 술펴냐 몰라냐(諸佛子ᄂᆞᆫ 曾 回光返照麼아) <蒙六 19b>

<6> 帝 對 至尊

두 명사가 [帝]와 [至尊] 즉 '황제, 임금'의 뜻을 가지고 동의 관계에 있다는 것은 다음 예문들에서 잘 확인된다. 원문 중 '見帝'가 '帝ㅅ긔 뵈ᅀᆞᆸ다'로 번역되고 '見至尊'이 '至尊ᄭᅴ 뵈ᅀᆞᆸ다'로 번역되는데 '帝'의 字釋이 '황뎨'이고 '至尊'의 자석이 '님금'이다. 따라서 '帝'와 '至尊'의 동의성은 명백히 입증된다.

(6) a. 太子ㅣ 帝ᄭᅴ 뵈ᅀᆞ와 술오ᄃᆡ(太子ㅣ 見帝言호ᄃᆡ) <小언六 41b>
    b. 들어가 帝[황뎨라]ᄭᅴ 뵈ᅀᆞ아(入見帝ᄒᆞ야) <小언六 40a>
    c. 帝ㅣ 允으로 히여곰 太子를 글 ᄀᆞᄅᆞ치더니(帝ㅣ 使允으로 授太

子經ᄒᆞ더니) <小언六 40a>
(6) d. 太子ㅣ 允ᄃᆞ려 닐러 ᄀᆞᆯ오ᄃᆡ 들어가 至尊ᄭᅴ 뵈ᅀᆞ와 내 스스로 그
ᄃᆡ를 인도ᄒᆞ오리니 만일 至尊이 무르심이 잇거든(太子ㅣ 謂允曰入
見至尊ᄒᆞ야 吾自導卿ᄒᆞ오리니 脫至尊이 有問이어시든) <小언六
40b>
e. 至尊: 지극이 놉픔이니 님금을 닐옴이라 <小언六 40b>

<7> 帝 對 황뎨

두 명사 '帝'와 '황뎨'(皇帝)가 [帝] 즉 '임금'의 뜻을 가지고 동의 관계에 있다는 것은 다음 예문들에서 잘 확인된다. 원문 중 '帝怒'가 '帝ㅣ 怒ᄒᆞ다'로 번역되고 '帝召'가 '帝ㅣ 브르다'로 번역되고 '見帝'가 '帝ᄭᅴ 뵈ᅀᆞᆸ다'로 번역된다. 그리고 '帝'의 자석이 '황뎨'이다. 따라서 '帝'와 '황뎨'의 동의성은 명백히 입증된다.

(7) a. 帝ㅣ 怒ᄒᆞ야 죽이시다(帝ㅣ 怒ᄒᆞ야 殺之ᄒᆞ시다) <小언六 40a>
b. 帝ㅣ 允을 블러(帝ㅣ 召允ᄒᆞ야) <小언六 41b>
c. 帝ㅣ 太子를 도라 닐어 ᄀᆞᆯᄋᆞ샤ᄃᆡ 直ᄒᆞ다(帝ㅣ 顧謂太子曰直哉
라) <小언六 43a>
d. 太子ㅣ 帝ᄭᅴ 뵈ᅀᆞ와 ᄉᆞᆯ오ᄃᆡ(太子ㅣ 見帝言ᄒᆞᄃᆡ) <小언六 43a>
e. 들어가 帝 뵈오아(入見帝ᄒᆞ야) <小언六 40a>
(7) f. 帝: 황뎨라 <小언六 40a>

<8> 道 對 도리

두 명사 '道'와 '도리'(道理)가 [道] 즉 '도, 도리'의 뜻을 가지고 동의 관계에

있다는 것은 다음 예문들에서 잘 확인된다. 원문 중 '婦道'가 '며늘의 道'로도 번역되고 '며느리의 도리'로도 번역된다. 그리고 '三從之道'가 '세 가짓 존는 道로 번역되고 '敎養之道'가 'ᄀᆞᄅᆞ쳐 치는 도리'로 번역된다. 따라서 '道'와 '도리'의 동의성은 명백히 입증된다.

(8) a. ᄀᆞ장 며늘의 道를 어덧더니(甚得婦道ᄒᆞ더니) <小諺六 59a>
  b. 可히 써 堯舜의 道에 드(119b)디 몯ᄒᆞ리니(不可以入堯舜之道ㅣ니) <小諺五 120a>
  c. 聖人의 道는 귀예 들어 ᄆᆞᄋᆞ매 이셔(聖人之道는 入乎耳存乎心ᄒᆞ야) <小諺五 85a>
  d. 삼년을 아비 道애 고팀이 업세사(三年을 無改於父之道ㅣ라사) <小諺二 24a>
  e. 하ᄂᆞᆯ 道를 쓰며(用天之道ᄒᆞ며) <小諺二 31b>
  f. 세 가짓 존는 道ㅣ 인ᄂᆞ니(有三從之道ᄒᆞ니) <小諺二 53a>
  g. 다ᄉᆞ릴 道를 아라 ᄉᆞᄆᆞᆺ춘 이로써 홀 거시니라(以…曉達治道者ㅣ니라) <小諺六 14a>
(8) h. 반ᄃᆞ시 며느리의 도리를 잡아 ᄒᆞᄂᆞ니라(必執婦道ㅣ니라) <小諺五 66b>
  i. 며느리 도리를 닷가 行ᄒᆞ니(修行婦道ᄒᆞ니) <小諺六 55a>
  j. 벋의 도리는(朋友之道ㅣ) <小諺四 54b>
  k. 녯 도리를 깃거 아니ᄒᆞ야(不悅古道ᄒᆞ야) <小諺五 17a>
  l. 도리와 지조를 브즈러니 홈만 ᄀᆞᄐᆞ니 업스니라(莫若勤道藝라) <小諺五 20b>
  m. ᄌᆞᆷ짓 ᄀᆞᄅᆞ쳐 치는 도리 아니니(殊非敎養之道ㅣ니) <小諺六 14b>
  n. 만일 能히 父兄 셤기는 도리로써 셤겨(若能以事父兄之道로 事之

ᄒᆞ야) <小언五 58a>

<9> 朝 對 됴회

두 명사 '朝'와 '됴회'(朝會)가 [朝] 즉 '조회'의 뜻을 가지고 동의 관계에 있다는 것은 다음 예문들에서 잘 확인된다. 원문 중 '朝'가 '朝'로도 번역되고 '됴회'로도 번역된다. 따라서 '朝'와 '됴회'의 동의성은 명백히 입증된다.

(9) a. 朝애 下태우로 더브러 言ᄒᆞ심애(朝에 與下大夫言에) <論언二 50b>
  b. 됴회예 아랫태우로 더블어 말ᄉᆞᆷᄒᆞ심애(朝에 與下大夫言에) <小언三 14a>

<10> 智慧 對 智

두 명사가 [智] 즉 '지혜'의 뜻을 가지고 동의 관계에 있다는 것은 다음 예문들에서 잘 확인된다. 원문 중 '大智'가 '큰 智慧'로 번역되고 '種智'가 '種種 智'로 번역된다. 따라서 '智慧'와 '智'의 동의성은 명백히 입증된다.

(10) a. 큰 慈悲와 큰 發願과 큰 智慧와 큰 行ᄃᆞᆯ히 이제디며(缺大慈大願 智行ᄒᆞ며) <蒙六 18a>
  b. 智慧과 그슴 이셔(智慧有限ᄒᆞ야) <蒙六 18a>
  c. 비록 한 智慧를 둘디라도(縱有多智라도) <龜下 35b>
  d. 智慧ᄂᆞᆫ 사뭇 아로미오(智者ᄂᆞᆫ 了達也ㅣ오) <龜下 34a>
  e. ᄌᆞ비와 디혜를 환 ᄀᆞ티 뻐(用如慈悲智ᄒᆞ야) <誡初 21a>
(10) f. 種種 智를 圓滿히 볼겨(圓明種智ᄒᆞ야) <蒙六 28b>

제4장 漢字語간의 同義 459

g. 仁과 義와 禮와 智는 사ᄅᆞ미 性의 읏듬이니라(仁義禮智는 人性之綱이니라) <小언題辭 1a>

<11> 禮 對 례도 對 례졀 對 례법

네 개의 명사 '禮', '례도'(禮道), '례졀'(禮節) 그리고 '례법'(禮法)이 [禮] 즉 '예도, 예절'의 뜻을 가지고 동의 관계에 있다는 것은 다음 예문들에서 잘 확인된다. 원문 중 '冠禮'가 '가관ᄒᆞᄂᆞᆫ 禮'로 번역되고 '禮樂'이 '례도와 음악' 그리고 '례졀과 음악'으로 번역되며 '有禮'가 '례법 잇다'로 번역된다. 따라서 네 명사 '禮', '례도', '례졀' 그리고 '례법'의 동의성은 명백히 입증된다.

(11) a. 禮ᄂᆞᆫ 졀ᄎᆞ를 넘구디 아니ᄒᆞ며(禮는 不踰節ᄒᆞ며) <小언三 6b>
b. 가관ᄒᆞᄂᆞᆫ 禮 廢ᄒᆞ연디 오라니(冠禮之廢ㅣ 久矣니) <小언五 42b>
c. ᄡᅥ ᄉᆞ나히와 겨집의 례예 글히ᄡᅳ다 ᄒᆞ시니라(以爲別於男女之禮矣라 ᄒᆞ시니라) <小언四 35b>
d. 슬허 샹케 홈을 禮예 넘게 ᄒᆞ야(哀毁踰禮ᄒᆞ야) <小언六 29b>
(11) e. 그 례도를 行ᄒᆞ며(行其禮ᄒᆞ며) <小언四 13b>
f. 봄과 ᄀᆞ을히는 례도와 음악으로ᄡᅥ ᄀᆞᄅᆞ치고(春秋애 敎以禮樂ᄒᆞ고) <小언一 13a>
g. 음란ᄒᆞᆫ 풍류와 샤특ᄒᆞᆫ 례도를 心術에 브티디 아니ᄒᆞ며(淫樂慝禮를 不接心術ᄒᆞ며) <小언三 7a>
h. 믈읫 죽은 이 셤기는 례도를(凡事死之禮를) <小언五 41a>
(11) i. 셋재 ᄀᆞ론 여ᄉᆞᆺ 가짓 직죄니 례졀과 음악과 활ᄡᅩ기와 어거ᄒᆞ기와 글쓰기과 산계 홈 이니라(三曰六藝니 禮樂射御書數ㅣ니라) <小언一 11b>

j. 반ᄃ시 효도ᄒ며 손슌ᄒ며 튱셩되며 믿브며 례졀이며 올ᄒ 일
　　　　이며 쳥렴ᄒ며 븟그리ᄂ 일들로ᄡ 몬져 홀디니(必先以孝弟忠
　　　　信禮義廉恥等事ㅣ니)<小언五 5a>
　(11) k. ᄆᆞᄋᆞᆯ히 례법 이시며(鄕閭ㅣ有禮ᄒ며) <小언五 34a>

<12> 凡夫 對 凡

　두 명사가 [凡] 즉 '凡夫'의 뜻을 가지고 동의 관계에 있다는 것은 다음 예문들에서 잘 확인된다. 원문 중 '超凡入聖'이 '凡夫에 건내뛰여 聖位예 들다'로도 번역되고 '凡을 건너 聖에 들다'로도 번역된다. 따라서 '凡夫'와 '凡'의 동의성은 명백히 입증된다.

　(12) a. 志氣 뒷ᄂ니ᄂ 어루 凡夫에 건내뛰여 聖位예 드러(有志氣者ᄂ
　　　　可以超凡入聖ᄒ야) <蒙六 12b>
　　　b. ᄒ믈며…이 凡夫에 건너 聖人 무레 드롤 微妙ᄒᆫ 道를 아디 몯ᄒ
　　　　미ᄯᅡ녀(況…不知有此超凡入聖妙道잇ᄃ냐) <蒙六 25b>
　　　c. ᄒᆞ마 우희 네 가짓 聖人과 여슷 가짓 凡夫를 닐온 十法界라 ᄒᆞᄂ
　　　　니라(已上四聖六凡을 謂之十法界라 ᄒᆞᄂ니라) <蒙六 19a>
　(12) d. 凡을 건너 聖에 들며(超凡入聖ᄒ야) <龜下 37a>
　　　e. 凡과 聖의 情量을 다ᄋᆞ디 몯거나(凡聖情量을 不盡커나) <龜下
　　　　60a>
　　　f. 性 모로미 곧 凡ㅣ오(性迷卽凡ㅣ오) <龜下 43a>

<13> 모시 對 詩

　고유어 '모시(毛詩)'와 한자어 '詩'가 [詩] 즉 '詩經'의 뜻을 가지고 동의 관

계에 있다는 것은 다음 예문들에서 잘 확인된다. 원문 중 '詩云'이 '모시예 글 다'로도 번역되고 '詩예 니르다'로도 번역된다. 따라서 '모시'와 '詩'의 동의성은 명백히 입증된다.

(13) a. 모시예 글오듸(詩云) <小언四 24a>
 b. 詩예 닐오듸(詩云) <論언二 29b>

<14> 民 對 빅셩

두 명사 '民'과 '빅셩'(百姓)이 [民] 즉 '백성'의 뜻을 가지고 동의 관계에 있다는 것은 다음 예문들에서 잘 확인된다. 원문 중 '使民'이 '民을 使ᄒᆞ다'로도 번역되고 '빅셩을 블이다'로도 번역된다. 따라서 '民'과 '빅셩'의 동의성은 명백히 입증된다.

(14) a. 民을 使호듸 大祭를 承홈 ᄀᆞ(19a)티 ᄒᆞ고(使民如承大祭ᄒᆞ고) <論언三 19b>
(14) b. 빅셩을 블요(4a)듸 큰 祭를 ᄒᆞ욤 ᄀᆞ티 ᄒᆞ고(使民如承大祭ᄒᆞ고) <小언三 4b>
 c. 德으로 ᄀᆞᄅᆞ침이 百姓의게 더어(德敎ㅣ 加於百姓ᄒᆞ야) <小언二 29b>

<15> 百 對 일빅

두 수사 '百'과 '일빅(一百)'이 [百] 즉 '백, 일백'의 뜻을 가지고 동의 관계에 있다는 것은 다음 예문들에서 잘 확인된다. 원문 중 '數百人'이 '여러 百 사롬'으로 번역되고 '百人'이 '일빅 사롬'으로 번역된다. 따라서 '百'과 '일빅'의 동의

성은 명백히 입증된다.

(15) a. 뫼신 妾이 여러 百 사룸(97b)을(侍妾數百人을) <小언五 98a>
　　 b. 太任이 ᄀᆞᆯ으치신대 ᄒᆞ나흐로뼈 百을 아더시니(太任이 敎之ᄒᆞ신대 以一而識百이러시니) <小언四 3a>
(15) c. 각각 서르 혀 증거ᄒᆞ니 일빅 사ᄅᆞᆷ에 니르럿더니(各相援據ᄒᆞ니 乃至百人이러니) <小언六 63b>
　　 d. 치ᄂᆞᆫ 개 일빅 남은 이 이쇼ᄃᆡ(有畜犬百餘호ᄃᆡ) <小언六 99b>
　　 e. 믄득 아춤의 일빅 甆을 집 밧긔 옴기고(輒朝運百甆於齋外ᄒᆞ고) <小언六 107a>
　　 f. 일빅 거름을 에디 아니ᄒᆞ며(不枉百步ᄒᆞ며) <小언五 83a>
　　 g. 이 ᄯᅩ 士태우의 일빅 힝실에 ᄒᆞ나히니라(此亦士大夫百行之一也ㅣ니라) <小언五 116b>

<16> 병 對 疾

두 명사 '병'(病)과 '疾'이 [疾] 즉 '병, 질병'의 뜻을 가지고 동의 관계에 있다는 것은 다음 예문들에서 잘 확인된다. 원문 중 '有疾'이 '병이 겨시다'로도 번역되고 '疾이 겨시다'로도 번역된다. 따라서 '병'과 '疾'의 동의성은 명백히 입증된다.

(16) a. 曾子ㅣ 병이 겨샤(曾子ㅣ 有疾ᄒᆞ샤) <小언四 24a>
　　 b. 曾子ㅣ 疾이 겨샤(曾子ㅣ 有疾ᄒᆞ샤) <論언二 29b>

<17> 분홍 對 紅

두 명사 '분홍'(粉紅)과 '紅'이 [紅] 즉 '붉은빛'의 뜻을 가지고 동의 관계에 있다는 것은 다음 예문들에서 잘 확인된다. 원문 중 '紅紫'가 '분홍과 ᄌᆞ디'로도 번역되고 '紅과 紫'로도 번역된다. 따라서 '분홍'과 '紅'의 동의성은 명백히 입증된다.

(17) a. 분홍과 ᄌᆞ디로뼈 샹녯옷도 밍ᄀᆞ디 아니ᄒᆞ더시다(紅紫로 不以爲褻服이러시다) <小언三 20b>
   b. 紅과 紫로뼈 褻服도 아니ᄒᆞ더시다(紅紫로 不以爲褻服이러시다) <論언二 54a>

<18> 書 對 샹셔

두 명사 '書'와 '샹셔'(尙書)가 [書] 즉 '書經'의 뜻을 가지고 동의 관계에 있다는 것은 다음 예문들에서 잘 확인된다. 원문 중 '詩書'가 '詩와 書'로도 번역되고 '모시와 샹셔'로도 번역된다. 따라서 '書'와 '샹셔'의 동의성은 명백히 입증된다.

(18) a. 詩와 書와 자 받ᄂᆞᆫ 禮ㅣ 다 샹해 言이러시다(詩書執禮ㅣ 皆雅言ㅣ러시다) <論언二 20a>
   b. 書애 孝를 닐런ᄂᆞ뎌(書云孝乎ㅣ뎌) <論언一 17a>
(18) c. 先王의 모시와 샹셔와 례도와 음악을 조차(順先王詩書禮樂ᄒᆞ야) <小언一 12b>
   d. 모시 외오며 샹셔 닐그며(誦詩讀書ᄒᆞ며) <小學題辭 3a>
   e. 겨울와 녀름에ᄂᆞᆫ 모시와 샹셔로뼈 ᄀᆞᄅᆞ치더라(冬夏애 敎以詩書ㅣ니라) <小언一 13a>

<19> 聖 對 셩인

두 명사 '聖'과 '셩인'(聖人)가 [聖] 즉 '성인'의 뜻을 가지고 동의 관계에 있다는 것은 다음 예문들에서 잘 확인된다. 원문 중 '將聖'이 '쟝ᄎᆞᆺ 聖'으로 번역되고 '惟聖'이 '오직 셩인'으로 번역된다. 따라서 '聖'과 '셩인'의 동의성은 명백히 입증된다.

(19) a. 진실로 天이 縱ᄒᆞ신 쟝ᄎᆞᆺ 聖이시고(固天縱之將聖이시고) <論 언二 40a>
b. 오직 셩인이 이예 슬허ᄒᆞ샤(惟聖이 斯惻ᄒᆞ샤) <小學題辭 2b>

<20> 勢 對 권셔

두 명사 '勢'와 '권셔'(權勢)가 [勢] 즉 '세, 권세'의 뜻을 가지고 동의 관계에 있다는 것은 다음 예문들에서 잘 확인된다. 원문 중 '依婦勢'가 '겨집의 勢를 의거ᄒᆞ다'로 번역되고 '席父兄之勢'가 '父兄의 권셔를 의지ᄒᆞ다'로 번역된다. 따라서 '勢'와 '권셔'의 동의성은 명백히 입증된다.

(20) a. 겨집의 勢를 의거ᄒᆞ야 뻐 貴홈을 어들디라도(依婦勢以取貴라도) <소언五 65b>
b. 머리 움치고 일홈과 勢를 避ᄒᆞ라(縮首避名勢ᄒᆞ라) <소언五 25a>
c. 風을 ᄇᆞ라며 勢를 조차(望風隨勢ᄒᆞ야) <龜下 51a>
(20) d. 父兄의 권셔를 의지ᄒᆞ야 됴한 벼슬 홈이(席父兄之勢ᄒᆞ야 爲美官이) <소언五 92a>

<21> 世 對 셰티

두 명사 '世'와 '셰티'(世代)가 [世] 즉 '세대'의 뜻을 가지고 동의 관계에 있다는 것은 다음 예문들에서 잘 확인된다. 원문 중 '沒世'가 '世ㅣ 沒ᄒᆞ다'로 번역되고 '世遠'이 '셰티 멀다'로 번역된다. 따라서 '世'와 '셰티'의 동의성은 명백히 입증된다.

(21) a. 世ㅣ 沒토록 名이 稱티 몯호ᄆᆞᆯ 疾ᄒᆞᄂᆞ니라(疾沒世而名不稱焉이니라) <論언四 8b>
b. 엇디 世ㅣ 辟ᄒᆞᄂᆞᆫ 士를 조촘 ᄀᆞᆮᄐᆞ리오 ᄒᆞ(49a)고(豈若從辟世之士哉리오ᄒᆞ고) <論언四 49b>
(21) c. 셰티 멀고 셩인이업서(世遠人亡ᄒᆞ야) <小學題辭 3b>

<22> 聖人 對 聖

두 명사가 [聖] 즉 '聖人'의 뜻을 가지고 동의 관계에 있다는 것은 다음 예문들에서 잘 확인된다. 원문 중 '四聖'이 '네 가짓 聖人'으로도 번역되고 '네 가짓 聖'으로도 번역된다. '賢聖'이 '賢人 聖人'으로 번역되고 '凡聖'이 '凡과 聖'으로 번역된다. 그리고 '入聖流'가 '聖人 무레 들다'로 번역되고 '入聖'이 '聖에 들다'로 번역된다. 따라서 '聖人'과 '聖'의 동의성은 명백히 입증된다.

(22) a. ᄒᆞ마 우희 네 가짓 聖人과 여슷 가짓 凡夫를 닐온 十法界라 ᄒᆞᄂᆞ니라(已上四聖六凡을 謂之十法界라 ᄒᆞᄂᆞ니라) <蒙六 19a>
b. 이 ᄆᆞᄉᆞ미 모든 賢人 聖人의 웃드미며(是諸賢聖之祖이며) <蒙六 2b>
c. 시혹(6b) 賢人ᄋᆞᆯ 欺弄ᄒᆞ며 聖人ᄋᆞᆯ 소기며(或欺賢罔聖ᄒᆞ며)

<蒙六 7a>
d. 聖(15b)人 무레 드디 몯홀식(未入聖流홀식) <蒙六 16a>
e. 各別히 聖人 아롬 업스니라(別無聖解ㅣ니라) <龜下 34b>
f. 모든 셩인이(衆聖이) <誠初 29b>
g. 셩인 ᄀᆞᄅᆞ틴 것과 현인네 글월란 부러 듣디 아니ᄂᆞ니(聖敎賢章 故不聞) <誠初 48a>
h. 이 셩인 현인의 ᄒᆞ시논 바 이리며(是聖賢所爲之事ㅣ며) <小言 五 8a>
i. 넘으면 셩인이오 믿츠면 현인이오(過則聖이오 及則賢이오) <小言五 84b>
(22) j. 聲聞과 緣覺과 菩薩와 佛왜 닐온 네 가짓 聖이니라(聲聞緣覺菩 薩佛를 謂之四聖이니) <蒙六 16b>
k. 이 ᄆᆞᅀᆞ믈 비록 凡과 聖괘 ᄀᆞ티 두시나(比心을 雖凡聖ㅣ 等有 ㅣ나) <龜上 24b>
l. 凡을 건너 聖에 들며(超凡入聖ᄒᆞ야) <龜下 37a>
m. 凡과 聖의 情量을 다ᄋᆞ디 몯거나(凡聖情量을 不盡커나) <龜下 60a>

<23> 슈고 對 苦

두 명사 '슈고'(受苦)와 '苦'가 [苦] 즉 '受苦, 괴로움'의 뜻을 가지고 동의 관계에 있다는 것은 다음 예문들에서 잘 확인된다. 원문 중 '飢寒之苦'가 '비골프고 치온 슈고'로 번역되고 '織女之苦'가 '織女의 苦'로 번역된다. 그리고 '苦樂'이 '슈고와 낙'으로 번역되고 '苦…樂'이 '苦…樂'으로 번역된다. 따라서 '슈고'와 '苦'의 동의성은 명백히 입증된다.

(23) a. 녀름짓는 사룸도 미샹이 비골프고 치온 슈괴 잇고(農夫도 每有飢寒之苦ᄒ고) <誡初 50a>

　　b. 모매 엇디 슈고와 낙과 셩과 쇠왜 이시리오(身上이 那有苦樂之盛衰리오) <誡初 75b>

　　c. 댱샹 악취예 ᄲᅥ디여 슈고예 모ᄆᆞᆯ ᄆᆡ이리로다(長淪惡趣苦纏身) <誡初 48a>

　　d. 슈괴 쳔 가지오(苦千種) <誡初 68a>

(23) e. 農夫의 피며 織女의 苦 아니니 업스니(莫非農夫之血ㅣ며 織女之苦ㅣ니) <龜下 52b>

　　f. 苦ᄅᆞᆯ 버서 ᄇᆞ리고 樂ᄋᆞᆯ 어둘디어다(脫苦得樂이어다) <蒙六 29b>

　　g. 三途苦ᄂᆞᆫ 이 苦이 아니어니와(三途苦ᄂᆞᆫ 未是苦ㅣ어니와) <龜下 54b>

　　h. 人身 일후미 비릇 이 苦ㅣ라 ᄒ시니라(失人身이 始是苦也ㅣ라 ᄒ시니라) <龜下 54b>

<24> 時節 對 시

두 명사 '時節'과 '시'(時)가 [時] 즉 '때, 시절'의 뜻을 가지고 동의 관계에 있다는 것은 다음 예문들에서 잘 확인된다. 원문 중 '有…時'가 '時節이 잇다'로 번역되고 '非時'가 '시 아니다'로 번역된다. 따라서 '時節'과 '시'의 동의성은 명백히 입증된다.

(24) a. 엇뎌 休歇홀 時節이 이시리오(豈有休歇時ㅣ리오) <龜上 7b>

　　b. 眼光ㅣ ᄯᅡ해 딜 時節에(眼光落地之時예) <龜上 19a>

　　c. 하나흔 時節ᄆᆞᆯ(許多時ᄅᆞᆯ) <蒙六 24a>

  d. 或有 져근 시져레(或要小時예) <蒙六 31b>
  e. 諸佛른 뎌 시져리 곧 즈겨 솚솚ᄒ샤(諸佛른 彼時便自惺惺ᄒ야)
   <蒙六 26b>
  f. 사ᄅ미 이 녜 시절 사ᄅ미오(人時舊時人ㅣ오) <蒙六 33b>
  g. 반ᄃ기 진긔 발홀 시져리 이시리라(必有機發之時ᄒ리라) <誡初 14b>
  h. 이 시졀이(是時예) <小언六 34b>
  i. 그 시절 녯 가문과 오란 겨레돌히(當時故家舊族이) <小언六 75a>
(24) j. 시 아닌 제 술 머그며(非時酒食ᄒ야) <誡初 12b>
  k. 아니한 시예 분심을 춤디 몯ᄒ야(不忍片時之忿爲也) <警民 10a>


<25> 食 對 음식

 두 명사 '食'과 '음식'(飮食)이 [食] 즉 '음식'의 뜻을 가지고 동의 관계에 있다는 것은 다음 예문들에서 잘 확인된다. 원문 중 '賜食'이 '食을 賜ᄒ다'로도 번역되고 '음식을 주다'로도 번역된다. 따라서 '食'과 '음식'의 동의성은 명백히 입증된다.

(25) a. 君이 食을 賜ᄒ야시든(君이 賜食이어시든) <論언二 59b>
  b. 님금이 음식을 주어시든(君이 賜食이어시든) <小언一 41a>

<26> 臣 對 신하

 두 명사 '臣'과 '신하'(臣下)가 [臣] 즉 '신하'의 뜻을 가지고 동의 관계에 있

다는 것은 다음 예문들에서 잘 확인된다. 원문 중 '君臣之義'가 '君臣의 義'로도 번역되고 '님금 신하의 義'로도 번역된다. 따라서 '臣'과 '신하'의 동의성은 명백히 입증된다.

(26) a. 君臣의 義를 엇디 廢ᄒ리오(君臣之義를 如之何其廢之리오) <論언四 51b>
b. 君이 臣을 브리며 臣이 君을 셤교ᄃᆡ 엇디 ᄒᆞ링잇고(君使臣ᄒ며 臣事君호ᄃᆡ 如之何ㅣ잇고) <論언一 26b>
(26) c. 님금 신하의 義와 아비 아ᄃᆞᆯ이 親홈과(君臣之義와 父子之親과) <小언二 77b>

<27> 樂 對 음악

두 명사 '樂'과 '음악'(音樂)이 [樂] 즉 '음악'의 뜻을 가지고 동의 관계에 있다는 것은 다음 예문들에서 잘 확인된다.

(27) a. 三年을 樂을 ᄒ디 아니ᄒ면 樂이 반ᄃᆞ시 崩ᄒ라니(三年을 不爲樂이면 樂必崩ᄒ리니) <論언四 41a>
b. 樂을 홈이 이예 니를 줄을 圖티 아니호라(不圖爲樂之至於斯也호라) <論언二 18b>
(27) c. 례졀과 음악과 활 쏘기와 어거ᄒ기와 글쓰기와 산계홈이라(禮樂射御書散ㅣ니라) <小언一 11b>
d. 너를 命ᄒ야 음악을 가ᄆᆞᆷ알게 ᄒ며(命汝典樂ᄒ며) <小언一 10a>
c. 음악 애 이ᄂᆞ니라(成於樂이니라) <小언一 15a>

<28> 樂 對 풍뉴

두 명사 '樂'과 '풍뉴'(風流)가 [樂] 즉 '풍류, 음악'의 뜻을 가지고 동의 관계에 있다는 것은 다음 예문들에서 잘 확인된다. 원문 중 '爲樂'이 '樂을 ᄒᆞ다'로 번역되고 '張樂'이 '풍뉴 ᄀᆞ초다'로 번역된다. 따라서 '樂'과 '풍뉴'의 동의성은 명백히 입증된다.

(28) a. 三年을 樂을 ᄒᆞ디 아니ᄒᆞ면 樂이 반ᄃᆞ시 崩ᄒᆞ라니(三年을 不爲樂이면 樂必崩ᄒᆞ리니) <論언四 41a>
   b. 樂을 홈이 이예 니를 줄을 圖티 아니호라(不圖爲樂之至於斯也호라) <論언二 18b>
(28) c. ᄯᅩ 엇디 ᄎᆞ마 술 쟝만코 풍뉴 ᄀᆞ초와 뼈 즐기기를 ᄒᆞ리오(更安忍置酒張樂ᄒᆞ야 以爲樂이리오) <小언五 56a>
   d. 영장홀 제 믿처 곧 풍뉴로뻐 상여를 인도ᄒᆞ고 블으지져 울오 조차 가며(及殯葬ᄒᆞ야 則以樂導輀車而號泣隨之ᄒᆞ며) <小언五 50a>

<29> 업 對 소업

두 명사 '업'(業)과 '소업'(所業)이 [業] 즉 '업, 일'의 뜻을 가지고 동의 관계에 있다는 것은 다음 예문들에서 잘 확인된다. 원문 중 '恒業'이 '덛덛흔 업'으로 번역되고 '失業'이 '소어블 잃다'로 번역된다. 따라서 '업'과 '소업'의 동의성은 명백히 입증된다.

(29) a. 사ᄅᆞ미 덛덛흔 업이 업시(人無恒業爲也) <警民 12a>
   b. 가난ᄒᆞ야 주으려 비러먹는 사ᄅᆞ미 다 제 업을 브즈러니 아니ᄒᆞ

ᄂᆞ디라(窮餓丐乞者是 皆是不勤業之人是羅) <警民 11a>
(29) c. 녀름지이예 소어블 일티 아니ᄒᆞ며(農不失業爲㫆) <警民 13b>
　　　d. 반ᄃᆞ시 주려 군급ᄒᆞ요매 고로어 소어블 힘써 ᄒᆞ디 몯ᄒᆞᄂᆞ니(必苦飢窘爲也 未得力業爲飛尼) <警民 13a>

<30> 業 對 業報

두 명사가 [業] 즉 '業, 業報'의 뜻을 가지고 동의 관계에 있다는 것은 다음 예문들에서 잘 확인된다. 원문 중 '重惡業'이 '重ᄒᆞᆫ 모딘 業'으로 번역되고 '業深重'이 '業報ㅣ 깁고 므겁다'로 번역된다. 따라서 '業'과 '業報'의 동의성은 명백히 입증된다.

(30) a. 이 ᄀᆞ장 重ᄒᆞᆫ 모딘 業을 지어니(作此極重惡業ᄒᆞ야니) <蒙六 23b>
　　　b. 世間애 利欲 營求호ᄆᆞᆫ 業 브레 섭 노호미로다(營求世利ᄂᆞᆫ 業火에 加薪ㅣ로다) <龜下 50b>
　　　c. 先德ㅣ 니ᄅᆞ샤ᄃᆡ…業은 ᄒᆞᆫ ᄆᆞᅀᆞ미 影과 響ㅣ라 ᄒᆞ시며(先德ㅣ 云…業者ᄂᆞᆫ 一心之影響ㅣ라 ᄒᆞ시며) <龜下 30a>
　　　d. 業ㅣ 發ᄒᆞ매(發業에) <龜下 56b>
(30) e. 이 前生앳 業報ㅣ 깁고 므거워(是前業이 深重ᄒᆞ야) <蒙六 13b>

<31> 연 對 연ᄉᆞ

두 명사 '연'(緣)과 '연ᄉᆞ'(緣事)가 [緣] 즉 '인연'의 뜻을 가지고 동의 관계에 있다는 것은 다음 예문들에서 잘 확인된다. 원문 중 '攀緣'이 '연의 븓들이다'

로도 번역되고 '연스 븓둥긔다'로도 번역된다. 그리고 '障道之緣'이 '도 마글 연'으로 번역되고 '諸緣'이 '하나한 연스'로 번역된다. 따라서 '연'과 '연스'의 동의성은 명백히 입증된다.

(31) a. 솬란심므로 연의 븓들요믈 삼갈디니라(愼散亂攀緣이니라) <誡初 14a>

b. 몰의 도 마글 연을 말로 다ᄋ디 몯ᄒ리로다(凡有障道之緣은 言之不盡이로다) <誡初 46b>

(31) c. 다른 경의 연스 븓둥긔여 혜디 말올디니라(不得攀緣異境ᄒ며) <誡初 9a>

d. 하나한 연스를 다 ᄇ리며(盡捨諸緣ᄒ며) <誡初 45b>

e. 연스 업거든 ᄂᄆᆡ 방원의 드디 말며(無緣事則不得入他房院ᄒ며) <誡初 4b>

<32> 원 對 宰

두 명사 '원'(員)과 '宰'가 [宰] 즉 '벼슬아치, 관원'의 뜻을 가지고 동의 관계에 있다는 것은 다음 예문들에서 잘 확인된다. 원문 중 '武城宰'가 '武城 원'으로도 번역되고 '武城ㅅ宰'로도 번역된다. 따라서 '원'과 '宰'의 동의성은 명백히 입증된다.

(32) a. 子遊ㅣ 武城 원이 되엿더니(子遊ㅣ 爲武城宰러니) <小언四 41a>

b. 子遊ㅣ 武城ㅅ宰 되엿더니(子遊ㅣ 爲武城宰러니) <論언二 7b>

<33> 位 對 님금이 셔시는 허위

명사 '位'와 명사구 '님금이 셔시는 허위(虛位)'가 [位] 즉 '비어 있는 임금의 자리'의 뜻을 가지고 동의 관계에 있다는 것은 다음 예문들에서 잘 확인된다. 원문 중 '過位'가 '位예 디나가다'로 번역되고 '位'의 자석이 '님금이 셔시는 허위'이다. 따라서 '位'와 '님금이 셔시는 허위'의 동의성은 명백히 입증된다.

(33) a. 位예 디나가실시(過位ᄒ실시) <小언二 39a>
　　　b. 位예 디나실시(過位ᄒ실시) <論언二 52b>
(33) c. 位.: 님금이 셔시는 어위라 <小언二 39a>

<34> 因緣 對 因

두 명사가 [因] 즉 '인연'의 뜻을 가지고 동의 관계에 있다는 것은 다음 예문들에서 잘 확인된다. 원문 중 '前世因'이 '前世예 ᄒ욘 因緣'으로 번역되고 '前因'이 '前世옛 因'으로 번역된다. 따라서 '因緣'과 '因'의 동의성은 명백히 입증된다.

(34) a. 됴ᄒᆞᆫ 因緣은 前生애 딩ᄀᆞ라 펴(善因를 宿布ᄒ야) <蒙六 12a>
　　　b. 前世예 ᄒ욘 因緣를 알오져 홀딘댄(欲知前世因인댄) <蒙六 12b>
(34) c. 前世옛 因이 므슴 ᄲᅳ믈 노피 ᄒ야 ᄂᆞ믈 업(10a)슈이 너기며(前因이 貢高傲慢ᄒ며) <蒙六 10b>

<35> 祖師 對 祖

두 명사가 [祖] 즉 '祖師, 한 宗派를 세우고 宗旨를 열어 주장한 사람'의 뜻을 가지고 동의 관계에 있다는 것은 다음 예문들에서 잘 확인된다. 원문 중 '見祖'가 '祖師 보다'로 번역되고 '着祖'가 '祖애 着ᄒᆞ다'로 번역된다. 따라서 '祖師'와 '祖'의 동의성은 명백히 입증된다.

(35) a. 부텨 보ᅀᆞ오며 祖師 보ᅀᆞ오믈 寃讎 ᄀᆞ티 홀디어다(見佛見祖를 如寃家ㅣ 어다) <龜下 66b>
b. 부텨 ᄃᆞ외며 祖ㅅ ᄃᆞ외ᄂᆞ니라(成佛作祖ᄒᆞᄂᆞ니라) <蒙六 12b>
(35) c. ᄒᆞ다가 祖애 着ᄒᆞ야 求ᄒᆞ면 祖애 미요믈 니브리라(若着祖求ᄒᆞ면 被祖縛ᄒᆞ리라) <龜下 67a>

<36> 才 對 직조

두 명사 '才'와 '직조'(才藻)가 [才] 즉 '재주'의 뜻을 가지고 동의 관계에 있다는 것은 다음 예문들에서 잘 확인된다. 원문 중 '賢才'가 '賢과 才'로 번역되고 '才'가 '직조'로 번역된다. 따라서 '才'와 '직조'의 동의성은 명백히 입증된다.

(36) a. 엇디 賢과 才를 아라 擧ᄒᆞ리잇고(焉知賢才而擧之ᄒᆞ리잇고) <論언三 34b>
b. 임의 내 才는 竭호니(旣竭吾才호니) <論언二 42b>
c. 만일에 周公의 才의 美홈을 두고도(如有周公之才之美오도) <論언二 33a>
(36) d. 얼굴이 端正ᄒᆞ며 직죄 사ᄅᆞᆷ의게 넘으리라(形容이 端正ᄒᆞ며 才過人矣리라) <小언一 2b>

<37> 千 對 일쳔

제4장 漢字語간의 同義 **475**

두 수사 '千'과 '일쳔'(一千)이 [千] 즉 '千, 一千'의 뜻을 가지고 동의 관계에 있다는 것은 다음 예문들에서 잘 확인된다. 원문 중 '數千'이 '두어 千'으로 번역되고 '布千疋'이 '뵈 일쳔 疋'로 번역된다. 그리고 '千種'이 '쳔 가지'로 번역되고 '千言'이 '일쳔 말'로 번역된다. 따라서 '千'과 '일쳔'의 동의성은 명백히 입증된다.

(37) a. 모든 도적 두어 千이나 흔 사룸이(群盜數千人이) <小諺六 60b>
　　　b. 빈호는 물이 千이나 ᄒ더니(學徒ㅣ 千數ㅣ러니) <小諺六 9a>
　　　c. 슈고 쳔 가지오(苦千種) <誡初 68a>
(37) d. 뵈 일쳔 疋을 바닷더니(受布千疋이러니) <小諺六 39a>
　　　e. 聖賢의 일쳔 말이며 일만 말이(聖賢千言萬語ㅣ) <小諺五 85b>
　　　f. 일쳔 히예 스그를 더러이니라(千載穢靑史ᄒ니라) <小諺五 21b>
　　　g. 일이(107b) 만홈이 일쳔 긋티며 일만 긋티로딕(多事ㅣ 千緖萬端이로딕) <小諺六 108a>

<38> 版 對 호젹

두 명사 '版'과 '호젹'(戶籍)이 [版] 즉 '호적부'의 뜻을 가지고 동의 관계에 있다는 것은 다음 예문들에서 잘 확인된다. 원문 중 '負版者'가 '版 負흔 者'로도 번역되고 '호젹 진 이'로도 번역된다. 따라서 '版'과 '호젹'의 동의성은 명백히 입증된다.

(38) a. 凶服흔 者를 式ᄒ시며 版 負흔 者를 式ᄒ더시다(凶服者를 式之

ᄒᆞ시며 式負版者ㅣ러시다)<論언二 61b>
(38) b. 상복ᄒᆞ니를 式ᄒᆞ시며 호적 진 이를 式ᄒᆞ더시다(凶服者를 式之ᄒᆞ시며 式負版者ㅣ러시다)<小언三 16a>
   c. 開卦 戶籍에 드려 과기 보기를 ᄒᆞ고져 ᄒᆞ노이다(貫開卦戶籍ᄒᆞ야 取應ᄒᆞ니이다)<小언六 45b>

<39> 脯 對 포육

두 명사 '脯'와 '포육'(脯肉)이 [脯] 즉 '포, 저미어 말린 고기'의 뜻을 가지고 동의 관계에 있다는 것은 다음 예문들에서 잘 확인된다. 원문 중 '市脯'가 '市ᄒᆞᆫ 脯'로도 번역되고 '산 포육'으로도 번역된다. 따라서 '脯'와 '포육'의 동의성은 명백히 입증된다.

(39) a. 沽ᄒᆞᆫ 酒와 市ᄒᆞᆫ 脯를 食디 아니ᄒᆞ시며(沽酒市脯를 不食ᄒᆞ시며)
      <論언三 57a>
   b. 산 술과 산 포육을 먹디 아니ᄒᆞ시며(沽酒市脯를 不食ᄒᆞ시며)
      <小언三 25b>

<40> 學 對 혹문

두 명사 '學'과 '혹문'(學問)이 [學] 즉 '학문'의 뜻을 가지고 동의 관계에 있다는 것은 다음 예문들에서 잘 확인된다. 원문 중 '講…正學'이 '正ᄒᆞᆫ 學을 강론ᄒᆞ다'로 번역되고 '講學'이 '혹문을 강구ᄒᆞ다'로 번역된다. 그리고 '其學'이 '그 學'으로 번역되고 '其學行'이 '그 혹문과 힝실'로 번역된다. 따라서 '學'과 '혹문'의 동의성은 명백히 입증된다.

(40) a. 서르 더블어 正혼 學을 강론ᄒ야 붉키게 홀디니라(相與講明正學이니라) <소언六 11b>
　　 b. 그 學이 붉고 德이 노푼 이를 굴히여(擇其學明德尊者ᄒ야) <소언六 13a>
　　 c. 學이 道애 니르디 몯ᄒ야셔(學未至於道ᄒ야셔) <龜下 49a>
(40) d. 呂正獻公이 졈은 제브터 혹문을 강구호되(呂正獻公이 自少로 講學호되) <소언六 121b>
　　 e. 혹문을 강논티 아니ᄒ야(學不講ᄒ야) <소언五 2b>
　　 f. 뜯을 도타이 ᄒ야 혹문을 됴히 너기며 지죄 어딜며 힝실이 닷근 이 잇거든(有篤志好學材良行脩者ㅣ 어든) <소언六 11b>
　　 g. 그 혹문과 힝실이(其學行이) <소언六 13a>

<41> 禍 對 지화

두 명사 '禍'와 '지화'(災禍)가 [禍] 즉 '禍, 재화'의 뜻을 가지고 동의 관계에 있다는 것은 다음 예문들에서 잘 확인된다. 원문 중 '危禍'가 '위티혼 禍'로 번역되고 '取禍'가 '禍를 얻다'로 번역된다. 그리고 '禍亂'이 '지홰며 난'으로 번역되고 '致禍'가 '지화를 닐위다'로 번역된다. 따라서 '禍'와 '지화'의 동의성은 명백히 입증된다.

(41) a. ᄒ다가 萬一 위티흔 禍ㅣ 이시면(若萬一危禍ㅣ면) <소언六 60a>
　　 b. ᄒ여브려 뼈 禍를 얻ᄂ니라(敗以取禍ᄒᄂ니라) <소언四 51a>
(41) c. 내죵내 지홰며 난을 닐위ᄂ니(終致禍亂爲飛尼) <警民 4b>
　　 d. 반ᄃ시 암둙이 새배 울어 뼈 지화를 닐위욤이 업스리니라(必無牝鷄晨鳴ᄒ야以致禍也ㅣ니라) <소언五 68b>

<42> 환란 對 難

두 명사 '환란'(患難)과 '難'이 [難] 즉 '患難'의 뜻을 가지고 동의 관계에 있다는 것은 다음 예문들에서 잘 확인된다. 원문 중 '思難'이 '환란을 싱각ᄒ다'로도 번역되고 '難을 思ᄒ다'로도 번역된다. 따라서 '환난'과 '難'의 동의성은 명백히 입증된다.

(42) a. 로홈애 환란을 싱각ᄒ며(忿思難ᄒ며) <小언三 5b>
　　　b. 忿에 難을 思ᄒ시며(忿思難ᄒ며) <論언四 25b>

<43> 효도 對 孝

두 명사 '효도'(孝道)와 '孝'가 [孝] 즉 '효도, 부모를 잘 섬기는 일'의 뜻을 가지고 동의 관계에 있다는 것은 다음 예문들에서 잘 확인된다. 원문 중 '先王之孝'가 '先王의 효도'로 번역되고 '諸侯之孝'가 '諸侯의 효도'로 번역된다. 그리고 '孝…及'이 '孝ㅣ 밋다'로 번역되고 '起孝'가 '孝를 닐으왇다'로 번역된다. 따라서 '효도'와 '孝'의 동의성은 명백히 입증된다.

(43) a. 先王의 효도ᄂᆞᆫ(先王之孝也ᄂᆞᆫ) <小언二 27b>
　　　b. 이 諸侯의 효도ㅣ 니라(此ㅣ 諸侯之孝也ㅣ 니라) <小언二 29a>
　　　c. 효도ᄂᆞᆫ 妻子에 衰ᄒᄂᆞ니(孝衰於妻子ᄒᄂᆞ니) <小언二 76b>
(43) d. 孝ㅣ 밋디 몯홈이 이시며 悌ㅣ 빼예 몯홈이 잇다 ᄒ니(孝有不及ᄒ며 悌有不時라 ᄒ니) <小언二 76a>
　　　e. 敬을 닐으와ᄃᆞ며 孝를 닐으와다(起敬起孝ᄒ야) <小언二 21b>

<44> 힝 對 行實

두 명사 '힝'(行)과 '行實'이 [行]과 [所行] 즉 '행실, 행위'의 뜻을 가지고 동의 관계에 있다는 것은 다음 예문들에서 잘 확인된다. 원문 중 '難行'이 '힝티 어려온 힝'으로 번역된다. '行篤'이 '힝실이 두텁다'로 번역되고 '學行'이 '흑문과 힝실'로 번역되고 '言行'이 '말솜과 行實'로 번역된다. 그리고 '人所行'이 '사ᄅᆞ미 힝'으로도 번역되고 '사ᄅᆞ미 힝실'로도 번역된다. 따라서 '힝'과 '行實'의 동의성은 명백히 입증된다.

(44) a. 힝티 어려온 힝을(25b) 능히 힝ᄒᆞ면(難行을 能行ᄒᆞ면) <誠初 26a>
　　 b. 디혜 잇는 사ᄅᆞ미 힝은(有智人의 所行은) <誠初 29b>
　　 c. 힝실이 두텁고 공경ᄒᆞ면(行篤敬이면) <小언三 5a>
　　 d. 힝실이 두텁고 공경티 아니ᄒᆞ면(行不篤敬이면) <小언三 5a>
(44) e. 온갓 힝실이 다 그러ᄒᆞ니(百行이 皆然ᄒᆞ니) <小언五 108a>
　　 f. 그 흑문과 힝실이 다 이에 마즌 이 德 인 이 되리니(其學行이 皆 中於是者ㅣ 爲成德이니) <小언六 13a>
　　 g. 性과 힝실이 단정ᄒᆞ고 조하(性行端潔ᄒᆞ야) <小언六 14a>
　　 h. 닐온 말솜과 行實괘 서ᄅᆞ 어긘 사ᄅᆞ미로다(所謂言行이 相違者也ㅣ로다) <龜上 22b>
　　 i. 힝실과 아롬괘 ᄀᆞᄌᆞ면(行智具備ᄒᆞ면) <誠初 30a>
　　 j. 君子의 힝실은 안정홈으로뻐 몸을 닷고(君子之行은 靜以修身이오) <小언五 15a>
　　 k. 션혼 힝시ᄅᆞᆯ ᄇᆞ리디 아니ᄒᆞ야(不捨善行ᄒᆞ야) <誠初 25b>
　　 l. 아비 업슴애 그 힝실을 볼디니(父沒애 觀其行이니) <小언一 24a>
　　 m. 디혜 업슨 사ᄅᆞ미 힝시른(無智人의 所行은) <誠初 30a>

## 1.2. 모두 2자 이상의 漢字語인 경우

名詞類에서 확인되는 漢字語의 同義에서 한자어들이 모두 2자 이상인 경우에는 [喪], [居喪] 및 [喪事] 즉 '상, 거상, 상사'의 뜻을 가진 '居喪'과 '喪事'와 '상녜'를 비롯하여 [果] 즉 '실과, 나무의 열매'의 뜻을 가진 '과실'과 '실과', [明日] 즉 '내일'의 뜻을 가진 '明日'과 '닉일', [世] 즉 '세상'의 뜻을 가진 '世間'과 '世上', [俗] 즉 '세속, 시속'의 뜻을 가진 '셰속'과 '시속', [宗族]과 [宗] 즉 '종족, 친척'의 뜻을 가진 '宗族'과 '권당', [序]와 [次] 즉 '차례, 次序'의 뜻을 가진 '츠셔'와 '셔츠' 그리고 [樂] 즉 '풍류, 음악'의 뜻을 가진 '풍류/풍뉴'와 '음악' 등 20여 항목이 있다.

<1> 居喪 對 喪事 對 상녜

세 명사 '居喪', '喪事' 및 '상녜'(喪禮)가 [喪], [居喪] 및 [喪事] 즉 '상, 거상, 상사'의 뜻을 가지고 동의 관계에 있다는 것은 다음 예문들에서 잘 확인된다. 원문 중 '父母之喪'이 '父母의 거상'으로 번역되고 '父喪'이 '아비 상수'로 번역된다. 그리고 '去喪'이 '거상 밧다'로 번역되고 '治喪'이 '상수를 다스리다'로 번역되고 '行喪'이 '상녜를 行ㅎ다'로 번역된다. 따라서 '거상', '상수' 및 '상녜'의 동의성은 명백히 입증된다.

(1) a. 父母의 거상애(父母之喪애) <小언五 44a> <小언五 52a> <小언五 54a>
   b. 거상을 극진히 홈을 三年을 홀디니라(致喪三年이니라) <小언二 72a>
   c. 거상 바스시고(去喪ㅎ시고) <小언三 21b>
   d. 또 거상을 타셔 곧 혼인홀 이 이시니(亦有乘喪卽嫁娶者ㅎ니)

        <小언五 50a>
    e. 녯 사룸이 居喪애 敢히 公然히 고기 먹으며 술 먹던 이 업스니라 (古人이 居喪애 無敢公然食肉飮酒者ᄒ니라) <小언五 44b>
    f. 이제 스태위 居喪애 고기 먹으며 술 마시기를 샹해와 달옴이 업고(今之士大夫ㅣ 居喪애 食肉飮酒를 無異平日ᄒ고) <小언五 49a>
(1) g. 아븨 상ᄉ애 손을 닐윔애(父喪致客애) <小언五 13b>
    h. 伊川先生 집이 상ᄉ를 다ᄉ림애(伊川先生家ㅣ 治喪애) <小언六 33a>
    i. 百里예 상ᄉ애 듣디 아니ᄒ며(不百里而奔喪ᄒ며) <小언二 54a>
    j. 믈읫 喪事 이숌애(凡有喪事애) <小언五 54b>
(1) k. 그 실로ᄂ 상녜를 行티 아니홈이니라(其實은 不行喪也ㅣ니라) <小언五 51b>

<2> 公卿 對 ᄌ샹

  두 명사 '公卿'과 'ᄌ샹(宰相)'이 [公卿] 즉 '재샹'의 뜻을 가지고 동의 관계에 있다는 것은 다음 예문들에서 잘 확인된다. 원문 중 '事公卿'이 '公卿을 섬기다'로 번역되고 '公卿'의 자석이 'ᄌ샹'이다. 따라서 '公卿'과 'ᄌ샹'의 동의성은 명백히 입증된다.

(2) a. 나는 公卿을 셤기고(出則事公卿ᄒ고) <論언二 45a>
    b. 公卿들히 다 黯을 위하여 두려ᄒ더니(公卿이 皆爲黯懼ᄒ더니) <小언六 35b>
    c. 公卿: ᄌ샹이라 <小언六 35b>

<3> 公門 對 대궐문

명사 '公門'과 합성명사 '대궐문'(大闕門)이 [公門] 즉 '궁궐문'의 뜻을 가지고 동의 관계에 있다는 것은 다음 예문들에서 잘 확인된다. 원문 중 '入公門'이 '公門에 들다'로도 번역되고 '대궐문의 들다'로도 번역된다. 따라서 '公門'과 '대궐문'의 동의성은 명백히 입증된다. 합성명사 '대궐문'은 명사 '대궐'과 명사 '문'의 合成이다.

(3) a. 公門에 드르실시 躬을 鞠둣 ᄒᆞ샤(入公門ᄒᆞ실시 鞠躬如也ᄒᆞ샤) <論언二 52a>
(3) b. 대궐문의 들으실시 몸을 굽피ᄃᆞ시 ᄒᆞ샤(入公門ᄒᆞ실시 鞠躬如也ᄒᆞ샤) <小언二 38b>

<4> 과실 對 실과

두 명사 '과실'(果實)과 '실과'(實果)가 [果] 즉 '실과, 나무의 열매'의 뜻을 가지고 동의 관계에 있다는 것은 다음 예문들에서 잘 확인된다. 원문 중 '食菜果'가 'ᄂᆞ물와 과실을 먹다'로 번역되고 '賜果'가 '실과를 주다'로 번역되므로 '과실'과 '실과'의 동의성은 명백히 입증된다.

(4) a. ᄂᆞ물와 과실을 먹디 아니ᄒᆞ며(不食菜果ᄒᆞ며) <小언五 44a>
   b. 문 오래며 과일 남글 반ᄃᆞ시 방(88b)정히 버럿게 ᄒᆞ야(門巷果木을 必方列ᄒᆞ야) <小언六 89a>
   c. 과실은 빅와 밤과 대쵸와 감만이오(果止梨栗棗柿오) <小언六 130a>
   d. 과실이 遠方읫 귀훈 거시 아니며(果非遠方珍果며) <小언六

(4) e. 님금 앏픠셔 실과를 주어시든(賜果於君前이어시든) <小언二 40b>

<5> 琴瑟 對 琴과 瑟

명사 '琴瑟'과 명사구 '琴과 瑟'이 [琴瑟] 즉 '거문고와 큰 거문고'의 뜻을 가지고 동의 관계에 있다는 것은 다음 예문들에서 잘 확인된다. 원문 중 '書策琴瑟'이 '書策과 琴瑟'로 번역된다. 그리고 '執琴瑟'이 '琴과 瑟을 잡다'로 번역된다. 따라서 '琴瑟'과 '琴과 瑟'의 동의성은 명백히 입증된다.

(5) a. 先生ㅅ 書策과 琴瑟이 앏프ㆍㅣ 잇거든(先生書策琴瑟이 在前이어든) <小언二 60a>
(5) b. 뫼셔 안자심애 시기디 아니커시든 琴과 瑟을 잡디 아니ᄒᆞ며(侍坐애 弗使ㅣ어든 不執琴瑟ᄒᆞ며) <小언二 63b>
c. 琴과 瑟을 잡드디 아니ᄒᆞ며(琴瑟不御ᄒᆞ며) <小언二 23a>

<6> 鬼神 對 조샹

두 명사 '鬼神'과 '조샹'(祖上)이 [鬼神] 즉 '귀신'의 뜻을 가지고 동의 관계에 있다는 것은 다음 예문들에서 잘 확인된다. 원문 중 '告鬼神'이 '鬼神끠 告ᄒᆞ다'로 번역되고 '鬼神'의 자석이 '조샹'이다. 따라서 '鬼神'과 '조샹'의 동의성은 명백히 입증된다.

(6) a. 齊戒ᄒᆞ야 뻐 鬼神끠 告ᄒᆞ며(齊戒以告鬼神ᄒᆞ야) <小언二 45b>
b. 鬼神: 조샹을 닐옴이라 <小언二 45b>

<7> 殿門 對 대궐문

두 명사 '殿門'과 '대궐문'(大闕門)이 [殿門] 즉 '대궐문'의 뜻을 가지고 동의 관계에 있다는 것은 다음 예문들에서 잘 확인된다. 원문 중 '下殿門'이 '殿門에 느리다'로 번역된다. 그리고 '殿門'의 자석이 '대궐문'이다. 따라서 '殿門'과 '대궐문'의 동의성은 명백히 입증된다.

　　(7) a. 미양 나들어 殿門에 느릴 제(每出入下殿門에) <소언六 33b>
　　　　b. 殿門: 대궐문이라 <소언六 33b>

<8> 뎨ᄌ 對 小子

두 명사 '뎨ᄌ'(弟子)와 '小子'가 [小子] 즉 '제자'의 뜻을 가지고 동의 관계에 있다는 것은 다음 예문들에서 잘 확인된다. 원문 중 '小子'가 '뎨ᄌ들ᄒ'로도 번역되고 '小子'로도 번역된다. 따라서 '뎨ᄌ'와 '小子'의 동의성은 명백히 입증된다.

　　(8) a. 뎨ᄌ들하(小子아) <소언四 24a>
　　　　b. 小子아(小子아) <論언二 28b>

<9> 明日 對 ᄂᆡ일

두 명사 '明日'과 'ᄂᆡ일'(來日)이 [明日] 즉 '내일'의 뜻을 가지고 동의 관계에 있다는 것은 다음 예문들에서 잘 확인된다. 원문 중 '明日'이 '明日'로도 번역되고 'ᄂᆡ일날'로도 번역되므로 '明日'과 'ᄂᆡ일'의 동의성은 명백히 입증된다.

(9) a. 명일이 다옴 업거늘(明日이 無盡커늘) <誡初 36b>
　　 b. 明日에 드듸여 行ᄒᆞ시다(明日에 遂行ᄒᆞ시다) <論언 1b>
(9) c. ᄂᆡ일날애 ᄒᆞᆫ 일을 긔디ᄒᆞ면(明日에 記一事ᄒᆞ면) <小언五 114b>
　　 d. ᄂᆡ일날애 ᄒᆞᆫ 어려온 일을 行ᄒᆞ면(明日에 行一難事ᄒᆞ면) <小언五 115a>
　　 e. ᄂᆡ일날애 ᄒᆞᆫ 도리를 분변ᄒᆞ면(明日에 辨一理ᄒᆞ면) <小언五 114b>
　　 f. 술오ᄃᆡ 來日 주글 노미 잇ᄂᆞ니잇고 ᄒᆞ야ᄂᆞᆯ 對答호ᄃᆡ 來日 주글 노미 잇ᄂᆞ니이다 ᄒᆞ야ᄂᆞᆯ <七大 21b>

<10> 辭氣 對 말ᄉᆞᆷ과 긔운

한자어 '辭氣'와 명사구 '말ᄉᆞᆷ과 긔운(氣運)'이 [辭氣] 즉 '말과 기운'의 뜻을 가지고 동의 관계에 있다는 것은 다음 예문들에서 잘 확인된다. 원문 중 '辭氣'가 '辭氣'로도 번역되고 '말ᄉᆞᆷ과 긔운'으로도 번역된다. 따라서 '辭氣'와 '말ᄉᆞᆷ과 긔운'의 동의성은 명백히 입증된다. 명사구 '말ᄉᆞᆷ과 긔운'은 명사 '말ᄉᆞᆷ'과 명사 '긔운'의 결합이다.

(10) a. 辭氣를 내욤애 鄙倍를 멀리 훌띠니(出辭氣예 斯遠鄙倍矣니) <論언二 30b>
　　 b. 말ᄉᆞᆷ과 긔운 내욤애 이예 야쇽ᄒᆞ고 거슬즘을 멀리 홀디라(出辭氣예 斯遠鄙倍矣니라) <小언二 6a>

<11> 社졔 對 봄의 ᄒᆞᄂᆞᆫ 졔

명사 '社졔(祭)'와 명사구 '봄의 ᄒᆞᄂᆞᆫ 졔(祭)'가 [社] 즉 '봄에 하는 제'의 뜻

을 가지고 동의 관계에 있다는 것은 다음 예문들에서 잘 확인된다. 원문 중 '社'가 '社졔ᄒᆞ다'로 번역되고 '社졔'의 자석이 '봄의 ᄒᆞ는 졔'이다. 따라서 '社졔'와 '봄의 ᄒᆞ는 졔'의 동의성은 명백히 입증된다. 명사구 '봄의 ᄒᆞ는 졔'는 명사 '봄'과 동작동사 'ᄒᆞ다'의 관형사형 'ᄒᆞ는'과 명사 '졔'의 결합이다.

(11) a. 社졔 ᄒᆞ고 일을 맛디며(社而賦事ᄒᆞ며) <小언四 46a>
b. 社졔: 봄의 ᄒᆞ는 졔라 <小언四 46a>

<12> 庶人 對 샹인

두 명사가 '庶人'과 '샹인'(常人)이 [庶人] 즉 '아무 벼슬이 없는 일반 평민'의 뜻을 가지고 동의 관계에 있다는 것은 다음 예문들에서 잘 확인된다. 원문 중 '庶人之孝'가 '庶人의 효도'로 번역되고 '至於庶人'이 '庶人에 니르히'로 번역된다. 그리고 '庶人耆老'가 '샹인이 늘금애'로 번역된다. 따라서 '庶人'과 '샹인'의 동의성은 명백히 입증된다.

(12) a. 이 庶人의 효도ㅣ니라(此ㅣ 庶人之孝也ㅣ니라) <小언二 31b>
b. 天子로브터 庶人에 니르(31b)히(自天子至於庶人히) <小언二 32a>
(12) c. 샹인이 늘금애 미ᄂᆞ밥 먹디 아니ᄒᆞᄂᆞ니라(庶人이 耆老애 不徒食이니라) <小언二 65a>

<13> 世間 對 世上

두 명사가 [世] 즉 '세상'의 뜻을 가지고 동의 관계에 있다는 것은 다음 예문들에서 잘 확인된다. 원문 중 '世利'가 '世間애 利欲'으로 번역되고 '世之爲

用'이 '世上에 뻐움'으로 번역된다. 따라서 '世間'과 '世上'의 동의성은 명백히 입증된다.

> (13) a. 世間애 利欲 營求호ᄆ 業 브레 섭 더 노호미로다 (營求世利ᄂᆞᆫ 業火에 加薪ㅣ로다) <龜下 50b>
> b. 世間에 浮名 貪着호ᄆ 거즛 功夫에 몸 잇부미오 (貪世浮名은 枉功勞形ㅣ오) <龜下 50b>
> c. 世間과 出世間에 (世出世예) <龜下 47b>
> (13) d. 엇뎌 世上에 뻐우믈 蘄求ᄒᆞ리오 (何蘄世之爲用ㅣ리오) <龜下 49b>

<14> 셰쇽 對 시쇽

두 명사 '셰쇽'(世俗)과 '시쇽'(時俗)이 [俗] 즉 '셰쇽, 시쇽'의 뜻을 가지고 동의 관계에 있다는 것은 다음 예문들에서 잘 확인된다. 원문 중 '俗說'이 '셰쇽의 말씀'으로 번역되고 '隨俗'이 '시쇽을 좇다'로 번역된다. 따라서 '셰쇽'와 '시쇽'의 동의성은 명백히 입증된다.

> (14) a. 다만 셰쇽의 말씀 ᄀᆞ티 ᄒᆞ면(只如俗說이면) <小언五 5a>
> b. 셰쇽에 달이 ᄒᆞ야 일홈을 간구티 아니ᄒᆞ고(不…矯俗干名이오) <小언六 132b>
> (14) c. 시쇽을 샤치 샤치티 아니ᄒᆞ리 져그니라(不隨俗奢靡者ㅣ 鮮矣니라) <小언六 131a>
> d. 시쇽을 조차 點을 ᄒᆞ야실시(從俗爲點일시) <小언 凡例 3a>
> e. 去聲 入聲은 ᄒᆞᆫ 點이로되 요사이 時俗(2b)애 音이 上去성이 서ᄅᆞ 섯기여 (去聲入聲은 一點而近世ㅣ 時俗之音이 上去相混ᄒᆞ

야) <小언 凡例 3a>

<15> 소임 對 직분 對 직ᄉᆞ

세 명사 '소임'(所任), '직분'(職分) 및 '직ᄉᆞ'(職事)가 [職] 즉 '직분, 임무'의 뜻을 가지고 동의 관계에 있다는 것은 다음 예문들에서 잘 확인된다. 원문 중 '子職'이 'ᄌᆞ식의 소임'으로 번역되고 '庶人之職'이 '샹싸ᄅᆞᆷ의 직분'으로 번역되고 '其職'이 '그 직ᄉᆞ'로 번역된다. 따라서 '소임'과 '직분' 그리고 '직ᄉᆞ'의 동의성은 명백히 입증된다.

(15) a. 온공히 ᄌᆞ식의 소임을 ᄒᆞᆯ ᄯᆞ롬이로니(共爲子職而已矣로니)
    <小언四 7b>
    b. 侃의 性이 총명ᄒᆞ고 민쳡ᄒᆞ야 관원의 소임에 브즈런ᄒᆞ며(侃性이 聰敏ᄒᆞ야 勤於吏職ᄒᆞ며) <小언六 107b>
    c. 소임엣 일을 브즈러니 ᄒᆞ고(勤於職事ᄒᆞ고) <小언六 50a>
    d. 소임으로ᄡᅥ ᄂᆞ호며(分之以職ᄒᆞ며) <小언五 81b>
(15) e. ᄒᆞᆫ 남진 ᄒᆞᆫ 겨집은 샹싸ᄅᆞᆷ의 직분이니라(一夫一妻ᄂᆞᆫ 庶人之職也ㅣ니라) <小언五 64a>
(15) f. 구의예 딕ᄒᆡᆫ 것 둔ᄂᆞᆫ 이 그 직ᄉᆞ를 ᄒᆞ디 못ᄒᆞ거(44a)든 가고(有官守者ㅣ 不得其職則去ᄒᆞ고) <小언六 50a>

<16> 梧桐花 對 薔薇곶

두 명사가 [梧桐花] 즉 '장미꽃'의 뜻을 가지고 동의 관계에 있다는 것은 다음 예문들에서 잘 확인된다. 원문 중 '擎…梧桐花'가 '梧桐花를 잡다'로 번역되고 '梧桐花'의 자석이 '薔薇곶'이다. 따라서 '梧桐花'와 '薔薇곶'의 동의성은 명

백히 입증된다. 명사 '薔薇곳'은 한자어 '薔薇'와 고유어 '곳'의 합성으로 '薔薇+ㅅ#곳'으로 분석될 수 있는데 이 논문에서는 한자어로 다루었다.

  (16) a. 世尊니 黑氏 梵志 神通力글 뻐 두 소내 두 낫 梧桐花를 자바 부
     쳐의 가 供養ᄒ오려 호ᄂᆞ 들 因ᄒᆞ샤(世尊이 因黑氏梵志以神通
     力오로 兩手에 擎兩株合歡梧桐花ᄒᆞ야 來供養佛ᄒᆞ샤) <蒙六
     30b>
    b. 梧桐花ᄂᆞᆫ 薔薇고즐 니ᄅᆞ니라 <蒙六 31a>

 <17> 贓吏 對 탐ᄒᆞᆫ 관원

 명사 '贓吏'와 명사구 '탐(貪)ᄒᆞᆫ 관원(官員)'이 [贓吏] 즉 '부정하게 재물을 탐하는 관리'의 뜻을 가지고 동의 관계에 있다는 것은 다음 예문들에서 잘 확인된다. 원문 중 '贓吏法'이 '贓吏ㅅ法'으로 번역되고 '贓吏'의 자석이 '탐ᄒᆞᆫ 관원'이다. 따라서 '贓吏'와 '탐ᄒᆞᆫ 관원'의 동의성은 명백히 입증된다. 명사구 '탐ᄒᆞᆫ 관원'은 동작동사 '탐ᄒᆞ다'의 관형사형 '탐ᄒᆞᆫ'과 명사 '관원'의 결합이다.

  (17) a. 贓吏ㅅ法을 누키디 아니ᄒᆞ며(不貸贓吏法ᄒᆞ며) <小언六
     113b>
    b. 贓吏: 탐ᄒᆞᆫ 관원이라 <小언六 113b>

 <18> 宗族 對 권당

 두 명사 '宗族'과 '권당'(眷黨)이 [宗族]과 [宗] 즉 '종족, 친척'의 뜻을 가지고 동의 관계에 있다는 것은 『小學諺解』의 다음 예문들에서 잘 확인된다. 원

문 중 '加於父兄宗族'이 '父兄과 宗族의게 더으다'로 번역되고 '宗族七百口'가 '권당이 七百 사룸이다'로 번역된다. 따라서 '宗族'과 '권당'의 동의성은 명백히 입증된다.

 (18) a. 敢히 貴ᄒ며 가ᅀᆞ며여름으로뻐(20b) 父兄과 宗族의게 더으디 몯홀 거시니라(不敢以貴富로 加於父兄宗族이니라) <小언二 21a>
   b. 크면 종족을 업티며 嗣를 絶ᄒ나니(大則覆宗絶嗣ᄒᆞ니) <小언五 29a>
 (18) c. 江州 陳氏 권당이 七百 사ᄅᆞ미러니(江州陳氏ㅣ 宗族이 七百口ㅣ러니) <小언六 99b>
   d. 즐겨 ᄆᆞ올과 권당들로 더블어(樂與鄕黨宗族으로) <小언六 84a>

<19> 蒸졔 對 겨을의 ᄒᆞ는 졔

 명사 '蒸졔(祭)'와 명사구 '겨을의 ᄒᆞ는 졔(祭)'가 [蒸] 즉 '겨울에 하는 제'의 뜻을 가지고 동의 관계에 있다는 것은 다음 예문들에서 잘 확인된다. 원문 중 '蒸'이 '蒸졔 ᄒᆞ다'로 번역되고 '蒸졔'의 자석이 '겨을의 ᄒᆞ는 졔'이다. 따라서 '蒸졔'와 '겨을의 ᄒᆞ는 졔'의 동의성은 명백히 입증된다. 명사구 '겨을의 ᄒᆞ는 졔'는 명사 '겨을'과 동작동사 'ᄒᆞ다'의 관형사형 'ᄒᆞ는'과 명사 '졔'의 결합이다.

 (19) a. 蒸졔 ᄒᆞ고 功을 바텨(蒸而獻功ᄒᆞ야) <小언四 46a>
   b. 蒸졔: 겨을의 ᄒᆞ는 졔라 <小언四 46a>

<20> 刺史 對 목ᄉᆞ

두 명사 '刺史'와 '목ᄉ'(牧使)가 [刺史] 즉 '牧使'의 뜻을 가지고 동의 관계에 있다는 것은 다음 예문들에서 잘 확인된다. 원문 중 '刺史'가 '刺史'로 번역되고 '刺史'의 자석이 '목ᄉ'이다. 따라서 '刺史'와 '목ᄉ'의 동의성은 명백히 입증된다.

(20) a. 刺史ㅣ 能히 쳔거티 몯ᄒ니(刺史ㅣ 不能薦ᄒ니) <小諺六 91b>
b. 刺史: 목ᄉ라 <小諺六 91b>

<21> 지믈 對 지보

두 명사 '지믈'(財物)과 '지보'(財寶)가 [財]와 [財物] 즉 '재물'의 뜻을 가지고 동의 관계에 있다는 것은 다음 예문들에서 잘 확인된다. 원문 중 '論財'가 '지믈 의론ᄒ다'로 번역되고 '財色'이 '지보와 ᄉᆡᆨ'으로 번역된다. 따라서 '지믈'과 '지보'의 동의성은 명백히 입증된다.

(21) a. 혼인에 지믈 의론ᄒ기ᄂᆞᆫ 오랑캐의 道ㅣ라(婚娶而論財ᄂᆞᆫ 夷虜之道也ㅣ라) <小諺五 63a>
b. 지믈로뼈 례를ᄒᆞ디 아니ᄒᆞ더니라(不以財로 爲禮ᄒᆞ더니라) <小諺五 63b>
c. 보화와 지믈을 됴히 녀기며 妻子를 ᄉᆞᄉᆞ로이 ᄒᆞ야(好貨財私妻子ᄒᆞ야) <小諺二 34b>
d. 그 지믈을 고로 ᄂᆞᆫ홀ᄉᆡ(乃中分其財홀ᄉᆡ) <小諺六 20b>
e. 어딜오 지믈이 ᄒ면 그 ᄠᅳᆮ을 해ᄒ고(賢而多財則損其志ᄒ고) <小諺六 83b>
f. 그 받티며 집이며 財物을 다 ᄑᆞ라 뼈 영장ᄒ고(盡賣其田宅財物

以葬之ᄒᆞ고) <小言六 52b>

(21) g. 지보와 식과의 지해 독샤의셔 더 심ᄒᆞ니(財色之禍甚於毒蛇ᄒᆞ
니) <誡初 4b>
h. 삼독 번노로 제 지보 사모미오(三毒煩惱로 爲自家財오) <誡初
23a>
i. 제 지보를 앗기디 말고(自財를 不吝ᄒᆞ고) <誡初 51b>

<22> 지화 對 화란

두 명사 '지화'(災禍)와 '화란'(禍亂)이 [禍] 즉 '재화, 화란'의 뜻을 가지고 동의 관계에 있다는 것은 다음 예문들에서 잘 확인된다. 원문 중 '致禍亂'이 '지홰며 난을 닐위다'로 번역되고 '樂禍'가 '화란을 즐기다'로 번역된다. 따라서 '지화'와 '화란'의 동의성은 명백히 입증된다.

(22) a. 내죵내 지홰며 난을 닐위ᄂᆞ니(終致禍亂爲飛尼) <警民 4b>
b. 반ᄃᆞ시 암ᄃᆞᆰ이 새배 울어 뼈 지화를 닐위윰이 업스니라(必無
鷄晨鳴ᄒᆞ야 以致禍也ㅣ니라) <小言五 68b>
c. 지화와 厄이 일로 조차 비릇ᄂᆞ니라(災厄이 從此始라) <小言五
22b>
(22) d. 음탕ᄒᆞᆫ 일을 貪ᄒᆞ고 화란을 즐겨(貪淫樂禍ᄒᆞ야) <小言五
28b>
e. 王과 賈ㅣ 다 화란을 만나니(王賈ㅣ 皆遘禍ᄒᆞ니) <小言六
117a>

<23> ᄎᆞ셔 對 셔ᄎᆞ

두 명사 '추셔'(次序)와 '셔추'(序次)가 [序]와 [次] 즉 '차례, 次序'의 뜻을 가지고 동의 관계에 있다는 것은 다음 예문들에서 잘 확인된다. 원문 중 '有序'가 '추셰 잇게 ᄒ다'로 번역되고 '越序'가 '셔추 너모다'로 번역된다. 따라서 '추셔'와 '셔추'의 동의성은 명백히 입증된다.

(23) a. 循循히 추셰 잇게 ᄒ더시니(循循有序ᄒ더시니) <小언六 17a>
(23) b. 당돌히 셔추 너모디 말며(不得撞挨越序ᄒ며) <誡初 5a>
c. 셔추 건너 안ᄌ며 눕기를 삼가며(愼坐臥越次ᄒ며) <誡初 11a>

<24> 陛下 對 皇帝

두 명사가 [陛下] 즉 '皇帝'의 뜻을 가지고 동의 관계에 있다는 것은 다음 예문들에서 잘 확인된다. 원문 중 '陛下內多欲'이 '陛下ㅣ 안호론 욕심이 하시다'로 번역되고 '陛下'의 자석이 '皇帝'이다. 따라서 '陛下'와 '皇帝'의 동의성은 명백히 입증된다.

(24) a. 陛下ㅣ 안호론 욕심이 하시고 밧고로 仁義를 베프시니(陛下ㅣ 內多欲而外施仁義ᄒ시니) <小언六 35b>
b. 後主 더브러 닐오디(99a)…陛下를 져ᄇ리디 아니호리라 ᄒ더니 (乃與後主言호디…以負陛下ㅣ라 ᄒ더니) <小언五 99b>
(24) c. 陛下: 皇帝를 지향훈 말이라 <小언六 35b>
d. 陛下: 황뎨를 닐옴이라 <小언五 99b>

<25> 풍류/풍뉴 對 음악

두 명사 '풍류/풍뉴'(風流)와 '음악'(音樂)이 [樂] 즉 '풍류, 음악'의 뜻을 가

지고 동의 관계에 있다는 것은 다음 예문들에서 잘 확인된다. 원문 중 '淫樂'이 '음란흔 풍류'로 번역되고 '禮樂'이 '례도와 음악'으로 번역된다. 그리고 '聽樂'이 '풍뉴 듣다'로 번역되고 '學樂'이 '음악을 비호다'로 번역된다. 따라서 '풍류/풍뉴'와 '음악'의 동의성은 명백히 입증된다.

(25) a. 음란흔 풍류와 샤특흔 례도를 心術에 브티디 아니ᄒᆞ며(淫樂慝禮를 不接心術ᄒᆞ며) <소언三 7a>
  b. 그 居喪애 풍뉴 드르며 밋 혼인ᄒᆞᄂᆞᆫ 이ᄂᆞᆫ(其居喪애 聽樂及嫁娶者ᄂᆞᆫ) <소언五 52a>
  c. ᄯᅩ 엇디 ᄎᆞᆷ아 술 쟝만코 풍뉴 ᄀ(56a)초와 ᄡᅥ 즐기기를 ᄒᆞ리오 (更安忍置酒張樂ᄒᆞ야 以爲樂이리오) <소언五 56a>
  d. 곧 풍뉴로ᄡᅥ 샹여를 인도ᄒᆞ고 블으지져 울오 조차 가며(則以樂 導輴車而號泣隨之ᄒᆞ며) <소언五 50a>
(25) e. 봄과 ᄀᆞ을히ᄂᆞᆫ 례도와 음악으로ᄡᅥ ᄀᆞᄅᆞ치고(春秋애 敎以禮樂ᄒᆞ고) <소언一 13a>
  f. 음악을 비호며 모시 외오며(學樂誦詩ᄒᆞ며) <소언一 5a>
  g. 사흘을 음악을 드디 아니홈은(三日不學樂ᄒᆞ며) <소언二 49b>
  h. 그 음악을 奏ᄒᆞ며(奏其樂ᄒᆞ며) <소언四 13b>

<26> 형뎨 對 昆弟

두 명사 '형뎨'(兄弟)와 '昆弟'가 [昆弟] 즉 '형과 아우, 형제'의 뜻을 가지고 동의 관계에 있다는 것은 다음 예문들에서 잘 확인된다. 원문 중 '父母兄弟'가 '父母 형뎨'로도 번역되고 '父母와 昆弟'로도 번역된다. 따라서 '형뎨'와 '昆弟'의 동의성은 명백히 입증된다.

(26) a. 사룸이 그 父母 형데의 말슴애 쏨ᄒᆞ디 몯ᄒᆞᄂᆞ다(人不間於其父母昆弟之言이로다) <小언四 16a>
   b. 사룸이 그 父母와 昆弟의 말에 間티 몯ᄒᆞᄂᆞ다(人不間於其父母昆弟之言이로다) <論언三 2b>

<27> 華夏 對 듕국

두 명사 '華夏'와 '듕국'(中國)이 [華夏] 즉 '중국'의 뜻을 가지고 동의 관계에 있다는 것은 다음 예문들에서 잘 확인된다. 원문 중 '華夏'가 '華夏'로 번역되고 '華夏'의 자석이 '듕국'이다. 따라서 '華夏'와 '듕국'의 동의성은 명백히 입증된다.

(27) a. 華夏를 더러여 믈들이디 말에 홀ᄯᅡ라 ᄒᆞ니라(無令汚華夏ㅣ라 ᄒᆞ니라) <小언五 41a>
   b. 華夏: 듕국을 닐온 말이라 <小언五 41a>

## 1.3. 하나가 名詞形인 경우

名詞類에서 확인되는 漢字語간의 同義에서 한자어들 중 하나가 名詞形인 경우에는 [苦] 즉 '괴로움, 수고'의 뜻을 가진 '고로옴'과 '슈고' 등 10여 항목이 있다.

<1> 고로옴 對 슈고

명사형 '고(苦)로옴'과 명사 '슈고'(受苦)가 [苦] 즉 '괴로움, 수고'의 뜻을 가지고 동의 관계에 있다는 것은 다음 예문들에서 잘 확인된다. 원문 중 '自苦如

此'가 '스스로 고로옴을 이러트시 ᄒᆞ다'로 번역되고 '爲自苦如此'가 '스스로 슈고를 이러트시 ᄒᆞ다'로 번역된다. 따라서 '고로옴'과 '슈고'의 동의성은 명백히 입증된다. '고로옴'은 상태동사 '고롭다'의 명사형이다.

(1) a. 엇디 스스로 고로옴을 이러트시 ᄒᆞᄂᆞ뇨(何乃自苦如此오) <小언 四 32a>
b. 뻐 브즈런코 고로옴을 돕게 ᄒᆞ더라(以資勤苦ᄒᆞ더라) <小언六 99a>
c. 아비 그 뫏고 고로오믈 긔특이 녀겨(父ㅣ 奇其淸苦ᄒᆞ야) <小언 六 54a>
(1) d. 엇디 스스로 슈고를 이러트시 ᄒᆞᄂᆞ뇨(何爲自苦如此오) <小언六 73a>

<2> 能홈 對 能

명사형 '能홈'과 명사 '能'이 [能] 즉 '능함, 잘함'의 뜻을 가지고 동의 관계에 있다는 것은 다음 예문들에서 잘 확인된다. 원문 중 '能'이 '能홈'으로도 번역되고 '能'으로도 번역된다. 따라서 '能홈'과 '能'의 동의성은 명백히 입증된다.

(2) a. 能홈으로뻐 能티 몯흔 듸 무르며(以能으로 問於不能ᄒᆞ며) <小 언四 40a>
b. 能오로뻐 不能을 무르며(以能으로 問於不能ᄒᆞ며) <論언二 31a>

<3> 로홈 對 忿

명사형 '로(怒)홈'과 명사 '忿'이 [忿] 즉 '성냄'의 뜻을 가지고 동의 관계에 있다는 것은 다음 예문들에서 잘 확인된다. 원문 중 '忿'이 '로홈'으로도 번역되고 '忿'으로도 번역된다. 따라서 '로홈'과 '忿'의 동의성은 명백히 입증된다.

(3) a. 로홈애 환란을 싱각ᄒ며(忿思難ᄒ며) <小언三 5b>
   b. 忿에 難을 思ᄒ시며(忿思難ᄒ며) <論언四 25b>

<4> 犯홈 對 ᄂᆞᆺ빗츨 거슬어 諫홈

두 명사형 '犯홈'과 'ᄂᆞᆺ빗츨 거슬어 諫홈'이 [犯] 즉 '거스러 諫함'의 뜻을 가지고 동의 관계에 있다는 것은 다음 예문들에서 잘 확인된다. 원문 중 '無犯'이 '犯홈이 없다'로 번역되고 '犯'의 자석이 'ᄂᆞᆺ빗츨 거슬어 諫홈'이다. 따라서 '犯홈'과 'ᄂᆞᆺ빗츨 거슬어 諫홈'의 동의성은 명백히 입증된다. 'ᄂᆞᆺ빗츨 거슬어 諫홈'은 명사 'ᄂᆞᆺ빛'과 동작동사 '거슬다'의 부사형 '거슬어'와 동작동사 '諫ᄒ다'의 명사형 '諫홈'의 결합이다.

(4) a. 어버이를 셤교ᄃᆡ 隱홈이 잇고 犯홈이 업스며(事親ᄒ되 有隱而無犯ᄒ며) <小언二 72a>
   b. 犯: ᄂᆞᆺ빗츨 거슬어 諫홈이라 <小언二 72a>

<5> 어거ᄒ기 對 御

명사형 '어거(御車)ᄒ기'와 명사 '御'가 [御] 즉 '어거하기, 말타기'의 뜻을 가지고 동의 관계에 있다는 것은 다음 예문들에서 잘 확인된다. 원문 중 '射御'가 '활 쏘기와 어거ᄒ기'로 번역되고 '執御'가 '御를 執ᄒ다'로 번역된다. 따라서 '어거ᄒ기'와 '御'의 동의성은 명백히 입증된다. '어거ᄒ기'는 동작동사

'어거ᄒᆞ다'의 명사형이다.

    (5) a. 활 쏘기와 어거ᄒᆞ기를 비홀디니라(學射御ㅣ니라) <小언一 5a>
        b. 례졀과 음악과 활 쏘기와 어거ᄒᆞ기와 글쓰기와 산계홈이라(禮樂射御書散ㅣ니라) <小언一 11b>
    (5) c. 御를 執ᄒᆞ랴(38a) 射를 執ᄒᆞ랴(執御乎아 執射乎아) <論언二 38b>
        d. 내 御를 執호리라(吾ㅣ執矣로리라) <論언二 38b>

<6> 엄공홈 對 恭

명사형 '엄공(嚴恭)홈'과 명사 '恭'이 [恭] 즉 '공손함'의 뜻을 가지고 동의 관계에 있다는 것은 다음 예문들에서 잘 확인된다. 원문 중 '恭'이 '엄공홈'으로도 번역되고 '恭'으로도 번역된다. 따라서 '엄공홈'과 '恭'의 동의성은 명백히 입증된다.

    (6) a. 모양애 엄공홈을 싱각ᄒᆞ며(貌思恭ᄒᆞ며) <小언三 5b>
        b. 貌에 恭을 思ᄒᆞ며(貌思恭ᄒᆞ며) <論언四 25b>

<7> 隱홈 對 그윽이 諫홈

두 명사형 '隱홈'과 '그윽이 諫홈'이 [隱] 즉 '그윽이 諫함'의 뜻을 가지고 동의 관계에 있다는 것은 다음 예문들에서 잘 확인된다. 원문 중 '有隱'이 '隱홈이 잇다'로 번역되고 '隱'의 자석이 '그윽이 諫홈'이다. 따라서 '隱홈'과 '그윽이 諫홈'의 동의성은 명백히 입증된다. '그윽이 諫홈'은 부사 '그윽이'와 '諫ᄒᆞ다'의 명사형 '諫홈'의 결합이다.

(7) a. 어버이를 셤교되 隱홈이 잇고 犯홈이 업스며(事親호되 有隱而無犯ᄒᆞ며) <小언二 72a>
   b. 隱: 그윽이 諫홈이라 <小언二 72a>

<8> 총홈 對 聰

명사형 '총홈'과 명사 '聰'이 [聰] 즉 '귀 밝음'의 뜻을 가지고 동의 관계에 있다는 것은 다음 예문들에서 잘 확인된다. 원문 중 '思聰'이 '총홈을 싱각ᄒᆞ다'로도 번역되고 '聰을 思ᄒᆞ다'로도 번역된다. 따라서 '총홈'과 '聰'의 동의성은 명백히 입증된다.

(8) a. 드롬에 총홈을 싱각ᄒᆞ며(聽思聰ᄒᆞ며) <小언三 5b>
   b. 聽애 聰을 思ᄒᆞ며(聽思聰ᄒᆞ며) <論언四 25b>

<9> 튱후홈 對 忠

명사형 '튱후(忠厚)홈'과 명사 '忠'이 [忠] 즉 '忠厚함'의 뜻을 가지고 동의 관계에 있다는 것은 다음 예문들에서 잘 확인된다. 원문 중 '思忠'이 '튱후홈을 싱각ᄒᆞ다'로도 번역되고 '忠을 思ᄒᆞ다'로도 번역된다. 따라서 '튱후홈'과 '忠'의 동의성은 명백히 입증된다.

(9) a. 말솜애 튱후홈을 싱각ᄒᆞ며(言思忠ᄒᆞ며) <小언三 5b>
   b. 言에 忠을 思ᄒᆞ며(言思忠ᄒᆞ며) <論언四 25b>

<10> 화홈 對 溫

명사형 '화(和)홈'과 한자어 '溫'이 [溫] 즉 '和함'의 뜻을 가지고 동의 관계에 있다는 것은 다음 예문들에서 잘 확인된다. 원문 중 '思溫'이 '화홈을 싱각ᄒ다'로도 번역되고 '溫을 思ᄒ다'로도 번역된다. 따라서 '화홈'과 '溫'의 동의성은 명백히 입증된다.

(10) a. ᄂᆞᆺ빗체 화홈을 싱각ᄒ며(色思溫ᄒ며) <小언三 5b>
　　 b. 色에 溫을 思ᄒ며(色思溫ᄒ며) <論언四 25b>

## 2. 動詞類에서의 同義

동사류에서 확인되는 漢字語간의 동의는 動作動詞간의 동의와 狀態動詞간의 동의를 나누어 고찰할 수 있다.

### 2.1. 動作動詞간의 同義

動作動詞간의 同義에는 [冠] 즉 '갓을 쓰다'의 뜻을 가진 '가관ᄒ다'와 '冠ᄒ다'를 비롯하여 [記] 즉 '기록ᄒ다'의 뜻을 가진 '긔록ᄒ다'와 '긔디ᄒ다', [奉養]과 [養] 즉 '봉양하다, 효양하다'의 뜻을 가진 '奉養ᄒ다'와 '효양ᄒ다', [倍] 즉 '倍하다, 곱하다'의 뜻을 가진 '倍ᄒ다'와 '비비ᄒ다', [實] 즉 '결실하게 하다'의 뜻을 가진 '實히오다/實히우다'와 '結實히오다', [證] 즉 '증명하다, 밝히다'의 뜻을 가진 '證ᄒ다'와 '證得ᄒ다' 그리고 [行] 즉 '행하다'의 뜻을 가진 '힝ᄒ다'와 '힝실ᄒ다' 등 20여 항목이 있다.

<1> 가관ᄒ다 對 冠ᄒ다

두 동작동사 '가관(加冠)ᄒᆞ다'와 '冠ᄒᆞ다'가 [冠] 즉 '갓을 쓰다'의 뜻을 가지고 동의 관계에 있다는 것은 다음 예문들에서 잘 확인된다. 원문 중 '二十而冠'이 '스믈헤 가관ᄒᆞ다'로 번역되고 '冠禮'가 '가관ᄒᆞᄂᆞᆫ 禮'로 번역된다. 그리고 '冠而坐'가 '冠ᄒᆞ고 앉다'로 번역된다. 따라서 '가관ᄒᆞ다'와 '冠ᄒᆞ다'의 동의성은 명백히 입증된다.

(1) a. 녯 례도애 비록 스믈헤 가관ᄒᆞ라 일ᄏᆞ라시나(古禮예 雖稱二十而冠ᄒᆞ나) <小言五 43a>
　　b. 스믈히어든 가관ᄒᆞ야 비르소 禮를 ᄇᆡ호며(二十而冠ᄒᆞ야 始學禮ᄒᆞ며) <小言一 5b>
　　c. 가관ᄒᆞᄂᆞᆫ 禮 廢ᄒᆞ연 디 오라니(冠禮之廢ㅣ 久矣니) <小言五 42b>
　　d. 가관ᄒᆞ기ᄂᆞᆫ 인 사ᄅᆞᆷ의 道ㅣ니(冠者ᄂᆞᆫ 成人之道也ㅣ니) <小言五 41b>
(1) e. 옷 닙고 冠ᄒᆞ고 안즐디니라(依服冠而坐ㅣ니라) <小言三 16a>

<2> 강론ᄒᆞ다/강논ᄒᆞ다 對 강구ᄒᆞ다

두 동작동사 '강론(講論)ᄒᆞ다/강논(講論)ᄒᆞ다'와 '강구(講究)ᄒᆞ다'가 [講] 즉 '익히다, 연구하다'의 뜻을 가지고 동의 관계에 있다는 것은 다음 예문들에서 잘 확인된다. 원문 중 '講…正學'이 '正ᄒᆞᆫ 學을 강론ᄒᆞ다'로 번역되고 '學…講'이 '혹문을 강논ᄒᆞ다'로 번역되고 '講學'이 '혹문을 강구ᄒᆞ다'로 번역된다. 따라서 '강론ᄒᆞ다/강논ᄒᆞ다'와 '강구ᄒᆞ다'의 동의성은 명백히 입증된다.

(2) a. 서르 더블어 正ᄒᆞᆫ 學을 강론ᄒᆞ야 ᄇᆞᆰ키게 홀디니라(相與講明正學이니라) <小言六 11b>

b. 혹문을 강논티 아니ᄒᆞ야(學不講ᄒᆞ야) <小언五 2b>
(2) c. 呂正獻公이 졈은 제브터 혹문을 강구호ᄃᆡ(呂正獻公이 自少로 講學호ᄃᆡ) <小언六 121b>
d. 그 子孫애 니르러 ᄯᅩ 셰셰로 강구ᄒᆞ니(至其子孫ᄒᆞ야 亦世講之ᄒᆞ니) <小언五 78a>

<3> 擧ᄒᆞ다 對 거쳔ᄒᆞ다 對 쳔거ᄒᆞ다

세 동작동사 '擧ᄒᆞ다'와 '거쳔(擧薦)ᄒᆞ다' 및 '쳔거(薦擧)ᄒᆞ다'가 [擧] 즉 '등용하다, 천거하다'의 뜻을 가지고 동의 관계에 있다는 것은 다음 예문들에서 잘 확인된다. 원문 중 '擧人'이 '人을 擧ᄒᆞ다'로 번역되고 '所擧'가 '거쳔ᄒᆞᆫ 바'로 번역되고 '選擧'가 'ᄡᅢ 쳔거ᄒᆞ다'로 번역된다. 따라서 '擧ᄒᆞ다'와 '거쳔ᄒᆞ다' 및 '쳔거ᄒᆞ다'의 동의성은 명백히 입증된다.

(3) a. 君子는 言으로뻐 人(9a)을 擧티 아니ᄒᆞ며(君子는 不以言擧人ᄒᆞ며) <論언四 9b>
b. 衆에 選ᄒᆞ샤 皐陶를 擧ᄒᆞ시니(選於衆ᄒᆞ샤 擧皐陶ᄒᆞ시니) <論언三 33a>
c. 賢과 才를 擧홀ᄯᅵ니라(擧賢才니라) <論언三 34b>
(3) d. 揚震의 거쳔ᄒᆞᆫ 밧 荊州(104a) 武才 王密이(揚震의 所擧荊州武才 王密이) <小언六 105a>
(3) e. 미양 三公이 ᄡᅡ 쳔거ᄒᆞᄂᆞᆫ 배 이실식(每三公이 有所選擧애) <小언六 101a>

<4> 敬ᄒᆞ다 對 공경ᄒᆞ다

제4장 漢字語간의 同義 503

두 동작동사 '敬ᄒᆞ다'와 '공경(恭敬)ᄒᆞ다'가 [敬] 즉 '공경하다'의 뜻을 가지고 동의 관계에 있다는 것은 다음 예문들에서 잘 확인된다. 원문 중 '敬'이 '敬ᄒᆞ다'로도 번역되고 '공경ᄒᆞ다'로도 번역된다. 따라서 '敬ᄒᆞ다'와 '공경ᄒᆞ다'의 동의성은 명백히 입증된다.

(4) a. 오라되 敬ᄒᆞ곤여(久而敬之온여) <論언一 40b>
    b. 오라되 공경ᄒᆞ고녀(久而敬之온여) <小언四 40b>

<5> 교만ᄒᆞ다 對 교죵ᄒᆞ다

두 동작동사 '교만(驕慢)ᄒᆞ다'와 '교죵(驕縱)ᄒᆞ다'가 [驕] 즉 '교만하다'의 뜻을 가지고 동의 관계에 있다는 것은 다음 예문들에서 잘 확인된다. 원문 중 '驕邪'가 '교만ᄒᆞ며 사치ᄒᆞ다'로 번역되고 '不驕'가 '교죵티 아니ᄒᆞ다'로 번역된다. 따라서 '교만ᄒᆞ다'와 '교죵ᄒᆞ다'의 동의성은 명백히 입증된다.

(5) a. 교만ᄒᆞ며 사치ᄒᆞ며 음란ᄒᆞ며 방탕홈이 브터 샤특ᄒᆞᆫ 배니(驕邪淫泆이 所自邪也ㅣ라) <小언四 48b>
    b. 敢히 교만ᄒᆞ고 쉽살홈을 내디 말라(不敢生驕易라) <小언五 20a>
    c. 우희 이셔 교만티 아니ᄒᆞ면(在上不驕ᄒᆞ면) <小언二 30a>
(5) d. 고이고 교죵티 아니ᄒᆞ며 교죵ᄒᆞ고 能히 나초며(夫寵而不驕ᄒᆞ며 驕而能降ᄒᆞ며) <小언四 48b>

<6> 긔록ᄒᆞ다 對 긔디ᄒᆞ다

두 동작동사 '긔록(記錄)ᄒᆞ다'와 '긔디(記知)ᄒᆞ다'가 [記] 즉 '기록ᄒᆞ다'의

뜻을 가지고 동의 관계에 있다는 것은 다음 예문들에서 잘 확인된다. 원문 중 '可記'가 '可히 긔록ᄒᆞ다'로 번역되고 '記故事'가 '녯 일을 긔디ᄒᆞ다'로 번역된다. 따라서 '긔록ᄒᆞ다'와 '긔디ᄒᆞ다'의 동의성은 명백히 입증된다.

(6) a. 녜며 이제 기우러 敗ᄒᆞ니를 歷歷히 다 可히 긔록홀디니라(古今 傾敗者를 歷歷皆可記니라) <小언五 22a>
   b. 반ᄃᆞ시 티부에 긔록ᄒᆞ야 차셔(必籍記而佩之ᄒᆞ야) <小언五 35a>
   c. 어딘 힝실을 긔록ᄒᆞ야(紀善行ᄒᆞ야) <小언五 2a>
(6) d. 날로 녯 일을 긔디ᄒᆞ야(日記故事ᄒᆞ야) <小언五 4b>
   e. 오ᄂᆞᆯ날애 ᄒᆞᆫ 일을 긔디ᄒᆞ고 ᄂᆡ일날애 ᄒᆞᆫ 일을 긔디ᄒᆞ면(今日에 記日事ᄒᆞ고 明日에 記日事ᄒᆞ면) <小언五 114b>
   f. 맛당히 깁히 긔디홀디니라(宜深誌之니라) <小언五 16a>

<9> 達ᄒᆞ다 對 통달ᄒᆞ다

두 동작동사 '達ᄒᆞ다'와 '통달(通達)ᄒᆞ다'가 [達] 즉 '다다르다, 이르다'의 뜻을 가지고 동의 관계에 있다는 것은 다음 예문들에서 잘 확인된다. 원문 중 '上達'이 '上으로 達ᄒᆞ다'로 번역되고 '우후로 통달ᄒᆞ다'로 번역된다. 따라서 '達ᄒᆞ다'와 '통달ᄒᆞ다'의 동의성은 명백히 입증된다.

(9) a. 下로 學ᄒᆞ야 上으로 達ᄒᆞ노니(下學而上達ᄒᆞ노니) <論언三 67a>
   b. 아래로 비화 우후로 통달ᄒᆞᄂᆞ니라(下學而上達也ㅣ니라) <小언五 86a>

<10> 貌ᄒᆞ다 對 녜모ᄒᆞ다

두 동작동사 '貌ᄒᆞ다'와 '녜모(禮貌)ᄒᆞ다'가 [貌] 즉 '예모하다, 예모를 차리다'의 뜻을 가지고 동의 관계에 있다는 것은 다음 예문들에서 잘 확인된다. 원문 중 '必以貌'가 '반ᄃᆞ시 貌ᄒᆞ다'로도 번역되고 '반ᄃᆞ시 뻐 녜모ᄒᆞ다'로도 번역된다. 따라서 '貌ᄒᆞ다'와 '녜모ᄒᆞ다'의 동의성은 명백히 입증된다.

(10) a. 비록 藝ᄒᆞ나 반ᄃᆞ시 貌ᄒᆞ더시다(雖藝이나 必以貌ㅣ러시다) <論언二 61a>
b. 비록 ᄉᆞᄉᆞ로온 ᄃᆡ나 반ᄃᆞ시 뻐 녜모ᄒᆞ시며(雖藝이나 必以貌ᄒᆞ시며) <小언三 15b>

<11> 勃ᄒᆞ다 對 변ᄒᆞ다

두 동작동사 '勃ᄒᆞ다'와 '변(變)ᄒᆞ다'가 [勃] 즉 '바꾸다'의 뜻을 가지고 동의 관계에 있다는 것은 다음 예문들에서 잘 확인된다. 원문 중 '色勃'이 '色이 勃ᄒᆞ다'로도 번역되고 'ᄂᆞᆺ빗츨 변ᄒᆞ다'로도 번역된다. 따라서 '勃ᄒᆞ다'와 '변ᄒᆞ다'의 동의성은 명백히 입증된다.

(11) a. 色이 勃ᄃᆞᆺ ᄒᆞ시며(色勃如也ᄒᆞ시며) <論언二 51a>
b. ᄂᆞᆺ빗츨 변ᄐᆞ시 ᄒᆞ시며(色勃如也ᄒᆞ시며) <小언二 38a> <小언 二 39a>

<12> 犯ᄒᆞ다 對 침노ᄒᆞ다

두 동작동사 '犯ᄒᆞ다'와 '침노(侵撓)ᄒᆞ다'가 [犯] 즉 '범하다, 침범하다'의 뜻

을 가지고 동의 관계에 있다는 것은 다음 예문들에서 잘 확인된다. 원문 중 '犯'이 '犯ᄒᆞ다'로도 번역되고 '침노ᄒᆞ다'로도 번역된다. 따라서 '犯ᄒᆞ다'와 '침노ᄒᆞ다'의 동의성은 명백히 입증된다.

(12) a. 犯ᄒᆞ야 校티 아니홈을(犯而不校를) <論언二 31a>
　　 b. 침노ᄒᆞ야도 걸우디 아니홈을(犯而不校를) <小언四 40a>

<13> 變ᄒᆞ다 對 변ᄉᆡᆨᄒᆞ다

두 동작동사 '變ᄒᆞ다'와 '변ᄉᆡᆨ(變色)ᄒᆞ다'가 [變] 즉 '변색하다'의 뜻을 가지고 동의 관계에 있다는 것은 다음 예문들에서 잘 확인된다. 원문 중 '必變'이 '반ᄃᆞ시 變ᄒᆞ다'로도 번역되고 '반ᄃᆞ시 변ᄉᆡᆨᄒᆞ다'로도 번역된다. 따라서 '變ᄒᆞ다'와 '변ᄉᆡᆨᄒᆞ다'의 동의성은 명백히 입증된다.

(13) a. 비록 狎ᄒᆞ나 반ᄃᆞ시 變ᄒᆞ시며(雖狎이나 必變ᄒᆞ시며) <論언二 61a>
　　 b. 비록 졸아오나 반ᄃᆞ시 변ᄉᆡᆨᄒᆞ시며(雖狎이나 必變ᄒᆞ시며) <小언三 15b>

<14> 奉養ᄒᆞ다 對 효양ᄒᆞ다

두 동작동사 '奉養ᄒᆞ다'와 '효양(孝養)ᄒᆞ다'가 [奉養]과 [養] 즉 '봉양하다, 효양하다'의 뜻을 가지고 동의 관계에 있다는 것은 다음 예문들에서 잘 확인된다. 원문 중 '厚於奉養'이 '奉養ᄒᆞ기는 두터이 ᄒᆞ다'로 번역되고 '謹奉養'이 '효양ᄒᆞ기를 삼가다'로 번역된다. 그리고 '養父母'가 '父母를 봉양ᄒᆞ다'로 번역되고 '養親'이 '어버이 효양ᄒᆞ다'로 번역된다. 따라서 '奉養ᄒᆞ다'와 '효양ᄒᆞ다'

의 동의성은 명백히 입증된다.

> (14) a. 이제 士大夫의 집이 만히 이룰 므던이 너겨 奉養ᄒᆞ기는 두터이 호ᄃᆡ 조샹ᄭᅴ는 簿히 ᄒᆞ니(今士大夫家ㅣ 多忽此ᄒᆞ야 厚於奉養而薄於先祖ᄒᆞ니) <小언五 40a>
> b. 뻐 父母를 봉양홀디니(以養父母ㅣ니) <小언二 31b>
> c. 曾子ㅣ 曾晳을 봉양ᄒᆞ실ᄉᆡ(曾子ㅣ 養曾晳ᄒᆞ실ᄉᆡ) <小언四 15a>
> d. 武王이 冠帶를 밧디 아니ᄒᆞ야 봉양ᄒᆞ더시니(武王이 不說冠帶而養ᄒᆞ더시니) <小언四12b>
> e. 공경홈은 귀신 봉양홈애 잇고(敬在養神이오) <小언四 51b>
>
> (14) f. 효양ᄒᆞ기를 삼가 아니면 다 댱 일빅이오(不謹奉養則皆杖一百是五) <警民 3b>
> g. 어버이 효양ᄒᆞ기를 아디 몯ᄒᆞ는 이는(未知養親者는) <小언五 104b>
> h. 네 즐겨 내 어미를 효양홀다(汝ㅣ 肯養吾母乎아) <小언六 50b>
> i. 婦ㅣ 싀어미 효양홈을 衰티 아니ᄒᆞ야(婦ㅣ 養姑不衰ᄒᆞ야) <小언六 51a>

<15> 倍ᄒᆞ다 對 빅빅ᄒᆞ다

두 동작동사 '倍ᄒᆞ다'와 '빅빅(倍倍)ᄒᆞ다'가 [倍] 즉 '倍하다, 곱하다'의 뜻을 가지고 동의 관계에 있다는 것은 다음 예문들에서 잘 확인된다. 원문 중 '倍悲痛'이 '슬프고 셜움이 倍ᄒᆞ다'로 번역되고 '倍簁於他家'가 'ᄂᆞᄆᆡ 지븨셔 빅빅ᄒᆞ다'로 번역된다. 따라서 '倍ᄒᆞ다'와 '빅빅ᄒᆞ다'의 동의성은 명백히 입증된다.

(15) a. 슬프고 셜움이 맛당히 倍홀 거시니(當倍悲痛이니) <小언五 56a>

　　 b. ᄀᆞ올히 닉거든 뷔여 드리미 ᄂᆞ믹 지븨셔 비빅ᄒᆞ야(秋成收穫是 倍簁於他家爲也) <警民 11b>

<16> 상복ᄒᆞ다 對 凶服ᄒᆞ다

동작동사 '상복(喪服)ᄒᆞ다'와 '凶服ᄒᆞ다'가 [凶服] 즉 '상복을 입다'의 뜻을 가지고 동의 관계에 있다는 것은 다음 예문들에서 잘 확인된다. 원문 중 '凶服者'가 '상복ᄒᆞ니'로도 번역되고 '凶服흔 者'로도 번역된다. 따라서 '상복ᄒᆞ다'와 '凶服ᄒᆞ다'의 동의성은 명백히 입증된다.

(16) a. 상복ᄒᆞ니를 式ᄒᆞ시며 호젹 진 이를 式ᄒᆞ더시다(凶服者를 式ᄒᆞ시며 式負版者ㅣ러시다) <小언三 16a>

　　 b. 凶服흔 者를 式ᄒᆞ시며 版 負흔 者를 式ᄒᆞ더시다(凶服者를 式ᄒᆞ시며 式負版者ㅣ러시다) <論언二 61b>

<17> 壽ᄒᆞ다 對 댱슈ᄒᆞ다

두 동작동사 '壽ᄒᆞ다'와 '댱슈(長壽)ᄒᆞ다'가 [壽] 즉 '오래 살다'의 뜻을 가지고 동의 관계에 있다는 것은 다음 예문들에서 잘 확인된다. 원문 중 '仁者壽'가 '仁者ᄂᆞᆫ 壽ᄒᆞ다'로 번역되고 '壽夭'가 '댱슈ᄒᆞ며 단명ᄒᆞ다'로 번역된다. 따라서 '壽ᄒᆞ다'와 '댱슈ᄒᆞ다'의 동의성은 명백히 입증된다.

(17) a. 仁흔 者ᄂᆞᆫ 壽ᄒᆞᄂᆞ니라(仁者ᄂᆞᆫ 壽ᄒᆞᄂᆞ니라) <論언二 51a>

(17) b. 쏘 貴ᄒᆞ며 賤ᄒᆞ며 댱슈ᄒᆞ며 단명홈의 말미아마 定흔 배니라(亦

貴賤壽夭之所由定也ㅣ니라) <小언五 94a>
　　c. 단명ᄒᆞ며 댱슈ᄒᆞᄂᆞᆫ 빙되니(夭壽之萌也ㅣ니) <小언五 62b>

<18> 食ᄒᆞ다 對 음식ᄒᆞ다

　　두 동작동사 '食ᄒᆞ다'와 '음식(飮食)ᄒᆞ다'가 [食] 즉 '먹다'의 뜻을 가지고 동의 관계에 있다는 것은 다음 예문들에서 잘 확인된다. 원문 중 '飽食'이 '飽히 食ᄒᆞ다'로 번역되고 '食'이 '음식ᄒᆞ다'로 번역된다. 따라서 '食ᄒᆞ다'와 '음식ᄒᆞ다'의 동의성은 명백히 입증된다.


　　(18) a. 飽히 食ᄒᆞ고 日을 終ᄒᆞ야(飽食終日ᄒᆞ야) <論언四 43a>
　　　　b. 沽ᄒᆞᆫ 酒와 市ᄒᆞᆫ 脯를 食디 아니ᄒᆞ시며(沽酒市脯를 不食ᄒᆞ시며)
　　　　　　<論언二 57a>
　　(18) c. 孔子ᄂᆞᆫ 음식ᄒᆞᆯ 제 말ᄉᆞᆷ 아니ᄒᆞ시며(孔子ᄂᆞᆫ 食不語ᄒᆞ시며) <小언三 14b>

<19> 實히오다/實히우다 對 結實히오다

　　두 동작동사가 [實] 즉 '결실하게 하다'의 뜻을 가지고 동의 관계에 있다는 것은 다음 예문들에서 잘 확인된다. 원문 중 '實明倫'이 '인륜 붉키믈 實히우다'로 번역된다. 그리고 『七大萬法』에서 '萬物을…實히오며'와 '하나한 여러 가짓 거슬…ᄀᆞ슬히 다 結實히와'를 발견할 수 있는데 두 동사 '實히오다'와 '結實히오다'는 전후의 문맥으로 보아 [實]의 뜻을 가진다. 따라서 두 동사 '實히오다/實히우다'와 '結實히오다'의 동의성은 명백히 입증된다.


　　(19) a. 色과 空과 性이 두려이 노가 法界예 ᄀᆞ득ᄒᆞ야 萬物를 내며 길우

며 實히오며 ᄀ초아 몯홀 일 업시 ᄒᆞᄂᆞ니 <七大 4a>
b. 이 우흔 인륜 붉키믈 實히우니라(右는 實明倫이라) <小언六 101a>
c. 이 우흔 몸 공경홈을 實히우니라(右는 實敬身이라) <小언六 133a>
(19) d. 하나한 여러 가짓 거슬 보미 다 내야 녀르메 길어 ᄀ슬히 다 結實히와 겨스레 다 ᄀᆞᆷ초와 <七大 17b>

그리고 동작동사 '結實ᄒᆞ다'가 [實] 즉 '결실하게 하다'의 뜻을 가지고 '結實히오다'와 동의 관계에 있다는 것은 다음 예문들에서 잘 확인된다. 『七大萬法』에서 '하나한 여러 가짓 거슬…ᄀ슬히 다 結實히와' 및 'ᄀ술 ᄇᆞᄅᆞᆷ 萬物를 結實ᄒᆞ고'를 발견할 수 있다.

(19) e. 봄 ᄇᆞᄅᆞᆷ 萬物를 내오 녀름 ᄇᆞᄅᆞᆷ 萬物를(6b) 길오고 ᄀ슐 ᄇᆞᄅᆞᆷ 萬物를 結實ᄒᆞ고 겨슐 ᄇᆞᄅᆞᆷ 萬物를 간슈ᄒᆞᄂᆞ니 <七大 7b>

<20> 誾誾ᄒᆞ다 對 화열호ᄃᆡ 변징ᄒᆞ다

동작동사 '誾誾ᄒᆞ다'와 동작동사구 '화열(和悅)호ᄃᆡ 변징(辯爭)ᄒᆞ다'가 [誾誾] 즉 '혼화하고 삼가다'의 뜻을 가지고 동의 관계에 있다는 것은 다음 예문들에서 잘 확인된다. 원문 중 '誾誾如'가 '誾誾툿 ᄒᆞ다'로 번역되고 '誾誾'의 자석이 '화열호ᄃᆡ 변징ᄒᆞ다'이다. 따라서 '誾誾ᄒᆞ다'와 '화열호ᄃᆡ 변징ᄒᆞ다'의 동의성은 명백히 입증된다.

(20) a. 웃태우로 더블어 말ᄉᆞᆷᄒᆞ심애 誾誾툿 ᄒᆞ더시다(與上大夫言애

誾誾與也ㅣ러시다) <小언三 14a>
b. 上태우로 더브러 言ᄒᆞ심애 誾誾툿 ᄒᆞ더시다(與上大夫言애 誾誾與也ㅣ러시다) <論언二 50b>
(20) c. 誾誾: 화열호ᄃᆡ 변징홈이라 <小언三 14a>

<21> 夭夭ᄒᆞ다 對 ᄂᆞᆺ빗치 화ᄒᆞ다

동작동사 '夭夭ᄒᆞ다'와 동작동사구 'ᄂᆞᆺ빗치 화(和)ᄒᆞ다'가 [夭夭] 즉 '낯빛이 和氣가 있다'의 뜻을 가지고 동의 관계에 있다는 것은 다음 예문들에서 잘 확인된다. 원문 중 '夭夭'가 '夭夭ᄒᆞ다'로 번역되고 '夭夭'의 자석이 'ᄂᆞᆺ빗치 화ᄒᆞ다'이다. 따라서 '夭夭ᄒᆞ다'와 'ᄂᆞᆺ빗치 화ᄒᆞ다'의 동의성은 명백히 입증된다.

(21) a. 夭夭툿 ᄒᆞ더시다(夭夭如也ㅣ더시다) <小언三 16b>
b. 夭夭툿 ᄒᆞ더시다(夭夭如也ㅣ더시다) <論언一 15a>
(21) c. 夭夭: ᄂᆞᆺ빗치 화홈이라 <小언三 16b>

<22> 辱ᄒᆞ다 對 슈욕ᄒᆞ다

두 동작동사 '辱ᄒᆞ다'와 '슈욕(受辱)ᄒᆞ다'가 [辱] 즉 '욕되게 하다, 더럽히다'의 뜻을 가지고 동의 관계에 있다는 것은 다음 예문들에서 잘 확인된다. 원문 중 '辱其身'이 '그 몸을 辱ᄒᆞ다'로 번역되고 '辱先'이 '션셰를 슈욕ᄒᆞ다'로 번역된다. 따라서 '辱ᄒᆞ다'와 '슈욕ᄒᆞ다'의 동의성은 명백히 입증된다.

(22) a. 그 몸을 辱디 아니홈은(不辱其身은) <論언四 52a>
b. 스스로 辱디 ᄯᆞ롤띠니라(無自辱焉이니라) <論언三 33b>
(22) c. 朝廷을 슈욕홈애 엇디료(奈辱朝廷애 何오) <小언六 36a>

d. 션셰를 슈욕ᄒ며 집을 배암이(辱先喪家ㅣ) <小言五 16a>

<23> 議ᄒ다 對 의론ᄒ다

두 동작동사 '議ᄒ다'와 '의론(議論)ᄒ다'가 [議] 즉 '의논하다'의 뜻을 가지고 동의 관계에 있다는 것은 다음 예문들에서 잘 확인된다. 원문 중 '與議'가 '더브러 議ᄒ다'로도 번역되고 '더블어 의론ᄒ다'로도 번역된다. 따라서 '議ᄒ다'와 '의론ᄒ다'의 동의성은 명백히 입증된다.

(23) a. 足히 더브러 議티 몯홀 꺼시니라(未足與議也ㅣ니라) <論言一 34a>
b. 足히 더블어 의론티 몯ᄒ리니라(未足與議也ㅣ니라) <小言三 22b>

<24> 齋衰ᄒ다 對 상복ᄒ다

두 동작동사 '齋衰ᄒ다'와 '상복(喪服)ᄒ다'가 [齋衰] 즉 '상복하다'의 뜻을 가지고 동의 관계에 있다는 것은 다음 예문들에서 잘 확인된다. 원문 중 '齋衰者'가 '齋衰ᄒ 者'로도 번역되고 '상복ᄒ니'로도 번역된다. 따라서 '齋衰ᄒ다'와 '상복ᄒ다'의 동의성은 명백히 입증된다.

(24) a. 齋衰ᄒ 者를 보시고(見齋衰者ᄒ시고) <論言二 61a>
b. 상복ᄒ니를 보시고(見齋衰者ᄒ시고) <小言三 15b>

<25> 제ᄒ다 對 薦ᄒ다

두 동작동사 '제(祭)ᄒᆞ다'와 '薦ᄒᆞ다'가 [薦] 즉 '제하다, 제사 지내다'의 뜻을 가지고 동의 관계에 있다는 것은 다음 예문들에서 잘 확인된다. 원문 중 '熟而薦'이 '익켜서 제ᄒᆞ다'로도 번역되고 '熟ᄒᆞ야 薦ᄒᆞ다'로도 번역된다. 따라서 '제ᄒᆞ다'와 '薦ᄒᆞ다'의 동의성은 명백히 입증된다.

(25) a. 님금이 놀고기를 주어시든 반ᄃᆞ시 닉켜서 제ᄒᆞ시고(君이 賜腥이어시든 必熟而薦ᄒᆞ시고) <小언一 41a>
b. 君이 腥을 賜ᄒᆞ야시든 반ᄃᆞ시 熟ᄒᆞ야 薦ᄒᆞ시고(君이 賜腥이어시든 必熟而薦ᄒᆞ시고) <論언二 59b>

<26> 證ᄒᆞ다 對 證得ᄒᆞ다

두 동작동사가 [證] 즉 '증명하다, 밝히다'의 뜻을 가지고 동의 관계에 있다는 것은 다음 예문들에서 잘 확인된다. 원문 중 '悟證'이 '아라 證ᄒᆞ다'로 번역되고 '徹證'이 'ᄉᆞᄆᆞᆺ 證得ᄒᆞ다'로 번역된다. 따라서 '證ᄒᆞ다'와 '證得ᄒᆞ다'의 동의성은 명백히 입증된다.

(26) a. 空解脫(16b)와 無相解脫와 無願解脫와를 아라 證ᄒᆞ야(悟證空無相無願解脫ᄒᆞ야) <蒙六 17a>
(26) b. 다 無生을 ᄉᆞᄆᆞᆺ 證得ᄒᆞ샤(皆徹證無生ᄒᆞ샤) <龜下 66b>
c. 學者ㅣ 그 言下에 大悟ᄒᆞ면 百千法門과 無量妙義를 一時예 證得ᄒᆞᄂᆞ니라 <龜上 9a>

<27> 질졍ᄒᆞ다 對 正ᄒᆞ다

두 동작동사 '질졍(質正)ᄒᆞ다'와 '正ᄒᆞ다'가 [正] 즉 '따지어 바로잡다'의 뜻

을 가지고 동의 관계에 있다는 것은 다음 예문들에서 잘 확인된다. 원문 중 '正'이 '질정ᄒ다'로도 번역되고 '正ᄒ다'로도 번역된다. 따라서 '질정ᄒ다'와 '正ᄒ다'의 동의성은 명백히 입증된다.

(27) a. 道 인ᄂᆞᆫ 듸 나아가 질정ᄒ면(就有道而正焉이면) <小언三 7b>
   b. 道 인ᄂᆞᆫ 듸 나ᅀᅡ가 正ᄒ면(就有道而正焉이면) <論언一 7b>

<28> 효도ᄒ다 對 孝ᄒ다

두 동작동사 '효도(孝道)ᄒ다'와 '孝ᄒ다'가 [孝] 즉 '효도하다'의 뜻을 가지고 동의 관계에 있다는 것은 다음 예문들에서 잘 확인된다. 원문 중 '孝悌'가 '효도ᄒ며 손슌ᄒ다'로 번역되고 '子孝'가 'ᄌᆞ식은 효도ᄒ다'로 번역된다. 그리고 '爲孝'가 '위ᄒ야 孝ᄒ다'로 번역된다. 따라서 '효도ᄒ다'와 '孝ᄒ다'의 동의성은 명백히 입증된다.

(28) a. 집의 이셔 효도ᄒ며 손슌ᄒ며(居家孝悌ᄒ며) <小언六 14a>
   b. 그 효도ᄒ며 손슌ᄒ며 튱셩ᄒ며 믿븜을(12a) 닷그며(修其孝悌忠信ᄒ며) <小언六 12b>
   c. 아비ᄂᆞᆫ 어엿비 너기고 ᄌᆞ식은 효도ᄒ며(父慈子孝ᄒ며) <小언二 74a>
(28) d. 어버이며 권당이 이믯 죽으면 비록 孝 도ᄒ고져 ᄒ나 누를 위ᄒ야 孝ᄒ며(親戚이 旣沒이면 雖欲孝ㅣ나 雖爲孝ᄒ며) <小언二 76a>

<29> 힝ᄒ다 對 힝실ᄒ다

두 동작동사 '힝(行)ᄒ다'와 '힝실(行實)ᄒ다'가 [行] 즉 '행하다'의 뜻을 가지고 동의 관계에 있다는 것은 다음 예문들에서 잘 확인된다. 원문 중 '起行'이 '니러 힝ᄒ다'로 번역되고 '勤行'이 '브즈러니 힝실ᄒ다'로 번역된다. 따라서 '힝ᄒ다'와 '힝실ᄒ다'의 동의성은 명백히 입증된다.

(29) a. 힝홀 사ᄅᆞ미 욕망의 버믈면(行者의 羅網은) <誡初 29a>
b. 보비 고ᄃᆞᆯ 인도ᄒ오ᄃᆡ 니러 힝티 아니호미 ᄀᆞᆮ고(如寶所導호ᄃᆡ 而不起行이오) <誡初 29b>
c. 先王의 어딘 힝실이 아니어든 敢히 힝티 아니홀디니(非先王之德行이어든 不敢行이니) <小언二 30b>

(29) d. 비록 브즈러니 힝실ᄒ나(雖有勤行이나) <誡初 29b>

### 2.2. 狀態動詞간의 同義

狀態動詞간의 同義에는 [侃侃] 즉 '강직하다'의 뜻을 가진 '侃侃ᄒ다'와 '강딕ᄒ다'를 비롯하여 [苦] 즉 '고달프다'의 뜻을 가진 '고롭다'와 '슈고롭다', [恭] 즉 '공손하다, 예의바르다'의 뜻을 가진 '공슌ᄒ다'와 '공손ᄒ다'와 '엄공ᄒ다', [窮] 즉 '궁하다, 궁박하다, 곤궁하다'의 뜻을 가진 '窮ᄒ다'와 '궁박ᄒ다', [智慧]와 [智] 즉 '지혜롭다'의 뜻을 가진 '디혜롭다'와 '디혜롭다', [嚴] 즉 '엄하다, 엄숙하다'의 뜻을 가진 '嚴ᄒ다'와 엄슉ᄒ다', [忠] 즉 '성실하다, 진심을 다하다'의 뜻을 가진 '튱후ᄒ다'와 '튱셩ᄒ다'와 '튱셩되다' 그리고 [厚] 즉 '두텁다, 후하다'의 뜻을 가진 '厚ᄒ다'와 '후듕ᄒ다' 등 20여 항목이 있다.

<1> 侃侃ᄒ다 對 강딕ᄒ다

두 상태동사 '侃侃ᄒᆞ다'와 '강딕(剛直)ᄒᆞ다'가 [侃侃] 즉 '강직하다'의 뜻을 가지고 동의 관계에 있다는 것은 다음 예문들에서 잘 확인된다. 원문 중 '侃侃如'가 '侃侃ᄐᆞᆺ ᄒᆞ다'로 번역되고 '侃侃'의 자석이 '강딕ᄒᆞ다'이다. 따라서 '侃侃ᄒᆞ다'와 '강딕ᄒᆞ다'의 동의성은 명백히 입증된다.

(1) a. 아랫태우로 더블어 말ᄉᆞᆷᄒᆞ심애 侃侃ᄐᆞᆺ ᄒᆞ시며(與下大夫言애 侃侃如也ᄒᆞ시며) <小언三 14a>

b. 下태우로 더브러 言ᄒᆞ심애 侃侃ᄐᆞᆺ ᄒᆞ시며(與下大夫言애 侃侃如也ᄒᆞ시며) <論언二 50b>

(1) c. 侃侃: 강딕홈이라 <小언三 14a>

<2> 경박ᄒᆞ다 對 부경ᄒᆞ다

두 상태동사 '경박(輕薄)ᄒᆞ다'와 '부경(浮輕)ᄒᆞ다'가 [輕], [輕薄] 및 [浮] 즉 '경박하다'의 뜻을 가지고 동의 관계에 있다는 것은 다음 예문들에서 잘 확인된다. 원문 중 '輕俠'이 '경박ᄒᆞ고 호협ᄒᆞ다'로 번역되고 '輕俊'이 '부경ᄒᆞ고 쥰매ᄒᆞ다'로 번역된다. 따라서 '경박ᄒᆞ다'와 '부경ᄒᆞ다'의 동의성은 명백히 입증된다.

(2) a. 경박ᄒᆞ고 호협흔 손을 사괴더니(通輕俠客ᄒᆞ더니) <小언五 12a>

b. 요ᄉᆞ이로뻐 옴으로 사ᄅᆞᆷ이 ᄠᅳᆮ이 더욱 輕薄ᄒᆞ야(近世以來로 人情이 尤爲輕薄ᄒᆞ야) <小언五 42b>

(2) c. 子弟의 부경ᄒᆞ고 쥰매홈을 근심ᄒᆞᄂᆞᆫ 이ᄂᆞᆫ(憂子弟之輕俊者ᄂᆞᆫ)

&lt;小언五 6a&gt;

d. 勃의 류 비록 글 지죄 이시나 부경ᄒᆞ고 조급ᄒᆞ고 엳가와 드러나니(勃等이 雖有文才而浮躁淺露ᄒᆞ니) &lt;小언六 110b&gt;

&lt;3&gt; 고롭다 對 슈고롭다

두 상태동사 '고(苦)롭다'와 '슈고(受苦)롭다'가 [苦] 즉 '고달프다'의 뜻을 가지고 동의 관계에 있다는 것은 다음 예문들에서 잘 확인된다. 원문 중 '勞苦'가 '잇브고 고롭다'로도 번역되고 'ᄀᆞᆺ브고 슈고롭다'로도 번역된다. 따라서 '고롭다'와 '슈고롭다'의 동의성은 명백히 입증된다.

(3) a. ᄯᅩ 모ᄅᆞᆷ애 히여곰 그 힘 ᄡᅥ워 구틔여 ᄒᆞ야 잇브고 고로운 주ᄅᆞᆯ 아디 몯ᄒᆞ시게 홀디니(又須使之不知其勉強勞苦ㅣ니) &lt;小언五 37b&gt;

b. 닐우듸…여러 가짓 고롭고 셜움을 받ᄂᆞ니라 ᄒᆞᄂᆞ니(云…受諸苦楚ㅣ라 ᄒᆞᄂᆞ니) &lt;小언五 55a&gt;

c. 엇디 스스로 고로옴을 이러ᄐᆞ시 ᄒᆞᄂᆞ뇨(何乃自苦如此오) &lt;小언四 32b&gt;

d. 아비 그 ᄆᆞᆰ고 고로오ᄆᆞᆯ 긔특이 너겨(父ㅣ 奇其清苦ᄒᆞ야) &lt;小언六 54a&gt;

e. 브즈런코 고로옴을 돕게 ᄒᆞ더라(資勤苦ᄒᆞ더라) &lt;小언六 99a&gt;

(3) f. 비록 ᄀᆞᆺ브고 슈고로온 ᄃᆞᆺᄒᆞ나(雖似勞苦爲那) &lt;警民 11b&gt;

&lt;4&gt; 공슌ᄒᆞ다 對 공손ᄒᆞ다 對 엄공ᄒᆞ다

세 상태동사 '공슌(恭順)ᄒᆞ다', '공손(恭遜)ᄒᆞ다' 및 '엄공(嚴恭)ᄒᆞ다'가

[恭] 즉 '공손하다, 예의바르다'의 뜻을 가지고 동의 관계에 있다는 것은 다음 예문들에서 잘 확인된다. 원문 중 '恭謹'이 '공슌ᄒᆞ며 삼가다'로 번역되고 '溫恭'이 '온화ᄒᆞ며 공손ᄒᆞ다'로 번역되고 '思恭'이 '엄공홈을 싱각ᄒᆞ다'로 번역된다. 따라서 '공슌ᄒᆞ다', '공손ᄒᆞ다' 및 '엄공ᄒᆞ다'의 동의성은 명백히 입증된다.

(4) a. 兄은 ᄉᆞ랑ᄒᆞ고 아ᄋᆞᆫ 공슌ᄒᆞ며(兄友弟恭ᄒᆞ며) <小언五 34a>
   b. 祥이 더옥 공슌ᄒᆞ고 삼가며(祥이 愈恭謹ᄒᆞ며) <小언六 22a>
   c. 손의 양은 공슌ᄒᆞ며(手客恭ᄒᆞ며) <小언三 11b>
   d. 어려온 일로 님금의 責호믈 닐오듸 공슌홈이라 ᄒᆞ고(責難於君을 謂之恭이오) <小언二 44a>
   e. 공슌ᄒᆞ면 禮예 갓가올디라(恭則近乎禮라) <小언五 21a>
   f. 恭順ᄒᆞᆫ 례도를 다ᄒᆞ야(盡恭順之禮ᄒᆞ야) <小언六 86b>
(4) g. 弟子ㅣ 이예 법바다 온화ᄒᆞ며 공손ᄒᆞ야 스스로 허심ᄒᆞ야(弟子是則ᄒᆞ야 溫恭自虛ᄒᆞ야) <小언一 13a>

(4) h. 모양애 엄공홈을 싱각ᄒᆞ며(貌思恭ᄒᆞ며) <小언三 5b>
   i. 居處홈애 엄공ᄒᆞ며(居處恭ᄒᆞ며) <小언三 4b>

<5> 恭ᄒᆞ다 對 엄공ᄒᆞ다

두 상태동사 '恭ᄒᆞ다'와 '엄공(嚴恭)ᄒᆞ다'가 [恭] 즉 '공손하다'의 뜻을 가지고 동의 관계에 있다는 것은 다음 예문들에서 잘 확인된다. 원문 중 '居處恭'이 '居處에 恭ᄒᆞ다'로도 번역되고 '居處홈애 엄공ᄒᆞ다'로도 번역된다. 따라서 '恭ᄒᆞ다'와 '엄공ᄒᆞ다'의 동의성은 명백히 입증된다.

(5) a. 居處애 恭ᄒᆞ며(居處恭ᄒᆞ며) <論언二 45a>

b. 居處홈애 엄공ᄒ며(居處恭ᄒ며) <소언三 4b>

<6> 恭ᄒ다 對 온공ᄒ다

　두 상태동사 '恭ᄒ다'와 '온공(溫恭)ᄒ다'가 [恭] 즉 '공손하다, 겸손하다'의 뜻을 가지고 동의 관계에 있다는 것은 다음 예문들에서 잘 확인된다. 원문 중 '恭'이 '恭ᄒ다'로도 번역되고 '온공ᄒ다'로도 번역된다. 따라서 '恭ᄒ다'와 '온공ᄒ다'의 동의성은 명백히 입증된다.

　　(6) a. 恭ᄒ고 禮ㅣ 업스면 勞ᄒ고(恭而無禮則勞ᄒ고) <論언二 28b>
　　　　b. 恭호ᄃᆡ 安ᄒ더시다(恭而安ᄒ더시다) <論언二 28a>
　　(6) c. 椿과 津이 온공ᄒ고 겸손ᄒ야(椿津이 恭謙ᄒ야) <소언六 69a>
　　　　d. 온공ᄒ야 禮 갓가오며(恭而近禮ᄒ며) <소언六 107b>

<7> 驕ᄒ다 對 교만ᄒ다

　두 상태동사 '驕ᄒ다'와 '교만(驕慢)ᄒ다'가 [驕] 즉 '교만하다'의 뜻을 가지고 동의 관계에 있다는 것은 다음 예문들에서 잘 확인된다. 원문 중 '無驕'가 '驕홈이 없다'로 번역되고 '驕奢'가 '교만ᄒ고 샤치ᄒ다'로 번역된다. 따라서 '驕ᄒ다'와 '교만ᄒ다'의 동의성은 명백히 입증된다.

　　(7) a. 富하야도 驕홈이 업소(7b)ᄃᆡ(富而無驕호ᄃᆡ) <論언一 8a>
　　　　b. 본ᄃᆡ 교만ᄒ고 샤치ᄒᆞᆫ 이논(素驕奢者논) <소언五 105b>

<8> 窮ᄒ다 對 궁박ᄒ다

두 상태동사 '窮ᄒᆞ다'와 '궁박(窮迫)하다'가 [窮] 즉 '궁하다, 궁박하다, 곤궁하다'의 뜻을 가지고 동의 관계에 있다는 것은 다음 예문들에서 잘 확인된다. 원문 중 '貧窮'이 '가난ᄒᆞ고 窮ᄒᆞ다'로도 번역되고 '가난ᄒᆞ고 궁박ᄒᆞ다'로도 번역된다. 따라서 '窮ᄒᆞ다'와 '궁박ᄒᆞ다'의 동의성은 명백히 입증된다.

   (8) a. 가난ᄒᆞ고(67a) 窮ᄒᆞ야 의탁홀 듸 업손 이어든(貧窮無託者ㅣ 어든) <小언五 67b>
       b. 窮흔 사름이 갈 배 업스니 곧더시다(如窮人無所歸러시다) <小언四 8a>
   (8) c. 가난ᄒᆞ고 궁(18b)박ᄒᆞ여 옷 벗고 발 버서(貧窮裸跣ᄒᆞ야) <小언六 19a>

<9> 篤敬ᄒᆞ다 對 두텁고 공경ᄒᆞ다

상태동사 '篤敬ᄒᆞ다'와 상태동사구 '두텁고 공경(恭敬)ᄒᆞ다'가 [篤敬] 즉 '두텁고 공경하다'의 뜻을 가지고 동의 관계에 있다는 것은 다음 예문들에서 잘 확인된다. 원문 중 '篤敬'이 '두텁고 공경ᄒᆞ다'로도 번역되고 '篤敬ᄒᆞ다'로도 번역된다. 따라서 '篤敬ᄒᆞ다'와 '두텁고 공경ᄒᆞ다'의 동의성은 명백히 입증된다.

   (9) a. 힝실이 두텁고 공경ᄒᆞ면(行篤敬이면) <小언三 5a>
       b. 힝실이 두텁고 공경티 아니ᄒᆞ면(行不篤敬이면) <小언三 5a>
   (9) c. 行이 篤敬ᄒᆞ면(行篤敬이면) <論언四 3a>
       d. 行이 篤敬티 아니ᄒᆞ면(行不篤敬이면) <論언四 3b>

<10> 巧ᄒᆞ다 對 공교롭다

두 상태동사 '巧ᄒᆞ다'와 '공교(工巧)롭다'가 [巧] 즉 '공교하다, 솜씨가 있다, 꾸며서 하는 말솜씨가 있다'의 뜻을 가지고 동의 관계에 있다는 것은 다음 예문들에서 잘 확인된다. 원문 중 '巧言'이 '巧ᄒᆞᆫ 言'으로 번역되고 '奇巧'가 '긔특고 공교롭다'로 번역된다. 따라서 '巧ᄒᆞ다'와 '공교롭다'의 동의성은 명백히 입증된다.

(10) a. 巧ᄒᆞᆫ 言은 德을 亂(10b)ᄒᆞ고(巧言은 亂德이오) <論언四 10b>
　　 b. 巧ᄒᆞᆫ 笑ㅣ 倩ᄒᆞ며(巧笑倩兮며) <論언一 21b>
(10) c. 玉바치 ᄒᆞᆫ 빈혀ᄅᆞᆯ ᄑᆞ니 긔특고 공교로온디라(玉工이 貨一釵ᄒᆞ니 奇巧ㅣ라) <小언六 114b>

<11> 디혜롭다 對 디혜롭다

두 상태동사 '디혜(智慧)롭다'와 '디혜(智慧)롭다'가 [智慧]와 [智] 즉 '지혜롭다'의 뜻을 가지고 동의 관계에 있다는 것은 다음 예문들에서 잘 확인된다. 원문 중 '智慧者'가 '디혜ᄅᆞ외니'로 번역되고 '才智'가 '직조로오며 디혜롭다'로 번역된다. 따라서 두 상태동사 '디혜롭다'와 '디혜롭다'의 동의성은 명백히 입증된다. 두 상태동사는 제3 음절에서 모음 'ᄋᆞ~오'의 교체를 보여 준다.

(11) a. 디혜ᄅᆞ외니ᄂᆞᆫ(46a) 젹고 어리니ᄂᆞᆫ 하니(智慧者寡ᄒᆞ고 愚痴者衆ᄒᆞ니) <誡初 46b>
(11) b. 만일 聰明ᄒᆞ며 직조로오며 디혜로와 디식이 녜며 이제를 ᄉᆞᄆᆞᆺ 추리 이셔도(如有聰明才智識達古今이라두) <小언五 68a>
　　 c. 디례로옴과 인ᄌᆞ홈과 통달홈과 이례 맛당홈과 튱신홈과 화평호미오(知仁聖義忠和ㅣ오) <小언一 11a>

<12> 慢ㅎ다 對 거만ㅎ다

두 상태동사 '慢ㅎ다'와 '거만(倨慢)ㅎ다'가 [慢] 즉 '거만하다, 교만하다'의 뜻을 가지고 동의 관계에 있다는 것은 다음 예문들에서 잘 확인된다. 원문 중 '無敢慢'이 '敢히 慢티 아니ㅎ다'로 번역되고 '敢慢於人'이 '敢히 사름의게 거만ㅎ다'로 번역된다. 따라서 '慢ㅎ다'와 '거만ㅎ다'의 동의성은 명백히 입증된다.

(12) a. 君子ㅣ 衆寡ㅣ 업스며 小大ㅣ 어찌 敢히 慢티 아니ㅎᄂ니(君子ㅣ 無衆寡ㅎ며 無小大히 無敢慢ㅎᄂ니) <論언四 71a>
b. 敢히 사름의게 거만티 아니ㅎᄂ니(不敢慢於人) <小언二 29b>

<13> 貧ㅎ다 對 艱難ㅎ다

두 상태동사가 [貧] 즉 '가난하다'의 뜻을 가지고 동의 관계에 있다는 것은 다음 예문들에서 잘 확인된다. 원문 중 '無貧'이 '貧홈이 없다'로 번역되고 '貧人'이 '艱難ᄒᆞᆫ 사름'으로 번역된다. 따라서 '貧ㅎ다'와 '艱難ㅎ다'의 동의성은 명백히 입증된다.

(13) a. 均ㅎ면 貧홈이 업고(蓋均이면 無貧이오) <論언四 19b>
b. 貧홈과 다믓 賤홈이 이 사름의 惡ㅎᄂ 배나(貧與賤이 是人之所惡也ㅣ나) <論언一 31b>
(13) c. 艱難ᄒᆞᆫ 사ᄅᆞ미 와 빌거든(貧人이 來乞ㅣ어든) <龜下 39a>

<14> 損ㅎ다 對 해롭다

두 상태동사 '損ᄒᆞ다'와 '해롭다'가 [損] 즉 '해롭다'의 뜻을 가지고 동의 관계에 있다는 것은 다음 예문들에서 잘 확인된다. 원문 중 '損者'가 '損ᄒᆞᆫ 者'로도 번역되고 '해로운 이'로도 번역된다. 따라서 '損ᄒᆞ다'와 '해롭다'의 동의성은 명백히 입증된다.

(14) a. 損ᄒᆞᆫ 者ㅣ 三友ㅣ니(損者ㅣ 三友ㅣ니) <小諺二 67a>
 b. 해로운 이 세 가짓 벋이니(損者ㅣ 三友ㅣ니) <論언四 22a>

<15> 恂恂ᄒᆞ다 對 믿브고 실ᄒᆞ다

상태동사 '恂恂ᄒᆞ다'와 상태동사구 '믿브고 실(實)ᄒᆞ다'가 [恂恂] 즉 '미쁘고 실하다'의 뜻을 가지고 동의 관계에 있다는 것은 다음 예문들에서 잘 확인된다. 원문 중 '恂恂'이 '恂恂ᄒᆞ다'로 번역되고 '恂恂'의 자석이 '믿브고 실ᄒᆞ다'이다. 따라서 '恂恂ᄒᆞ다'와 '믿브고 실ᄒᆞ다'의 동의성은 명백히 입증된다. 상태동사구 '믿브고 실ᄒᆞ다'는 상태동사 '믿브다'의 부사형 '믿브고'와 상태동사 '실ᄒᆞ다'의 결합이다.

(15) a. 孔子ㅣ 鄕黨애 恂恂ᄐᆞᆺ ᄒᆞ샤 말ᄉᆞᆷ을 잘 몯ᄒᆞᄂᆞ 이 ᄀᆞᆮ더시다(孔子ㅣ 於鄕黨애 恂恂ᄒᆞ샤 似不能言者ㅣ러시다) <小諺三 13b>
 b. 孔子ㅣ 鄕黨애 恂恂ᄐᆞᆺ ᄒᆞ샤 能히 言티 몯ᄒᆞᄂᆞᆫ 者 ᄀᆞᆮ더시다(孔子ㅣ 於鄕黨애 恂恂如也ᄒᆞ샤 似不能言者ㅣ러시다) <論언二 50a>
 c. 孔子ㅣ 鄕黨에셔 恂恂ᄐᆞᆺ ᄒᆞ시니(孔子ㅣ 於鄕黨애 恂恂如也ᄒᆞ시니) <小諺六 104a>
(15) d. 恂恂: 믿브고 실ᄒᆞᆫ 양이라 <小諺三 13b> <小諺六 104a>

<16> 安ᄒᆞ다 對 편안ᄒᆞ다

두 상태동사 '安ᄒᆞ다'와 '편안(便安)ᄒᆞ다'가 [安] 즉 '편안하다'의 뜻을 가지고 동의 관계에 있다는 것은 다음 예문들에서 잘 확인된다. 원문 중 '求安'이 '安홈을 求ᄒᆞ다'로도 번역되고 '편안홈을 求ᄒᆞ다'로도 번역된다. 따라서 '安ᄒᆞ다'와 '편안ᄒᆞ다'의 동의성은 명백히 입증된다.

(16) a. 居홈애 安홈을 求티 아니ᄒᆞ며(居無求安ᄒᆞ며) <論언一 7b>
　　　b. 居홈애 편안홈을 求티 아니ᄒᆞ며(居無求安ᄒᆞ며) <論언四 7b>

<17> 嚴ᄒᆞ다 對 엄슉ᄒᆞ다

두 상태동사 '嚴ᄒᆞ다'와 '엄슉(嚴肅)ᄒᆞ다'가 [嚴] 즉 '엄하다, 엄숙하다'의 뜻을 가지고 동의 관계에 있다는 것은 다음 예문들에서 잘 확인된다. 원문 중 '嚴重'이 '嚴ᄒᆞ고 重ᄒᆞ다'로 번역되고 '嚴威'가 '엄슉ᄒᆞ며 위듕ᄒᆞ다'로 번역된다. 그리고 '其嚴'이 '그 嚴홈'으로도 번역되고 '그 엄슉홈'으로도 번역된다. 따라서 '嚴ᄒᆞ다'와 '엄슉ᄒᆞ다'의 동의성은 명백히 입증된다.

(17) a. 밧ᄭᅴ 嚴ᄒᆞᆫ 스승과 벋이 업고(外無嚴師友ㅣ오) <小언六 5a>
　　　b. 公이 위와돔을 嚴ᄒᆞᆫ 아비 ᄀᆞ티 ᄒᆞ며(公이 奉之如嚴父ᄒᆞ며)
　　　　　<小언六 73b>
　　　c. 하늘 위엄이 嚴ᄒᆞ고 重ᄒᆞ시니(天威嚴重ᄒᆞ시니) <小언六 42a>
　　　d. 性이 嚴ᄒᆞ고 法度ㅣ 이셔(性嚴有法度ᄒᆞ야) <小언六 1b>
　　　e. 嚴ᄒᆞ고 거여우며 모나고 졍답거늘(嚴毅方正이어늘) <小언六 4a>
　　　f. 그 嚴홈이 이러ᄐᆞᆺ ᄒᆞ더라(其嚴이 如此ᄒᆞ더라) <小언六 6b>

(17) g. 엄슉ᄒᆞ며 위듕ᄒᆞ며 거여우며 싁싁홈이(嚴威嚴恪이) <小언二 9b>

　　　h. 祭예는 그 엄슉홈을 닐윌디니(祭則致其嚴이니) <小언二 33a>

<18> 怡怡ᄒᆞ다 對 화열ᄒᆞ다

두 상태동사 '怡怡ᄒᆞ다'와 '화열(和悅)ᄒᆞ다'가 [怡怡] 즉 '화열하다'의 뜻을 가지고 동의 관계에 있다는 것은 다음 예문들에서 잘 확인된다. 원문 중 '怡怡'가 '怡怡ᄒᆞ다'로도 번역되고 '화열ᄒᆞ다'로도 번역된다. 따라서 '怡怡ᄒᆞ다'와 '화열ᄒᆞ다'의 동의성은 명백히 입증된다.

(18) a. ᄂᆞᆺ빗츨 逞ᄒᆞ샤 怡怡ᄐᆞᆺ ᄒᆞ시며(逞顏色ᄒᆞ샤 怡怡如也ᄒᆞ시며) <論언二 53a>

　　　b. ᄂᆞᆺ빗츨 펴샤 화열ᄐᆞ시 ᄒᆞ시며(逞顏色ᄒᆞ샤 怡怡如也ᄒᆞ시며) <小언二 38b>

<19> 益ᄒᆞ다 對 유익ᄒᆞ다

두 상태동사 '益ᄒᆞ다'와 '유익(有益)ᄒᆞ다'가 [益] 즉 '유익하다'의 뜻을 가지고 동의 관계에 있다는 것은 다음 예문들에서 잘 확인된다. 원문 중 '益者'가 '益ᄒᆞᆫ 者'로도 번역되고 '유익ᄒᆞᆫ 이'로도 번역된다. 따라서 '益ᄒᆞ다'와 '유익ᄒᆞ다'의 동의성은 명백히 입증된다.

(19) a. 益ᄒᆞᆫ 者ㅣ 三友ㅣ오(益者ㅣ 三友ㅣ오) <小언二 66b>

　　　b. 유익ᄒᆞᆫ 이 세 가짓 벋이오(益者ㅣ 三友ㅣ오) <論언四 22a>

<20> 弟ᄒᆞ다 對 공슌ᄒᆞ다

두 상태동사 '弟ᄒᆞ다'와 '공슌(恭順)ᄒᆞ다'가 [弟] 즉 '공손하다'의 뜻을 가지고 동의 관계에 있다는 것은 다음 예문들에서 잘 확인된다. 원문 중 '出則弟'가 '나는 弟ᄒᆞ다'로도 번역되고 '나는 곧 공슌ᄒᆞ다'로도 번역된다. 따라서 '弟ᄒᆞ다'와 '공슌ᄒᆞ다'의 동의성은 명백히 입증된다.

(20) a. 나는 弟하며(出則弟ᄒᆞ며) <論言二. 3b>
b. 나는 곧 공슌ᄒᆞ며(出則弟ᄒᆞ며) <小言一 14b>

<21> 悌ᄒᆞ다 對 손슌ᄒᆞ다

두 상태동사 '悌ᄒᆞ다'와 '손슌(巽順)ᄒᆞ다'가 [悌] 즉 '공순ᄒᆞ다, 아우가 형을 공경하다'의 뜻을 가지고 동의 관계에 있다는 것은 다음 예문들에서 잘 확인된다. 원문 중 '欲悌'가 '悌ᄒᆞ고져 ᄒᆞ다'로 번역되고 '爲悌'가 '위ᄒᆞ야 悌ᄒᆞ다'로 번역된다. 그리고 '孝悌'가 '효도ᄒᆞ며 손슌ᄒᆞ다'로 번역된다. 따라서 '悌ᄒᆞ다'와 '손슌ᄒᆞ다'의 동의성은 명백히 입증된다.

(21) a. 나히 이믯 늘그면 비록 悌ᄒᆞ고져 ᄒᆞ나 누를 위ᄒᆞ야 悌ᄒᆞ리오(年旣耆艾면 雖欲悌나 誰爲悌리오) <小言二 76a>
(21) b. 집의 이셔 효도ᄒᆞ며 손슌ᄒᆞ며(居家孝悌ᄒᆞ며) <小言六 14a>
b. 그 효도ᄒᆞ며 손슌ᄒᆞ며 튱셩ᄒᆞ며 믿븜을 (12a) 닷그며(脩其孝悌忠信ᄒᆞ며) <小言六 12b>

<22> 튱후ᄒᆞ다 對 튱셩ᄒᆞ다 對 튱셩되다

세 상태동사 '튱후(忠厚)ㅎ다', '튱셩(忠誠)ㅎ다' 및 '튱셩(忠誠)되다'가 [忠] 즉 '셩실하다, 진심을 다하다'의 뜻을 가지고 동의 관계에 있다는 것은 다음 예문들에서 잘 확인된다. 원문 중 '忠信'이 '튱후코 믿브다'로도 번역되고 '튱셩코 믿비'로도 번역되며 '튱셩되며 믿브다'로도 번역된다. 따라서 '튱후ㅎ다', '튱셩ㅎ다' 및 '튱셩되다'의 동의성은 명백히 입증된다.

(22) a. 말솜이 튱후코 믿브디 아니ㅎ며(言不忠信ㅎ며) <小언三 5a>
　　 b. 믈읫 말(95b)솜을 반ᄃ시 튱후ㅎ고 믿비 ㅎ며(凡語를 必忠信ㅎ며) <小언五 96a>
　　 c. 말솜애 튱후홈을 싱각ㅎ며(言思忠ㅎ며) <小언三 5b>
(22) d. 말솜을 튱셩코 믿비 아니홈이(言不忠信이) <小언五 11a>
　　 e. 튱셩코 믿비 소기디 아니홈으로뻐(以忠信不欺로) <小언五 32a>
　　 f. 조샹이 튱셩ㅎ며 효도ㅎ며 브즈런ㅎ며 검박홈으로 말미암아 (由祖先의 忠孝勤儉ㅎ야) <小언五 19a>
(22) g. 튱셩되며 믿브며(忠信) <小언五 5a>

<23> 효도롭다 對 孝ㅎ다

두 상태동사 '효도(孝道)롭다'와 '孝ㅎ다'가 [孝] 즉 '효도스럽다'의 뜻을 가지고 동의 관계에 있다는 것은 다음 예문들에서 잘 확인된다. 원문 중 '孝'가 '효도롭다'로도 번역되고 '孝ㅎ다'로도 번역된다. 따라서 '효도롭다'와 '孝ㅎ다'의 동의성은 명백히 입증된다.

(23) a. 孔子ㅣ ᄀᆞᆯᄋᆞ샤되 효도롭다 閔子騫(15b)이여(孔子ㅣ 曰孝哉라 閔子騫이여) <小언四 16a>
　　 b. 子ㅣ ᄀᆞᆯᄋᆞ샤되 孝ㅎ다 閔子騫이여(子ㅣ 曰孝哉라 閔子騫이여)

<論언三 2b>

## <24> 厚ᄒᆞ다 對 후듕ᄒᆞ다

두 상태동사 '厚ᄒᆞ다'와 '후듕(厚重)ᄒᆞ다'가 [厚] 즉 '두텁다, 후하다'의 뜻을 가지고 동의 관계에 있다는 것은 다음 예문들에서 잘 확인된다. 원문 중 '親厚'가 '親ᄒᆞ고 厚ᄒᆞ다'로 번역되고 '敦厚'가 '도탑고 후듕ᄒᆞ다'로 번역된다. 따라서 '厚ᄒᆞ다'와 '후듕ᄒᆞ다'의 동의성은 명백히 입증된다.

(24) a. 이제 疏ᄒᆞ고 薄ᄒᆞᆫ 사ᄅᆞᆷ오로 ᄒᆡ여곰 親ᄒᆞ고 厚ᄒᆞᆫ 은의를 므르ᄡᅥ 흐러 혜아리게 ᄒᆞ면(今使疎薄之人而節量親厚之恩이면) <小언五 71b>
b. 情은 厚ᄒᆞ더니라(情厚ᄒᆞ더니라) <小언六 130a>
c. 風俗이 이러ᄒᆞ면 엇디 시(78a)러곰 厚티 아니ᄒᆞ리오(風俗이 如此ㅣ면 安得不厚乎ㅣ리오) <小언五 78b>
d. 님금이며 어버이로 디(32a)ᄂᆞᆯ시니 厚홈이 이만 重ᄒᆞ니 업도다(君親臨之ᄒᆞ시니 厚莫重焉이로다) <小언二 32b>
(24) e. 도탑고 후듕ᄒᆞ야 녜를 됴히 너기ᄂᆞᆫ 君子ㅣ(敦厚好古之君子ㅣ) <小언五 43b>
f. 龍伯高ᄂᆞᆫ 돈독ᄒᆞ며 후듕ᄒᆞ며 쥬밀ᄒᆞ(12b)며 근신ᄒᆞ야 입에 굴힐 말이 업스며(龍伯高ᄂᆞᆫ 敦厚周愼ᄒᆞ야 口無擇言ᄒᆞ며) <小언五 13a>

## <25> 訢訢ᄒᆞ다 對 화열ᄒᆞ다

두 상태동사 '訢訢ᄒᆞ다'와 '화열(和悅)ᄒᆞ다'가 [訢訢] 즉 '화열하다, 마음이 화평하여 기쁘다'의 뜻을 가지고 동의 관계에 있다는 것은 다음 예문들에서 잘 확인된다. 원문 중 '訴訴'이 '訴訴ᄒ다'로 번역되고 '訴訴'의 자석이 '화열ᄒ다'이다. 따라서 '訴訴ᄒ다'와 '화열ᄒ다'의 동의성은 명백히 입증된다.

(25) a. 訴訴툿 호ᄃᆡ 오직 삼가ᄒ더라(訴訴如也호ᄃᆡ 唯謹ᄒ더라) <小언六 78a>
  b. 訴訴: 화열혼 양이라 <小언六 78a>

## 3. 副詞에서의 同義

副詞에서 확인되는 漢字語간의 同義에는 [密密] 즉 '은밀히'의 뜻을 가진 '密密히'와 '은밀히'를 비롯하여 [時]와 [時時] 즉 '때때로'의 뜻을 가진 '시시예'와 '시시로', [嚴] 즉 '엄하게, 엄엄하게'의 뜻을 가진 '嚴히'와 '엄엄이', [實] 즉 '진실로, 실로'의 뜻을 가진 '眞實로'와 '實로', [自] 즉 '스스로'의 뜻을 가진 '自家'와 '自', [詳明] 즉 '자세히, 상세히'의 뜻을 가진 '仔細히'와 '詳明히', [狎] 즉 '친압히, 너무 지나칠 정도로 가깝게'의 뜻을 가진 '친압히'와 '압닐히', [怡]와 [和] 즉 '화열히, 기쁘게'의 뜻을 가진 '화열히'와 '화히' 그리고 [恒] 즉 '항상, 늘'의 뜻을 가진 'ᄒᆞᆼ샹'과 '常例'가 있다.

<1> 과연 對 과연히

두 부사 '과연'(果然)과 '과연(果然)히'가 [果] 즉 '과연, 정말로'의 뜻을 가지고 동의 관계에 있다는 것은 다음 예문들에서 잘 확인된다. 원문 중 '果死'가 '과연 죽다'로 번역되고 '果欲嫁'가 '과연 얼이고져 ᄒᆞ다'로 번역된다. 그리고 '果如'가 '과연히 ᄀᆞᆮ다'로 번역된다. 따라서 '과연'과 '과연히'의 동의성은 명백히 입증된다.

(1) a. 남진이 과연 죽어 도라오디 몯ᄒᆞ야늘(夫ㅣ 果死不還이어늘) <小諺六 51a>
b. 집이 과연 얼이고져(55b) ᄒᆞ거늘(家ㅣ 果欲嫁之어늘) <小諺六 56a>
c. 公이 사ᄅᆞᆷ 브려 보니 과연 伯玉이러라(公이 使人視之ᄒᆞ니 果伯玉也ㅣ러라) <小諺四 30a>
(1) d. 믿 죽음애 과연히 그 말 ᄀᆞᆮᄐᆞ니(及卒애 果如其言ᄒᆞ니) <小諺五 99b>

<2> 密密히 對 은밀히

두 부사 '密密히'와 '은밀(隱密)히'가 [密密] 즉 '은밀히'의 뜻을 가지고 동의 관계에 있다는 것은 다음 예문들에서 잘 확인된다. 원문 중 '密密綿綿'이 '密密히 닛다'로 번역되고 '密密廻'가 '은밀히 두르혀다'로 번역된다. 따라서 '密密히'와 '은밀히'의 동의성은 명백히 입증된다.

(2) a. 密密히 니ᅀᅳ디어다(密密綿綿ㅣ어다) <龜上 17b>
b. 은밀히 광ᄋᆞᆯ 두르혀 제 보리니(密密廻光而自看ᄒᆞ리니) <誡初 61b>

<3> 시시예 對 시시로

두 부사 '시시(時時)예'와 '시시(時時)로'가 [時]와 [時時] 즉 '때때로'의 뜻을 가지고 동의 관계에 있다는 것은 다음 예문들에서 잘 확인된다. 원문 중 '時就'가 '시시예 나아가다'로 번역되고 '時省'이 '시시로 슬피다'로 번역된다. 따라서 '시시예'와 '시시로'의 동의성은 명백히 입증된다.

(3) a. 시시예 나아가 쉬여 히즐이고(時就休憩ᄒ고) <小언六 69b>
   b. 실로 시시예 안보히 마로리니(實時時而不保호리니) <誡初 62a>
(3) c. 시시로 슬펴 샐리(35a) 行ᄒ고(時省而速行之ᄒ고) <小언五 35b>
   d. 上이 시시로 음식을 집의 주어시든(上이 時賜食於家ㅣ어시든) <小언六 78a>

<4> 嚴히 對 엄엄이

두 부사 '嚴히'와 '엄엄(嚴嚴)이'가 [嚴] 즉 '엄하게, 엄엄하게'의 뜻을 가지고 동의 관계에 있다는 것은 다음 예문들에서 잘 확인된다. 원문 중 '嚴立'이 '嚴히 셰다'로 번역되고 '嚴禁'이 '엄엄이 금ᄒ다'로 번역된다. 따라서 '嚴히'와 '엄엄이'의 동의성은 명백히 입증된다.

(4) a. 일과ᄒᄂ 법을 嚴히 셰고(嚴立科程이오) <小언五 113a>
   b. 皇考ㅣ 집을 다ᄉ리샤ᄃᆡ 효도롭고 嚴히 ᄒ더니(皇考ㅣ 治家ᄒ샤ᄃᆡ 孝且嚴이러시니) <小언五 73a>
   c. 스승 弟子의 禮를 嚴히 ᄒ며(嚴師弟子之禮ᄒ며) <小언六 8b>
(4) d. 지보와 녀식을 엄엄이 금ᄒ시니(嚴禁財色ᄒ시니) <誡初 67a>

<5> 眞實로 對 실로

두 부사 '眞實로'와 '실(實)로'가 [實] 즉 '진실로, 실로'의 뜻을 가지고 동의 관계에 있다는 것은 다음 예문들에서 잘 확인되낟. 원문 중 '實無'가 '眞實로 없다'로 번역되고 '實…慙愧'가 '실로 붓그럽다'로 번역된다. 따라서 '眞實로'와 '실로'의 동의성은 명백히 입증된다.

(5) a. 엇뎨 眞實로 三반물리 업스리오(如何實無此三반物오) <蒙六 40b>

b. 眞實로 衆生ㅣ 滅度를 得ᄒᆞ리 업스니라(實無衆生이 得滅度者也 ㅣ니라) <龜下 34a>

(5) c. 덕 업시셔 잔탄 니보미 실로 나는 붓그러우니(無德而彼讚이 實 吾의 慙愧니) <誡初 72b>

d. 실로 시시예 안보히 마로리니(實時時而不保호리니) <誡初 62a>

<6> 自家 對 自

두 부사가 [自] 즉 '스스로'의 뜻을 가지고 동의 관계에 있다는 것은 다음 예문들에서 잘 확인된다. 원문 중 '自肯'이 '自家 肯信ᄒᆞ다'로 번역되고 '自度 衆生'이 '自 衆生을 濟度ᄒᆞ다'로 번역된다. 따라서 '自家'와 '自'의 동의성은 명백히 입증된다.

(6) a. 自家 肯信ᄒᆞ야 點頭ᄒᆞᆫ 사ᄅᆞ미라ᅀᅡ(自肯點頭者ㅣᅀᅡ) <龜上 19b>

b. 自 三寶를 歸依ᄒᆞ며 自 衆生을 濟度홀디어다(自歸三寶ᄒᆞ며 自度 衆生ㅣ어다) <龜下 32b>

<7> 仔細히 對 詳明히

두 부사가 [詳] 즉 '자세히, 상세히'의 뜻을 가지고 동의 관계에 있다는 것은 다음 예문들에서 잘 확인된다. 원문 중 '詳辨宗途'가 '宗途를 仔細히 굴히다'로 번역되고 '參詳禪旨'가 '禪旨를 詳明히 參究ᄒᆞ다'로 번역된다. 따라서 '仔細히'와 '詳明히'의 동의성은 명백히 입증된다.

(7) a. 學者논 몬져 모로미 宗途를 仔細히 굴히욜디어다(學者논 先須詳辨宗途ㅣ어다) <龜下 63b>
　　b. 그 고디 곧 寂然ᄒᆞᆯ 둘 仔細히 觀ᄒᆞ면(諦觀…當處便寂ᄒᆞ면) <龜上 28b>
　　c. 先聖이 시름ᄒᆞ샤 仔細히 分辨ᄒᆞ시니 <龜上 13a>
　　d. ᄌᆞ셔히 바ᄅᆞ ᄀᆞᄅᆞ쵸리니(山僧은…細詳直指호리니) <蒙六 5a>
(7) e. 禪旨를 詳明히 參究ᄒᆞ면 반ᄃᆞ기 得홀 고디 이시리니(參詳禪旨則必有所得ᄒᆞ리니) <龜上 12b>

<8> 忠히 對 튱셩을오

부사 '忠히'와 부사어 '튱셩(忠誠)을오'가 [忠] 즉 '정성을 다하여'의 뜻을 가지고 동의 관계에 있다는 것은 다음 예문들에서 잘 확인된다. 원문 중 '忠告'가 '忠히 告ᄒᆞ다'로도 번역되고 '튱셩을오 고ᄒᆞ다'로도 번역된다. 따라서 '忠히'와 '튱셩을오'의 동의성은 명백히 입증된다.

(8) a. 忠히 告ᄒᆞ고 善히 道호ᄃᆡ(忠告而善道之호ᄃᆡ) <論언三 33b>
　　b. 튱셩을오 고ᄒᆞ며 어딜이 닐오ᄃᆡ(忠告而 善道之호ᄃᆡ) <小언二 66a>

<9> 친압히 對 압닐히

두 부사 '친압(親狎)히'와 '압닐(狎昵)히'가 [狎] 즉 '친압히, 너무 지나칠 정도로 가깝게'의 뜻을 가지고 동의 관계에 있다는 것은 다음 예문들에서 잘 확익된다. 원문 중 '歡狎'이 '즐겨 친압히 ᄒᆞ다'로 번역되고 '好狎'이 '압닐히 홈을 즐기다'로 번역되므로 '친압히'와 '압닐히'의 동의성은 명백히 입증된다.

(9) a. 서르 즐겨 친압히 홈으로써(以相歡狎으로) <小언五 76a>
　　b. 압닐히 홈을 즐기디 아니ᄒᆞᄂᆞ니(不好狎이니) <小언三 6b>

<10> 화열히 對 和히

두 부사 '화열(和悅)히'와 '和히'가 [怡]와 [和] 즉 '화열히, 기쁘게'의 뜻을 가지고 동의 관계에 있다는 것은 다음 예문들에서 잘 확인된다. 원문 중 '怡聲'이 '소리를 화열히 ᄒᆞ다'로도 번역되고 '소리를 화히 ᄒᆞ다'로 번역된다. 그리고 '怡色'이 'ᄂᆞᆺ빗츨 화열히 ᄒᆞ다'로 번역되고 '和色'이 'ᄂᆞᆺ빗츨 和히 ᄒᆞ다'로 번역된다. 따라서 '화열히'와 '화히'의 동의성은 명백히 입증된다.

(10) a. 긔운을 ᄂᆞᆽ기 ᄒᆞ며 소리를 화열히 ᄒᆞ야(下氣怡聲ᄒᆞ야) <小언 二 3a>
　　b. 긔운을 ᄂᆞᆽ시 ᄒᆞ며 ᄂᆞᆺ빗츨 화열히 ᄒᆞ며 소리를 부드러이 ᄒᆞ야 뼈 諫홀디니(下氣怡色柔聲以諫이니) <小언二 21b>
(10) c. 소리를 和히 ᄒᆞ고 긔운을 ᄂᆞ죽이 ᄒᆞ며(怡聲下氣ᄒᆞ며) <小언五 104b>
　　d. ᄂᆞᆺ빗츨 和히 ᄒᆞ며 소리를 부드러이 ᄒᆞ야(和色柔聲ᄒᆞ야) <小언 五 36a>

<11> 흥샹 對 常例

두 부사 '흥샹(恒常)'과 '常例'가 [恒] 즉 '항상, 늘'의 뜻을 가지고 동의 관계에 있다는 것은 다음 예문들에서 잘 확인된다. 원문 중 '恒新'이 '흥샹 새롭다'로 번역되고 '恒爲'가 '常例 도의다'로 번역된다. 따라서 '흥샹'과 '常例'의 동의성은 명백히 입증된다.

(11) a. 도업이 호샹 새롭고(道業恒新호고) <誡初 20b>
(11) b. 常例 境界예 미유미 도이ᄂᆞ니(恒爲境界예 所縛ᄒᆞᄂᆞ니) <龜上 23a>
　　　c. ᄯᅩ 니ᄅᆞ샤ᄃᆡ 한 煩惱賊이 常例 사름 주구믈 엿ᄂᆞ다 ᄒᆞ시니(又云 諸煩惱賊이 常伺殺人ㅣ라 ᄒᆞ시니) <龜下 50b>

## 4. 副詞類에서의 同義

副詞類에서 同義에는 [忠] 즉 '정성을 다하여'의 뜻을 가진 '忠히'와 '튱셩을 오'가 있다.

<1> 忠히 對 튱셩을오

부사 '忠히'와 부사어 '튱셩(忠誠)을오'가 [忠] 즉 '정성을 다하여'의 뜻을 가지고 동의 관계에 있다는 것은 다음 예문들에서 잘 확인된다. 원문 중 '忠告'가 '忠히 告ᄒᆞ다'로도 번역되고 '튱셩을오 고ᄒᆞ다'로도 번역된다. 따라서 '忠히'와 '튱셩을오'의 동의성은 명백히 입증된다.

(1) a. 忠히 告ᄒᆞ고 善히 道호ᄃᆡ(忠告而善道之호ᄃᆡ) <論언三 33b>
　　 b. 튱셩을오 고ᄒᆞ며 어딜이 닐오ᄃᆡ(忠告而 善道之호ᄃᆡ) <小언二 66a>

## 제5장
# 結論

　지금까지 1580년대 국어의 동의 관계를 共時的 관점에서 크게 셋으로 나누어 고찰해 왔다. 첫째는 固有語간의 동의 관계이고 둘째는 固有語와 漢字語간의 동의 관계이며 셋째는 漢字語간의 동의 관계이다.
　제1장에서는 硏究目的과 範圍가 논의되고 先行硏究가 言及된다.
　제2장은 1580년대 국어의 固有語들이 어떤 양상의 동의 관계를 형성하고 있는지를 名詞類, 動詞類, 副詞 및 冠形詞類에서 고찰하고 있다.
　첫째로 固有語의 名詞類에서 발견되는 同義 關係는 크게 두 개의 觀點에서 고찰할 수 있다. 첫째는 形式的 觀點이고 둘째는 內容的 觀點이다. 形式的 觀點에서 同義 關係에 있는 固有語들이 相異한지 아니면 相似한지를 판별할 수 있고 內容的 觀點에서 同義 關係를 가지는 固有語들이 完全 同義인지 部分 同義인지를 확인할 수 있다.
　形式的 觀點에서 동의어들은 크게 相異型과 相似形으로 나누어질 수 있다. 音韻論的 觀點에 따르면 音韻 交替, 音韻 脫落 및 音韻 添加가 있고 形態論的 觀點에 의하면 合成과 派生이 있다. 名詞類에서의 同義는 서술의 편의상 다음과 같이 네 개의 유형으로 분류하여 고찰하려고 한다 : 第Ⅰ型 相異型, 第Ⅱ型 音韻 交替型, 第Ⅲ型 音韻 脫落型 및 音韻 添加型, 그리고 第Ⅳ型

合成型 및 派生型.

　고유어의 名詞類에서 확인되는 相異型에는 다음과 같은 것이 있다. [裘] 즉 '가죽옷'의 뜻을 가진 '갓옷'과 '피옷'을 비롯하여 [女]와 [女子] 즉 '여자'의 뜻을 가진 '겨집'과 '간나히', [處]와 [所] 즉 '곳, 데'의 뜻을 가진 '곧'과 '디', [官]과 [府] 즉 '관청'의 뜻을 가진 '구의'와 '마을', [影] 즉 '그림자'의 뜻을 가진 '그르메'와 '그림재', [男]과 [男子] 즉 '남자'의 뜻을 가진 '남진'과 '스나히', [夫]와 [丈夫] 즉 '남편'의 뜻을 가진 '남진'과 '스나히'와 '지아비', [時] 즉 '때, 적'의 뜻을 가진 '빼'와 '적'과 '끠', [夷狄]과 [夷虜] 즉 '오랑캐'의 뜻을 가진 '되'와 '오랑캐', [厠] 즉 '뒷간, 변소'의 뜻을 가진 '뒷간'과 '통시', [何] 즉 '무엇'의 뜻을 가진 '므스것'과 '므슥'과 '므섯'과 '므엇', [海] 즉 '바다'의 뜻을 가진 '바를'과 '바다ㅎ'와 '바라ㅎ', [番] 즉 '번'의 뜻을 가진 '번'과 '디위', [人] 즉 '남'의 뜻을 가진 '사롬'과 '늠', [財]와 [錢] 즉 '재물'의 뜻을 가진 '셰간'과 '쳔량', [貌] 즉 '모양'의 뜻을 가진 '양즈'와 '모양', [父母] 즉 '어버이, 부모'의 뜻을 가진 '어버이'와 '아비어미', [容] 즉 '모양'의 뜻을 가진 '얼굴'과 '양'과 '즛'과 '모양', [時] 즉 '때, 적'의 뜻을 가진 '적'과 '제' 그리고 [裳]과 [袴] 즉 '치마, 아랫도리옷'의 뜻을 가진 '치마'와 '고의' 등 40여 항목이 있다.

　音韻의 交替를 보여 주는 名詞들이 同義 關係를 가질 수 있다. 이 경우가 音韻 交替型이다. 音韻 交替에는 母音 交替와 子音 交替가 있다. 통계상 母音 交替가 子音 交替보다 많다.

　同義 關係가 母音 交替를 보여 주는 名詞들 사이에 성립된다. 母音 交替에는 陽母音과 陰母音 간의 交替와 陰母音과 陽母音 간의 交替가 있고, 陽母音 간의 交替와 陰母音간의 交替가 있다. 그리고 中立 母音이 陽母音과 交替되기도 하고 陰母音과 交替되기도 한다.

　陽母音과 陰母音 간의 交替에는 '익~으'의 交替가 있다. 母音 '익~으'의 交替를 보여 주는 名詞에는 [獸]와 [禽獸] 즉 '짐승'의 뜻을 가진 '즘싱'과 '즘승'이 있다.

陰母音과 陽母音 간의 交替에는 '우~오'의 交替가 있다. 母音 '우~오'의 交替를 보여 주는 名詞에는 [雲] 즉 '구름'의 뜻을 가진 '구룸'과 '구롬', 그리고 [名] 즉 '이름'의 뜻을 가진 '일훔'과 '일홈'이 있다.

陽母音간의 交替에는 'ᄋ~아'의 交替, '오~ᄋ'의 交替, '오~외'의 交替가 있다. 母音 'ᄋ~아'의 交替를 보여 주는 名詞에는 [中] 즉 '가운데'의 뜻을 가진 '가온ᄃᆡ'와 '가온대'가 있다. 母音 '오~ᄋ'의 交替를 보여 주는 名詞에는 [尿] 즉 '오줌'의 뜻을 가진 '오좀'과 '오즘'이 있다. 母音 '오~외'의 交替를 보여 주는 名詞에는 [夕] 즉 '저녁'의 뜻을 가진 '나조ㅎ'와 '나죄'가 있다.

陰母音간의 交替에는 '우~으'의 交替가 있다. '우~으'의 交替를 보여 주는 名詞에는 [官] 즉 '관청'의 뜻을 가진 '구위'와 '구의'가 있다.

中立 母音과 陽母音의 交替에는 母音 '이~ᄋ이'의 交替를 보여 주고 [聲]과 [音] 즉 '소리'의 뜻을 가진 '소리'와 '소ᄅᆡ'가 있다. 中立 母音과 陰母音의 交替에는 '이'와 '으'의 交替를 보여 주고 [種] 즉 '가지'의 뜻을 가진 '가지'와 '가즈'가 있다.

同義 關係가 子音 交替를 보여 주는 名詞들 사이에 성립된다. 子音 交替에는 'ㅂ~ㄱ'의 交替, 'ㅿ~ㅅ'의 交替 그리고 'ㅌ~ㅊ'의 交替가 있다. 子音 'ㅂ~ㄱ'의 交替를 보여 주는 名詞에는 [內], [中] 및 [裡] 즉 '속'의 뜻을 가진 '솝'과 '속'이 있다. 子音 'ㅿ~ㅅ'의 交替를 보여 주는 名詞에는 [間] 즉 '사이'의 뜻을 가진 'ᄉᆞᅀᆡ'와 'ᄉᆞ시'가 있다. 子音 'ㅌ~ㅊ'의 交替를 보여 주는 名詞에는 [佛] 즉 '부처'의 뜻을 가진 '부텨'와 '부쳐'가 있다.

어떤 名詞가 그것 중의 한 音韻의 脫落으로 생긴 名詞와 同義 關係를 가질 수 있다. 이 경우가 音韻脫落型이다. 音韻脫落型에는 母音 脫落이 있고 母音과 子音의 동시 脫落이 있다. 母音 脫落에는 '우/오' 脫落이 있고 母音과 子音의 동시 脫落에는 '억' 脫落이 있다. 母音 '우/오' 脫落에는 [鏡] 즉 '거울'의 뜻을 가진 '거우루/거우로'와 '거울'이 있다. '억' 脫落에는 [髮] 즉 '머리털'의 뜻을 가진 '머리터럭'과 '머리털' 그리고 [髮]과 [毛] 즉 '털'의 뜻을 가진 '터럭/털럭'과 '털'이 있다.

어떤 名詞가 그것 중에 한 音韻이 添加되어 만들어진 名詞와 同義 關係를 가질 수 있다. 이 경우가 音韻 添加型이다. 音韻 添加에는 母音 添加와 子音 添加가 있다. 母音 添加에는 '우' 添加와 '이' 添加가 있다. 子音 添加에는 'ㄱ' 添加와 'ㅎ' 添加가 있다. 母音 '우' 添加에는 [二] 즉 '둘째'의 뜻을 가진 '둘재'와 '두울재'가 있고 母音 '이' 添加에는 [流]와 [輩] 즉 '무리'의 뜻을 가진 '물'과 '무리/물이'가 있다. 子音 'ㄱ' 添加에는 [塵] 즉 '티끌'의 뜻을 가진 '드틀'과 '들글' 그리고 [晨] 즉 '새벽'의 뜻을 가진 '새배'와 '새박'이 있다. 子音 'ㅎ' 添加에는 [刀] 즉 '칼'의 뜻을 가진 '갈ㅎ'과 '갈' 그리고 [臂] 즉 '팔'의 뜻을 가진 '볼'과 '풀'이 있다.

單一語인 名詞가 合成에 의한 名詞와 同義 關係를 가질 수 있다. 이 경우가 合成型이다. 合成의 예로 [指] 즉 '손가락'의 뜻을 가진 '가락'과 '손ᄉ락'을 비롯하여 [彼] 즉 '저것'의 뜻을 가진 '뎌'와 '뎌것', [髮] 즉 '머리털'의 뜻을 가진 '머리'와 '머리털', [今日] 즉 '오늘'의 뜻을 가진 '오늘날'과 '오늘', [此]와 [是] 즉 '이것'을 뜻하는 '이'와 '이것', [婢] 즉 '계집종, 여자 종'의 뜻을 가진 '종'과 '겨집종' 그리고 [髮] 즉 '머리털'의 뜻을 가진 '터럭'과 '머리터럭'이 있다.

語基인 名詞가 그것에서 派生된 名詞와 同義 關係를 가질 수 있다. 이 경우가 派生型이다. 派生의 예로 [書] 즉 '책'의 뜻을 가진 '글'과 '글월', [言], [語] 및 [說] 즉 '말'의 뜻을 가진 '말'과 '말씀' 그리고 [三] 즉 '셋째'의 뜻을 가진 '세ㅎ'와 '셋재'가 있다.

둘째로 固有語의 動詞類에서 확인되는 同義 關係는 크게 두 개의 觀點에서 고찰될 수 있다. 첫째는 形式的 觀點이고 둘째는 內容的 觀點이다. 形式的 觀點에서 同義 關係에 있는 動詞類들이 相異한지 아니면 相似한지를 판별할 수 있고, 內容的 觀點에서 보면 同義 關係를 가지는 動詞類들이 完全 同義인지 部分 同義인지 확인할 수 있다.

形式的 觀點에서 同義 關係를 가지는 動詞類들은 크게 相異型과 相似型으

로 나누어질 수 있다. 相似型은 音韻論的 觀點과 形式的 觀點으로 분류될 수 있는데 音韻論的 觀點에 따르면 音韻 交替, 音韻 脫落 및 音韻 添加가 있고, 形態論的 觀點에 따르면 合成과 派生이 있다. 논술의 편의상 다음과 같이 네 유형으로 나누고자 한다 : 第Ⅰ型 相異型, 第Ⅱ型 音韻 交替型, 第Ⅲ型 音韻 脫落型, 音韻 添加型 및 音節 縮約型 그리고 第Ⅳ型 合成型과 派生型.

고유어의 動作動詞에서 확인되는 相異型에는 다음과 같은 것이 있다. [行] 즉 '가다'의 뜻을 가진 '가다'와 '녀다'를 비롯하여 [斂] 즉 '거두다'의 뜻을 가진 '거두다'와 '갇다', [藏] 즉 '저장하다'의 뜻을 가진 'ᄀ초다'와 '간슈ᄒ다', [選] 즉 '가려 뽑다'의 뜻을 가진 '골히다'와 '썬다', [嫁] 즉 '시집가다'의 뜻을 가진 '남진 얼다'와 '남진 븥다', [曰] 즉 '말하다, 이르다'의 뜻을 가진 '니ᄅ다'와 '골다', [怕怖]와 [怕]와 [恐] 즉 '두려워하다'의 뜻을 가진 '두리다'와 '젛다', [動] 즉 '움직이다'의 뜻을 가진 '뮈다'와 '움즈기다/움즉이다', [爲]와 [營] 즉 '만들다'의 뜻을 가진 '밍골다'와 '민돌다', [受] 즉 '받다'의 뜻을 가진 '받다'와 '트다', [患]과 [憂] 즉 '근심하다, 걱정하다'의 뜻을 가진 '분별ᄒ다'와 '시름ᄒ다'와 '근심ᄒ다', [嫁] 즉 '시집가다'의 뜻을 가진 '셔방맞다'와 '남진 븥다', [愛] 즉 '사랑하다'의 뜻을 가진 'ᄉ랑ᄒ다'와 '닷다', [違] 즉 '어기다, 위반하다'의 뜻을 가진 '어그릋다'와 '어글우치다'와 '거스리왇다', [畜]과 [牧] 즉 '치다, 기르다, 사육하다'의 뜻을 가진 '치다'와 '기ᄅ다' 그리고 [爲] 즉 '하다, 저지르다'의 뜻을 가진 'ᄒ다'와 '저즐다' 등 60여 항목이 있다.

音韻의 交替를 보여 주는 動作動詞들이 同義關係를 가질 수 있다. 이 경우가 音韻 交替型이다. 音韻 交替에는 母音 交替와 子音 交替가 있다.

同義關係가 母音 交替를 보여 주는 動作動詞들 사이에 성립된다. 母音 交替에는 陽母音과 陰母音 간의 交替가 있고 陰母音과 陽母音 간의 交替가 있고 陽母音간의 交替가 있다. 그리고 中立母音이 陽母音이나 陰母音으로 交替되기도 한다.

陽母音과 陰母音 간의 交替에는 '아~어'의 交替 및 'ᄋ~으'의 交替가 있

다. 母音 '아~어'의 交替를 보여 주는 동작동사에는 [脫] 즉 '벗다'의 뜻을 가진 '밧다'와 '벗다'가 있다. 母音 'ᄋ̆~으'의 交替를 보여 주는 동작동사에는 [臨] 즉 '臨하다'의 뜻을 가진 '디놀다'와 '디늘다'가 있다.

陰母音과 陽母音 간의 交替에는 '으~ᄋ̆'의 交替 및 '우~오'의 交替가 있다. 母音 '으~ᄋ̆'의 交替를 보여 주는 동작동사에는 [至] 즉 '이르다'의 뜻을 가진 '니르다'와 '니ᄅ̆다'가 있다. 母音 '우~오'의 交替를 보여 주는 동작동사에는 [長]과 [養] 즉 '기르다, 길게 하다'의 뜻을 가진 '길우다'과 '길오다'가 있다.

陽母音간의 교체에는 'ᄋ̆~오'의 交替가 있다. 母音 'ᄋ̆~오'의 交替를 보여 주는 동작동사에는 [爲]와 [作] 즉 '되다'의 뜻을 가진 'ᄃ̆외다'와 '도외다'가 있다.

中立母音이 陽母音과 陰母音과 交替되는 것에는 '이~우~오'의 交替가 있다. 母音 '이~우~오'의 交替를 보여 주는 동작동사에는 [待]와 [俟] 즉 '기다리다'의 뜻을 가진 '기드리다/기들이다'와 '기들우다'와 '기들오다'가 있다.

同義 關係가 子音 交替를 보여 주는 동작동사들 사이에 성립된다. 子音 交替에는 'ㄴ~ㅁ'의 交替, 'ㄷ~ㅌ'의 交替, 'ㅅ~ㄴ'의 交替 그리고 'ㅊ~ㅌ'의 交替가 있다. 子音 'ㄴ~ㅁ'의 交替를 보여 주는 동작동사에는 [藏]과 [隱] 즉 '저장하다, 감추다'의 뜻을 가진 'ᄀ̆초다'와 '금초다'가 있다. 子音 'ㄷ~ㅌ'의 交替를 보여 주는 동작동사에는 [現]과 [顯] 즉 '나타나다'의 뜻을 가진 '낟다'와 '낱다'가 있다. 子音 'ㅅ~ㄴ'의 交替를 보여 주는 동작동사에는 [遇], [値] 및 [値遇] 즉 '만나다'의 뜻을 가진 '맛나다'와 '만나다'가 있다. 子音 'ㅊ~ㅌ'의 交替를 보여 주는 동작동사에는 [敎] 즉 '가르치다'의 뜻을 가진 'ᄀ̆ᄅ̆치다'와 'ᄀ̆ᄅ̆티다'가 있다.

어떤 동작동사가 그것 중의 한 音韻의 脫落으로 생긴 동작동사와 同義 關係를 가질 수 있다. 이 경우가 音韻 脫落型이다. 音韻 脫落型에는 母音 脫落과

子音 脫落이 있다.

母音 脫落에는 '오' 脫落이 있다. 母音 '오'의 脫落을 보여 주는 동작동사에는 [爲]와 [作] 즉 '되다'의 뜻을 가진 '도외다'와 '되다'가 있다.

子音 탈락에는 'ㄹ' 탈락과 'ㅿ' 탈락이 있다. 자음 'ㄹ' 탈락을 보여 주는 동작동사에는 [至] 즉 '이르다'의 뜻을 가진 '니를다'와 '니르다/닐으다'가 있다. 'ㅿ' 탈락을 보여 주는 동작동사에는 [進] 즉 '나아가다'의 뜻을 가진 '나ㅿ다'와 '나ㅇ다'가 있다.

어떤 동작동사가 그것 중에 한 音韻이 添加되어 만들어진 동작동사와 同義 關係를 가질 수 있다. 이 경우가 音韻 添加型이다. 音韻 添加에는 母音 添加와 子音 添加가 있다.

母音 添加에는 '오' 添加와 半母音 [y]의 添加가 있다. 母音 '오'의 添加에는 [越]과 [過] 즉 '넘다'의 뜻을 가진 '넘다'와 '너모다/넘오다'가 있다. 半母音 [y]의 添加에는 [想] 즉 '여기다'의 뜻을 가진 '너기다'와 '녀기다', [行] 즉 '가다'의 뜻을 가진 '녀다'와 '녜다', [割] 즉 '베다'의 뜻을 가진 '버히다'와 '베히다', [壞] 즉 '헐어버리다'의 뜻을 가진 'ㅎ야ㅂ리다'와 '히야ㅂ리다' 그리고 [損敗]와 [敗] 즉 '부서지다, 해어지다'의 뜻을 가진 'ㅎ여디다'와 '히여디다'가 있다.

子音 添加에는 'ㄱ' 添加, 'ㄴ' 添加 및 유기음화가 있다. 子音 'ㄱ'의 添加에는 [徑] 즉 '지르다, 질러가다'의 뜻을 가진 '즈르다'와 '즐그다'가 있다. 子音 'ㄴ'의 添加에는 [藏]과 [隱] 즉 '저장하다, 감추다'의 뜻을 가진 'ᄀ초다'와 'ᄀᆫ초다'가 있다. 유기음화에는 [明] 즉 '밝히다'의 뜻을 가진 '볼기다/붉이다'와 '볼키다/붉키다'가 있다.

어떤 동작동사가 그것 중의 두 음절이 한 음절로 축약된 동작동사와 同義 關係를 가질 수 있다. 이 경우가 음절 축약형이다. 음절 축약의 예로 [噢]와 [따] 즉 '부르짖다, 웨치다'의 뜻을 가진 '워이다'와 '웨다'가 있다.

單一語인 動作動詞가 合成에 의한 動作動詞와 同義 關係를 가질 수 있다. 이 경우가 合成型이다. 合成에는 統辭的 合成과 非統辭的 合成이 있다.

統辭的 合成에는 [現]과 [發現] 즉 '나타나다'의 뜻을 가진 '낟다'와 '나타나다', [起] 즉 '일어나다'의 뜻을 가진 '닐다'와 '니러나다' 그리고 [散] 즉 '흩어지다'의 뜻을 가진 '흩다'와 '흐터디다'가 있다. 非統辭的 合成에는 [防], [閉] 및 [閑] 즉 '막다'의 뜻을 가진 '막다'와 '막주르다' 그리고 [伺]와 [伺候] 즉 '엿보다'의 뜻을 가진 '엿다'와 '엿보다'가 있다.

單一語 동작동사와 동작동사구 사이에 同義 關係가 형성된다. 이 同義 關係의 예로 [嫁] 즉 '시집 보내다'의 뜻을 가진 '얼리다'와 '남진 얼리다'가 있다.

고유어의 狀態動詞에서 확인되는 相異型에는 [毅] 즉 '굳세다, 의지가 강하다'의 뜻을 가진 '거엽다'와 '질긔운다'를 비롯하여 [直] 즉 '곧다, 굽지 아니하다'의 뜻을 가진 '곧다'와 '바르다' 등 20여 항목이 있다.

音韻의 交替를 보여 주는 狀態動詞가 동의 관계를 가질 수 있다. 이 경우가 音韻 交替型이다. 音韻 交替에는 母音 交替와 子音 交替가 있다.

동의 관계가 母音 交替를 보여 주는 狀態動詞들 사이에 성립된다. 母音 交替에는 陽母音과 陰母音 간의 교체가 있고 陰母音과 陽母音 간의 교체가 있고 陰母音과 中立母音 간의 교체가 있다.

陽母音과 陰母音 간의 교체에는 'ᄋ~으'의 교체와 '아~어'의 교체가 있다. 'ᄋ~으'의 교체를 보여 주는 상태동사에는 [輕] 즉 '가볍다'의 뜻을 가진 '가ᄇᆡ얍다'와 '가븨얍다'가 있고 [智] 즉 '슬기롭다, 지혜롭다'의 뜻을 가진 '슬갑다'와 '슬겁다'가 있다.

陰母音과 陽母音 간의 교체에는 '어~아'의 교체, '어~오'의 교체 및 '우~오'의 교체가 있다.

'어~아'의 교체를 보여 주는 상태동사에는 [小] 즉 '작다'의 뜻을 가진 '젹다'와 '쟉다'가 있다. '어~오'의 교체를 보여 주는 상태동사에는 [小] 즉 '작다'의 뜻을 가진 '혁다'와 '횩다'가 있다. '우~오'의 교체를 보여 주는 상태동사에는 [篤]과 [敦] 즉 '도탑다'의 뜻을 가진 '두텁다'와 '도탑다'가 있다. 陰母音과 中立母音 간의 교체 즉 '이~으'의 교체를 보여 주는 상태동사에는 [懈], [怠]

및 [懈怠] 즉 '게으르다'의 뜻을 가진 '게으르다/게을으다'와 '게이르다/게이르다'가 있다.

어떤 상태동사가 그것 중에 한 音韻의 脫落으로 생긴 상태동사와 동의 관계를 가질 수 있다. 이 경우가 音韻 脫落型이다. 음운의 탈락에는 母音 脫落이 있다. 母音 脫落에는 母音 'ᄋ'의 탈락이 있다. 'ᄋ' 탈락을 보여 주는 상태동사에는 [如] 즉 '같다'의 뜻을 가진 'ᄀᆞᆮᄒᆞ다'와 '곹다'가 있다.

어떤 상태동사가 그것 중에 한 音韻이 첨가되어 만들어진 상태동사와 동의 관계를 가질 수 있다. 이 경우가 音韻 添加型이다. 音韻 添加에는 母音 添加가 있다. 母音 添加에는 半母音 [y]의 첨가가 있다. [y]의 첨가를 보여 주는 상태동사에는 [如] 즉 '같다'의 뜻을 가진 'ᄀᆞᆮᄒᆞ다'와 'ᄀᆞ티다'가 있다.

語基인 狀態動詞가 그것에서 派生된 상태동사와 同義 關係를 가질 수 있다. 이 경우가 派生型이다. 派生의 예로 [淺] 즉 '얕다'의 뜻을 가진 '엳다'와 '엳갑다'가 있다.

셋째로 固有語의 副詞類에서 발견되는 同義 關係는 크게 두 개의 觀點에서 고찰될 수 있다. 첫째는 形式的 觀點이고 둘째는 內容的 觀點이다. 形式的 觀點에서 同義 關係에 있는 副詞가 相異한지 아니면 相似한지를 판별할 수 있고 內容的 觀點에서 同義 關係에 있는 副詞가 完全 同義인지 部分 同義인지를 확인할 수 있다.

形式的 觀點에서 同義 關係에 있는 副詞들은 相異型과 相似型으로 크게 나누어질 수 있다. 相似型은 音韻論的 觀點과 形態論的 觀點에서 분류될 수 있는데 音韻論的 觀點에 따르면 音韻 交替, 音韻 脫落 및 音韻 添加가 있고 形態論的 觀點에 따르면 派生이 있다. 서술의 편이상 다음과 같이 네 유형으로 나누고자 한다 : 第Ⅰ型 相異型, 第Ⅱ型 音韻 交替型 第Ⅲ型 音韻 脫落型 및 音韻 添加型 그리고 第Ⅳ型 派生型.

고유어 副詞에서 확인되는 동의어 중 相異型에는 [卽] 즉 '곧, 즉시'의 뜻을 가진 '곧'과 '즉재'를 비롯하여 [最] 즉 '가장'의 뜻을 가진 'ᄀᆞ장'과 '뭇', [濫]

즉 '너무, 함부로'의 뜻을 가진 '너무/너모'와 '넘즈기', [但], [只] 및 [唯] 즉 '오직'의 뜻을 가진 '다문'과 '오직', [長] 즉 '늘, 항상'의 뜻을 가진 '댱샹'과 '샤만', [亦] 즉 '또, 또한'의 뜻을 가진 '쏘'와 '쏘훈', [遂] 즉 '드디어'의 뜻을 가진 '드듸여'와 '쇠와', [必] 즉 '반드시'의 뜻을 가진 '모로매', '반드기' 및 '반드시', [常] 즉 '늘, 언제나'의 뜻을 가진 '샹녜'와 '미양과 '샹해', [尙]과 [猶] 즉 '오히려'의 뜻을 가진 '순직'와 '오히려', [善] 즉 '좋게, 잘'의 뜻을 가진 '이대'와 '됴히', [自] 즉 '저절로, 스스로'의 뜻을 가진 '절로'와 '제', [多] 즉 '많이'의 뜻을 가진 '해'와 '만히' 그리고 [旣] 즉 '이미'의 뜻을 가진 '흐마'와 '이믜'와 '이믯' 등 20여 항목이 있다.

音韻의 交替를 보여 주는 副詞들이 同義 關係를 가질 수 있다. 이 경우가 音韻 交替型이다. 音韻 交替에는 母音 交替와 子音 交替가 있다.

同義 關係가 母音 交替를 보여 주는 부사들 사이에 성립된다. 母音 交替에는 陽母音과 陰母音 간의 交替가 있고 陰母音과 陽母音 간의 交替가 있다. 또 陽母音간의 交替가 있고 陽母音과 中立母音 간의 交替가 있다. 陽母音과 陰母音 간의 交替에는 '아~어'의 交替 및 'ᄋ~으'의 交替가 있다. 陰母音과 陽母音 간의 交替에는 '우~오'의 交替 및 '으~ᄋ'의 交替가 있다. 陽母音간의 交替에는 'ᄋ~오'의 交替가 있고 陽母音과 中立母音 간의 交替에는 '애~이'의 交替가 있다.

母音 '아~어'의 交替를 보여 주는 부사에는 [卽] 즉 '즉시'의 뜻을 가진 '즉재'와 '즉제'가 있다. 母音 'ᄋ~으'의 交替를 보여 주는 부사에는 [輕] 즉 '가벼이, 가볍게'의 뜻을 가진 '가비야이'와 '가븨야이'가 있다. 母音 '우~오'의 交替를 보여 주는 부사에는 [加], [益], [愈] 및 [尤] 즉 '더욱'의 뜻을 가진 '더욱'과 '더옥' 그리고 [可] 즉 '可히'의 뜻을 가진 '어루'와 '어로'가 있다. 母音 '으~ᄋ' 의 交替를 보여 주는 부사에는 [相] 즉 '서로'의 뜻을 가진 '서르'와 '서ᄅ'가 있다. 母音 'ᄋ~오'의 交替를 보여 주는 부사에는 [直] 즉 '바로, 곧게'의 뜻을 가진 '바ᄅ'와 '바로'가 있다. 母音 '애~이'의 交替를 보여 주는 부사에는 [須] 즉

'모름지기, 반드시'의 뜻을 가진 '모로매'와 '모로미'가 있다.

同義 關係가 子音 交替를 보여 주는 부사들 사이에 성립된다. 子音 交替에는 'ㄱ~ㅅ'의 交替와 'ㅈ~ㄷ'의 交替가 있다. 子音 'ㄱ~ㅅ'의 交替를 보여 주는 부사에는 [下] 즉 '나직이'의 뜻을 가진 'ㄴㅈ기/ㄴ족이'와 'ㄴㅈ시'가 있다. 子音 'ㅈ~ㄷ'의 交替를 보여 주는 부사에는 [但]과 [只] 즉 '오직'의 뜻을 가진 '오직'과 '오딕'이 있다.

어떤 부사가 그것 중의 한 音韻의 脫落으로 생긴 부사와 同義 關係를 가질 수 있는데 이 경우가 音韻 脫落型이다. 音韻 脫落에는 母音 脫落이 있다. 母音 脫落에는 半母音 [y]의 脫落이 있다. 半母音 [y]의 脫落에는 [何]와 [豈] 즉 '어찌'의 뜻을 가진 '엇뎨'와 '엇뎌'가 있다.

어떤 부사가 그것 중에 한 音韻을 添加하여 만들어진 부사와 同義 關係를 가질 수 있다. 이 경우가 音韻 添加型이다. 音韻 添加에는 母音 添加와 子音 添加가 있다. 母音 添加에는 半母音 [y]의 添加가 있다. 半母音 [y]의 添加에는 [方] 즉 '바야흐로, 이제 막'의 뜻을 가진 '보야호로'와 '보야흐로', [方] 즉 '바야흐로, 이제 막'의 뜻을 가진 '뵈야호로'와 '뵈야흐로' 그리고 [尙]과 [猶] 즉 '오히려'의 뜻을 가진 '오히려'와 '외히려'가 있다. 子音 添加에는 ㅅ 첨가와 硬音 표기가 있다. ㅅ 첨가의 예로 [既] 즉 '이미'의 뜻을 가진 '이믜'와 '이믯'이 있고 硬音 표기의 예로 [嘗] 즉 '일찍'의 뜻을 가진 '일즉'과 '일쪽' 그리고 '일즉이'와 '일쯔기'가 있다.

동일한 語根에서 派生된 두 부사가 同義 關係를 가질 수 있고, 부사와 부사어가 同義 關係를 가질 수 있다. 이 경우가 派生型이다. 두 부사에서의 同義 關係의 예로 [始] 즉 '비로소'의 뜻을 가진 '비르소'와 '비릇'이 있고 [嚴]과 [莊] 즉 '엄하게, 엄숙하게'의 뜻을 가진 '싁싁기/싁싁이'와 '싁싁히'가 있다. 부사와 부사어가 同義 關係를 가지는 경우에는 [默] 즉 '묵묵히'의 뜻을 가진 '줌줌코'와 '줌줌ㅎ야'가 있다.

넷째로 固有語의 冠形詞類에서 확인되는 同義 關係는 크게 둘로 나누어 고찰할 수 있다. 첫째는 冠形詞간의 同義이고 둘째는 冠形詞와 冠形詞形간의 동의이다.

固有語의 冠形詞 사이에 형성되는 동의에는 [何] 즉 '무슨'의 뜻을 가진 '므스'와 '므슴'을 비롯하여 [何] 즉 '어느, 무슨, 어떤'의 뜻을 가진 '어느'와 '어느'와 '어니', [何] 즉 '어떤, 무슨'의 뜻을 가진 '엇던'과 '므슴', [何] 즉 '어떤'의 뜻을 가진 '엇던'과 '엇단'과 '엇딘', [諸] 즉 '여러'의 뜻을 가진 '여러'와 '모든' 그리고 [自]와 [自家] 즉 '저의'라는 뜻을 가진 '제'와 '자내'가 있다.

固有語의 冠形詞와 冠形詞形 사이에 성립되는 同義에는 [他] 즉 '다른'의 뜻을 가진 '녀느'와 '다른'이 있고 [諸] 즉 '여러, 많은'의 뜻을 가진 '여러'와 '한'이 있다. 명사구와 관형사 사이에 성립되는 동의에는 [百] 즉 '일백 가지'의 뜻을 가진 '온 가짓'과 '온갓'이 있다.

제3장은 1580년대 국어의 固有語와 漢字語가 어떤 양상의 동의 관계를 형성하고 있는지를 名詞類, 動詞類 및 副詞에서 고찰하고 있다.

첫째로 名詞類에서 확인되는 固有語와 漢字語간의 同義에서 固有語가 첫째로 單一語이고 둘째로 合成 名詞와 名詞句이고 셋째로 名詞形이다.

名詞類에서 확인되는 固有語와 漢字語 간의 同義에서 固有語가 單一語 명사인 경우에는 [冠] 즉 '갓, 관'의 뜻을 가진 '갓'과 '冠'을 비롯하여 [女] 즉 '여자'의 뜻을 가진 '겨집'과 '女편', [夫] 즉 '남편'의 뜻을 가진 '남진'과 '남편', [繼母] 즉 '계모, 의붓 어머니'의 뜻을 가진 '다숨어미'와 '繼母', [妻] 즉 '아내'의 뜻을 가진 '안해'와 '쳐' 그리고 [戶] 즉 '지게문'의 뜻을 가진 '지게'와 '문' 등 110여 항목이 있다.

名詞類에서 확인되는 固有語와 漢字語 간의 同義에서 固有語가 合成名詞와 名詞句인 경우에는 [種種] 즉 '가지가지'의 뜻을 가진 '가지가지'와 '種種'을 비롯하여 [鬼子]와 [鬼神] 즉 '귀신'의 뜻을 가진 '귓것'과 '귀신', [命] 즉 '목숨, 命'의 뜻을 가진 '목숨'과 '命' 그리고 [明日] 즉 '이튿날, 내일'의 뜻을 가진 '이

틀날'과 '명일' 등 60여 항목이 있다.

名詞類에서 확인되는 固有語와 漢字語 간의 同義에서 固有語가 名詞形인 경우에는 [苦惱] 즉 '괴로움, 고뇌'의 뜻을 가진 '셜움'과 '苦惱' 그리고 [智] 즉 '앎, 지혜'의 뜻을 가진 '아롬'과 '디혜' 등 20여 항목이 있다.

둘째로 動詞類에서 확인되는 固有語와 漢字語 간의 동의에서 고유어가 첫째로 固有語가 動作動詞이고 둘째로 動作動詞句이고 셋째로 狀態動詞이다.

動詞類에서 확인되는 固有語와 漢字語 간의 同義에서 固有語가 動作動詞인 경우에는 [取] 즉 '가지다, 취하다'의 뜻을 가진 '가지다'와 '取ᄒᆞ다'를 비롯하여 [護] 즉 '보호하다, 호지하다'의 뜻을 가진 '간ᄉᆞ하다'와 '호디ᄒᆞ다', [敬]과 [恭敬] 즉 '공경하다'의 뜻을 가진 '고마ᄒᆞ다'와 '공경ᄒᆞ다', [倍] 즉 '더하다, 倍하다, 곱하다'의 뜻을 가진 '더으다'와 '倍ᄒᆞ다', [質] 즉 '바로잡다, 따지다'의 뜻을 가진 '마기오다'와 '질정ᄒᆞ다', [受] 즉 '받다'의 뜻을 가진 '받다'와 '슈ᄒᆞ다', [思] 즉 '생각하다'의 뜻을 가진 'ᄉᆞ랑ᄒᆞ다'와 '思量ᄒᆞ다', [得] 즉 '얻다'의 뜻을 가진 '얻다'와 '得ᄒᆞ다' 그리고 [養] 즉 '효양하다'의 뜻을 가진 '치다'와 '효양ᄒᆞ다' 등 140項目이 있다.

動詞類에서 확인되는 固有語와 漢字語 간의 同義에서 固有語가 動作動詞句인 경우에는 [冠] 즉 '갓을 쓰다'의 뜻을 가진 '갓 스다'와 '가관ᄒᆞ다', [危坐] 즉 '꿇어 앉다'의 뜻을 가진 '꿇어 앉다'와 '危坐ᄒᆞ다' 그리고 [昧] 즉 '어둡게 하다'의 뜻을 가진 '어즐리 ᄒᆞ다'와 '昧却ᄒᆞ다' 등 20여 항목이 있다.

動詞類에서 확인되는 固有語와 漢字語 간의 同義에서 固有語가 狀態動詞인 경우에는 [貧] 즉 '가난하다'의 뜻을 가진 '가난ᄒᆞ다'와 '艱難ᄒᆞ다'를 비롯하여 [尊] 즉 '높다, 존귀하다'의 뜻을 가진 '고맙다'와 '尊ᄒᆞ다', [圓] 즉 '둥글다, 원만하다'의 뜻을 가진 '두렵다'와 '圓滿ᄒᆞ다', [重] 즉 '무겁다, 重하다'의 뜻을 가진 '므겁다'와 '重ᄒᆞ다', [弱] 즉 '약하다'의 뜻을 가진 '바ᄃᆞ랍다'와 '약ᄒᆞ다', [智]와 [智慧] 즉 '슬기롭다, 지혜롭다'의 뜻을 가진 '슬겁다'와 '디혜롭다', [善] 즉 '어질다, 선하다'의 뜻을 가진 '어딜다'와 '션ᄒᆞ다' 그리고 [淸淨] 즉 '깨끗하다'의 뜻을 가진 '좋다'와 '清淨ᄒ다' 등 30여 項目이 있다.

셋째로 副詞에서 확인되는 固有語와 漢字語 간의 同義에는 [輕慢] 즉 '가벼이'의 뜻을 가진 '가비야이'와 '輕慢히'를 비롯하여 [永] 즉 '길이'의 뜻을 가진 '기리'와 '永永히', [圓]과 [圓滿] 즉 '둥글게, 원만히'의 뜻을 가진 '두려이'와 '圓滿히', [凡] 즉 '무릇'의 뜻을 가진 '믈읫'과 '大凡', [柔] 즉 '부드럽게'의 뜻을 가진 '부드러이/부들어이'와 '유화히', [或] 즉 '혹, 또'의 뜻을 가진 '시혹'과 '或', [可] 즉 '가히'의 뜻을 가진 '어루'와 '可히', [卽]과 [卽時] 즉 '곧, 즉시'의 뜻을 가진 '즉재'와 '卽時예' 그리고 [若]과 [如] 즉 '만일'의 뜻을 가진 'ᄒ다가'와 '만일' 등 20여 項目이 있다.

제4장은 1580년대 국어에서 漢字語들이 어떤 양상의 동의 관계를 형성하고 있는지를 名詞類, 動詞類 및 副詞에서 고찰해 보고 있다.

첫째로 명사류에서 확인되는 漢字語간의 동의는 크게 두 경우로 나누어 고찰할 수 있다. 첫째는 동의 관계에 있는 한자어들 중 하나가 1자 한자어인 경우이고 둘째는 동의 관계에 있는 한자어들이 모두 2자 이상의 한자어인 경우이고 셋째는 동의 관계에 있는 한자어들의 하나가 名詞形인 경우이다.

名詞類에서 확인되는 漢字語 간의 同義에서 한자어들 중 적어도 하나가 1자 漢字語인 경우에는 [薑] 즉 '생강'의 뜻을 가진 '薑'과 '싱강'을 비롯하여 [苦] 즉 '괴로움'의 뜻을 가진 '苦'와 '苦狀', [道] 즉 '도, 도리'의 뜻을 가진 '道'와 '도리', [禮] 즉 '예도, 예절'의 뜻을 가진 '禮'와 '례도'와 '례절'과 '례법', [凡] 즉 '凡夫'의 뜻을 가진 '凡夫'와 '凡', [勢] 즉 '세, 권세'의 뜻을 가진 '勢'와 '권셔', [時] 즉 '때, 시절'의 뜻을 가진 '時節'과 '시', [業] 즉 '業, 業報'의 뜻을 가진 '業'과 '業報', [祖] 즉 '祖師'의 뜻을 가진 '祖師'와 '祖', [千] 즉 '千, 一千'의 뜻을 가진 '千'과 '일쳔' 그리고 [行]과 [所行] 즉 '행실, 행위'의 뜻을 가진 '힝'과 '行實' 등 40여 項目이 있다.

名詞類에서 확인되는 漢字語의 同義에서 한자어들이 모두 2자 이상인 경우에는 [喪], [居喪] 및 [喪事] 즉 '상, 거상, 상사'의 뜻을 가진 '居喪'과 '喪事'와 '상녜'를 비롯하여 [果] 즉 '실과, 나무의 열매'의 뜻을 가진 '과실'과 '실과', [明日] 즉 '내일'의 뜻을 가진 '明日'과 '니일', [世] 즉 '세상'의 뜻을 가진 '世間'과 '世上', [俗] 즉 '세속, 시속'의 뜻을 가진 '셰쇽'과 '시쇽', [宗族]과 [宗] 즉 '종족, 친척'의 뜻을 가진 '宗族'과 '권당', [序]와 [次] 즉 '차례, 次序'의 뜻을 가진 '츠셔'와 '셔츠' 그리고 [樂] 즉 '풍류, 음악'의 뜻을 가진 '풍류/풍뉴'와 '음악' 등 20여 항목이 있다.

名詞類에서 확인되는 漢字語 간의 同義에서 한자어들 중 하나가 名詞形인 경우에는 [苦] 즉 '괴로움, 수고'의 뜻을 가진 '고로옴'과 '슈고' 등 10 항목이 있다.

둘째로 動詞類에서 확인되는 漢字語 간의 동의는 動作動詞간의 동의와 狀態動詞간의 동의를 나누어 고찰할 수 있다.

動作動詞간의 同義에는 [講] 즉 '익히다, 연구하다'의 뜻을 가진 '강론ᄒᆞ다/강논ᄒᆞ다'와 '강구ᄒᆞ다'를 비롯하여 [記] 즉 '기록ᄒᆞ다'의 뜻을 가진 '긔록ᄒᆞ다'와 '긔디ᄒᆞ다', [奉養]과 [養] 즉 '봉양하다, 효양하다'의 뜻을 가진 '奉養ᄒᆞ다'와 '효양ᄒᆞ다', [倍] 즉 '배하다, 곱하다'의 뜻을 가진 '倍ᄒᆞ다'와 '빅빅ᄒᆞ다', [實] 즉 '결실하게 하다'의 뜻을 가진 '實히오다/實히우다'와 '結實히오다', [證] 즉 '증명하다, 밝히다'의 뜻을 가진 '證ᄒᆞ다'와 '證得ᄒᆞ다' 그리고 [行] 즉 '행하다'의 뜻을 가진 '힝ᄒᆞ다'와 '힝실ᄒᆞ다' 등 20여 항목이 있다.

狀態動詞간의 同義에는 [侃侃] 즉 '강직하다'의 뜻을 가진 '侃侃ᄒᆞ다'와 '강딕ᄒᆞ다'를 비롯하여 [苦] 즉 '고달프다'의 뜻을 가진 '고롭다'와 '슈고롭다', [恭] 즉 '공손하다, 예의바르다'의 뜻을 가진 '공슌ᄒᆞ다'와 '공손ᄒᆞ다'와 '엄공ᄒᆞ다', [窮] 즉 '궁하다, 궁박하다, 곤궁하다'의 뜻을 가진 '窮ᄒᆞ다'와 '궁박ᄒᆞ다', [智慧]와 [智] 즉 '지혜롭다'의 뜻을 가진 '디혜롭다'와 '디혜롭다', [嚴] 즉 '엄하다, 엄숙하다'의 뜻을 가진 '嚴ᄒᆞ다'와 '엄슉ᄒᆞ다', [忠] 즉 '성실하다, 진심을 다하다'의 뜻을 가진 '튱후ᄒᆞ다'와 '튱셩ᄒᆞ다'와 '튱셩되다' 그리고 [厚] 즉 '두텁다, 후하다'의 뜻을 가진 '厚ᄒ다'와 '후듕ᄒ다' 등 20여 항목이 있다.

셋째로 副詞에서 확인되는 漢字語 간의 同義에는 [密密] 즉 '은밀히'의 뜻을 가진 '密密히'와 '은밀히'를 비롯하여 [時]와 [時時] 즉 '때때로'의 뜻을 가진 '시시예'와 '시시로', [嚴] 즉 '엄하게, 엄엄하게'의 뜻을 가진 '嚴히'와 '엄엄이', [實] 즉 '진실로, 실로'의 뜻을 가진 '眞實로'와 '實로', [自] 즉 '스스로'의 뜻을 가진 '自家'와 '自', [詳明] 즉 '자세히, 상세히'의 뜻을 가진 '仔細히'와 '詳明히', [狎] 즉 '친압히, 너무 지나칠 정도로 가깝게'의 뜻을 가진 '친압히'와 '압닐히', [怡]와 [和] 즉 '화열히, 기쁘게'의 뜻을 가진 '화열히'와 '화히' 그리고 [恒] 즉 '항상, 늘'의 뜻을 가진 'ᄒᆞᆼ샹'과 '常例'가 있다.

副詞類에서 확인되는 同義에는 [忠] 즉 '정성을 다하여'의 뜻을 가진 '忠히'와 'ᄐᆕᆼ셩을오'가 있다.

# 參考文獻

南星祐(1986),『十五世紀 國語의 同義語 硏究』, 塔出版社.
_____(1996), "1510年代 國語의 同義語 硏究", 『언어와 언어학』 제21집, 한국외국어대학교 언어연구소.
_____(1997), "1580年代 國語의 同義語 硏究", 『東洋學』 제27집, 檀國大學校 東洋學硏究所.
_____(2006),『16세기 국어의 동의어 연구』 박미정.
安秉禧(1979), "中世國語 한글 資料에 대한 綜合的인 考察",『奎章閣』3.
李基文(1959), "十六世紀 國語의 硏究",『文理論集』4집, 고려대.
李崇寧(1973), "小學諺解의 戊寅本과 校正廳本의 比較 硏究",『진단학보』 36호.
李英愛(1986), "飜譯小學과 小學諺解의 比較 硏究", 효성여대 대학원 석사학위 논문.
林旻奎(1987), "『小學諺解』의 國語學的 考察", 고려대 대학원 석사학위논문.
허 웅(1989),『16세기 우리 옛말본』, 샘문화사.

# 同義語 찾아보기

## ㄱ

가관ᄒ다 對 冠ᄒ다 501
가난ᄒ다 對 艱難ᄒ다 417
가난ᄒ다 對 貧ᄒ다 417
가다 對 녀다 76
가다 對 行ᄒ다 326
가락 對 손ᄉ락 66
가ᄇ야이 對 가븨야이 192
가ᄇ야이 對 輕慢히 437
가ᄇ야이 對 輕히 437
가ᄇ얍다 對 가븨얍다 161
가ᄇ얍다 對 경ᄒ다 418
가시다 對 改ᄒ다 327
가온듸 對 가온대 51
가ᅀᆞ멸다 對 富ᄒ다 419
가지 對 가즈 54
가지가지 對 種種 282
가지다 對 動ᄒ다 327
가지다 對 디니다 76
가지다 對 取ᄒ다 328
侃侃ᄒ다 對 강딕ᄒ다 516
간슈ᄒ다 對 간ᄉ다 77
간ᄉᄒ다 對 호디ᄒ다 329
갈ᄒ 對 칼 64
갊다 對 屛ᄒ다 330
갓 對 冠 220
갓 스다 對 가관ᄒ다 402
갓옷 對 피옷 16
薑 對 싱강 454
강론ᄒ다/강논ᄒ다 對 강구ᄒ다 502
갗 對 가족 16
개얌이 對 가얌벌게 17
거동만 니근 이 對 便辟 283
거두다 對 갇다 78
거두다 對 슈렴ᄒ다 330
거두들다 對 攝ᄒ다 402
ᄢᅥ리다 對 믜다 79
거믄고 對 琴 220
居喪 對 喪事 對 상녜 481
거스르다 對 犯ᄒ다 331
거엽다 對 질그왇다 145
거우루/거우로 對 거울 58
擧ᄒ다 對 거쳔ᄒ다 對 천거ᄒ다 503
건내뛰다 對 건너다 80
건너다 對 너모다/넘오다 80
걸이다 對 거리다 81

걸티다 對 拖ᄒᆞ다 331
것 對 믈 221
것 對 이 18
것 對 줄 18
게으르다/게을으다 對 게이르다/게이르다 165
게이르다 對 히틔ᄒᆞ다 419
겨레/결에 對 족뉴 221
겨집 對 간나히 19
겨집 對 女편 222
겨집 對 안해 20
결우다 對 校ᄒᆞ다 331
卿 對 지샹 454
경박ᄒᆞ다 對 부경ᄒᆞ다 517
敬ᄒᆞ다 對 공경ᄒᆞ다 503
階 對 계졀 455
苦 對 苦狀 455
고ㅎ 對 코 63
고기 對 肉 223
고기 對 묻고기 67
고기 對 믈고기 67
고기 對 믈고기 묻고기 68
고로옴 對 슈고 496
고롭다 對 슈고롭다 518
고마ᄒᆞ다 對 공경ᄒᆞ다 332

고맙다 對 尊ᄒᆞ다 420
곡도 對 幻 223
곧 對 듸 21
곧 對 바 21
곧 對 자리 22
곧 對 즉재 169
곧 對 쳐소 224
곧다 對 直ᄒᆞ다 420
곧다 對 바르다 145
곳갈 對 冠 225
公卿 對 지샹 482
公門 對 대궐문 483
공슌ᄒᆞ다 對 공손ᄒᆞ다 對 엄공ᄒᆞ다 518
恭ᄒᆞ다 對 엄공ᄒᆞ다 519
恭ᄒᆞ다 對 온공ᄒᆞ다 520
과ᄀᆞᆯ다 對 급거ᄒᆞ다 421
과실 對 실과 483
과연 對 과연히 530
光明 對 光 456
쇠로이다 對 간활ᄒᆞ다 421
괴외ᄒᆞ다 對 寂然ᄒᆞ다 422
교만ᄒᆞ다 對 교즁ᄒᆞ다 504
巧ᄒᆞ다 對 공교롭다 521
驕ᄒᆞ다 對 교만ᄒᆞ다 520
구룸 對 구롬 49

구울다 對 륜회ᄒ다 332

구위 對 구의 52

구의 對 대궐 225

구의 對 마을 23

ᄭ짖다 對 ᄭ죵ᄒ다 81

국 對 깅 226

숱어 앉다 對 危坐ᄒ다 403

굽다 對 굽은ᄒ다 82

굽은ᄒ다 對 揖ᄒ다 333

굽피다 對 鞠ᄒ다 333

궃블다 對 업더이다 82

窮ᄒ다 對 궁박ᄒ다 520

궂다 對 모딜다 對 사오납다 146

鬼神 對 조샹 484

귓것 對 귀신 284

ᄢᅴ 對 時節 226

그르 ᄒ다 對 失ᄒ다 403

그르메 對 그림재 24

그림재 對 影 227

그음 對 量 227

그지 對 그음 24

그지 對 다음 25

그치다 對 止ᄒ다 334

그치다 對 撤ᄒ다 334

근심ᄒ다 對 患ᄒ다 335

근심ᄒ다 對 憂ᄒ다 335

글 對 글월 73

글 對 文 228

글 對 詩 228

글월 ᄀ음안사롬 對 史 284

글흠 對 餁 314

琴瑟 對 琴과 瑟 484

슴ᄒ다 對 間ᄒ다 336

급뎨ᄒ 사ᄅᆷ의 이바디 對 聞喜宴 285

긏다 對 버히다 對 베티다 83

긔결ᄒ다 對 命ᄒ다 336

긔결ᄒ다 對 시기다 84

긔록ᄒ다 對 긔디ᄒ다 504

기드리다/기들이다 對 기들우다 對 기들
    오다 122

기들이다 對 俟ᄒ다 337

기리 對 永永히 438

기리다 對 譽ᄒ다 338

기리다 對 잔탄ᄒ다 338

기ᄅ다 對 畜ᄒ다 341

기슭 ᄒ디 아니ᄒ 거상옷 對 斬衰 285

길우다 對 길오다 120

깁피 프르고 블근 빗 도ᄃᆫ것 對 紺 286

깃다 對 즐기다 84

ᄀ놀다 對 細ᄒ다 422

ᄀᄅ치다 對 敎ᄒ다 339
ᄀᄅ치다 對 ᄀᄅ티다 127
ᄀ장 對 甚히 438
ᄀ장 對 믓 170
ᄀ장 븕다 對 赫然ᄒ다 435
ᄀ즉ᄒ다 對 襜ᄒ다 423
ᄀ초다 對 간슈ᄒ다 85
ᄀ초다 對 ᄀ초다 對 곰초다 125, 137
근졀히 ᄒ다 對 切切ᄒ다 404
곤ᄒ다 對 ᄀ틔다 167
곤ᄒ다 對 ᄀᇀ다 166
글히다 對 글히ᄡ다 85
글히다 對 분변ᄒ다 339
글히다 對 ᄉᆞᆫ다 86
글히다 對 擇ᄒ다 340
글히ᄡ다 對 分別ᄒ다 341
ᄀ즈ᄇ다 對 勞ᄒ다 423
ᄀ즈ᄇ다/ᄀᆺᄇ다 對 잇브다 147
ᄀᆺᄇ다/ᄀ즈ᄇ다 對 슈고롭다 423

## ㄴ

나 對 己 229
나다 對 出ᄒ다 342
나라 對 國 229
나라ᄒ 對 國家 230

나라ᄒ 對 邦 230
나라히 셩ᄒᆞᆫ 빗츨 봄 對 觀光 315
나ᅀ다 對 나ᄋ다 130
나조ᄒ 對 나죄 52
낟다 對 낱다 126
날 對 日 232
날ᄒ여ᄒ다/날회여ᄒ다 對 더듸다 148
남진 對 君子 231
남진 對 남편 231
남진 對 ᄉ나히 25
남진 對 ᄉ나히 對 지아비 26
남진 얼다 對 남진 븥다 87
남진 얼리다 對 남진 븥티다 88
낱다 對 나타나다 140
내 對 臭 232
내죵 對 ᄆ춤 27
내죵 對 終 233
너기다 對 녀기다 132
너무/너모 對 넘즈기 171
넘다 對 너모다/넘오다 131
넘다 對 넘구다 88
넙다 對 너르다 148
녀ᄂ 對 다ᄅᆞᆫ 215
녀다 對 녜다 133
녀름짓ᄂᆞᆫ 사ᄅᆞᆷ 對 農夫 286

녜어딘 님금 對 先王 287
놈 對 쟈 233
눈 멀다 對 瞽ᄒᆞ다 404
뉘 對 셰/세 234
能홈 對 能 497
니르다 對 니ᄅᆞ다 122
니를다 對 니르다/닐으다 129
니를다 對 다ᄃᆞᆮ 89
니ᄅᆞ다 對 ᄀᆞᆯ다 89
니ᄅᆞ다 對 道ᄒᆞ다 342
니ᄅᆞ다/닐ᄋᆞ다 對 말ᄒᆞ다 90
니ᄅᆞ다 對 至ᄒᆞ다 343
닉키다 對 熟ᄒᆞ다 343
닐다 對 니러나다 141
닐ᄋᆞ다 對 言ᄒᆞ다 344
님금 對 君 235
님금 對 上 235
님금 ᄐᆞᆫ 물 對 路馬 287
닙다 對 衣ᄒᆞ다 344
ᄂᆞ즈기/ᄂᆞ죽이 對 ᄂᆞ즈시 200
늘고기 對 腥 288
ᄂᆞᆺ갑다 對 ᄂᆞᆺ다 149
ᄂᆞᆺ 두다 對 面ᄒᆞ다 405
ᄂᆞᆺ빗ᄎ 對 色 288
ᄂᆞᆺ빛 對 顏色 289

ᄂᆞᆺ빛 對 ᄂᆞᆺ곳ᄎ 28

## ㄷ

다 ᄂᆞ리다 對 沒ᄒᆞ다 405
다ᄅᆞ다 對 異ᄒᆞ다 424
다문 對 오직 171
다시 對 ᄂᆞ외야 172
다ᄉᆞ어미 對 繼母 236
다ᄒᆞ다 對 竭ᄒᆞ다 345
達ᄒᆞ다 對 통달ᄒᆞ다 505
담 對 墻 236
당샹 對 사만 173
ᄠᅢ 對 적 對 ᄢᅵ 29
대로 결은 그릇 對 篚 289
더러운 놈 對 鄙夫 290
더욱 對 더옥 192
더위 젹 對 暑 290
더으다 對 倍ᄒᆞ다 345
덥다 對 加ᄒᆞ다 346
덥다 對 덥달다 150
덥다 對 ᄃᆞᆺ다 150
덥을다 對 與ᄒᆞ다 346
뎌 對 뎌것 68
殿門 對 대궐문 485
帝 對 至尊 456

帝 對 황뎨 457

뎨주 對 小子 485

弟ᄒ다 對 공슌ᄒ다 527

悌ᄒ다 對 손슌ᄒ다 527

道 對 도리 457

쏘 對 쏘흔 173

도라가다 對 復ᄒ다 406

도라오다 對 도로 오다 91

도로 對 도ᄅᆞ혀 174

도ᄅᆞ혀 對 도로혀 190

ᄯᅩ로 對 ᄌᆞᆷ 175

도외다 對 되다 128

도죽 對 盜賊 237

도죽ᄒ다 對 도죽질ᄒ다 92

篤敬ᄒ다 對 두텁고 공경ᄒ다 521

돕다 對 輔ᄒ다 346

돍 對 席 237

되 對 蠻貊 238

되 對 오랑캐 30

되 對 夷狄 238

朝 對 됴회 459

됴히 너기다 對 好ᄒ다 406

둏다 對 위연ᄒ다 92

둏다 對 읻다 151

두듥 對 두던 30

두려이 對 圓滿히 440

두려ᄒ다 對 懼ᄒ다 347

두렵다 對 두렫ᄒ다 152

두렵다 對 圓滿ᄒ다 425

두루 對 두로 193

두리다 對 젛다 93

두립다 對 저프다/저프다 153

두텁다 對 도탑다 164

두텁다 對 돈독ᄒ다 425

둗텁다 對 厚ᄒ다 425

둘재 對 두울재 61

뒷간 對 廁屋 239

뒷간 對 통싀 31

듕후코 믿브다 對 忠信ᄒ다 435

드듸여 對 쇠와 176

드롬 對 聽 315

드틀 對 듣글 63

ᄠᅳᆮ 對 志 239

듣글 對 딘 240

듣다 對 聽ᄒ다 347

ᄠᅳᆮ 두다 對 志ᄒ다 407

들다 對 擧ᄒ다 348

들다 對 入ᄒ다 348

들온 것 한 이 對 多聞 290

ᄯᅴ 對 帶 240

쯱對紳 241
디늘다對臨ᄒᆞ다 349
디늘다對디늘다 119
디늘다對臨ᄒᆞ다 350
디킈다對딕킈다 134
智慧對智 459
디혜롭다對디혜롭다 522
딕희다對디킈다 124
直ᄒᆞᆫ이對直 312
드對줄 31
드외다對도외다 121
ᄃᆞ니다對行ᄒᆞ다 350

## ㄹ

禮對례도對례졀對례법 460
로對술기 32
로홈對忿 497

## ㅁ

마기오다對질졍ᄒᆞ다 351
막다對막즈ᄅᆞ다 143
만코닉숙다對棣棣ᄒᆞ다 436
慢ᄒᆞ다對거만ᄒᆞ다 523
말對말ᄉᆞᆷ 73
말ᄉᆞᆷ對言 241

말ᄉᆞᆷᄒᆞ다對語ᄒᆞ다 351
말ᄉᆞᆷᄒᆞ다對言ᄒᆞ다 352
말ᄉᆞᆷ만니근이對便佞 291
말ᄒᆞ다對말ᄉᆞᆷᄒᆞ다 93
맛나다對만나다 126
맛당홈對義 316
맛보다對甞ᄒᆞ다 407
머리對머리털 69
머리두다對首ᄒᆞ다 408
머리터럭對머리털 59
머리털對髮 291
먹다對食ᄒᆞ다 352
먹다對음식ᄒᆞ다 353
明日對ᄂᆡ일 485
모양對貌 242
모든사ᄅᆞᆷ對衆 292
모로매對모로미 199
모로매對반ᄃᆞ기對반ᄃᆞ시 176
모ᄅᆞ다對迷ᄒᆞ다 354
모시對詩 461
貌ᄒᆞ다對녜모ᄒᆞ다 506
목숨對命 292
목욕ᄀᆞᆷᄂᆞᆫ집對湢 293
몸對躬 242
몸對身 243

뫼ᄒ 對 산 243
뫼호다 對 모도오다 對 모토다 94
뫼호다 對 會ᄒ다 355
무름 對 問 316
문젼 對 閾 294
문허리예 ᄀᆞ로디른 나모 對 局 294
묻고기 對 肉 295
묻다 對 영장ᄒ다 354
물 對 뉴 244
물 對 무리/물이 62
묽다 對 束ᄒ다 355
뮈다 對 動ᄒ다 356
뮈다 對 움즈기다/움즉이다 95
뮈우다 對 動ᄒ다 356
뮈우다 對 움즈기다 96
므겁다 對 重ᄒ다 426
므던이 너기다 對 므니 누르다 96
므던이 너기다 對 업슈이 너기다 97
므르다 對 餒ᄒ다 357
므리므리예 對 잇다감 177
므스 對 므슴 211
므스것 對 므슥 對 므섯 對 므엇 32
믈 對 水 245
믈 對 飮 246
믈고기 對 魚 295

믈읫 對 大凡 440
믈허디다 對 崩ᄒ다 357
믜다 對 싀다 97
民 對 빅셩 462
믿다 對 信ᄒ다 358
믿드듸다/믿드ᄃᆡ다 對 근본ᄒᆞ다 359
믿븜 對 信 316
믿비 ᄒ다 對 信ᄒ다 408
密密히 對 은밀히 531
및다 對 及ᄒ다 359
ᄆᆞ디다 對 뎌젹ᄒ다 360
ᄆᆞᄉᆞᆯ 對 鄕黨 246
ᄆᆞᄉᆞᆷ 對 念 246
ᄆᆞᄉᆞᆷ 對 心 247
ᄆᆞᄋᆞᆯᄒ 對 州里 248
ᄆᆞᄋᆞᆯ 샹사ᄅᆞᆷ 對 샹사ᄅᆞᆷ 34
ᄆᆞᄋᆞᆯ 샹사ᄅᆞᆷ 對 鄕人 296
ᄆᆞᄋᆞᆷᄭᆞ지 ᄒ다 對 忠ᄒ다 409
ᄆᆞᆯ 對 馬 248
ᄆᆞᆺ 對 민 178
밍굴다 對 민돌다 98

---

ㅂ

바곤이 對 簞 249

바독 쟝기 對 博 296

쌔디다 對 뼈디다 99

바드랍다 對 약ᄒ다 427

바ᄅ 對 바로 198

바ᄅ ᄒ다 對 正히 ᄒ다 409

바를 對 바다ᄒ 對 바라ᄒ 34

박 對 瓢 249

받다 對 슈ᄒ다 360

받다 對 트다 100

받이럼 對 받이렁 55

勃ᄒ다 對 변ᄒ다 506

밥 對 食 250

밥 먹다 對 飯ᄒ다 410

밧고다 對 기역ᄒ다 361

밧다 對 벗다 118

밭 對 田地 250

배아다 對 喪ᄒ다 362

배아다 對 샹패ᄒ다 361

뼈디다 對 쌔디다 78

버히다 對 베티다 100

버히다 對 베히다 135

버히다 對 割ᄒ다 362

번 對 디위 35

번 對 번븨 35

번 對 朋友 251

번 對 友 251

번ᄒ다 對 友ᄒ다 363

벌에 對 버러지 37

범 對 虎 252

凡夫 對 凡 461

犯홈 對 눗빗출 거슬어 諫홈 498

犯ᄒ다 對 침노ᄒ다 506

벼슬 ᄂ즌 사롬 對 庶士 297

벼슬 ᄂ푼 사롬의 안해 對 命婦 297

벼슬 인는 사롬 對 君子 298

벼슬 흔 사롬 對 列士 298

變ᄒ다 對 변ㅅㅣㄱᄒ다 507

병 對 疾 463

보다 對 見ᄒ다 363

보다 對 관ᄒ다 364

보다 對 視ᄒ다 364

보야호로 對 보야흐로 194

보야흐로 對 뵈야흐로 204

보야흐로 對 뵈야흐로 205

보육 對 포육 252

봄 對 視 317

奉養ᄒ다 對 효양ᄒ다 507

뵈야흐로 對 뵈야흐로 195

부드러이/부들어이 對 유화히 441

부텨 對 부쳐 57

부텨 對 佛 253
분별ᄒᆞ다 對 시름ᄒᆞ다 對 근심ᄒᆞ다 101
분홍 對 紅 463
붓그리다 對 恥ᄒᆞ다 365
붗다 對 부체질ᄒᆞ다 102
뷔다 對 쇽졀없다 154
ᄇᆞ리다 對 놀이다/ᄂᆞ리 102
브즈러니 對 慇懃히 442
븥잡다 對 븓들다 103
블근 것 對 緅 299
블으다 對 召ᄒᆞ다 366
블이다 對 使ᄒᆞ다 366
븥다 對 의죵ᄒᆞ다 367
비르소 對 비릇 208
비취다 對 照察ᄒᆞ다 367
貧ᄒᆞ다 對 艱難ᄒᆞ다 523
빗ᄎ 對 色 254
ᄲᆡ다 對 選ᄒᆞ다 368
ᄇᆞ리다 對 棄ᄒᆞ다 368
ᄇᆞ리다 對 背叛ᄒᆞ다 368
ᄇᆞ리다 對 져ᄇᆞ리다 103
ᄇᆞ리다 對 致ᄒᆞ다 369
불 對 풀 65
븕기다/븕이다 對 明ᄒᆞ다 369
븕기다/븕이다 對 븕키다/븕키다 138

ᄇᆞᆮ둥긔다 對 붇들이다 104
ᄲᆞᆯ리 ᄒᆞ다 對 敏ᄒᆞ다 410
붉옴 對 明 317
비브르 對 飽히 442
비브르다 對 飽ᄒᆞ다 411
비호기 對 學 318
비호다 對 글 비호다 104
비호다 對 學ᄒᆞ다 370
倍ᄒᆞ다 對 비비ᄒᆞ다 508
百 對 일빅 462

## ㅅ

사괴다 對 交ᄒᆞ다 371
辭氣 對 말ᄉᆞᆷ과 긔운 486
사기다 對 刻ᄒᆞ다 371
사다 對 沽ᄒᆞ다 372
사다 對 市ᄒᆞ다 372
사라심 對 生 318
사름 對 놈 37
사름 對 人 254
사름 對 이 38
사오나온 밥 對 疏食 299
사오나온 일 對 惡 300
사오납다 對 惡ᄒᆞ다 428
사촌한아븨 안해 對 從祖叔母 301

사촌한아비 對 從祖 300
산 것 對 生 301
살다 對 居ᄒ다 373
살다 對 깃깃다 105
삼가다 對 謹ᄒ다 374
삼가다 對 근신ᄒ다 374
삼가다 對 삼가ᄒ다 105
삼가ᄒ다 對 愼ᄒ다 375
社稷 對 봄의 ᄒᄂᆫ 졔 486
샹녜 對 미양 對 샹해 178
샹녯옷 對 褻服 302
상복ᄒ다 對 凶服ᄒ다 509
샹사ᄅᆞᆷ 對 庶人 255
샹사ᄅᆞᆷ 對 鄕人 255
샹싸ᄅᆞᆷ 對 샹인 302
샹해 겨시다 對 燕居ᄒ시다 411
새배 對 새박 64
서르 對 서ᄅᆞ 196
석다 對 敗ᄒ다 375
셤 對 階 256
勢 對 권셔 465
書 對 샹셔 464
庶人 對 샹인 487
聖 對 셩인 465
세ᄒ 對 셋재 74

셔다 對 立ᄒ다 376
셔방맞다 對 남진 븥다 106
셔방맞다 對 혼인ᄒ다 376
션빈 對 士 256
셜옴 對 苦惱 319
셤기다 對 事ᄒ다 377
聖人 對 聖 466
셩인의 글 對 經 303
世 對 셰ᄃᆡ 466
世間 對 世上 487
셰간 對 지믈 257
셰간 對 쳔량 39
셰쇽 對 시쇽 488
소기다 對 欺ᄒ다 377
소리 對 소ᄅᆡ 對 솔의 53
소리 對 음셩 258
소리 對 音 258
소리 對 響 258
소임 對 직분 對 직ᄉ 489
손 對 킥 259
損ᄒ다 對 해롭다 523
솝 對 속 56
술 對 酒 259
술위 메옴 對 駕 319
숨기다 對 곰초다 107

숨을 쉬다 對 息ᄒᆞ다 412
쉬다 對 餲ᄒᆞ다 377
쉬이 對 수이 201
쉽다 對 쉽살ᄒᆞ다 154
壽ᄒᆞ다 對 댱슈ᄒᆞ다 509
恂恂ᄒᆞ다 對 믿브고 실ᄒᆞ다 524
슈고 對 苦 467
쁘설다 對 믈 쓰리고 쓸다 107
스숭 對 師 260
슬겁다 對 디혜롭다 428
슬프다 對 측ᄒᆞ다 155
슳ᄒᆞ다 對 厭ᄒᆞ다 378
싁싀기/싁싁이 對 싁싁히 209
싁싀기 對 숨숨비 179
싁싁이/싁싁히 對 엄슉히 443
싁싁히 對 嚴히 443
시시예 對 시시로 531
時節 對 시 468
시혹 對 或 444
食 對 음식 469
食ᄒᆞ다 對 음식ᄒᆞ다 510
臣 對 신하 469
신실ᄒᆞᆫ 이 對 諒 303
實히오다/實히우다 對 結實히오다 510
ᄉᆞ랑ᄒᆞ다 對 둣다 108

ᄉᆞ랑ᄒᆞ다 對 思量ᄒᆞ다 378
ᄉᆞ랑ᄒᆞ다 對 ᄉᆞ련ᄒᆞ다 379
ᄉᆞ랑ᄒᆞ다 對 싱각ᄒᆞ다 109
ᄉᆞ랑ᄒᆞ다 對 愛ᄒᆞ다 379
ᄉᆞ뭋다 對 통달ᄒᆞ다 380
ᄉᆞᅀᅵ 對 ᄉᆞ시 56
ᄉᆞ이 對 간격 260
ᄉᆞ이 對 서리 39
ᄉᆞ촌한아비 對 從祖叔 303
순지 對 오히려 180
슬갑다 對 슬겁다 162
술피다 對 省ᄒᆞ다 381
숢숢ᄒᆞ다 對 惺惺ᄒᆞ다 381
싱각 對 ᄉᆞ려 261
싱각ᄒᆞ다 對 思ᄒᆞ다 382
싱각ᄒᆞ다 對 ᄉᆞ렴ᄒᆞ다 382

○

아니완츌ᄒᆞ며 헤펼러홈 對 暴慢 320
아당ᄒᆞ기 잘ᄒᆞᄂᆞᆫ 이 對 善柔 304
아들 對 ᄌᆞ식 262
아래 對 下 262
아랫태우 對 下태우 304
아롬 對 디혜 320
아롬뎌 對 ᄉᆞᄉᆞ로 445

아룸뎌 對 스스로이 445
아쳐ᄒᆞ다 對 惡ᄒᆞ다 383
아히 對 져므니/져믄이 40
樂 對 음악 470
樂 對 풍뉴 471
안해 對 쳐 263
安ᄒᆞ다 對 편안ᄒᆞ다 525
앉다 對 坐ᄒᆞ다 383
알다 對 知ᄒᆞ다 384
알다 對 達ᄒᆞ다 385
애돌다 對 恨ᄒᆞ다 385
야쇽ᄒᆞ고 거슯즘 對 鄙倍 321
양ᄌᆞ 對 모양 40
어거ᄒᆞ기 對 御 498
어그릇다 對 어글우치다 對 거스리완다 109
어느 對 어ᄂᆞ 對 어늬 211
어듬 對 得 321
어딘 이 對 賢 305
어딘 일 對 善 305
어딜다 對 션ᄒᆞ다 429
어딜다 對 仁ᄒᆞ다 429
어딜다 對 賢ᄒᆞ다 430
어딜이 對 善히 446
어딞 對 善 322

어딞 對 어딘 일 41
어루 對 可히 447
어루 對 어로 196
어리다 對 愚ᄒᆞ다 431
어림 對 愚 322
어버이 對 父母 264
어버이 對 아비 어미 41
어위크다 對 어그럽다 155
어즈러이다 對 亂ᄒᆞ다 386
어즐리 ᄒᆞ다 對 昧却ᄒᆞ다 412
얻다 對 得ᄒᆞ다 386
얻다 對 受ᄒᆞ다 388
얼굴 對 相 264
얼굴 對 양 對 즛 對 모양 42
얼굴 對 容貌 266
얼굴 對 體 265
얼리다 對 남진 얼리다 144
얼리다 對 혼인ᄒᆞ다 388
엄공홈 對 恭 499
嚴히 對 엄엄이 532
嚴ᄒᆞ다 對 엄슉ᄒᆞ다 525
업 對 소업 471
業 對 業報 472
업더디다 對 업듣다 110
엇던 對 므슴 212

엇던 對 엇단 對 엇던 213
엇데 對 엇뎌 對 엇디 202
여러 對 모든 213
여러 對 한 216
여으와 너구릐 갓옷 對 狐貉 306
연 對 연ᄉ 472
염글우다 對 實히오다/實히우다 389
엿다 對 엿보다 143
옅다 對 연갑다 168
오늘날 對 오늘 70
梧桐花 對 薔薇꽃 489
오좀 對 오줌 51
오직 對 오딕 200
오히려 對 외히려 206
오히양 對 廐 266
온 가짓 對 온갓 217
온갓 것 對 物 306
옫칠ᄒᆞ다 對 漆ᄒᆞ다 390
올흔역ᄒ 對 右 307
옮다 對 옯다 111
옷 對 衣 266
옷 對 衣服 267
옷기슭 對 齊 307
옷깃 도로다 對 飾ᄒᆞ다 413
왼녁ᄒ 對 左 308

夭夭ᄒᆞ다 對 ᄂᆞᆺ빗치 화ᄒᆞ다 512
辱ᄒᆞ다 對 슈욕ᄒᆞ다 512
우ㅎ 對 上 268
온층 對 샹층 308
울얼다 對 졋다 111
웃태우 對 上태우 309
워이다 對 웨다 139
원 對 宰 473
位 對 님금이 셔시ᄂᆞᆫ 허위 474
위완다 對 봉양ᄒᆞ다 390
闛闛ᄒᆞ다 對 화열호듸 변징ᄒᆞ다 511
隱홈 對 그윽이 諫홈 499
議ᄒᆞ다 對 의론ᄒᆞ다 513
이 對 이것 70
이 對 者 268
이긔다 對 勝ᄒᆞ다 391
이대 對 됴히 180
이믜 對 이밋 206
이生 對 今生 269
怡怡ᄒᆞ다 對 화열ᄒᆞ다 526
이튼날 對 니일날 43
이튼날 對 명일 309
益ᄒᆞ다 對 유익ᄒᆞ다 526
因緣 對 因 474
일 對 事 270

同義語 찾아보기 567

일삼아 ᄒᆞ다 對 事ᄒᆞ다 413
일삼아 ᄒᆞ다 對 從事ᄒᆞ다 414
일즉 對 일쯕 207
일즉이 對 일쯔기 207
일홈 對 名字 271
일홈 對 일홈 50
잃다 對 失ᄒᆞ다 391
입 對 口 271
잇다 對 居ᄒᆞ다 392
잇다감 對 시시예 447

## ㅈ

자다 對 寢ᄒᆞ다 392
자본 것 對 萬物 310
자시다 對 飯ᄒᆞ시다 393
잘ᄒᆞ다 對 善히 ᄒᆞ다 112
잡다 對 執ᄒᆞ다 393
贓吏 對 탐ᄒᆞᆫ 관원 490
저허ᄒᆞ다 對 戰戰ᄒᆞ다 394
적 對 시절/시절 272
적 對 제 44
절로 對 제 181
제 對 스스로 181
제 對 자내 214
제 對 즈갸 183

제 對 ᄎᆞ 272
제여곰 對 各各이 448
젹다 對 鮮ᄒᆞ다 431
젹다 對 쟉다 162
젹은 듸 對 寡 311
젼싴 對 情신장 449
젼ᄎᆞ 對 故 273
젼ᄎᆞ 對 닷 44
젼ᄎᆞ 對 연고 274
절도ᄉ 인는 듸 對 번딘 310
졈글우다 對 終ᄒᆞ다 394
졈다 對 어리다 156
졔ᄒᆞ다 對 薦ᄒᆞ다 513
조심홈 對 敬 323
조심ᄒᆞ다 對 兢兢ᄒᆞ다 395
조심ᄒᆞ다 對 敬ᄒᆞ다 394
조심ᄒᆞ야 ᄆᆞᄋᆞᆷ 노티 몯ᄒᆞ다 對 跋蹖ᄒᆞ다 414
祖師 對 祖 474
조히 對 正히 450
졸압다/조랍다 對 설압ᄒᆞ다 432
졸압다 對 狎ᄒᆞ다 432
좁은 ᄆᆞ을ᄒ 對 陋巷 311
좇다 對 인슌ᄒᆞ다 395
좋다 對 淸淨ᄒᆞ다 433

죵 對 겨집죵 71

죵 對 奴婢 274

宗族 對 권당 490

주다 對 賜ㅎ다 396

죽음 對 死 323

즈르다 對 즐그다 137

즉재 對 卽時예 450

즉재 對 즉제 191

즐거음 對 樂 324

즐겁다 對 樂ㅎ다 434

즐기다 對 됴히 너기다 112

즐음씰 對 徑 312

즘싱 對 즘승 49

즛므르다 對 饐ㅎ다 396

蒸졔 對 겨을의 ㅎ는 졔 491

證ㅎ다 對 證得ㅎ다 514

지게 對 문 275

지게 對 戶 276

지다 對 負ㅎ다 397

眞實로 對 실로 532

질졍ㅎ다 對 正ㅎ다 514

집 對 家 276

집 對 室 277

집 對 齋 277

自家 對 自 533

ᄌᆞ디 對 紫 278

ᄌᆞ셔히 힘뼈 ᄒᆞ다 對 偲偲ㅎ다 415

仔細히 對 詳明히 533

刺史 對 목ㅅ 491

ᄌᆞ조 對 ᄌᆞ로 184

줌줌코 對 줌줌ᄒᆞ야 210

줌줌ᄒᆞ다 對 默ㅎ다 397

才 對 지조 475

지믈 對 지보 492

齋衰ㅎ다 對 상복ㅎ다 513

지화 對 화란 493

## ㅊ

처엄 對 始 278

처엄 對 비르솜 45

千 對 일쳔 475

총홈 對 聰 500

취밥 對 사오나온 밥 46

취밥 對 疏食 313

츩뵈옷 對 絺와 綌 313

치다 對 기르다 113

치다 對 효양ㅎ다 398

치마 對 고의 46

친압히 對 압닐히 534

친영홀 제 가져 가는 기러기 對 摯 314

츠례 對 츠셔 279

츠셔 對 셔츠 493

## ㅌ

터럭 對 머리터럭 72

터럭/털럭 對 털 60

튱후홈 對 忠 500

튱후ᄒ다 對 튱셩ᄒ다 對 튱셩되다 527

忠히 對 튱셩을오 534, 536

## ㅍ

版 對 호적 476

펴다 對 申申ᄒ다 398

펴다 對 逞ᄒ다 399

陛下 對 皇帝 494

脯 對 포육 477

풍류/풍뉴 對 음악 494

프른 구룸 對 노픈 벼슬 47

## ㅎ

하ᄂᆞᆯ 對 天 280

하ᄂᆞᆯㅎ 對 天 280

하다 對 만ᄒ다 159

하다 對 순하다 159

한옷 對 縕袍 281

함 對 多 325

해 對 만히 185

핵ᄒ다 對 액ᄒ다 113

허믈 對 過 281

헐다 對 헐쓰리다 114

헐다 對 ᄒ여디다 115

헐쓰리다 對 毁ᄒ다 399

헤펄러ᄒ다 對 거만ᄒ다 434

헤혀다 對 啓ᄒ다 400

혁다 對 흑다 163

형뎨 對 昆弟 495

혼자 對 홀로 186

禍 對 지화 478

화열히 對 和히 535

화열히 ᄒ다 對 怡怡ᄒ다 416

華夏 對 듕국 496

화홈 對 溫 500

환란 對 難 479

활 뽀기 對 射 325

홰 對 옷홰 72

효도 對 孝 479

효도롭다 對 孝ᄒ다 528

효도ᄒ다 對 孝ᄒ다 515

흑다 對 젹다 160

厚ᄒ다 對 후듕ᄒ다 529

訴訴ᄒᆞ다 對 화열ᄒᆞ다 529
흩다 對 허여디다 115
흩다 對 흐터디다 142
희의치다 對 희롱ᄒᆞ다 400
ᄒᆞ고져 ᄒᆞ다 對 欲ᄒᆞ다 416
ᄒᆞ다 對 承ᄒᆞ다 401
ᄒᆞ다 對 저즐다 116
ᄒᆞ다가 對 만일 451
ᄒᆞ마 對 이믜 對 이밋 187
ᄒᆞ야ᄇᆞ리다 對 히야ᄇᆞ리다 135

ᄒᆞ여디다 對 히여디다 136
ᄒᆞ오사 對 홀로 188
學 對 혹문 477
ᄒᆞᆫᄢᅴ 對 ᄒᆞᆫᄃᆡ 對 ᄒᆞᆫ가지로 188
ᄒᆞᆫ글ᄋᆞ티 對 ᄒᆞᆫ글ᄀᆞ티 184
ᄒᆡᇰ샹 對 常例 535
히야디다 對 허러디다 116
ᄒᆡᆼ 對 行實 479
ᄒᆡᆼᄒᆞ다 對 ᄒᆡᆼ실ᄒᆞ다 515

## 저자 | 南星祐

1963년 서울대학교 문리과대학 국어국문학과 졸업
1969년 서울대학교 대학원 국어국문학과 문학석사
1986년 서울대학교 대학원 국어국문학과 문학박사
1975년~2006년 한국외국어대학교 사범대학 한국어교육과 교수 역임
現 한국외국어대학교 사범대학 한국어교육과 명예교수

- **저서**  『國語意味論』
  『十五世紀 國語의 同義語 硏究』
  『月印釋譜와 法華經諺解의 同義語 硏究』
  『16세기 국어의 동의어 연구』
  『中世國語 文獻의 飜譯 硏究』
  『救急方諺解와 救急簡易方의 同義語 硏究』

- **역서**  『意味論의 原理』
  『意味論: 意味科學 入門』

### 1580年代 國語의 同義語 研究

| 초 판 인 쇄 | 2025년 11월 25일 |
| 초 판 발 행 | 2025년 11월 25일 |

지 은 이  南星祐

책 임 편 집  윤수경

발 행 처  도서출판 지식과교양
등 록 번 호  제2010-19호
주     소  서울시 강북구 삼양로 159나길18 힐파크 103호
전     화  (02) 900-4520 (대표) / 편집부 (02) 996-0041
팩     스  (02) 996-0043
전 자 우 편  kncbook@hanmail.net

ⓒ 南星祐 2025 All rights reserved. Printed in KOREA

ISBN 978-89-6764-217-4  93700           정가 46,000원

저자와 협의하여 인지는 생략합니다. 잘못된 책은 바꾸어 드립니다.
이 책의 무단 전재나 복제 행위는 저작권법 제98조에 따라 처벌받게 됩니다.